普通高校招生专业填报指导手册

考大学 选好专业

杨洪磊 欧阳文邦 主编

山东城市出版传媒集团·济南出版社

图书在版编目（CIP）数据

普通高校招生专业填报指导手册／山东省高等教育评估所编著．—济南：济南出版社，2014.5（2022.4 重印）

ISBN 978－7－5488－1275－3

Ⅰ．①山… Ⅱ．①山… Ⅲ．①高等学校—招生—介绍—手册 Ⅳ．①G647.32－62

中国版本图书馆 CIP 数据核字（2014）第 092062 号

责任编辑 宋 涛 孙 愿 张慧敏 闫 菲 姜天一
封面设计 谭 正

出版发行 济南出版社
地　　址 济南市二环南路 1 号
邮　　编 250002
印　　刷 济南万方盛景印刷有限公司
版　　次 2014 年 5 月第 1 版
印　　次 2022 年 4 月第 8 次印刷
成品尺寸 185mm×260mm 1/16
印　　张 41.25
字　　数 1069 千字
定　　价 58.00 元

《考大学，选好专业》编委会

主　编：杨洪磊　欧阳文邦

编写人员（排名按姓氏拼音）：

陈历南　冯　禹　贺　帆　贾风琢　李　军　李　康

李赢政　卢学仁　孟陶然　彭小华　裴　颖　沈昌红

唐　创　乌　迪　谢丽萍　徐　凡　朱丽娟　朱杨洋

目　录

第一章

志愿填报100问

一、志愿填报的基本知识（40 问）
二、志愿填报的基本技巧（10 问）
三、志愿填报之升学路径（20 问）
四、新高考志愿疑问解答（30 问）

一、志愿填报的基本知识（40问）

1. 什么时候该开始着手志愿填报的相关准备？

很多家长和考生认为，高考志愿填报是高考成绩出来之后的事，几天就能搞定，实在不行，到时候咨询一下往届学长或者交给专业的指导老师就好了。其实不然。

（1）家长并不一定真正了解自己的孩子，尤其是有些家庭由于亲子关系紧张，正常沟通都存在问题，更别谈了解孩子的真实想法了。当然，大部分家庭亲子关系还是比较和谐的，家长和孩子之间还是能够坐在一起面对志愿填报这件家庭大事。但从笔者多年的实战经验来看，家长要想科学指导孩子填报志愿，要想在这个过程中尽到责任，拥有一定的话语权，就必须在这个方面比孩子懂得更多、更专业，否则双方一旦有分歧，矛盾就无法调和。

（2）志愿填报其实是一个繁杂的系统工程，必须充分考虑学生的个性特点、优势特长、个人理想、职业规划和家庭的人口结构、人脉资源、经济状况，还需要充分了解2000多所院校、700多个专业及相关高考政策、升学路径、数据收集、投档线预测、风险防范等。对这些因素的综合考量，涉及生涯规划领域的不少专业知识，绝不是几天时间就能钻深钻透的，甚至还需要走访其他相关人士或进入院校实地考察，那就更不是临时抱佛脚可以解决的了。每年很多考生大学退学重新复读或者对录取结果不满意，祸根基本上都是在志愿填报这个环节没有考虑周全、没有做好功课而埋下的。

（3）现行制度下的高考，除了裸分上大学，其实还有很多特殊类型的升学路径，比如强基计划、综合评价录取、高校专项计划、港澳高校内地招生、艺术高考、高水平艺术团、高水平运动队、体育单招等。我们需要提前规划，进行相应的准备，才能达到理想的彼岸。如果家长在考生高考完毕后再做准备，就会使自己的孩子与很多“低分上名校”的升学路径失之交臂。从这个角度来说，从高一开始做升学路径和志愿填报的设计是最为可取的。

2. 精准快速地收集志愿信息有哪些权威渠道？

志愿信息的科学准确很大程度上影响着考生的录取结果，这就要求考生和家长必须从权威渠道了解和收集志愿填报相关信息。这方面的渠道主要有：（1）教育部“阳光高考”信息平台；（2）考生所在地省级、地区级或区县级教育考试院或招生办；（3）考生所在省省级教育考试院（招生办）的官方网站、服务网站；（4）考生所在省省级教育考试院（招生办）的官方微信公众号；（5）考生所在高中学校根据教育行政部门推荐要求定制的手机短信推送通知；（6）考生所在省省级教育考试院（招生办）编印的《生源计划专刊》和《志愿指导专刊》等资料；（7）普通高校官方网站的招生频道。

3. 为什么必须明确志愿填报的各个时间节点？

高考结束，接下来有阅卷，查询成绩，查询本省控制分数线，各批次志愿填报，特殊类型招生的体检、政审、面试等环节，在录取过程中还会有投档、专业分配、院校和考生沟通、征集志愿、追加计划、通知书发放等诸多重要环节需要关注。这些都关系到考生的切身利益，家长和考生一定要明确各重要事件的时间节点和查询渠道，做到按部就班、心中有数，千万不能以为志愿填报完成后就万事大吉。比如，部分省份的中外合作办学专业需要在录取前预交第一学年学费，没有上一本线的考生通过征集志愿也有机会上到一本院校，院校在本该退档的时候为了挽回某位考生甚至会主动和该考生进行电话联系，等等，不一而足。家长明确志愿填报的各个时间节点后，可以提醒考生完成必要的报考程序，多给考生争取录取机会或者确保考生被稳妥录取，其重要性不言自明。

4. 填报志愿时有哪些常见的认知误区?

近年来，考生和家长在志愿填报时普遍存在以下8个误区。

（1）盲目攀比、从众选择，填报过高或过低。有的考生听到别人说哪个学校好、哪个专业“热”，就跟风选择；有的考生很自负，对自己的成绩定位不准，看别人填的学校层次高过自己填的学校层次，觉得特别没面子，便跟着“攀高”；有的考生则过于不自信而低估自己的实力与优势，陷入“高分低报”的误区。

（2）将志愿选择等同于未来的职业选择。近年来，很多考生出于对未来职业的考虑，在专业选择时只考虑“热门”，造成了有的专业报考人数扎堆、有的专业少有人报甚至无人问津、专业不服从调剂的考生数量逐渐增加、整张志愿表中只填某一个专业等志愿怪象，最终导致很多考生出现录取遗憾。专业选择确实在很大程度上影响考生未来的职业生涯发展，但也不等同于职业选择，在分数条件允许的情况下考生可适当优先考虑专业，但也要量力而行。为避免失误，建议考生在选择“热门”专业的同时不忽视“冷门”专业，做到“冷热”搭配。对于成绩不太理想的考生，为稳妥起见，可考虑在专业上避“热”就“冷”，转而在学校上择“优”。

（3）高分考生一定可以被录取到好学校。理论上，高考成绩优异的考生应该都被录取到好学校和好专业，但事实不尽如人意。一般，竞争以省（市、自治区）为单位的，各省前几名或几十名的考生由于竞争相对较小被录取到好学校的概率较大，但排名靠后的考生这种概率就大大降低了。考生在填志愿时过高评估自己的成绩，完全主观臆断报某名校一定没问题，又在院校和专业上选择“不服从调剂”，一旦失误就可能名落孙山。由此，高分考生在选择时要有充分的信息或数据分析做支撑，切忌被“我以为”的思想主导。

（4）单纯以收费标准的高低来判断专业的好与坏。很多考生和家长以为，收费很高的专业一定是“走俏”的专业，收费低的专业则是办学较差的专业。实际情况时怎样的呢？有些专业是国家大量需要，发展前景好的，为了吸引更多有志青年报考，收费标准会相对低一点。考生应在老师、招办和高校的帮助下具体了解相关情况，进行定性分析，不可一概而论。

（5）有了参考资料志愿就可以填好。志愿填报相关资料具有一定的指导作用和参考价值，但是也需要家长和考生认真研究和分析，在众多的资料中去伪存真，获取有价值的信息。另外，志愿填报作为一个系统性的工作要想做好也是有方法和技巧的，如果不懂得把握，同样可能难以选择到适合的院校甚至出现高分低就或落榜的遗憾。因此，有了参考资料还不够，还必须要掌握志愿填报的方法、步骤和技巧。

（6）对学校专业不了解，或望“名”生义，或心存偏见。有些考生和家长一方面仅看校名，以为校名有着“地质”“石油”等字样的学校，就只设一些“艰苦”专业，实际上这些学校也有其他“非艰苦”专业；另一方面心存偏见，将师范、农林等划为“艰苦”专业，认为其就业出路不佳，可实际情况则正好和其认知相反。此外，某些外省的学校因为不在省会城市或直辖市而非常容易被家长和考生忽略。

（7）填“服从调剂”会吃亏。“服从调剂”包含两方面的意义：一是未被各志愿院校录取时，是否同意调剂到其他院校；二是当档案被某所学校调入，而所报的专业均未被录取时，是否同意调剂到其他专业学习。对于院校和专业志愿梯度没把握好的考生确实有被调剂的风险，但不可否认，这也扩大了考生本人被录取的机会。在笔者个人的经验中，只有两种考生可以选择“不服从调剂”：一是愿意放弃本批次录取而在下一个批次稳操胜券的考生：二是为了满意的录取结果哪怕复读也在所不惜的考生。除开这两种情况，一般情况下笔者都会建议考生选择“服从调剂”以降低上线落榜的风险。

（8）非名牌大学不去。这基本上是部分“尖子生”的普遍想法。但如果仅仅为了炫耀和脸面光彩，其就读专业却和自我潜能发展所适合的专业相去甚远，则有可能会导致考生在大学里面专业学习困难的被动局面。建议部分成绩不占绝对优势的考生在填志愿时给专业选择留出一定的分数空间，以便有更大把握考取到自己喜欢的专业。

5. 填报志愿前为什么一定要了解今年政策和往年政策的变化之处，怎么才能正确把握这种变化？

一般来说，高考政策规定有一定的连续性，也有一定的变化幅度，但我们更应关注的是政策变化，因为变化往往会导致我们的填报策略、技巧发生改变。举个例子来说，湖南省2012年有一位理科考生超过一本线28分而未能投档进入湖南师范大学。可是在2012年之前的五年内，湖南理科考生只要超过一本线13分就能投档进入湖南师范大学。那么，2012年为什么会有这么大的变动呢？这是因为2012年的政策规定发生了很大的变化，当年湖南省有五所一直在二本批次招生的院校升格为一本层次录取，这无疑降低了当年一本线水平，而超过13分就能投档进入湖南师范大学这个判断显然是错误的。又如，2017年中国社会科学院大学成立并开始招生，我们该如何判断这所新生大学的投档线以及其对哪些院校会造成挤压？再比如，2016年南京审计学院更名为南京审计大学，这样的举动对于其投档线到底有何影响？诸如此类的变化都需要我们用自己的经验和知识做出判断。

把握政策的变化，最重要的是深入研究当年政策规定和往年规定的不同之处，捕捉院校的利好利空信息，再深入思考会怎样冲击今年的报考形势。这其实是志愿填报过程中的难题，但也是我们广大考生和家长无法绕开的。

6. 各省普通高校招生信息发布的内容有哪些？主要通过什么渠道发布？

发布内容：招生政策规定、高校招生资格、高校招生计划、高校招生章程、高校各种特殊类型招生测试合格名单、享受优惠加分的政策类别及获得相应资格考生名单、艺术统考合格考生名单、全省高考分数段统计情况、各批次录取控制分数线、学校平行志愿投档分数线、填报志愿和录取时间安排、生源不足院校征集志愿信息、录取考生名单、近年在当地招生院校投档历史资料、违纪举报办法、咨询及申诉渠道、重大违规事件及查处结果、录取新生复查结果等相关信息。

主要渠道：各省省级招考机构官网、各省省级招考机构指定的相关高考志愿填报参考用书、高校官网。

7. 高校的招生章程一般何时向社会公布？如何进行查询？

教育部明确规定，高等学校须于高考当年4月1日前将本校招生章程上传至“阳光高考”招生信息发布及管理平台；各省级教育行政部门、有关部门（单位）教育司（局）须于指定日期前完成对所属高等学校招生章程的审核、备案工作。经核准备案的招生章程方可正式向社会公布，且不得擅自更改。民办高等学校、高等职业技术学院在招生宣传（广告）中不得使用模糊或隐瞒办学性质、层次的简称。

考生可以登录高校官方网站、教育部“阳光高考”信息平台（网址为http：//gaokao. chsi. com. cn）、各省省级招考机构的服务网站查看具体内容。

8. 什么是调档比例？如何确定？

调档比例是指某一院校调阅考生电子档案数与计划招生数的比例，在实行平行志愿的省份中，一般在100%－105%，一般会在各院校的招生简章予以公布。在实行顺序志愿的录取类别中，院校调档比例一般是120%以内。

9. 什么是“投档”“掉档”和“退档”，它们之间有什么区别？

投档：是指各地省级招办根据考生分数、志愿填报情况和各大学在该地的有效招生计划，按照一

定的投档比例，把考生档案投放给招生学校，由招生院校根据自身的招生章程决定是否录取。

掉档：是指考生因高考成绩（位次）未达到所填志愿中某所学校的要求，档案未被投递到目标高校而无法被高校录取。

退档：指考生档案在投进高校后因种种原因高校不予录取，并将档案退回省招办。一般考生被退档主要有四种情况：（1）政策性落选。划线时为了保持上线考生数略多于招生计划数，部分上线的考生可能因招生计划完成而未能被录取；（2）考生的分数虽然高于学校的录取分数线，但未达到所报专业的录取专业分数线且又不服从调剂；（3）总分达到投档线但相关科目成绩低，虽然已经向志愿院校投档但按规定学校不能录取；（4）身体条件不符合所报专业的要求。

10. 考生的档案录取状态有哪几种?

（1）已经投档：表示省招办已将档案投给了院校，但院校还未下载投档信息。

（2）院校在阅：表示院校已下载了投档信息，正在审阅考生的电子档案。

（3）预退档：表示因种种原因院校对该考生不予录取，院校向省招办提出退档，对每一个预退档的考生，院校都会注明退档的理由。

（4）预录取：表示院校准备录取该考生，并且对拟录专业做出了规定。

（5）录取待审：表示院校拟录取名单已通过省招生办网上录检审核，但录取名册还未经省招生办审核签字盖章。该状态一般持续时间将较长。这是因为省招生办审核、签字、盖章都是通过人工完成，而一个批次少则一两万人，多则十几万人，而省招办的人员有限，不可能快速完成如此多档案的审核、签字、盖章。

（6）录取：表示录取名册已经过省招生办办理了审核、签字手续，加盖了录取专用章。

11. 艺术类专业的录取规则主要有哪些?

（1）按“文化 + 专业”总分，从高到低择优录取。

（2）文化成绩过相应资格线，按专业成绩从高到低，择优录取。

（3）专业成绩过相应资格线，按文化成绩从高到低择优录取。

（4）按文化和专业各占一定比例算综合择优分录，有的文化、专业在排序总分中各占50%，有的文化和专业四六开或三七开等。

（5）单科条件：有些高校特定的艺术专业对语文或英语等单科成绩有一定要求，具体可见各高校的招生章程相关规定。

12. 为何有些艺术类院校没有公布本科提前批招生计划人数?

经教育部批准，独立设置的本科艺术院校以及参照独立设置本科艺术院校招生办法招生的艺术类本科专业，其招生可不做分省计划，而是在录取时根据各省考生的报考情况，按照可以统一比较的维度，择优录取考生。凡是未分省做预分计划的院校专业，各省在公布院校招生计划时均只公布招生专业，未公布招生计划人数。

13. 哪些学生需要参加外语口试， 不参加外语口试会有什么后果?

一般来说，凡报考高校有口语要求的外语专业及涉外专业的考生，应参加全省统一的外语口语测试。其中，英语口试由全国英语等级考试（PETS）口试替代，凡高中阶段或高中毕业后通过PETS2级以上口试的，视为英语口试合格。日语、俄语等小语种口试由省级招考机构统一命题并组织测试，具体时间和地点以各省相关政策规定文件为主，相关考生和家长必须密切关注。

高中阶段以前通过的PETS2级口语测试成绩不能作为确定高考英语口试合格的依据。

14. 什么是少数民族高考加分？ 有什么作用？

基于我国各民族发展不平衡的现实，我国少数民族考生在参加高考时会有一定的照顾性加分，这就是我们通常所说的少数民族高考加分，用于考生在高考总分的基础上适当增加分数进行投档。这种分数有两类：一类是全国认可的高考加分，全国各类高校在投档时均予以认可；二类是本省认可的少数民族加分，只有在向考生所在省省属高校投档时才会予以认可。

少数民族考生具体有多少加分，视各省省级招考机构的规定而定，但从目前来看，少数民族加分有减少的趋势。有的省（比如浙江）对少数民族考生没有高考加分政策，而是直接拿出专有计划招收少数民族考生。也有的省规定，居住在少数民族聚居区的汉族考生也享受高考加分优惠，比如湖南2017 年对这类考生给予 5 分的高考加分，但只有在向湖南省省属高校投档时才会予以认可。

15. 什么是定向就业招生志愿？

部分高等院校每年会安排一部分面向艰苦地区、艰苦行业以及军工、国防等国家重点建设项目的定向就业招生计划。定向就业的招生计划在招生院校调档线上不能完成的，可以在招生院校调档线下一定分值内（一般为 20 分）由省级招办补充投档，学校根据考生的定向志愿择优录取。因此，如果填报定向志愿，就有可能享受降分优惠。

16. 网上录取工作流程是怎样的？

录取工作流程主要包括六个环节：

（1）确定调档比例。招生学校按照教育部的有关规定和生源所在省要求，向省招生办提出调档比例申请，经审核后执行。

（2）设置调档模板。在每一批次投档前，将本批次录取控制分数线、学校调档比例、排序成绩项等投档条件输入计算机系统，形成本批次投档模块。

（3）计算机投档。投档严格按照事先审批的投档模块由计算机系统自动投档。招生学校在规定的时间里下载、审阅投到本校的考生电子档案，根据本校招生章程中公布的录取规则确定拟录取和拟退档的考生名单，并按时上载拟录、退信息，等待省招办确认。

（4）办理录退确认手续。省招生办录检人员根据招生政策和规定确认学校拟录、退考生名单，在出现没有注明退档原因或退档原因不真实或未按录取规则录取的情况时，向招生学校提出录检意见并传给学校，招生学校在收到信息后必须及时做出符合政策和规定的处理意见。

（5）完成录取。招生院校按规定完成本批次各科类的招生计划。

（6）邮寄录取通知书及有关资料。招生学校完成录取后，省招生办核准形成录取考生数据库，并据此打印相应录取考生名册，加盖省招生委员会录取专用章，作为考生被高校正式录取的依据。高校根据省教育考试院核准备案的录取新生名册填写考生录取通知书，由校长签发录取通知书，加盖本校校章，并负责将考生录取通知书连同有关入学报到须知、资助政策办法等相关材料一并直接寄送被录取考生。

17. 如何看待社会上出售的志愿填报卡？

近年来，随着研究志愿填报的机构越来越多，社会上出现了各种各样的志愿填报卡供学生和家长选购，价格从几十到几百不等。志愿填报卡确实在各院校历史数据的查询上给考生和家长带来了极大便利，节省了使用者的查询、归纳和整理时间。

在使用志愿填报卡的过程中，大家必须认识到，这些静态数据的展示可以参考，但不能拿来就直接用，要结合当年的高考政策变化、高校发展动态、招生计划变动等对数据进行分析和预测，以便科学地指导我们进行志愿填报。对于熟练掌握了志愿填报技巧的经验人士，拥有准确的数据信息可以

提高志愿填报的准确性。但是对于数据分析能力不强的绝大多数家长和考生来说，志愿填报卡一般只起到数据和信息查询的功能，且照搬数据的话，有被误导的可能性。总之，家长和考生要理性地对待志愿填报卡，千万不要认为一卡在手，志愿无忧。

值得提醒的是，大家购买的时候最好选用省级招考机构授权发行的志愿填报卡，实在没有的话也最好选择大公司、知名公司发行的志愿填报卡，还可选择学校或教育行政管理部门推荐的志愿填报卡，因为这些机构推出的产品数据相对来说更加准确可靠。

18. 为什么一所院校在某个省招生时会有多个招生代号？

在招生录取时，省级招考机构会给所在区域内招生的院校配备一个招生代号，主要用于在计算机投档时用于区分不同的院校。一般来说，一所学校只有一个院校代号，但少数学校在特定省份同一批次录取的专业中既有普通专业，又有中外合作办学专业或其他特殊专业，收费标准、录取要求等条件有较大差异，省级招考机构可能会将这些院校（专业）分设两个或两个以上的院校代号，以便考生选报志愿和省级招考机构进行投档。

切记，考生在选择报考院校时，一定要仔细辨别同一所院校的不同招生代号，选择适合自身条件的方向进行填报。

19. 目前，我国已启动高校“双一流”建设，在选报院校时以前的“985 工程”和“211 工程”院校名单还有参考价值吗？

需要指出的是，所有的“985 工程”院校和“211 工程”院校都纳入了此次“双一流”建设队伍中，并在其基础上结合我国高等教育的发展现状，接纳了很多新的成员。可见，推出“双一流”不等同于替代“985 工程”“211 工程”，而是在“985 工程”“211 工程”基础上的继承创新。所以，在未来很长一段时间内，“985 工程”“211 工程”肯定还会具有较高的认可度！有一点值得注意，较之过去的“985 工程”“211 工程”一旦入选就进入了保险箱的情况，此次“双一流”评选的一大变化是采取了动态机制，遴选认定不是一成不变，而是能进能出。

20. 录取分数线越高的学校就越好吗？

填报志愿时，有考生和家长会觉得录取分数线高的大学就是好大学，录取分数线低的大学就不太好。其实，这是非常片面的。

首先，在目前的高考升学评价和学校办学制度之下，除了分数线，没有其他更好的指标来评价一所大学的生源质量。甚至有排行机构直接就用录取分数线作为高校生源质量的指标，这让录取分数线变成了高校的“命根”，成了高校质量和声誉的象征。其次，在填报志愿时，考生和家长为规避风险，提高成功概率，往往会参考往年的录取分数（名次）进行志愿定位，这也使得往年的录取数据成了影响学校当年录取分数的重要因素。再次，有的高校由于王牌专业影响，造成学生扎堆报考而有限的招生计划必然调剂考生到其他专业，也就无形中抬高了该校的录取分数线，而报考的考生也不一定能录取到所谓的好专业。除此之外，影响学校录取分数线的还有学校地域、城市经济发展水平、国家战略布局、高校自身建设、专业办学实力、社会新闻和舆论等。比如，部分农林类院校或地处内陆偏远的院校以及所谓的冷门专业，虽综合实力强，但由于考生不看好或存在偏见而少有人报，导致录取分数线不高。由此可知，录取分数可以一定程度反映出生源质量和学校与专业的受追崇度，却无法真实、准确、完整地反映一所学校的整体办学质量，这是学生和学校在高考录取中不能自由的、双向选择的必然结果。

因而，仅以高校录取分数线来评判学校的好坏是不科学的，考生和家长切忌“一叶障目”：应辩证对待，并多角度、多维度对高校进行分析，从而选择出真正适合考生发展的高校。

21. 什么是中外合作办学院校，我国有哪些中外合作办学院校？

中外合作办学是指中国教育机构与外国教育机构依法在中国境内合作举办的以中国公民为主要招生对象的教育机构或教育教学活动。从内涵看主要有三个方面：（1）中外合作办学的主体是具有法人资格的中国教育机构和外国教育机构；办学方式必须是合作办学，而不是合资办学，也不允许外国教育机构、其他组织或者个人单独办学。（2）招生对象主要是中国大陆公民，而不是主要招收外国或者中国香港、澳门和台湾地区的学生。（3）教育教学的地点主要在中国境内。家长和考生需要注意，我国内地与港澳台地区合作办学机构（项目）在一般情况下也属于中外合作办学，如北京师范大学—香港浸会大学联合国际学院的高考招生。从合作模式上看，中外合作办学主要实行“2＋2”分段培养模式，即学生一、二年级在国内高校学习，后两年可自主选择在国内院校或国外合作院校进行学习，所学专业并不改变。此外，也有一些中外合作办学实行“3＋1”“4＋0”等培养模式。

我国现有九所中外合作办学本科高校，它们的名单如下：宁波诺丁汉大学、西交利物浦大学、上海纽约大学、香港中文大学（深圳）、深圳北理莫斯科大学、广东以色列理工学院、北京师范大学－香港浸会大学联合国际学院、昆山杜克大学、温州肯恩大学。

22. 什么是独立院校？如何选择优质的独立院校？

独立学院是指实施本科以上学历教育的普通高等学校与国家机构以外的社会组织或者个人合作，利用非国家财政性经费举办的实施本科学历教育的高等学校。独立学院没有国家财政性经费投入，只能靠自收自资完成办学任务，因而其收费相对公办普通高校要高一些。独立学院一般是以“公办学校名称（母体）＋后缀”的形式出现，比如，北京工商大学嘉华学院、湖南师范大学树达学院。判断一所院校是不是独立学院，一般来说只要从名称来看就可以了。

选择优质的独立学院有很多方法：一是母体判断法，看该院校的母体是否为名牌大学。比如，南开大学滨海学院、浙江大学城市学院、浙江大学宁波理工学院、厦门大学嘉庚学院、华南理工大学广州学院、吉林大学珠海学院等母体比较优质的院校，办学质量一般比较好。二是可以参考各类独立学院排行榜，但要注意仔细辨别。三是看独立学院和母体之间是否共用师资，一般来说，两者距离比较近或者是“校中校”的话，共用师资的可能性就比较大。

对于分批次或者没有合并批次录取的省份，独立学院一般安排在本科三批参与录取，所以独立学院在很多省份也叫三本院校。对于浙江、上海、山东等高考改革试点省份，考生尤其要注意区分不同类型的学校，避免出现2017年浙江省那种646分的高分考生录取到某独立学院的“高分低录”情况。

近年，全国有部分独立学院改制转设为一般民办本科高校，2020年5月，教育部发布《关于加快推进独立学院转设工作的实施方案》，要求到2020年末，各独立学院全部制定转设工作方案，同时推动一批独立学院实现转设。家长和考生们一定要注意区分，一定要注意院校信息的最新变动。

23. 什么是民办高校？如何选择优质的民办高校？

民办高校是指国家机构以外的社会组织或者个人，利用非国家财政性经费，面向社会依法举办的学校或其他教育机构，其办学层次分本科和专科。民办高校在其办学性质一栏中一般会被要求注明为民办，考生和家长在考察学校时一定要加以留意。

选择优质的民办高校有很多方法：一是看开办本科教育时间的长短，本科教学开办时间越长，办学质量相对来说更有保障。二是看其办学特色是否符合自身定位。三是看师资力量，尤其是学科带头人的背景，以及教授、副教授的数量及比例。四是看是否有博士、硕士学位授予权，如河北传媒学院、吉林华侨外国语学院等民办高校具有硕士学位授予权，相对来说就比没有该权限的民办高校要好。五是先参看各类排行榜，再结合民间口碑加以参考。

分批次录取的各省份对民办本科高校录取批次安排是不同的，有的安排在本科二批，有的安排在本科三批，具体请考生和家长参考各自省份的生源计划手册。

24. 如何看待社会上的各类“大学排行榜”？

应该客观地指出，各种“大学排行榜”的出现，是社会进步的表现。尽管目前国内关于大学的排行榜很多，但排名的依据和参照因素不尽相同，调查的范围大小不一，因此，有些“大学排行榜”不免失之科学和客观。考生如果能够正确看待各种排行榜和理解它们的意义，对于填报志愿会有很大的帮助和参考。

那么，考生和家长究竟该如何理性对待“大学排行榜”呢？考生可以将大学排名作为填报志愿的参考资料，但不应过分迷信。由社会机构推出的各种“大学排行榜”公信度不高，而目前又没有官方推出的相应排行榜，因此，考生在选择学校时，既要看到国家划分的“985 工程”“211 工程”“全国重点大学”“双一流”等层次，又要考虑到各个学校都有自己的特色，国家的分类还有一定的照顾因素。建议考生和家长这么看待“大学排行榜”，比如 1 – 10 名，应该比 30 – 40 名好，以此类推，圈定一个选择的范围，这样相对来说就比较合理。当然，择校报考具有非同一般的复杂性，全国影响力大的院校在一定区域范围内可能不及一些地方院校。比如，东北师范大学排名一般比湖南师范大学要高，但是在华南地区的影响力，湖南师范大学要领先很多。

25. 为什么在不同的高校就读同一个专业，会有不同的学位？

通过查阅教育部颁发的我国《普通高等学校本科专业目录》（2020 年版），就会发现有的专业可以授予两个甚至三个不同的学位。比如，电子商务专业可以授予管理学、经济学或者工学学士学位，医学检验技术专业既可以授予医学学士学位，也可以授予理学学士学位。看来，同一个专业授予不同的学位，本身就是教育部门所认可的。那么，我们在报考之前务必认清这一点。如何辨别？其实从目标院校的目标专业分属哪个学院就可见一斑。比如，对于电子商务专业，如果有大学把该专业开在经济学院，那么授予的学位就是经济学学士学位；如果开在管理学院，那就很可能是管理学学士学位。

26. 什么是“专业限报”？

“专业限报”分为二种：一是因体检结果受限即，“身体条件限报”而导致考生不能报考某个专业；二是政策规定受限即“政策性限报”而导致考生不能报考某个专业。

“身体条件限报”，是指根据体检指导意见，考生因身体某方面条件不符合而在志愿中不宜选报的专业。如果考生所填报的志愿属“限报”专业，即使高考成绩已达到录取线以上，也不能被录取。所以考生在了解专业限报要求时，应当更多地关注高校招生章程上的规定。

“政策性限报”是指根据招生政策的有关规定而限制报考。例如，报考音乐、美术、体育专业志愿的考生，在同一次填报的同一批次的志愿栏内只能选报同一类专业（音乐、美术或体育）的学校与专业，不能混报；已婚考生、不符合年龄要求的考生或未经军校招生体检合格的普通高中毕业生，都不能填报军事院校志愿。

27. 为什么同一高校的同一专业会有不同的招生代码？

专业代码是由各高校自己制定的，也就是说，某所大学在某个省招收几个专业，每个专业的代码是什么，完全由该院校自主决定，然后报送到该省省级招考机构即可。当然制定代码的规则必须是双方都认可的，比如说代码长度、代码类型（字母还是数字）等。在实际的填报过程中可以发现，不同院校同样专业的代码基本都不相同，即便是同一所院校，连续两年在当地招生时，同一个专业的专业代码也可能不同。此外，由于同一专业所在校区不同，也有可能出现不同代码。例如，河海大学 2017 年在湖南省投放的理科生招生计划中，会计专业有 06 和 12 两个专业代码，并在代码为 12 的会计专业下面括号备注了“以上专业收费5200元/年；办学地点：常州校区”：代码为06的会计专业，录取的新生则在南京校本部就读。就是因为数字之差，录取结果却相差甚远。

考生在填报的时候一定仔细查阅和参考当年的生源计划手册，并留意任何细微的补充信息，以防在小细节上出现遗憾。

28. “专业服从” 栏一定要选择 “服从” 吗?

“专业服从”志愿是指考生在学校不能满足其所填专业志愿的情况下，愿意调剂到该校在本省招生的其他未录满专业。填志愿时选择了“专业服从”的考生，在档案被某所大学调入后，所填各专业均未录取时，该校会把考生调剂到未录满的其他专业，否则在平行志愿的录取规则下考生面临极大的被退档风险。可见，该志愿栏的设置是为了增加部分考生被录取的机会。

建议考生在填报志愿时，尽量选择“专业服从”，特别是对竞争能力较差的考生更是如此。其实，选择“专业服从”并不一定今后没有机会改变专业，某些高校在学生入校后会给他们提供了一定的转专业机会。此外，考生尤其是有明确专业意向的考生一定要仔细查看当年的志愿填报参考书，看是否有绝对不能接受的专业，如果有这类专业并且自身成绩可能导致专业调剂的情况出现，则考虑替换成别的院校。

29. 高校在招生录取时是如何进行专业分配的?

目前，我国高校在招生录取时，一般有三类专业分配方法：

(1) **分数优先，**又称“分数清”。是指将所有进档考生分科类按成绩排序，从高分到低分依次录取。

(2) **专业优先，**又叫“专业清”。具体做法是，首先将考生按所报第一专业志愿分类，然后在各专业志愿中根据考生成绩排队，超过专业计划数的考生暂时放在一边。第一专业志愿处理完后，再将所有未定专业的考生按其第二专业志愿分类，将符合条件的考生再按成绩排队录取。值得提醒的是，只有第一专业志愿未录满的专业，才参加第二专业的录取。以此类推，直至处理完所有专业。

(3) **按专业极差录取**。所谓专业极差，是指高校在录取第一专业志愿考生和其他专业志愿考生时的分数差。具体方法是：高校在分配考生录取专业时以考生成绩排队，若某考生的第一专业志愿未录满，则将该生录取为该专业。若考生的第一专业志愿已录满（即该考生未达到其第一专业志愿的录取分数），则将其总成绩减去专业级差分后参与第二专业志愿排序；若第二专业志愿也已录满（即也未达到其第二专业志愿的录取分数），则将其总成绩再减去一个专业级差分后参与第三专业志愿排序，依次类推。例如，A院校规定专业级差为4分，学校在分配专业时，将第二专业志愿的考生成绩减去4分后，和第一专业志愿的考生一起排序确定专业。再举个例子来说明，甲、乙两名文科考生（具体情况见下表）的档案同时进了A院校，他们的专业该如何分配呢?

考生姓名	考生甲	考生乙
高考分数	575分	572分
第一专业	金融学	国际经济与贸易
第二专业	国际经济与贸易	新闻传播学

在考生甲第一专业志愿金融学落空的情况下，他的第二专业志愿国际经济与贸易是否可以如愿呢？这就不可避免地要和考生乙进行比较：尽管考生乙的高考总分比考生甲少3分，但考生乙把国际经济与贸易填报为第一专业，A院校规定的专业级差为4分，也就是说，轮到甲、乙两位考生挑选专业时，考生甲需要减去4分再和考生乙进行比较。这样一来，在分配专业时，考生甲的分数为575－

4 = 571 分，而考生乙总分为 572 分，毫无疑问，在这两个人之间比较的话，考生乙会被优先录取到国际经济与贸易专业。

有的读者也许曾看到，部分院校在设置专业志愿分数级差时，公布的级差为 3 分、2 分、1 分、1 分，这又是怎么回事呢？其实这很容易理解：3 分指的是第一专业志愿级差（第一专业和第二专业志愿之间比较），2 分指的是第二专业志愿级差（第二专业和第三专业志愿之间比较），依此类推。如果有名考生专业志愿均已处理但依然没有安排专业，则视其是否服从调剂，将其调剂到还有计划余额的专业中去；如果考生不服从调剂，则该考生会被退档。

30. 按大类招生，上了大学后如何分配专业？

大类招生，指按学科大类招生，是相对于按专业招生而言的。不少高校将相同、相近学科门类，同院系或是不同院系的专业合并，按一个大类招生。如工商管理类专业（包括工商管理、人力资源管理、会计学、财务管理、市场营销等专业）学生，入校前期一般是大一、大二时，不分专业进行培养，统一学习专业基础课，大三时根据学生本人前期的考试成绩、意愿和高校具体的专业分流办法，再进行更加细化的院系或专业的选择。

按大类招生，给学生提供了更多的专业选择时间和空间。学生通过入学后一段时间的学习和生活，加深了对学校、学科和专业的了解，再结合自己的兴趣与特长，可以选择出更有利于自身发展的专业方向。反过来，这样也有利于高校对人才的培养。

31. 什么是高校“国家基础学科人才培养基地”（基地班）？就读基地班有什么不同？

“国家基础学科人才培养基地”（基地班）是为了加强和保护基础科学人才的培养，从 1991 年起，原国家教委有计划、有步骤地分五批建立了 114 个“国家理科基础科学研究和教学人才培养基地”（简称“理科基地”）；1994 年批准建立了 51 个“国家文科基础科学人才培养和科学研究基地”（简称“文科基地”）。文、理两类基地则统称“国家基础科学人才培养基地”，简称“人才基地”。具体说来，理科基地包含的学科专业有数学、物理学、化学、生物学、地理学、大气科学、海洋科学、天文学、力学、心理学、基础医学等，文科基地则包括中国语言文学、外国语言文学、历史学、哲学、经济学等。这些人才基地都是教育部在全国高校中遴选并重点建设的专业点，大师云集，实力不凡，名声远扬，科研和教学成果突出，体现了相关院校在某个方面非同一般的学科实力。

就读基地班一是能享受优越的师资条件，二是保送研究生比例比较高，三是一般都有优胜劣汰的机制。

32. 人文科学和社会科学怎么区分？

按我国以往的文理分科制度，学习人文社会科学的学生被称为文科生，而人文社会科学被笼统地称作“文科”。其实，文科分为人文科学与社会科学，二者是有区别的。人文科学以“人”为研究对象，以人类文化遗产、人和客观事实的辩证关系为学习和研究内容，探求人的生存价值和生存意义。其经典学科是文、史、哲三大学科门类。“史”包括历史、考古等；哲学是研究方法的，美学、艺术学等都属于哲学范畴。社会科学是一种以人类社会为研究对象的科学，通常研究社会发展、社会问题、社会规律，主要包括法、经、管、教、艺等门类。

33. 大学里面可以转专业吗？流程是怎么样的？

2016 年 12 月，最新修订的《普通高等学校学生管理规定》（教育部令 41 号）出炉。其中第二十一条对“转专业”做出了规定：“学生在学习期间对其他专业有兴趣和专长的，可以申请转专业；以特殊招生形式录取的学生，国家有相关规定或者录取前与学校有明确约定的，不得转专业。学校应当制定学生转专业的具体办法，建立公平、公正的标准和程序，健全公示制度。学校根据社会对人才需求情况的发展变化，需要适当调整专业的，应当允许在读学生转到其他相关专业就读。”

从以上规定可以看出，大学就读期间学生是可以申请转专业的，但并不是所有申请者的意愿都能得到满足和实现，每所高校对于转专业学生的比例、条件、程序都有的规定，一般都对学生第一学期或第一学年的成绩有要求。有这个想法的考生必须提前了解院校有关转专业的具体文件，入读后要密切关注并努力使自身达到符合转专业的条件。

34. 热门专业就一定是好专业吗？ 如何看待专业的“冷”与“热”？

人们喜欢根据现实的就业难易、就业收入和工作环境等情况，把专业分为“冷门”专业和“热门”专业。其实“冷门”与“热门”都是相对某一时期的社会热点、市场需求和就业形势而言的，专业本身并无“温度”，“冷”与“热”并非一成不变。不同人眼中有不同的“冷门”或“热门”专业，在不同时代，“冷门”与“热门”专业也可能发生逆转。有民间调查机构公布了近几年本科大学生就业率排名前十位的专业，殊不知，这十类专业中，就有好几个在当年报考时为“冷门”专业，甚至有些专业录取时，90%以上为调剂生。所以，在选择专业时我们要有长远目标，结合自身兴趣和爱好，避免一哄而上、跟着感觉走、追着“热门”走。

36. 文理并重的综合性大学中比较强势的工科专业有哪些？

文理并重的综合性大学一般来说工科实力比较一般，优势主要集中在人文社会科学和理学。由于合并重组，目前我国文理并重的“985 工程”大学主要有北京大学、南京大学、复旦大学、南开大学、厦门大学、中山大学等学校，这些学校共同的优势工科专业基本上集中于计算机科学与技术、软件工程、电子信息类。

37. 什么是双学位？

双学位教育属于本科教育的范畴，其培养模式是：本科学生在学有余力的情况下，在主修一个本科专业之外，跨学科门类辅修另外一个本科专业，完成所修本科专业教学计划规定的所有课程、毕业论文和其他教学环节，不低于一定学分，且考核成绩合格，在获得第一专业学士学位的同时，经学校核准、颁发第二专业的学士学位证书。

38. 本硕博连读专业有什么优势？

为提高培养人才培养的质量，有些高校在本科4年学制上再延长两年或更长一些时间，授予毕业生硕士学位，这种学制班级称为本硕连读班；也有更长学制的，为本硕博连读班。

本硕博连读，即指本科、硕士研究生、博士研究生三个阶段连着读，不间隔。考生通过高考录取到本硕博连读班后，只需完成各阶段学业、考核合格，中间不用再参加硕士、博士研究生入学考试，毕业后可获得博士学位。

本硕博连读班一般录取分数线比较高，学制为八年。学生在大四毕业结束前就有机会提前进入研究生阶段的学习，本科和研究生阶段实现了无缝对接，且不用再参加研究生阶段的统一入学考试，省时省力。但八年的长学制，并非所有学生都能坚持，有些中途放弃了硕博连读机会，因此，考生在进行选择时要有相关心理准备。

39. 临床医学（8 年制）和临床医学（“5 + 3”一体化）有何区别？

在我国的医学教育体系中，传统的临床医学八年制起源于协和医学院，后扩展到十余所一流综合大学的高水平医学院。其学生培养的基本特点是：长学制一贯到底，优秀毕业生可获博士学位，通俗地讲，就是本硕博连读，但并不是所有人都能读下来，中间会淘汰一些人。临床医学本硕博连读八年制的学生通常会在毕业前经考试获得“执业医师资格证”和“住院医师规范化培训合格证书”。

从 2015 年高考招生开始，原来的临床医学七年制被取消了，改为临床医学“5 + 3”一体化，学

制变为5+3=8年，分为两段。前一段五年基本按临床医学五年制本科培养，学生在完成五年相关课程学习并考核合格后，可免试进入研究生阶段，再经过三年的“临床医学硕士专业学位”培养。原来的七年制学生在获得硕士学位找到工作单位后，通常需要到三甲医院接受两到三年的住院医师规范化培训（简称规培），经考试获得规培合格证书，才能真正在就职的医院上岗工作，其学习时间实际上在七年的基础上还要再加两到三年。改革后的“5+3”一体化培养模式，使学生在校五年本科学习与三年临床医学硕士专业学位研究生学习相融相通，住院医师规范化培训与临床医学专业学位研究生教育同步并轨，质量和效益并举，让毕业生能快速上手工作，总体减少了学习培训的时间。学生学习合格正常毕业，可以获得四个证书——“执业医师资格证”“住院医师规范化培训合格证书”“硕士研究生毕业证”和“硕士学位证”。总之，临床医学“5+3”一体化培养模式的改革精髓，是将院校教育、毕业后教育和继续教育有效衔接，是培养高水平临床医师、提升临床医学教育的整体质量和效益的有益探索，更有利于医学生紧密结合理论与实践，提高临床医疗能力，为今后的职业发展奠定扎实基础。

40. 专业到底有没有好差之分?

从专业的本身来说，它们并无好与差之分，每一个专业的存在都有自己的意义，大学专业的设置也是应社会需求而生的，是为社会生产力发展服务的。专业的“好”与“坏”是相对的，通常，人们喜欢把就业前景好、薪酬待遇优厚、工作生活环境好、被热捧的专业称为好专业；相反，将那些为社会长期需要，但工作主要面向基层甚至偏远地区，或薪资待遇低、就业环境艰苦和回报收益期较长的专业称为“差”专业，比如哲学、政治学、历史学、考古学、林学、农学、社会工作、行政管理、图书管理、采矿工程、冶金工程、测绘工程、水产养殖、动物学等专业。其实，这些所谓的差专业的产生一方面是由于传统行业和传统观念的偏见，另一方面则是由于专门性强，就业面窄，外行人无从知晓。随着农业科技化、和谐生态、资源短缺、新能源开发与利用等越来越成为我国现代化建设的关键环节，部分农林类和地矿类专业人才的需求量正不断增加，甚至有些对人才引进限制相当严格的发达城市也将相关专业毕业生列为“特殊引进人才”而放宽限制。

二、志愿填报的基本技巧（10问）

41. 选择哪些专业以后好考公务员?

公务员因为拥有相对稳定的工作环境、良好的福利待遇和充分的社会保障等方面的优势，历年来吸引了很多的报考者，竞争十分激烈。笔者通过对国家公务员录用考试分析和公务员录用考试相关专业分析发现，法学、中国语言文学、国际经济与贸易、会计学、审计学、英语、计算机科学与技术等专业的学生在考公务员时具有更大的选择空间。

从应试者的角度以及目前公务员录用考试的特点来看，法学、社会学、行政管理、政治学与行政学等专业的学生由于掌握相关的知识而更能适应考试的要求。这主要是针对公共科目来说的，专业科目因为不同部门的职位要求不同而有所不同，这里不再介绍。有意向考公务员的考生可密切关注近年来国家公务员考试报名条件和录用职位相应的专业要求，结合自身的实际情况，选择出对自己最为有利的专业方向。

42. 适合女生报考的专业有哪些?

从人类生理角度讲，女生较擅长感性思维，男生则逻辑思维能力较强。这种差别导致男女生往往在分科选课时就出现了女偏文、男喜理的现象。在报志愿、选择专业的时候，这种差别便愈加明显。女生的语言天赋以及细腻、耐心等特点使她们在当今大学的一些专业中唱起了“主角”，如中国语言文学、外国语言文学、教育学、新闻传播学、图书馆学等专业常常呈现出“阴盛阳衰”的局面。此外，工商管理和法学类专业也是比较适合女生的。

但是，考生的具体专业选择还应结合自身的兴趣、潜能和学科优势等因素进行综合考虑，有些女生综合各方面来看可能在理工类专业的学习上反而表现出更明显的优势。所以，男女生的生理特点可作为参考，但不能绝对化，更多地应该从考生自身实际情况出发。

43. 考研或出国，哪些本科专业更能帮到你？

无论本科就读什么专业，毕业后都有考研或出国留学的机会。根据各学科专业的特点、个人职业规划、当下及今后社会对人才的需求趋势，笔者在此给打算考研或出国的考生提出大致的判断和建议。

考研方面：一般而言，一些适合从事学术工作的研究型专业，或者说实用性不够强的专业，在就业时本科身份有点缺乏竞争优势，用人单位往往需要学习这些专业的学生的学历更上一层楼。这类专业主要有四类：一是自然基础学科类专业，主要包括数学、物理学、化学、生物科学等，这些学科所涉及的专业方向适合做精做深，此类专业的学生可通过考研积累深厚的知识基础，而他们在考研时的专业选择机会也会更广。二是人文学科类专业，即通常所说的文、史、哲等，这类专业要求毕业生具有扎实的专业知识，精读众多的文献资料，学生可选择考研为自己未来的发展奠定坚实基础。三是与国家中长期科技规划密切联系的相关学科专业，如新能源科学与工程、物联网工程、纳米材料与技术等，这些专业涉及能源、电子信息、航空航天、生命与遗传等方面，每一类都瞄准了社会发展的最新领域。四是医学类专业，尤其是临床医学、口腔医学、基础医学等专业，这类专业要求的专业性很强，越来越多的高校在招生时采取八年制或者“5+3”一体化模式。而经济学、教育学、管理学以及新闻学、编辑出版学等专业实用性强，此类专业的学生可更多地先通过就业加深对相关行业的了解，再决定是否考研以及深造的方向。

出国深造方面：相对理工类专业学生来说，文科毕业生出国深造的数量和百分比都要低一些。人文社科类学科中，经济学类、管理学类、新闻传播学类、教育学类和心理学类等专业相对来说在国外更受欢迎。而理工科专业尤其是理学类毕业生出国相对容易，这是因为国外高校的理学专业一般以科研项目为支撑，需大量具有专业研究能力和严谨科学态度的本科毕业生参与到项目的研发中去，这就为我国优秀的理学毕业生提供了很多出国深造的机会。此外，电气类、土木类、生物科学类、机械类等工学专业的本科毕业生，出国发展前景也很广阔。但由于这些专业无论是在国内还是国外都很热门，有深造想法和申请奖学金的人非常多，竞争异常激烈，因此要拿到世界名校的全额奖学金并不容易。

44. 填报志愿有哪些基本步骤？

根据笔者的经验，填报志愿有如下八个基本步骤：

（1）考生正确认识自身的基本情况，包括性别、文理科类（选考科目）、出生年月、民族、籍贯、高考分数（含单科）、全省同科类排位、毕业中学、兴趣爱好和特长（不足）、身体条件（身高、体重、视力、传染病史等）。

（2）对家庭条件有个透彻的认识，包括父母工作单位和职业、家庭人口结构、家庭经济承受能力、家庭人脉资源。

（3）摆出父母和自己的要求和想法，包括就学地域、拟学专业、所选大学类型、院校优先还是专业优先。

（4）融合自己和父母的想法，进一步缩小院校和专业的选择范围。

（5）根据父母和自己的想法，结合高考成绩，利用大数据系统圈定院校和专业。

（6）对照招生章程和生源计划专辑，审核专业志愿；检查有无遗漏的升学路径。

（7）在初定志愿方案后，父母和自己都可能产生新的想法，必须做好进一步沟通工作。

（8）最终确定志愿方案，网上填报志愿。

45. 在填报志愿时，如何避免被退档？

避免被退档，最核心的应对方法是专业服从调剂，只要专业服从调剂，院校一般不会退档。即使入档考生人数超出了院校在当地的招生计划，院校也会采用机动计划予以解决。对于实行高考综合改革试点的省份，不存在专业服从调剂一说，考生在选择报考专业时，一定要仔细阅读院校招生章程，结合自身身体条件、单科成绩、加试要求以及其他特殊要求，看自己是否和院校要求相契合，从而有效避免被院校退档。

46. 什么是平行志愿的“冲、稳、保”？

很多志愿填报技巧方面的文章告诉我们，填好平行志愿要把握好三个关键字，这三个关键字就是“冲”“稳”“保”。具体说来，如果某一批次能够填报六个平行志愿，那么一般的填报规矩是第一、二志愿冲一冲，第三、四志愿稳一稳，第五、六志愿保一保。其准确含义是：第一、二志愿要填报往年比自己的分数水平高一点的学校，谓之“冲一冲”；第三、四志愿要填报往年和自己的分数水平差不多的学校，谓之“稳一稳”；第五、六志愿要填报往年比自己的分数水平低一点的学校，谓之“保一保”。

简单来说，例如某考生2018年理科全省排位为2600位，想报考厦门大学，但是厦门大学2017年、2016年、2015年在该省的最后一名进档考生位次排位分别是2123、2208、2468位，显然，以他的位次报考厦门大学大概率投不了档，只能算作“冲一冲”。如果中南大学在该省过去三年的最低投档排位分别是2615、2578、2719位，该生报考中南大学的话应该属于“稳一稳”，因为中南大学过去三年的平均排位和该生的全省排位差不多。如果武汉理工大学过去三年在该省的最低投档排位分别是2800、2945、2766位，该生报考武汉大学的话应该属于“保一保”，因为从过去三年的投档情况来看，该生2018年投档进入武汉理工大学也是大概率事件。

47. 要做到平行志愿的“冲一冲”，应注意什么问题？

值得指出的是，平行志愿条件下，大多数院校的投档线水平都比较稳定，“冲一冲”提供的只是一种可能性，我们在给考生提供“冲一冲”的时候，最好找出那种投档分数在考生省份可能会有较大波动的学校，只有投档分数线水平有起伏，考生才有可能冲上自己心仪的学校。

平行志愿条件下，哪些学校的分数会有比较大的波动呢？笔者从多年的录取工作中得出一个最大的感受就是：本省的学校一般会比较稳定，省外院校的录取分数可能会有比较大的波动。其中北京大学、清华大学、复旦大学、上海交通大学、南京大学、浙江大学、中国人民大学等高校的文科投档线，一般来说都会比较稳定，北京大学、清华大学、复旦大学、上海交通大学、南京大学、浙江大学、中国科学院大学、中国人民大学等高校的理科投档线，一般来说都比较稳定。抛开上述院校，笔者认为其他学校都是可能会有波动的。这里有个问题要注意：武汉大学对于东北来说是外省院校，按照笔者的逻辑，其每年的投档线水平可能会有波动；但对于湖北本省考生来说，则是一所省内院校，投档线水平在政策没有大变的情况下会比较稳定。

当然，以上只是一般规律，投档线的波动还受到院校招生人数、院校在当地投入招生专业的冷热门程度的影响。最近这几年各省高考政策变化都比较大，尤其是批次合并的情况下，一些投档线水平处在一本和二本、二本和三本交界线附近波动的院校，可能会面临巨大的挑战或机遇，这也给投档线的预测增加了难度。

48. 平行志愿的“稳一稳”难度在哪里？

填报平行志愿的三个关键词中，“稳”这个关键词是最难把握的。所谓稳一稳，指的是考生所选的院校要和自己的分数水平差不多，所填院校志愿一般要在“稳”这个层次产生效果。如果正好踩线进入“稳”这个志愿，那就很难考取到自己满意的专业；如果超过一点分数进入某所学校，则在选择专业时有一定的余地。正因为如此，笔者主张大家在选择“稳”这个志愿的时候，尽量偏保守一点，以利于自己被录取到相对满意的专业。当然，院校优先、不在乎专业的考生可以不理会这个提议。但对大多数同学来说，笔者相信他们肯定追求院校和专业的相对满意，而不是只顾一头。

49. 平行志愿的“保一保”究竟如何保得住？

平行志愿“保一保”这个层次的志愿是最为关键的，因为“保一保”没有保住底的话，可能会进入相关批次征集志愿或降低一个批次投档，而这是一般考生都无法接受的。那么，究竟该怎么填报才能保得踏实、保得放心呢？

根据笔者的经验，保底最核心的技巧有两条：一是保底要有双保险，也就是说至少要有两个保底的志愿，这样才能保得稳妥；二是不能用有重大利好的学校拿来保底，因为这样的院校分数线可能会大幅上扬，很有可能保底保不住。

50. 院校和专业到底孰轻孰重？特定学生如何追求院校和专业的平衡？

填报志愿时，大多数考生追求的是院校和专业的平衡，而不是走极端只顾一头。这里笔者主要谈谈如何根据学生的特点追求院校和专业的平衡。

到底是院校优先还是专业优先？这是一个仁者见仁、智者见智的问题，没有标准答案。关键是考生要根据自身的高考成绩、兴趣、特长、职业理想、家庭资源等情况，在充分了解相关院校和专业的基础上做出决定。

如果非要笔者做个参谋，在此不妨给大家提几点建议。

（1）那些综合素质较高、专业意向并不明确、有志于考研深造或者出国、对个人实力和在大学中的发展充满信心的考生，不妨采取院校优先的策略。反之，考生最好采取专业优先的策略。

（2）现在的就业很多时候是考家长，如果家长门路广，你可以选择层次更高的院校，增强自己对招人单位的吸引力；如果家长没有门路，那还是建议你专业优先、院校第二。

（3）如果考生家庭经济状况较好，那么可以选取部分院校的中外合作办学专业报考，这样通过常规报考达不到的专业目标，说不定可以通过报考中外合作办学专业来实现。记住，一般中外合作办学班开办的专业均为热门专业或学校办学实力较强的专业。

（4）如果考生成绩不错，想读一所较好的大学，但又怕某个专业太热门上不了，不妨考虑报考该专业的相近专业。比如，金融学类专业非常热门，直接报考上不了的话，不妨报考经济学专业，先入围这个学科门类再说；新闻学比较热门，实在进入不了这个专业，可以考虑报考汉语言文学专业。必要时，还可以灵活运用专业级差、专业优先等专业分配方式，为自己选择比较理想的专业增加筹码。当然，有的学校可能按照专业大类进行招生，那就尽量想办法进入相关大类再说。

三、志愿填报之升学路径（20问）

51. 军事院校招收普通高中毕业生有哪些报考条件？如何录取？

军事院校招收普通中学高中毕业生的年龄不低于17周岁且不超过20周岁（截至报考当年8月31日），未婚，不限应往届，其他报考条件详见当年公布的军事院校招生办法。

军事院校招生安排在本科提前批录取，一类、二类院校分别执行普通院校本科一批、本科二批录取控制分数线。符合条件且填报了军事院校志愿的上线考生须在规定时间参加由省军区统一组织的政治审核、面试和军检。各省省级招考机构从政治考核、面试和军检均合格的考生中区分男、女生，按院校招生专业计划数（区分指挥类和非指挥类）投档后，由招生院校择优录取。根据考生第一次

填报的志愿投档后，生源不足的院校专业，将面向政审、面试、军检合格的未录取考生公开征集。未被军事院校录取的考生可继续参加其他批次招生院校的录取。

52. 想在大学就读艺术类专业考生，他们的升学路径如何？

对艺术领域有浓厚兴趣并有志于相关专业发展的考生，可通过艺术高考这条路径来实现自己的升学理想。考生要参加艺术类专业的统考甚至校考，也要参加全国统一高考，专业和文化两类考试都达到相关成绩要求，最后通过志愿填报被高等学校的艺术类专业录取。艺术类分为音乐、美术、服饰艺术表演、播音主持艺术、编导、表演、书法、舞蹈等类别。

普通高等学校艺术类招生的专业考试实行全省统一考试（以下简称“省统考”），由省级招考机构统一组织管理。凡报考艺术类专业（含按艺术类招生的所有专业）的考生必须选择相应或相近的专业类别参加省统考。取得省统考专业合格资格的考生，方能参加有关高校艺术类专业考试（简称“校考”），各省将于规定时间公布各专业类别的省统考合格资格线，并在指定网站上公示取得合格资格的考生名单（一般不另行发放合格证）。

关于哪类学校可在特定省份设置校考，哪类学校必须使用统考成绩，哪类学校既可在统考合格生源范围内组织校考，又可直接使用省统考成绩，各省都有明确的规定，家长和考生在报考前需认真参阅相关正式文件。

考生在考虑通过艺术高考升学时，先要了解自己的兴趣喜好和特长，选择适合自己的艺术类专业，并进行有针对性的培养，做好学业规划，在选择校考院校的时候要综合自身文化成绩情况、统考成绩，校考院校专业录取规则等因素进行考虑，制订适合自己的校考规划方案。

53. 什么是综合评价录取？ 如何参加？

高校综合评价录取是指在试点高校录取新生时，综合考量考生的高考成绩、高校考核结论、高中学业水平测试成绩、综合素质测评成绩等，对高考成绩达到一定分数线的入选考生进行综合评价，择优录取。

从院校的招生范围来看：综合评价录既有面向全国招生的院校（例如中国科学院大学、北京外国语大学、上海纽约大学、上海科技大学、昆山杜克大学、南方科技大学、深圳北理莫斯科大学等高校），也有只面向少数省份招生的院校（例如中南大学综合评价录取仅面向湖南省和云南省进行招生）。

从院校的招生层次来看：绝大部分省份的考生可报考的综合评价录取高校都是办学质量较高的高校，但部分实施高考综合改革试点的省份，例如浙江省，其实施综合评价录取的学校几乎覆盖该省所有本科院校甚至部分专科院校，这代表了一种新的趋势。

参加综合评价录取的考生需重点注意以下三个方面：一是不同的综合评价招生高校对于招生计划实施的具体区域、报名条件、分数要求、考核方式等有各自具体的规定，考生需依据自身实际情况并结合当年度最新招生简章科学定位报考院校及专业；二是大部分综合评价招生高校要求考生在高考前按照统一要求在网上提交报名材料，考生和家长需提前做好申请材料收集、整理及上传工作；三是大部分综合评价高校的复试考核安排在高考后，因此高考结束后考生也不能有所松懈，要认真做好复试备考。

54. 什么是强基计划？ 哪类考生适合参加？

强基计划指导思想和原则是服务国家战略，招收一批有志向、有兴趣、有天赋的青年学生进行专门培养，为国家重大战略领域输送后备人才。主要选拔有志于服务国家重大战略需求且综合素质优秀或基础学科拔尖的学生。考生参加统一高考和高校考核后，高校将考生高考成绩、高校综合考核结果及综合素质评价情况等按比例合成考生综合成绩（其中高考成绩所占比例不得低于85%），根据考生填报志愿，按综合成绩由高到低顺序录取。

强基计划聚焦高端芯片与软件、智能科技、新材料、先进制造和国家安全等关键领域以及国家人才紧缺的人文社会科学领域，由有关高校结合自身办学特色，合理安排招生专业。强基计划突出基础学科的支撑引领作用，重点在数学、物理、化学、生物及历史、哲学、古文字学等相关专业招生。

强基计划鼓励支持高校对通过强基计划录取的学生单独编班，实行导师制、小班化培养，并与原有的基础学科拔尖学生培养计划统筹考虑，探索建立本—硕—博衔接的培养模式。

通俗来说，强基计划选拔主体是高考成绩优异的学生和少数在某个领域具有突出才能的人才[一般指在高中阶段获得全国中学生五项学科竞赛（数学、物理、化学、生物学、信息学奥林匹克竞赛）任一科目全国决赛二等奖及以上奖项的考生]。

55. 想要成为一名人民警察，可以通过什么升学路径实现这个理想?

在高三这个择校报考的人生十字路口，想当人民警察的考生，可以通过报考公安（刑警、司法）院校实现这一理想。公安类招生是指公安（刑警、司法）院校凭高考成绩、考生身体条件、政审和面试情况，从普通高中毕业生中招收学员的高考录取方式，包括现役和非现役两种。

公安院校在招生录取时，对考生性别有明确规定，招收女生比例不超过15%。是否招收女生，以及计划招收人数，各学校均须在当年的专业招生计划中有详细说明。这里要提醒考生的是，由于公安（刑警、司法）院校招收女生的专业和人数不多，女生的竞争相对更激烈，所以，想要报考的女生应特别慎重。

值得提醒的是，目前有的公安院校也招收非公安类学生，这类学生虽然在公安院校就读，但并不享有警校学生的待遇。比如，湖南警察学院就有法学、行政管理、计算机科学与技术、信息安全等专业招收非公安类学生。

56. 什么是公费师范生? 有什么报考条件?

公费师范生是指报考教育部六所直属师范大学（北京师范大学、华东师范大学、东北师范大学、华中师范大学、陕西师范大学、西南大学）之一后有条件地接受公费师范教育的学生。该政策自2007年起实行。2013年新增省部共建师范院校江西师范大学为公费师范生培养高校。2015年新增省部共建师范院校、福建省重点建设高水平大学福建师范大学为公费师范生培养高校。上大学不要钱，毕业后能进入中小学当老师，工作稳定收入也不低，这是公费师范生的标签；但公费师范生也对应着相应的义务，从2018年进入大学的公费师范生开始，学生毕业后必须从事中小学教育工作6年。

实际上，除了上述部属院校，各地的省属师范院校也有一些实行公费师范教育，具体可参考当年各省省级招考机构指定的相关高考志愿填报指导专刊。这里须注意的是，根据教育部的安排，从2015年开始，各省开始招收一定数量的高中（中职）起点本科层次中等职业学校专业课教师公费定向培养师范生，为县级中等职业学校公费培养本科层次专业课教师，实行本科提前批次录取。该类公费师范生服务年限也不少于6年。

57. 什么是免费医学生招生? 有什么规定?

免费医学生指的是国家在部分高等医学院开展农村订单定向医学生（简称免费医学生）免费培养工作，重点为中西部乡镇卫生院及以下的医疗卫生机构培养从事全科医疗技术的卫生人才。培养专业主要是临床医学、中医学专业。免费医学生须与录取学校和当地县级卫生行政部门签署定向就业协议，承诺毕业后到有关基层医疗卫生机构服务6年。

免费医学生必须热爱医学事业，愿意扎根乡村，回报家乡，治病救人，并且认可和能接受免费医学生培养所规定的相应义务。对于免费医学生招生的具体规定和各省对于本地承担免费医学生培养的高等院校，考生和家长均须以报考当年的相关正式文件为准。

58. 什么是贫困地区专项计划？需要什么报考条件？

贫困地区专项计划，其全称是“贫困地区定向招生专项计划”，又称国家专项计划。该计划起源于2012年3月，国家五部门发出《关于实施面向贫困地区定向招生专项计划的通知》（教学〔2012〕2号），决定自2012年起，“十二五”期间，每年在全国普校招生计划中专门安排1万名左右招生计划，以本科一批高校为主，面向集中连片特殊困难地区生源，以农林、水利、地矿、机械、师范、医学以及其他适农涉农等贫困地区急需专业为主，采取单列计划、单设批次、单填志愿、单独划线的办法，实行定向招生，引导和鼓励学生毕业后回到贫困地区就业创业和服务。

贫困地区定向计划有两个核心要点：（1）贫困地区定向计划实施区域一般为各省的集中连片特殊困难地区县（市）和集中连片特殊困难地区外国家扶贫开发工作重点地区县，具体名单以报考当年各省省级招考机构规定的为准。（2）报考贫困地区定向计划的考生一般须具有上述县域连续3年以上户籍和当地高中连续3年学籍并实际就读、父母或法定监护人具有当地户籍，并且要求考生的报名点、学籍、户籍及考生父母户籍必须在同一个县。每个省的具体政策实施和报考时间与流程等具体工作会有差异，符合条件的考生要密切关注当地有关文件的规定。

59. 农村学生单独招生有什么条件？大致流程是怎样的？

根据教育部有关文件精神，农村学生单独招生由教育部直属高校和其他自主招生试点高校承担，只面向特定区域的农村户籍考生招生，会以单独的考核方式对符合条件的考生进行考核，考核通过后再给予相应的报考资格。教育部要求，有关高校特别是农村学生比例相对较低的高校，要进一步加大工作力度，扩大招生名额，努力使本校农村学生比例明显提高。中央部门高校要将调减的特殊类型招生名额优先安排给农村学生单独招生计划。

具体来说，农村学生单独招生主要招收边远、贫困、民族等地区县（含县级市）以下高中勤奋好学、成绩优良的农村学生。有关省（区、市）根据上述要求确定具体实施区域。申请考生及其父母或法定监护人户籍地须在本省（区、市）实施区域的农村，本人须具有当地连续3年以上户籍和当地高中连续3年学籍并实际就读、符合当年统一高考报名条件。

大概在每年4月份，有关省级教育行政部门将向社会公布本省（区、市）确定的实施区域，有关高校会公布其“农村学生单独招生”招生简章。考生应在指定日期登录“阳光高考”信息平台提交申请材料报名。各省（区、市）教育部门将完成考生户籍、学籍资格审核并进行公示，有关高校也将完成考生申请材料审核，并将通过考核的考生名单进行公示。高校考核、确定入选资格考生名单等工作在高考后、高考成绩公布之前进行。入选考生高考成绩总分录取要求，原则上不低于有关高校所在批次科类录取控制分数线。其实，农村学生单独招生就是以前的自主招生计划的一部分，只是这部分计划只能是特定区域的农村考生才有资格享受，考核的形式和内容也更加简单，相当一部分学校甚至不需要面试和笔试。具备相关报考条件的考生可密切关注，把握机会。

60. 什么是农村学生专项计划？只要有农村户籍就可以报考吗？

农村学生专项计划（简称“地方专项计划”）是教育部为了扩大农村户籍考生被录取的概率，按专项计划单独设立批次或代码进行招生的一项制度。该计划一般由生源所在省的省属一本院校负责招生，只招收具有本省农村户籍的考生。凡具有本省农村户籍的考生并符合当年统一高考报名条件的，均可报考该专项计划。

一般来说，符合报考条件的考生须于指定时间，登录指定网站进行资格认定。当然，每个省可能有不同的规定，考生务必深刻领会当年本省的有关政策。

61. 今后想在体育相关领域发展，有什么好的途径?

很多考生想在大学学习体育类专业，一是因为自己确实很想学这类专业；二是这类专业往往对考生高考分数要求较低，考生通过这种途径能考上相关的大学。那么，究竟该怎么报考体育类专业？主要有以下两个途径：

(1) 参加省级体育统考。考生通过参加所在省组织的体育专业统考，就可以在高考填报志愿时报考体育类专业，录取时一般采取“文化+专业”成绩的模式进行。专业考试项目一般分为身体素质项目、辅助技术项目、专项技术项目三部分。

(2) 体育单招。如果考生有某个专项特长，符合高考报名条件，达到国家二级运动员以上级别，参加由相关高校单独组织的运动训练、武术与民族传统体育两个专业的招生，通过考试后不需要参加高考就可以进入相关院校学习；但是需要参加国家体育总局组织的文化考试和由招生院校负责组织实施的体育专项考试。

考生须依据各院校招生简章要求，统一在“中国运动员文化教育网”（网址为 www. ydyeducation. com）体育单招考试系统中进行考试报名，具体报名时间分为冬季项目报名时间和其他项目报名时间，两者的考试时间也不相同，考生和家长要密切关注相关通知。报名考生运动技术等级以国家体育总局官方网站“运动员技术等级综合查询系统”公示的数据信息为准。

62. 什么是民族预科班？有什么报考特点?

民族预科班，全称为少数民族预科班，是指通过对少数民族考生的招生政策倾斜，利用高等学校的师资、设备等条件，为少数民族培养各类高层次的专业技术人才。通过该种方式录取的少数民族考生会获得一定的降分优惠。

民族预科班招生形式主要有以下特点：(1) 考生必须通过少数民族资格审查，汉族学生不能报考。(2) 学生被录取后，必须先接受一年高中和大学之间的衔接教育，也就是预科教育，包括语文、数学、英语等科目，大部分属于高中阶段的内容，考核合格后才能进入本科阶段学习，这意味着通过民族预科班这种招生形式录取的学生，本科阶段一般要读五年。(3) 这类招生可以在院校相应批次投档线甚至控制线下降低 80 分从高到低投档录取。(4) 预科培养的地点可能是考生考入的大学，也有可能是该所大学所指定的协议培养基地，每所学校可能有所不同；(5) 正式进入大学本科后所学具体专业，有的是在招生时已予以明确，有的根据学校规定予以安排。

63. 民族班是什么？和民族预科班有什么区别?

民族班，全称为高等学校少数民族班。举办的目的是通过对少数民族考生的招生政策倾斜，利用重点高等学校的师资、设备等优越的条件，为少数民族培养各类高层次的专业技术人才，通过该种方式录取的少数民族考生会获得一定的降分优惠。

与民族预科班一样，这项政策只有少数民族考生才能享用，汉族考生不能报考。为了让大家直观地感受民族班和民族预科班的不同之处，特设计出如下表格，供大家参考。

	就读年限和层次	录取优惠	录取专业
民族预科班	一般为“4+1”（本科 4 年+1 年预科）；一本和二本批次均有招生计划	可在学校所在批次的录取控制分数线下 80 分以内按考生志愿从高分到低分投档。部分部委属高校和外省属高校要求考生的高考总分要达到高校所在批次投档线下 80 分以内。	有的在录取时确定专业。有的在学完预科专业知识、考核合格后确定

（续表）

	就读年限和层次	录取优惠	录取专业
民族班	不需读1年预科；一般只在一本批次有招生计划	可在学校所在批次的录取控制分数线下40分以内按考生志愿从高分到低分投档，由学校择优录取。	招生录取时就已经安排好所学专业

民族班计划的志愿一般应填在本科一批的“民族班”志愿栏，每名考生只能在该栏选择一个直接志愿和一个学校服从志愿，选择学校服从志愿时，考生务必慎重。当然，对于民族班计划的志愿填报，每个省可能有不同的安排，熟知本省的政策是很有必要的。

64. 想要成为一名飞行员，有什么办法可以实现？

很多同学想在大学毕业后成为一名飞行员，可以遨游在广阔的天际。想要实现飞行员的梦想，可以通过报考空军飞行员、海军飞行员、民航飞行员来实现。

空军飞行员。空军飞行人员是指部队的飞行员，需要执行一定的战斗、抢险、军事运输等任务，是国家的特殊人才和宝贵资源，其招收培养属国家行为。招收飞行学员（简称招飞）工作，在国家有关部委领导下，会同有关省（自治区、直辖市）的教育部门组织实施，纳入全国普通高校招生体系，是军队院校招生工作的重要组成部分。

（1）招飞对象：①普通高中应届、往届毕业生，男性，年龄不小于17周岁、不超过20周岁；②军队院校应届本科毕业生，男性，年龄不超过24周岁。

（2）身体条件：身高在164—185cm，体重不低于标准体重的80%、不高于标准体重的130%，标准体重（kg）=身高（cm）—110。双眼裸眼视力C字表均在0.8以上，未做过视力矫治手术，无色盲、色弱、斜视等。

（3）文化条件：普通中学高中毕业生报名参加招飞，高考成绩达到本省（自治区、直辖市）统招一本线。

（4）招飞流程：①9月—10月报名；②10月—11月初选；③12月—次年5月复选；④次年6月—7月定选。

海军飞行员。海军飞行员的工作主要就是保卫领海和配合海军在海上作战，对国防起着重要的作用。海军飞行员与空军飞行员都属于军队招生，学生有军籍，还享有相应的军人待遇。

（1）招飞对象：考生为普通高中应、往届毕业生，男性，理科生，不分文理科省份考生须选考物理；具有参加高考当年普通高等学校招生全国统一考试资格，及海军开招地区学籍、户籍；年龄16—19周岁。

（2）身体条件：身高165—185cm，体型匀称；体重在52kg以上，未满18周岁体重在50公斤以上，身体质量指数符合标准；无口吃，无文身，听力、嗅觉正常。

（3）文化条件：高考成绩须达到一本线（“特招线”或“强基线”），外语限英语；内蒙古自治区考生须参加普通（汉授）高考。

（4）招飞流程：①报名，9月；②初检预选，9月—11月；③全面检测，12月—次年4月；④定选录取，次年5月—7月。

民航飞行员。民航招飞是指普通高校飞行技术专业（本科）通过高考招收飞行学生。

（1）招飞对象：①高中毕业生：年龄16—20周岁。②本科及以上学历毕业生：本科学历者25周岁（含）以下，硕士研究生学历者27周岁（含）以下，博士研究生学历者29周岁（含）以下。

（2）身体条件：身高不应低于168cm；体重符合民航招收飞行员体重指数标准；任何一眼裸眼远

视力不低于0.1（C字表），单眼裸眼视力低于0.7（C字表）需戴眼镜矫正到1.0（C字表），附眼镜度数处方；不应有色盲、色弱、夜盲、斜视，不应患有严重的沙眼或倒睫；无传染病，本人及家族无精神病史。

（3）文化条件：高考成绩应达到中国民航局确定的招飞录取控制分数线（不含任何政策加分），控制线上考生按执行计划数从高到低择优录取。

（4）招飞流程（高中生）：①报名，9月—10月；②面试10月—11月；③初检体检，11月—12月；④背景调查；⑤高考6月；⑥体检复检，高考后；⑦录取，7月。

65. 就读中外合作办学机构或项目有什么优势？

本书在第一章对中外合作办学的基本内涵已做过基本介绍，在此不再赘述。那么，就读中外合作办学院校（专业）到底具有哪些方面的优势呢？这是很多家长和考生都关注的问题。总体来说，主要有以下四个优势：

（1）课程优势。引进国外优质教育资源，根据国际国内人才市场的需求设置专业，执行中外合作院校双方共同制定的教学计划和人才培养方案。课程设置大多与国外课程紧密接轨，部分中外合作办学机构的师资、教材均来自国外，有利于学生接受中西方文化的教育，丰富其文化知识结构。

（2）语言优势。重视强化学生的语言素质和口语训练，一般都对学生的语言能力有较高要求。部分课程教学采用外方合作院校原版教材，配备国外师资，实施双语教学。

（3）费用优势。学生在国内学习可得到国外合作院校的认可，有利于缩短考生出国后在国外的学习时间，降低学习成本。

（4）就业优势。学生在国外毕业后，有机会在国外创业。学成回国的学生由于熟悉欧美文化，外语能力较强，常常被外资企业和中外合资企业所青睐。

66. 想求学港澳，可以通过什么方式实现？

经教育部批准，目前在内地地区招收全日制本科生的香港高校有香港大学、香港中文大学、香港理工大学、香港科技大学、香港城市大学、香港浸会大学、岭南大学、香港教育大学、香港公开大学、香港演艺学院、香港树仁大学、珠海学院、香港恒生大学、东华学院、香港高等教育科技学院等15所。这些学校中，除香港中文大学和香港城市大学按内地高校招生办法，由省级教育考试机构安排在本科提前批统一投档录取外，其他高校均由考生个人通过书面申请或网上申请获得录取资格，网上申请时间一般截至6月份，实行单独招生。

澳门高校目前在内地招生的院校有澳门大学、澳门理工学院、旅游学院、澳门科技大学、澳门镜湖护理学院、澳门城市大学6所，均实行网上报名，单独招生。一般情况下，这些院校网上报名时间为5—6月，部分院校还组织笔试或面试，具体时间和办法可查看各学校招生网站或澳门特别行政区政府高等教育辅助办公室内地招生网页（网址为www. gaes. gov. mo/chinaenroll/big5/home. html）。

参加了全国普通高考，符合中国政府有关赴港澳就读规定的考生，既可报考港、澳单独招生高校，也可以填报当地省级招生办公布的普通高校招生计划的高校。需要注意的是：（1）香港中文大学、香港城市大学安排在本科提前批招生，这两所高校录取内地考生时要求分数达到当地本科一批录取控制分数线，并且不考虑考生的各类优惠加分，只按考生的实际高考成绩调档录取；实行单独招生的港澳高校将于7月初之前将录取名单报各地省级教育考试机构。（2）凡被香港实行单独招生高校录取的考生，将不能再按志愿录取到其他高校。（3）已被澳门高校录取的考生，还可以按考生填报的高考志愿录取到其他高校，由考生选择就读。内地学生在上述香港、澳门地区的学校学业期满，获得学校颁发的学历、学位证书，内地教育主管部门予以承认。

67. 什么是定向生？ 其录取有什么特点？

定向生，全名为定向就业招生，是指为了帮助边远地区、少数民族地区和工作环境比较艰苦的行业培养人才，保证其得到一定数量的毕业生而制定的一项政策。考生自愿填报有关高等学校定向就业招生志愿，按相关政策一旦被录取为定向生，须在入学注册前与高校及定向就业单位签订有关定向就业协议，顺利完成学业后即到定向单位就业。这是一种确定了培养单位的招生计划，一般只有中央部委所属高校才能安排定向生招生计划。

拟报考一般定向生的考生在填报志愿时，每个批次只能填报一所院校的直接志愿和一个学校服从志愿，从大多数省份的志愿表来看，一般定向生和定向西藏就业计划安排在同一栏进行，这就需要考生根据自己的情况做出取舍，也要慎重选择“学校服从”志愿。

一般定向生录取时，教育部要求各有关省级招生办对高等学校定向就业招生须安排在非定向招生同一批次，同时向有关高等学校投档。若高等学校定向就业招生计划在该校调档分数线上不能完成，可在该校调档分数线下20分以内、同批录取控制分数线以上，由省级招办补充投档，高等学校根据考生定向志愿择优录取；如生源仍不充足，应就地转为非定向就业招生计划执行。

68. 什么是定向西藏就业？ 有什么报考优惠？

“定向西藏就业计划”，是指符合考生所在省市区（不含西藏）普通高校招生考试报名资格、户籍在当地的应届高中毕业生，通过参加高考，填报“定向西藏就业计划”志愿，被有关院校录取，经过大学本科四年的学习，考核合格后，统一安排去西藏工作，工作年限一般不少于五年，实际上应该表述为非西藏生源定向西藏就业招生。该计划由西藏政府提供培养经费，由中国农业大学、北京林业大学、中央民族大学、东北林业大学、上海财经大学、华东师范大学、南京大学、厦门大学、山东大学、武汉大学、西南大学、陕西师范大学、西北农林科技大学13所院校承担招生培养任务。

根据有关政策，非西藏生源定向西藏就业招生计划严格按教育部规定执行，随院校同批次录取。高校按照德、智、体全面衡量，择优录取的原则，在学校所在批次的录取控制分数线下40分以内，按符合报考条件考生志愿从高分到低分投档。已录取的考生到学校后，必须签订定向西藏就业协议书后方可办理新生报到和注册手续，拒签协议书者不予办理新生报到和注册手续，取消入学资格，相关责任由学生本人承担。学生本科毕业后，按中办发〔2001〕19号文件中的相关规定，到西藏工作至少五年。学生毕业并到西藏工作单位报到后，方可取得学历证书和学位证书。毕业生无正当理由不履行定向西藏就业协议，将记入本人档案并须向培养学校退还由国家财政给予的全部补助经费和学校付出的培养成本费。

需要提醒的是，考生填报“定向西藏就业计划”时，首先要在生源计划专辑本科一批定向计划中查看有无计划投放，如果有，再在本科一批的定向志愿栏填报相关学校和专业志愿。

69. 什么是定向培养士官生？

士官，即“职业士兵”，高于士兵（普通士兵）。我国军队的士官一般是士兵服役两年后，根据部队需要、本人自愿、组织考核后与军方签订合同而成的，必要时也从军外直接招募具有专业技能的公民，进部队直接与军方签订合同而成的。为加快培养军队现代化建设需要的高素质士官人才，国家有关部门从2012年起，面向全国特定省（区、市）十多所地方高校开展依托地方普通高等学校定向培养士官工作，直接从高中毕业生挑选优秀苗子成为士官。定向培养士官学制3年，学历大专，基本培养形式为“2.5+0.5”军地联合培养模式，学生入学后，前2.5学年的课程由学校负责；后0.5学年为入伍实习期，由部队负责，入伍后享受现役士官待遇。

定向培养士官的对象，从参加全国普通高校招生统一考试的普通高中毕业生中选拔，年龄不超过20周岁（截至当年8月31日）。培养对象男女不限（男生比例更高），未婚，其政治、身体条件按照征集义务兵的规定执行。同等条件下，优先录取中共党员、军人子女、烈士子女、优秀学生干部。招生层次为专科，录取批次为专科提前批。

符合定向培养士官报名条件的考生可以在专科提前批“非定向”志愿栏内选择定向培养士官院校（专业）填报。上线考生须参加由当地兵役机关组织的体检，体检合格后的政审和面试一般安排在7月底8月初进行。省教育考试院将体检、政审、面试合格的考生根据其文化成绩从高分到低分排序，按招生计划数的一定比例投档（不超过120%），择优录取。

投放定向培养士官计划的高校主要有北京电子科技职业学院、江西信息应用职业技术学院、山东信息职业技术学院、武汉交通职业学院、湖北交通职业技术学院、长沙航空职业技术学院、湖南国防工业职业技术学院、成都航空职业技术学院、兰州资源环境职业技术学院等。

70. 什么是高职院校单独招生？ 招生形式是怎样的？

高职院校单独招生简称“高职单招”，通俗地说就是高等专科学校或高等职业技术学院在高考前，由各个学校举行一次选拔考试，对那些符合自身办学条件的考生进行选拔与录取。被单招录取的考生，可以不参加高考就能进入被录取的高职院校学习。这种方式适合那些有志于就读高职院校、动手能力较强但文化课学习并不擅长的考生。

“高职单招”招生对象主要是那些已参加当年高考报名的应往届考生和社会青年。招生院校一般是本省院校在本省招生，个别部属院校如湖南省的长沙民政职业技术学院，国家允许其跨省招生。

报名时间一般为每年3—4月份，普遍采用“网上报名+学校现场确认”的方式。考试时间一般在4月底，大多数招生院校单独组织考试，在招生院校比较集中的省（区、市），有的院校也采用联合组织考试的方式。考试形式一般分为文化考试和综合素质测试或特长测试两部分。艺术类和体育类考生需通过相关的专业测试才能被录取。

由于每年各省（区、市）出台的政策均有适量的更改和变动，有意向的考生与家长应及时关注并留意本省（区、市）省级招考机构发布的相关信息。

四、新高考志愿疑问解答（30问）

71. 新高考选科选考该注意哪些方面的问题？ 如何进行科学的选科选考？

科学的选科选考应该从学生自身实际、普通高中办学条件和高校招生专业选考科目要求三个维度去考虑。

第一个维度：学生自身

选课必须遵循的原则就是学生将来高考能取得高分，所选学科有利于未来职业和专业的发展。需要考虑以下因素：

（1）通过生涯课程的学习，进行自我探索。考生根据个人志向、兴趣爱好、性格特点、自身优势、对各科的喜好等进行选择。对职业有兴趣，会把工作当事业去做，能够走得长远。所选职业适合自己的性格并且具备所选职业应具有的能力，才能做出成就。

（2）等级分最高。目前成绩好的学科，一定要选；有的科目即使目前成绩不好，如果具备发展潜能，通过自身努力将来也能取得较高分数。

（3）自选组合等于优势组合。选出自己的最优组合，高考取得自己能够达到的最高分。据上海、浙江的经验，所选三科全部是优势学科与全部是弱势学科，最后高考总分能够差20至30分，所以选考科目的确极为重要。

（4）自身条件。所选专业要考虑到高考体检标准的要求，否则高考时会因身体条件限制，专业不宜录取或不能录取。比如高度近视不能报考轮机驾驶、精密仪器等专业；肝功能阳性不能报考学前教育专业，色盲不宜报考临床医学、化学专业。家长和学生最好提前研究一下高考体检标准。

（5）社会现实。上学目的是为就业，国家发展需要、家庭背景、人际关系、性别、薪资、地域、工作环境等，也是需要考虑的因素。家庭条件好不急于工作，可以充分考虑自己的兴趣，可以报考理学、史学、哲学等需要深造的专业；家庭条件不好的孩子最好就业热门的专业。社会环境因素家长认识得更深更透，要做好孩子的指导。

第二个维度：高中学校

学校开设生涯规划课，指导学生全面认识自己，给学生以充分选择的权利。中学根据办学条件、学科特色和办学特色，搞好选课指导规划。学校根据实际情况，可以为学生提供8种套餐、12种套餐、20种套餐，甚至是开全所有组合。学校还要了解本学校各个学科分别在全省的排名情况，指导学生选择本校在全省占优势学科，尽可能避开学校的弱势学科，从而取得比较高的等级分数。

第三个维度：高校专业对选考的要求

教育部规定普通高等学校要根据专业人才培养，对学生学科专业基础的需要，科学合理设置选考科目要求。考生要结合目标院校和目标专业选考科目要求进行选择。比如，选考物理能够覆盖哪些专业？物理组合比非物理组合可选专业的比例要高多少？随着院校层次的上升，选考物理可报专业比例是不是上升？这些都是考生和家长要重点考虑的。此外，不同学校同一专业选考要求也不相同，学生要根据具体的目标高校和目标专业选考科目要求，确定选择科目。

72. 什么是“3+1+2”选考模式？目前都有哪些省实行这种模式？

在“3+1+2”选考模式下，考生高考总成绩由全国统一高考的语文、数学、外语3门科目成绩和考生选择的3门普通高中学业水平选择性考试科目成绩组成，满分为750分。其中，全国统一高考的语文、数学、外语3个科目，每科满分均为150分，总分450分，各科均以原始成绩计入总成绩。学业水平考试选择性考试科目中，考生在物理、历史2门首选科目中选择1门科目，满分为100分，以原始成绩计入总成绩；在思想政治、地理、化学、生物学4门再选科目中选择2门科目，每科满分均为100分，以等级赋分转换后的等级成绩计入总成绩，即通常所说的“3+1+2”模式。目前全国共有辽宁、河北、重庆、江苏、福建、湖北、湖南、广东等8个省市实行“3+1+2”选考模式。

73. 高考实行“3+1+2”模式和传统的文理分科有何区别？

“3+1+2”的模式和传统的文理分科有着本质区别。一是目标导向不同。“3+1+2”的模式既体现了物理、历史学科的基础性作用，突出了普通高校不同学科专业选才的要求，也更加注重学生的全面发展，提高学生的综合素质。二是选择科目组合不同。“3+1+2”的模式下，学生可根据个人爱好、兴趣、特长和拟报考高校及专业的招生要求以及高中学校的办学条件，在12种组合中自主选择，增大了考生的选择面。而传统文理分科仅有两种固定的组合供考生选择。其中，文科考生只能选择思想政治、历史、地理1种固定组合，理科考生只能选择物理、化学、生物学1种固定组合。三是考试内容不同。“3+1+2”的模式中，学生参加全国统一高考的语文、数学、外语3个科目考试时不分文理科，所有考生的考试试卷完全一致。而传统文理分科的数学考试科目，试卷的内容和难度则是有区分的。

74. 实行“3+1+2”选考模式的省份共有8个，这8个省志愿填报模式一个样吗？

辽宁、河北、重庆、江苏、福建、湖北、湖南、广东等8个省市实行“3+1+2”选考模式。但对于志愿填报来说，这8个省市又分为两个阵营，辽宁、河北、重庆更多地倾向于浙江、山东的专业（专业类）平行志愿模式，江苏、福建、湖北、湖南、广东等5个省更多地倾向于上海、北京的院校专业组模式。

75. 等级赋分制是什么？ 为什么要实行等级赋分制？

在新高考模式下，每个考生选考科目不同，不同学科试题的难度差异不同，报考相应学科的考生群体也不同，选考科目的原始分不具有可比性。如，考生甲选考思想政治，考生乙选考化学，两人都考了80分，考生甲排在所有选考思想政治考生的第100位，考生乙排在所有选考化学考生的第1000位。若简单地将他们各科成绩相加计入高考总成绩并进行比较，既不科学也不公平。因此，需要将不同科目的原始分按照一定规则进行转换得到等级分（转换后考生选考科目成绩排序不变），以解决选考科目的原始分不具有可比性的问题。这就是等级赋分制以及实行等级赋分制的意义。

76. 听说新高考录取都是不分批次， 而填报却是分段填报的， 需要考生和家长注意一些什么呢？

从已经实行高考综合改革的省市来看，高考录取都是不分批次的，就是说同一层次（本科或专科）的院校在同一时间供考生选报，跟以往分批次录取不同，大部分本科一批院校办学水平要高于本科二批院校，人为给考生进行了院校层次的划分，这样在志愿填报时可以缩小选择范围，更能有的放矢。而在新高考实施省份，所有院校同台竞技，考生要特别注意区分院校实力，避免高分低录。至于分段填报，那是招考机构便于管理而采取的举措，考生需根据所在省份的政策规定，留意自己所在分数段的填报时间和机会。

77. 有人说， 新高考其实是以专业为导向的新高考， 这是不是意味着可以不用重点考虑院校层次？

我们认为恰恰相反，正因为新高考是以专业为导向的新高考，考生所选的专业往往是自己能接受的专业，在这样的背景下，院校层次反而变得更加重要。考生和家长要想填好高考志愿，一定要认真研究院校层次和实力，在专业符合自身最低诉求的前提下，尽量追求高层次的院校。对于浙江、山东、重庆、辽宁、河北等实施专业（类）平行志愿的省市来说，这一点显得更加重要。

78. 浙江、 山东、 河北、 辽宁、 重庆实行按照专业 （专业类） 投档的平行志愿模式， 请问什么是专业 （专业类） 平行志愿？

专业（专业类）平行志愿，是新高考招生同一类别、同一批次中若干具有相对平行关系的专业（专业类）志愿，以一所院校的一个专业（专业类）为志愿单位，按照“分数优先、遵循志愿”进行投档。不同于以往以院校为志愿单位投档的院校平行志愿，专业平行志愿投档时，直接投档到某院校某专业（专业类），不存在专业服从调剂，考生也不用担心被调剂到自己不喜欢的专业。

79. 为什么实行专业 （专业类） 平行志愿？

从传统高考院校平行志愿到专业（专业类）平行志愿，体现了以考生为本的招生录取原则。一是可解决长期以来一直困扰考生不能录取到自己喜欢专业的纠结问题，扩大考生在录取环节的选择权，让考生“录其所愿”；二是有利于推动高校优化专业结构、加强专业内涵建设、办出专业特色，有利于改变高等院校专业设置的同质化现象；三是在采用“专业（专业类）+学校”的情况下，新高考实行选考后，各专业对学生选考科目的要求不一致，以学校为单位的传统投档模式实际已无法实施。

80. 考生如何理解 “专业 （专业类） +学校” 的志愿模式变化？

第一，填报的基本单位发生了变化。以前的模式下，主要是以学校为单位，然后在这个学校的范围内选定若干招生专业，学校是根本和基础。新的模式下，考生可以具体到某个学校的某个专业，就是以专业（专业类）+学校为单位，选择更加精准，突破了学校的限制，更加突出了专业的重要性，

专业是关键和基础。

第二，填报的个数发生了变化。志愿单位的改变直接带来了数量的变化，1个“专业（专业类）+学校”就是1个志愿，占据的志愿数量更多了。比如原来的模式下同时报考北京大学的数学、物理、化学3个专业，只需要填报在北京大学1个单位下，新的模式下则需要填报数学+北京大学，物理+北京大学，化学+北京大学3个志愿。

第三，增加了选考科目要求。考生选报专业的时候，以前查看报考指南的时候，在同一个科类里，除有特殊要求外，考生基本可以填报所有专业。但在新的模式下，考生还需要关注每个专业的选科要求，看自己是否符合。

第四，取消了“因不服从调剂而退档”。以前的志愿模式下，部分考生因不服从院校的专业调剂，而被投档院校退档。“专业（专业类）+学校”取消了专业调剂，考生不必担心被调剂到不喜欢的专业了，考生也因此不会存在“因不服从专业调剂而退档”。

81. 专业（专业类）平行志愿投档后有退档风险吗?

有退档风险。考生的体检、单科成绩、外语语种、英语口试、综合素质评价等因素不符合高校要求的，都有可能造成退档，这些因素由高校根据招生需要自主设定，并在高校招生章程中公布。考生一旦投档到某个高校的专业，又不符合高校招生章程的要求就会造成退档。因此考生在填报志愿前一定要认真查看高校招生章程，防止因误报而被退档，从而失去这一次录取的机会。

82. 什么是院校专业组的高考志愿填报方式?

在很多实施新高考的省份，普通高等学校招生录取采用“院校专业组”的志愿填报方式。志愿填报及投档的基本单位由“院校”改变为“院校专业组”。“院校专业组”由招生院校根据不同专业（含专业或大类）的选考科目要求和人才培养需要设置，是志愿填报与投档录取的基本单位。一所高校可设置一个或多个“院校专业组”，每个“院校专业组”内可包含数量不等的专业，同一院校专业组内各专业的科目要求须相同。

同一高校的不同“院校专业组”之间互无关联，符合填报资格的考生可以填报某所高校的1个“院校专业组”，也可以填报同一所高校的多个不同的“院校专业组”；既可以连续填报同一所高校的不同“院校专业组”，也可以间隔填报同一所高校的不同“院校专业组”。

以天津科技大学在上海招生为例，该校2020年一共分四个院校专业组，分别称为天津科大（01）、天津科大（02）、天津科大（03）、天津科大（04），其中天津科大（01）要求必须选物理，包含机械电子、计算机软件等专业；天津科大（02）要求在化学、生物中选一门即可，包含食品科学与工程、食品质量与安全两个专业；天津科大（03）要求在物理、化学、生物中选一门即可，包含制药类、环境科学与工程类、生物工程、工业工程等专业；天津科大（04）则不限选考科目，主要包含经管以及文学类专业。

83. 实行“院校专业组”的志愿填报有什么优势?

高考招生作为高校选才的主要方式和通道，既要保障高校招生自主权，也要满足不同专业或学科的个性化选才要求。“院校专业组”的设计，满足了高校提出的对专业报考所设定的科目要求，也关注了学生类别划分的科目组特性，把科目作为招生专业分类的基本依据。同时，“院校专业组”不是严格的学科或学科大类的划分，这也为高校设计有自身特点的本科人才培养项目（如实验班模式、通识教育、大类培养等）留有充分的空间。

实行“院校专业组”的志愿填报方式，有利于维护学校招生自主权，还可以保证考生的选择权，又尽可能避免考生因身体等原因受限于某专业而被退档问题的发生。

84. 每次专业（专业类）平行志愿有几次投档机会？考生投档后又被退档，能再补投到后面的专业（专业类）平行志愿吗？

专业平行志愿均实行一轮投档，考生只有一次投档机会，一旦被投档到其中一个专业志愿，其余专业志愿即失效。

即使考生被投档的专业退档，也不会再参与后面志愿的投档，需要在下一次重新填报志愿。

85. 实行新高考后，浙江、山东、河北、辽宁、重庆等省市的专业平行志愿有无先后之分？

对“专业（专业类）+学校”来说，没有先后之分。不管是第一个还是最有一个志愿填报的，一旦投到该志愿单位，系统显示的志愿均为一志愿。

对考生来说，有先后之分。专业平行志愿投档依据考生位次、志愿顺序进行。计算机对考生所填报的所有志愿单位依次进行检索，先检索第1志愿，符合条件就投档，不符合条件立即检索第2志愿，依此类推。一旦检索到符合条件的志愿并投档，后续志愿立即同时失效。所有志愿中即使有多个符合条件的志愿，也只有一次投档机会，只投档到排在最前面的那个符合条件的志愿。所以对考生来说，精心安排志愿次序非常重要。

86. “不分文理”是这次高考改革的重要变化，主要表现在哪些方面？

为适应经济社会发展对人才全面发展需求，这次高考改革推出了“不分文理”的举措，目的是深化高考改革，增加人才素质结构的多元性和考试方式的多样性，提高人才选拔水平，培养更多综合素质高、发展潜力强的高素质人才。

“不分文理”主要表现在两个方面：一方面，高中学生参加全国统一高考的语文、数学、外语3门科目考试时不分文理，所有考生的试卷完全一致；另一方面，高中学生可以根据自身兴趣特长和拟报考学校和专业的招生要求，自主选择其他3门考试科目，科目组合的选择权掌握在学生手中，打破了过去只有文科（政治、历史、地理）和理科（物理、化学、生物）两种选择的局面。

87. 实施新高考的省市，还会划定普通本、专科分数线吗？

从目前已经实施新高考的浙江、上海、北京、天津、山东、海南等省份来看，浙江、山东普通类均不再划分本、专科文化录取控制线，而是采用分段划线、分段填报志愿、分段录取的办法。但是从上海、北京、天津、海南等省份来看，依然还有本科批次线。这是两种不同录取模式所决定的，上海、北京、天津、海南等省份实行的是院校专业组的录取模式，和传统的高考有点类似。从已经出台的政策规定来看，“3+1+2”选考模式下的辽宁、河北、重庆参考的是浙江、山东录取模式，江苏、福建、湖北、湖南、广东等省市参考上海、北京录取模式，但具体的规定各省会有一定差异，需要考生和家长仔细比较、认真研究。

88. 为什么在新高考模式下，普通类实行“专业（专业类）+学校”志愿录取模式的省份不再划定本专科录取控制分数线？

实施分段划线、不再划定本专科录取控制分数线，主要基于以下几点考虑：

一是“专业（专业类）+学校”志愿模式下，无法简单地面向所有专业（专业类）统一划定一条本科线和专科线。在往年采用以学校为志愿填报单位时，录取也以学校为单位，一个学校只有文理类各一条录取线。改革后，采取“专业（专业类）+学校”志愿填报方式，投档时以专业为投档单位，一条本科或专科分数线将很难涵盖所有的专业录取线。故不采用“一刀切”方式划定一条本科和专科线，而是通过分段方式，柔性地将考生划分为两部分，淡化本专批次界限，给考生更多的选择空间，增加考生的选择权，也可以更好地保证选报人数较少的专业顺利完成招生计划。

二是确保有序投档录取。分为两段线，让一段线和二段线的考生依次填报志愿，一段线考生首先填报本科志愿，基本使较高分数的部分考生不至于因志愿填报不当而落差太大，即使第一次没有被本科录取也可继续填报剩余本科计划，同时也可避免高水平大学专业间分差过大。

三是创造条件逐步减少录取批次。这是《国务院关于深化考试招生制度改革的实施意见》明确的导向之一。由截然分开的本科批、专科批，到淡化本专科界限的段线划分，到适当减少录取批次提供经验探索。

89. 新高考背景下考生填报高考志愿的宏观思路是什么？

填报志愿时，考生首先应对自身情况有较为客观的判断，不能盲目攀高，也不要妄自菲薄，要结合实际，综合分析、科学选择。所选择志愿应该与兴趣爱好、特长优势相符，跟自己性格相匹配；应该与自己成绩位次及身体条件相符合；应该与职业生涯规划及就业去向相吻合。

一是充分了解招生录取政策规定。全面了解国家和所在省招生政策规定，了解自己所属类别的志愿设置、志愿填报时间、投档录取规则等情况。

二是理性分析现有数据信息。根据自己的高考成绩和位次，理性参考往年招生录取数据等信息，初步研判报考的高校、专业层次，大致在哪些范围。

三是综合考虑专业、院校、地域、类别等因素。可首选出考生喜欢、特长或优势的若干个专业，再考虑高校、地域等因素；也可首选出若干所高校，再考虑专业等因素；还可以学校和专业兼顾选择。

四是认真研读高校招生章程。高校招生章程是高校开展招生工作的主要依据，考生务必仔细研读了解。在研读分析高校招生章程的基础上，优化填报志愿备选名单

五是筛选形成合理梯度的志愿预填名单。在平行志愿招生批次，要拉开适当的梯度，以增加录取概率。从“冲一冲、稳一稳、保一保”三梯度入手，选择足量的志愿单位，分别放在“冲一冲”“稳一稳”“保一保”三个梯度。

六是借助志愿填报辅助系统，使用选考科目、院校地域等筛选功能，提前将志愿选好导出志愿预填表。在填报志愿规定的时间，将志愿预填表导入志愿填报系统即可实现正式填报志愿。

90. 高校招生专业对选考科目有何要求？

高校结合自身办学定位和专业培养目标，认真研究本校专业人才培养对高中学生学科专业基础的需要，对每个具体专业提出选考科目要求。以“3+1+2”高考改革试点省份为例，首先确定物理或历史科目要求；然后再从思想政治、地理、化学和生物学科目中分专业提出1至2门科目要求或不限科目要求。如某高校的某专业首选科目要求为“物理”，再选科目不限，则表示考生3门选择性考试中只要选考物理就可报考该专业，对2门再选科目没有要求。各省一般在学生高一的时候就汇总各招生高校所提的选考科目要求，并及时提供给考生参考。

91. 什么是分段填报志愿、 分段录取？

分段填报志愿、分段录取指的是根据实际参考人数的一定比例，按照考生总成绩，从高到低分若干段填报志愿和录取。例如，按高考成绩前20%、60%、90%分成三段（浙江一直这么实施）。第一段考生先填报志愿，随即投档录取；剩余计划重新公布，未被录取的第一段考生和第二段考生填报志愿后，再进行投档录取。以此类推。第三段志愿填报和录取后，如仍有院校专业未完成计划的，实行征集志愿。

92. 分段填报志愿和分段录取的优势是什么？

新高考改革省份合并录取批次后，如继续实行现行集中填报志愿模式，考生就只有一次填报志

愿和录取的机会（不含提前批和征集志愿），考生志愿填报及录取的风险加大，可能出现考生特别是高分考生因一次填报志愿失误而落榜的情况。

实行分段填报志愿和录取，可以使每一段的考生选报高校的定位更加合理，填报志愿更有针对性，可以有效降低考生志愿填报风险。例如，某考生成绩居前15%，在第一段填报志愿后，如果没有被录取，还可以继续与第二段考生一起填报志愿和录取，增加了其录取的机会。

93. 浙江省有一年新高考的录取数据中，我发现南开大学电子信息类专业和天津医科大学临床医学录取分数相等，这种情况下我该怎么决策呢?

这两个选择院校不同，专业也不同，可以说不具备可比性，但在实际填报的过程中，确实是一个让考生无比纠结的话题。南开大学是“985工程”大学、世界一流大学A类建设高校，院校层次高，专业也很热门。天津医科大学是“211工程”大学、世界一流学科建设高校，院校层次比较高，临床医学专业热门且实力不弱。

有纠结，很正常。但我们认为要回答这个问题，首先考生自己得搞清楚自己的职业目标是什么，一般来说，一个学习临床医学专业的同学职业目标是非常明确的，如果不是被强迫学临床医学，也不是因为该专业“钱景”好，而是在充分了解的基础上发自内心地喜欢临床医学专业，而且自身能力也符合临床医学的要求。那我们认为，这样的选择是值得支持的。需要指出的是，临床医学毕业生就业门路狭窄，入行不容易改行，而且由于学习成长时间很长，改行成本很高，需要考生在填报的时候慎重做出选择。反观南开大学电子信息类专业，由于该校层次更高，专业适应面广，毕业生今后的改变自身处境的机会相对会更多。

94. 在实施“3+1+2”选考模式的省份，高校招生计划如何编制?

高校将严格按照之前公布的本校拟招生专业的选考科目要求，并根据人才培养要求，按照“物理学科类”和“历史学科类”两类，按预先设计的方式编制招生计划，各院校专业组的计划将具体编制到组内各专业，实施专业（类）平行录取的省份，招生计划数量也会编制到各个专业（类）。

95. 从浙江新高考录取的实际情况来看，有哪些值得我们辽宁、河北、重庆等省市考生引起高度重视?

辽宁、河北、重庆等省市的新高考录取模式和浙江、山东有较大类似，实行的是专业（类）平行录取。这种模式突出了专业的重要地位，但也极大地模糊了学校层次，所以在2017年浙江省第一年新高考录取时，出现了646分的高分被同济大学浙江学院这所独立学院录取的情况，而同样的分数可以考上北京航空航天大学、南开大学。究其原因，主要还是考生和家长在填报志愿前没有认真做功课，不了解我国高校的办学性质，不了解院校的办学层次，最终导致出现这种高分低录的情况。结合最近几年新高考实施省份的经验，我们还有一点想提醒一下广大考生，如果选择物理科目，将来填报志愿会有更多的机会，但我们并不是鼓励大家一味地选择物理，而是希望大家在同等条件下优先考虑物理科目。

96. 新高考省份的考生怎样理解自身位次?

考生位次，就是考生高考成绩的全省排位，是新高考分段填报志愿、分段投档录取的核心依据。在选考科目符合要求的前提下，位次在前的考生先投档。以山东为例，2020年山东在公布一分段表时，既公布了总体一分段表，也按照选考科目的不同，公布了选了某科目考生的一分段表。比如，一位山东考生选考科目为物理、化学、地理，他既可以知道在全省所有考生中，其位次是多少，也可以知道在选了物理这一科的考生中，他的位次是多少。

97. "3＋1＋2" 新高考改革省份的考生在参考往年位次时应注意什么？

答：考生在填报志愿时，可分析对照欲报院校往年招生专业录取投档情况，参照分析往年的投档位次、录取专业平均分、最低分，以及 2020 年考生高考成绩位次及高考成绩总分一分一段表等信息。考生可根据自己的位次，参考往年的录取情况，做一个大致定位。但是也应认识到，往年的录取情况是在文理分科、以院校为单位的投档录取模式下的录取结果，改革后新的录取模式下，发生了根本性变化。2021 年高考取消了文理分科，单纯用考生高考成绩位次对应往年的专业录取位次，存在很大的不确定性，所以考生应理性参考往年的录取数据信息，只能作为参考。

98. 我是河北省 2021 年的一名考生，很想报考重庆医科大学临床医学专业，请问在新的规则下，该如何预测重庆医科大学临床医学专业的录取分数？

第一年实施新高考改革的省份，数据转化是最为困难的。这里给你提供一个大致的思路供参考。

首先，我们要找到重庆医科大学临床医学专业 2020、2019、2018 这三年在河北省的理科录取平均位次，假定 2020 年平均录取位次为 20000 位、2019 年为 21000 位、2018 年为 19000 位，那么三年的平均位次为 20000 位，也就是说，2021 年首选科目为物理的考生必须在同类考生中名列全省 20000 位左右，报考重庆医科大学临床医学专业才较为稳妥。根据我们的经验，考虑到临床医学属于热门专业，我建议对重庆医科大学临床医学专业录取位次进行预测时，位次往上浮动 10%，也就是说 18000 位左右才能希望更大。当然，这个预测还要建立在专业招生人数没有变化，再选科目没有限制的基础上。如果 2021 年重庆医科大学临床医学专业招生相对往年人数减少，那么录取位次还会升高，反之亦然。重庆医科大学临床医学专业在河北招生，首选科目要求物理，再选科目要求化学，由于对科目限制较多，在预测时可以考虑降低一定的位次，比如 1%。

这是我们给你提供的大体数据转化思路，根据经验，我们认为金融经济、计算机类、软件工程、电子信息、建筑学、自动化、会计学、交通运输类、师范类、临床医学类、口腔医学、中医学类、电气类、统计学等热门专业在预测时位次最好上浮 10%。

哲学、社会学、政治学类、生态学、农学、林学、地质学、马列主义、天文、大气、海洋、材料类、矿业类、化工与制药类、纺织类、轻工类、图书情报类这些冷门专业位次可以下浮 10%。

机械类、偏门小语种、能源动力类、测绘类、力学类、航空航天类、物流管理、环境科学、生物科学、旅游管理、土木类这些处于中游的专业位次可以考虑和往年保持差不多水准。

以上只是一般情况，具体预测时一定要结合专业招生计划变动情况，对选考科目的限制情况等因素对数据进行灵活运用和处理。

99. 本科高校综合评价招生的考生综合成绩是怎样确定的？如何填报志愿和录取？

这里以山东为例，来给大家解析一下高考改革省份本科高校的综合评价招生。山东规定，考生综合成绩由 3 门统一高考科目（含语文、数学、外语）成绩、3 门普通高中学业水平等级考试科目成绩、高校考核成绩和考生综合素质评价成绩按一定比例计算形成。招生院校按照招生章程，依据考生综合成绩择优录取。

本科综合评价招生在普通类提前批招生。安排两次志愿填报，均实行以学校为单位的志愿填报模式。

省教育招生考试院根据试点高校入围考生名单、考生志愿及该校录取最低控制分数线，分试点高校一次性全部投档，由试点高校根据相关招生计划及考生综合成绩，从高分到低分择优确定预录取名单，并按规定程序办理录取手续。录取最低控制分数线按高考成绩由试点高校自行确定，但不得低于该省普通类一段线。

其他新高考省份的考生和家长，一定要密切留意各自省份公布的关于综合评价招生的最新政策规定，对照自身条件，科学定位，争取在新高考的契机下，充分利用这条特殊路径实现完美的升学规划。

100. 在新高考背景下，学业水平考试成绩只要及格就行，对于大多数考生是不是没有多大的实际意义?

从目前实施新高考改革省份的情况来看，对于不参加综合评价招生等特殊升学路径的考生来说，学业水平考试成绩似乎及格就行。但是，我们在这里提示两点，一是参加高职单招的考生由于不需要参加高考，部分院校会直接参考学业水平考试成绩。二是浙江省规定在普通类投档时，高考总分相同的考生，依据位次、志愿顺序投档，全部相同者即使超出了招生计划也会一并投档，此时，学业水平考试成绩、综合素质评价档案的作用就会显示出来。总之，不论是哪种模式的高考，不论是哪个省的考生，一定要充分重视学业水平考试成绩。

第二章

703个本科专业详解

一、工学门类
二、医学门类
三、理学门类
四、农学门类
五、经济学门类
六、管理学门类
七、哲学门类
八、教育学门类
九、历史学门类
十、法学门类
十一、文学门类
十二、艺术学门类

工学门类及其特点

在12个专业门类中，工学门类下的专业类别设置最为复杂，共包含32个专业大类232个具体专业。其中，国家控制布点专业共有18个，特设专业共有128个，其中网络空间安全、保密技术、船舶电子电气工程、交通管理工程、安全防范工程、公安视听技术、抢险救援指挥与技术、火灾勘查、网络安全与执法、核生化消防、海警舰艇指挥与技术、数据警务技术等12个专业既是特设专业，又是国家控制布点专业。

工学类专业的共同特点如下：

1. 工学门类的专业一般实用性比较强，就业导向性很明显，但由于类别不同，有些专业面向艰苦行业等原因，报考容易出现冷热不均，部分专业非常热门，部分专业无人问津。

2. 学制四年，一般只招理科考生，少数专业毕业后既可以授予工学学士学位，也可以授予理学学士学位，考生在报考前请注意查实。

3. 目前，很多高校按照专业大类招生，入学一段时间后开始分专业。也有很多高校开设各类工学实验班，入学后再分专业，考生务必对此有个详尽的了解。

4. 如果你动手能力强、喜欢做一些比较具体的工作，特别是喜欢跟具体的物体而不是人打交道，那么你适合报考工学类专业。

5. 工学类专业选考一般要求首选科目为物理或物理历史均可，再选科目大部分无要求，部分专业因学习需要要求再选科目必选化学或生物。

理论与应用力学：一切工程应用科学的基石

核心含义

本专业主要培养掌握扎实的数学和力学基础知识，能够解决复杂结构设计、施工中的力学分析、计算问题，能够从事工程领域设计、施工、管理等方面工作的高级工程技术人才。该专业在国内目前大致分为两个主流方向：航空航天类大学纯力学方向以及土建大类复杂工程结构分析方向，可授予工学或理学学士学位。

开设课程

本专业开设的课程有理论力学、材料力学、结构力学、弹性力学、结构动力学、实验力学、流体力学、房屋建筑学、土木工程材料、混凝土结构、钢结构、土力学与基础工程、工程结构抗震设计、有限单元法、建筑工程施工和项目管理等。

就业展望

本专业毕业生适宜到厂矿企业、事业单位、技术和行政部门从事科技开发、应用研究、生产技术和管理工作；或者在科研部门、高等和中等学校从事科学研究和教学工作。不同院校的就业方向可能会侧重不同。例如，沈阳建筑大学本专业毕业生多选择机械、土建、交通、材料、能源、水利、化工、航空航天等工业企业；复旦大学的合作实践单位有中国工程物理研究院、中国空气动力研究与发展中心等国家级研究机构和企事业单位，毕业生多继续深造进入相关研究所或工作室。相对来说，本专业对口就业要求较高，一般建议毕业生继续深造，攻读力学及与力学相关的工程学科、交叉学科的硕士和博士学位。

能力要求

1. 患有先天性心脏病、心肌病、高血压、重症支气管病、哮喘、恶性肿瘤、尿毒症、严重血液病、代谢系统疾病、重症癫痫、精神病、慢性肝炎且肝功能不正常、原发性肺结核等，学校可以不予录取。

2. 这个专业有理、工兼修的特点。它既不同于单纯的理科，比如数学、物理，也不同于单纯的工科，比如计算机技术、电子技术，既需要学生有很强的理论研究能力，也要有很强的解决实际问题的能力。本专业适合数学逻辑思维比较强的学生报考，对计算机编程能力要求也比较高。

3. 本专业对口就业的学历要求较高，因此报考本专业的学生最好做好深造的准备。

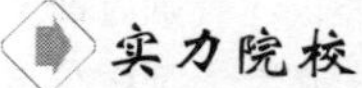

实力院校

拥有力学世界一流建设学科的院校

北京大学、清华大学、北京航空航天大学、哈尔滨工业大学、南京航空航天大学、西安交通大学、宁波大学。

拥有力学专业大类国家重点学科的院校

北京大学、清华大学、北京航空航天大学、大连理工大学、哈尔滨工业大学、上海交通大学、南京航空航天大学、中国科学技术大学。

拥有力学二级学科国家重点学科的院校

一般力学与力学基础方向：湘潭大学。

固体力学方向：浙江大学、四川大学、西安交通大学、西北工业大学、兰州大学。

流体力学方向：天津大学、上海大学。

工程力学方向：北京理工大学、同济大学、中国矿业大学、河海大学。

拥有力学二级学科国家重点（培育）学科的院校

一般力学与力学基础方向：天津大学。

流体力学方向：西北工业大学。

国家级特色专业建设点

北京大学、兰州大学。

工程力学：解锁工程科学核心的密码

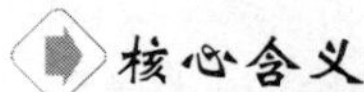

核心含义

工程力学涉及众多的力学学科分支与广泛的工程技术领域。比如，修建鸟巢等建筑物的时候就涉及大量的力学问题，必须通过解决这些问题来保持建筑整体的稳定性。在设计制造起重机的时候同样需要解决很多力学方面的问题，来保证起重机有足够的动力抬升物体。这个专业是工科里最基础的专业，它是机械、土木、交通、能源、材料、仪器仪表等所有相关行业的力学基础。它几乎与所有工科专业交叉，用它能直接解决工科专业发展和工程实际中的力学难题。小到盖房子、交通运输，大到航空航天、国防行业，都会用到工程力学。

开设课程

本专业开设的课程有理论力学、材料力学、弹性力学、流体力学、振动力学、计算力学、实验力学、结构力学、电工与电子技术、计算机基础知识及程序设计。

就业展望

由于力学能运用到工程建设的各个方面，所以工程力学的就业范围较广。可以选择的职位比较多，无论是传统的土木工程、建筑工程、水利工程、机械工程、船舶工程等，还是新兴的航天工程、航空工程、核技术工程、生物医学工程等，都或多或少有工程力学的用武之地。此外，通过深层次学习的学生也可以到科研单位从事结构总体设计、结构强度与刚度计算、工程软件设计与开发、力学环境实验分析等工作。

虽然工程力学的就业面比较广，但本科生如果要找个好工作还是比较难的。这里所谓的“好”综合了单位、待遇、工作地点等因素。如果毕业生除了有比较扎实的力学知识外，还有别方面的专业知识，这样的话在就业的时候就比较有优势。比如熟练某种计算机语言、掌握了某个大型软件或者会一门其他语言。

能力要求

1. 工程力学属于工科类，物理基础好，有较强数学思维能力的考生适宜报考。相对来说，男生在就业时会更加具有优势。

2. 不同学校设置的工程力学专业因倾向性不同可能导致就业方向的不同。比如，工程力学在哈尔滨工业大学隶属于航天科学与动力系，与普通大学相比，有鲜明的航天、航空特色和优势，所以在选择学校时应考虑该学校的专业研究方向。

实力院校

拥有工程力学二级学科国家重点学科的院校

北京理工大学、同济大学、中国矿业大学、河海大学。

国家级特色专业建设点

清华大学、中国矿业大学（北京）、天津大学、大连理工大学、上海交通大学、中国矿业大学、河海大学、辽宁工程技术大学、西南交通大学、华中科技大学、西安交通大学、同济大学、郑州大学、武汉理工大学、暨南大学、太原科技大学。

机械工程：国民经济的“脊梁”

核心含义

机械工程专业是一门涉及利用物理定律为机械系统做分析、设计、制造及维修的工程学科，研究和解决在开发、设计、制造、安装、运用和修理各种机械中的全部理论和实际问题的应用学科。该专业学生主要学习机械设计、制造、电工电子技术、计算机技术、信息处理技术及自动化的基础理论，受到现代机械工程师的基本训练，具有从事机械、机电产品的设计、制造及系统的技术分析与生产组织管理、设备控制的基本能力。

开设课程

本专业开设的课程有机械设计、微机原理及应用、控制工程基础、机械工程测试技术、机械创新设计与实践、机械制造工程、数控技术与装备自动化、计算机辅助设计与制造、机电控制技术、自动化制造系统、机械工程综合训练等。

就业展望

机械工程的服务领域十分广阔，凡是使用机械、工具，包括能源和材料生产的部门，都需要机械工程的服务。现代机械工程有五大服务领域：设计制造能源转换机械、设计与制造产业机械、设计制造各种服务机械、设计制造家庭和个人生活中应用的机械、设计制造应用于国防的武器装备。该专业的就业面十分宽广，除高等院校机械工程专业教师、科研院所的科研工作者外，许多专业人才会在上述五大服务领域中从事设计、制造、技术管理、设备维护等工作，常见的职位包括：机械设计工程师、机械制造工程师、新产品研发工程、设备工程师、技术支持工程师、供应链工程师。

能力要求

1. 该专业比较适合数学、物理成绩较好，喜欢动手实践，并且具有较强的逻辑分析能力的考生。

2. 该专业在工科院校广泛开设，不同的院校有不同的专业方向，学习的内容有时甚至会大相径庭，考生报考时一定要根据自己的具体情况，了解清楚后审慎填报。

实力院校

拥有机械工程世界一流建设学科的院校

北京大学、清华大学、哈尔滨工业大学、复旦大学、上海交通大学、浙江大学、华中科技大学、湖南大学、重庆大学、西安交通大学、西北工业大学、上海大学。

拥有机械工程专业大类国家重点学科的院校

清华大学、北京航空航天大学、北京理工大学、吉林大学、哈尔滨工业大学、燕山大学、上海交通大学、浙江大学、华中科技大学、湖南大学、中南大学、重庆大学、西南交通大学、西安交通大学。

拥有机械工程二级学科国家重点学科的院校

机械制造及其自动化方向：大连理工大学、南京航空航天大学、山东大学、武汉理工大学。

机械电子工程方向：上海大学、西北工业大学、国防科学技术大学。

机械设计及理论方向：北京科技大学、天津大学、东北大学、同济大学、中国矿业大学、合肥工业大学。

拥有机械工程二级学科国家重点（培育）学科的院校

机械制造及其自动化方向：东南大学、江苏大学、华南理工大学。

机械设计及理论方向：东华大学。

车辆工程方向：同济大学。

国家级特色专业建设点

清华大学、北京科技大学、北京交通大学、北京航空航天大学、北京理工大学、中国矿业大学（北京）、北京工业大学、东北大学、吉林大学、上海交通大学、东南大学、南京理工大学、中国矿业大学（徐州）、浙江大学、武汉理工大学、华南理工大学、重庆大学、西安交通大学、北京邮电大学、华北电力大学、辽宁工程技术大学、广西大学、宁夏大学、北京联合大学、天津理工大学、大连交通大学、长春大学、长春工业大学、上海第二工业大学、浙江工业大学、江苏科技大学、江西理工大学、昆明理工大学、青岛科技大学、武汉科技大学、华侨大学、五邑大学、广西科技大学、西南石油大学、昆明理工大学、天津工业大学、青岛大学、济南大学。

机械设计制造及其自动化：开启智能制造的先驱

核心含义

机械设计制造及其自动化是以机械设计与制造为基础，融入计算机科学、信息技术、自动控制技术的交叉学科，主要任务是运用先进设计制造技术的理论与方法，解决现代工程领域中的复杂技术问题，以实现产品智能化的设计与制造。培养毕业生具备机械设计制造基础知识与应用能力，能在工业生产第一线从事机械制造领域内的设计制造、科技开发、应用研究、运行管理和经营销售等方面工作的高级工程技术人才。该专业包括了三部分内容：机械设计、机械制造、机械自动化，行业内部分别称为机设、机制、机电。

开设课程

本专业的主要课程有工程图学、工程力学、材料力学、机械原理及设计、工程材料及其成型基础、机械制造技术基础、微机原理与应用、机电传动控制、液压与气压传动、机械控制工程基础、机械工程测试技术、数字化制造技术等。

就业展望

机械设计制造及其自动化专业是传统的机械设计制造和先进的自动化技术相结合的产物，是机电一体化的宽口径专业。目前机械设计制造及其自动化专业人才严重短缺，呈现明显的供不应求趋势。该专业涉及机械、电子、自动控制及计算机等诸多专业门类，也为跨专业、跨行业就业提供了强有力的保障。

本专业的就业方向比较广，比如，汽车行业、煤机行业、工程机械行业、矿山机械行业、钢铁冶炼行业、机床制造企业以及相关研究院。这些单位提供的岗位一般分为技术类和生产类。技术类主要包括结构设计工程师、工艺工装夹具设计工程师、品管质检员等岗位；生产类主要包括生产调度员、生产管理（如车间主任）、设备维护工程师等岗位。

能力要求

1. 机械类的专业就业岗位一般更喜欢招收男生，尤其是数学、物理成绩较好，喜欢动手操作的考生更加适合报考。

2. 几乎所有的理工类院校都开设了此专业，堪称“招生大户”。不过，不同类型的理工类院校研究的专业方向都有很大的差别。例如，交通类院校研究的重点可能是起重运输机械方向；电子类院校研究的重点可能是电子制造技术方向；而传统的工科院校研究的重点则是智能机电控制方向或者模具设计制造方向等。

实力院校

国家级特色专业建设点

中国石油大学（北京）、天津大学、大连理工大学、同济大学、哈尔滨工业大学、合肥工业大学、山东大学、中国石油大学（华东）、华中科技大学、中南大学、四川大学、西南交通大学、西安电子科技大学、北京林业大学、长安大学、河北工业大学、石家庄铁道大学、燕山大学、太原理工大学、江苏大学、福州大学、贵州大学、新疆大学、北方工业大学、北华大学、河北理工大学、太原科技大学、沈阳工业大学、沈阳理工大学、辽宁科技大学、沈阳航空航天大学、沈阳建筑大学、

长春理工大学、长春工程学院、吉林工程技术师范学院、上海海事大学、上海理工大学、上海电机学院、哈尔滨理工大学、哈尔滨师范大学、南京林业大学、江苏技术师范大学、淮阴工学院、宁波大学、浙江理工大学、安徽工程大学、福建农林大学、景德镇陶瓷大学、青岛理工大学、山东理工大学、河南理工大学、三峡大学、湖北汽车工业学院、湖南科技大学、湖南工业大学、汕头大学、广东工业大学、韶关学院、桂林电子科技大学、西华大学、西安理工大学、西安工业大学、陕西理工学院、兰州理工学院、广州大学、内蒙古工业大学、大连大学、辽宁工业大学、黑龙江科技学院、盐城工学院、长江大学、武汉纺织大学、西安科技大学、西南石油大学、邵阳学院、西京学院。

材料成型及控制工程：国民经济发展的支柱产业

核心含义

材料成型及控制工程是机械工程与材料科学与工程的交叉学科。研究塑性成型及热加工改变材料的微观结构、宏观性能和表面形状过程中的相关工艺因素对材料的影响，解决成型工艺开发、成型设备、工艺优化的理论和方法；研究模具设计理论及方法，研究模具制造中的材料、热处理、加工方法等问题。通俗地说，材料成型及控制工程是研究将某种材料按照要求加工制造成特定形状的学科。平常我们吃饭使用的不锈钢饭盒，其原材料是一整块的不锈钢，然后通过特定的工艺使原材料成型为饭盒状。像汽车的外壳、车内的各种零件都是由特定的材料通过不同的加工方式才形成了我们想要得到的形状。

开设课程

本专业开设的课程有工程力学、机械原理及机械零件、电工与电子技术、微型计算机原理及应用、热加工工艺基础、热加工工艺设备及设计、检测技术及控制工程、CAD/CAM 基础。

就业展望

材料成型及控制工程专业毕业生就业前景非常好，就业领域宽。可在机械、电子、电器、汽车、仪器仪表、能源、交通、航空航天等行业内从事材料和产品的研究与开发、工艺设计、模具设计与制造、质量检测、经营销售及管理工作；或在相关的研究部门和高校从事科技研究和教学。考研可报材料加工方向的研究生，如锻压、冲压、模具设计与制造等，也可报考焊接方向的研究生。

能力要求

1. 学习该专业需要一定的想象力和创造力，物理、化学成绩好的同学更适宜报考。男生比女生更适宜报考。女生学这个专业的话，建议选择机械加工方向。如果选择铸造、焊接方向，最好选择设计部门或者质量安全部门，体力强度要求比较低。

2. 此专业属于机械类专业，是一个机械和材料学交叉的学科，学习重点不在材料，而在成型与控制。

实力院校

国家级特色专业建设点

大连理工大学、东北大学、吉林大学、山东大学、华中科技大学、天津大学、南昌大学、燕山大学、太原理工大学、沈阳工业大学、安徽工业大学、河南科技大学、江汉大学、太原科技大学、兰州理工大学、大连交通大学、佳木斯大学、广东工业大学、合肥工业大学、陕西科技大学、重庆理工大学、中北大学、沈阳大学、南昌航空大学、湖北汽车工业学院、西安理工大学、内蒙古工业大学。

机械电子工程：让机械真正“智动”起来

核心含义

机械电子工程是科技高速发展以及学科相互链接的产物，它打破了传统的学科分类，集诸多技术特点于一体，是将机械学、电子学、信息技术、计算机技术、控制技术等有机融合而形成的一门综合性学科。在日常生活中有很多用品都运用了机械电子工程的技术，比如安全气囊、防滑刹车系统、复印机等。这个专业致力于将传感器、执行元件和信息处理等融合在一个机械设计当中，从而让这三个功能协同工作，给人们生活提供便利。

开设课程

本专业开设的课程有电工与电子技术、机械制图、工程力学、机械设计基础、机械制造基础、液压与气动技术、机械制造技术基础、电气控制与PLC、单片机原理与接口技术、数控原理与维修、机电一体化系统设计、先进制造技术导论、C语言程序设计。

就业展望

械电子工程专业应用面非常广泛，就业也相对容易。毕业生可进入企业、科研院所、政府机关、高等院校等部门，从事机电系统设计、计算机辅助设计与制造、电气控制、工程设计与开发、控制系统设计等方向的理论研究、试验测试、产品开发、技术管理等工作。

能力要求

1. 机械电子工程专业实践性较强，因此建议物理成绩好、喜欢计算机、动手能力强的学生报考。
2. 由于身体和工作环境的原因，建议女生慎重报考。

实力院校

拥有机械电子工程二级学科国家重点学科的院校

上海大学、西北工业大学、国防科技大学。

国家级特色专业建设点

浙江大学、长安大学、北京石油化工学院。

工业设计：赋予产品不一样的灵魂

核心含义

工业设计专业指以工学、美学、经济学为基础对工业产品进行设计。学生主要学习工业设计的基础理论与知识，具有应用造型设计原理和法则，处理各种产品的造型与色彩、形式与外观、结构与功能、结构与材料、外形与工艺、产品与人、产品与环境及市场的关系，并将这些关系统一表现在产品的造型设计里面的基本能力。从狭义上讲，工业设计就是对工业产品的设计。它可以是一个工业产品的外形设计，比如汽车的外形设计；也可以是工业产品内部结构设计，比如汽车内部的零部件之间是如何合理设计连接的。工业产品不仅要经久耐用，而且还要漂亮美观。工业设计专业就是为了达到这个目的而开设的。

开设课程

本专业开设课程可以分为四大模块：

基础知识块：包括工业设计的基本原理、工业设计的程序与方法、工业设计表达。

理论知识块：包括人机工程学与设计心理学、工业设计历史与理论、知识产权保护、设计管理。

技术知识块：包括工业设计工程基础、机械设计基础、工业设计材料与成型工艺、产品形态设计、结构设计、系统设计、产品开发设计等。

实践知识领域：包括金工实习、电工实习、电子实习等。

就业展望

现代工业产品的市场，在很大程度上依赖工业设计的成功。随着高科技技术的发展，产品的质量不再是主要矛盾，抢占市场，获胜的关键在于工业设计的创新，在于其能否引导世界潮流。今天的汽车、手机、电脑市场中，各企业越来越关注其设计问题，谁的工业设计有创新能取胜，谁就能赢得市场。工业设计越来越在市场受到重视，起到举足轻重的作用，那么市场也需求更多的专业设计人才。

工业设计专业毕业生可以在制造业、IT 产业、科研单位从事工业产品设计、人—计算机交互设计、视觉传达设计、环境设计等方面工作，也可自主创业。

能力要求

1. 报考该专业的考生最好具有一定美术功底或者喜欢美术，在大学期间需要学好手绘以及相关的应用软件。大陆高校工业设计专业招生分为两类：一类是从艺术类考生中招生；另一类是从纯理科考生中招生。

2. 该专业要求考生具有创意能力和想象能力，对美好事物具有敏锐感受能力及创造能力的考生适宜报考。

实力院校

国家级特色专业建设点

同济大学、江南大学、浙江大学、武汉理工大学、湖南大学、西安交通大学、广州美术学院、四川美术学院、沈阳航空工业学院、郑州轻工业学院、中南林业科技大学。

过程装备与控制工程：机械工程专业里的另类

核心含义

过程装备与控制工程是以过程装备设计基础为主体，过程原理与装备控制技术应用为两翼的学科交叉型专业。这个专业具有化工领域的背景，简单来理解就是——在化工生产中分很多步骤，每个步骤需要用到不同的化工机器和化工设备（如各种过滤机、离心分离机、搅拌机，以及各种容器，如干燥器、蒸发器、电解槽等），这些机器设备连在一起就是过程装备。另外，在整个生产流程中还涉及机器设备的各项参数，比如压力、温度、浓度等，为使生产稳定有序进行，就需要对这些化工机器设备及参数进行检测和控制，这就是控制工程。

开设课程

本专业开设的课程有化学、物理、物理化学、化工计算、化工原理、工程热力学、流体力学、粉体力学、工程力学、机械设计、计算机应用技术、计算机控制技术、化工装置设计、控制与管理技术等。

就业展望

本专业就业面比较广，可从事化工、炼油、医药等过程设备与过程自动控制的设计、制造等工作。对口就业工作一般分为两类：一类是设计制造，像压力容器设计和制造；另一类就是操作管理，比如化工厂设备管理。设备管理工作就是对工厂里面的设备进行监管，包括设备运行状况监控，定期对设备进行检查维修、报废设备以及引进新的设备等。如果读大学的目的是找到一份工作，那么读这个专业是个很好的选择，毕业就进入世界五百强的概率是最大的。中国石化、中国石油、中国海油、中国化工，这四家化工企业都是世界五百强，而且每年对该专业的需求量都不是个小数目。在这种大型国企里面虽然升职的空间并不是特别大，但是如果能力出众，进这种大型国企，不仅工作相当稳定，各种待遇和薪金水平也很可观。

能力要求

1. 化工厂的很多生产设备，一些小疏忽容易酿成大事故。因此，建议细心、责任心强的学生报考。

2. 化学、物理成绩较好，且喜欢动手操作的考生更适宜报考。

实力院校

国家级特色专业建设点

北京化工大学、大连理工大学、华东理工大学、浙江大学、中国石油大学（华东）、西安交通大学、西北大学、东北石油大学、西南石油大学、沈阳化工大学、吉林化工学院、四川理工学院、武汉工程大学、兰州理工大学、辽宁石油化工大学、南京工业大学、常州大学、青岛科技大学。

车辆工程 & 汽车服务工程

核心含义

车辆工程和汽车服务工程是机械工程专业大类下细分的两个与汽车相关的专业。这两个专业研究的对象主要是以汽车为代表的车辆。同时，这两个专业也存在着很明显的差别。车辆工程专业主要研究汽车、拖拉机、机车车辆等陆上移动机械的理论、设计及制造技术，比如车辆的设计开发、生产制造、质量检测等。而汽车服务工程专业主要研究汽车技术、汽车运用、汽车服务、汽车诊断、检测与维修技术、汽车保险与理赔、汽车评估等知识。

开设课程

车辆工程和汽车服务工程两者有开设很多相同的课程，比如机械原理、机械设计、工程力学、工程图学、电工与电子技术、汽车构造等。除此之外，车辆工程专业还要学习内燃机理论、汽车设计、汽车试验学等课程。而汽车服务工程则学习汽车维修技术、汽车性能评估、汽车营销、汽车保险与理赔、汽车服务经营管理等营销服务类的课程。

就业展望

现在汽车已经飞入寻常百姓家，这两个专业想不火都难。具体就业方向如下：

1. 车辆工程专业毕业生可以从事设计研发工作，主要对口就业单位为一汽、长安、大众、本田等汽车制造公司、研究所。

2. 车辆服务工程专业毕业后可以从事汽车营销、汽车检测等工作。比如汽车 4S 店担任汽车销售和维护顾问，或者考二手车评估师，从事相关工作。

能力要求

1. 这两个专业学生都需要大量的实践机会，建议物理成绩好、动手能力强的考生报考。

2. 该专业在不同院校有不同的研究方向，女生更适合的方向是车身造型设计。

实力院校

拥有车辆工程专业二级学科国家重点（培育）学科的院校

同济大学。

车辆工程专业国家级特色专业建设点

清华大学、北京理工大学、吉林大学、同济大学、合肥工业大学、武汉理工大学、湖南大学、西南交通大学、中国农业大学、长安大学、重庆大学、福州大学、江苏大学、北京信息科技大学、大连交通大学、辽宁工业大学、山东理工大学、河南科技大学、重庆理工大学、西华大学、兰州交通大学、湖北汽车工业学院、厦门理工学院。

汽车服务工程专业国家级特色专业建设点

江西科技学院。

机械工艺技术：培养理论与实践相结合的高职教师

核心含义

机械工艺技术专业其前身是机械制造工艺教育专业，主要为师范类院校开设。该专业主要培养掌握现代机械制造技术领域的基础理论和专业知识，具备较强的机械制造工艺设计、机械加工和设备操作、维护能力的职教“双师型”师资。毕业生也可以成为企业生产一线具有机械制造领域的产品工艺设计与制造、设备操作与维护能力，掌握数控加工技术、具备机械加工技术服务、生产组织管理和机电产品营销的高级技术型人才。

开设课程

本专业开设的课程有画法几何与机械制图、机械原理、机械设计、机械工艺学、工程力学、机械工程材料、电工技术与电子技术、机电传动控制、机械制造技术、液压与气压传动、机械工程测试技术、数控原理与编程、机械 CAD/CAM 技术等课程。实践环节一般有金工实习、生产实习、机械设计课程设计、机械制造技术课程设计、工程师训练、机械工程项目实训、毕业设计等。

就业展望

本专业毕业生从业的主要岗位是中、高等职业学校从事机械专业的理论教学和实践教学的教师（主要以中职学校为主）。2015 年，国家推出了中职起点本科层次农村中等职业学校专业课教师公费定向培养计划，可见这一岗位人才非常紧缺，就业前景看好。其他行业和岗位有：机械行业、企业产品设计、新产品开发和技术改造与创新的设计工程师；生产现场从事机械制造加工工艺规程的编制与实践、工艺装备的设计和制造的工艺工程师；数控机床编程与操作的工艺编程人员；机械加工和数控设备的维护、维修人员；机械 CAD/CAM 技术的应用人员；企业生产组织和管理、机电产品的销售和技术服务人员等。

能力要求

1. 患严重心脏病、心肌病、高血压、重症支气管扩张、哮喘、恶性肿瘤、慢性肾炎、尿毒症、严重血液病、内分泌以及代谢系统疾病、风湿性疾病、重症癫痫或其他神经系统疾病、严重颈神经疾病、精神活性物质滥用和依赖、慢性肝炎、结核病（未治愈）等疾病的考生学校可以不予录取。

2. 由于培养要求和知识结构的限制，本专业基本招收理科生，而且女生最好慎重报考。

实力院校

开设机械工艺技术专业的代表性院校

湖南师范大学、河北师范大学、鞍山师范学院、天津职业技术师范大学。

微机电系统工程：微世界成就大能量

核心含义

说起微机电系统，大家可能会感到不太熟悉，其实它离我们非常非常近，而且随着智能时代的到来，我们无时无刻不在享受着微机电系统带来的便捷服务。在此不妨给大家举个汽车气囊传感器的例子。汽车气囊传感器测量汽车的减速并触发气囊的爆炸式充气，从而在撞车的时候使人受到安全气囊的保护。在微机电系统器件应用以前，触发气囊的典型装置是一种机电器件，其大小如可乐罐，重量为数磅，价格约 15 美元。现在可用微机电系统器件完成同样的功能，其价格仅为几美元，尺寸如一方糖块。

微机电系统，也叫作微电子机械系统、微系统、微机械等，是在微电子技术（半导体制造技术）基础上发展起来的，它是融合了光刻、腐蚀、薄膜、LIGA、硅微加工、非硅微加工和精密机械加工等技术制作的高科技电子机械器件。微机电系统工程专业是以机械、电子技术尤其是微机械为基础，综合多种学科领域技术的新型交叉学科，一般为智能系统、消费电子、可穿戴设备、智能家居、系统生物技术的合成生物学与微流控技术等领域所用。

开设课程

主要课程有微机电工程材料、微机电器件与系统、微机械学、微纳米测量与测试技术、微细加工技术、现代传感技术、精密工程制造基础和光存储技术等。

就业展望

微机电系统工程专业方向的人才需求虽然大，但可供选择的人也很多，如果没有较高的综合素质，很难在众人之中脱颖而出，取得突出成绩。当然，如果一个人追求仅限于一份较好的工作，该专业的确是一个不错的选择。但是，如果想在科技创新方面做出突破性的贡献，还是要建立在个人实力以及刻苦努力的基础之上。该专业的毕业生可以选择报考微机电系统及纳米技术、仪器科学与技术、机械电子工程等方向的硕士研究生。也可以选择在集成电路制造、航空航天、机械工程、精密仪器、微电子、医疗器械等行业和领域的研究院所、高等院校、大中型企业、合资企业等高尖端电子、科研单位从事科研、设计、生产等方面的工作。

能力要求

参考机械工艺技术专业。

实力院校

西北工业大学。

机电技术教育：实践与教育相结合的机电工作者

核心含义

机电技术教育培养适应中等职业技术教育发展需要，掌握机电技术基础理论、基本知识和基本技能，具备较强的实践能力和创新精神，能在中等职业学校从事机电技术类课程教学及在相关行业从事设计和研究等工作的高级应用型人才。

开设课程

机电技术教育专业的主干学科是力学、机械工程、控制工程、计算机科学与技术。主要课程有：画法几何与机械制图、工程力学、电工技术基础、电子技术基础、机械制造基础、机械设计基础、机械工程控制基础、数控机床与编程、微机原理和接口技术、计算机辅助设计基础、以及教育学基础、机械学科教学论、基础心理学等。

就业展望

机电技术教育专业的发展随着机电技术应用普及和深化而发展，部分高校按数控维修、数控维修与机器人应用、师范类等方向培养，一般来说毕业生可以选择报考机械类专业并继续深造，准备直接就业的毕业生可从事职业高中、技校、中专、大专院校机电专业课程教学工作。也可以到机械制造、机电产品生产等行业，从事机电产品的设计与制造、机电设备维修和生产管理等方面的技术工作。

能力要求

参考机械工艺技术专业。

实力院校

开设机电技术教育专业的代表性院校

天津职业技术师范大学、浙江师范大学、岭南师范学院、安徽科技学院、河南科技学院、保山学院、衡水学院等。

汽车维修工程教育：汽车维修中职师资的摇篮

核心含义

汽车维修工程是以应用基础为指导，以实用的工艺技术为基础并综合运用各相关学科的先进方法来解决汽车技术状况的维护、性能指标的恢复以及使用寿命的延长等问题的技术与实践。汽车维修工程教育是在私家车盛行趋势下衍生出来的一门专业，旨在培养具有机械设计、制造与电学等机电技术基本理论、基本知识和基本技能，掌握科学教育理论和教学方法，具有创新精神、实践能力和良好教师素质，毕业后能在中等职业技术院校从事机电技术专业教学工作的教师，以及能从事机电技术领域内的设计制造、产品开发与推广、生产经营管理工作的应用型高级专门人才。

开设课程

汽车维修工程教育的主干学科有力学、机械工程、控制科学与工程、计算机科学与技术、车辆工程。主要课程有：画法几何与机械制图、工程力学、电工技术、电子技术、机械设计基础、汽车制造工艺学、计算机辅助设计基础、汽车理论、汽车构造、汽车发动机原理、汽车电器及电子设备、汽车检测技术、汽车故障诊断与维修等。

就业展望

汽车维修工程教育专业培养适应中等职业技术教育发展需要，掌握汽车技术基础理论和基本技能，具备较强的实践动手能力和创新精神，能从事汽车技术类课程教学和能从事汽车检测、维修、营销、设计、服务、金融保险等方面工作的高级应用型人才。随着我国汽车保有量的快速增长，与之配套的汽车维修市场更是蕴藏着无限商机。相比其他行业人才饱和、人员薪资呈下滑态势的情况，汽修行业的人才需求和薪资待遇却在持续攀升，前景看好。

能力要求

参考机械工艺技术专业。

实力院校

开设汽车维修工程教育专业的代表性院校

广西师范大学、天津职业技术师范大学。

智能制造工程：开启工业4.0的钥匙

核心含义

智能制造工程专业为2017年新开设专业，是基于人工智能的研究的一个专业，将人工智能、互联网技术融合至传统制造业当中，使一线制造业更加智能化、人性化。本专业培养具有机械工程、电气控制工程、计算机和信息化管理技术等学科知识交叉融合型工程技术人才。智能制造作为一个系统工程，强调数字化设计与制造、智能装备、智能机器人、物联网（工业以太网）、人工智能、大数据、云计算等关键技术的集成，涉及机械工程、控制科学与工程、计算机科学等多个学科。

开设课程

本专业开设的课程有机械工程基础、控制工程基础、电工与电子技术、计算机网络与工业物联网、RFID技术与应用、人工智能技术及应用、计算机智能控制系统、嵌入式系统与应用、工业机器人技术与应用、数控机床与编程、电气控制与PLC应用、传感器与检测技术、智能装备故障诊断与维修、智能仪器技术、数字化制造技术、智能生产计划管理（MES/ERP）、智能工厂集成技术、智能生产系统与CPS建模。

就业展望

1. 在智能制造工程、机电及自动化工程领域从事智能产品设计及制造，数控机床和工业机器人

安装、调试、维护和维修，智能化工厂系统集成、信息管理、应用研究和生产管理等工作。

2. 2015 年 5 月 19 日国务院印发《中国制造 2025》，智能制造从此成为制造强国建设的主攻方向，在“互联网 + 制造业”领域也可大有作为。未来，互联网与制造业高度融合，而其中智能制造则是其中最重要的一环。

能力要求

本专业实践性较强，因此建议物理成绩好、喜欢计算机、动手能力强的学生报考。

实力院校

同济大学、天津大学、北京理工大学、华南理工大学、武汉理工大学、合肥工业大学、上海第二工业大学等。

智能车辆工程：移动机械智能化

核心含义

该专业适应互联网 + 汽车智能产业的发展，培养具备多学科交叉综合的知识基础，掌握机械工程、车辆工程、电子与控制工程等学科专业理论，掌握无人驾驶技术和车身控制技术，掌握汽车智能电子产品基本理论，智能汽车道路管理系统和智能汽车控制系统的基本理论，具备汽车智能系统应用、汽车智能电子产品设计调试、车联网产品应用及单片机与嵌入式系统开发等方面工作的宽口径、复合型的高级工程技术人才。

开设课程

汽车构造、汽车理论、汽车电子、智能网联汽车技术、智能车规划与决策、智能车感知技术、智能车辆控制技术等。

就业展望

毕业生能从事汽车控制系统和汽车智能仪表、以及车载网络系统的软、硬件开发工作；能从事汽车系统及汽车智能设备的生产、调试、检测及试验工作以及相关产业的管理和服务等方面工作；也可在高等学校、科研机构和国家机关从事教学、科研和行政管理工作。主要就业岗位为：汽车电子产品设计工程师、智能网联汽车开发工程师、嵌入式系统设计工程师、车联网应用工程师等。

该专业开设于 2018 年，暂无毕业生。

能力要求

1. 对基础学科，尤其是物理和数学科目要求较高；

2. 需要学生具备较强的学习能力，如制图、计算、试验、测试、计算机应用和基本工艺操作等基本技能，尤其是编程能力；

3. 需要学生具有较强的自学能力和创新意识；

4. 需要学生对车辆设计、机械设计或者从事研发工作比较感兴趣。

实力院校

目前，开设智能车辆工程专业的学校只有哈尔滨工业大学（威海）和武汉科技大学城市学院，但部分高校在招收车辆工程专业时，有增设新能源汽车或者智能汽车方向，如吉林大学、同济大学、长安大学、湖南大学、合肥工业大学、重庆理工大学等学校。

仿生科学与工程：大自然具有无穷智慧

核心含义

仿生科学与工程是2018年新开设专业，主要通过研究生物体的结构与功能工作的原理，并根据这些原理发明出新的设备、工具和科技，创造出适用于生产，学习和生活的先进技术，是涵盖生物电子学、生物传感器、生物仿真材料、生物物理学、生物电机和生物大分子的自装配等的一门交叉学科。比如，苍蝇是细菌的传播者，一般归类为害虫，可是苍蝇的楫翅是天然导航仪。而且，它的眼睛是一种“复眼”，由3000多只小眼组成，人们模仿它制成了“蝇眼透镜”。“蝇眼透镜”是一种新型光学元件，它的用途很多。“蝇眼透镜”是用几百或者几千块小透镜整齐排列组合而成的，用它作镜头可以制成“蝇眼照相机”，一次就能照出千百张相同的相片。这种照相机已经用于印刷制版和大量复制电子计算机的微小电路，大大提高了工效和质量。

开设课程

本专业开设的课程有工程制图、理论力学、材料力学、机械设计、生物学基础、仿生学基础、仿生机械设计、仿生材料学基础、仿生制造基础、仿生健康工程导论等。

就业展望

本专业的毕业生可在高校、科研院所的仿生、材料、机械、生物等相关学科领域继续深造，或在智能制造、仿生机器人、大健康、新能源、军事国防等我国未来制造业的主要支柱产业与企业从事研究、设计、制造、试验鉴定、推广应用及企业管理等方面工作。

能力要求

本专业不仅要求具备较强的物理学习能力，对生物、化学也有颇高要求，因此对学生综合学习能力、动手能力要求较高。

实力院校

吉林大学。

新能源汽车工程：绿色出行人人有责

核心含义

目前机动车的动力主要还是需要靠油和气来完成的。油和气都是不可再生的能源，随着使用和依赖的加剧，枯萎现象日趋严重，而且会造成严重的环境污染。不采用汽油或柴油，而采用其他绿色能源，如电能、乙醇等无污染作为驱动能源的汽车，称为新能源汽车。新能源汽车工程专业培养符合经济社会发展需求，具有社会责任感，掌握新能源车辆工程基础理论、新能源汽车设计与试验等专业知识与技能，具有较强工程实践能力和创新精神，能够在新能源车辆工程领域从事新能源汽车整车与零部件的设计开发、性能试验以及管理工作等的应用型高级工程技术人才。

开设课程

本专业开设的课程有汽车发动机构造与原理、汽车底盘构造、汽车理论、新能源汽车设计、汽车

试验学、电动车用电机控制技术、自动控制原理、电机学、动力电池技术、汽车电气技术、汽车电子控制技术、单片机原理及应用、车载网络技术、电力电子技术、机械设计基础等。

就业展望

本专业的毕业生可在各汽车整机制造公司、零部件公司从事各类工作，如研发、工艺、生产管理、采购、质量管理、销售、售后等工作，新能源汽车是未来汽车发展的方向，尤其是在沿海发达地区，已经得到蓬勃的发展，各大汽车厂家在新能源汽车领域发力，未来具有广阔的发展前景。

能力要求

1. 掌握新能源汽车工程的基本理论知识和专业知识。具有较强的英语应用能力、计算机软件应用和工程语言应用能力，能进行专业英文资料翻译，计算机绘图、资料检索等基本技能，恰当运用数学工具的能力，具有正确、熟练运用工程图纸、图表、数据进行表达和交流的能力。
2. 具备运用现代设计方法与手段进行新能源汽车产品的设计开发，产品的性能理论和试验研究的能力，初步具备综合运用所学知识分析和解决新能源汽车工程领域中的技术问题的能力。
3. 具有一定的获取新知识的能力和创新能力。
4. 具有自强不息的进取精神、包容豁达的道德品行和坚定执着的意志品质。

实力院校

辽宁工业大学。

测控技术与仪器：高精尖端仪器的五官与神经

核心含义

测控技术与仪器专业是我国仪器仪表行业唯一的本科专业，是光学、精密机械、电子、电力、自动控制、信号处理、计算机与信息技术多学科互相渗透而形成的一门高新技术密集型综合学科，主要包括检测和控制两个方面。比如，很多商场和酒店都有自动门，自动门是如何检测到有人靠近，检测到有人后又怎么自动打开呢？空调的控制同样也是这样一个流程，空调通过温度传感器采集房间内的温度，并与设定的温度相比较，然后再控制空调的压缩机进行工作，这同样也是一个典型的测控系统。这些都是测控技术与仪器所学习的内容。总之，测控技术与仪器专业培养具备精密仪器设计制造以及测量与控制方面基础知识与应用能力，能在国民经济各部门从事测量与控制领域内有关技术、仪器与系统的设计制造、科技开发、应用研究、运行管理等方面的高级工程技术人才。

开设课程

本专业开设的课程有精密机械与仪器设计、精密机械制造工程、模拟电子技术基础、数字电子技术基础、微型计算机原理与应用、控制工程基础、信号分析与处理、精密测控与系统等。

就业展望

客观来说，测控技术与仪器专业毕业生进入制造类企业从事技术工作的占绝大多数，可担任研发工程师、测试工程师、结构工程师等职务。其实，因为学生学得比较广泛，测控技术与仪器专业可就业的行业是相当广泛的。这些“可就业的行业”的确有不少，只不过这些“可就业行业”一般都有其对口的专业。对口专业毕业生的专业能力，从专业的精度与深度上讲比测控技术与仪器这个半对口专业的学生肯定要强得多，所以，本专业在竞争过程中自然处于下风。当然，如果你足够优秀是可以击败对口专业同学的，这就要求测控技术与仪器专业学生在学校时就找准方向，努力学习某一方向（编程、自动控制、机械等）的知识，以便在面试的时候打败目标行业中的对口专业学生。

能力要求

1. 该专业对学生实践的能力要求比较高，基本上每门专业课程都需要拿出两到三周的时间来做课程设计。因此，建议实践能力比较强的学生报考该专业。

2. 数学、物理成绩好的学生更适宜报考，男生比女生就业时更有优势。

实力院校

拥有仪器科学与技术世界一流建设学科的院校

清华大学、北京航空航天大学。

拥有仪器科学与技术专业大类国家重点学科的院校

北京航空航天大学、天津大学、哈尔滨工业大学。

拥有仪器科学与技术二级学科国家重点学科的院校

精密仪器及机械方向：清华大学、重庆大学。

拥有仪器科学与技术二级学科国家重点（培育）学科的院校

精密仪器及机械方向：上海交通大学。

国家级特色专业建设点

清华大学、哈尔滨工业大学、哈尔滨工程大学、合肥工业大学、西北工业大学、电子科技大学、西安交通大学、天津大学、东南大学、重庆大学、北京航空航天大学、吉林大学、中北大学、沈阳工业大学、中国计量大学、安徽工业大学、南昌航空大学、湖北工业大学、西安工业大学、西南石油大学、长春理工大学、桂林电子科技大学、哈尔滨理工大学、西安理工大学。

精密仪器：高科技的代名词

核心含义

精密仪器专业是面向高端制造装备、生物医学工程和航天国防等重大科学前沿领域，以精密机械、光学、电子、量子技术、人工智能等相关学科前沿技术为手段，探索、研究、设计和研制新原理高端仪器，并实现其自动化、信息化和智能化，以多学科交叉融合为显著特征的综合性和前沿性学科。新的测量原理与仪器本身就有数十项获得过诺贝尔奖，其重要性可见一斑。

开设课程

参考测控技术与仪器专业。

就业展望

主要是从事仪器仪表、电子产品的软件，硬件研发，测试，也可以从事仪表自动控制等方面的工作。

能力要求

参考测控技术与仪器专业。

实力院校

哈尔滨工业大学。

智能感知工程：让传感器智能化

核心含义

智能感知工程是伴随着新一轮技术革命与产业变革应运而生的。该专业将新一代信息技术与先进传感器技术深度融合，借助于模式识别、计算机视觉、多源数据融合、边缘计算等前沿技术，建立感、知、联、控一体化的智能终端，主要解决工业信息化建设、智慧城市建设、智能医疗、智能环保和智能家居等智能社会发展中迫切需求的新一代信息获取技术。

开设课程

智能感知工程专业导论、计算机视觉、半导体物理与器件、智能传感器及应用、信号调理电路、数字信号处理、智能信息网络、多源信息融合、人工智能与深度学习等。主要实践环节有物理实验、电路设计实践、智能感知认知实践、智能传感器及应用综合实践、计算机视觉综合实践、智能感知工程项目实践、专业实习、毕业设计（论文）、大学生创新实践。

就业展望

毕业生主要面向智能制造与装备、智慧医疗、智能交通、智能家居、智能机器人等领域国内外高科技公司、大型企事业单位，各类科研院所等，从事研发、制造、软件开发、技术支持、运行管理等方面工作。

该专业开设于 2019 年，暂无毕业生。

能力要求

需要仪器科学设计、制造、测量、控制及计算机知识与应用能力的复合型人才，而且还需要有创新思维和前瞻意识。

实力院校

目前，开设智能感知工程专业的学校只有哈尔滨工业大学、天津大学、东南大学和北京信息科技大学。

材料科学与工程：新时代的“造物主”

核心含义

材料、能源、信息是构成社会文明和国民经济的三大支柱，其中材料更是科学技术发展的物质基础和技术先导。简单来说，材料科学与工程专业，就是研究材料的成分、结构、加工工艺及其性能和应用的学科。

材料不是抽象的材料，在我们的生活中，材料无处不在，吃、穿、住、行，每个人每天会碰到诸如金属、橡胶、磁性、光电等众多材料，小到一根针、一张纸、一个塑料袋、一件衣服，大到交通工具、医疗器械、航天航空，处处都有材料科学的身影。近年来，人造骨骼、人造器官的研究一直是医学研究的重点，那么生产人造骨骼、人造器官要用到什么材料呢？有没有比现有材料更为合适的东西来取代呢？很多材料的工作环境都不是单一的，它很可能要与其他材料共同合作才能更好地发挥功效。比如“神六”飞船的合金外壳和外面附着的吸热耐高温涂料，一个是金属，一个是有机物基非金属化合物，如何将两者牢固地结合起来？这就涉及两种材料各自的结构及性质。这些，都是材料科学与工程专业需要学习的内容。

开设课程

本专业是以材料学、化学、物理学为基础的学科，在大学一、二年级一般会安排基础科目的学习，如高等数学、线性代数、普通物理、计算机基础、C 语言、英语等。

高年级以后会开设专业课程，如无机化学、有机化学、物理化学、分析化学、材料科学与工程概论、材料物理性能、材料力学、材料工程基础、材料专业基础实验、工程材料力学性能、现代材料研究技术，等等。（专业课程因各校侧重不同会有一定差异）

就业展望

从民生制造到航天工程，无不与“材料”有关联。因而无论是工业领域、建筑领域、医用领域还是航空领域，材料科学与工程专业毕业生都面临着很多发展机遇。很多日用化工类企业、机械加工类企业、石油化工企业、钢铁制造类企业，也都需要材料相关方面的人才。本专业毕业生可以到现代喷涂与包装材料、家用电器、电子电气、汽车制造、钢铁、石油化工、航天航空等企业，从事设计、新产品开发、生产管理、市场经营及贸易工作，如联想、三星、宝洁、海尔、长虹等知名企业是不错的选择。少部分毕业生还可以到政府部门从事行政管理、质量监督等工作。

除就业外，材料科学与工程专业本科毕业生另一个主要去向就是读研或深造，读研率高是材料类专业的一大特点。在本科阶段，该专业的学习是全面的、基础性的，这就为读研或深造打下了基础。众所周知，本科阶段的培养注重“大类”“宽口径”，即在本科阶段注重学科知识的全面学习，包括金属、高分子、陶瓷等众多领域。但每个领域学的知识都不够深入，如果大家有志于从事材料学某一领域的研究和教学工作，进一步深造也是个不错的选择。

能力要求

第一，材料类专业对考生的身体条件有一定的要求，任何一眼矫正到 4.8、镜片度数大于 800 度的考生、患有轻度色觉异常（俗称色弱）及色觉异常Ⅱ度（俗称色盲）的考生不宜就读材料科学类专业。当然，这里所说的只是总体情况，各高校的要求不同，大家在选择材料类专业时一定要注意查看各院校招生章程，以免发生误选、错漏的情况。

第二，由于培养要求的原因，对物理、化学感兴趣的同学适宜就读。

第三，该专业就业比较热门，但报考时并不热门，对分数要求相对不是很高。

实力院校

拥有材料科学与工程世界一流建设学科的院校

北京大学、清华大学、北京航空航天大学、北京理工大学、北京科技大学、南开大学、天津大学、吉林大学、东北师范大学、哈尔滨工业大学、复旦大学、上海交通大学、华东理工大学、南京大学、苏州大学、东南大学、浙江大学、安徽大学、中国科学技术大学、南昌大学、郑州大学、华中科技大学、武汉理工大学、中南大学、中山大学、华南理工大学、四川大学、西安交通大学、西北工业大学、中国科学院大学。

拥有材料科学与工程专业大类国家重点学科的院校

清华大学、北京协和医学院—清华大学医学部、北京航空航天大学、北京科技大学、天津大学、

东北大学、哈尔滨工业大学、上海交通大学、浙江大学、山东大学、华中科技大学、武汉理工大学、中南大学、华南理工大学、四川大学、西安交通大学、西北工业大学。

拥有材料科学与工程二级学科国家重点学科的院校

材料物理与化学方向：河北工业大学、南京大学、南昌大学。

材料学方向：北京工业大学、北京化工大学、燕山大学、同济大学、东华大学、南京理工大学、重庆大学。

材料加工工程方向：太原理工大学、吉林大学、郑州大学。

拥有材料科学与工程二级学科国家重点（培育）学科的院校

材料物理与化学方向：复旦大学。

材料学方向：北京理工大学、吉林大学、华东理工大学、武汉科技大学。

材料加工工程方向：南昌大学。

国家级特色专业建设点

清华大学、北京科技大学、北京航空航天大学、北京工业大学、天津大学、东北大学、哈尔滨工业大学、南京理工大学、厦门大学、武汉理工大学、中南大学、华南理工大学、北京化工大学、中国地质大学（北京）、同济大学、东南大学、华侨大学、西安交通大学、重庆大学、上海交通大学、中国矿业大学（徐州）、浙江大学、湖南大学、郑州大学、西安建筑科技大学、贵州大学、华中科技大学、天津工业大学、辽宁工业大学、上海应用技术学院、盐城工学院、安徽农业大学、济南大学、西南科技大学、攀枝花学院、西安理工大学、北方民族大学、南京工业大学、浙江农林大学、龙岩学院。

材料物理：研究各种材料物理属性的学问

核心含义

材料物理专业，是一个偏理论性质的专业，在一般大学里属于材料科学与工程学下属的专业，主要涉及材料的宏观及微观结构。材料物理专业重点研究材料的微观结构、材料的物理性能，从物理角度研究材料的组成、结构、性能、改性、加工及应用。在日常生活中并不会接触太多材料物理，但在高科技领域必不可少，比如现在颇为流行的纳米材料，就是纳米尺度下的材料物理学。

开设课程

本专业主要课程有材料科学基础、工程材料学、材料的力学性能、功能材料、微电子材料、近代物理、固体物理等。

就业展望

材料物理是一门比较年轻的交叉学科，本科阶段学的东西比较杂，就业率在全国工学专业来说比较低，在材料相关的几个专业中可以说是最低的。由于本科学的多是基础科目，专业知识并不多，所以才有很多人选择读研，读研出来就业相对容易，待遇也会提高。具体来说，该专业毕业生适宜到材料相关的企业、事业、技术和行政管理部门从事应用研究、科技开发、生产技术和管理工作，也适宜到科研机构、高等学校从事科学研究和教学工作，也可以继续攻读材料相关的工程学科、交叉学科的硕士学位。

能力要求

第一，该专业从就业角度考虑需要报考研究生，对学生的数学、物理基础要求较高。

第二，该专业毕业后既可以授予工学学士学位，也可授予理学学士学位，具体可咨询目标院校。

实力院校

国家级特色专业建设点

天津理工大学、湘潭大学、台州学院。

材料化学：研究各种材料化学性能的学问

核心含义

材料化学是材料类专业下属的分支，是研究无机和有机等各类应用材料化学性能的一门学科。材料化学专业研究的主体是材料，比如陶瓷在烧结过程中的变化（也就是怎么才能烧出想要的陶瓷）、金属材料在使用过程中的腐蚀现象（怎样防止生锈）等，是众多高科技领域发展的基础和先导。

开设课程

在学习高等数学、化学、物理等基础理论知识及相关实验技能的基础上，本专业主要学习材料科学基础、结晶化学、高分子化学、高分子物理、材料研究与测试方法、材料性能学、材料化学、材料工艺学以及材料基础实验、材料化学专业实验等专业基础课和专业课，接受计算机课程模拟及应用、实验技能、信息获取、工程设计、科学研究等方面的技能培训。

就业展望

材料化学专业所研究的大多跟传统产业有关，属于解决实际问题的理论学科，因此材料化学专业研究的课题没有那么新潮和热门。但是在现实生产中，对优秀的材料化学方面人才的需求是巨大的。例如：冶金行业，在钢铁、有色金属冶炼过程中效率低、产品质量差、生产过程中浪费严重等问题，都需要用材料化学的知识来解决。中国虽然一直以陶瓷闻名世界，但实际世界上精密陶瓷绝大部分是由日本制造的，就是因为我们在配料、控制烧结条件等环节技术力量薄弱，而材料化学正是解决这些问题的。所以，材料化学专业不仅实用价值高，而且发展空间大。

材料化学专业的学生具有比较强的化学背景，能够在电子材料、金属材料、冶金化学、精细化工材料、无机化学材料、有机化学材料以及其他与材料、化学、化工相关的领域内找到适合自己的工作。

能力要求

第一，本专业需要和实验室的化学仪器打交道，要求细心而严谨。因此，细心、热爱化学、物理学科的考生适宜报考。

第二，该专业毕业后既可以授予工学学士学位，也可以授予理学学士学位，具体可在报考前咨询目标院校。

实力院校

国家级特色专业建设点

兰州大学、安阳师范学院。

冶金工程：从矿石中提取各类金属材料

核心含义

我们每天接触各类钢铁材质的器具，或许你也知道它们是经过锻造烧制而成的，但是未必知道它们具体的来历——它们都是从成分非常复杂的铁矿石当中冶炼而来的。冶金工程研究的主要是金属冶炼领域，研究如何从矿石等资源中提取金属或化合物并制成具有良好的使用性能和经济价值的材料。

开设课程

本专业主要课程有无机化学、物理化学、大学物理、电工技术、电子技术、大学计算机基础、C语言程序设计、计算机制图、机械设计与原理、工程力学、冶金概论、冶金原理、传输原理、金属学、金属材料及热处理、金属材料性能、冶金与材料物理化学、钢铁冶金学、有色金属冶金学、材料分析方法、材料分析测试技术、金属电化学腐蚀与防护、金属材料成形加工、工业生态、功能材料、无机非金属材料、耐火材料、冶金研究方法、冶金质量分析等。

就业展望

据可靠资料，目前我国大陆仅有 40 多所高校开设冶金工程专业，每年培养的专业人才仅 3000—5000 人左右，而市场需求量又特别大。有关统计数据显示，市场对冶金工程专业人才的需求是实际该专业毕业生人数的数倍。如此大的市场需求也为该专业的学子提供了广阔的就业前景。

冶金行业属于国民经济的基础和支柱产业之一，对专业人才有迫切需求，毕业生择业面宽。由于冶金工程专业培养的学生基础宽厚、理论扎实、技能全面，同时，又具备冶金和金属材料加工等方面的知识和技能，深受各类企业和相关部门青睐。毕业生可以到冶金、化工、材料、环境保护及其相关行业的生产、科研和管理部门从事生产技术管理、工程设计、技术开发、新型结构材料和功能材料的研制和开发等工作，也可以到高等院校和高等职业学校从事专业教学工作。随着现代科技的迅猛发展，该专业对从业人员的综合素质也提出了较高的要求，如计算机控制技术在冶金工程领域的广泛应用，也就使得学生在大学里就要逐步接触并掌握到丰富而实用的计算机知识。另外，该领域在国内的发展与国外先进技术的交流也日益频繁，对学生外语的使用也提出了相当高的要求。

能力要求

第一，由于工作性质的原因，一般建议男生报考。

第二，本专业工作的对口行业相对艰苦，建议能吃苦耐劳的考生报考。

实力院校

拥有材料科学与工程世界一流建设学科的院校

北京科技大学、中南大学。

拥有冶金工程专业大类国家重点学科的院校

北京科技大学、东北大学。

拥有冶金工程二级学科国家重点学科的院校

钢铁冶金方向：上海大学。

有色金属冶金方向：中南大学、昆明理工大学。

拥有冶金工程二级学科国家重点（培育）学科的院校

钢铁冶金方向：重庆大学。

国家级特色专业建设点

北京科技大学、河北理工大学、内蒙古科技大学、东北大学、辽宁科技大学、安徽工业大学、昆明理工大学、武汉科技大学、中南大学、江西理工大学、重庆科技学院、贵州大学。

金属材料工程 & 无机非金属材料工程

核心含义

金属材料工程和无机非金属材料工程是材料学的两个分支。两者研究对象不同，前者主要研究金属材料，后者研究的是无机非金属材料。金属材料工程主要研究金属材料以及金属基复合材料的成分、组织结构、生产工艺，通过合适的合金设计和工艺设计提高材料的性能、质量和寿命。无机非金属材料研究对象一般为水泥、玻璃、陶瓷和建筑墙体材料的内部结构及相应的耐磨、耐高温、抗氧化等方面的性能。

开设课程

这两个专业在大一、大二都会学习材料科学与工程专业的基本课程。

金属材料工程专业在大三开始侧重学金属学、金属学与热处理原理、金属材料学、金属工艺与材料工程、金属材料工程测试技术等课程。

无机非金属材料工程专业在大三时学习无机材料性能、无机材料工艺学、结晶学与岩相学、无机材料学科基础、无机材料物理性能、无机材料热工技术等课程。

就业展望

金属材料工程专业的毕业生可以在冶金、材料结构研究与分析、金属材料及涂装防护材料制备等领域工作。行业涉及航空航天、能源化工、国防军工、冶金机电等各行各业，范围相当广泛，一般的毕业生就业不是问题。无机非金属工程毕业生主要从事无机非金属材料结构研究与分析、材料的制备、材料成型与加工等领域的工作，所进企业一般为玻璃厂、陶瓷厂、水泥厂等一些建筑材料公司。就业相对金属材料工程专业稍差。两个专业毕业生较好的去向是去研究院所，但是一般需要较高的学历。

能力要求

第一，物理、化学成绩好，喜欢动手操作的考生适宜报考。

第二，这两个专业对口就业的单位工作环境不是很好，男生更适合报考。

实力院校

金属材料工程专业国家级特色专业建设点

河北科技大学、上海大学、南昌航空大学、河北工业大学、燕山大学、西安工业大学、江苏大学、长春工业大学、哈尔滨理工大学、河南科技大学、河北理工大学。

无机非金属材料工程专业国家级特色专业建设点

景德镇陶瓷大学、武汉科技大学、陕西科技大学、齐鲁工业大学、沈阳建筑大学、安徽建筑大学、沈阳化工大学、长春理工大学、巢湖学院。

高分子材料与工程：研究塑胶等新型材料的研发生产

核心含义

高分子材料与工程是研究高分子材料的设计、合成、制备以及结构、性能和加工应用的材料类学科。我们平常接触到的橡胶、塑料、纤维、涂料等都属于高分子材料的范畴。这是个以研究为主的专业，主要面向新材料的研发与生产，以环境材料、生物医用材料、纳米材料等材料的研究与开发为特色，其工业和研究体系已经成为国民经济发展的支柱产业。

开设课程

本专业主要课程包括有机化学、物理化学、高分子化学、高分子物理、聚合物流变学、聚合物成型工艺、聚合物加工原理、高分子材料研究方法。

就业展望

高分子材料与工程专业分很多方向，有橡胶、塑料、纤维、涂料、黏合剂、复合材料等，方向不同，就业的企业也不一样。从目前的情况来看，塑料方向的毕业生就业机会更多一些。毕业生可以进石化单位，也可以进一些高分子材料制备的企业。总体来说，该专业就业状况较好，不过起点工资不是很高，比金融、信息、电子电气等专业可能会低些。

能力要求

第一，本专业接触的东西都是高分子，有不少化学药品使用不慎都会造成不同程度的伤害，因此建议细心的考生报考。

第二，高分子材料和化学联系密切，建议对化学当中的高分子知识感兴趣的考生报考，女生慎重报考。

实力院校

国家级特色专业建设点

北京化工大学、哈尔滨理工大学、华东理工大学、江苏工业学院、青岛科技大学、四川大学、长春工业大学、东华大学、北京服装学院、河北工业大学、大连理工大学、沈阳化工大学、吉林大学、江南大学、郑州轻工大学、湖北大学、武汉工程大学、华南理工大学、浙江大学。

复合材料与工程：材料的杂交术

核心含义

我们生活中经常会接触到复合材料组成的东西，比如建筑用的钢筋混凝土结构就是典型的复合材料，由钢筋、水泥、石子等结合构成。复合材料与工程专业培养具备复合材料与工程领域的基础理论、专业知识和实验技能，适应现代材料学科高科技化发展的趋势，掌握复合材料学科前沿发展信息，能够在国防、航空航天、汽车、化工、能源等关键行业从事复合材料与工程领域的科学研究、技术开发、材料设计、产品设计、工艺设计、生产运行及经营管理等方面工作的专门人才。

开设课程

本专业主要课程有材料复合原理、复合材料学、复合材料工艺设备、材料学概论、复合材料的实验技术、高分子化学及物理、高分子物理、机械制图、热工基础及设备、复合材料工艺学、复合材料聚合物基础、有机化学、物理化学、大学物理、无机化学、现代测试技术在复合材料中的应用、材料的表面与界面等。

就业展望

复合材料的应用范围非常广泛，发展前景十分广阔，其研发水平及产业化规模已成为衡量一个国家经济发展、科技进步和国防实力的一个重要标志。复合材料与工程专业目前就业情况不错，待遇薪酬也还可以。毕业生可到化工、轻工、机电、建材、交通、航空航天、高校、研究所、设计院等企事业单位，从事合成树脂、橡胶、化纤、涂料、黏合剂、复合材料、电绝缘材料、高性能材料、功能高分子材料等研制、材料改性、合成、加工、应用、工程设计以及管理开发或教学工作。

能力要求

第一，适宜物理、化学成绩好的同学报考。

第二，女生慎重报考。

实力院校

国家级特色专业建设点

西北工业大学。

粉体材料科学与工程：研究粉末材料的加工技术

核心含义

粉体，也就是粉状的意思，粉体材料，也就是粉状材料。简而言之，粉体材料科学与工程指的就是研究粉状材料的制备、混合、压制成型、烧结等工程技术的一门学问。该专业是从“粉末冶金”专业发展而来的材料科学领域中的新专业，主要从事粉体物理化学研究与粉体材料制备，涉及材料学、工程学和化学等方面。学生主要学习新型功能材料的组成与结构、合成与制备、性能、效能的变化规律及其应用，训练应用材料学、化学、工程和物理学的基础理论、基本知识和实验技能，进行功能无机材料、功能高分子材料及功能复合材料的设计、研究和技术开发的能力。

开设课程

主要课程有无机化学、物理化学、材料科学基础、材料工程基础、机械设计基础、粉体工程、粉末冶金原理、成形模具设计制造技术、材料分析测试方法、材料物理力学性能。实践教学包括课程实习、毕业设计等。

就业展望

本专业学生毕业后，可在高等院校、科研院所和高新技术企业等部门从事粉体材料加工制备、粉末冶金、硬质合金与超硬材料、陶瓷材料、新型电工电子材料、纳米材料和复合材料等方面的科研、生产及新产品、新技术开发、教学及相关管理方面的工作。本专业就业率较高，近三年全国就业率在95% ~100%。

能力要求

第一轻度色觉异常（俗称色弱），不宜报考该类专业；任何一眼矫正到4.8、镜片度数大于800

度的，不宜就读该类专业。

实力院校

国家级特色专业建设点

目前只有中南大学、合肥工业大学、湖南工业大学等少数学校开设本专业，其中中南大学、合肥工业大学具有相应的硕博点。中南大学粉体材料科学与工程专业是国家级特色专业建设点。

宝石及材料工艺学：研究珠宝的设计与鉴定的学问

核心含义

众所周知，成品宝石是世界流行的奢侈品之一，宝石及材料工艺学专业学习的内容就是宝石的设计和鉴定。有些院校比较侧重宝石鉴定，分定性鉴定和定量鉴定，如真假鉴定、优劣鉴定、年代鉴定、价值鉴定、审美评鉴、质量鉴定等。部分院校会朝着珠宝首饰设计方向培养，便于学生适应未来不同工作岗位的需要。一般毕业生需要系统地掌握宝石学科的基本理论和基本知识，掌握宝石学、首饰工艺学必要的基本技能、方法和相关知识。

开设课程

本专业的主要课程有地质学基础、材料学导论、结晶学与矿物学、晶体光学、宝石学、宝石鉴定、宝石优化处理、合成宝石学、宝石加工工艺学、珠宝首饰设计、珠宝首饰镶嵌工艺学、首饰设计及制作工艺学、宝石琢型设计及加工工艺学、钻石分级学、中国玉器概论等。其中相对比较难的有宝石学、结晶学和矿物学，需要识记的东西比较多，具体院校的安排可能有所不同。一般院校都会开设一些相应的手工课，教授宝石设计和加工，一般是以玻璃或者铜为练手材料。实习安排一般有计算机课程设计、珠宝商贸见习、首饰设计课程采风、生产实习、毕业设计等。

就业展望

毕业生一般可在各类企业、事业单位及政府部门从事商品检测、鉴赏鉴定、质押典当、企业管理、选择投资、设计制作等工作，也可在珠宝公司、宝石加工厂、银行、拍卖公司、典当行、专业报社和杂志社等单位从事与珠宝和材料工艺有关的商贸、鉴定、加工制作、质量监督和检验、销售、生产管理、科技开发等工作，也可以到专业学校、高等院校、科研部门从事珠宝首饰和材料工艺方面的教学和科研工作等。本专业近三年全国就业率的官方统计结果为 75%—80%。

能力要求

由于培养要求和知识结构的原因，本专业更适合有一定审美能力、喜欢动手操作的考生报考。

实力院校

国家级特色专业建设点

中国地质大学（武汉）。

焊接技术与工程：焊接领域也有大文章

核心含义

焊接技术与工程专业是一门集材料学、工程力学、自动控制技术的交叉性学科，教学以培养多学科知识的综合运用为基础，进行工程师的基本训练。现代焊接的能量来源有很多种，包括气体焰、电弧、激光、电子束、摩擦和超声波等。除了在工厂中使用外，焊接还可以在多种环境下进行，如野外、水下和太空。焊接技术与工程专业研究特定环境下，运用机械学、电工电子学、工程力学、材料学、自动控制技术、计算机技术等技术手段，对各种材料进行加工、处理的学问。

开设课程

本专业开设的课程有工程力学、机械设计基础、电工技术、电子技术、计算机技术、材料科学基础、自动控制原理、工程参量检测与控制、金属学与热处理、焊接电弧及弧焊方法、焊接结构、弧焊电源、材料熔焊基础及焊接性、焊接设备及自动化、焊接生产与工程、控制工程等。本专业非常强调学生的动手能力和创新能力的培养，除了课堂教学外，还有实验、实习、设计等实践课程等。

就业展望

随着微电子行业的发展，新出现了粘接技术的研发，但是到成熟还很有一段距离，而且其应用成本不低。在材料的连接方式上，焊接是一个基本成熟的工艺，又相对经济，所以，在可以预见的时间里，焊接不可能被淘汰。未来的焊接工艺还会继续在方法、设备和材料方面改进，提升质量和安全性。随着科技的发展，焊接技术的机械化和自动化也是发展的前景。

本专业以就业为导向的毕业生一般建议考取国际焊接学会（IIW）认可的国际焊接工程师（IWE），或者CWI（认证焊接检验师），薪资待遇相对来说不错。他们主要能在船舶、汽车、机械、航空、航天、锅炉、电子通信、化工及国防工业等领域从事焊接技术与工程方面的试验研究、开发设计、运行管理和经营销售等方面的工作，担任研究机构或大型企业、外资与合资企业以及政府部门的应用型高级工程技术人才。

能力要求

参考粉体材料科学与工程专业。

实力院校

国家级特色专业建设点

哈尔滨工业大学、哈尔滨工业大学（威海）、江苏科技大学。

功能材料：多学科领域的跨学科专业

核心含义

功能材料专业是材料学、生物学和医学等学科领域的跨学科专业，主干学科有高分子材料科学与工程、生物医学工程。主要从事生物材料和生物医学工程方面的教学与科研工作。

关于功能材料的分类，没有统一的界定，一般是指通过光、电、磁、热、化学、生化等作用后具有特定功能的材料，也叫特种材料或精细材料。比如，航空航天技术中用到的耐高温陶瓷就是之一。功能材料专业是根据社会发展的需要，特别是生物医学工程、组织工程和药物释放等交叉学科技术的迅速发展对专业人才的迫切需求而设立的。该专业培养具有材料科学与工程、生物学和医学等领域的相关知识，掌握生物材料的基础和专业知识，能在生物材料的制备、改性、加工成型及应用等领域从事科学研究、技术开发、工艺设计、生产及经营管理，并且具有较强的计算机能力、外语能力、获取信息和使用信息能力，身心健康、素质优良、有创新精神的综合型高级技术人才。

开设课程

本专业开设的课程有高等数学、大学物理、大学英语、计算机技术基础、线性代数、无机化学、有机化学、基础化学、大学化学实验、概率论与数理统计、物理化学、生物化学、高分子化学、高分子物理以及材料概论、工程制图、电工电子技术、概率论与数理统计、工程力学、材料科学与工程基础、实验设计与数据处理、功能材料导论等。

就业展望

这个专业是在国家新兴产业结构调整下应运而生的，由于有政策支持，专业的就业前景不错。毕业生可以从事与信息技术、生物工程技术等相关的新材料开发与应用相关的职业，也可在高校、研究部门从事教学、科研工作。功能材料在国外发展迅速，新工艺层出不穷，相对于传统材料领域，就读国内该专业的学生具有较多的出国、读研机会。

能力要求

参考粉体材料科学与工程专业。

实力院校

国家级特色专业建设点

大连理工大学、东华大学、兰州大学。

纳米材料与技术：研究微观世界 制造新型材料

核心含义

纳米是一个微小的长度单位，1 纳米是 1 米的十亿分之一。纳米虽然微小，但是它构建的世界却是神奇而宏大的。纳米材料与技术专业着重于纳米材料制备、纳米结构及性能表征、纳米材料加工技术和应用等技术方面的培养，满足微电子和光电子材料与器件、新型功能材料、高性能结构材料等战略性新兴产业领域中从事与纳米相关的技术开发、工艺和设备设计、技术改造及经营管理等工作的卓越工程师的用人需求，并为纳米科技领域的高层次人才培养打下坚实基础。纳米技术就是利用纳米材料的奇妙性能，制造具有特定功能的零部件和产品的技术。一些权威专家预测，未来纳米技术将在生物医学、航空航天、能源和环境等领域“大显身手”。

开设课程

本专业开设的课程有电子技术、材料物理基础、材料化学基础、原子物理及量子力学、纳米材料制备与表征、微纳加工技术、纳米半导体材料、纳米器件基础、纳米生物材料、纳米磁性材料、纳米能源材料、纳米材料科学与技术前沿等。

就业展望

以当前纳米科技整体发展状况而言，欧、美、日已大力发展多年，而我国的纳米科技研究尚处在起步阶段，无论是科研水平或市场契合度，与欧、美、日均有一定差距。但是，差距大也意味着潜力大、空间大，一旦纳米技术进入日常生活，该专业人才的需求量肯定会急剧上升。从目前来看，该专业毕业生主要在相关的科研机构、高等院校从事科学研究、教学工作，也可以在电子信息、航空航天、半导体、磁性材料、生物技术、仪器仪表、先进陶瓷等高科技企业从事新材料研制、新产品开发及新技术工艺研究等高技术含量的工作。

能力要求

参考粉体材料科学与工程专业。

实力院校

开设纳米材料与技术专业的代表性院校

北京航空航天大学、北京交通大学、南京理工大学、北京科技大学、大连理工大学、苏州大学等。

新能源材料与器件：实现新能源转化利用的关键

核心含义

该专业为2011年新增专业，重点是研究与开发新一代高性能绿色能源材料、技术和器件（如通讯、汽车、医疗领域的动力电源），发展“新能源材料”（新型锂离子电池材料、新型燃料电池材料和新型太阳能电池材料）的学术研究方向。所谓新能源，是指区别于传统石化类能源，一般是指太阳能、地热能、风能、海洋能、生物质能和核聚变能等。而新能源材料就是实现这些新能源转化和利用以及发展新能源技术过程中所使用的关键材料。目前，研究得较多的、相对成熟的新能源材料主要是太阳能电池材料、动力电池材料、燃料电池材料、核能材料、生物质能材料、风能材料、超级电容器等。因此，新能源材料与器件专业就是一类研究开发新能源转化、利用的关键材料及其器件设计、制造的专业。

该专业设置跨能源科学、材料科学、化学等多个学科，拟培养能掌握新能源材料专业基本理论、基本知识和工程技术技能，掌握新能源材料组成、结构、性能的测试技术与分析方法，了解新能源材料科学的发展方向，具备开发新能源材料、研究新工艺、提高和改善材料性能的基本能力的新能源材料专门人才。

开设课程

本专业开设的课程有高等数学、线性代数与概率论、无机化学、固体物理、理论物理导论、工程制图、物理化学、材料科学基础、电化学基础、储能材料与制备技术、光伏物理与太阳能电池、材料化学与物理、能源电化学、电源工艺学、半导体物理与器件、储能材料与制备技术、材料分析与测试方法、能量转换与应用、硅材料技术等。

就业展望

新能源技术是21世纪世界经济发展中最具有决定性影响的五个技术领域之一。新能源材料与器件是实现新能源的转化和利用以及发展新能源技术的关键，就业前景看好。该专业毕业生适宜在新能源、新材料、新能源汽车、节能环保、高端装备制造等国家战略性新兴产业领域以及电力、航天航空、信息、交通等领域的研究机构、企事业单位从事研究、技术开发、工艺和器件设计及相关管理工作，也可以在通讯、汽车、医疗领域从事新能源材料和器件的开发、生产和管理工作。

能力要求

参考粉体材料科学与工程专业。

实力院校

国家级特色专业建设点

华东理工大学、东南大学、合肥工业大学、中南大学、四川大学、电子科技大学。

材料设计科学与工程：材料领域的基础专业

核心含义

材料设计科学与工程专业培养具备包括金属材料、无机非金属材料、高分子材料等材料领域的科学与工程方面较宽的基础知识，能在各种材料的制备、加工成型、材料结构与性能等领域从事科学研究与教学、技术开发、工艺和设备设计、技术改造及经营管理等方面工作，适应社会主义市场经济发展的高层次、高素质全面发展的科学研究与工程技术人才。

开设课程

本专业开设的课程有物理化学、材料物理化学、量子与统计力学、固体物理、材料学导论、材料科学基础、材料物理、材料化学、材料力学、现代材料测试方法、材料工艺与设备、钢的热处理等。

就业展望

从民生制造到航天工程，无不与“材料”有关联。因而无论是工业领域、建筑领域、医用领域还是航空领域，材料科学与工程专业毕业生都面临着很多发展机遇。很多日用化工类企业、机械加工类企业、石油化工企业、钢铁制造类企业，也都需要材料相关方面的人才。同学们毕业后，可以到现代喷涂与包装材料、家用电器、电子电气、汽车制造、钢铁、石油化工、航天航空等企业，从事设计、新产品开发、生产管理、市场经营及贸易工作。如联想、三星、宝洁、海尔、长虹等知名企业是不错的选择；少部分毕业生还可以到政府部门从事行政管理、质量监督等工作。

能力要求

1. 材料类专业对考生的身体条件有一定的要求，任何一眼矫正到4.8、镜片度数大于800度的考生、患有轻度色觉异常（俗称色弱）及色觉异常Ⅱ度（俗称色盲）的考生不宜就读材料科学类专业。当然，这里所说的只是总体情况，各高校的要求不同，大家在选择材料类专业时一定要注意查看各院校招生章程，以免发生误选、错漏的情况。
2. 由于培养要求的原因，该专业只招理科生，对物理、化学感兴趣的同学适宜就读。
3. 该专业就业比较热门，但报考时并不热门，对分数要求相对不是很高。

实力院校

开设院校：北京航空航天大学、清华大学、武汉理工大学、北京科技大学。

复合材料成型工程：多领域的交叉学科

核心含义

本专业学生主要学习材料科学工程的基础知识，复合材料与工程方面的基础理论和基本知识，复合材料制品成型工艺及设备的基础知识、复合材料结构设计的基本本领等。

开设课程

本专业开设的课程有材料复合原理、复合材料学、复合材料工艺设备、材料学概论、复合材料的实验技术、高分子化学及物理、高分子物理、机械制图、热工基础及设备、复合材料工艺学、复合材料聚合物基础、有机化学、物理化学、大学物理、无机化学、现代测试技术在复合材料中的应用、材料的表面与界面等。

就业展望

毕业生可以在航空航天领域中，从事复合材料零件的加工制备及成型、新产品工艺开发、模具设计及加工及产品质量监控、材料性能测试等工作。也可拓展到机械、汽车等领域从事复合材料类产品的开发、加工及质量监控、生产管理等工作。

能力要求

1. 材料类专业对考生的身体条件有一定的要求，任何一眼矫正到4.8、镜片度数大于800度的考生、患有轻度色觉异常（俗称色弱）及色觉异常Ⅱ度（俗称色盲）的考生不宜就读材料科学类专业。当然，这里所说的只是总体情况，各高校的要求不同，大家在选择材料类专业时一定要注意查看各院校招生章程，以免发生误选、错漏的情况。

2. 由于培养要求的原因，该专业只招理科生，对物理、化学感兴趣的同学适宜就读。

3. 该专业就业比较热门，但报考时并不热门，对分数要求相对不是很高。

实力院校

开设院校：上海第二工业大学。

智能材料与结构：智能制造的基础、核心和源动力

核心含义

智能材料与结构专业主要学习智能材料与结构的基础理论及基本知识，接受智能材料制备、组织分析、性能测试、智能材料系统集成技能的基本训练，掌握智能材料的成分、组织结构、制备和加工工艺等与性能之间关系的基本规律，以及智能材料系统集成、通信、控制的基本方法，具备开展智能材料与结构基础理论研究、材料设计、材料性能优化、工艺开发和材料生产管理的知识和能力。

开设课程

环境敏感材料、智能驱动材料与结构、智能器件系统集成、材料科学基础、相变原理、各向异性弹塑性力学、材料物理性能、材料分析测试方法、智能复合材料结构力学、智能材料结构设计、测控电路与驱动技术、单片机与嵌入式系统。

就业展望

毕业生可从事智能制造领域中材料与结构方面的基础理论和生产工艺研究，进行智能材料与结构相关的实验检测、质量控制和技术咨询，具备主持智能材料与结构的设计、工艺开发和生产制备统筹能力，能够开展智能材料与结构领域相关技术和技术管理方面工作的高素质人才。本科毕业生可以攻读材料科学与工程学科及相关交叉学科的硕士与博士学位。

主要就业单位：英特尔、高通、英飞凌、亚马逊、华为、海思、日月光、中兴、京东方、美的、歌尔声学等国内外电子行业顶尖领跑企业；中国航天科技集团（一院、五院、九院等）、中国电子科技集团（14 所、38 所、55 所等）等等航天院所以及中科院微电子所、半导体所、微系统所、深圳先进技术研究院等科研机构。

该专业开设于 2019 年，暂无毕业生。

能力要求

智能材料与结构专业的学习既需要扎实的基础科学功底，对物理和化学有兴趣的学生，会更加适合。但只要是愿意致力于智能制造、新材料、控制传感等领域的学术研究、技术研发、管理等工作，勤奋学习，积极向上，乐于实践和探索的学生都适合报考本专业。

实力院校

目前，开设智能感知工程专业的学校只有哈尔滨工业大学（威海）。

能源与动力工程：如何更高效地利用能源

核心含义

能源与动力工程致力于传统能源的利用及新能源的开发，和如何更高效地利用能源。能源既包括水、煤、石油等传统能源，也包括核能、风能、生物能等新能源，以及未来将广泛应用的氢能。动力方面则包括内燃机、锅炉、航空发动机、制冷及相关测试技术。2012 年教育部新版高校本科专业目录中调整热能与动力工程为能源与动力工程。

开设课程

本专业开设的课程有工程力学、机械设计基础、机械制图、电工与电子技术、工程热力学、流体力学、传热学、控制理论、测试技术、燃烧学等。

就业展望

就业方向一般分类三类：热能方向、动力方向、制冷方向。

热能方向：此方向可以去到电力行业，比如中国华能集团公司、华润电力、中广核、国家电网等从事巡检岗、维修岗、运行岗等工作；另外还可以去到冶金行业，比如宝钢集团、鞍钢集团、武钢集团等从事相关工作。

动力方向：此方向可以去到船舶制造行业，比如大连船舶重工集团、上海沪东等造船厂及其设计院；另外还可以去到汽车机车行业、比如一汽、江淮汽车、铃木、吉利、奇瑞、比亚迪、中车集团等从事相关工作。

制冷方向：压缩机、空调等家用、商用电器业。典型的公司有海尔、西门子、三洋、松下、远大。

能力要求

1. 本专业对口就业企业更加青睐于招收男生，所以一般不建议女生报考。
2. 本专业研究内容是高中物理学科的延伸，因此建议对物理学科感兴趣的考生报考。

实力院校

国家级特色专业建设点

上海交通大学、重庆大学、华北电力大学、哈尔滨工业大学、华中科技大学、大连理工大学、东北电力大学、上海电力大学、东南大学、长沙理工大学、北京科技大学、河海大学、天津大学、中国石油大学（华东）、东北大学、山东大学、长安大学、天津商业大学、内蒙古工业大学、辽宁科技大学、上海理工大学、南京工程学院、邵阳学院、西华大学、西安理工大学、兰州理工大学、郑州轻工业大学。

能源与环境系统工程：改善能源消耗对环境的影响

核心含义

能源与环境系统工程属于能源科学分支，科目研究主要方向为改善能源消耗产生副产物对环境之间的影响。能源与环境系统工程专业为原热能与动力工程（火电厂集控运行）改造而来，主要研究改善能源消耗产生副产物对环境的影响。例如：研究将煤炭、石油、天然气等一次能源转化为电力、热能等二次能源的生产和利用过程；研究人工环境、制冷空调、低温生物医学等领域的科学技术问题；研究风能、太阳能、生物质能等新能源的开发利用。这些能源转换与利用过程必然会伴随着有害物质的排放，如何防止和控制由此造成的环境污染，这是能源与环境系统工程专业所要研究和解决的问题。

该专业设能源与环境工程及自动化、制冷空调及自动化两个专业方向。培养具备宽厚热工理论和能源与环境系统工程知识，具有计算机应用开发能力，能从事清洁能源开发、电力生产自动化、能源环境控制与保护、制冷与低温、空调与人工环境等的设计、研究及管理的能源、环境与自动控制三大学科交叉的复合型高级技术人才。

开设课程

本专业开设的课程有能源与环境系统工程概论、工程热力学、工程流体力学、传热学、工程力学、工程材料、机械制图、机械设计基础、电工电子学、能源与环境系统工程基础、自动控制理论、空调与人工环境、自动化检测技术与仪表、环境化学、电站锅炉原理、汽轮机原理、泵与风机、热力发电厂、热工控制系统、计算机控制系统、单元机组集控运行、能源动力装置基础、能源动力设备控制等。

就业展望

在国家能源与环保政策的宏观引导下，电力、煤化工、天然气、稀土、环保等能源利用工业必然具有广阔的前景。毕业生可到与火力发电、能源利用与转化相关的各类大、中型企业工作。包括与火电厂热力工程、煤化工、新能源开发、环境保护等能源利用相关领域从事设备制造、设备安装与调试、设备检修与维护、生产集控运行、自动控制、环境保护与监测、信息处理、生产管理等方面的工作。也可在学校、科研院所等进行相关方面的教学、工程设计、产品开发等工作。

能力要求

1. 患有严重心脏病、心肌病、高血压、重症支气管扩张、哮喘、恶性肿瘤、慢性肾炎、尿毒症、严重血液病、内分泌以及代谢系统疾病、风湿性疾病、重症癫痫或其他神经系统疾病、严重颈神经疾病、精神活性物质滥用和依赖、慢性肝炎、结核病未治愈等的考生，学校可不予录取。

2. 特设专业相对开设院校较少，而本专业的被认知度随着国家的宣传和生活科技领域的发展而提高，甚至出现小热门的情况，有些重点院校的专业分数要求较高。

实力院校

国家级特色专业建设点

东华大学、浙江大学。

新能源科学与工程：研究新能源的开发与利用

核心含义

新能源科学与工程专业面向新能源产业，立足于国家“十二五”发展规划，根据能源领域的发展趋势和国民经济发展需要，培养在风能、太阳能、地热、生物质能等新能源领域从事相关工程技术领域的开发研究、工程设计、优化运行及生产管理工作的跨学科复合型高级工程技术人才，以及具有较强工程实践和创新能力的专门人才，以满足国家战略性新兴产业发展对新能源领域教学、科研、技术开发、工程应用、经营管理等方面的专业人才需求。主要学习新能源的种类和特点、利用的方式和方法、应用的现状和未来的发展趋势。具体内容涉及风能、太阳能、生物质能、核电能等。

开设课程

本专业开设的课程有高等数学、线性代数、概率论与数理统计、大学物理、电工学、计算机基础、工程制图、工程力学、机械设计基础等自然科学与工程技术基础课程；工程热力学、流体力学、传热学、燃烧学、工业生态学、能源系统工程等专业基础课程；可再生能源及其利用、光伏科学与工程、风力发电原理、生物质能工程、核能利用基础、光伏材料与太阳能电池、风力发电场等专业课程。

就业展望

新能源科学与工程专业属于国家“十二五”期间重点发展的领域，具有很好的就业前景。毕业生可在风能、太阳能、生物质能等新能源和节能减排领域的企事业单位、高等院校和政府部门从事技术研发、工程设计、新能源科学教育与研究、新能源管理等相关工作。

能力要求

1. 患有严重心脏病、心肌病、高血压、重症支气管扩张、哮喘、恶性肿瘤、慢性肾炎、尿毒症、严重血液病、内分泌以及代谢系统疾病、风湿性疾病、重症癫痫或其他神经系统疾病、严重颈神经疾病、精神活性物质滥用和依赖、慢性肝炎、未治愈结核病等，学校可以不予录取，不宜报考。

2. 由于培养要求和知识结构的原因，本专业对考生物理、化学成绩要求较高，动手能力强，仔细、认真、严谨的学习态度是必不可少的。

3. 本专业属于特设专业，开设院校较少。随着越来越多的考生了解这个专业，看好其对应的发展领域，该专业甚至出现小热门的情况。

实力院校

国家级特色专业建设点

河海大学、华中科技大学、西安交通大学。

储能科学与工程：第五次工业革命的动力源

核心含义

储能科学与工程是专门研究将电能、化学能、热能、机械能等不同形式的能量进行存储，再将其转化成所需的能量形式加以利用的学科。国家发展改革委和国家能源局于2016年联合发布了《能源技术革命创新行动计划（2016—2030年）》和《能源生产和消费革命战略（2016—2030）》，明确指出加强先进储能技术创新，全面建设"互联网+"智慧能源，促进能源与现代信息技术深度合，推动互联网与分布式能源技术、先进电网技术与储能技术深度融合，抢占能源技术进步先机，谋求新一轮科技革命和产业变革竞争制高点。

开设课程

储能原理、半导体物理、电化学基础、储能系统设计技术、储能材料基础、储能系统安全管理、能源转化原理、储氢技术及应用、储能电池技术、燃料电池技术、电力系统储能应用技术、电力系统分析导论、新能源与分布式发电、储氢材料与工程、材料计算与模拟、氢能输运与利用、核能制氢、纳米材料、太阳能存储工程。

就业展望

2020年由西安交大申请增设的全国第一个且唯一一个储能科学与工程专业，除可继续攻读硕士和博士外，就业去向如：大唐韩城第二发电、中国核工业集团漳州能源、西北有色金属研究院等。

该专业开设于2019年，暂无毕业生。

能力要求

具有整合思维、工程推理和解决复杂工程问题能力，具备从事储能材料、器件与系统的研究、开发、设计、制造和管理的技术能力和工程实践能力。

实力院校

目前，开设储能科学与工程本科专业的学校只有西安交通大学。华北电力大学于2020年10月9日成立储能科学与工程教研室。

电气工程及其自动化：保障电力供应的无名英雄

核心含义

电气工程及其自动化涉及电力电子技术、计算机技术、电机电器技术、信息与网络控制技术、机电一体化技术等诸多领域，是一门综合性较强的学科，其主要特点是强弱电结合、机电结合、软硬件结合、电工技术与电子技术相结合、元件与系统相结合，使学生获得电工电子、系统控制、电气控制、电力系统自动化、电气自动化装置及计算机应用技术等领域的基本技能。

开设课程

本专业开设的课程有电气工程、控制科学与工程、计算机科学与技术、电路理论、电子技术、电力电子技术、自动控制原理、微机原理与应用、电气工程基础、电机学、电器学、电力系统分析、电机设计、高低压电器、电机控制、智能化电器原理与应用、电力系统继电保护、电力系统综合自动化、建筑供配电等。

就业展望

本专业比较容易就业，就业面比较广，起点工资也比较高。可以在电力和电子行业从事相关工作，发电厂、变电站、配电所、电力局、船舶、汽车等只要涉及电的生产企业都招收本专业的毕业生。学生毕业后可以进入电网中心、发电厂、供电局等电力系统工作。也可进入到与制造电动机、变压器、继电保护等电力电气设备的企业，比如西门子。也同样有机会进入通信设备生产企业工作，比如华为、中兴等公司。

能力要求

1. 本专业对口就业企业更加青睐于招收男生，所以一般不建议女生报考。

2. 本专业研究内容是高中物理学科的延伸，建议对物理学科感兴趣的考生报考，同时也注重毕业生的动手操作能力。

实力院校

拥有电气工程及其自动化专业大类国家重点学科的院校

清华大学、浙江大学、华中科技大学、重庆大学、西安交通大学。

拥有电气工程及其自动化二级学科国家重点学科的院校

电机与电器方向：河北工业大学、沈阳工业大学、哈尔滨工业大学。

电力系统及其自动化方向：天津大学、华北电力大学、西南交通大学、海军工程大学。

高电压与绝缘技术方向：哈尔滨理工大学。

电力电子与电力传动方向：中国矿业大学、合肥工业大学。

拥有电气工程及其自动化二级学科国家重点（培育）学科的院校

电力系统及其自动化方向：上海交通大学、山东大学。

电力电子与电力传动方向：南京航空航天大学、西南交通大学。

电工理论与新技术方向：湖南大学。

国家级特色专业建设点

北京航空航天大学、中国农业大学、华北电力大学、天津大学、大连海事大学、上海交通大学、哈尔滨工业大学、东南大学、中国矿业大学（徐州）、河海大学、浙江大学、合肥工业大学、山东大学、中国石油大学（华东）、华中科技大学、重庆大学、西南交通大学、西安交通大学、清华大学、北京交通大学、中国矿业大学（北京）、大连理工大学、武汉大学、河北工业大学、内蒙古大学、江苏大学、福州大学、广西大学、新疆大学、长沙理工大学、沈阳工业大学、长春工程学院、东北电力大学、上海电力大学、黑龙江科技学院、江苏科技大学、南通大学、华东交通大学、山东理工大学、山东建筑大学、山东科技大学、青岛科技大学、河南理工大学、三峡大学、西安理工大学、昆明理工大学、沈阳工程学院、北华大学、南京工程学院、福建工程学院、武汉工业大学、兰州交通大学、许昌学院。

智能电网信息工程：紧密结合国家智能电网建设之急需

核心含义

本专业为2010年增设专业，是依据国家发展战略新兴产业，紧密结合国家智能电网建设之急需而开设。旨在培养具有良好的科学素质和文化修养，扎实的专业理论和专业技能，受到卓越工程师高级训练，掌握智能电网与智能变电站相关的理论知识，在电力系统新能源发电与智能接入技术、电网智能调度与控制技术、电能计量与监测、电力系统计算机与网络技术等方面有专长，可以在智能化、网络化、信息化的电气系统领域从事研究、开发、设计、运行维护与管理等工作的高级工程技术人才。

本专业是针对国家在新能源、新材料、信息化等战略性新兴产业的发展需要，紧密结合国家关于坚强智能电网建设所开设的一个新兴交叉学科专业。培养具有扎实专业理论和技能，兼具较强电气工程和信息工程的综合素质和创新精神，掌握电力系统通信技术、信息采集和处理的基本理论与技术，熟悉电力系统生产运行的规律与特点、智能电网的发展动态，受到卓越工程师高级训练，在新能源发电与智能接入技术、电网智能调度与控制技术、智能电网信息通信技术等方面学有所长，可以在智能化、网络化、信息化的电气系统领域从事生产制造、电力工程设计、系统运行、系统分析、技术开发、教育科研等方面工作的特色鲜明的复合型高级工程技术人才。

开设课程

本专业开设的主要课程有电路、电子技术基础、电机学、电力电子技术、软件技术基础、信号与系统、控制理论、电力系统分析基础、智能电网导论、智能电网信息技术、智能变电站、微网及其控制、智能电网先进传感技术、新能源发电技术、微型计算机系统原理及接口技术、通信原理与智能电网通信技术、传感器与检测技术、信息理论与电力信息技术等。

就业展望

该专业毕业生就业前景广阔，毕业生主要到电力行业、信息技术产业、高等院校及国民经济其他行业的生产、科研及相关部门从事电力产品设计、研发、制造、技术支持、电力信息系统运维等工作，或在企事业单位和行政管理部门从事计算机应用以及技术管理等方面的工作，或攻读智能电网、计算机科学与技术、电气工程及自动化等相关专业的研究生。也有学生吐槽说，这个专业就是名字时髦一点，其实没有电气工程及其自动化那么实在，就业出路与其差不多，甚至不如电气工程及其自动化。

能力要求

1. 患有严重心脏病、心肌病、高血压、重症支气管扩张、哮喘、恶性肿瘤、慢性肾炎、尿毒症、严重血液病、内分泌以及代谢系统疾病、风湿性疾病、重症癫痫或其他神经系统疾病、严重颈神经疾病、精神活性物质滥用和依赖、慢性肝炎、未治愈结核病等，学校可以不予录取，不宜报考。

2. 由于培养要求和知识结构的要求，本专业需要考生具有扎实的数学、物理基础和一定的动手能力。

实力院校

国家级特色专业建设点

华北电力大学。

光源与照明：为人类带来光明

核心含义

光源与照明是一门为人类带来光明的边缘交叉学科，在国民经济的各个领域都有着其特殊和重要的地位。本专业学生主要学习电气、电子、半导体技术、自动化、计算机以及照明方面的基本理论和基本知识，受到机械、电子电工、半导体、计算机编程、智能控制、半导体照明光、电、热和封装等方面的基本训练，掌握可以从事光源及电子产品设计与开发，照明环境及工程设计及应用，半导体及集成电路设计与制造等方面的基本能力。

开设课程

本专业开设课程有高等数学、大学物理、英语、工程光学等，专业课程有电路分析、模拟电子技术、数字电子技术、半导体物理、单片机原理与接口技术、光源系统设计、半导体照明技术、有机光电子材料与器件、光电显示器件与技术、半导体器件工艺技术、自动控制理论、半导体物理与器件、气体放电与光源、电气照明设计、光源电器原理与技术、光电检测技术、真空物理与技术、光辐射测量技术、灯具光学设计、太阳能光伏原理与应用等。

就业展望

目前，世界 90% 以上的紧凑型荧光灯都是由我国生产的，许多国际知名照明生产企业，像 PHILIPS、OSRAM、GE 等，都在中国生产其节能灯。除节能灯外，半导体照明技术是 21 世纪最具有发展前景的新兴高技术领域之一。半导体照明作为一种新型环保、节能的照明光源，具有传统照明光源不可比拟的优势。它具有长寿命、高亮度、显色性高、环保、节能等特点，是照明领域发展的新趋势。此外，T5 荧光灯、LED、陶瓷金卤灯、高压钠灯等其他光源产品，这几年的市场需求也在不断增加，欧普、雷士、三雄极光等一批龙头照明企业，纷纷加大对电光源产业项目的投入力度，也充分说明光源产品越来越受到行业重视，市场在迅速做大。该专业学生毕业后，可直接从事发光二极管（LED）、新能源等技术的研究、开发和产业生产、制造、应用及管理等工作；或继续深造，可以进高等院校、科研机构攻读相关专业研究生，向高层次发展。

能力要求

1. 患有严重心脏病、心肌病、高血压、重症支气管扩张、哮喘、恶性肿瘤、慢性肾炎、尿毒症、严重血液病、内分泌以及代谢系统疾病、风湿性疾病、重症癫痫或其他神经系统疾病、严重颈神经疾病、精神活性物质滥用和依赖、慢性肝炎、未治愈结核病等，学校可以不予录取，考生不宜报考。
2. 由于培养要求和知识结构的原因，本专业对考生物理成绩要求稍高。

实力院校

开设光源与照明专业的代表性院校

太原理工大学、天津工业大学、大连工业大学、深圳大学。

电气工程与智能控制：打造电气设备和自动化控制系统

核心含义

电气工程与智能控制专业培养能够在工业企业运动控制、过程控制、供电技术、检测与自动化仪表、信息处理等领域从事系统分析、系统设计、系统运行维护、科技开发等方面工作的具有创新精神和良好的英语沟通能力的复合型工程技术人才。

开设课程

本专业开设的主要课程有高等数学、普通物理学、电路分析、模拟电子技术、数字电路与逻辑设计、电机原理与拖动、自动控制原理、微机原理与接口技术、电力电子技术、人工智能基础、车辆牵引技术、轨道交通供配电技术、电力系统分析、计算机原理及应用、计算机控制系统、轨道车辆运动控制系统、DSP 技术及应用、智能电网、轨道交通车辆结构与原理、车辆电气与电子系统、轨道交通信号基础、轨道交通运行控制基础等。

就业展望

电气工程与智能控制专业的毕业生一般能在电力系统、运动控制、工业过程控制、电力电子技术、检测与自动化仪表、信息处理、管理与决策等领域从事系统分析、系统设计、系统运行、科技开发及研究等方面的工作。若毕业生具有良好的英语沟通能力，也可选择在国外或国内外资企业从事专业技术工作。根据院校的培养侧重不同，不同方向的毕业生可相应地选择新能源（风、光、水、潮汐、低热、生物质等）高效利用技术、输变电技术、微电网技术、电机与运动控制、电动汽车、电源与电力电子装置、电能存储与网络智能优化调度等方面从事装置研发、系统集成与维护等工作。也可从事相应的科学研究与教学工作。

能力要求

1. 患有严重心脏病、心肌病、高血压、重症支气管扩张、哮喘、恶性肿瘤、慢性肾炎、尿毒症、严重血液病、内分泌以及代谢系统疾病、风湿性疾病、重症癫痫或其他神经系统疾病、严重颈神经疾病、精神活性物质滥用和依赖、慢性肝炎、未治愈结核病等，学校可以不予录取，不宜报考。
2. 由于培养要求和知识结构的原因，该专业对考生物理成绩要求相对较高。

实力院校

开设电气工程与智能控制专业的代表性院校

中北大学、苏州大学、西安理工大学。

电机电器智能化：培养电机及控制领域的专门人才

核心含义

本专业培养德、智、体全面发展，具备电机及其控制工程技术领域基础理论和基本知识，能够从事面向装备制造业的电机设计、制造、控制、试验、运行维护等工作，服务于生产、管理第一线的高等技术应用型人才。

开设课程

本专业开设的课程有机械学基础、电路、电子技术、电磁场理论、电机学、电力电子技术、自动控制原理、微机原理及接口技术、电机设计、电机控制技术、电机制造工艺学、电机测试技术、智能控制等。

就业展望

毕业生可以在电机与电器生产、电机与电器控制、智能控制等领域，从事电机电器设计及仿真、电机与电器智能控制、智能控制在电机电器中的应用、测试技术及传感器在电机电器中的应用、电机电器智能化领域的技术服务及管理等工作。

能力要求

1. 患有严重心脏病、心肌病、高血压、重症支气管扩张、哮喘、恶性肿瘤、慢性肾炎、尿毒症、严重血液病、内分泌以及代谢系统疾病、风湿性疾病、重症癫痫或其他神经系统疾病、严重颈神经疾病、精神活性物质滥用和依赖、慢性肝炎、未治愈结核病等，学校可以不予录取，不宜报考。

2. 由于培养要求和知识结构的原因，该专业对考生物理成绩要求相对较高。

实力院校

开设电机电器智能化专业的代表性院校

扬州大学、重庆大学、青岛理工大学、山东建筑大学等。

电缆工程：电力系统的“血管”

核心含义

电缆工程专业是培养具有电线电缆产品研发、结构设计、生产制造、质量控制以及企业管理工作所需的基本理论和工程素养的应用型人才，主干课程有电路、电磁场、电子技术、电力电子技术、现代电气控制技术、电介质物理、绝缘材料化学基础、电气绝缘结构原理、电缆材料、电缆工艺、电气绝缘测试技术、通信电缆设计与制造、光纤光缆制造等，是一个兼有电气、材料、通信、机械等领域的一个跨学科专业。

开设课程

本专业开设的主要课程有电路、电磁场、电子技术、电力电子技术、电机学、机械基础、机械制图与CAD、计算机应用技术、现代电气控制技术、电介质物理、电气绝缘结构原理与设计、电气绝缘测试技术、电缆工艺原理、通信电缆设计与制造、光纤光缆制造、绝缘化学基础、电缆材料等。

就业展望

毕业生可以从事电线电缆的基数研发、工程设计、生产管理、产品检验、材料开发及企业管理等工作。

能力要求

1. 患有严重心脏病、心肌病、高血压、重症支气管扩张、哮喘、恶性肿瘤、慢性肾炎、尿毒症、严重血液病、内分泌以及代谢系统疾病、风湿性疾病、重症癫痫或其他神经系统疾病、严重颈神经疾病、精神活性物质滥用和依赖、慢性肝炎、未治愈结核病等，学校可以不予录取，不宜报考。

2. 由于培养要求和知识结构的原因，该专业对考生物理成绩要求相对较高。

实力院校

开设电缆工程专业的代表性院校

清华大学、西安交通大学、华北电力大学、河南工学院等。

电子信息工程：让信息畅游在电子世界里

核心含义

电子信息工程是一门应用计算机等现代化技术进行电子信息控制和信息处理的学科，主要研究信息的获取与处理，电子设备与信息系统的设计、开发、应用和集成。

电子信息工程已经涵盖了社会的诸多方面。电子信息工程专业是集现代电子技术、信息技术、通信技术于一体的专业。本专业培养掌握现代电子技术理论、通晓电子系统设计原理与设计方法，具有较强的计算机、外语和相应工程技术应用能力，面向电子技术、自动控制和智能控制、计算机与网络技术等电子、信息、通信领域的宽口径、高素质、德智体全面发展的具有创新能力的高级工程技术人才。

开设课程

本专业开设课程有电路分析、电气技术实践、数字电路、模拟电路、高频电路、C 语言、C + + 语言、数据结构、计算机软件技术基础、微机原理、信号与系统、数字新号处理、图像信号处理、信息论、自动控制原理、通信原理、电子系统设计等。

就业展望

电子信息工程专业的人才一直都是信息社会人才需求的热点，无论是在管理水平较高的 IBM、Intel、Simens 等跨国公司，还是在华为、大唐、中兴等国内知名企业，处处都有电子信息工程专业毕业生的身影。该专业毕业生可做电子类的硬件工程师，设计开发一些电子、通信器件，也可做软件工程师，设计开发电子、通信类的各种软件。总之，这是一个典型的热门专业，技术好的完全可以毕业就实现高薪。

能力要求

1. 适合数学、物理成绩较好，动手能力强的考生报考。
2. 该专业毕业后既可以授予工学学士学位，也可以授予理学学士学位，报考前请注意选择。

实力院校

国家级特色专业建设点

清华大学、北京航空航天大学、天津大学、大连理工大学、大连海事大学、南京理工大学、浙江大学、中国科学技术大学、暨南大学、重庆大学、电子科技大学、西安电子科技大学、中国农业大学、西南交通大学、安徽大学、东北大学、南京信息工程大学、新疆大学、北京电子科技学院、北京信息科技大学、北方工业大学、大连民族大学、中北大学、南京邮电大学、杭州电子科技大学、浙江理工大学、中南民族大学、南昌航空大学、深圳大学、成都信息工程大学、沈阳航空航天大学、江苏理工学院、安徽师范大学、山东科技大学、五邑大学、东莞理工学院、合肥学院、梧州学院。

电子科学与技术：偏向硬件研究的电子信息类学科

核心含义

电子科学与技术专业培养具备微电子、光电子、集成电路等领域宽理论、厚基础，具有实验能力和专业知识，能在电子科学与技术及相关领域从事各种电子材料、元器件、集成电路、电子系统、光电子系统的设计、制造、科技开发，能开展科学研究、教学和生产管理工作的复合型专业人才。学生主要学习数学、物理、物理电子、光电子、微电子学领域的基本理论和基本知识，受到相关的信息电子实验技术、计算机技术等方面的基本训练，掌握各种电子材料、工艺、零件及系统的设计、研究与开发的基本能力。

开设课程

本专业开设课程有电子线路、计算机语言、微型计算机原理、电动力学、量子力学、理论物理、固体物理、半导体物理、物理电子与电子学以及微电子学。

就业展望

该专业就业面比较广，主要是面向电子、通信类产品的研发，包括软硬件的设计等，也可以在相关公司从事产品的销售工作。主要的职位包括硬件工程师、软件工程师、嵌入式系统工程师、PCB 工程师等。

能力要求

1. 适合数学、物理较好的同学学习。

2. 该专业既可以授予工学学士学位，也可以授予理学学士学位，报考前请注意查看目标院校的培养方向。

实力院校

拥有电子科学与技术专业大类国家重点学科的院校

北京大学、清华大学、北京邮电大学、复旦大学、东南大学、电子科技大学、西安电子科技大学。

拥有电子科学与技术二级学科国家重点学科的院校

物理电子学方向：北京理工大学、哈尔滨工业大学。

电路与系统方向：西北工业大学。

微电子学与固体电子学方向：天津大学、吉林大学、南京大学、华中科技大学、西安交通大学。

电磁场与微波技术方向：北京航空航天大学、上海交通大学、南京理工大学。

拥有电子科学与技术二级学科国家重点（培育）学科的院校

物理电子学方向：西安交通大学。

微电子学与固体电子学方向：国防科技大学。

国家级特色专业建设点

北京邮电大学、贵州大学、电子科技大学、西安交通大学、北京工业大学、天津大学、东南大学、华中科技大学、南京理工大学、上海交通大学、西安电子科技大学、浙江大学、西安理工大学、南京邮电大学、杭州电子科技大学、成都信息工程大学、运城学院。

通信工程：信息社会的主要支柱

核心含义

通信工程专业主要为研究信号的产生、信息的传输、交换和处理，以及在计算机通信、数字通信、卫星通信、光纤通信、蜂窝通信、个人通信、平流层通信、多媒体技术、信息高速公路、数字程控交换等方面的理论和工程应用问题。随着19世纪美国人发明电报之日起，现代通信技术就已经产生。为了适应日益发展的技术需要，通信工程专业成了大学教育中的一门学科，并随着现代技术水平的不断提高而得到迅速发展。

开设课程

本专业开设的课程有电路理论与应用的系列课程、计算机网络与通信、软件技术基础、宽带交换技术、信号与系统、电磁场理论、数字系统与逻辑设计、数字信号处理、通信原理、卫星通信等。

就业展望

今天的通信行业非常发达，因此通信工程专业的毕业生就业面比较宽。毕业生可从事软件工程师、硬件工程师、网络工程师等工作，就业渠道主要为以下几条：1. 通信施工单位，比如中国通信服务有限公司、中国通信建设集团有限公司以及各省电信工程局；2. 各大通信科研院所，比如原信息产业部电信研究院；3. 通信咨询与设计单位，比如京移设计院、广东电信设计院等；4. 各大运营商（移动、电信、联通）；5. 各通信设备厂家（华为、中兴、爱立信、诺西等）。

能力要求

1. 通信工程专业实验比较多，对学生动手能力要求很高。

2. 通信工程专业跨电子、计算机专业，所修课程兼有两者的特点，需要学生有较好的数学、物理基础。

实力院校

拥有通信工程专业大类国家重点学科的院校

清华大学、北京交通大学、北京理工大学、北京邮电大学、东南大学、电子科技大学、西安电子科技大学、国防科技大学。

拥有通信工程二级学科国家重点学科的院校

通信与信息系统方向：北京大学、北京航空航天大学、天津大学、哈尔滨工业大学、上海交通大学、浙江大学、中国科学技术大学、华南理工大学、战略支援部队信息工程大学、陆军工程大学。

拥有通信工程二级学科国家重点（培育）学科的院校

通信与信息系统方向：华中科技大学、西安交通大学、海军航空大学。

信号与信息处理方向：哈尔滨工业大学、上海交通大学、南京邮电大学。

国家级特色专业建设点

北京交通大学、北京航空航天大学、北京邮电大学、哈尔滨工业大学、东南大学、山东大学、武汉大学、华中科技大学、武汉理工大学、电子科技大学、西南交通大学、南昌大学、西北工业大学、西安电子科技大学、天津大学、浙江大学、河海大学、郑州大学、湖南大学、南京邮电大学、桂林电子科技大学、重庆邮电大学、成都信息工程大学、北京联合大学、天津职业技术师范大学、杭州电子

科技大学。

微电子科学与技术：超精细加工基础上发展的新兴学科

核心含义

微电子科学与工程是物理学、电子学、材料科学、计算机科学、集成电路设计制造学等多个学科和超净、超纯、超精细加工技术基础上发展起来的一门新兴学科。微电子学是21世纪电子科学技术与信息科学技术的先导和基础，是发展现代高新技术和国民经济现代化的重要基础。主要研究半导体器件物理、功能电子材料、固体电子器件，超大规模集成电路（VLSI）的设计与制造技术、微机械电子系统以及计算机辅助设计制造技术等。

开设课程

本专业开设的课程有数学物理基础（高等数学、基础物理和现代物理）、电子电路基础（模拟电路、数字电路和电路实验等）、计算机和软件技术（计算机概论、微机原理、计算机系统与结构等）、专业课程（半导体物理、半导体物理、集成电路原理和设计、集成电路工艺等）。

就业展望

微电子科学与工程专业说到底是电子科学与技术专业的一个分支，虽然就业面并不是很宽，但由于在集成电路方面的研究很深入，就业质量相对还不错。毕业生一般有机会去三星、英特尔、华为、中兴之类的公司，从事集成电路芯片设计研发与技术管理工作，或从事各种电子材料、元器件、太阳能电池以及电子设备的设计、制造、测试和新产品、新技术、新工艺的研发。

能力要求

1. 大学开设该专业门槛较高，需要巨额的资金投入，因此，一般的大学是没有足够资金投入来开设这个专业的。所以这个行业的企业在招人时特别看重学生学历高低，一般要求本科毕业。建议选择该专业的考生要特别注意学校的专业办学实力。

2. 擅长物理、精于逻辑分析、有较强理解能力的考生适宜报考。

3. 该专业既可以授予工学学士学位，也可以授予理学学士学位，报考前请注意查看目标院校的培养方向。

实力院校

国家级特色专业建设点

北京大学、清华大学、复旦大学、上海交通大学、中山大学、西安交通大学、西北工业大学、南开大学、重庆邮电大学、西安电子科技大学。

光电信息科学与工程：光学和光电子、微电子相结合的学科

核心含义

该专业主要学习光学、机械学、电子学及计算机科学基础理论及专业知识，了解光电信息技术的前沿理论，把握当代光电信息技术的发展动态，具有研究开发新系统、新技术的能力，接受现代光电信息技术的应用训练，掌握光电信息领域中光电仪器的设计及制造方法，具有在光电信息工程及相

关领域从事科研、教学、开发的基本能力。

开设课程

本专业开设的课程有电路原理、模拟电子技术、数字电子技术、通信原理、信号与系统、数字信号处理、微机原理及应用、单片机、软件技术基础、物理光学、应用光学、信息光学、光电信息处理基础、光电检测技术、近代光学测量技术、传感器原理、激光技术、光纤通信、激光原理与技术、光电传感技术、光电仪器设计、数字图像处理等。

就业展望

该专业属于前沿行业，毕业生进入大公司的机会比较多，薪酬待遇也相对可观。本专业学生毕业后可到光纤通信、光电工程、光电子技术与器件等领域的工厂、公司、研究所和高校从事研究、开发、技术应用等工作。学生毕业后可往如下方向就业：一是尼康、佳能等光学镜头设计类企业；二是海尔、海信、联想等生产电视机、液晶显示器的企业；三是中兴、华为等通信类企业；四是光伏发电企业。

能力要求

1. 光电信息科学与工程专业主要研究方向为物理学的分支，建议对物理感兴趣，有相应学科特长的考生报考。

2. 该专业既可以授予工学学士学位，也可以授予理学学士学位，报考前请注意查看目标院校的培养方向。

实力院校

国家级特色专业建设点

长春理工大学、南京理工大学。

信息工程：信息处理与传输的通道

核心含义

信息工程专业是建立在超大规模集成电路技术和现代计算机技术基础上，研究信息处理理论、技术和工程实现的专门学科。该专业以研究信息系统和控制系统的应用技术为核心，在面向21世纪信息社会化的过程中具有十分重要的地位。信息工程是将信息科学原理应用到工农业生产部门中去而形成的技术方法的总称。

开设课程

本专业开设的课程有电路与系统、信号与线性系统、随机信号处理、通信电子线路、数字信号处理、信息论、编码理论、微型计算机原理、软件工程基础、现代控制原理、通信系统原理、信息网络基础、数据采集、数字信号与信息处理、C语言程序设计、信息安全技术、人工智能与模式识别、计算机通信网等。

就业展望

就业展望可参照通信工程专业。

能力要求

1. 信息工程专业实验比较多，对学生动手能力要求很高。

2. 信息工程专业跨电子、计算机专业，所修课程兼有两者的特点，需要学生有较好的数学、物理基础。

实力院校

国家级特色专业建设点

华南理工大学、上海交通大学、东南大学、西安交通大学、北京邮电大学、天津大学、南京航空航天大学、浙江大学、中国矿业大学。

广播电视工程：电视电影的幕后英雄

核心含义

广播电视工程专业面向现代传媒和多媒体通信、媒体内容处理相关领域，运用计算机软件与现代电子技术等信息处理手段，着重于视音频处理、信源压缩、影视制作与节目管理、节目播出与分发等，具有基础理论与工程实践并重，艺术与技术相结合的特色。本专业培养具备数字电视技术、网络视音频技术及数字影视制作技术等方面的专业知识与技能，能在广播电视和现代传媒领域中从事科学研究、系统设计与集成、产品开发应用、节目制作，能进行数字电视技术和网络视音频技术的研究、系统设计、开发与应用，并可从事技术与艺术结合的影视制作、动画制作等方面的高级技术人才。

开设课程

本专业开设的课程有微积分、概率统计与概率论、线性代数、复变函数与积分变量、广播电视技术概论、大学英语、电路原理、电子技术基础、通信原理、电视原理、数字广播、数字电视、传媒理论、计算机理论、C语言及设计、网络工程、摄像摄影、视频非线性编辑、音频技术、音响工程、灯光工程。

就业展望

当今社会传媒领域的数字化为广播电视工程专业毕业生提供了众多的就业机会。学生毕业后有较强的适应性，可在广电、通信、计算机网络和信息系统等企事业单位、科研院所工作。担任技术工程师、运维工程师、销售工程师、技术支持工程师、助理工程师等职务，从事科学研究、系统设计、产品开发应用、系统支持、视音频节目制作等方面工作。

能力要求

1. 患有严重心脏病、心肌病、高血压、重症支气管扩张、哮喘、恶性肿瘤、慢性肾炎、尿毒症、严重血液病，内分泌以及代谢系统疾病、风湿性疾病、重症癫痫或其他神经系统疾病、严重颈神经疾病、精神活性物质滥用和依赖、慢性肝炎、未治愈结核病等，学校可以不予录取，不宜报考；任何一眼矫正到4.8、镜片度数大于800度者不宜报考。

2. 由于培养要求和知识结构的原因，本专业更欢迎物理成绩好的同学。

实力院校

国家级特色专业建设点

中国传媒大学。

水声工程：声学、水声学的研究

核心含义

本学科所依托的国家级“水声技术重点实验室”作为我国水声技术基础研究最重要的研究单位之一，研究方向基本涵盖了水声技术的全部研究领域，基础研究、应用技术研究、水声装备研制和系统集成技术研究等多方面和谐发展。水声工程专业是国家针对未来海洋开发及海军建设的迫切需求，由教育部2010年批准开设的与战略性新兴产业相关的本科专业。主要研究声音在水中的传播，比如，如何减少潜水艇在水中航行的噪音。本专业旨在培养兼顾声学、振动和信号处理的高层次水声研究人才，培养具有坚实的数学、物理基础和海洋声学专业知识，能从事水下声音信息的产生、传播、接收和处理的理论和实验研究，具备参与声呐和一般电子信息系统设计能力的创新型专业人才。

开设课程

本专业开设的课程有矩阵理论、数理统计、数值分析、数字电路，模拟电路技术、信号与系统、电路基础、声学原理与噪声控制、水声学基础、振动理论及其在工程中的应用、信号处理、数学物理方程、振动和声学问题计算、水下噪声学、近代试验技术、线性系统理论、最优估计理论与系统辨别、离散随机信号处理等。

就业展望

由于声波是在海水中探测目标、传递信息的有效工具，水声工程在经济建设和国防建设中有着广泛的应用。该专业就业前景比较光明，就业面宽。毕业生可在水声工程及相关领域中从事海洋声场分析，水下噪声及减振降噪，水声信号处理，声呐及水声对抗系统与设计，水声换能器与基阵的研究、设计、开发、制造、运营和管理等工作；或在国防工业领域和国民经济各部门中从事开发、应用水声技术与设备等工作；也可在国防工业领域和国民经济各部门中从事开发、应用水声技术与设备等工作。

能力要求

1. 患有严重心脏病、心肌病、高血压、重症支气管扩张、哮喘、恶性肿瘤、慢性肾炎、尿毒症、严重血液病、内分泌以及代谢系统疾病、风湿性疾病、重症癫痫或其他神经系统疾病、严重颈神经疾病、精神活性物质滥用和依赖、慢性肝炎、未治愈结核病等，学校可以不予录取，不宜报考；任何一眼矫正到4.8、镜片度数大于800度者不宜报考。

2. 由于培养要求和知识结构的原因，本专业更适合物理成绩好的同学就读。

实力院校

开设水声工程专业的代表性院校

哈尔滨工程大学、西北工业大学、江苏科技大学。

电子封装技术：半导体产业中的关键一环

核心含义

电子封装就是安装集成电路内置芯片外用的管壳，起着安放固定密封，保护集成电路内置芯片，增强环境适应的能力，并且集成电路芯片上的铆点也就是接点，是焊接到封装管壳的引脚上的。就好比机械制造业将齿轮、轴承、电动机等零部件组装制造成机床、机器人等机械产品，建筑业将水泥、砖头、钢筋建造成楼房和桥梁一样，电子封装技术就是用晶片、阻容、MEMS 等微元件制造电子器件、手机、计算机等电子产品。电子封装技术是现代高密度、高功率、小体积、高频率电子产品自动化生产制造的一项关键技术。本专业旨在培养可从事电子封装的机、电、热、磁等的设计、分析及封装自动化专用高端设备领域中科学研究、应用开发、运行管理和经营销售等方面工作的“工程应用型”机电一体化复合型高级人才。

开设课程

本专业开设的课程有电路分析基础、模拟电子技术基础、数字电路与逻辑设计、射频电路技术、电磁场与电磁波、信号与系统、微电子技术概论、微电子测试技术、工程图学与计算机绘图、工程力学、工程传热学、机械设计及模具设计、电子封装结构设计、嵌入式技术及机电控制、光电检测、电子封装设备、电子封装材料与工艺、电子封装测试与可靠性、微机电及其封装技术、自动化设备概论、质量管理、计算机信息管理、微机原理与系统设计、计算机及通信概论、C 语言程序设计、计算机网络应用等。

就业展望

本专业毕业生可在通信、网络、电子、视讯、计算机、航空航天、集成电路、半导体器件、微电子与光电子、自动化生产线等领域的企事业单位从事电子产品设计、制造、工艺、测试、研发、管理和经营销售等方面工作。也可继续深造攻读研究生，毕业后从事与本专业相关的理论教学、科学研究和技术管理等工作。

能力要求

1. 严重心脏病、心肌病、高血压、重症支气管扩张、哮喘、恶性肿瘤、慢性肾炎、尿毒症、严重血液病、内分泌以及代谢系统疾病、风湿性疾病、重症癫痫或其他神经系统疾病、严重颈神经疾病、精神活性物质滥用和依赖、慢性肝炎、未治愈结核病等，学校可以不予录取，不宜报考；任何一眼矫正到 4. 8、镜片度数大于 800 度者不宜报考。

2. 由于培养要求和知识结构的原因，本专业更适合数学、物理成绩较好以及有一定动手能力的同学报考。

3. 电子封装技术是个典型的交叉学科专业，主要包含三个学科：材料、电子和机械。以上三个学科中的任何一个学科都包含了好多个专业，现在要把这三个学科交叉起来学习，学习的课程内容肯定是相当多且杂的，对学习能力的要求还是不小的。

实力院校

国家级特色专业建设点

西安电子科技大学。

集成电路设计与集成系统：现代电子信息科技的核心技术

核心含义

集成电路设计与集成系统专业是2003年教育部针对国内对集成电路设计和系统设计人才大量需求的现状而最新设立的本科专业之一。集成电路设计和应用是多学科交叉高技术密集的学科，是现代电子信息科技的核心技术，是国家综合实力的重要标志。它通过理论与实践相结合的培养模式，以培养既具有坚实的理论基础，又具有丰富的集成电路开发、电子系统集成和工程管理能力的复合型和应用型高级集成电路和电子系统集成人才为目标，重视本专业的发展前沿和相关专业知识的拓展，注重培养学生的动手能力。

开设课程

本专业开设的课程有信号与系统、模拟电子技术基础、数字电路与逻辑设计、电磁场与电磁波、射频电路基础、通信系统原理、数字信号处理、半导体物理导论、双极型器件物理、场效应器件物理、集成电路EDA技术、模拟集成电路设计、数字集成电路设计、集成电路制造技术、集成电路测试技术、集成电路可靠性、射频识别技术理论与实践、大规模可编程器件技术等。

就业展望

集成电路设计与集成系统专业毕业生有较强的工作适应能力，就业范围宽，可从事集成电路设计与制造、嵌入式系统、计算机控制技术、通信、消费类电子等信息技术领域的研究、开发和教学工作。可在与通信产业相关的高新技术企业、科研设计单位、国防军工企业、政府部门、大专院校、邮电等单位和研究院所从事现代通信系统、通信工程与技术、计算机网络与数据通信、无线通信、遥控遥测、INTERNET、INTRANET、嵌入式计算机技术、嵌入式INTERNET技术等有关工程技术的研究、设计、技术开发、教学、管理以及设备维护等工作。

能力要求

1. 患有严重心脏病、心肌病、高血压、重症支气管扩张、哮喘、恶性肿瘤、慢性肾炎、尿毒症、严重血液病、内分泌以及代谢系统疾病、风湿性疾病、重症癫痫或其他神经系统疾病、严重颈神经疾病、精神活性物质滥用和依赖、慢性肝炎、未治愈结核病等，学校可以不予录取，考生不宜报考；任何一眼矫正到4.8、镜片度数大于800度者不宜报考。

2. 由于培养要求和知识结构的原因，本专业更适合数学、物理成绩好的考生学习。

实力院校

国家级特色专业建设点

大连理工大学、山东大学、华南理工大学、电子科技大学、西安电子科技大学、西安邮电大学。

医学信息工程：信息科学和生命科学

核心含义

本专业培养具有现代管理学基础理论、医药学基础知识和计算机科学技术知识，掌握当今医学信息中数据的收集、整理、存储、分析与传输等技术的基本知识、基本理论和基本实践技能，有较强

的医学应用软件使用、维护、设计、开发的能力，能够将信息技术与医疗管理、医疗服务有机结合的高级医学信息技术人才。毕业后授予工学学士学位。医学信息工程是一门以信息科学和生命科学为主的多学科交叉与融合的新兴综合性学科，是电子、计算机、通信、智能仪器、传感检测、医学仪器以及生物学、现代医学等在生命科学中的应用与融合。培养生物医学信息采集、传输、处理、分析、存储及研制新型生物医疗电子、信息仪器等方面的专业性、实用性且具有宽广的知识面、较强的综合应用能力的实用性人才。

开设课程

本专业开设的课程有人体解剖与生理学、细胞及分子生物学、微机原理与接口技术、单片机技术与应用、软件技术基础、数字信号处理、数字图像处理、生物信息学、数字化医学、程序设计基础、计算机网络、数据结构与算法、数据库系统与应用、医学信息学概论、现代医院管理学、医学图像处理、生物医学传感与检测技术、医疗仪器原理与应用、医院信息系统、区域医疗数据共享等。

就业展望

医学信息工程专业主要面向医学信息化人才的社会需求，培养能够系统掌握信息管理、信息系统分析与设计方法及信息分析与利用等方面的知识与能力，能在国家各级医药卫生管理部门及其相关领域的企事业单位从事信息管理、信息系统分析与设计、实施管理和评价及医学信息学研究等方面工作的应用型专门人才。随着时代发展，医药系统信息化更是大趋势。中国有13亿人，人口老龄化越来越严重，且目前中小医院系统信息不完善，系统很落后，改造系统正需要这样的人才。中国科技方面不及很多其他国家，很大程度上是由于术业过于专攻，学科交叉型人才十分缺失。本专业属于医学与工程学的交叉，对建立逻辑思维与思辨能力都有很好的提升。本专业毕业生就业主要面向医药软件企业、医院、医疗卫生管理部门、医药卫生企业、IT企业等，可从事科研、开发、应用及卫生信息管理等方面的工作。

能力要求

患有严重心脏病、心肌病、高血压、重症支气管扩张、哮喘、恶性肿瘤、慢性肾炎、尿毒症、严重血液病、内分泌以及代谢系统疾病、风湿性疾病、重症癫痫或其他神经系统疾病、严重颈神经疾病、精神活性物质滥用和依赖、慢性肝炎、未治愈结核病等，学校可以不予录取，不宜报考；任何一眼矫正到4.8、镜片度数大于800度者不宜报考。

实力院校

国家级特色专业建设点

四川大学。

电磁场与无线技术：旨在培养射频与无线技术相关人才

核心含义

本专业学生主要学习电磁场与无线技术领域及相关专业的基本理论和基本知识，受到电磁场与无线技术方面的训练，具备分析和解决实际问题等方面的基本能力。电磁场与无线技术专业涵盖射频与微波系统、无线通信、雷达、遥控遥测、遥感、电子测量、电子对抗、射电天文、无损检测、电磁散射、电磁兼容、环境电磁等领域。该专业一般要求学生掌握电磁波的产生、传输、辐射、传播、接收的基础知识、基本理论和工程应用知识，掌握电子信息系统中射频、微波电路及天线等相关领域的计算仿真、设计与制作技术，毕业后能够从事有关电磁场与无线技术工程领域的研究开发。

开设课程

本专业开设的课程有电路分析基础、模拟电路基础、数字逻辑设计及应用、电磁场理论、微型计算机原理及接口技术、微波技术基础、电波传播、天线原理与设计、数字信号处理、随机信号分析、微波网络、通信技术与系统等。

就业展望

随着电子信息产业的迅猛发展，国内对“电磁场与无线技术”专业人才的需求呈持续快速增长态势，本专业已成为经济社会急需且供不应求最为突出的专业之一。毕业生可以到邮电、通信、广播电视、航空航天、遥感、遥测遥控、雷达、电子对抗、电子元器件、资源探测和医疗设备等技术领域的研究所、公司、工厂和相关部门从事理论研究、工程设计、应用开发和技术管理等工作，当然也可以在电磁场与微波技术、信息与通信工程、电路与系统、物理电子学、微电子学等专业方向继续攻读硕士研究生。

能力要求

1. 患有严重心脏病、心肌病、高血压、重症支气管扩张、哮喘、恶性肿瘤、慢性肾炎、尿毒症、严重血液病、内分泌以及代谢系统疾病、风湿性疾病、重症癫痫或其他神经系统疾病、严重颈神经疾病、精神活性物质滥用和依赖、慢性肝炎、未治愈结核病等，学校可以不予录取，不宜报考；任何一眼矫正到4.8、镜片度数大于800度者不宜报考。

2. 本专业适合数学、物理成绩好，抽象思维能力强的考生报考。

实力院校

国家级特色专业建设点

电子科技大学、西安电子科技大学。

电波传播与天线：电波科学人才培养的摇篮

核心含义

本专业应用近代物理学和电子信息科学的基本理论、方法和实验手段，主要研究电磁波的辐射、传播、散射及其在通信、雷达、遥感、导航等领域中的应用。本专业是我国电波科学人才培养的摇篮，培养具有坚实数学物理基础，掌握现代电子信息科学技术的基本理论、基本知识和实验技能，能运用计算机等现代工具对无线电系统及信息获取进行分析、设计和综合应用的高级专门人才。电波传播与天线专业研究成果主要应用于国防事业或军民融合事业，旨在培养具有坚实数学物理基础，掌握现代电子信息科学技术的基本理论、基本知识和实验技能，能运用计算机等现代工具对无线电系统及信息获取进行分析、设计和综合应用的高级专门人才。要求毕业生系统掌握数学、物理学、电波传播与天线方面的基本知识、基本理论和基本技能，掌握电波传播与天线方面的基本理论及应用技术，具有将电波传播、天线、计算机、单片机等相结合的综合设计和开发应用能力，具有解决电波传播与天线中相关问题的能力。

开设课程

本专业开设的课程有数值计算方法、场论与复变函数、数学物理方程、电磁场与电磁波、微波技术基础、通信原理、射频电路基础、单片机原理、微机原理与系统设计、电路分析基础、信号与系统、数字信号处理。特色课程有电波传播的数值方法、电波传播概论、电离层传播、对流层传播、电波测量实验、光波测量实验、天线原理、现代天线概论、天线测量与仿真实验等。

就业展望

这个专业就业总体来说还不错，虽然无法和现在非常热门的互联网和金融比，但是也绝对比大部分专业要好。值得注意的是，这个行业门槛极高，专业性太强，如果你不喜欢，未来深造你可以考虑转CS、信号处理、通信工程，转这些专业都是非常方便的。当然，毕业生也可以选择信息电子、航空航天、船舶、电信等工业部门和国防科研院所，从事相关科学研究、技术研发、技术应用、技术管理和教学等工作。

能力要求

1. 患有严重心脏病、心肌病、高血压、重症支气管扩张、哮喘、恶性肿瘤、慢性肾炎、尿毒症、严重血液病、内分泌以及代谢系统疾病、风湿性疾病、重症癫痫或其他神经系统疾病、严重颈神经疾病、精神活性物质滥用和依赖、慢性肝炎、未治愈结核病等，学校可以不予录取，不宜报考；任何一眼矫正到4.8、镜片度数大于800度者不宜报考。

2. 本专业更适合数学、物理成绩较好的同学报考。

实力院校

开设电波传播与天线专业的代表性院校

电子科技大学、西安电子科技大学、武汉大学。

电子信息科学与技术：微电子、电子信息和计算机交叉学科

核心含义

本专业学生主要学习电子信息科学与技术的基本理论和技术，受到科学实验与科学思维的训练，具有本学科及跨学科的应用研究与技术开发的基本能力电子信息科学与技术专业是一个宽口径的专业，包括电子科学技术和信息科学技术与技术两项内容。学习内容涉及电子学、信息技术、计算机三大知识板块。培养方向有些院校涉及三个方向，包括无线通信、图像传输与处理、信息电子技术。该专业与人们的生活息息相关，比如，公交IC卡，小区门禁卡都是该专业的研究范围。电子信息科学与技术专业主要培养具备电子信息科学与技术的基本理论和基本知识，受到严格的科学实验训练和科学研究初步训练，能在电子信息科学与技术、计算机科学与技术及相关领域和行政部门从事科学研究、教学、科技开发、产品设计、生产技术或管理工作的电子信息科学与技术高级专门人才。本专业学生主要学习电子信息科学与技术的基本理论和技术，受到科学实验与科学思维的训练，具有本学科及跨学科的应用研究与技术开发的基本能力。

开设课程

本专业开设的课程有电路分析基础、电子电路基础、信号与系统、数字电路与逻辑设计、电磁场

与电磁波、微波工程基础、通信原理、数据库技术与应用、数字信号处理、无线传输技术及网络、移动互联网、虚拟现实技术、计算机高级程序设计语言、VHDL语言与可编程器件、DSP技术与应用、高频电子线路等。

就业展望

可参考电子科学技术、电子信息工程专业。

能力要求

1. 患有严重心脏病、心肌病、高血压、重症支气管扩张、哮喘、恶性肿瘤、慢性肾炎、尿毒症、严重血液病、内分泌以及代谢系统疾病、风湿性疾病、重症癫痫或其他神经系统疾病、严重颈神经疾病、精神活性物质滥用和依赖、慢性肝炎、未治愈结核病等，学校可以不予录取，不宜报考；任何一眼矫正到4.8、镜片度数大于800度者不宜报考。

2. 由于培养要求和知识结构的原因，本专业更适合物理、数学成绩较好的考生报考。

3. 属于报考热门专业，有一定的分数要求。

4. 毕业后既可以被授予工学学士学位，也可以授予理学学士学位，报考前最好做到心中有数。

实力院校

国家级特色专业建设点

北京大学、武汉大学、哈尔滨工业大学、吉林大学、上海大学、西安电子科技大学、烟台大学、皖西学院。

电信工程及管理：面向信息行业，宽口径的交叉学科

核心含义

电信工程及管理专业学生主要学习通信系统和通信网方面的基础理论、组成原理和设计方法，获得通信工程的基本训练，同时学习网络协议、企业管理等相关领域的专业基础知识，具备从事现代通信系统和网络的设计、运营、管理及市场开拓能力。电信工程及管理专业是面向信息行业的宽口径专业。该专业根据现代信息社会需求，培养既具有信息通信领域的专业技术、又具备管理知识、同时适应国际化竞争环境的高素质复合型高级工程技术人才，能够在国内及国际的信息通信、广播电视媒体、网络媒体及相关领域中从事科学研究、工程设计、产品研发、网络运营、市场营销策划、企业管理等工作。比如，电源设计以及电路设计布线就是该专业的研究范畴。

开设课程

本专业开设的课程有数理基础课程、电路分析基础、数字电路与逻辑设计、模拟电子技术、信号与系统、数字信号处理、微波技术基础、通信原理、通信网基础、电磁场理论、工程光学、现代通信技术、管理学原理、工程项目管理、信息管理系统、电信生产运营、通信工程设计概论等。

就业展望

随着社会信息化的深入，各行业大都需要电信工程及管理专业人才，而且薪金很高。学生毕业后可以从事电子设备和信息系统的设计、应用开发以及技术管理等。比如，做电子工程师，设计开发一些电子、通信器件；做软件工程师，设计开发与硬件相关的各种软件；做项目主管，策划一些大的系

统，这对经验、知识要求很高；还可以继续进修成为教师，从事科研工作等。

能力要求

1. 患有严重心脏病、心肌病、高血压、重症支气管扩张、哮喘、恶性肿瘤、慢性肾炎、尿毒症、严重血液病、内分泌以及代谢系统疾病、风湿性疾病、重症癫痫或其他神经系统疾病、严重颈神经疾病、精神活性物质滥用和依赖、慢性肝炎、未治愈结核病等，学校可以不予录取，不宜报考；任何一眼矫正到4.8、镜片度数大于800度者不宜报考。

2. 由于培养要求和知识结构的原因，本专业更适合物理成绩较好的同学报考。

实力院校

开设电信工程及管理专业的代表性院校

北京邮电大学、南京邮电大学。

应用电子技术教育：培养电子技术的师范人才

核心含义

应用电子技术教育专业面向现代电子信息类产品的设计制造和自动化测控，在保持电子产品制作维护的传统特色基础上，加强电子技术的计算机辅助设计和测试技术的教学与训练，加强以微型单片计算机控制、集成电路及其元器件的应用和嵌入式系统为主体的电子信息技术的教学与训练，并在计算机应用特别是网络技术方面具有熟练的技能，本科毕业学生需具有电子设计与制作的技能等级证书。应用电子技术教育专业旨在培养具备电子与信息系统、通信系统理论与技术以及计算机等方面的基本理论、基本知识和师范技能，受到严格的师范技能训练、科学实验训练和科学研究初步训练，能在高（中）等职业技术院校和普通中学从事电子应用技术、计算机应用和信息技术教育等方面教学和研究的师资，以及能在电子与信息、计算机及相关领域和从事科学研究、教学、科技开发的高级工程技术人才。

开设课程

本专业开设的课程有高等数学、外语、线性代数、大学物理、教育学、心理学、计算机基础、计算机系统与系统软件、数据结构与数据库、C语言、微机原理及应用、单片机原理及应用、多媒体技术、计算机网络、电路分析、模拟电路（低频）、高频电路、信号与系统、数字电子技术、通信技术与系统、数字信号处理等。

就业展望

应用电子技术教育专业的毕业生一般既能在高中等职业技术院校、职业高中、中等技术学校等从事电子技术应用专业的教学和管理工作，以及独立地开发制作视听教材或作品；或服务地方电子信息产业，在企事业单位从事电子产品设计、加工、维护等技术服务和技术开发工作。

能力要求

1. 患有严重心脏病、心肌病、高血压、重症支气管扩张、哮喘、恶性肿瘤、慢性肾炎、尿毒症、严重血液病、内分泌以及代谢系统疾病、风湿性疾病、重症癫痫或其他神经系统疾病、严重颈神经疾病、精神活性物质滥用和依赖、慢性肝炎、未治愈结核病等，学校可以不予录取，不宜报考；任何一眼矫正到 4.8、镜片度数大于 800 度者不宜报考。

2. 由于培养要求和知识结构的原因，本专业更适合物理成绩优秀的考生报考。

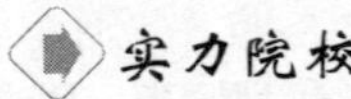

实力院校

开设应用电子技术教育专业的代表性院校

湖南科技大学、湖南师范大学、岭南师范学院、云南大学、西华师范大学、河南科技学院、湖北第二师范学院、南宁师范大学。

人工智能：计算机科学的一个分支

核心含义

人工智能（Artificial Intelligence），英文缩写为 AI。它是研究、开发用于模拟、延伸和扩展人的智能的理论、方法、技术及应用系统的一门新的技术科学。

人工智能是计算机科学的一个分支，它企图了解智能的实质，并生产出一种新的能以人类智能相似的方式做出反应的智能机器，该领域的研究包括机器人、语言识别、图像识别、自然语言处理和专家系统等。人工智能从诞生以来，理论和技术日益成熟，应用领域也不断扩大，可以设想，未来人工智能带来的科技产品，将会是人类智慧的“容器”。人工智能可以对人的意识、思维的信息过程的模拟。人工智能不是人的智能，但能像人那样思考、也可能超过人的智能。

人工智能是一门极富挑战性的科学，从事这项工作的人必须懂得计算机知识、心理学和哲学。人工智能是包括十分广泛的科学，它由不同的领域组成，如机器学习、计算机视觉等等，总的说来，人工智能研究的一个主要目标是使机器能够胜任一些通常需要人类智能才能完成的复杂工作。但不同的时代、不同的人对这种“复杂工作”的理解是不同的。

开设课程

本专业开设的课程有哲学和认知科学、数学、神经生理学、心理学、计算机科学、信息论、控制论、不定性论、仿生学、社会结构学与科学发展观。

就业展望

关于 AI 的就业方向主要有，科研机构（机器人研究所等）、软硬件开发人员、高校讲师等，在国内的话就业前景是比较好的，国内产业升级，IT 行业的转型工业和机器人和智能机器人以及可穿戴设备的研发将来都是热点。

能力要求

1. 患有严重心脏病、心肌病、高血压、重症支气管扩张、哮喘、恶性肿瘤、慢性肾炎、尿毒症、严重血液病、内分泌以及代谢系统疾病、风湿性疾病、重症癫痫或其他神经系统疾病、严重颈神经疾病、精神活性物质滥用和依赖、慢性肝炎、未治愈结核病等，学校可以不予录取，不宜报考；任何一眼矫正到 4.8、镜片度数大于 800 度者不宜报考。

2. 由于培养要求和知识结构的原因，本专业更适合物理成绩优秀的考生报考。

实力院校

开设应用人工智能专业的代表性院校

东北大学、南京大学、江苏科技大学、南京农业大学、上海交通大学、重庆大学、武汉理工大

学、电子科技大学、西安交通大学、西北工业大学、湖南工程学院。

海洋信息工程：成为海洋人才，共筑海洋强国梦

核心含义

海洋信息工程是海洋科学领域的重要分支，同时也是其中一个基础学科。该学科关注的是对海洋观测过程中多种信息载体的信息传输和信号处理的原理和应用。信号处理是海洋信息工程中一个重要环节，包括滤波、编码、解码、反演、检测以及特征提取等。该学科主要研究海洋物理、水下通信网络、海洋信息感知、海洋卫星通信、海空天一体化网络、海洋信息获取、海洋探测技术、海上超视距目标监测、海洋传感器、海洋光电探测、海洋遥感等方面的理论和工程应用问题。为了实施国家的海洋强国战略，适应日益发展的海洋科学与技术需要，海洋信息工程专业成了一门多专业融合的新兴热门学科，并随着现代技术水平的不断提高而得到迅速发展。

开设课程

基础课程：主要包含信号与系统、通信原理、模拟电子线路、数字电子线路、计算机基础、单片机原理等。

专业课程：主要包括水声技术、海洋遥感、海洋传感技术、海洋目标探测、海洋通信等和海洋信息工程密切相关的课程。

就业展望

本专业学生毕业后可在大型企业、相关公司以及相关的研究所、设计院、高等院校、国民经济各部门和国防工业中从事与产品开发、新技术研发、海洋探测技术应用、电子设备维护等相关的工作；也可在本专业或其他相关专业继续深造，攻读硕士、博士学位。

毕业后主要就业方向为涉海类科研院所及相关涉海企业，也可以到中国移动、中国电信、中国联通三大电信运营商就业；国家海洋局、国家海事局、海军部队、中船集团、中电集团、军工集团、航天集团等；华为、中兴等大型电子企业；腾讯、百度、阿里等软件企业。

工作方向主要为：海洋通信、海洋电子设备软/硬件、海洋测绘、通信/电信/网络设备、计算机软/硬件、通信/电信运营/增值服务、电子技术/半导体/集成电路、互联网/电子商务、计算机服务（系统、数据服务、维修）、其他行业。

该专业开设于 2019 年，暂无毕业生。

能力要求

海洋信息工程专业是一个理论性和实践相结合的专业，特别是理论部分，对学生的数学和物理要求较高。其中对物理和数学有兴趣的学生，会更加适合。但只要是愿意致力于海洋信息获取与处理、信息传输及转换、海洋物理理论等领域的学术研究、技术研发、管理等工作，勤奋学习，积极向上，乐于实践和探索的学生都适合报考本专业。由于本专业领域不是直接面向重工业，也是非常适合女生学习的。

实力院校

目前，开设海洋信息工程专业的学校只有哈尔滨工业大学（威海）和哈尔滨工程大学。

自动化：智能控制之母

核心含义

有人的时候有自动化，没人的时候更有自动化。自动化专业通俗来说：就是在无人情况下，让机器自动运转，替代人工作。比如居民楼的门禁系统，刷一下卡自动就开了；全自动洗衣机，不用人动手就能把衣服洗干净。这些都是自动化设计的产品。自动化技术涉及的范围极其广泛，小到一个普通的电动机、自动运行的电梯、空调的自动调节，大到钢铁厂、石油企业的大型设备的自动化控制，甚至导弹自动追踪、嫦娥号和玉兔号在月球自动采集岩石等等。自动化专业主要研究自动控制的原理和方法在各类控制体系中的应用，它不仅把人类从繁重的体力与部分脑力劳动中解放出来，而且可以完成人类自身难以或无法完成的许多精密、复杂的工作。例如，在高温、高压、危险环境下必须采用自动化装备。

在专业方向上，各大学的自动化专业都有自己的主攻方向。例如，北京航空航天大学、中国民航大学的自动化以飞行器控制为主；中国石油大学的自动化专业主要是石油系统方向等。所以，考生在选择学校的时候，要考虑一下自己对专业的应用领域是否感兴趣。

开设课程

在课程上，自动化专业的开设课程覆盖面广，涵盖了电子工程、计算机、电机工程等内容，甚至连化学工程都有所涉及。本专业开设课程有控制科学与工程、电路及电子基础、传感器与检测技术、计算机控制技术、C/C + +语言、微机原理、数电/模电、DSP/单片机/PLC 等。

就业展望

在今天这个追求解放劳动力、节省人工成本的社会，自动化专业具有很好的发展前景。目前，自动化专业就业领域主要包括技术研发公司、科研院所、设计单位、通信系统、钢铁企业、工矿企业、铁道、化工、航空、海关、税务、工商、外贸、大专院校以及政府和科技部门等。随着自动化产品不断普及，智能楼宇、智能家居的应用以及智能交通的不断发展，社会对这一专业人才的需求将会不断增加，就业前景更为广阔，选择方向也会更多。

能力要求

由于培养要求的原因，该专业对物理、数学与计算机要求较高。

实力院校

国家级特色专业建设点

华北电力大学、哈尔滨工业大学、浙江大学、华中科技大学、中南大学、中国人民大学、东北大学、东南大学、南京理工大学、西北工业大学、北京化工大学、上海交通大学、华东理工大学、江南大学、南京邮电大学、中国石油大学（华东）、湖南大学、华南理工大学、广西大学、北京交通大学、北京理工大学、中国石油大学（北京）、长安大学、新疆大学、北京科技大学、燕山大学、青岛大学、贵州大学、北方工业大学、内蒙古科技大学、常熟理工学院、安徽工程大学、山东科技大学、湖南工业大学、重庆邮电大学、西南科技大学、天津职业技术师范大学、东北石油大学、南京工程学院、广东工业大学、延安大学、西安理工大学、北京信息科技大学、华北科技学院、太原科技大学、东北电力大学、中国计量大学、武汉科技大学、广西科技大学、西安科技大学、兰州交通大学、长春

工业大学、上海电力学院、江苏科技大学、安徽工业大学、华东交通大学、中原工学院、湖南科技大学、四川轻化工大学、西安工业大学、兰州理工大学。

轨道交通信号与控制：保障交通安全的指示灯

核心含义

轨道交通信号与控制专业具有国家行业需求的鲜明特色和较完善的培养体系，旨在培养可掌握自动控制理论、轨道交通控制技术、计算机原理及应用技术、传感器及检测技术、可编程控制器原理及应用、电力电子技术等方面的基础理论、专门知识与基本技能，在高速铁路、客运专线、既有铁路、地铁及城市轨道交通领域的信息和控制专门人才，以适应我国轨道交通事业的快速发展和对铁路信号技术和管理人才的迫切需求。研究方向包括铁路及城市轨道交通信号控制，通俗地说，就是红绿灯控制和调度。

开设课程

本专业开设课程有电路分析、电子技术、微机原理与接口技术、自动控制理论、信号与系统分析、计算机网络、电磁兼容及可靠性理论、铁路信号运营基础、信号基础设备原理、车站信号自动控制、区间信号自动控制、铁路信号远程控制、列车运行控制系统、编组站综合自动化、计算机联锁系统、城市轨道交通控制系统等。

就业展望

本专业的毕业生可在铁路、城市轨道交通、电子、信息、仪表行业相关的研究院、设计院、铁路局、工程局、地铁公司、信号工厂、相关研发单位从事系统运行、自动控制、信息处理、试验分析、研制开发与设计、运营维护管理等工作，也可在高校、研究院所的教学和科学研究工作。至于具体工作，从设计单位来说，就是负责信号系统的设计工作；从运营单位来说，就是负责运营中信号设备的维修、养护、大修及改造；从产品单位来说，可能是做产品研发、集成测试、现场技术支持或者项目管理。

能力要求

患有严重心脏病、心肌病、高血压、重症支气管扩张、哮喘、恶性肿瘤、慢性肾炎、尿毒症、严重血液病、内分泌以及代谢系统疾病、风湿性疾病、重症癫痫或其他神经系统疾病、严重颈神经疾病、精神活性物质滥用和依赖、慢性肝炎、未治愈结核病等，学校可以不予录取，不宜报考；主要器官动过大手术，或患过心肌炎、胃或十二指肠溃疡、慢性支气管炎、风湿性关节炎等病史，先天性心脏病，肢体残疾者不宜报考；任何一眼矫正到4.8、镜片度数大于800度者不宜报考。

实力院校

北京交通大学、南京理工大学、西南交通大学、郑州大学、长沙理工大学、华东交通大学、大连交通大学、兰州交通大学、昆明理工大学、中北大学、湖北师范大学、湖北理工学院等。

机器人工程：智能时代的标志

核心含义

机器人工程专业是一个新兴的交叉学科。目前，机器人分为四类，即工业机器人、服务机器人、仿生机器人和智能机器人。2016 年被教育部批准成为本科新专业，主要培养掌握工业机器人技术工作必备的知识、技术，有较强实践能力、创新精神，主要从事机器人工作站设计、装调与改造，机器人自动化生产线的设计、应用及运行管理等相关岗位工作，具有较强综合职业能力的高素质应用型专门人才。

开设课程

本专业开设课程有高级语言程序设计、电路分析、机械设计基础、模拟电子技术、数字电子技术、自动控制原理、微机原理及接口技术、电机与电气控制技术、单片机原理及其应用、机械制造基础、PLC 原理与应用、工业机器人控制系统、运动控制系统、工业机器人计算机编程、机器人传感器技术及应用、工业机器人系统集成技术、工业机器人仿真技术、生产运作管理、计算机视觉、现场总线控制技术、嵌入式控制系统及应用等。

就业展望

本专业学生毕业后，能够在机器人的设计研究单位、生产制造企业以及集成应用公司，从事机器人工作站设计、装调与改造，机器人自动化生产线的设计、应用及运行管理等技术或管理岗位工作。近些年，从无人饭店、无人银行的兴起，机器取代人进入越来越多的行业，机器人工程成了不折不扣热门专业。

能力要求

机器人工程是个典型的工科专业，课程将大量涉及多种编程实践，特别是算法编程，不仅学习算法同时要将算法编成软件。所以需要考生具体以下能力：

1. 有良好的数理基础、强烈的编程兴趣和优秀的动手能力。

2. 良好的外语读写能力，外语好的学生能够率先获知和掌握新的动向，也更容易学习国外的先进技术。

实力院校

东南大学、西安工业大学、东北大学、湖南大学、河海大学、合肥工业大学、北京航空航天大学、北京工业大学、中国矿业大学、天津理工大学、重庆邮电大学、重庆理工大学等。

邮政工程：互联网下的智慧物流

核心含义

邮政工程（互联网与智慧物流）专业是以控制科学、计算机科学在物流领域的学科融合为主要特征，以智慧物流系统的分析、设计、优化和运营管理为目标，以基于人工智能、大数据和物联网的物流信息技术和物流自动化技术为特色，面向“互联网 +”和智能制造培养工学和管理学相结合的智慧物流高端复合型工程技术人才。本专业致力于培养学生掌握智慧物流系统的关键技术，包括智能化分拣系统、智能化无人仓储系统、无人机运输系统、基于大数据和人工智能的运输路线规划系统、无人驾驶配送系统、基于大数据和人工智能的智慧供应链管理系统等智慧物流系统的关键技术。目的是满足“中国制造 2025”和“一带一路”对智慧物流人才的强烈需求，满足以智能制造、电子商务、万物互联为特征的现代产业发展对智慧物流人才的强烈需求。

开设课程

本专业开设课程有运筹学、数据结构、邮政运作管理、操作系统原理、计算机网络、现代物流信

息技术、网络安全技术、数据库系统原理、数据挖掘、邮政物联网技术与应用、邮政网络优化等。

就业展望

学生毕业后可在政府相关管理部门、邮政快递企业、各类电商及物流企事业单位、科研院所，以及通信行业、制造行业、金融行业、互联网行业、IT 服务业、管理咨询业等行业从事技术和运营管理等工作，毕业生还可在控制科学与工程、计算机科学与技术、机械工程、管理科学与工程等相关的硕士、博士学科继续学习深造。

能力要求

1. 具有坚实的数理基础、优秀的计算机相关知识；
2. 良好的外语读写能力；
3. 富有创新精神和实践能力，具备现代信息技术、智慧物流、智能制造和管理科学深度交叉与融合的知识体系。

实力院校

北京邮电大学等。

核电技术与控制工程：让核电成为绿色能源

核心含义

本专业由 2008 年学院设置的“自动化（核电运行）”专业方向发展而来。本专业将核工程与核技术、测量技术、控制理论与控制工程、计算机控制技术融合在一起，形成具有核电特色的控制类专业，其知识和技术涵盖核电站仪表、反应堆控制、电站过程控制、核电站安全及保护，以及核电数字化仪表控制系统等的开发、设计、生产、运行、调试和维护等工程领域。本专业培养具备基本的科学素养，系统地掌握核电技术与控制工程学科领域的基本理论和应用技术，了解自动化领域基础，具备核电仪表与控制相关技术知识和解决复杂实际工程问题的能力，拥有较强的实践动手能力、系统分析和设计能力、较好的外语运用能力，具有良好的人际交往技能、团队协作和交流能力，适应社会经济发展需要的专业人才。

开设课程

本专业开设课程有核反应堆物理及热工分析、自动控制理论、核电厂设备及运行、计算机硬件技术、检测技术、计算机测控技术、过程控制系统及装置、核电站控制系统、核电站仪表、核电站测量技术、核电站安全及保护系统等。

就业展望

本专业的设置可满足核电产业的快速和智能化发展对核电仪表与控制技术人才的迫切需求，本专业毕业生可以从事核电仪表与控制相关企业的管理、设计、开发、建造、调试和运营维护等工作，也适合在生产过程控制产业链企业从事相关工作。

能力要求

1. 由于工作环境原因，不推荐女孩子报考。
2. 需要较强的物理学习能力和动手能力。

实力院校

上海电力大学。

智能装备与系统：新一代智能制造

核心含义

本专业面向新一代信息技术、先进制造技术、智能系统技术的深度集成，注重控制技术与人工智能的融合，是自动化未来发展的一个重要方向。专业围绕机器学习、信息处理、网络通信、计算机视觉、博弈与控制等人工智能相关的基础理论，高级语言、智能算法、集成设计等专业技术，以及智能装备一体化、智能系统最优化等设计方法，重点培养学生的人工智能思维和基本理论、算法设计与优化及实践应用等能力，使学生成为能够在高等院校、科研院所及工业企业等部门和行业从事与智能装备与系统相关的具有感知、分析、推理、决策、控制功能的集成创新和工程应用的高端人才。

开设课程

本专业开设课程有电路分析、信号与系统、模拟电子技术、数字电子技术、电磁场与电磁兼容、微机原理与接口技术、自动控制原理、现代控制理论、运筹学基础、计算机控制系统、智能交通系统、智能装备设计、智能制造工程、人工智能、无人自主系统。

就业展望

毕业生可在智能制造领域、智能交通领域、消费类电子领域、航空航天以及其他工业领域就职，就业单位如制造业相关科研院所、高新技术科技公司、企事业单位及高科技工业制造企业等。

该专业开设于 2019 年，暂无毕业生。

能力要求

本专业旨在培养掌握智能装备系统设计理论体系和专业知识，学习人工智能、数据科学、控制与优化及装备研发制造所需的硬件及系统设计技术，训练学生装备系统研发工程实践能力，将学生培养成国家智能制造发展所需的研究、设计、制造和管理的高级专门人才。

实力院校

目前，开设智能装备与系统专业的学校有哈尔滨工业大学、北京交通大学、吉林化工学院和盐城工学院（电气工程学院）。

工业智能：超越自动化

核心含义

工业智能专业是人工智能与自动化深度融合的新工科专业。该专业立足于“人工智能”国家科技重点发展战略，面向以“中国制造 2025”和“工业 4.0”为代表的我国科技产业主战场在工业智能领域的人才需求与发展趋势，以专业知识传授、创新思维训练、综合素质培养、工程能力提升为主要任务，突出“前沿性、创新性、交叉性、实用性”的专业特色。该专业围绕智能制造、物流供应链、机器人、计算机视觉等领域与人工智能技术的交叉方向，聚焦国际前沿学术方向及国家重大发展战略，为我国新时代工业科技发展培养一批从事科学研究、技术开发、工程实践与生产管理等工作的

宽口径、高素质、创新型、复合型高级专门人才。

开设课程

一是基础课，包含工科数学分析、代数与几何、复变函数与积分变换、工程图学、大学物理、电路、模拟与数字电子技术、计算机思维导论、自动化专业导论等；

二是专业课，包含人工智能原理、机器学习、模式识别、深度学习、图像处理、计算机视觉、自然语言处理、语音信息处理、数据挖掘、自动控制原理、自动控制元件及线路、系统建模与仿真基础、嵌入式技术基础、计算机控制、过程控制系统、控制系统设计、智能控制、飞行器控制、机器视觉等。

就业展望

毕业生就业前景广泛，既可从事自动控制系统相关领域的研究、教学、开发、制造、策划、管理等工作，特别是研究生的就业方向广阔，能从事系统分析与设计、自动化设备研制、自动化技术服务、大数据挖掘与应用、机器人研发、信息技术应用等方面的工作，就业领域非常宽广。也可以面向与人工智能相关的 IT 企业就业，从事人工智能相关应用程序开发、算法和模型设计、智能系统实施等工作。还可以在国内或国外继续深造，学习和掌握工业智能领域的前沿热点知识，毕业后可进入“智能 +”企业或高校及科研院所等从事科技创新、应用研发和教学研究等工作。

该专业开设于 2019 年，暂无毕业生。

能力要求

1. 需要对新技术有较强的好奇心和探索精神。
2. 具有较强的动脑与动手能力。
3. 具备团队协作精神。
4. 需要有较好的数学逻辑思维能力和自主学习能力。

实力院校

目前，开设工业智能专业的学校只有东北大学。

计算机科学与技术：推动社会信息化改革的前进力量

核心含义

计算机科学与技术是一门以研究计算机设计、制造，以及利用计算机进行信息的获取、表示、存储、处理与控制等活动的理论、原则、方法及技术的学科。它包括计算机科学与计算机技术两部分。计算机科学侧重研究理论和解释规律，而计算机技术则是应用这些规律制造高性能的计算机系统和设备，以及进行信息处理的方法和技术手段。

开设课程

本专业开设课程有电路原理、模拟电子技术、数字逻辑、数值分析、计算机原理、微型计算机技术、计算机系统结构、计算机网络、汇编语言、数据结构、操作系统、数据库原理、编译原理、图形学、人工智能、计算方法、离散数学、概率统计、线性代数以及算法设计与分析、人机交互、面向对象方法、计算机英语、接口与通信技术、高级语言程序设计方法、分布式计算系统、数字图像处理与模式识别、软件过程基础、WEB 信息处理和 WEB 服务技术等。

就业展望

随着信息化的进程不断加深，社会对计算机高科技人才的需求是十分巨大的。在国家“以信息化带动工业化”战略的指导下，行业应用市场总体上保持稳定增长，国家信息化进程已经涉及各行各业，但行业间需求不一，增长各异。企事业单位信息系统的建设与运行，是目前和今后采购、应用计算机产品的主流需求，这些用人单位需要高校培养大批计算机应用技术人才，所以，计算机科学技术是21世纪最被看好的专业之一。如果说到具体的职业，由于计算机科学专业的学习内容为设计软件与硬件，他们可以担任软件工程师、硬件工程师、网络工程师、系统测试工程师等职业。目前开设这个专业的院校较多，毕业生人数逐年递增，就业竞争也更为激烈。同时，用人单位对毕业生选择余地增加，导致对毕业生的要求越来越高。

能力要求

1. 由于培养要求和知识结构的原因，该专业对数学、物理、英语要求较高。
2. 该专业毕业后可授予理学或工学学士学位，报考前注意查看目标院校的培养方向。

实力院校

拥有计算机科学与技术专业大类国家重点学科的院校名单

北京大学、清华大学、北京协和医学院－清华大学医学部、北京航空航天大学、哈尔滨工业大学、上海交通大学、南京大学、国防科技大学。

拥有计算机科学与技术二级学科国家重点学科的院校名单

计算机系统结构：华中科技大学。

计算机软件与理论：吉林大学、复旦大学、中国科学技术大学、武汉大学。

计算机应用技术：东北大学、东南大学、浙江大学、安徽大学、四川大学、西北工业大学。

拥有计算机科学与技术二级学科国家重点（培育）学科的院校名单

计算机软件与理论：浙江大学、重庆大学。

计算机应用技术：电子科技大学。

双一流学科建设高校名单

清华大学、北京大学、北京航空航天大学、北京邮电大学、哈尔滨工业大学、上海交通大学、南京大学、东南大学、浙江大学、中国科学技术大学、华中科技大学、西安电子科技大学、新疆大学、国防科技大学。

国家级特色专业建设点

北京交通大学、东北大学、同济大学、上海交通大学、东南大学、河海大学、中南大学、华南理工大学、电子科技大学、云南大学、西安电子科技大学、北京科技大学、北京邮电大学、华中科技大学、清华大学、西安交通大学、西北工业大学、中国人民大学、太原理工大学、内蒙古大学、中国科学技术大学、武汉大学、四川大学、东北农业大学、南京工业大学、南昌大学、南开大学、吉林大学、江南大学、浙江大学、重庆大学、西南交通大学、安徽大学、宁波大学、杭州电子科技大学、济南大学、西安石油大学、天津理工大学、大连民族学院、辽宁师范大学、北京信息科技大学、山西大学、长春理工大学、黑龙江大学、南京邮电大学、杭州师范大学、淮北师范大学、山东科技大学、山东工商学院、河南科技大学、安阳师范学院、湘潭大学、重庆邮电大学、青海师范大学、大连工业大学、东北石油大学、南京工业大学、浙江理工大学、合肥学院、山东师范大学、武汉科技大学、长沙理工大学、深圳大学、广东外语外贸大学、成都信息工程学院、成都大学、燕山大学、石家庄铁道大学、北华航天工业学院、邯郸学院、太原科技大学、长春工业大学、东北电力大学、哈尔滨理工大学、上海建桥学院、南京信息工程大学、浙江工商大学、南昌理工学院、潍坊学院、河南理工大学、河南工业大学、广州大学、桂林电子科技大学、重庆理工大学等。

软件工程：链接用户与数据的入口

核心含义

生活中，我们经常与软件接触，像我们智能手机里面各形各色的App、小程序等。在大型超市的自助结账是通过计算机进行业务操作，先扫描商品的条形码，使之传输到计算机，得出销售价格并累加，汇总出商品总金额，再计算找零数目，并记录结账时间、金额和购物地点。这里的条形码和价格间的相互转换以及金额汇总的功能，便是通过内嵌在计算机的软件程序发布指令实现的。软件工程专业就是研究和应用如何以系统性的、规范化的、可定量的过程化方法去实现特定功能，以及如何把经过时间考验而证明正确的管理技术和当前能够得到的最好的技术方法结合起来。该专业以计算机科学与技术学科为基础，强调软件开发的工程性，使学生在掌握计算机科学与技术方面知识和技能的基础上，熟练掌握从事软件需求分析、软件设计、软件测试、软件维护和软件项目管理等工作所必需的基础知识、基本方法和基本技能，并突出对学生专业知识和专业技能的培养，培养能够从事软件开发、测试、维护和软件项目管理的高级专门人才。

开设课程

软件工程作为一个工科专业，主要课程集中在数学类与计算机类知识上，本专业开设课程有高等数学、程序设计、数据结构、C++语言程序设计、汇编语言程序设计、软件工程、网络与信息安全技术、Java语言、软件项目管理与CMM、计算机原理与系统结构等。

就业展望

随着社会信息技术的深入，计算机应用已经渗透到经济与社会生活的方方面面。软件产业的发展水平，从某种程度上来说，决定这一个国家的信息产业发展水平及其在国际市场上的综合竞争力。因而，目前国内外对高素质软件人才的需求均十分旺盛，并有逐渐扩大之趋势。软件工程专业毕业生就业方向有几个：可视化编程、WEB应用程序设计、数据库管理、图形图像制作、计算机办公应用等。该专业毕业生工资起薪一般高于全国平均工资水平，而且工资涨幅在很大程度上取决于技术水平和工作能力的高低。具有认证资格的软件工程师、软件设计师、系统架构师、程序员、测试员一般实行年薪聘用制度。

能力要求

1. 由于培养要求和知识结构的原因，该专业只招收理科生。
2. 该专业适合数学与英语水平较高的考生报考。

实力院校

双一流学科建设高校名单

清华大学、北京大学、北京航空航天大学、浙江大学、国防科技大学。

国家级特色专业建设点

天津大学、南开大学、东北大学、中山大学、北京大学、北京交通大学、北京工业大学、北京航空航天大学、北京理工大学、哈尔滨工业大学、复旦大学、同济大学、上海交通大学、华东师范大学、南京大学、东南大学、中国科学技术大学、山东大学、武汉大学、华中科技大学、重庆大学、西北工业大学、西安电子科技大学、湖南大学、苏州大学、南昌大学、电子科技大学、湘潭大学、辽宁工程技术大学、内蒙古师范大学、南京艺术学院、杭州电子科技大学、首都师范大学、天津工业大学、上海第二工业大学、重庆邮电大学、西安工业大学、南昌航空大学。

网络工程：信息化时代的坚实基础

核心含义

网络工程分为硬件工程和布线工程，包括网络需求分析、网络设备选择、网络拓扑结构式合计、网络系统集成以及网络施工技术等。通俗来讲，网络工程是一个集网络规划、建设、维护为一体的专业，是一个偏硬件的工科类专业。主要学习网络规划、综合布线、防火墙、路由器、交换机的配置等内容。

开设课程

本专业与计算机科学与技术的专业课程基本相同，本专业开设课程有C语言、C++、高等数学、线性代数、计算机程序设计、数据结构、数据通信、互联网协议分析与设计、网络应用开发与系统集成、移动通信与无线网络等。

就业展望

该专业毕业生可以从事各级各类企事业单位的企业办公自动化处理、计算机安装与维护、网页制作、计算机网络和专业服务器的维护管理和开发工作、动态商务网站开发与管理、软件测试与开发及计算机相关设备的商品贸易等方面的有关工作。在网络公司、电信运营商、系统集成商、教育机构、银行以及相关企事业单位的网络技术部门，从事网络规划师、网络工程师、售前技术工程师、售后技术工程师和网络管理员等岗位的技术工作。

能力要求

1. 该专业只招收理科生，由于专业知识更新较快，需要具有一定的钻研能力。
2. 更适合物理、数学成绩较好的同学报考，相对来说更合适男生报考。

实力院校

国家级特色专业建设点

北京邮电大学、中山大学、华南理工大学、云南大学、西安电子科技大学、电子科技大学、河北经贸大学、青海民族大学。

信息安全：信息时代的保护神

核心含义

信息安全是计算机、通信、数学、物理、法律、管理等学科的交叉学科。从广义上来说，信息安全指的是网络系统的硬件、软件及其系统中的数据受到保护，不因偶然的或者恶意的原因而遭受破坏、更改、泄露，使系统能连续可靠正常地运行，网络服务不中断。从狭义上讲，凡是涉及网络上信

息的保密性、完整性、可用性、真实性和可控性的相关技术和理论都是信息安全的研究领域。本专业是培养能够从事计算机、通信、电子商务、电子政务、电子金融等领域的信息安全高级专门人才。

开设课程

本专业开设课程有高等代数、集合论与图论、C++程序设计、数字电路、计算机组成原理、计算机接口技术、计算机网络、操作系统原理、编译原理、密码学原理、编码理论、信息论基础、信息安全体系结构、软件工程等。

就业展望

过去只有少数高等院校开设信息安全课程，而且不能涵盖信息安全的主要内容，而金融、商业、公安、军事和政府部门对信息安全人才的需求是很大的。信息安全专业的就业展望大体来说主要有以下几种：第一，公安局信息检查，网络警察，政府各个重要部门的网络安全监测部门；第二，病毒杀毒公司的反病毒工程师；第三，大型企业的公司网站维护人员；第四，四大国有银行，还有招商银行、交通银行等股份制银行与信息安全相关的专业人员等。

能力要求

1. 这个专业知识更新很快，是需要终身学习的。特别是反病毒这一块，可能很多老师、教授都不如学生，这都是很正常的。如果不接受新的知识，很快就会落后，考生有必要做好思想准备。
2. 该专业只招收理科生。
3. 该专业适合数学物理与英语水平较高的考生报考。

实力院校

国家级特色专业建设点

北京交通大学、北京邮电大学、哈尔滨工业大学、上海交通大学、中国科学技术大学、山东大学、武汉大学、华中科技大学、四川大学、电子科技大学、西安电子科技大学、北京电子科技学院、南京邮电大学、杭州电子科技大学、中国刑事警察学院。

物联网工程：一键启动智能化的生活

核心含义

物联网是基于互联网、广播电视网、传统电信网等信息承载体，让所有能够被独立寻址的普通物理对象实现互联互通的网络，又称为物联网域名。物联网通过信息传感设备（如传感器、射频识别技术、全球定位系统、红外感应器、激光扫描器、气体感应器）与互联网连接起来，实时采集所连接物体的各种信息，然后对其实现智能化管理。例如，家用电器应用上物联网，那么当你下班准备离开公司的时候，只要用手机发出一个指令，家里的电饭煲就会自动加热做饭，空调就会开始运行……

开设课程

物联网工程是多学科的交叉，涉及微电子、无线电、自动控制、传感、通信、计算机等多个学科，所以学的东西比较杂。本专业开设课程有计算机科学与技术、电子科学与技术、物联网技术体系、标识与感知、物联网通信等。

就业展望

物联网的兴起是继计算机、互联网与移动通信网后的又一信息产业发展浪潮，它是一个将迎来上万亿元市场规模的高科技技术领域。其用途广泛遍及智能交通、环境保护、政府工作、公共安全、工业检测、个人健康等多个领域。针对互联网的应用考虑，其需要大量的综合计算机软、硬件技术和通信技术的学科交叉人才，以实现信息科技在国民经济更大领域的应用，实现更广泛的信息处理及智能化。

因为物联网工程涉及经济和生活中的各个方面，所以就业展望肯定很多，如自动化企业、智能家电、智能家居、工业控制企业、数字娱乐公司、汽车等领域。但就目前来看，通信、医疗、家用电器、安防等发展比较快的行业需要物联网工程方面的人才，诸如三星、西门子、飞利浦、通用电器、思科、华为之类的 IT 名企都已经开始招聘物联网工程师。

能力要求

参考软件工程专业。

实力院校

国家级特色专业建设点

北京科技大学、北京邮电大学、吉林大学、江南大学、河海大学、合肥工业大学、武汉理工大学、中南大学、西安交通大学。

数字媒体技术：技术与艺术联动起来

核心含义

数字媒体技术是一个技术和艺术相结合的领域，通过现代计算和通信手段，综合处理文字、声音、图形、图像等信息，使抽象的信息编程可感知、可管理和可交互的一种技术。如日常生活中的数字电视、数字电影以及现在的3D/4D都属于数字媒体范畴。该专业旨在培养具有国际视野、熟悉国内外相关行业的发展趋势，具有先进的游戏设计理念、设计思想，熟悉各种游戏类型、游戏设计流程，具有扎实的数字媒体技术基础理论、宽厚的专业技术基础、较强的逻辑思维能力和程序开发能力，具有较强的游戏创作实践能力，能够从事游戏程序设计、游戏数值及逻辑策划、游戏项目管理等工作的高级复合型人才。

开设课程

该专业主要以计算机学科基础类课程、算机应用技术类课程及部分艺术方向课程为主。本专业开设课程有计算机科学与技术、信息与通信工程、程序设计、网络与应用、计算机图形学、数字视音频处理、计算机动画、计算机视觉、人机交互、虚拟现实技术等。

就业展望

数字媒体技术专业的就业展望主要包括两大类：影视后期制作和编程方向。

选择了影视后期制作方向，一般是去到电视台、数字电影制作公司、互动娱乐公司等，进行数字影视节目策划与创作、数字电影电视特效制作、电视片头设计与制作等。或者到广告公司做广告平面设计、宣传片设计。选了编程方向的话，可以朝平台开发、游戏引擎开发和维护编程类方向发展，或者从事网页美工和制作。

能力要求

1. 该专业只招收理科生。
2. 由于培养要求的原因，该专业对物理、数学、计算机要求较高。

实力院校

国家级特色专业建设点

浙江大学。

智能科学与技术：人工智能领域的排头兵

核心含义

都说现在是人工智能火爆的时代，那么，在人工智能火起来之前，哪个专业培养的是人工智能领域的高端人才？答案就是智能科学与技术专业。智能科学与技术的目标是使计算机变得更加“聪明灵活”。本专业主要以信息技术和生命科学为基础，以人工智能技术为核心，以智能机器和智能系统应用为目标，以人工智能的理论和方法，研究用计算机去模拟和扩展人的智能，设计具有高智能水平的计算机应用系统和更聪明的计算机。本专业培养具有坚实的数学、物理、电子、计算机和信息处理的基础知识；以智能科学理论为基础，受到智能信息获取与处理、智能决策与控制、智能系统、智能工程等方面相关知识及应用技术的学习、训练、实践和培养并注重智能系统集成、智能检测及智能仪表等的设计、研发与应用，兼具计算机、人工智能、信息网络、数字内容处理和智能系统集成等方面专业知识和综合技能的高级复合型人才。

开设课程

本专业开设课程有光学工程基础、机械工程基础、智能科学技术导论、数字电子技术、模拟电子技术、电路基础、模拟与数字电路、计算机原理、高级语言程序设计、计算机网络、数据结构、数据库系统原理、自动控制原理、智能科学技术导论（含脑与认知）、模式识别、智能工程、自然语言理解、信息融合、机器学习、人工智能、智能系统集成、机器人技术、智能控制、智能检测技术及仪表等。

就业展望

智能科学技术专业符合当前的社会发展趋势，学生的就业前景十分广阔，可到企事业单位，尤其是高新技术产业、政府机关、科研机构、学校等从事信息产业、工业企业、电子政务、电子商务、文化教育、医疗卫生、国防等领域的设计、开发、研制、应用、维护、管理和教学等工作；还可以在与智能科学与技术相关的诸多方向继续深造。

能力要求

1. 由于培养要求和知识结构的原因，本专业只招收理科生。
2. 物理、数学成绩较好的同学更适合报考。

实力院校

国家级特色专业建设点

北京大学、西安电子科技大学。

空间信息与数字技术：计算机和地理交叉融合

核心含义

空间信息与数字技术是一个以计算机专业和地理信息系统专业为主的交叉学科。本专业要求学生具备地理信息系统技术、遥感技术及导航定位技术等领域的专业知识，具备深厚软件工程技术、通信技术以及计算机网络技术等复合知识结构，能运用数字工程技术对资源、环境、国防等各类信息进行数字化处理，实现网络化传输、可视化表达、智能化决策。比如，我们平时使用的地图导航软件、不动产登记软件等，首先要用计算机对卫星或者航拍飞机拍摄的遥感影像进行处理，然后将处理后的信息进行应用。这就是空间信息与数字技术专业研究的范畴。

开设课程

本专业开设课程有空间信息科学导论、地图学、软件技术基础、数据库技术、数据库原理与应用、空间数据库、虚拟现实技术、地理信息系统原理与技术、地理信息应用系统设计与实现、遥感原理、遥感影像处理与应用、数字摄影测量、测量学综合实验、传感器与检测技术、导航定位技术、全球卫星导航定位原理与应用、空间信息移动服务、计算机网络与通信、数字图像处理、地图学与摄影测量、高级语言程序设计、虚拟现实与仿真等。

就业展望

毕业生可在计算机软件企业从事电子政务、电子商务、数字媒体和遥感、地理信息系统、卫星导航定位等领域的技术开发和工程应用等工作；在国防、国土、测绘、环保、水利、气象、农业、民政等行业领域从事导航定位、遥感、空间信息系统、数字媒体等技术开发和工程应用工作，也可在各级政府的信息化主管部门、企事业单位的信息中心从事规划、管理和技术服务等工作；或者进一步攻读计算机应用技术、计算机软件与理论、地理信息系统、遥感、卫星导航定位等领域的硕博士研究生。

能力要求

1. 由于培养要求和知识结构的原因，本专业只招收理科生。
2. 物理、数学成绩较好的同学更适合报考。

实力院校

开设空间信息与数字技术专业的代表性院校

电子科技大学、武汉大学、成都理工大学、西安电子科技大学、上海海洋大学、福建农林大学、云南师范大学、山东农业大学。

电子与计算机工程：硬件与软件的“完美”结合

核心含义

电子与计算机工程专业是将软件设计与硬件设计一体化，并结合电力电子学的一门交叉学科。

该专业属于电子信息科学技术领域的宽口径专业，以计算机科学技术、通信工程、电子科学与技术为主干学科。所培养的学生具有扎实的自然科学基础，良好的外语水平，获得科学的、创造性的思维方法及独立从事科学研究能力的基本训练；掌握电子、通信计算机方面的学科基础知识；能从事信息的获取、处理、传输、变换技术、微电子设备的设计与计算机应用系统、电子信息系统的设计、制造、应用和开发的高级工程技术人才。

开设课程

本专业开设课程有程序设计、电路原理、操作系统、模拟电子技术、数字电子技术、离散数学、机器硬件语言、数字集成电路设计、面向对象程序设计、嵌入式软件技术基础、单片机原理与应用、软件工程等。

就业展望

电子信息产业是目前国内外发展最迅速的领域，我国在制定面向 21 世纪科学技术发展战略计划中，把电子与信息技术的发展列于首位。该专业毕业生就业范围广，不受行业限制，近几年在全国各类人才需求中一直稳居前列。毕业生可以在邮电、通信、金融以及电子信息与计算机应用领域的高新技术企业从事科研开发和技术管理工作，也可在政府机关和国民经济的诸多领域从事电子信息系统的维护管理工作。

能力要求

1. 由于培养要求和知识结构的原因，本专业只招收理科生。
2. 物理、数学成绩较好的同学更适合报考。
3. 外语水平要求较高。

实力院校

开设电子与计算机工程专业的代表性院校

上海交通大学、西安石油大学。

数据科学与大数据技术：让预测有据可依

核心含义

数据科学与大数据技术专业简称“数据科学”或“大数据”，旨在培养时下最热门的“人工智能、大数据、云计算”等行业急需的人才。掌握计算机理论和大数据处理技术，从大数据应用的三个主要层面（即数据管理、系统开发、海量数据分析与挖掘）系统地培养学生掌握大数据应用中的各种典型问题的解决办法，实际提升学生解决实际问题的能力，具有将领域知识与计算机技术和大数据技术融合、创新的能力，能够从事大数据研究和开发应用的高层次人才。

开设课程

本专业开设课程有 C 程序设计、数据结构、数据库原理与应用、计算机操作系统、计算机网络、Java 语言程序设计、Python 语言程序设计，大数据算法、人工智能、应用统计（统计学）、大数据机器学习、数据建模、大数据平台核心技术、大数据分析与处理，大数据管理、大数据实践等课程。

就业展望

毕业生能在政府机构、企业、公司等从事大数据管理、研究、应用开发等方面的工作。同时可以考取软件工程、计算机科学与技术、应用统计学等专业的研究生或出国深造。

能力要求

1. 由于培养要求和知识结构的原因，本专业只招收理科生。
2. 物理、数学成绩较好的同学更适合报考。
3. 外语水平要求较高。

实力院校

北京大学、对外经济贸易大学、中国人民大学、北京邮电大学、电子科技大学、同济大学、复旦大学、上海财经大学、中国矿业大学、华南理工大学、武汉理工大学、中南财经政法大学、西南财经大学、哈尔滨工业大学、兰州大学、云南大学、天津财经大学等。

网络空间安全：让信息环境更安全

核心含义

网络空间安全专业涉及以信息构建的各种空间领域，是以研究网络空间的组成、形态、安全、管理等的一门新兴学科。该专业致力于培养“互联网＋”时代能够支撑和引领国家网络空间安全领域的具有较强的工程实践能力，系统掌握网络空间安全的基本理论和关键技术，能够在网络空间安全产业以及其他国民经济部门，从事各类网络空间相关的软硬件开发、系统设计与分析、网络空间安全规划管理等工作，具有强烈的社会责任感和使命感、宽广的国际视野、勇于探索的创新精神和实践能力的拔尖创新人才和行业高级工程人才。

开设课程

本专业开设课程有信息科学基础类课程、信息安全基础类课程、密码学类课程、系统安全类课程、网络安全类课程、内容安全类课程、人文社科类课程。主要专业课程有：高级语言程序设计、计算机网络、信息安全数学基础、密码学、操作系统原理及安全、网络安全、通信原理、可信计算技术、云计算和大数据安全、电子商务和电子政务安全、网络舆情分析、网络安全法律法规等。

就业展望

本专业以网络空间安全专业理论和技术为主，还借助新闻学、法学、情报学等学科的优势，培养既具有扎实的网络空间安全基础理论、专业知识和技术技能，又具有一定网络信息传播知识，且懂法律及管理的复合型人才。培养的毕业生能够从事网络空间安全领域的科学研究、安全技术开发与运维、安全管理、法律法规等方面的工作。

能力要求

1. 由于培养要求和知识结构的原因，本专业只招收理科生。
2. 物理、数学成绩较好的同学更适合报考。
3. 外语水平要求较高。

实力院校

西安电子科技大学、东南大学、武汉大学、北京航空航天大学、四川大学、中国科学技术大学、战略支援部队信息工程大学、中国科学院大学、北京交通大学、北京理工大学、北京邮电大学、哈尔滨工业大学、上海交通大学、南京大学、南京航空航天大学、南京理工大学、浙江大学、山东大学、华中科技大学、中山大学、华南理工大学、海南大学、暨南大学、电子科技大学、西安交通大学、西北工业大学、清华大学、国防科技大学、解放军理工大学、空军工程大学、复旦大学、杭州电子科技大学、福建师范大学、桂林电子科技大学、广州大学、黑龙江大学。

新媒体技术：网络社会信息传播的新技术

核心含义

新媒体技术是指以现代化的数字技术、网络技术、以及通信技术等全新技术为基础，能够向用户提供需要的信息服务的媒介手段。专业培养适应传统媒体机构、政府机关、事业单位、公司等团体组织急需的宽口径、复合型信息传播人才。本专业要求学生既能从事信息传播时代内容方面的深度、综合、跨学科的信息传播工作，同时也能在传播技术方面从事设计、制作、网络技术等方面的传播技术类工作的能力。

开设课程

本专业开设课程有新媒体概论、新媒体实务、数字媒体技术与应用、网络营销策划与创意、网站策划创意与设计、网页设计与制作、数据库、摄影与摄像、数字图像创意与设计、动画创意与设计等。

就业展望

本专业的就业前景很好，毕业生可从事新闻出版行业书刊、杂志、报纸的数字化出版与传播工作或者是从事新媒体、网络与电子商务企业信息的采集、组织与印制工作等。

能力要求

1. 该专业对计算机科目要求较高。
2. 该专业适合对新媒体感兴趣的学生就读。

实力院校

上海理工大学、齐鲁工业大学、广西科技大学。

电影制作：培养优秀的故事讲述者

核心含义

该专业运用综合培养的模式为学生提供必备的视听语言基础训练、电影理论及电影史基础和必要的技术交叉培养与前沿性艺术，使学生在电影领域成为一个优秀的“故事讲述者”以及熟悉电影制作全流程、精专制作流程中一到两项技能的全方位电影制作人才。

开设课程

本科专业课程主要分为以下四个模块：

基础理论课程：电影艺术概论、中国电影史、世界电影史、世界音乐史、表演基础、经典电影分析、电影剧本解读、影视类型研究等；

核心课程（全英文教学）：电影创意思维、电影艺术表达、导演概论、短剧写作、新媒体概论、电影录音基础、高级剪辑等；

电影技术课程：电影技术基础、高级语言程序设计、计算机动画基础、特效合成技术基础、电影特效设计与制作、电影声音设计与制作、电影中的高科技、电影技术前沿讲座等；

实践类课程（全英文教学）：电影艺术实践基础、中级电影制作、电影综合实践、制片及后期制作实践、高级制作工作坊等。

就业展望

随着计算机技术、大数据技术、VR 技术、互联网技术等快速发展，电影产业正发生着重大变革，电影制作不再是传统的作坊式的生产方式，而是更多地依赖流程化的制作模式和高新技术。在此发展趋势下，我国电影产业对掌握电影制作全流程相应技能的通才有着巨大的需求，同国际电影产业的结合与合作也越来越紧密。电影制作专业以国际化、全流程和高新制作为特色，配备了国内领先的专业制作设备，学生毕业后无论是选择出国深造，还是进入顶尖的电影制作公司，都具有得天独厚的优势。

能力要求

电影制作专业的学生应该是热爱电影并立志于从事电影事业的人，应具有良好的英语技能，能够适应跨文化工作能力；能够适应跨学科、多元化和前沿化的教学内容，能够熟悉电影生产全流程并掌握相应的技能，在此基础上，找到自身兴趣和发展方向，进一步提升专业方向上的技能，特别重视掌握新兴技术。学生应具有国际视野、时代精神、社会责任感、良好的沟通交流和团队合作能力，注重自身技术能力和艺术素养的提升与融合。

实力院校

目前，开设电影制作专业的学校只有上海大学和四川传媒学院。

保密技术：让机密更加安全的技术

核心含义

保密技术专业，是一门以计算机和网络为基础的现代化保密技术学科专业。保密技术专业是培养具备计算机和网络基础知识，系统掌握保密技术专业知识、理论，以及开展各类保密技术防护工作的实践技能，了解保密管理和保密法学相关知识，能够从事保密科学技术研究、保密产品研发、保密技术教育培训、保密技术防护等专业工作。保密技术专业是培养具备计算机和网络基础知识，系统掌握保密技术专业知识、理论，以及开展各类保密技术防护工作的实践技能，了解保密管理和保密法学相关知识，能够从事保密科学技术研究、保密产品研发、保密技术教育培训、保密技术防护等专业工作，可以胜任政府机关、大中型国企、军工单位、以及高科技企业中与保密技术相关的工作岗位，具备良好的科学素养和创新能力的复合型人才。

开设课程

本专业开设课程有面向对象程序设计、计算机系统基础、数据通信与计算机网络、数据结构、信息安全数学基础、概率论与数理统计、操作系统、数据库引论、信号系统与信号处理、数字逻辑与部件设计、密码学基础、保密技术概论、通信安全保密技术、电磁辐射与物理安全、保密监管与泄密取证技术、涉密信息系统防护、窃密与反窃密综合实验。

就业展望

学生毕业后，可在国家保密行政管理部门、行政机关、军工企事业单位、大中型企业等单位从事保密理论研究、保密技术开发、保密组织管理等工作。

能力要求

该专业对计算机科目要求较高。有志向从事保密行业的考生适合报考。

实力院校

复旦大学、湖南大学、北京交通大学。

服务科学与工程：万物皆服务

核心含义

服务科学与工程专业是软件工程、计算机科学与技术、管理学、社会经济学等多学科交叉融合的产物，专注于复合型服务创新人才的培养，随着“互联网+服务”、服务型制造、信息技术服务等现代服务业新形态不断涌现，将成为国民经济发展的新引擎和新动力。

开设课程

本专业核心课程包括软件服务工程导论、服务业务分析与建模、软件服务使能技术、服务系统体系结构与设计、软件测试与质量保证、软件与社会、Java 程序设计、Web 应用开发技术、移动计算技术、电子商务与互联网金融、云计算与软件服务、ERP 与供应链管理、人工智能与智慧服务、服务管理等。

就业展望

毕业生主要面向 IT 领域、金融机构、服务型制造企业就业，就业前景较好。毕业生将会从事服务信息系统研发工程师、服务信息系统架构师、服务系统管理者、服务系统分析师、服务咨询师等工作。还有一部分同学会在国内或国外继续深造，从事计算机科学、软件工程、服务计算领域的研究工作，毕业后可进入互联网企业或高校及科研院所工作。

该专业开设于 2019 年，暂无毕业生。

能力要求

学习服务科学与工程专业的学生需要对新的信息技术、新的行业形态和经济业态有较强的好奇心和探索精神，较好的数学逻辑思维能力、工程实践能力、交流沟通与团队协作能力和自学能力。该专业对于计算机思维与素养、编程技能等工科能力养成要求严格，同时，作为多学科交叉的专业，对于学生的综合素质养成也同样要求严格，毕业生还需要在管理、交流、协作、经济评估、行业学习、业务创新等能力方面加强锻炼。

实力院校

目前，开设的学校只有哈尔滨工业大学。

虚拟现实技术：虚拟和现实相互结合

核心含义

本专业面向虚拟现实行业发展需要，培养具备扎实的计算机理论基础和较强的计算机应用能力，掌握虚拟现实建模技术、引擎开发技术、智能交互技术、5G + VR 技术、算法分析技术，具备虚拟现实技术应用系统的设计开发能力、行业应用能力，能够在展览展会、数字娱乐、文化创意、艺术创作、素质教育等领域从事虚拟现实产业项目设计、开发、管理等工作的高素质应用型人才。

开设课程

主干课程：数字媒体技术导论、计算机图形学、虚拟现实引擎基础与进阶、摄影摄像技术、人机交互技术、虚拟现实项目实战应用、数字图像处理、虚拟现实技术、动漫创作、3D 动画、虚拟现实应用技术综合实训、影视剪辑等。除开设专业课程外，还需要在低年级阶段开设计算机类专业基础课程，主要有数据结构、操作系统、计算机网络、数据库系统概论、网页制作技术、Java 程序设计、Web 开发技术等。

就业展望

主要面向虚拟现实、增强现实、动漫游戏、网络传媒、软件开发等高新技术行业，在相关企事业单位从事 AR/VR 项目管理、产品开发、程序设计、测试优化、三维模型和动画制作、全景视频制作、项目运营与维护等工作。属于高薪职业，基本上毕业就就业。

该专业开设于 2019 年，暂无毕业生。

能力要求

1. 该专业只招收理科生。

2. 对物理、数学、计算机要求较高，具有跨学科融合能力。

3. 具备扎实的核心素质与强大的自主研发能力，熟悉策划、设计、开发、管理等制作流程，具备独立制作、研发产品能力。

实力院校

目前，开设的学校只有河北东方学院、吉林动画学院、江西理工大学、江西科技师范大学。其中吉林动画学院 2016 年就成立了融合动画技术、游戏开发技术、影视技术、虚拟现实与增强现实技术为一体的虚拟现实学院；江西理工大学之前就有软件工程（虚拟现实方向）。

区块链工程：定义未来金融与经济新格局

核心含义

该专业旨在应对社会经济和社会信息化的发展，面向区块链产业对区块链技术人才的需求，培养德智体美全面发展，掌握计算机科学与技术基础知识、区块链技术基本理论和区块链项目开发方法，具有区块链系统设计与实现能力、区块链项目管理与实施能力和在企业和社会环境下构思、设计、实施、运行系统的能力，具备较强的团队协作、沟通表达和信息搜索分析的职业素质，具备在未来成为区块链行业骨干，在区块链项目系统设计开发、区块链项目管理、区块链系统服务等领域发挥创新纽带作用的应用型高级专门人才。

开设课程

主要课程包括区块链原理与应用、区块链与数字资产、区块链技术原理与开发实战、区块链与创新创业等。

就业展望

主要从事的工作类型包括：白皮书写手、区块链社区管理者、开发者社区人才、区块链技术工程师、机器学习工程师、交易所的分析师。

该专业开设于2019年，暂无毕业生。

能力要求

该专业对学生数理能力、学生综合能力有较高要求。而且属于前沿技术产业，计算机语言是不可或缺的基本技能；由于国外的区块链技术领先，国内公司需要与国际接轨，英语语能力也在招聘过程中显得至关重要。培养的是尖端技术人才。

实力院校

目前，开设的学校只有成都信息工程大学。

土木工程：建筑工程力与美的缔造者

核心含义

土木工程的目的是形成人类生产或生活所需要的、功能良好且舒适美观的空间和通道。它既是物质方面的需要，也有象征精神方面的需求。随着社会的发展，工程结构越来越大型化、复杂化，超高层建筑、特大型桥梁、巨型大坝、复杂的地铁系统不断涌现，满足人们的生活需求，同时也演变为社会实力的象征。土木工程需要解决的根本问题是工程的安全，使结构能够抵抗各种自然或人为的作用力。任何一个工程结构都要承受自身重量，以及承受使用荷载和风力的作用，湿度变化也会对土木工程结构产生力作用。在地震区，土木工程结构还应考虑抵御地震作用。此外，爆炸、振动等人为作用对土木工程的影响也不能忽略。

开设课程

本专业开设的课程有理论力学、材料力学、结构力学、流体力学、土力学、建筑材料、混凝土结构与钢结构、房屋结构、桥梁结构、地下结构、道路勘测设计与路基路面结构、施工技术与管理。

就业展望

从目前来看，我国基本建设已处在一个快速发展的时期，未来几十年之内还会大兴土木，这给土木工程专业的同学提供了广阔的就业前景。土木工程专业就业方向非常宽，毕业生可从事以下工作：1. 施工方向，这是大部分土木毕业生的选择，像建工集团、城建集团，还有市政工程公司等；2. 设计单位，如设计院，但到这些单位就业的比例应该说相对少一些；3. 做预算。做预算也分在工地上的预算单位、第三方预算单位以及甲方的预算单位。值得一提的是，土木工程专业分路桥和城建（工民建）两个方向，由于受当前房地产不景气的影响，城建方向的毕业生就业大不如前。

能力要求

1. 该专业只招收理科生，更适合物理成绩较好的考生报考。

2. 该专业工作时需常年在外，是个比较辛苦的行业，报考者要有心理准备，男生相对来说更适合。

实力院校

拥有土木工程世界一流建设学科的院校

清华大学、上海交通大学、同济大学、东南大学、哈尔滨工业大学、重庆大学、北京工业大学、广西大学。

拥有土木工程专业大类国家重点学科的院校

清华大学、北京协和医学院—清华大学医学部、哈尔滨工业大学、同济大学、浙江大学、湖南大学、中南大学。

拥有土木工程二级学科国家重点学科的院校

岩土工程：中国矿业大学、河海大学、四川大学、重庆大学。

结构工程：北京工业大学、天津大学、大连理工大学、东南大学、广西大学、西安建筑科技大学。

防灾减灾工程及防护工程：解放军理工大学。

桥梁与隧道工程：北京交通大学、西南交通大学。

拥有土木工程二级学科国家重点（培育）学科的院校名单

岩土工程：西南交通大学。

结构工程：福州大学。

桥梁与隧道工程：解放军理工大学。

国家级特色专业建设点

北京交通大学、天津大学、上海交通大学、中国矿业大学（徐州）、重庆大学、西南交通大学、长安大学、大连理工大学、同济大学、东南大学、河海大学、华东交通大学、湖南大学、中南大学、哈尔滨工业大学、新疆大学、清华大学、中国矿业大学（北京）、大连交通大学、浙江大学、合肥工业大学、福州大学、山东大学、武汉大学、武汉理工大学、四川大学、西安交通大学、天津城市建设学院、河北建筑工程学院、沈阳建筑大学、苏州科技大学、浙江科技学院、华侨大学、福建工程学院、山东科技大学、河南工业大学、广西科技大学、成都理工大学、西安建筑科技大学、石家庄铁道大学、安徽理工大学、安徽建筑大学、青岛理工大学、长沙理工大学、广州大学、重庆交通大学、兰州交通大学、北京建筑大学、河北工程大学、河北农业大学、南京工业大学、常州工学院、山东建筑大学、河南理工大学、广东工业大学、西安科技大学、兰州理工大学、汕头大学、华北理工大学、大连民族大学、辽宁工程技术大学、盐城工学院、宁波工程学院、山东交通学院、五邑大学、佛山科学技术学院。

建筑环境与能源应用工程：打造健康绿色节能建筑

核心含义

随着人们生活水平的逐步提高，人们对居住环境的舒适性要求也越来越高，为保证室内长期保持着一个最舒适最清新的气流环境，这就需要对室内进行空气调节设计，于是通过采用一系列建筑设备为建筑营造一个最佳的室内环境，同时对建筑设备的运行调节进行自动控制、节能控制。这就是建筑环境与能源应用工程专业学习和工作的重点任务。

开设课程

本专业开设的课程有工程制图、理论力学、机械设计基础、工程项目管理、建筑设备工程预算、工程热力学、传热学、热质交换原理等。在空气净化调节上主要涉及的课程有：流体力学、空气调节、通风工程等。在建筑环境总体上要涉及的课程有：建筑环境学、建筑环境测试技术、建筑设备自动化、建筑设备安装技术等。

就业展望

建筑环境与能源应用工程专业就业前景非常好，学生毕业后就业面很宽，比如：施工单位，这应该是本科生一条主要就业途径。本专业毕业生选择这条路的比较多，进入施工单位主要是进行现场施工管理，不过这个行业当今已不如以往火爆。空调技术，近几年，本专业的毕业生去空调公司的也不少，大的家电公司如海尔、长虹、海信、LG等，每年都会招本专业的学生，主要是去做技术开发。空调销售，从20世纪90年代开始，就有很多本专业的毕业生选择了这一就业途径，现在混得都不错，经济收入也是很可观的，但是，这主要是与人交往，因此要有较强的社交能力，据说还要有较大的酒量。设计院，这应该是比较理想的一个就业选择。公务员，报考公务员是目前很多高校毕业生的一个就业选择。本专业的毕业生考取公务员的话，虽然可以选择建设部等一些与专业有关的部门。自主创业，这也是一个可供高校毕业生选择的就业方式，不过要根据自身的条件、家庭状况来决定。

能力要求

1. 该专业只招收理科生，更适合物理成绩好的考生报考。
2. 对于女生，可以进设计单位从事设计工作，再者就是方案策划，也可以进施工单位做资料员、造价员。

实力院校

国家级特色专业建设点

清华大学、天津大学、北京工业大学、哈尔滨工业大学、重庆大学、西安交通大学、西安建筑科技大学、北京建筑大学、河北建筑工程学院、河南城建学院。

给排水科学与工程：畅通城市地下水脉网络

核心含义

给排水科学与工程一般指的是城市用水供给系统、排水系统（市政给排水和建筑给排水），简称给排水。该专业以水的社会循环为研究对象，水质水量并重，以水质为核心，以化学、生物学、水力学为学科基础，以城镇和工业为服务对象，研究水的开采、净化、加工、输送、回收、利用、再生复用以及清洁排放等。研究内容涉及城市水资源、城市市政水工程、建筑水工程、工业水工程、消防等领域。

给排水科学与工程专业在我们的生活中发挥着重要作用。比如在城市中生活，你家每天喝的水、用的水是怎么样来的？是如何净化的？又是如何输送到你家的？生活用完的污水是通过什么管道途径排走的？排到哪里了？最后怎么处理的？这些问题就是给排水科学与工程这个专业学习的内容。给排水主要有三个方向：一是给水工程，二是排水工程，三是建筑给排水。

开设课程

本专业开设的课程有给水工程、排水工程、建筑给水排水工程、工程力学、水力学、水处理微生物学、水分析化学、电工与电子学、计算机技术与应用等。

就业展望

在土木工程行业里，给排水专业的就业机会可以说是最多最广的（但不是收入最高的），其他土木类专业的人能去的单位，给排水专业的人几乎无一例外都能去。同时，建筑结构等专业的人不能去的环保部门等，给排水专业的人却能去。具体分以下几个方面：1. 设计院，如建筑设计院、市政设计院、规划设计院和工业设计院等；2. 施工单位，如施工管理、监理、概预算；3. 房地产公司；4. 自来水厂、污水处理厂；5. 设备厂家等。

能力要求

1. 该专业只招收理科生。

2. 由于培养要求的原因，该专业对化学、生物学、物理学都有一定的要求。

实力院校

国家级特色专业建设点

同济大学、西安建筑科技大学、吉林建筑工程学院、华东交通大学、广州大学、兰州交通大学、沈阳建筑大学、青岛理工大学、南华大学。

建筑电气与智能化：建筑物动力源泉和智能管理

核心含义

建筑电气与智能化的最终目标是将各种硬件与软件资源优化组合，成为一个能满足用户需要的完整体系，它将建筑物中用于楼宇自控、综合布线、计算机系统的各种相关网络中所有分离的设备的及其功能信息有机地组合成一个既关联又统一协调的整体。如果我们将“人（居住者，与之有关的外部人员）——机（建筑物，各种设施及设备）——环境（自然环境，人工环境）”作为一个整体来看，那么应当是“人性化的设计——智能化的设备——生态化的环境”三者的空前融合和相辅相成，而不是互相制约，这是一个大系统工程。

开设课程

建筑电气与智能化专业是介于土建和电气两大学科之间的，在学习内容上也是两方面都学。一要学土木建筑方面的知识，二要学电气工程、控制科学与工程等方面的课程。专业基础课程有电路理

论与电子技术、电气传动与控制、网络与通信、建筑电气工程、建筑智能化工程、现场总线技术等；专业课程可以分为四大块，包括强电模块、弱电模块、建筑环境模块、施工管理模块。

就业展望

现代生活和工作方式促进了智能化建筑的出现，并在短短的时间内取得了快速和大规模的发展，也对现代建筑电气技术专门人才的数量和层次提出了更高的要求。要向人们提供安全、舒适、经济的建筑环境，必须在建筑物内配置可靠的能源供应系统、设备控制管理系统和安全系统等，使其成为智能化建筑，这使得现代建筑电气技术有了更广泛的应用空间。同时，通信技术、计算机技术的迅速发展，为现代建筑电气技术提供了有力的技术保证。

建筑电气与智能化作为随着建筑产业化与智能化进程的要求而发展的新专业，主要就业方向是：第一，毕业后最好的去向是设计院；第二，另一个大方向就是施工现场的电气施工管理；第三，去监理单位，从事电气专业的现场监理工作；第四，到房地产开发公司；第五，到厂矿、冶金等相关行业从事生产管理的电气专业维护和维修工作等。

能力要求

1. 该专业只招收理科生。
2. 由于培养要求和能力要求的原因，该专业对物理和计算机要求较高。

实力院校

开设建筑电气与智能化专业的代表性院校

西安建筑科技大学、同济大学、哈尔滨工业大学、安徽建筑大学、华东交通大学、天津城建大学、长安大学、北京建筑大学、河北建筑工程学院、南通大学、扬州大学、郑州轻工业大学、南华大学、长春工程学院、山西工商学院、郑州科技学院、湖南文理学院、沈阳建筑大学、湘潭大学、金陵科技学院。

城市地下空间工程：向下探索城市空间的建设者

核心含义

说起城市地下空间工程，一般是指在城市地面以下土层或岩体中修建各种类型的地下建筑物或结构物的工程，涵盖地下铁道、公路隧道、地下停车场、过街和穿越障碍的各种地下通道等交通设施，各类地下制作车间、电站、储存库房、商场、人防与市政地下工程等工业与民用工程，以及文化、体育、娱乐与生活方面的地下联合建筑体工程等。本专业旨在培养能掌握城市地下勘察、规划、工程材料、结构分析与设计、施工组织和工程预算、工程监理等方面的基本技术和知识，具备从事城市地下空间工程的规划、设计、研究、开发利用、施工和管理能力的高级工程技术人才。

开设课程

主要开设的课程有理论力学、材料力学、结构力学、建筑材料、测量学、工程地质、土力学、流体力学、弹性力学、岩体力学、地下混凝土结构设计、地理信息数据库系统原理、地下结构设计原理与方法、地下工程施工、地下空间规划与设计、地铁与轻轨等。

就业展望

毕业生可在城市地下铁道、地下隧道与管线、基础工程、地下商业与工业空间、城市人防、地下储库等工程的设计、施工、监理、研究、教育、管理、投资、开发等部门从事技术或管理工作，可按照国家相关规定考取注册结构工程师、注册土木工程师（岩土）、注册建造师、注册监理工程师和注册造价师等。目前来说，随着二线城市地铁的建设如火如荼，这个专业展现出了良好的前景。

能力要求

1. 患有严重心脏病、心肌病、高血压、重症支气管扩张、哮喘、恶性肿瘤、慢性肾炎、尿毒症、严重血液病、内分泌以及代谢系统疾病、风湿性疾病、重症癫痫或其他神经系统疾病、严重颈神经疾病、精神活性物质滥用和依赖、慢性肝炎、未治愈结核病等，学校可以不予录取，不宜报考；主要器官动过大手术，或患过心肌炎、胃或十二指肠溃疡、慢性支气管炎、风湿性关节炎等病史，以及先天性心脏病、肢体残疾者不宜报考；任何一眼矫正到4.8、镜片度数大于400度者不宜报考；两耳听力均在3米以内，或一耳听力在5米另一耳聋者不宜报考。

2. 由于培养要求和知识结构的原因，本专业只招收理科生，更适合物理成绩较好的同学报考。

实力院校

开设城市地下空间工程专业的代表性院校

东南大学、中南大学、山东大学、哈尔滨工业大学、南京工业大学、河南理工大学、山东建筑大学、石家庄铁道大学、南华大学、广东工业大学。

道路桥梁与渡河工程：培养交通建设工程师

核心含义

道路桥梁与渡河工程是针对我国交通基础设施工程建设快速发展和庞大公路路网管理及地下轨道交通建设和工程安全形势的实际需要，而开办的一个本科专业。该专业以土木工程基本知识为基础，以道路、桥梁、地下工程（隧道、地铁、地下厂房等地下建筑物）和工程安全为专业知识背景，结合计算机和实践教学等基本技能训练，培养道路桥梁与地下工程的建造师和高级管理工程师。

开设课程

本专业开设的课程有理论力学、材料力学、结构力学、水力学与桥涵水文学、混凝土结构、钢结构、桥梁工程、道路勘测设计、路基路面工程、建筑材料、桥梁方向结构力学、弹性力学、结构设计原理、基础工程、桥梁工程、钢结构与钢桥、大跨径桥梁等。

就业展望

我国正处于基础设施建设高速发展时期，本专业毕业生就业前景良好且待遇不低。一般毕业后可从事道路桥梁与地下工程的勘测、规划、设计、建造、监理、咨询、管理（检测、评价、维护）等方面的技术工作，主要就业于公路、民航、铁道、运输、市政、建筑等行政主管部门及其大中型企事业单位。

能力要求

1. 患有严重心脏病、心肌病、高血压、重症支气管扩张、哮喘、恶性肿瘤、慢性肾炎、尿毒症、严重血液病、内分泌以及代谢系统疾病、风湿性疾病、重症癫痫或其他神经系统疾病、严重颈神经疾病、精神活性物质滥用和依赖、慢性肝炎、未治愈结核病等，学校可以不予录取，不宜报考；主要器

官动过大手术，或患过心肌炎、胃或十二指肠溃疡、慢性支气管炎、风湿性关节炎等病史，或患有先天性心脏病，肢体残疾者不宜报考；任何一眼矫正到 4.8、镜片度数大于 400 度者不宜报考；两耳听力均在 3 米以内，或一耳听力在 5 米、另一耳聋者不宜报考。

2. 由于培养要求和知识结构的原因，本专业只招收理科生，由于工作比较辛苦并且工作地点变换较为频繁，更适合男生报考。

实力院校

国家级特色专业建设点

长安大学、哈尔滨工业大学、东南大学。

铁道工程：中国高铁走向世界

核心含义

铁道工程主要研究铁道的规划、设计、施工、管理和养护等方面的基本知识和技能，涉及铁道、交通和土建等领域。例如：铁道线路的规划，高速铁路的勘测设计，铁道的维护养护等。本专业培养掌握土木工程学科和交通运输学科基础理论、基本知识，获得土木工程师基本训练，具有基本工程实践能力，能在国内外轨道交通［包括：高速铁路、普速铁路、重载铁路、城市轨道交通（含地铁、轻轨）、市域和市郊轨道交通］、道路工程、桥梁工程、隧道与地下结构工程等部门从事规划、设计、施工、管理和科学研究的应用型、复合型、创新型高级土木工程专业人才。

开设课程

本专业开设课程有工程制图、理论力学、材料力学、结构力学、流体力学、工程材料、工程地质学、土力学、基础工程、混凝土结构设计原理、测量学、施工测量、铁路轨道、路基工程、铁路桥梁、隧道工程、铁路车站、铁路规划与线路设计、铁道工程施工技术、施工组织与概预算、工务工程、土木工程测试技术、工程经济学、工程项目管理。

就业展望

铁道工程专业就业前景主要在工程类企业、政府、事业类单位从事工程设计、工程测量、工程检测、施工管理、铁道线路规划、铁路勘测、铁道养护、铁道管理等工作。

能力要求

1. 初步具备土建工程实践能力，毕业后经短暂企业培训，就能满足企（事）业单位生产实践的专业技术需求。具有工程管理潜能，经过 3—5 年项目实践，能从事技术管理或项目管理工作。

2. 具备较强的社会适应能力和协调沟通能力，能较快适应社会、专业、岗位角色变换，具有很强的专业团队合作精神。

3. 具备终身学习能力和应用现代科技手段获取与处理信息的能力，能在工作中不断根据实践需求主动学习，很快掌握实践技能，适应土木工程新材料、新技术、新工艺的发展要求。

4. 具备主动迎接挑战的精神、创新创业能力和一定的科学研究和应用开发能力，能敏感发现实践工作中的问题，提出提高工作效率、降低工程成本的工艺、方法、技术及材料。

5. 适应轨道交通走出去战略，具有专业外语的沟通与交流能力。

实力院校

中南大学、石家庄铁道大学。

智能建造：提高建筑的性价比和可靠性

核心含义

智能建造专业是2017年新开设的专业，是以土木工程专业为基础，面向国家战略需求和建筑业的升级转型，融合机械设计制造及其自动化、电子信息及其自动化、工程管理等专业发展而成的新工科专业。智能建造指在建造过程中充分利用智能技术和相关技术，通过应用智能化系统，提高建造过程的智能化水平，减少对人的依赖，达到安全建造的目的，提高建筑的性价比和可靠性。这个定义涵盖了3个方面：①智能建造的目的，即提高建造过程的智能化水平；②智能建造的手段，即充分利用智能技术和相关技术；③智能建造的表现形式，即通过应用智能化系统。

开设课程

本专业开设课程有电气控制与可编程、建筑制图与识图、电工基础、电子技术基础、应用电机技术、电气CAD、制冷与空调技术、楼宇给排水、楼宇综合自动化、电梯技术等。

就业展望

1. 该专业旨在培养牢固掌握智能化工程技术专业必需的基础理论和专业技术，掌握智能化工程的设计、施工及管理技术的基本理论和技能，能从事智能化系统设计、安装、调试、管理的高技术应用型技术人才。

2. 随着信息化技术的发展，国民经济对数字化城市、绿色与智能建筑的要求越来越高。当前，各行各业用信息技术来改造传统产业是大势所趋，而建筑智能化是与信息技术紧密结合的朝阳产业，社会对该专业人才的需求量会越来越大。

能力要求

由于培养要求和能力要求的原因，该专业对物理和计算机要求较高。

实力院校

同济大学。

土木、水利与海洋工程：征服海洋的土木工程

核心含义

该专业是由原土木工程专业升级而成。土木、水利与海洋工程侧重于海洋工程学科的交叉知识，专门培养掌握各类土木、水利与海洋工程学科的基本理论和基本知识，研究方向是培养具备土木、水利与海洋工程的基本知识及土木、水利与海洋工程高新技术开发研究的能力，打破了土木工程与相关学科、行业的界限，面向现代“大土木”工程的建造、管理与维护，突出多学科交叉融合的特征，探索培养符合新时代需要的厚基础、宽口径、复合型的“大土木”工程人才。

开设课程

本科核心课程包括土木水利与海洋工程概论、工程测量与水文测验、土木工程材料、材料力学、

土力学、水力学、结构力学、工程结构设计原理、工程经济学、防灾减灾工程、桥梁工程、地下结构工程、隧道工程、海洋工程结构、海洋工程环境、海绵城市原理与设计、水务规划与管理、工程水文与水利计算、水资源开发利用、河海动力学、水工与港航建筑物等。

就业展望

本专业学生毕业后可在业主单位（建设单位）、设计（咨询）单位、施工单位、监理单位、海洋工程设计、研究、建造、检验等部门。该专业适合升学考研。

该专业开设于 2018 年，暂无毕业生。

能力要求

1. 掌握数学、物理、化学等自然科学知识以及计算机科学等技术基础知识，掌握一定的工程经济、管理、社会学、法律、环境保护等人文社科知识。

2. 掌握水力学、工程力学、水文学、水文地质学的基本理论和基本知识。

3. 了解土木、水利与海洋工程领域的理论前沿、工程技术的应用前景和发展动态，具有较熟练地应用所学专业知识和理论解决工程实际问题的能力，具有从事本专业规划、设计、运营和管理的能力，具有较强的创新意识及进行本专业相关产品开发和设计、技术改造与创新的初步能力。

实力院校

目前，开设土木、水利与海洋工程专业的学校有清华大学、中山大学和山东大学。

土木、水利与交通工程：大土木工程

核心含义

本专业是由原土木工程专业升级而成。该专业本着强化通识教育、实施大类培养专业优化的原则，将原有的土木工程、水利水电工程和交通工程三个专业进行合并与优化，实施强化思政引领、夯实数理基础、强调学科交叉、融合土木/水利/交通、加强创新实践、对标国际一流的新工科培养模式，使学生具备迎接未来全球性社会与技术新问题的挑战能力，人才培养上更加突出“全面发展”和“全球竞争力”。

开设课程

本科核心课程包括材料力学、结构力学Ⅰ、土力学、流体力学（乙）、建筑材料、钢筋混凝土结构基本原理、钢结构设计原理、基础工程、房屋建筑学、土木工程施工、工程项目管理、工程水文学、交通工程等。

就业展望

毕业生就业质量高，多就职于高校、科研机构及大型企事业单位，与学校定位、专业培养目标相契合，具体可参考土木工程、水利水电工程、交通工程专业。

该专业开设于 2019 年，暂无毕业生。

能力要求

学生应具备认真细致的作风、实事求是的科学精神和高度的责任感与使命感。本专业理论与实践紧密结合，需要学生一方面具备良好的空间想象力，扎实的数、理、力学基础，以及较强的逻辑思维能力，另一方面具有较强的工程技术应用能力和创新意识去解决工程中会遇到的各种问题和困难。此外，学生应具备有效沟通的能力与团队协作精神。

实力院校

目前，开设土木、水利与交通工程的学校只有浙江大学。

水利水电工程：研究水资源的综合利用

核心含义

水利水电工程专业致力于中国水能与水资源的可持续利用，着眼于人与自然的和谐相处，是研究水利水电工程规划设计、运行控制，以及与之相关联的环境问题和可持续发展问题的理论与技术的应用科学。水利水电工程专业的主要研究对象包括各种水力枢纽建筑物与水文循环过程。比如三峡水利枢纽工程，它的主要建筑物包括拦河大坝、泄洪建筑物、水电站厂房和船闸等。本专业研究这些建筑物的设计建造、运行维护和安全保障技术，研究如何掌控和预测其水文循环过程，并在此基础上研究如何通过三峡水库乃至整个流域各大水库的联合调控，以达到防洪、环境、供水、发电和航运等综合效益的最大化，同时尽量降低其负面效应。

开设课程

本专业开设课程有工程力学、理论力学、材料力学、工程制图、工程测量、工程经济学、建筑材料、岩土力学、水力学、河流动力学、水文地质学、工程水文学、水工建筑物、水电站、水利水电工程施工等。

就业展望

随着我国乃至全球水资源的严重短缺、能源危机的日益加剧，清洁再生能源以及水资源优化配置成为当务之急，这使该专业具有广阔的发展前景。水利水电工程毕业生可在水利水电工程管理、设计、科学研究机构、企事业单位和高等院校从事相关的设计、施工、管理、营销和教学等工作。具体说来，毕业生有如下几类去向：

1. 业主单位。譬如中国长江三峡工程开发总公司、二滩水电开发公司等。这些单位就是水电工程的投资单位，所以待遇相对较好。

2. 设计单位。包括众多水电设计院，这些单位由于近几年形成的水电开发高潮，项目较多，待遇不错。

3. 监理单位。由于水电项目的特殊性，国家强制规定必须要有监理。监理单位的人也是常年待在工地，但是工作相对施工单位较轻松。

4. 施工单位，包括各水电工程局等。施工单位也是大部分毕业生去的单位，由于是处在水电建设的第一线，接触到很多工程实践，很容易积累大量经验。但是在施工单位一般工作任务较重，待遇相对较低。

能力要求

1. 由于知识结构的原因，该专业只招收理科生。

2. 这个专业的女生不好找工作，一般都得考研，最好考造价、设计方面的专业方向。

3. 一般来说，水电建设都是在高山峡谷中，人迹罕至，工作环境比较恶劣，考生报考前请考虑清楚。

实力院校

拥有水利水电工程专业大类国家重点学科的院校

清华大学、天津大学、大连理工大学、河海大学、武汉大学、西安理工大学。

拥有水利水电工程二级学科国家重点学科的院校

华中科技大学。

拥有水利水电工程国家重点（培育）学科的院校

新疆农业大学。

双一流学科建设高校

清华大学、河海大学。

国家级特色专业建设点

清华大学、大连理工大学、河海大学、郑州大学、武汉大学、四川大学、天津大学、广西大学、三峡大学、西安理工大学、扬州大学、南昌工程学院、华北水利水电大学、昆明理工大学、新疆农业大学。

水文与水资源工程：一门研究“水”尽其用的学问

核心含义

水文与水资源工程专业是一个很有历史底蕴的学科，该专业主要分两个方面：一个是水文，一个是水资源。说到水文，这是一个古老的学科，因为人类治水已经有数千年的历史。可以说，一部人类文明史就是一部人与水打交道的历史。李冰的都江堰，让原本蛮荒的四川盆地变成了千万亩良田；举世闻名的京杭大运河更是便利了南北交通。水文科学的核心是讨论水如何循环的问题。而水文学科派生出的水资源工程学科，它的出发点是遵循水文循环的原理，并以此来为实际工程中的水资源合理配置提供技术支持。

开设课程

本专业开设课程有高等数学、线性代数、概率统计、大学物理、水利工程、地球科学、环境科学与工程、应用水文与水灾害防治、水资源利用与管理、水环境与水生态保护、自然地理学、气象与气候学、水力学、河流动力学、水文学原理、水文统计学、水资源学、地下水文学、环境化学、水利法规等。

就业展望

水文与水资源工程专业开设的院校相对较少。相对而言，就业环境比不了同属水利类的水利水电工程、农业水利工程（有些学校归到农业工程类）。学生毕业后，可在水利、城建、国土资源、交通等行业从事与水资源相关领域的勘察、规划、设计、管理、运行等方面的技术工作。具体来说有如下几大方向：

1. 最为对口的单位是各地的水文水资源勘测局，但效益最好的一般是各地的（水利）设计院。

2. 水利部、各大流域委员会、地方水利厅、水利局、水文局，一般每年都会以公务员和事业单位招聘考试的形式进行招聘。

3. 水利施工企业，从中国水电集团各大水利工程局到各省市，一般都有水利施工单位。不过搞施工一般条件比较艰苦。

4. 地质方向，尽管都叫水文与水资源工程专业，不同院校的侧重点却有所不同，侧重于地下水方面的毕业生进入水文地质单位的颇多，并且水文地质行业一般收入都很不错。

能力要求

1. 该专业只招收理科生，更适合男生，对地理感兴趣的同学报考更佳。

2. 因为各个大学的研究方向不同，比如有侧重地表水的，有侧重地下水的，选专业时一定要慎重细致。

实力院校

国家级特色专业建设点

四川大学、南京大学、河海大学、中国地质大学（武汉）、长安大学、东华理工大学、内蒙古农业大学。

港口航道与海岸工程：研究航道与码头的规划施工

核心含义

听到港口航道与海岸工程专业这个名字，你很多人第一反应是它与港口和海岸有关。事实上，港口航道与海岸工程涉及的内容相当多，比如规划航道的深度、宽度，设计码头的长度、深度，河堤的建造等。港口航道与海岸工程是在海洋的自然特性研究之基础上，以工程措施进行海岸带资源开发和空间利用、海岸防护的工程科学，主要包括港口工程、海岸防护工程、河口治理工程、海上疏浚工程、围海工程等。被誉为亚欧大陆东方“桥头堡”的连云港，货物吞吐量连续五年蝉联世界第一的上海港，或许这些港口大家都有所耳闻，它们之所以拥有如此大的知名度，一方面归功于它们所处的地域、环境和建设规模，另一方面还得归功于幕后英雄——港口航道与海岸工程的建设者和专业人才。

开设课程

本专业知识体系由3个核心知识领域构成，即工程基础知识领域，包括工程制图、工程力学、水力学、混凝土结构等；工程经济管理知识领域，包括工程经济、工程概预算等；港口航道与海岸工程专门技术知识领域，包括港口工程、航道整治、水运工程施工等。主要专业课有：水力学、水文学、土力学、工程力学、钢筋混凝土、河流动力学、海岸动力学、港口工程学、航道工程学、海岸工程学等。

就业展望

本专业毕业生主要就业去向是全国交通部门（如交通部所属的设计院、工程局、港务局、科研院所）、水利部门、海洋局及国内各大石油公司所属的企事业单位、土木及建筑等行业的规划、设计、施工、经营管理、科研等单位。一般在目前交通不是很便利的地方工作，比如，未来的港口、码头。

能力要求

1. 该专业只招收理科生，更适合男生报考。

2. 适合对数学和物理等学科有较大兴趣的考生报考，选择该专业，要对在实际工作中进行工程绘图有一定的思想准备。

实力院校

国家级特色专业建设点

天津大学、河海大学、大连理工大学、大连海洋大学、中国海洋大学、长沙理工大学、重庆交通大学。

水务工程：提高城市水资源的利用效率

核心含义

水务工程专业主要研究水量与水质。该专业以水资源的开发、利用、节约、保护、管理等水事活动为主要研究对象，以满足城市及工农业所需的水质水量为目标，以适应国民经济和社会的可持续发展为目的，培养具备水文水资源学工程、水利工程、环境工程、技术经济学与管理学方面的基础知识与应用能力，能在国民经济各部门从事水务规划设计与管理、科研开发、应用研究等方面的高级工程技术人才。

开设课程

本专业开设课程有工程制图、测量学、水力学、工程力学、结构力学、水文地质及工程地质、钢筋混凝土结构、工程水文学、环境概论、城市规划原理、水工建筑物、给水排水工程、水处理工程、水务规划与管理、城市防洪与减灾、给排水管道系统、城市水务规划与管理、城市水系治理与水体恢复技术、工程技术经济学等。

就业展望

本专业的毕业生在城市水务工程基础设施与管理及相关行业领域就业的前景十分广阔，可就职于各部委、省、市的专业设计研究院、规划设计院、市政工程设计研究院、建筑设计研究院等技术部门；水务局、规划局、市政工程局和各部委相关职能机构等管理部门；房地产开发集团、中外水务集团、环保公司、咨询公司、大型物业管理集团等相关企业，从事与水务业相关的、包括城市水资源配置、城市防洪排涝、市政及建筑给排水、水污染防治、水处理等方面的规划、设计、施工和工程管理等工作。

能力要求

1. 由于培养要求和知识结构的原因，本专业只招收理科生。
2. 适合对数学和物理等学科有较大兴趣的考生报考。

实力院校

开设水务工程专业的代表性院校

河海大学、河北工程大学、厦门理工学院。

水利科学与工程：解决未来水问题

核心含义

水利科学与工程主要在研究自然界水的特性、存在方式和运动规律的基础上，研究水的控制、开发、利用、管理和保护的知识体系。它是一门涉及自然科学、技术科学和社会科学的综合学科，是以认识自然、改造自然、为人类生存和发展服务为目的的应用技术科学。

开设课程

主干课程：高等数学、线性代数、概率统计、大学物理、水环境与水生态保护、自然地理学、气象与气候学、河流动力学、水文学原理、水文统计学、水资源学、地下水文学、环境化学、水利法规、工程力学、结构力学、土力学、水力学、工程计算机制图、测量学、水文学原理与应用、水工建筑学、水资源规划与管理等。

就业展望

水利科学与工程专业的学生学习的知识较为宽泛，因此就业方向比较广阔，可以在水利水电、市政建设、海岸与港口建设等行业，从事工程建设项目管理、工程招投标、工程施工监理与工程运行管理等工作。本专业的毕业生可选择如下几个就业方向：

行政单位或事业单位。行政单位如各地的水利部、水利局等，事业单位如长江水利委员会、黄河水利委员会等。这些地方的就业门槛比较高，有的还需要参加公务员考试，竞争比较激烈；有的单位对学历会做出明确的规定，有意向在这些单位工作的同学要提前准备，进行深造。这些地方的优点是工作比较轻松，薪酬虽然不算高，但是福利比较好。

施工单位。各水电工程局等施工单位是水电建设工程的第一线，施工类工作对人员的经验要求不高，主要是在工地上进行技术指导、管理工作，常年要在工地，比较辛苦，一般要随着工程项目辗转，且工作地点都是一些比较偏僻的地方，对个人生活会有一定的影响。不过毕业生进入这些单位可以快速积累较为丰富的工程经验，为以后进入管理、设计单位打好基础。

设计单位。想从事设计类工作的同学可以选择进入水电设计院等单位，主要工作内容就是在办公室画图纸。它的薪资水平与画图的速度、质量直接挂钩。这类工作的工作时间长，压力大，入行即需要做好经常加班的准备。

监理单位。监理单位主要是监督施工的质量和设计质量，主要的工作内容包括审查施工单位报送的总体施工规划，监督施工单位在实施关键工程项目中的施工方法、施工程序，及时提出具体改进意见等。监理类工作需要长期在工地上工作，工作较辛苦，能够吃苦耐劳的学生可以考虑这类工作。

能力要求

要求数学、物理成绩好，职业兴趣要求：现实型、研究型。女生慎报！

实力院校

目前，开设水利科学与工程的学校有清华大学和四川大学。

测绘工程：以信息化手段来测量与绘图的学科

核心含义

测绘工程，简单来说就是测量与绘图。测绘专业是利用各种现代化方法来采集、测量、分析、存

储、管理、显示、传播和应用各类地理信息的一门综合信息科学。现代测绘工程以卫星导航定位、遥感和地理信息系统为代表。它被认为是当今世界上最重要、发展最快的专业领域之一。多数人认为测绘离我们的生活很遥远，其实小到一张普通的地图，大到铁路网、公路网的分布，生活中几乎无处不见测绘的踪影。国防、能源、农业、林业、水利电力、城市建设、交通规划、土地管理等都离不开测绘。举个最简单的例子，如果没有了测绘，也就没有了地图。如果没有大地测量中的 GPS 测量，我们汽车上的导航仪、手机上的导航软件也就都“不认识”路了。

开设课程

本专业开设课程有测量学基础、误差理论与测量平差、大地测量学、摄影测量与遥感、计算机地图制图、地理信息系统、矿山测量学、工程测量学、GPS 及现代定位技术、变形与沉陷工程学、资源信息学等。

就业展望

随着社会经济的发展，测绘行业逐渐成为信息行业中的一个重要组成部分，它的服务对象和范围已经从传统测绘学的应用领域（如绘制地图），扩大到了国民经济和国防建设中的方方面面。它与现代各种新技术和新工具相结合衍生出了许多新兴的领域，如测量的范围正在从三维空间测量向多维空间发展；从静态测量向动态实时测量发展；从地面向地下和宇宙空间拓展。测量行业也已经从传统的提供纸质地图产品，向数字化测绘生产体系和管理、使用和开发空间信息数据转变。现在测绘工程专业毕业生就业领域更加广泛，主要是到国民经济各部门从事国家基础测绘建设、陆海空运载工具导航与管理、城市和工程建设、矿产资源勘查与开发、国土资源调查与管理等测量工程、地图与地理信息系统的设计、实施和研究工作；或在环境保护与灾害预防及地球动力学等领域从事研究、管理、教学等方面的工作；还可从事信息系统的设计、开发建立、维护管理和信息处理分析工作，在相关部门为办公自动化、重大项目的立项、论证、投资环境的评估、各种用地的评价、重大工程的选址、规划及各种灾难的损失估计和预告提供科学信赖的依据；也可在各类企业公司从事测绘产品、软件和设备的研究开发等工作。

能力要求

1. 该专业只招收理科生。
2. 由于毕业后的对口工作牵涉到大量的野外作业，因此更适合男生报考，也更受用人单位的欢迎。

实力院校

拥有测绘工程专业大类国家重点学科的院校

武汉大学、战略支援部队信息工程大学。

双一流学科建设高校

同济大学、武汉大学。

国家级特色专业建设点

中国矿业大学（徐州）、武汉大学、中南大学、黑龙江工程学院、辽宁工程技术大学、山东科技大学、河南理工大学、西安科技大学。

遥感科学与技术：隐藏在图像背后的数据

核心含义

很多人认为，遥感的主要作用就是“拍照”，从空中拍下照片或视频进而获取目标的有效信息。实际上，遥感绝非“拍照”这么简单，遥感技术的真正作用是将信息从图像中提取出来并得以应用。遥感技术就是收集这些数据，再通过对这些数据进行分析和处理，获得对象信息的技术。遥感科学与技术是指不直接接触收集关于某一定对象的某种或某些特定的信息，从而了解这个对象的性质。比如，我们所熟知的航拍，就是一种遥感技术。它是在空间科学、地球科学、测绘科学、计算机科学及其他学科交叉渗透、相互融合的基础上发展起来的一门新兴学科。

开设课程

本专业开设课程有电磁场理论、电子技术应用、航空与航天摄影、数字图像处理、遥感原理与应用、近景摄影测量、摄影测量学、微波遥感、数据结构与数据库、模式识别、遥感图像解译、环境保护与规划、数学规划与测量中的应用、计算机视觉、海洋测绘、计算机网络与应用、虚拟现实技术、人工智能、信息论、地图投影与变换等。

就业展望

目前，遥感科学与技术已得到广泛应用，为国家决策、资源调查、环境保护、灾害监测、重大工程、国防建设等提供了信息和技术保障。该专业就业面非常广，例如测绘、气象、土地、地质、林业、农业、水利等等，这些与大众生活息息相关的行业都是就业展望。学生毕业后可在基础测绘与管理、城市规划与管理、土地资源、地质、环境、海洋等领域从事基于遥感科学与技术的科研、教学、管理、生产技术开发与应用等工作。

能力要求

1. 该专业只招收理科生。
2. 数学、物理知识扎实，喜欢动手操作的考生适宜报考。

实力院校

国家级特色专业建设点

武汉大学。

导航工程：研究如何便捷精准安全地引导目标

核心含义

相信大家都有这样的经历：出门在外，找不到方向时很多人都通过高德地图或者百度地图来寻找目的地。导航，通俗来说，就是引导某一设备或个人，从指定航线的一点运动到另一点的方法。导航工程专业就是研究如何更便捷、更精准、更安全地引导目标到达某一位置的一门学问。该专业是一门多学科交叉的新兴工程学科，主要涉及导航基础理论、各种导航技术的基本原理与方法、导航传感器设备的集成及其应用，服务于航空、航天、交通、军事、公安等领域和部门。培养掌握现代导航工程的理论、技术和方法，具有运用所学的专业知识和技能解决实际问题的能力，从事导航定位技术研

发及应用的复合型高层次人才。

开设课程

本专业开设课程有导航学、电路原理、模拟电子技术、数字电子技术、信号与系统、计算机硬件原理、电磁场与电磁波、单片机原理及应用、自动控制原理、信号基础设备原理、车站信号自动控制、区间信号自动控制、铁路信号远程控制、驼峰信号、城市轨道交通 ATC 系统、GSM - R 技术及应用、分散自律调度集中等。

就业展望

毕业生一般能在测绘、交通、物流等企事业单位从事导航工程设计、数据处理分析、技术研发、系统集成等领域的管理和工程技术工作；也可以选择考入航空、航天、交通、军事、导航、信息及通信等政府部门或者相关企业工作。专业就业比较对口，应用和深造领域可能有一定的保密性要求，比较契合国家的战略部署。就网络搜索引擎的结果来看，本专业的薪资水平较高。

能力要求

1. 由于培养要求和知识结构的限制，本专业基本招收理科生。
2. 数学、物理知识扎实，喜欢动手操作的考生适宜报考。
3. 该学科有些院校对地理学科的要求比较高。

实力院校

开设导航工程专业的代表性院校

战略支援部队信息工程大学、海军航空大学、武汉大学、湘潭大学、闽江学院。

地理国情监测：监测国土的学问

核心含义

有人说：地理国情监测就是对国家的地理环境进行监测，其实不仅仅如此，地理国情监测专业是为了满足国家重大工程、重大战略、突发事件、宏观管理等对地理国情监测紧缺人才的迫切需求而开设的，通过对地理国情（地形、水系、交通、地表覆盖等）进行动态地测绘、统计，从地理的角度来综合分析和研究国情，为政府、企业和社会各方面提供真实可靠和准确权威的地理国情信息。旨在培养具有扎实的基础理论知识、现代测绘技术、人文社会科学调查技术，具有地理国情动态获取、集成处理、综合分析和评估等能力的交叉复合型专门人才。

开设课程

本专业开设课程有地理国情概论、地理国情调查技术与方法、地理国情监测原理、地理调查与编码、地理国情数据分析，地理国情监测应用建模、地理国情数据处理、数字传感器网络技术、测量学、遥感原理、摄影测量学、全球卫星导航定位技术、地理国情报告与发布、空间数据库、自然地理学、人文地理学、经济地理与区域规划、运筹学、网络地理信息系统、计算机基础与程序设计（C 语言）、数据结构、数字图像处理、空间智能与辅助决策、地理国情可视化与地理模拟。

就业展望

毕业生能在测绘、国土、规划、民政、水利、交通、环境、生态、矿产、农业、林业、人口、海洋、气象、国防、军事、安全、公共卫生、重大工程等政府部门、科研院校、企事业单位从事与地理国情监测相关的科研、教育、技术研发和管理工作。由于本专业属于新增招生专业，毕业生的就业率还未有详尽的调研和统计。

能力要求

1. 由于培养要求和知识结构的限制，本专业基本招收理科生。
2. 由于是新增专业，知名度不高，考生报考热门度不高。
3. 由于此专业涉及地理知识，对地理学科的要求较高。

实力院校

开设地理国情监测的代表性院校

武汉大学。

地理空间信息工程：建设智慧城市的基础

核心含义

地理空间信息工程专业则属于大数据背景下以智慧城市为核心的新兴交叉学科，从北斗卫星到手机导航，从遥感影像到“绿水青山”，从城市大脑到自动驾驶，从互联网应用到游戏建模，该专业既高精尖又与生活息息相关。该专业面向国家城市化与信息化两大发展趋势，以城市信息学为主要特色，融合计算机科学、测绘科学、地理信息科学、城市科学等多个领域，为适应建设新型智慧城市而开设，为建设可持续发展城市培养高层次专业人才。

开设课程

主要课程：测绘学概论、自然地理学、地图学、误差理论与测量平差、地理信息系统原理、遥感原理与应用、GNSS 原理与应用、大地测量学基础、数据结构、空间数据库、数字测图原理与方法、地统计学、遥感数字图像处理、摄影测量学、地理国情监测、GIS 二次开发等。

主要专业实践：自然地理综合实习、数字测图实习、遥感数字图像处理实习、GNSS 测量与数据处理实习、GIS 设计与应用实习、GIS 软件操作综合实习、专题地图设计与编制、摄影测量实习、GIS 二次开发实习、毕业设计（论文）、毕业实习、创新创业训练等。

就业展望

该专业始终致力于培养面向智慧城市需求的新型城市建设、规划和管理的复合型人才，毕业生社会需求量大，就业前景广阔，可在测绘、国土、气象、城建、市政、规划、环境、交通、水利、农林等领域的相关部门从事与地理信息工程有关的应用研究、技术开发和生产管理等工作，就业层次广，就业质量高。

能力要求

由于培养要求和知识结构的限制，本专业在老高考省份只招收理科生，由于此专业涉及地理知识，对地理学科的要求较高。

实力院校

开设地理空间信息工程的代表性院校

武汉大学、中国地质大学（武汉）、深圳大学、北京建筑大学、吉林建筑大学、东华理工大学、南京信息工程大学等。

化学工程与工艺：向“绿色化工”迈进

核心含义

化学工业是一个极富创造性、挑战性的重要工业领域，它具有技术密集、人才密集、资本密集的特征，特别是21世纪的化学工业在向“绿色化工”方向发展的同时，对知识的交叉渗透、产业的相互交融提出了更宽更深的要求。

化学工程与工艺专业就是为了适应面向21世纪化学工业发展而设置的一个厚基础、宽口径、适应性强的大专业。该专业包含化学工程和化学工艺两个部分的内容。其实工程和工艺是两码事。首先来说化学工程，其主要是研究化学工业及其相关生产过程中所进行的化学和物理过程，探究具体的设备设计原理、操作方法、系统优化、反应器调优等。而化学工艺主要以产品为目标，主要是研究把原料变成产品，利用已有的化学工程的研究成果为化学工业生产提供技术上最先进、经济上最合理的方法、设备与流程。合起来就是，这个专业包括从原料到最终产品的化学反应和物理反应的研究以及实现这一转变的全部措施和设备的研究。

本专业培养掌握化工生产过程和设备的基本原理、设计方法和管理知识，具有化工生产、研究、设计、产品开发的基本能力，具有扎实的基础知识和求实创新能力、工程实践能力的综合型高级工程技术人才。

开设课程

本专业开设的主要课程有物理化学、化工原理、化工热力学、化学反应工程、化工分离工程、化工传递过程、化工系统工程、催化原理、化工工艺学、化工设计、环境工程、煤化工工艺学、天然气综合利用、燃气输配、炼焦工艺学、化产工艺学、碳素化学、化工技术经济、化工安全工程等。

就业展望

因为化工和国家经济发展息息相关，所以毕业生就业不成问题，但是如何才能在职场上获得更好的发展就是另外一个问题了。相对来说，国内的化工行业比较落后，企业主要还是做一些低级生产和加工，本科毕业就去工作的同学很多都是在化工企业做技术人员。主要就业领域包括化工、能源、信息、材料、环保、生物工程、轻工、制药、食品、冶金和军工等部门，可从事工程设计、技术开发、生产技术管理和科学研究等方面工作。

能力要求

1. 由于培养要求的原因，该专业对数学、化学、物理要求较高。
2. 色弱、色盲考生不能报考该专业。
3. 任何一只眼睛矫正到4.8、镜片度数大于800度的考生不宜报考该专业。

实力院校

拥有化学工程与技术一流学科建设点的院校

清华大学、北京化工大学（自定）、天津大学、太原理工大学（自定）、上海交通大学、华东理工大学、南京大学、宁夏大学（自定）、石河子大学（自定）。

拥有化学工程与技术专业大类的国家重点学科的院校

清华大学、北京化工大学、天津大学、大连理工大学、华东理工大学、南京工业大学。

拥有化学工程与技术二级学科的国家重点学科的院校

化学工程：浙江大学、四川大学、华南理工大学。

化学工艺：中国石油大学、太原理工大学。

应用化学：北京理工大学、南京理工大学。

拥有化学工程与技术二级学科的国家重点（培育）学科的院校

化学工艺：郑州大学。

生物化工：浙江大学。

工业催化：浙江工业大学、中国石油大学。

国家级特色专业建设点

中国石油大学（华东）、郑州大学、新疆大学、江南大学、福州大学、西安交通大学、太原理工大学、上海交通大学、上海大学、长江大学、华南理工大学、中国矿业大学、河北工业大学、大连理工大学、哈尔滨工业大学、南京理工大学、浙江大学、中国石油大学（北京）、天津大学、华东理工大学、青岛科技大学、武汉工程大学、四川轻化工大学、华北理工大学、长春工业大学、东北石油大学、浙江科技学院、安徽工业大学、广东石油化工学院、大连大学、齐齐哈尔大学、合肥学院、武汉科技大学、武汉工业大学、延安大学、西安科技大学、青海大学、河北科技大学、内蒙古工业大学、辽宁石油化工大学、南京工业大学、广东工业大学、桂林理工大学、北京科技大学、北京石油化工学院、沈阳化工大学、吉林化工学院、常州大学、江苏海洋大学、浙江工业大学。

制药工程：医药品工业化的基石

核心含义

医药产业已成为世界经济强国竞争的焦点，世界上许多国家都把建立医药品工业视为国家强盛的一个象征。新药的不断发现和治疗方法（如基因研究）的巨大进步，促使医药工业发生了非常大的变化。而制药工程专业就是药品工业化的核心，该专业是一个化学、生物学、药学和工程学交叉的工科类专业，主要培养从事药物制造与生产管理，新药物、新工艺、新设备的开发等高级专业人才。

制药工程与化工或精细化工的区别在于有一系列的法规要求，这些法规涵盖了药物研发、生产、质量控制、注册报批等各个环节；与药学院药学类专业的区别则在于，制药工程更注重研究药物的工业化设备工程，是将实验室研究成果放大转化为大规模生产的科学和技术。

开设课程

本专业开设的主要课程有有机化学、生物化学、物理化学、化工原理、制药工程、药物合成反应、药物化学、药理学、药剂学、天然药物化学、应用光谱解析、制药工艺学、药用高分子材料、制药分离工程、药物分析、制药装备与车间设计、药事管理学、药品营销等，部分中药制药学科还包括药用植物学、中药学、方剂学、中药化学、中药药剂学、中药制剂分析、中药药理学。部分农药制药工程学科要学习植物学、农药学等。

就业展望

大体来说，制药工程专业毕业生和药学专业毕业生一样，适合在所有制药企业从事药品生产、质量管理、检测等工作；不同的是，制药工程专业毕业生还适合从事工程设备采购和管理工作。

本专业注重新设备、新工艺等的研究和学习，所以，相比较而言，毕业生更适合从事药品研发工作。如果能读完研究生后再就业，发展前景更好。

因为学习过制药装备与车间设计等课程，毕业生也适合在医药设计院从事药厂建造的设计工作，国内的医药设计院绝大部分都属于国企，平均待遇比制药企业好很多。

能力要求

1. 由于培养要求的原因，该专业对化学成绩要求较高。
2. 色弱、色盲的考生不能报考该专业。

实力院校

国家级特色专业建设点

天津大学、吉林大学、华东理工大学、合肥工业大学、江南大学、四川大学、沈阳药科大学、哈尔滨商业大学、武汉工程大学、广州中医药大学、河北科技大学、石家庄学院、佳木斯大学、浙江工业大学、山东中医药大学。

资源循环科学与工程：通过资源再利用实现环保

核心含义

资源循环科学与工程专业是为解决国民经济发展面临的两大根本问题：资源短缺和环境污染而设置的新兴战略专业。该专业是涉及环境科学、经济、管理等诸多学科交叉融合的学科，主要研究废弃物资源再生利用技术、关键机械零部件再制造、再生材料的性能和应用、节能减排效益分析等相关资源循环的科学和技术问题。本专业的学生通过学习材料、资源和环境科学的基础理论，来掌握资源循环利用与材料成分、组织结构、性能、制备工艺之间关系的基本规律。

开设课程

本专业开设的主要课程有数学、物理、化学、计算机语言及英语等公共基础知识，资源循环科学与工程概论、工业生态学、环境材料基础、传递工程、材料科学基础、循环经济概论、环境科学基础、工业废弃物处置与处理、循环经济理论与生态工业技术、系统工程导论等专业课程。

就业展望

本专业面向国家战略新兴产业，得到了国家政策的大力扶持，具有较好的发展前景。本专业毕业的学生可在资源循环以及与资源综合利用相关的建材、冶金、新材料产业、原材料产业等行业，从事工业规划、技术开发、工艺及设备设计、清洁生产评估与咨询等工作；也可以通过出国留学、推荐或考取研究生、双学位、工程硕士等多种途径进一步深造。

能力要求

1. 患有色觉异常Ⅱ度（俗称色盲）的考生不宜就读该专业，具体以目标院校招生章程公布的为准。

2. 由于培养要求和知识结构的原因，对物理、化学感兴趣的同学适宜就读。

实力院校

国家级特色专业建设点

南开大学、华东理工大学。

能源化学工程：研究能源的清洁转化

核心含义

能源化学专业主要关注怎么利用能源、对大自然造成较少的伤害。该专业作为化学的一门重要分支学科，是掌握煤炭综合利用，了解非煤矿物能源，普及新能源和可再生能源知识，实现能源科学利用和可持续发展的重要科学技术基础。它利用化学与化工的理论与技术来解决能量转换、能量储存及能量传输问题，以更好地为人类经济和生活服务。主要研究方向为：能源清洁转化、煤化工、环境催化、绿色合成、新能源利用与化学转化、环境化工。

本专业通过学习能源化学工程、电化学工程、催化技术、新能源、能量储存与转换的理论基础，掌握化学和能源转化与利用的基本理论、基本知识和基本技能，掌握石化能源的清洁利用技术，燃料电池系统与氢能利用技术，电化学功能材料与能源储存转换技术以及可再生能源（太阳能、风能、生物质能、海洋能等）利用途径等技术，培养具有良好科学素养、基础扎实、知识面宽，有创新精神和国际视野，且具备在煤炭行业、电力行业、石油石化行业、生物质转化利用行业从事低碳能源清洁化、可再生能源利用以及能源高效转化、化工用能评价等领域进行科学研究、生产设计、技术管理、经营管理和科研开发的高级技术人才。

开设课程

本专业开设的主要课程有无机化学、分析化学、有机化学、物理化学、电化学测量原理、电源工艺学、化工原理、能源化学、电极过程动力学、应用催化基础、现代材料科学基础、工程力学、工程制图基础、机械设计基础、电路与电子技术、新能源材料等。

就业展望

能源化学工程专业面向国家战略性新兴产业，具有良好的就业前景。面临人类对石化能源的掠夺性开采以及其枯竭速度加快，人们在重新审视和筹划能源的开采和利用，各种能源的利用效率的提高及新能源的应用及推广，都离不开能源化学工程。毕业生可在能源化工类相关的企事业单位和政府行政管理部门从事应用基础研究、技术开发、生产技术管理等工作。读研深造后可进入科研院所或高等院校从事科研教学工作。

能力要求

1. 任何一眼矫正到4.8、镜片度数大于800度的考生，患有轻度色觉异常（俗称色弱）的考生，患有色觉异常Ⅱ度（俗称色盲）的考生不宜就读该专业。

2. 由于培养要求和知识结构的原因，对物理、化学感兴趣的同学适宜就读。

实力院校

国家级特色专业建设点

北京化工大学、大连理工大学。

化学工程与工业生物工程：探索生化工程的工业化道路

核心含义

化学工程与工业生物工程专业是在化学工程和生物工程等学科的基础之上设立的新兴学科。该专业是以生物学、化学、工程学的基本理论为依据，利用酶工程、细胞工程、发酵工程研究生物产品的生产过程，研制开发新的生物工程产品以及对生物产品进行分析测定的技术。

本专业主要培养掌握化学工程和化学工艺方面的基本理论、方法及相关的工程技术知识，具有该专业所需的制图、计算、实验、设计、分析测试和计算机应用等基本技能，具有独立进行化工产品技术及经济分析、测试和研究能力，具有对化工新产品及新工艺研究开发能力的高级专业人才。

开设课程

本专业开设的主要课程有化工原理、化工热力学、化学反应工程、化工设计、化工模拟与优化、化工传递过程原理、分子生物学、生物化工基础、基因工程原理、细胞培养工程、工业微生物等。

就业展望

毕业生可在食品、医药、能源、环保等领域从事生物产品的研制、生产，同时可到高等院校、设计和研究单位从事教学、科研、生产、管理等方面的工作，也可以读研或深造。总之，他们就业主要在石油和化工以及生物制药领域。

能力要求

1. 任何一眼矫正到 4.8、镜片度数大于 800 度的考生、患有轻度色觉异常（俗称色弱）的考生、患有色觉异常Ⅱ度（俗称色盲）的考生不宜就读化学工程与工业生物工程专业。当然，这里所说的只是总体情况，各高校的要求不同，大家在选择化学工程与工业生物工程专业时一定要注意查看各院校招生章程，以免发生误选、错漏的情况。

2. 由于培养要求和知识结构的原因，对化学、生物感兴趣的同学适宜就读。

实力院校

国家级特色专业建设点

清华大学。

化工安全工程：化工领域的安全卫士

核心含义

化工安全工程为 2017 年新开设专业。该专业围绕化工过程安全问题，学习化工安全工程的基本理论和技术方法，包括危险化学品安全、防火防爆、化工过程与工艺热安全、化工装置安全、腐蚀与防腐、职业危害防治技术、化工安全评价、化工事故后果模拟分析和化工安全管理等内容。培养具有创新精神和国际视野的“知工艺、懂安全、精技术、会管理”的化工安全复合型人才，使之能够在化工、能源、冶金、轻工、环保和军工等行业从事工程设计、技术开发、生产运行与技术管理、科学研究或安全管理等工作。

开设课程

本专业开设的主要课程有化工安全工程、安全学原理、安全系统工程、安全人机工程、安全检测技术、职业卫生及工程、安全法学、安全管理工程、风险分析与安全评价等。

就业展望

本专业毕业生可在化工、能源、冶金、轻工和军工等部门，尤其是在化工相关部门从事工程设计、技术开发、生产运行、科学研究或安全管理等工作。

能力要求

1. 由于培养要求和能力要求的原因，该专业对化学学习能力要求较高。
2. 由于工作环境限制，不建议女生报考。
3. 色弱、色盲考生不能报考该专业。
4. 任何一只眼睛矫正到4.8、镜片度数大于800度的考生不宜报考该专业。

实力院校

开设化工安全工程专业的代表性院校

中国石油大学（华东）、辽宁石油化工大学。

涂料工程：以涂料为研究对象的应用型专业

核心含义

本专业以先进功能材料为专业背景，以涂料工程为特色，以培养优秀工程师为目标。着力培养掌握高分子材料尤其是涂料的设计、合成、制备、涂装等方面的专业知识，具备涂料新产品、新技术、新工艺的开发应用和工程实践能力，能在高分子材料尤其是涂料领域从事科学研究、技术开发、技术服务、工艺设计、生产及经营管理等工作的工程应用型人才。

开设课程

本专业开设的课程有无机化学、有机化学、分析化学、物理化学、高分子化学、高分子物理、材料科学与工程基础、高分子材料研究方法、材料加工原理与工程、聚合物加工流变学、涂料工艺学、涂料树脂合成工艺、涂料用溶剂与助剂、涂料生产设备、涂料制造及应用、涂料用颜料与填料、涂料和涂装的安全与环保、涂装工艺及装备、涂料及原材料质量评价等理论课程和涂料相关实践课程。

就业展望

本专业毕业生可在高分子材料相关领域，尤其是涂料相关的企业、研究所、设计院和事业单位，从事高分子合成与加工、产品研发、生产和管理、检验和质量监督等工作。毕业生能在工业界、学术界、教育界成功地开展与专业职业相关的工作，适应独立或团队工作环境；能够在社会大背景下理解

和解决涂料与涂装工程实践的问题；能够通过终身学习适应职业发展，在涂料涂装及其应用领域具有职场竞争力。

能力要求

按照普通高校本科专业目录，该专业属于化工与制药类下属专业，能力要求请参考化学工程与工艺专业。

实力院校

本专业为教育部2017 年新设立的专业，目前获准开办涂料工程专业的院校为上海工程技术大学。

精细化工：化工领域的高富帅

核心含义

精细化工为2018 年新开设专业。精细化学品这个名词沿用已久，原指产量小、纯度高、价格贵的化工产品，如医药、染料、涂料等。但是，这个含义还没有充分揭示精细化学品的本质。近年来，各国专家对精细化学品的定义有了一些新的见解，欧美一些国家把产量小、按不同化学结构进行生产和销售的化学物质，称为精细化学品。本专业培养具备精细化工方面基础理论、基本知识、基本技能、方法及其相关知识，能够在精细化工、化工类职业技术学校、医药、环保、金属表面处理、林产化工、食品及与化工相关的行业从事生产技术管理、质量控制、产品开发与销售、教学、科研等方面的应用型高级人才。

开设课程

本专业开设的主要课程有无机化学、有机化学、分析化学、物理化学、化工原理、工程制图与CAD、仪器分析、分离工程、化学反应工程、化工热力学、精细化工等。

就业展望

1. 生产与检测方向：从事有关洗涤剂、化妆用品、香精香料、胶粘剂、涂料、助剂等精细化工企业生产；从事一线岗位的生产操作、生产管理、技术服务、产品检测、产品营销等方面工作；参与精细化工产品工艺改造、配方改进及新产品的研制及推广工作；能够适应生产、检测、服务、管理等第一线需要的全面发展的高素质高技能应用型专门人才。

2. 管理与商务方向：在化妆品、洗涤用品、香精香料、添加剂等相关企事业单位从事相关产品的生产、管理、经营、销售、质量控制、检测等工作；也可在精细化工产品和原料公司从事销售和售后服务工作；能够适应生产、经营、销售、服务、管理等第一线需要的全面发展的高素质高技能应用型专门人才。

能力要求

1. 由于培养要求和能力要求的原因，该专业对化学学习能力要求较高。
2. 色弱、色盲考生不能报考该专业。
3. 任何一只眼睛矫正到 4. 8、镜片度数大于 800 度的考生不宜报考该专业。

实力院校

开设精细化工专业的代表性院校

清华大学、北京化工大学、天津大学、大连理工大学、华东理工大学、南京工业大学、浙江大学、四川大学、江南大学。

地质工程：为工程活动提前进行地质踩点

核心含义

地质工程专业是地质学的一个分支，也是地质学与工程学相互渗透、交叉的边缘学科。

地质工程专业主要研究人类工程活动与地质环境之间相互制约的关系，研究如何获取地质环境条件，并分析研究人类工程活动与地质环境相互制约的形式，进而认识、评价、改造和保护地质环境的一门科学。

开设课程

本专业开设的主要课程包括工程制图、普通地质学、矿物岩石学、构造地质学、第四纪地质与地貌学、地史古生物、工程物探化探、工程力学、测量学、土力学、岩体力学、工程地质原理、工程地质勘察、水文地质学基础、地下水动力学、水文地质勘察、地质工程设计等。

就业展望

地质工程专业学生毕业后可在资源勘查、工程勘察、设计、施工、管理等领域从事资源勘查与评价、管理、各类工程建设地质等方面工作。就业方向主要有以下几个方面：

1. 地质队。工作场所主要是野外，利用地质方法、物理方法、地球化学方法以及地质遥感等找矿，多集中于金属矿种。

2. 勘查设计研究院。也需要跑一些野外场地，但多是技术指导方面的，出去的时间一般也很长，和地质队的情况类似，区别在于待遇方面相比地质队会好一些。

3. 矿山企业。不喜欢去野外的可以到矿山企业去。矿山企业的存在，往往会带动周边区域的经济文化等发展，像四川的攀枝花、山西的大同、甘肃的金川、湖南的郴州等矿业城市都属于这种模式。但是，一般的矿山企业规模往往不太大，多数只能形成相比当地经济发达一些的乡镇。

不管是去什么单位就业，本科出去后一年内是助理工程师，再过4年之后考工程师，大概4年后考高级职称，也就是高级工程师。考上高工后，如果企业允许的话，自己可以从事一些第二职业，以增加经济收入，但是仍需要去野外作业，这是这个行业的工作性质决定的。

能力要求

1. 地质工程是一个比较辛苦的专业，每年暑假都要去野外实习，体质较弱的考生要慎重报考。

2. 虽然大部分院校招生时没有明确男女比例，但女生报考者很少，有的院校该专业的学生是清一色的男生。

3. 地质工程的概念有点宽泛，不同的院校又给它分出了不同的研究重点。如水利水电类院校侧重水利地质工程，交通类院校侧重于公路和铁路相关的地质工程等，报考前务必有细致的了解。

实力院校

拥有地质资源与地质工程专业大类国家重点学科的院校

吉林大学、中国地质大学、成都理工大学。

拥有地质资源与地质工程二级学科国家重点学科的院校

矿产普查与勘探：中国矿业大学、西北大学、中国石油大学。

地球探测与信息技术：中南大学。

地质工程：长安大学。

拥有地质资源与地质工程国家重点（培育）学科的院校

地球探测与信息技术方向：中国石油大学。

国家级特色专业建设点

中国石油大学（北京）、中国矿业大学（徐州）、长安大学、中国矿业大学（北京）、同济大学、西南交通大学、华北水利水电大学、西安科技大学、河南理工大学、安徽理工大学、西南科技大学。

勘查技术与工程：寻找宝藏的核心技术

核心含义

勘查技术与工程专业开设背景是随着地质条件的变化和开采条件的不同而变化。查找矿物资源的工作会遇到很多技术难题，对勘查技术的要求随即也越来越高。该专业主要学习地球化学方法、地球物理方法两大类勘查技术。除学习必需的地质学方面的知识外，还要学习勘查工程技术课程，如钻探工艺与设备、基础工程施工、工程地质等，掌握基本的钻探技术、勘探工程施工方法等。

开设课程

本专业开设的主要课程包括地质学基础、信息与计算科学基础、场论基础、地震勘探、电与电磁法勘探、重力勘探、磁法勘探、反射性物探、地球化学勘探原理与方法、遥感原理与地质应用等。

就业展望

该专业就业形势非常不错，但就业环境比较艰苦。具体来说，从事教学、科研、工程建设、矿产资源调查、矿山开采等可以算是比较传统的就业；矿产开发利用、地质旅游的开发、工程地质的环境地质勘查、大型工程地质的勘察设计、环境与保护等，属于该专业的新型就业领域，其工作条件、工作环境都比较理想。

能力要求

1. 该专业对考生的身体条件有一定要求，色盲、色弱、肢体残疾的考生不能报考。
2. 录取时学校会注意考生的相关科目成绩，如数学、物理、化学等。

实力院校

国家级特色专业建设点

吉林大学、中国石油大学（华东）、中国地质大学（武汉）、中国地质大学（北京）、中国石油大学（北京）、防灾科技学院、长江大学、湖南科技大学、成都理工大学、桂林理工大学、西南石油大学。

资源勘查工程：寻找能源的利器

核心含义

勘察技术与工程专业侧重于对矿物资源的勘查、评价与管理。比如，首先通过了解石油的构成成分和形成年代，以及石油的物理化学性质，根据这些性质寻找石油；然后对勘查到的石油进行评价，看看有多大的开采价值等。资源勘查工程专业虽然属于工学类专业，但是要学习不少理论知识。

勘察技术与工程和资源勘探工程的区别：前者一般工作对象是工民建、公路铁路勘察、地质灾害勘探以及其他军需工程勘探等，需要的知识主要以认清岩石，搞清楚岩石的物理、力学性质为主，工作方向一般是建筑设计院，公路、铁路、邮电、水力、电力等行业的勘察设计院；后者工作对象主要是有色金属、黑色金属或者其他能源，需要的知识是地层地质学、矿物学等，需要会计算矿体储量，工作方向一般是矿山企业，地质矿产勘察院。

开设课程

本专业开设的主要课程包括地质资源与地质工程、地质学基础、矿床地质特征、成矿理论、成矿规律、矿石油气的组成和组织鉴定与分析、矿产勘查理论与方法、地学信息采集处理与综合应用等。

就业展望

该专业就业形势非常不错，但就业环境比较艰苦。具体来说，从事教学、科研、工程建设、矿产资源调查、矿山开采等可以算是比较传统的就业；矿产开发利用、地质旅游的开发、工程地质的环境地质勘查、大型工程地质的勘察设计、环境与保护等，属于该专业的新型就业领域，其工作条件、工作环境都比较理想。

能力要求

1. 该专业只招收理科生。
2. 该专业对考生的身体条件有一定要求，色盲、色弱、肢体残疾考生不能报考。

实力院校

国家级特色专业建设点

合肥工业大学、福州大学、长安大学、青海大学、中国石油大学（华东）、中国地质大学（武汉）、新疆大学、吉林大学、西北大学、中国地质大学（北京）、西南石油大学、河北工程大学、东华理工大学、长江大学、桂林理工大学、成都理工大学、西安石油大学、河北地质大学、东北石油大学。

地下水科学与工程：探究地下水资源

核心含义

地下水科学与工程专业为探究地下水资源而设立，以地下水资源研究、地下水勘探与开发利用、水资源的模拟计算与科学管理为其特色，旨在培养适应现代化建设和未来社会与科技发展需要的，富有创新精神和实践能力的地下水科学与工程的专业技术人才，能在国土、水利、城建、农林、煤

炭、冶金、环保等部门从事水文地质、工程地质、水资源及地质灾害等方面的勘查、设计、施工、管理、技术经济分析以及教学和基础理论研究等工作的高级技术人才。

开设课程

本专业开设的主要课程包括地质学基础、水文地质学基础、地下水动力学、环境地质学基础、水文地球化学、专门水文地质学、地下水数值模拟、地质灾害与防治等。

就业展望

地下水科学与工程专业从业适应面广，可在国土资源、水利、城建、环保、煤炭、冶金、交通等部门的相关单位（如水利勘察设计研究院、电力设计研究院、煤炭设计研究院、建筑设计研究院、地热开发设计院及各种工程施工单位等）以及中外合资企业、教育部门、部队的相关领域从事与地下水科学与工程的科研、教学、管理、设计和生产等方面有关的工作，也可在地下水科学与工程、水文学及水资源工程等方向继续攻读研究生。

能力要求

1. 任何一眼矫正到 4.8、镜片度数大于 800 度的考生；肺、肝、肾、脾、胃肠等主要脏器动过较大手术，功能恢复良好的考生；曾患有心肌炎、胃或十二指肠溃疡、慢性支气管炎、风湿性关节炎等病史的考生；甲状腺功能亢进已治愈一年的考生不宜就读此专业。因为各高校的要求不同，大家在选择该专业时一定要注意查看各院校招生章程，以免发生误选的情况。

2. 由于培养要求和知识结构的原因，该专业只招理科生，男生就读就业更有优势。

实力院校

国家级特色专业建设点

中国地质大学（北京）、吉林大学、河北地质大学。

旅游地学与规划工程：运用科学技术发展旅游产业

核心含义

旅游地学与规划工程专业是地质、地理、旅游管理和规划设计等多学科交叉融合的新工科专业，以服务旅游业、促进经济发展为主要目标。该专业既保留了地质学、地理学和旅游管理学基础课程，又突出旅游地学特色，强调旅游地学资源的调查、评价与开发。培养具有扎实的地学（包括地质学和地理学）、旅游管理和规划设计基础，具备全面的基础知识储备和较高的科学素养，具有从事基础地学研究、地质遗迹开发与保护、地学旅游资源调查与评价、地质公园规划与开发、旅游策划、景区规划设计、旅游管理等工作能力的综合性复合型工程技术人才。

开设课程

本专业开设的主要课程包括地质学基础、水文地质学基础、环境地质学基础、地理学、管理学、城市旅游与游憩规划等。

就业展望

毕业生可在科研机构和高等院校从事地质学、地理学、旅游管理和旅游地学等教学与科研工作，还能在风景名胜区、地质公园、国土资源部门、旅游局等从事旅游地学资源调查、分析、评价、开发，以及旅游策划、旅游管理以及导游等相关工作，服务于地方经济发展、大旅游开发和生态文明建设发展战略。

能力要求

由于培养要求和知识结构的限制，本专业在老高考省份只招收理科生，由于此专业涉及地理知识，对地理学科的要求较高。

实力院校

开设旅游地学与规划工程的代表性院校

东华理工大学等。

采矿工程：矿物开采的专门学问

核心含义

采矿工程就是挖矿采石油的吗？不，不仅仅如此！采矿工程主要研究学习矿床开采的理论和方法，发展矿业新技术。采矿是从地面开凿一系列井巷通达地壳中的矿床，然后用现代化的打眼爆破技术把含有矿物的矿石崩落下来，或用化学方法直接把有用的矿物分离出来，并把它们运送到地面。采矿工程是一个系统的学科，涉及的专业有地质学、考古学、科学技术史，主要针对矿区规划、矿山开采设计、岩层控制技术、矿山安全技术及工程设计等。

开设课程

本专业开设的主要课程有安全科学与工程、矿业工程、地质学、工程力学、测量学、勘查技术与工程、地质学、工程力学、测量学、采矿学爆破工程、矿井通风与空气调节、井巷工程、采掘机械等。

就业展望

该类专业属于面向艰苦行业的专业，大多数时间都在井下或野外作业。由于大中城市、科研院所等企事业单位对本专业人才的需求有限，反而是边远山区和基层一线存在着比较大的人才缺口。采矿工程分为煤矿方向和金属矿方向，各个学校的主攻方向不同。比如，中国矿业大学主要是煤矿，中南大学主要是金属矿。该专业近年来就业形势还是很不错的，本科毕业一般到矿上工作，煤矿的要下井工作，井下没有你想象的危险，大型矿业公司的安全措施都比较到位，但地下的环境肯定不如地面，工作也比较辛苦。值得注意的是，有些院校对本专业实行定向招生、订单式培养，一入校就由用人单位出资培养，签订就业协议。

能力要求

考虑到将来的就业环境，该专业女生慎重报考。

实力院校

拥有矿业工程专业大类国家重点学科的院校

北京科技大学、中国矿业大学、中南大学。

拥有采矿工程二级学科国家重点学科的院校

东北大学、重庆大学。

拥有采矿工程二级学科国家重点（培育）学科的院校

太原理工大学、山东科技大学。

拥有矿物加工工程二级学科国家重点（培育）学科的院校

武汉理工大学、东北大学。

拥有安全技术及工程二级学科国家重点（培育）学科的院校

中国科学技术大学、辽宁工程技术大学。

国家级特色专业建设点

中国矿业大学（北京）、中国矿业大学（徐州）、重庆大学、贵州大学、中南大学、东北大学、安徽理工大学、华北科技学院、内蒙古科技大学、江西理工大学、华北理工大学、黑龙江科技大学、山东科技大学、河南理工大学、湖南科技大学、西安科技大学、河北工程大学。

石油工程：培养开采石油的专业人才

核心含义

石油工程专业是一项综合性很强且实践要求高的工科专业，是由原本科专业中的钻井工程、采油工程和油藏工程三个专业整合而来的。主要学习与石油有关的知识和技能，针对油田的工程建设，包括油藏、钻井、采油和石油地面工程等。油藏就是研究油田的地质资料，掌握地下油气的分布状况，制定合理的开发方案；接下来就是钻井，确定钻井方法和钻井工艺技术，建立一条开采油气的通道；钻井后就是采油，把石油采上来，并通过有效措施，提高原油采收率等。这些在学校都要学到，更主要的是到油田后要向老师和师傅学习。

开设课程

本专业开设的主要课程有技术经济学、油气田开发地质、工程力学、计算机程序设计、材料力学、流体力学、渗流力学、钻井工程、采油工程、油藏工程、油田化学、钻采新技术等。

就业展望

毕业生主要到石油工程领域从事油气钻井与完井工程、采油工程、油藏工程、储层评价等有关的工程设计、工程施工与管理、应用研究与科技开发等方面的工作。

石油工程专业毕业生专业知识扎实，业务素质高，受到用人单位的一致好评。自 2003 年至今，石油工程专业本科毕业生的一次就业率一直保持在 97% 以上，且 85% 的本科毕业生进入了急需人才的中石油、中石化、中海油和中化等国有大中型企业。对于社会人才就业来说，通常在某一岗位上的工作经验越长越是受企业青睐。一览石油英才网曾发表过一篇权威报告，报告中指出，石油行业的高端专业技术人才确实很受企业青睐，但并非最吃香、最急缺的人才，其实石油行业最为紧缺的是有油气田技术背景的销售或市场管理人才。石油行业的企事业单位所需要的市场总监或经理都是很难招到的，因为这种职位不仅要懂市场，更需要有资深的石油行业背景。因此由油气田技术向市场运营转型的人才才是石油行业的瑰宝。

能力要求

1. 多数学校只招男生。

2. 该专业和数学、物理等学科的相关度较高。

实力院校

拥有石油与天然气工程世界一流学科的高校

中国石油大学（华东）、西南石油大学、中国石油大学（北京）。

拥有石油与天然气工程专业大类国家重点学科的院校

东北石油大学、西南石油大学、中国石油大学。

拥有石油与天然气工程二级学科国家重点学科的院校

中国人民解放军陆军勤务学院。

国家级特色专业建设点

中国石油大学（北京）、中国石油大学（华东）、中国地质大学（北京）、重庆科技学院、东北石油大学、西南石油大学、长江大学、西安石油大学、东北石油大学。

矿物加工工程：矿物分离的魔法棒

核心含义

矿物加工工程是一门研究矿物分离的点石成金的实用性学科，其学科目的是将有用矿物和脉石（无用）矿物分离。例如：将铁、铜、铅、锌矿石中含有石英等脉石的矿物，通过重选、磁选和浮选等方法，将品位较低的原矿富集为人造富矿，为进行下一步的冶炼工作（冶炼过程属于冶金工程专业）做准备。

开设课程

本专业开设的主要课程有矿业工程、化学、力学、矿物学、矿物加工方法、理论与设备、工程设计、机械基础。

就业展望

随着近年来矿业行业的升温，国家对矿业领域紧缺工程技术人员的需求日益增多，毕业生就业形势良好。大部分学生毕业后可以进入大型工矿企事业单位和科研院所工作，找到较好的发展平台。在当前大学毕业生就业形势十分严峻的情况下，矿业学院毕业生就业率却持续上升。

能力要求

1. 该专业只招收理科生，更适合男生报考。

2. 不同大学采矿工程专业的侧重不同，分为煤和有色金属，所以选择的时候要根据自己的喜好看一下学校的培养方向。

实力院校

拥有矿物加工工程国家重点（培育）学科的院校

东北大学、武汉理工大学。

国家级特色专业建设点

武汉理工大学、中国矿业大学（北京）、中南大学、中国矿业大学（徐州）、东北大学、黑龙江

科技大学、昆明理工大学、河南理工大学、武汉科技大学。

油气储运工程：石油—天然气无缝连接

核心含义

油气储运工程专业是以石油与天然气为研究对象，并学习储存与运输的研究课程。油气储运工程分油、气、储、运四大块，分别是石油、燃气的储存和运输。作为石油、天然气工业的重要组成部分，它是连接油气生产、加工与消费的纽带。打个比方，如果说石油是现代工业社会的血液，油气储罐和管道等储运系统就像工业社会的血管和血库，那么油气储运工程专业人才的工作就是按照社会和工业所需，安全、持续、高效地输送油气资源。本专业既属于石油主干专业，又是横跨交通运输和石油工程两大学科的复合型专业，培养目标是使学生掌握各类油气储运设施及城市油气输配设施的规划、设计、施工、运行维护、技术开发等方面的专业知识和技能。

开设课程

本专业开设的主要课程有油气储运工程学、电工电子学、工程图学、热力学、传热学、输油管道设计与管理、输气管道设计与管理、油气储存与装卸、城市燃气输配等。

就业展望

在石油和天然气工业中，油气储运工程是一个非常具有发展前途、应用非常广泛的行业。众所周知，石油和天然气是非常重要的能源物资，在国民经济中占有举足轻重的地位，国家一贯都非常重视石油和天然气工业的发展。主要就业方向包括：第一，大部分人去了中石油、中石化和中海油三大国企石油公司；第二，各大油田；第三，石油销售公司、油库、加油站；第四，油田建设部分，有一部分是油田建设单位的监理部门，负责监督油田建设施工。

能力要求

1. 该专业只招收理科生。
2. 考虑到就业的工作环境，不建议女生报考该专业。

实力院校

拥有油气储运工程二级学科国家重点学科的院校

中国人民解放军陆军勤务学院。

国家级特色专业建设点

中国石油大学（北京）、中国石油大学（华东）、东北石油大学、西南石油大学、辽宁石油化工大学。

矿物资源工程：带你走进丰富的矿产世界

核心含义

矿物资源工程专业是站在时代要求上，立足于原采矿工程专业的基础上改造而成的本科专业，不同的院校设置的培养方向有所不同，主要来说有以下几种：矿物资源开发工程（有些也称采矿工程）、矿物加工工程、安全工程。该专业培养具备较深厚的基础理论知识和现代科技知识，能在规划设计、生产经营、投资、管理、教育、科研等部门从事矿物资源开发、加工利用以及相关设施等方面工作的高级工程技术专门人才。

开设课程

本专业开设的主要课程有工程力学、工程化学、流体力学、地质学与矿物学、矿床地质与油气田地质、岩石力学与爆破工程、矿床开采、油气田钻探与开发、矿物加工与利用、技术经济学、弹性力学、岩石力学、工程测量、矿业运筹学等。

就业展望

矿物资源工程专业的实践性很强，要求毕业生能够胜任研发、设计、工程和管理工作，培养的是高质量的工程技术人才。就业方向主要是到规划设计、生产经营、投资、管理、科研等部门从事矿物资源开发、加工利用、规划与设计、矿业投资（咨询）、企业生产与经营、技术与行政管理、工艺革新与技术研发以及相关设施建设等方面工作。

能力要求

1. 任何一眼矫正到4.8、镜片度数大于800度的考生，患有轻度色觉异常（俗称色弱）的考生，患有色觉异常Ⅱ度（俗称色盲）的考生不宜就读矿物资源工程专业。当然，这里所说的只是总体情况，各高校的要求不同，具体可查看目标院校的招生章程。

2. 由于培养要求的原因，该专业只招理科生，对物理、化学感兴趣的同学适宜就读，男生比女生更适宜就读。

实力院校

国家级特色专业建设点

北京科技大学、广西大学、南华大学、辽宁工程技术大学。

海洋油气工程：向着海洋领域的新能源进军

核心含义

海洋油气工程专业以海洋特殊环境为背景，以钻井、海洋采油工艺为主要学习内容。培养具备一般油气开采理论与技术，专业面较宽，外语突出，能掌握海洋钻井、海洋采油工艺理论与技术的复合型人才，以适应中国海洋石油工业的发展需要。

开设课程

本专业开设主要课程有高等数学、大学物理、工程力学、机械设计基础、计算机程序语言、石油地质学、海洋平台工程、海洋油气开发工程、海洋钻井工程、海洋采油工程、海洋油气集输工程等。

就业展望

我国渤海、东海、南海均具有极其丰富的油气资源，目前的开发多集中在水深百米以内的近海。随着技术的进步，我国目前正加快向深海进军和向海外拓展的步伐，需要大量海洋石油工程方面的专业人才。海洋油气工程专业作为一个充满活力的新兴专业，其实用性和就业指向性比较强。本专业的毕业生可以在跨国石油公司、海洋石油公司等油气田相关企业，石油勘探开发研究与规划机构，以

及油田技术服务与工程施工单位从事技术和管理工作，也可以到相关的院校、科研机构等企事业单位任职。

能力要求

1. 任何一眼矫正到4.8、镜片度数大于800度的考生，患有轻度色觉异常（俗称色弱）的考生，患有色觉异常Ⅱ度（俗称色盲）的考生不宜就读海洋油气工程专业。因为各高校的要求不同，大家在选择海洋油气工程专业时一定要注意查看各院校招生章程，以免发生误选、错漏的情况。

2. 由于培养要求和知识结构的原因，该专业只招理科生，对物理、化学感兴趣的男生更适宜就读。

3. 该专业行业待遇还可以，但是工作环境一般，一线技术人员会比较辛苦，报考前请做好心理准备。

实力院校

开设海洋油气工程专业的代表性院校

西南石油大学、东北石油大学、中国石油大学（华东）、中国石油大学（北京）。

纺织工程：一针一线里的“锦绣”中国

核心含义

纺织工程是古老而又传统的工程领域，自人类出现以来，就与人类的生产生活密切相关。其领域涉及纤维与纺织制品的加工与制备，以及有关性能的研究。主要是纺织制品的纺、织加工工艺，纤维及其制品的性能研究，生产与产品的检测和控制等。比如，在今天的社会条件下，由于纺织工程技术的发展，新的纤维资源不断被开发利用，各种高性能和功能性的化学纤维不断问世，纤维制品的加工设备日益高效化、精密化、自动化和智能化。

纺织工程专业包括纺织贸易和纺织服装两个方向。学生主要学习纺织工程方面的基本理论和基本知识，受到纺织品设计、纺织工艺设计等方面的基本训练，具有纺织品生产管理和贸易方面的基本能力，成为能在纺织企业、科研、教学等部门从事纺织品设计开发、纺织工艺设计、纺织生产质量控制、生产技术改造以及具有经营管理初步能力的高级工程技术人才。

开设课程

本专业开设的主要课程有国际贸易实务、纺织工程、纺织与服装贸易、市场营销学、纺织商品学、纺织企业管理、电子商务、服装设计、服装工艺、服装CAD、服装材料学、纺纱学、织造学、纺织品开发及质量控制等。主要专业实验有纱线试纺、机织物分析与织造、针织物分析与织造。

就业展望

衣被天下，所以纺织工程专业毕业生不用担心没有用武之地。他们毕业后主要在纺织企业、科研、教学等部门从事纺织品设计开发、纺织工业设计、纺织生产质量控制、生产技术改造等工作。纺织贸易是该领域比较热的就业方向，无论是国内贸易还是国际贸易方向，都有不错的发展前景。纺织工程专业就业相对较好的区域主要集中在我国制造业比较发达的南部地区，如上海、广州、杭州、深圳、苏州、南京、东莞、宁波等。

除就业外，纺织工程专业毕业生考研的概率很高。考研方向有纺织工程、纺织材料与纺织品设计、纺织科学与工程。如果大家有志于从事纺织工程专业某一领域的研究和教学工作，进一步深造也是个不错的选择。

能力要求

1. 一眼失明，另一眼矫正到4.8、镜片度数大于400度的考生不宜就读纺织工程专业。具体以目标院校招生章程为准。

2. 由于培养要求和知识结构的原因，该专业只招理科生，对化学感兴趣，且有一定的设计和欣赏能力的同学适宜就读。

3. 该专业报考时并不热门，对分数要求相对不是很高。

4. 纺织工程属于工科专业，但由于我国的纺织产品外销量很大，所以该专业毕业生英语水平尤为重要，找工作的时候很多用人单位都要考察应聘者的英语能力，大学期间最好达到大学英语六级水平。

实力院校

拥有纺织科学与工程世界一流建设学科的院校

东华大学、天津工业大学。

拥有纺织工程专业大类国家重点学科的院校

东华大学。

拥有纺织工程二级学科国家重点学科的院校

天津工业大学、苏州大学。

国家级特色专业建设点

青岛大学、东华大学、苏州大学、江南大学、新疆大学、天津工业大学、湖南工程学院、绍兴文理学院、河北科技大学、武汉纺织大学、西安工程大学、浙江理工大学、中原工学院。

服装设计与工程：走在时尚前列的旗帜专业

核心含义

戛纳红毯上女星穿什么，什么就立马流行起来。服装设计与工程，顾名思义就是服装设计和工程的结合。该专业学生主要学习服装学科的基本理论和基本知识，受到服装设计方法和成衣结构工艺方面的基本训练，具有从事服装开发、设计、生产管理和营销等方面工作的基本能力。培养具备服装设计、服装结构工艺及服装经营管理理论知识和实践能力，能在服装生产和销售企业、服装研究单位、服装行业管理部门及新闻出版等机构从事服装产品开发、市场营销、经营管理、服装理论研究及宣传评论等方面工作的高级专门人才。

开设课程

本专业开设的课程主要有服装设计、服装色彩、服装材料、服装结构、成衣纸样与工艺、服装CAD、服装生产与管理、服装工业制板、服装市场营销、服装史、美学、服装工效学等。

就业展望

实际上，这个专业就业分为两个方向：一个是设计方向，一个是工程方向。

设计方向：该专业的学生到了大二、大三之后可以主攻设计方向，但要求学生有很高的审美水

平，毕业之后朝着服装设计师方向发展。

工程方向：主要学习服装生产、服装营销和管理之类，侧重服装制版和服装工艺、生产管理，出来主要从事打版、样衣制作、生产采购、服装质检、跟单、跑业务等工作。

总的来说，服装设计与工程专业的就业面还是比较广的，找个相关的工作也不难。一些著名的服装品牌，像太平鸟、报喜鸟、森马、波司登、劲霸等企业都是不错的就业去向。

能力要求

1. 屈光不正（近视眼或远视眼），任何一眼矫正到4.8、镜片度数大于400度的考生不宜就读该专业。具体以目标院校招生章程为准。

2. 因为专业特性，考生最好具备一定的创意和灵感，并对服装行业的潮流和趋势有一定的爱好与研究。

3. 这个专业毕业后可授予工学或艺术学学士学位。很多人当初学习这个专业是为了做设计师，可是进去后发现绝大多数其实是工程方向，所以报考的时候一定要详细了解目标院校的专业方向。

实力院校

拥有服装设计与工程二级学科国家重点学科的院校

东华大学。

国家级特色专业建设点

东华大学、江南大学、北京服装学院、浙江理工大学、惠州学院、西安工程大学、闽江学院、德州学院、大连工业大学。

非织造材料与工程专业：研究纺织领域新材料的尖端科学

核心含义

非织造材料与工程专业是专门研究纺织领域材料的新兴学科交叉专业，具有学科与工程紧密联系的特点，它与高分子材料、自动化控制科技相结合，涉及材料学、化学、工程学等各个学科分支，属于教育部支持和鼓励的国家战略新兴产业专业。比如，尿不湿、卫生巾都属于非织造材料制作的。该专业旨在培养具有扎实纺织及材料科学方面基础知识和能力，适应现代新材料迅速发展趋势，能在非织造材料与产品制造领域从事科学研究、技术开发、工艺和装备设计、环境保护、国内外贸易、产品设计、新产品研制、工程应用及营销与管理等工作的社会急需的复合型高级专门人才。

开设课程

本专业开设的主要课程有无机及分析化学、有机化学、机械设计基础、纺织材料学、纺织加工技术、高分子物理化学、黏合剂与助剂化学、非织造学、高分子材料成型原理、非织造染色与后整理技术、非织造材料性能与测试、专业英语（非织造材料）、土工合成材料、非织造材料新技术、高分子材料改性、非织造布市场营销实务等。

就业展望

非织造材料属于产业用新型材料，可广泛应用于航空航天、军事装备、环境保护、高铁及汽车内饰、医用防护、服装和制鞋等诸多领域。本专业毕业生可从事非织造材料与工程领域内的科学研究、产品开发、工艺和装备设计、生产技术管理、经营与贸易和质量检验等工作，也可就业于与本学科领域相关的贸易、外资企业、政府部门、商检与海关、银行与会计师事务所等。成绩优异者可在“非织造材料与工程”“纺织工程”“纺织材料与纺织品设计” 和 “材料学” 等学科继续读研深造。

能力要求

1. 任何一眼矫正到4.8、镜片度数大于800度的考生，患有轻度色觉异常（俗称色弱）的考生，患有色觉异常Ⅱ度（俗称色盲）的考生不宜就读该专业。当然，这里所说的只是总体情况，各高校的要求不同，大家在报考时一定要注意查看目标院校的招生章程。

2. 该专业只招理科生，对物理、化学感兴趣的同学更适宜就读。

实力院校

国家级特色专业建设点

天津工业大学。

服装设计与工艺教育：面向高职院校培养服装类专业师资

核心含义

服装设计与工艺教育专业，顾名思义就是为职业技术院校服装类专业培养师资，且为满足服装产业结构调整的需求培养人才，旨在培养掌握服装设计与工艺的基本理论、基本技能和方法，具有能将科学思维方法和实际动手能力相结合，具备服装艺术设计创新思维，熟练掌握服装造型与结构设计原理以及计算机辅助设计技能，能熟练完成服装款式及工艺制作，具有教书育人良好素质，从事中、高等职业技术教育服装设计与工艺课程的专业师资和从事服装设计与工艺制作的高级应用型人才。

开设课程

本专业开设的主要课程有素描与人体写生、服装材料学、服装效果图、服装史（中、外）、设计学概论、服装设计学、服装结构设计、服装工艺学等。

就业展望

本专业对口教育部门和服装行业就业，前景广阔。可从事教育教学、服装设计与开发、服装生产工艺设计、服装打板、服装推板、服装生产工艺单编写、样衣制作、服装生产管理等工作。

能力要求

1. 任何一眼矫正到4.8、镜片度数大于800度的考生，患有轻度色觉异常（俗称色弱）的考生，患有色觉异常Ⅱ度（俗称色盲）的考生不宜就读服装设计与工艺教育专业。当然，这里所说的只是总体情况，报考时请参考目标高校的招生章程。

2. 考生最好具有一定的美术基础和审美能力。

实力院校

开设服装设计与工艺教育专业的代表性院校

湖南师范大学、河南科技学院。

丝绸设计与工程：丝绸织出锦绣天地

核心含义

丝绸设计与工程专业以工程与艺术结合模式进行人才培养，既要培养学生掌握扎实的纺织丝绸工程基础理论知识，还要提升学生的丝绸文化和艺术素养，使之成为具有卓越的创意思维、设计表现能力、工艺创新实践能力的复合型丝绸产品创新设计人才。

开设课程

本专业开设的主要课程有纺织丝绸文化历史、纺织丝绸产品艺术设计、纺织丝绸产品工艺设计、纺织丝绸服装服饰、家纺装饰成品设计和纺织丝绸产品营销贸易等领域。

就业展望

学生毕业后可以在纺织丝绸、服装服饰和家纺装饰等相关企事业单位、政府部门、时尚和文创产业就业或创业，也可以在国内外高校继续深造。

能力要求

1. 任何一眼矫正到4.8、镜片度数大于800度的考生，患有轻度色觉异常（俗称色弱）的考生，患有色觉异常Ⅱ度（俗称色盲）的考生不宜就读丝绸设计与工程专业。当然，这里所说的只是总体情况，报考时请参考目标高校的招生章程。

2. 考生最好具有一定的美术基础和审美能力。

实力院校

开设丝绸设计与工程专业的代表性院校

浙江理工大学。

轻化工程：轻纺化工面面观

核心含义

轻化工程涉及基础工业和原材料工业领域，全称是轻纺化工，涉及制浆造纸、精细化工、纺织染整、皮革等。该专业学生应掌握以多种天然资源及产品为原材料，通过化学、物理和机械方法加工纺织品、皮革、纸张和卷烟等的基本理论和工艺原理，获得实验操作技能、工艺设计、产品性能检测分析、生产技术管理和新产品开发研究的基本训练，成为在染整工程、皮革工程、制浆造纸等轻纺化工领域从事工业生产、工艺设计、科学研究、技术管理和新产品开发的工程技术人才。该专业大致分为四个方向：纸浆造纸工程、纺织化学与染整工程、皮革工程、添加剂化学与工程。

开设课程

本专业开设主要课程有无机及分析化学、有机化学、物理化学、高分子化学及物理、化工原理、生物化学等。主要实践性教学环节包括金工学习、生产实习、工艺实验、分析与检测实验、化工原理课程设计、毕业设计（论文）。

主要专业实验包括分析与检测实验、化工原理、工艺实验等。

就业展望

此专业就业率很高，对于男生来说更是如此。毕业生可进入轻化工程领域的各大公司、研究所、设计院、企事业单位、高等院校等工作，且地理位置好，多集中在江苏、浙江、广东等发达地区。该专业毕业生未来的前途在于精通技术后走上管理岗位，成为技术管理型人才，此时的待遇会有个比较大的提升。

纸浆造纸工程方向的毕业生就业率很高，主要是进一些造纸厂，但工厂地理位置和条件相对不是很好。该方向包括两个小方向：一个是纸浆造纸工艺，与化学相关，侧重原理；一个是纸浆造纸装备与控制，侧重设备方面，对机械绘图的要求高。

皮革工程方向毕业后基本上是进入造革企业、皮革制品企业、化工材料及贸易企业、制鞋企业等相关企业工作。

纺织化学与染整工程方向毕业生一般是去一些印染厂、助剂厂、印染厂的上下游公司，一般需要下车间。

添加剂化学与工程方向所说的添加剂不是大家所熟知的食品添加剂，主要是指化妆品、涂料里面的添加剂，毕业后大部分是到实验室工作，但开设这个专业方向的学校比较少。

能力要求

1. 患有色弱的考生报考该专业将不予录取。一眼失明，另一眼矫正到4.8、镜片度数大于400度的考生不宜就读该专业。具体以目标院校招生章程为准。

2. 由于培养要求和知识结构的原因，该专业只招理科生，对化学、物理感兴趣的考生适宜报考。

3. 该专业报考时并不热门，对分数要求相对不是很高。

实力院校

拥有轻工技术与工程专业大类国家重点学科的院校

华南理工大学。

拥有轻化工程二级学科国家重点学科的院校

皮革化学与工程方向：四川大学。

发酵工程方向：天津科技大学、江南大学。

国家级特色专业建设点

华南理工大学、四川大学、东华大学、广西大学、山东轻工业学院、天津工业大学、武汉纺织大学、北京服装学院、天津科技大学、浙江理工大学、西安工程大学、陕西科技大学。

包装工程：选择商品也“看脸”

核心含义

包装工程专业毕业生要求具有坚实的自然科学和外语基础，获得科学的思维方法和工程基础训练，系统地掌握包装工程的基础理论、基本知识、基本技能和所需的专业知识，初步具备综合运用所学知识分析解决包装工程中遇到的研究、运用、规划、设计制造和营销等方面问题的能力。

正因为包装工程涉及的方面很广，所以不同学校的侧重点也不一样，主要有下面几个方向：一是包装材料，二是包装设计，三是包装机械，四是包装运输，五是包装印刷。

总体来说包装工程是人们综合运用物理学、化学、材料学、美学、色彩等包装学知识，在社会、

经济、资源及时间等因素限制范围内，为满足包装的主要功能，在产品内包装设计、外包装设计、结构包装设计、缓冲包装设计、运输包装设计、包装工艺设计、集合包装设计等方面采取的各种技术活动。

开设课程

本专业开设的主要课程有包装工程概论、包装材料学、包装工艺学、包装结构设计、包装机械、包装测试、包装运输、包装印刷、包装容器结构设计与制造、包装装潢设计、Photoshop 图形图像处理、3D－max、高分子物理与化学、有机化学、无机化学、物流工程、工程力学、理论力学、材料力学、电子电工学、机械设计基础等。

就业展望

包装工程专业就业面很广，有食品、日化用品、药品、电子产品等众多行业。可以这么说，只要是生产型公司都涉及包装这一块，只要是你能想到的商品都需要包装。不过，这个专业虽然就业没有大问题，但是起薪一般都不高，只有技术非常娴熟或者走上管理岗位，才会在待遇上有个较大的改观。

具体说来，包装材料方向一般就是去做研究，开发新包装材料；喜欢印刷的，可以去一些印刷公司。包装印刷属于印刷行业，属于传统制造业，行业平均待遇较低，发展空间不大；包装结构设计现在就业面比较窄，待遇和包装印刷差不多；如果是外包装设计方向，就往美术、平面设计方面发展，但是要精通计算机软件、平面软件技术；一些大的食品企业有专门的包装技术部门，可去那里主要负责产品包装的解决、新产品的包装方案、企业包装标准的修订等。

能力要求

1. 一眼失明另一眼矫正到 4.8、镜片度数大于 400 度的考生不宜就读该专业。具体可参考目标院校招生章程。

2. 由于培养要求和知识结构的原因，该专业只招理科生，对化学、物理兴趣的考生适宜报考。设计方向的考生最好有一定的美术基础和审美能力。

3. 该专业报考时并不热门，对分数要求相对不是很高。

实力院校

国家级特色专业建设点

天津科技大学、武汉轻工大学、陕西科技大学。

印刷工程：印刷工程＋数字印刷

核心含义

如今的“印刷工程”专业其实是把以前的印刷工程和数字印刷两个专业合并而成。印刷工程专业要求学生熟悉利用计算机进行数字化图文处理技术、制版与印刷工艺设计、设备和材料选型，掌握信息视觉再现、彩色图像与文字处理、制版与现代印刷工艺的基本理论和基础知识，掌握印刷材料适性测试、印刷品质量检测与控制等方面的基本方法，具备一定的实际生产和解决印刷工程及相关技术问题的基本能力，了解印前、印刷、印后加工技术的发展趋势和印刷企业管理技术。

开设课程

本专业课开设的主干课程有印刷概论、色彩学、色彩管理原理与应用、信息获取与输出技术、印前处理原理与技术、印刷原理与工艺、材料科学基础、信息记录材料与技术、显示材料与技术、印刷材料与适性、数字图像处理、计算机图形学、数字内容管理、页面描述语言、印刷设备、计算机集成印刷系统、信息与信息编码、通信与信息系统等。

就业展望

印刷行业近些年发展很快，行业对于学有专长的人是非常需要的，一般的本科生毕业后就业没有太大问题。现在印刷行业比较发达的地区主要是长三角、珠三角、环渤海、长株潭，成为吸引毕业生的重要地区。

印刷工程专业的学生毕业以后一般是进入与印刷相关的企事业单位工作。目前可就业的方向主要集中在印务公司、印刷包装贸易公司、专业电脑制版公司、出版社、报社、印刷媒体与广告公司、印刷机制造企业等，可以在这些企业担任设计员、工艺员、生产调度跟单员、质量管理员、材料管理员、设备操作员。印刷工程专业中，印刷机的操作维修方向就业更好，工资相对较高。不过，在车间开印刷机的大学生不是很多，一般从事设计和质量管理的更多一些。

能力要求

1. 一眼失明，另一眼矫正到4.8、镜片度数大于400度的考生不宜就读该专业。具体可参考目标院校的招生章程。

2. 由于培养要求和知识结构的原因，该专业只招理科生，且对化学、计算机技术有一定的要求。

3. 该专业报考时并不热门，对分数要求相对不是很高。

实力院校

国家级特色专业建设点

北京印刷学院、湖南工业大学。

香料香精技术与工程：敏锐嗅觉打开新世界

核心含义

本专业旨在培养掌握香料香精领域的基础理论、工艺原理及工程技术等专门知识，具有相关学科知识和艺术时尚修养的学生，使学生成为具备香料香精产品技术研究开发、质量控制、工程技术、生产管理等能力，主要在香料制备、香精调配、加香应用、产品品质鉴定与控制等领域，从事香料香精及相关行业（日用化学品、食品、纺织、医药等）产品研发、质量控制、生产管理、市场营销等方面工作，有创新实践能力的高水平应用技术人才。

就业展望

毕业后能从事香料香精化妆品行业的技术开发，如日化香原料制备、食用香原料制备、日化香精制备与分析、食用香精制备与分析、产品品质控制以及香精在日用化工、化妆品工业、食品工业、烟草行业、皮革、纺织、造纸、医药等行业中的应用；也可从事技术管理、市场营销等相关工作。

实力院校

开设服装设计与工艺教育专业的代表性院校

上海应用技术大学。

化妆品技术与工程：让你的美丽无处躲藏

核心含义

本专业旨在培养学生掌握化妆品领域的基础理论、工艺原理及工程技术等专业知识，具有相关学科知识和艺术时尚修养，成为具备化妆品产品配方技术开发核心能力，兼具质量控制、工程技术、生产管理等能力，主要在化妆品原料应用、配方设计、产品制备、功效评价等方面从事质量控制、产品研发、功效评价、生产管理、市场营销等方面工作，有创新实践能力的高水平应用技术人才。

就业展望

学生毕业后能从事化妆品行业的技术开发，如化妆品原料应用、化妆品配方开发、化妆品功效评价、化妆品市场法规、化妆品生产管理、化妆品原料检测分析、化妆品原料技术销售等行业相关岗位；也可从事技术管理、市场营销等相关工作。

实力院校

开设化妆品技术与工程专业的代表性院校

上海应用技术大学、厦门医学院。

交通运输：实现陆海空三通

核心含义

交通运输以前称交通运输工程，严格点说，交通运输是研究铁路、公路、水路及航空运输基础设施的布局及修建、载运工具运用工程、交通信息工程及控制、交通运输经营和管理的工程学科。交通运输专业培养的就是能够研究生产交通运输设备，组织、规划和管理交通运输生产，实现经济和社会效益的专业人才。

开设课程

本专业开设的主要课程有工程图学、理论力学、材料力学、结构力学、测量学、汽车构造、热工与发动机原理、液压与气压传动、机械设计、汽车制造工艺学、机械原理、单片机原理与应用、公路勘测设计、桥梁工程、交通工程学、交通规划、交通控制与管理、智能交通、现代物流学、城市轨道交通规划与设计、交通运输组织学、运输经济学、交通运输设备、交通运输技术管理、交通运输商务管理、交通港站与枢纽、交通运输法规等。

就业展望

交通运输专业的学生就业面比较广。比如，政府的交通运输部门，像铁道部；各类运输、物流企业；交通运输、物流相关的行业协会、科学研究院，像公路科学研究院、交通运输协会等。

能力要求

1. 以下考生不宜就读专业：主要脏器，如肺、肝、肾、胃等动过大手术，功能恢复良好；或曾患有心肌炎、胃溃疡、甲状腺功能亢进已治愈一年的；或一眼失明另一眼矫正到4.8、镜片度数大于400度的。当然，这里所说的只是总体情况，各高校的要求不同，大家在选择时一定要注意查看各院校招生章程，以免发生误选、错漏的情况。

2. 由于培养要求的原因，此专业只招理科生，且该专业对物理、数学有一定的要求。

3. 专业近年来报考相对热门，尤其是办学较好的学校，专业分差比较高，考生在报考时应结合自己的成绩进行院校选择。

实力院校

拥有交通运输工程世界一流建设学科的院校

大连海事大学、东南大学、西南交通大学、长安大学。

拥有交通运输工程专业大类国家重点学科的院校

北京交通大学、同济大学、东南大学、中南大学、西南交通大学、长安大学。

拥有交通运输工程二级学科国家重点学科的院校

交通信息工程及控制：大连海事大学。

拥有交通运输工程二级学科国家重点（培育）学科的院校

交通信息工程及控制：吉林大学。

交通运输规划与管理：上海海事大学。

国家级特色专业建设点

中南大学、北京交通大学、中国民航大学、大连海事大学、西南交通大学、长安大学、南京航空航天大学、中国民用航空飞行学院、兰州交通大学、山东交通学院、上海工程技术大学、山东理工大学、长沙理工大学、重庆交通大学。

交通工程：为交通运输铺路架桥

核心含义

交通工程简单来说就是为交通运输铺路架桥，它是从道路工程学中派生出来的一门较年轻的学科，把人、车、路、环境及能源等与交通有关的几个方面综合在道路交通这一统一体中进行研究，以寻求道路通行能力最大、交通事故最少、运行速度最快、运输费用最省、环境影响最小、能源消耗最低的交通系统规划、建设与管理方案，从而达到安全、迅速、经济、方便、舒适、节能及低公害的目的。

开设课程

本专业开设的主要课程有数学、外语、道路工程制图、工程力学基础、公路土质土力学、交通运输工程、桥隧工程、道路勘测设计、交通工程设计、道路施工监理、道路工程、高速公路管理、公路建设法规、公路养护管理、智能运输系统等。

就业展望

交通工程专业毕业生较好的去处是政府机关、事业单位，如交通局、公路局、轨道交通行业

（如中国南车、中国北车、今创集团等），但是一般都需要通过公务员、事业单位招考。毕业以后也可以进设计院，主要是地级市的设计院，省级的设计院本科生很难进入。毕业生去施工单位的更多，工作很累，条件比较苦，但最能锻炼人。

能力要求

1. 以下考生不宜就读：主要脏器，如肺、肝、肾、胃等动过大手术，功能恢复良好；或曾患有心肌炎、胃溃疡、甲状腺功能亢进已治愈一年的；或一眼失明另一眼矫正到 4.8、镜片度数大于 400 度的。当然，这里所说的只是总体情况，各高校的要求不同，大家在选择时一定要注意查看各院校招生章程，以免发生误选、错漏的情况。

2. 由于培养要求的原因，该专业只招理科生，且该专业对物理、数学有一定的要求。

3. 该专业近年来报考相对热门，尤其是办学较好的学校，专业分差比较高，考生在报考时应结合自己的成绩进行院校选择。

实力院校

国家级特色专业建设点

北京交通大学、同济大学、西南交通大学、长安大学、东南大学、石家庄铁道大学、长沙理工大学、五邑大学。

航海技术：蓝色海洋中的激流勇进者

核心含义

航海技术专业主要培养的是蓝色海洋里的激流勇进者，是与海洋航船驾驶、运输、技术管理及安全有关的学科。主要培养具备海洋船舶驾驶、船舶运输管理、货物运输管理、船舶与人员安全管理等方面知识，能在海洋运输各企事业单位从事海洋船舶驾驶和营运管理工作，符合国际和国家海船船员适任标准要求的高级航海技术人才。

开设课程

本专业开设的主要课程包括航海学、航海英语、船舶操纵与避碰航、船舶管理、海气象与海洋学、船舶结构与货运、航海仪器、船舶无线电技术基础、海洋船舶驾驶、海商法、船舶原理、船舶自动化基础、GMDSS 认识与操作。

就业展望

航海技术这个专业就业前景比较乐观，因为该专业毕业后方向性比较强，工作后待遇也很不错。近几年因为贸易经济的快速发展，为该专业的毕业生提供了更多的就业机会。毕业后 80% 以上是上船人员，就是到船舶公司工作，从水手干起，然后到驾驶员、三副、二副、大副、船长。可以在中石油或者中海油工作，属于近海工作，也可以在港口工作。部分毕业生还可以参加公务员考试进入海事局、打捞局、救助局、航道局、国防科工局等政府机构。

能力要求

1. 裸眼视力任何一眼低于 5.0 的考生不能报考该专业。当然，这里所说的只是总体情况，各高校的要求不同。大家在选择材料类专业时一定要注意查看各院校招生章程，以免发生误选、错漏的情况。

2. 由于航海技术的专业特点，该专业全都是男生，几乎不招女生。

3. 因为主要的工作场所是在船舶上，所以会有一定的危险性，而且因为出海时间周期比较长，一年很少能够回家几次。另外工作会比较辛苦，船上生活并没有想象的那么惬意，连续几个月飘荡在大海上不见人烟，生活和食物都比较单调。

实力院校

国家级特色专业建设点

大连海事大学、上海海事大学、集美大学。

轮机工程：培养为远洋航行护航的工程师

核心含义

现代远洋船舶被称为集高技术与高资本于一体的“流动城市”，该“城市”配备了从生活到工作所用的各类机电设备和动力装置。轮机工程专业培养的学生就是管理船舶所有机电设备和动力装置的机电全能工程师。该专业有两个方向：一个偏向海上轮机管理，就是负责轮船平常的维护和检修；另一个偏向于陆地上的制造业。

开设课程

本专业开设的主要课程有主推进动力装置、船舶辅机、轮机自动化、船舶管理、轮机维护与修理、船舶污染及油处理、电子电工技术、轮机基础、工程材料、工程静力学、工程动力学、流体力学、船舶原理、计算机应用基础、机械制图、机械设计基础、船舶柴油机、船舶辅机、船舶动力装置、船舶动力装置安装工艺、船舶管系、船机制造技术、船机检修技术等。

就业展望

我国是一个海洋大国，随着国家对海洋开发和资源利用的逐步重视，以及进出口贸易的发展趋势良好，对高级海员的需求还是很旺盛的，因此轮机工程专业就业相对比较容易，高薪是它的一个特点。海员职务中，轮机工程对口的职务三管、二管、大管、轮机长的月工资平均为10000元、15000元、20000元、30000元。面对现在普通专业人才就业的压力，轮机工程专业的就业形势非常乐观。就业主要分布于船厂、船舶主机厂进行造船机舱设计。

能力要求

1. 轻度色觉异常（俗称色弱）或裸眼视力任何一眼低于4.8的考生不能报考该专业。因为长期在船上工作，考生肺、肝、肾、肠等动过较大手术，或曾患有心肌炎、胃或十二指肠溃疡、慢性支气管炎等病史的不宜就读该专业。当然，这里所说的只是总体情况，各高校的要求不同，大家在选择材料类专业时一定要注意查看各院校招生章程，以免发生误选、错漏的情况。

2. 由于轮机工程专业的特点，该专业基本只招男生，不招女生。

3. 该专业主要的工作场所是在船上或者港口，有意报考轮机工程专业的考生在填报志愿前要做到心中有数。

实力院校

拥有轮机工程二级学科国家重点学科的院校

大连海事大学、海军工程大学。

国家级特色专业建设点

大连海事大学、哈尔滨工程大学、武汉理工大学、上海海事大学、集美大学。

飞行技术：圆你飞天梦

核心含义

飞行技术是专门培养合格飞行技术人才的技术型专业，该专业学生主要学习飞行性能和控制原理、现代运输飞机构造等方面的基本理论和基本知识，受到识别和运用各种航图、运输机通信和空中领航的基本训练，具有民航航线飞行方面的基本能力。

开设课程

主要课程包括飞行原理、飞机构造、航空发动机、机械设备、飞机自动飞行、空中领航、航空气象、维修工程基础、发动机维修、系统维修、飞行安全、机组资源管理、航空体育等。

实践教学包括初教机飞行训练、高教机飞行训练、外场维修机务实习等，一般安排18周。

就业展望

飞行人才的紧缺已成为整个航空运输行业亟待解决的问题，也是各航空公司既好又快发展的瓶颈。飞行技术专业的毕业生一直面临一个供不应求的求职环境，主要就职于各大航空公司等民航企业，从事民航航线飞行驾驶工作。

能力要求

1. 裸眼视力任何一眼低于5.0的考生是不能报考飞行技术专业。除此之外，因为民航机构在招聘飞行员时都有相关的身体要求，身高低于168cm、有传染疾病、精神障碍、肝功能异常等疾病，或身体有特殊情况的考生不适宜报考本专业。具体身体要求可参考招飞体检标准。

2. 一般只招收男生，年龄在17～20周岁之间（截至报考当年8月31日）。

3. 报考时有政审和体能测试要求。

实力院校

国家级特色专业建设点

中国民用航空飞行学院、中国民航大学。

交通设备与控制工程：轨道交通的最强大脑

核心含义

交通设备与控制工程专业旨在培养具备坚实的交通工程、交通机电工程、控制工程基础，掌握交通控制工程理论与方法及自动化技术、信息与计算机技术，能够在智能交通及相关领域从事设备研发、工程设计、系统集成、技术管理，在城市交通、道路交通从事交通管理与控制、信号检测与处理、设备集成与维护等工作的高级应用型技术人才。

开设课程

本专业开设的主要课程有交通工程学、交通管理与控制、城市交通控制系统、交通信息处理技术、智能交通系统集成技术、交通检测技术、交通视频处理技术、交通仿真技术、交通安全与环境工程、城市交通规划、电工电子学、自动控制原理、单片机原理及应用、材料力学、材料工程基础、材料专业基础实验、嵌入式系统开发等。

就业展望

该专业主要负责铁路信号方面，一般就业于各大铁路局和工程局、地铁等。在铁路局一般分在电务段，负责信号管理及设备维修等。同时，交通控制与管理部门也需要专业人才从事交通信息处理、交通管理等技术工作。除了对口专业的就业选择之外，读研和深造也是不错的选择。

能力要求

1. 任何一眼矫正到4.8、镜片度数大于800度的考生，患有轻度色觉异常（俗称色弱）的考生，患有色觉异常Ⅱ度（俗称色盲）的考生不宜就读交通设备与控制工程专业。当然，这里所说的只是总体情况，具体请参考目标院校的招生章程。

2. 该专业只招理科生，对物理感兴趣的同学适宜就读。

实力院校

开设交通设备与控制工程专业的代表性院校

中南大学、西北工业大学、哈尔滨工业大学、大连交通大学、华东交通大学、太原理工大学、西南交通大学、山东交通学院。

救助与打捞工程：专业培养水上救援打捞人才

核心含义

本专业培养了解救助与打捞相关的法律、法规，掌握先进的救捞技术及专业技能，熟悉现代化的救捞设备，能在交通部所属的救助打捞系统、各类海洋工程公司、救助打捞装备研究设计及制造的研究所、设计所、企业以及救助打捞技术培训的教育机构从事设计、研究、制造、检验、指挥、管理及实施等工作的高级工程技术人才。

开设课程

本专业开设的主要课程有船舶静力学、救助工程、打捞工程、海洋工程、潜水技术基础、船舶设计原理、海洋平台设计、海洋工程结构物强度、船舶动力装置与特种装备、船舶驾驶概论、航海气象学与海洋学、轮机工程概论、救捞与海工项目管理、救捞国际标准合同、救助打捞政策与法规、救捞应急管理等。

就业展望

毕业生就业主要面向交通运输部所属的救助打捞系统、潜水打捞行业、各类海洋工程公司、救助打捞装备研究、设计及制造的研究所、设计院、企业以及救助打捞技术培训的教育机构从事设计、研

究、制造、检验、指挥、管理及实施等工作。

能力要求

1. 任何一眼矫正到4.8、镜片度数大于800度的考生，患有轻度色觉异常（俗称色弱）的考生，患有色觉异常Ⅱ度（俗称色盲）的考生不宜就读该专业。具体以目标院校的招生章程为准。

2. 该专业只招理科生，由于工作性质特殊，该专业不适宜女生报考。

实力院校

开设救助与打捞工程专业的代表性院校

大连海事大学。

船舶电子电气工程：高级船舶电子电气工程师的摇篮

核心含义

船舶电子电气工程是隶属于交通运输大类轮机工程下的一个学科分支名称。主要培养适应船舶自动化要求，熟练掌握电气技术、电子技术（包括电力电子、通讯电子）、控制技术、计算机控制及其网络技术等先进知识，满足国际海事组织STCW国际公约中规定的“电气、电子和控制工程”“维护和修理”和“无线电通讯”三项高级海员职能要求，能够胜任现代船舶各项自动装置的维护和修理任务的船舶高级电子电气工程技术人才。

开设课程

本专业开设的主要课程包括船舶电路与电子技术基础、通信电子线路、微机原理及接口技术、电力电子技术、船舶电机与拖动基础、电力拖动及其控制系统、船舶电站、PLC及其工业控制网络、船舶机舱自动控制系统、船舶计算机网络、航海雷达、电航仪器、导航定位系统、GMDSS系统与设备、船舶综合船桥系统等。

就业展望

该专业就业非常火爆，毕业生除了从事远洋运输工作之外，还可以在船舶设计、船舶检验、船舶修造、海事航运、船舶管理等企事业单位从事与船舶电子电气相关的设计、开发、应用研究和海洋工程的电子、电气设备运行管理等工作。造船厂、船检、船级社、海事局、科研院所、国内航海类院校等港航企事业单位也是毕业生就业的热门领域，毕业生也可在交通运输部门从事船舶设备管理、系统设计、海事监督、船舶检验、科研和教学等工作。

能力要求

1. 双眼裸视力均在4.6（0.4）及以下，任何一眼矫正到4.8、镜片度数大于800度的考生，患有轻度色觉异常（俗称色弱）的考生，患有色觉异常Ⅱ度（俗称色盲）的考生不宜就读船舶电子电气工程专业。

2. 该专业只招理科生，且外语语种一般必须为英语专业。

3. 由于工作性质特殊，该专业不适宜女生报考，且对男生身高有要求。具体可参考目标院校的招生章程。

实力院校

开设船舶电子电气工程专业的代表性院校

大连海事大学、上海海事大学、广州航海学院、集美大学、天津理工大学、重庆交通大学。

轨道交通电气与控制：控制轨道交通的学问

核心含义

本专业培养具备轨道交通信号与控制专业的基础知识、实践能力和专业知识，能在相关领域从事通信系统、轨道通信信号和控制系统、信息检测与处理的研究、开发等方面工作，具有一定创新能力的“实基础、重实践、强能力、会创新”的应用型人才。

开设课程

本专业开设的主要课程包括电路分析基础、程序设计基础、电子技术、信号与系统、微机原理及接口技术、通信原理、城市轨道信号检测技术、城市轨道交通系统概论、单片机原理及应用技术、数字信号处理、车站计算机联锁控制技术、列车运行自动控制技术、嵌入式系统等。

集中实践教学环节包括军事训练、金工实习、电工电子基础综合实训、模拟电子技术课程设计、数字电子技术课程设计、MATLAB 仿真实训、电子电路计算机辅助设计（protel）、单片机课程设计、（高级）工业自动化仪器仪表与装置装配工培训、电子综合设计实训、轨道交通信号与控制实训、生产实习、毕业设计（含实习）等。

就业展望

本专业可在各类制造企业运用先进制造技术手段从事产品创新设计、三维造型、计算机辅助分析与制造等方面的技术和管理工作；在企事业单位从事数控机床的编程与操作、数控加工工艺的制定及 CAD/CAM 的应用等工作；能从事数控机床的安装、调试、维修、生产组织和技术管理的工作；能从事机械、电子、电器、轻工、塑料等行业的制造、维修，以及相关设备的操作、维护与管理等方面的工作；能从事模具产品质量检验及市场经营销售等方面的工作；也可从事高等职业教学工作。

能力要求

1. 双眼裸视力均在 4.6（0.4）及以下，任何一眼矫正到 4.8、镜片度数大于 800 度的考生、患有轻度色觉异常（俗称色弱）的考生、患有色觉异常Ⅱ度（俗称色盲）的考生不宜就读船舶电子电气工程专业。
2. 该专业只招理科生，且外语语种必须为英语专业。
3. 由于工作性质特殊，该专业不适宜女生报考。具体可参考目标院校的招生章程。

实力院校

开设轨道交通电气与控制专业的代表性院校

山东交通学院、郑州科技学院。

邮轮工程与管理：邮轮上的安全管理者

核心含义

本专业培养德、智、体全面发展，理论基础扎实，工程实践能力、技术创新能力及团队协作能力强，具有良好的职业道德、敬业精神和社会责任感，具备较强的英语语言应用能力和规范的国际邮轮各部门岗位的服务、管理能力，能够熟练应用计算机等办公设备，并可从事国际邮轮服务、管理与经营等工作的应用型邮轮技术和管理人才。

开设课程

本专业开设的主要课程包括大学计算机基础、工程制图、工程力学、工程材料、热工与流力、电工与电子技术、自动控制原理、机械设计基础、液压与气动、邮轮电气设备、制冷空调技术、电梯原理与维修、供热与给排水、消防与安防系统、邮轮工程设备管理、邮轮工程英语、邮轮工程英语口语等。

主要实践教学环节包括机械设计基础课程设计、电工与电子实验实习、金工工艺实习及邮轮专业实习、毕业实习及毕业论文。

就业展望

毕业生主要从事邮轮工程及管理工作，既可在邮轮上负责相关设备的维护与管理，也可在邮轮母港相关机构从事邮轮各项保障工作，或邮轮相关设备的维护、保养，参与邮轮建造维修中设备现场管理等相关工作。

能力要求

1. 由于工作性质特殊，该专业不适宜女生报考。具体可参考目标院校的招生章程。
2. 由于工作环境特殊性，需具备一定的英语口语表达能力。

实力院校

开设邮轮工程与管理专业的代表性院校

广州航海学院等。

船舶与海洋工程：为海洋工作保驾护航

核心含义

船舶与海洋工程已成为捍卫疆域完整以及扩大交往范围而亟待发展的学科。该专业是一门研究船舶轮机工作原理的学科，主要学习船舶的构造、航行原理、安全性设计及建造法规和国内外重要船级社的规范等知识，研究船舶的设计方法及如何保证航行的快速性、良好的操纵性和抗风浪能力等问题。

该专业主要包括两个方面：一个是船舶制造方向，主要学习船舶构造、设计方法、航行原理、使用和管理方法等；另一个是海洋工程方向，是对石油开采平台、海上人工岛、海上机场以及海上的各类建筑物进行设计和建造。因此，说这个专业只是研究船舶是比较片面的说法。船舶与海洋工程专业是一门古老的专业，是船舶建造、使用及海运行业的重要支撑学科。随着现代科学技术的迅猛发展，该专业不断与新兴的电子技术、计算机技术、自动控制、宇航等学科相联合，获得了新的生命力。

开设课程

本专业主要学习数学、物理、力学、船舶与海洋工程、海洋工程环境学等方面的基本理论和专业知识。两个方向学习内容有共性的地方，比如说公共基础课、专业基础课，以及实践教育环节是完全一样的，不同之处只在于专业的选修课。

本专业开设的主要课程有：数学、理论力学、材料力学、流体力学、结构力学、船舶原理、船体制图、船舶材料与焊接、船舶英语、船舶结构与强度、船体振动等。

就业展望

毕业生就业主要是到造船厂，实践能力较强的毕业生可以去船厂做船舶设计师。还可以当督工工程师，这个必须现场督工，相对比较苦，但报酬丰厚。理论研究能力较强的毕业生可以去研究所、研究院搞科研，但要求专业基础好。毕业生可以到国内外船级社工作，也就是船舶质量检验所之类的地方，负责检测新船性能，待遇高，工作环境较好，但工作压力也比较大；还可去海洋石油部门，如中海油下面设有海洋工程公司，它是负责建造平台、铺管线的基建单位。毕业生还可以报考海事局等海洋管理部门的公务员。

能力要求

1. 船舶与海洋工程专业对考生的身体条件有一定要求，任何一眼矫正到4.8、镜片度数大于800度的考生不宜报考。当然，各高校的要求不同，大家在选择此专业时一定要注意查看各院校招生章程。

2. 该专业就业环境会稍微艰苦一些，有些用人机构不愿意招女生，所以建议对此专业有兴趣的女生三思而后报考。

3. 该专业对数学、物理方面的知识要求相对较高，相关学习内容比较多。建议数学、物理学科好的学生报考。

实力院校

拥有船舶与海洋工程一流学科建设点的院校

哈尔滨工程大学、上海交通大学。

拥有船舶与海洋工程专业大类国家重点学科的院校

哈尔滨工程大学、上海交通大学、武汉理工大学。

拥有船舶与海洋工程二级学科国家重点学科的院校

船舶与海洋结构物设计制造方向：大连理工大学。

轮机工程方向：大连海事大学、海军工程大学。

水声工程方向：西北工业大学。

国家级特色专业建设点

天津大学、大连理工大学、哈尔滨工业大学、上海交通大学、江苏科技大学、浙江海洋大学、武汉理工大学。

海洋工程与技术：运用高科技徜徉大海

核心含义

掌握海洋工程与技术的专业知识，就好比给探索无尽海洋的工具装上了大脑。该专业主要培养具备现代海洋工程装备设计、研究、建造的基本技能和项目管理方面的基础知识，以及计算机编程及应用能力，具有海洋工程领域企业实践经验，并且能够在海洋高科技、海洋工程、海洋资源开发、船港机械等领域从事科学研究、技术开发、制造、检验、经营的工程技术人才。本专业学生主要学习海洋高科技和海洋工程方面的基本理论和基本知识，受到海洋新技术的基本训练，具有从事海洋调查和海洋科学研究方面的基本能力。

开设课程

本专业开设的主要课程有海洋科学导论、生物海洋学、海洋地质学、海洋工程材料、海洋工程环境、结构有限元分析、海洋工程波浪力学、钢结构、海洋平台设计原理、海洋工程装备设计、港口机械设计、海洋石油钻采技术、海洋油气管道工程、海洋工程结构动力分析、海洋工程结构与强度、海洋科学和海洋技术等。

就业展望

海洋开发是我国的战略型新兴产业，海洋经济是我国经济发展重要的新增长点。而目前我国海洋资源利用与开发领域、海洋机电装备、海洋环境保护与监测等工程技术人才缺口量巨大，用人单位需求十分迫切。该专业毕业生去向主要为海洋装备制造业、海洋环境监测、海洋能源开发等领域的企事业单位及相关科研院所，也可到海洋工程设计、研究、建造和检验等部门从事海洋结构物的研究、设计、制造、检验、贸易工作，或从事海洋油气开发以及航运管理、海上保险、海洋开发、航务工程、船舶工程、道路与桥梁工程等相近专业部门工作。

能力要求

1. 任何一眼矫正到4.8、镜片度数大于800度的考生，患有轻度色觉异常（俗称色弱）的考生，患有色觉异常Ⅱ度（俗称色盲）的考生不宜就读海洋工程与技术专业。具体请参考目标院校的招生章程。
2. 对物理、化学感兴趣的男生更适宜就读。

实力院校

开设海洋工程与技术专业的代表性院校

中山大学、海南大学、浙江大学、杭州电子科技大学、浙江海洋大学、江苏科技大学等。

海洋资源开发技术：海洋生物研究所

核心含义

向着无边无际的大海出发，探索海洋生物的奥秘。海洋资源开发技术专业是为满足国家战略性新兴海洋相关产业发展对高素质人才的迫切需求，于2010年设置的专业。该专业主要学习开发和利用海洋资源的基本知识和核心技术，以海洋生物资源开发利用为特色，培养能掌握海洋生物资源、食品、药品、功能生物制品等基础知识，具有新产品设计与研发能力的高级专门应用型技术人才，或从事海洋生物资源开发相关的科学研究、政策规划与管理等工作的高级专门人才。

开设课程

本专业开设的主要课程有生物化学、海洋微生物工程、水产食品化学、海洋生物资源加工工厂设计、海洋资源原料学、海洋生物资源加工机械、海洋生物资源评估、海洋生物资源加工与利用工程、海洋生物资源产品质量控制、海洋资源综合利用技术专题、海洋管理概论、海洋学、海洋环境生态学、水力学、工程力学、CAD 应用、海洋遥感与地理信息系统、水环境工程学、增殖工程与海洋牧场建设、海洋生物制品原料学等。

就业展望

以海洋生物技术开发和保护海洋生物资源为标志的“蓝色革命”正在全球兴起，世界沿海各国都在把开发海洋资源列为国家发展重要战略。开发利用海洋资源、发展海洋经济已成为人类解决当前人口膨胀、环境恶化、资源短缺等问题的重要途径。毕业生可从事相关海洋生物制品设计、开发、生产经营、商品检验与管理工作，从事高等院校、科研单位的教学与科研，以及涉海政策规划与管理等相关工作，也可以在海洋资源保护开发、海洋药物、海洋渔业、海洋生态工程、环境评估等相关机构从事与海洋开发有关的科学研究、产品开发、工程技术、海洋管理、环境保护等工作。

能力要求

1. 任何一眼矫正到 4. 8、镜片度数大于 800 度的考生，患有轻度色觉异常（俗称色弱）的考生，患有色觉异常Ⅱ度（俗称色盲）的考生不宜就读该专业。具体可查看目标院校的招生章程。

2. 对物理、化学感兴趣的同学更适宜就读。

实力院校

国家级特色专业建设点

中国海洋大学。

海洋机器人

根据《教育部关于公布 2018 年度普通高等学校本科专业备案和审批结果的通知》（教高函〔2019〕7 号）公告的新增审批本科专业名单，我国高校首次开设海洋机器人专业。对该专业感兴趣的同学可以登录哈尔滨工程大学官网查看相关信息。

航空航天工程：翱翔蓝天 驰骋宇宙

核心含义

翱翔蓝天鸟瞰天地广袤，驰骋宇宙领略空间奥妙。航空航天工程专业涵盖飞行器设计与制造、发动机、航空宇航信息与控制等领域。该专业包含“航空”与“航天”两大方向。这两大方向看似相近，其实还是有较大区别的。“航空”研究的是在大气层内的飞行器，像平常我们坐的波音飞机、直升机、飞艇等。而“航天”研究的是航天器在太空、地球大气层以外的航行活动，像宇宙飞船、卫星、空间站、深空探测器运载火箭、战略导弹武器等，比如近年来我国神舟系列飞船的发射、嫦娥三号登月等就属于航天工程。本专业属于高精尖的专业，所以学习内容会涉及众多的知识领域，主干学科都会学航空宇航科学与技术、力学等。

本专业的学生应掌握数学、物理、动力学与控制、飞行器相关专业、实验等方面的基础理论和知识，具有飞行器总体、结构与系统设计分析的能力。

开设课程

本专业开设的主要课程有结构力学、工程力学、材料力学、气体动力学、空气动力学、流体力学、工程热力学、热传学、飞行器总体设计、飞行器结构设计、机械制图、机械设计制造、自动控制原理、航空航天生理学等。

就业展望

本专业的就业形势比较乐观，本科毕业生基本都是到国有企业工作，福利待遇方面，总体来说都还不错。

毕业生对口去航天方向就业的话，主要就是去航天研究所。从航天一院（运载火箭技术研究院）、航天二院（地空导弹研究所，也叫长峰集团）、航天三院（飞航导弹研究院，也叫海鹰集团）、航天四院（航天化学动力研究院）一直到十院等。

毕业生对口去航空方向就业的话，可以到各大航空制造厂或飞机部件制造厂做研究、设计、生产，像哈飞、沈飞、西飞、成飞、贵飞等，也可以去军工厂里参与飞机的生产，或去民航公司工作，在各个航空公司做地勤等。

能力要求

1. 一眼失明，另一眼矫正到4.8、镜片度数大于400度的考生不宜报考该专业。当然，这里所说的只是总体情况，各高校的要求不同。在选择该专业时，大家一定要密切关注各院校招生章程。

2. 该专业的课程安排适合聪明、严谨、理科综合素质强的人学习，对物理、化学、数学学科的要求比较高。

实力院校

航空宇航科学与技术一流学科建设高校

北京航空航天大学、国防科技大学。

拥有航空宇航科学与技术专业大类国家重点学科的院校

北京航空航天大学、南京航空航天大学、西北工业大学。

飞行器设计与工程 & 飞行器制造工程 & 飞行器动力工程

核心含义

飞行器设计与工程专业主要研究飞行器制造领域内的设计、制造、研究、开发与管理等方面的知识，包括人造卫星、宇宙飞船、空间站、深空探测器运载火箭、航天飞机等空间飞行器及导弹的设计。

飞行器制造工程专业是以航空航天为主要应用背景，以一般机械制造工程为基础，广泛吸收各种先进技术和科学理论的成果，针对飞行器的特点研究各种制造方法的机理和应用，探求制造过程的规律，合理利用资源，经济而高效率地制造先进优质飞行器的一门技术科学。它是实现人类航空航天理想，使先进的设计思想变成现实的重要保证。

飞行器动力工程，又称航空宇航推进理论及工程，是一个庞大的系统工程，主要研究的是航空、航天飞行器的发动机，包含总体、气动、结构、控制与仿真、燃烧等分方向。众所周知，发动机是任何一个飞行器的心脏，而我国航空航天的瓶颈和短板就在于此。

开设课程

三个专业开设的主要课程有理论力学、材料力学、机械设计、弹性力学、流体力学与空气动力学基础、飞行力学、结构设计、航空工程材料、电工与电子技术、金属塑性成形原理、模具设计与制造、飞机零件加工与成形工艺、动力装置原理及结构、动力装置制造工艺学、动力装置测试技术等。

就业展望

毕业生一般可以从事飞行器结构工程、民用机械、交通运输业、工业与民用建筑工程、软件工程等方面的设计与科研、教学工作，从事航天器、火箭、导弹的设计实验、研究、运行维护等工作。

总体来看，飞行器设计与工程专业进研究型单位的多一些；飞行器制造工程专业就业方向多半是飞机制造厂、航空公司的机务；飞行器动力工程专业毕业生一部分在研究所，一部分在机场做机务，去航空发动机制造厂的人也比较多。

由于国家大力发展航空及相关领域事业，所以近年来飞行器设计与工程专业的毕业生在找工作的时候可以说是供不应求，北京、上海、西安等地航天科技院所的骨干和其他高新技术的研制与开发人员多半是从这些专业走出的。但是各种用人单位对学生学历的要求逐渐提高，所以建议想在相关领域走得更长远的考生考研、考博，来扩充将来的就业空间。

能力要求

参考航空航天工程专业。

实力院校

拥有飞行器设计二级学科国家重点学科的院校

哈尔滨工业大学。

拥有飞行器设计二级学科国家重点（培育）学科的院校

北京理工大学、国防科技大学。

飞行器设计与工程专业国家级特色专业建设点

北京航空航天大学、西北工业大学、哈尔滨工业大学、南京航空航天大学、北京理工大学、西安交通大学。

飞行器制造工程专业国家级特色专业建设点

哈尔滨工业大学、西北工业大学、沈阳航空航天大学。

飞行器动力工程国家级特色专业建设点

北京航空航天大学、哈尔滨工业大学、西北工业大学、南京航空航天大学、中国民航大学、沈阳航空航天大学。

飞行器环境与生命保障工程：飞行护卫者

核心含义

飞行器环境与生命保障工程专业是飞行员生命保障之基础专业。该专业主要围绕先进航空器技

术、先进航天器技术、飞行器隐身技术、综合环境控制和生命保障技术、飞行器控制技术、飞行器综合可靠性技术等六个研究方向进行实验基地建设。随着我国航空航天技术的发展，如载人航天、登月计划的实施等，为飞行器环境与生命保障专业提供了难得的发展机遇。该专业培养具备航空航天环境模拟及控制、生命保障系统设计与研究能力，能在航空航天领域从事环境控制与生命保障系统设计，在民用领域从事热能利用、空调、供暖等系统设计的工程技术人才。

开设课程

本专业学生主要学习航空航天生命保障相关的基础理论，掌握从事航空航天环境模拟、控制与生命保障系统设计与研究所必需的基本知识和技能。开设的主要课程有人机与环境系统工程、动力工程与工程热物理、控制科学与工程、工程热力学、传热学、空间环境工程、航空航天生理学、控制理论、人机环境系统工程、空气动力学、理论力学、计算机可视化技术、空调制冷技术、航空航天环境模拟与控制技术、空间环境试验技术、人工智能工程导论等。

就业展望

本专业毕业生主要在航空航天、民航、民航维修企业、机械、建筑、化工、部队等部门从事飞行器环境与生命保障，以及空调与制冷技术方面的技术、管理、教学、研究等工作。

能力要求

参考航空航天工程专业。

实力院校

开设飞行器环境与生命保障工程专业的代表性院校

北京航空航天大学、南京航空航天大学、西北工业大学、哈尔滨工业大学等。

飞行器质量与可靠性：研究制作最精良、最可靠的飞行器

核心含义

飞行器质量与可靠性专业就是研究制作最精良、最可靠的飞行器，为保家卫国的空军战士提供最有力的保障。该专业被原国防科工委确定为国防紧缺专业，主要培养的人才以航空航天等机械制造行业为背景，以工程技术、管理科学和扎实的数理统计学为基础，以生产过程质量控制、产品质量设计为特色和优势，熟悉质量与可靠性工程方面的理论知识和业务技能，具有综合性、应用性、宽口径的知识体系，掌握产品可靠性、维修性、测试性、保障性、安全性与试验技术，成为既懂得工程技术又擅长管理的高层次、综合性、复合型高级工程技术人才。

开设课程

本专业学生主要学习飞行器设计与工程的基本理论和基本知识，掌握飞行器系统可靠性设计与分析，具有从事飞行器质量与可靠性监测的基本能力。开设的主要课程有飞行器设计系统工程、现代质量工程、运筹学、系统工程、生产计划与控制、全面质量管理、质量工程、可靠性工程、试验设计、质量法与质量认证、系统可靠性设计与分析、飞行器维修性设计与验证、可靠性与寿命试验技术、飞机结构损伤与检测技术、发动机故障检测技术、民航机电设备检修技术等。

就业展望

该专业的就业范围十分广泛，毕业生可在航空航天、核动力工程和船舶与海洋工程领域，以及机械、电子、计算机、汽车等领域，从事质量与可靠性工程设计、管理和研究等工作。也可以到船舶、兵器等国防工业企业，机械、电子、计算机等企业，以及质量技术监督管理、工商管理、经济与计划管理等国家行政机构中，担任质量数据统计分析、质量策划、质量设计、质量检测、质量改进、质量监督和管理等以改进和提高企业与社会生产力为职责的质量工程师、咨询顾问或行政管理人员等。

能力要求

1. 任何一眼矫正到4.8、镜片度数大于800度的考生，患有轻度色觉异常（俗称色弱）的考生，患有色觉异常Ⅱ度（俗称色盲）的考生不宜就读该专业。具体请注意查看目标院校的招生章程。

2. 对物理、化学感兴趣的同学适宜就读。

3. 某些院校招生时要求考生外语语种为英语，详细情况可留意院校当年的招生简章。

实力院校

开设飞行器质量与可靠性专业的代表性院校

北京航空航天大学、哈尔滨工程大学、沈阳航空航天大学、郑州航空工业管理学院等。

飞行器适航技术：飞行器安全航行的评鉴员

核心含义

每一项标准的制定都是以人身财产安全为前提，每架飞机（任何机型）都必须达到国家的适航标准才可以升空航行。适航，指的是机型的设计、制造、构型、功能等满足相关规定的具体要求。飞行器适航技术专业主要培养具有扎实的航空专业知识、适航法规、适航验证与审定技术以及适航工程管理等基础理论知识和工程实践能力，受到飞行器适航技术的基本训练，能从事飞机总体和结构设计、飞机系统安全性和可靠性设计、适航符合性评估等的高级技术人才。

开设课程

本专业学生主要学习数学、力学和电学基础，掌握飞行器适航技术的基本理论。开设的主要课程有飞行器总体设计、飞行器结构设计、飞行器系统设计、航空发动机原理、发动机结构与强度、发动机控制、航空电子、航空电器、机载计算机、通信与导航、飞机制造基础、现代飞机装配技术、民用航空法、航空安全工程原理、可靠性原理、飞机安全性设计与分析、适航规章、适航验证与审定技术、适航管理工程等。

就业展望

飞行器适航技术专业为适应我国民用飞机设计、生产、使用和维护的迫切发展需求，依托国防科工委紧缺学科——适航技术与管理而创办，该专业的毕业生可以在适航审定与管理部门、民航单位、民用航空设计及制造单位，从事该领域的飞机总体和结构设计、飞机系统安全性设计与分析、适航符合性评估、可靠性工程、飞机适航审定和验证技术以及适航管理技术等方面科学研究、工程设计和科研管理等方面的工作。

能力要求

1. 任何一眼矫正到4.8、镜片度数大于800度的考生，患有轻度色觉异常（俗称色弱）的考生，患有色觉异常Ⅱ度（俗称色盲）的考生不宜就读该专业。具体可查看目标院校的招生章程。

2. 对物理、数学感兴趣的同学更适宜就读。

实力院校

开设飞行器适航技术专业的代表性院校

南京航空航天大学、北京航空航天大学、西北工业大学、沈阳航空航天大学、中国民用航空飞行学院、西华大学、郑州航空工业管理学院等。

飞行器控制与信息工程：飞行器的大脑

核心含义

如果把航天器比作人，其控制与信息系统就是其大脑和神经系统，它赋予飞行器“感知环境”“自动飞行”和“自主决策”的智能。

飞行器控制与信息工程是现代航天航空飞行器的核心组成部分之一。随着新型电子技术和功能材料的迅速发展，及其在航天航空领域的广泛应用，“智能化”“自主化”成为未来飞行器的重要特征。飞行器控制与信息系统则在元器件和飞行器之间搭建了一座桥梁，使得航天航空飞行器在“自动化”的基础上，进一步具备“智能化”和“自主化”的能力。可以预见，随着智能感知、先进导航/制导与飞行控制等关键支撑技术的快速发展，飞行器控制与信息工程专业将在未来飞行器的设计中扮演更为重要的角色，成为驱动未来航天航空技术发展的核心力量。

本专业突出飞行器相关知识与飞行器控制理论与工程、信息科学与工程等的交叉融合，培养掌握控制、信息、计算机等基础理论，具备电路电子、电机与控制元件、信号与系统、控制系统设计与仿真等基本知识，飞行器动力学、飞行器控制技术、飞行器导航与信息融合等专业知识，接受飞行器控制与信息工程实践训练，能够解决飞行器控制与信息工程实际问题，独立承担设计任务的高级复合型和创新型人才。

开设课程

本专业开设的主要课程有理论力学、模拟电子技术、数字电路与系统设计、信号与线性系统、计算机软硬件基础、电机与控制元件、自动控制原理、控制系统设计与仿真、航天器动力学基础、航天器控制技术基础、航天器导航技术、飞行器信息融合理论及应用、航天器再入返回控制等。

就业展望

毕业生可选择报考与本专业密切相关的飞行器设计、载运工具运用工程、通信与信息系统、航空航天安全工程、航空工程、导航、制导与控制、控制理论与控制工程、信号与信息处理等10余个学科的硕士研究生或者出国深造。本科生毕业后能在航空航天领域的飞行器设计研究所、飞行器制造公司、民航公司、军队及其他相关单位从事航空和航天飞行器设计与研究、飞行器控制、飞行器信息处理与传输等方面的研发工作，或者在高等院校、政府部门和军队从事与本专业有关的教育和技术管理工作。

能力要求

本专业学生既要具备宽广的知识面，又要夯实重要理论基础；既要培养系统观点，能够熟练地进行系统分析和系统设计，也要掌握必要的元器件知识；既要培养理论分析、建模和设计的能力，也要具备较强的工程实践能力。

实力院校

开设飞行器控制与信息工程专业的代表性院校

西北工业大学、南京航空航天大学、中原工学院、成都工业学院、四川大学、电子科技大学、吉林动画学院、中国消防救援学院。

无人驾驶航空器系统工程：无人驾驶时代　智能未来已来

核心含义

国内无人驾驶飞行领域近几年发展比较快，国家正在实施《中国制造 2025》，教育部大力支持各高校开办无人系统专业，该领域的人才需求量激增。除军事用途外，由于无人机成本相对较低、无人员伤亡风险、生存能力强、机动性能好、使用方便等的优势，使得无人机在航空拍照、地质测量、高压输电线路巡视、油田管路检查、高速公路管理、森林防火巡查、毒气勘察、缉毒和应急救援、救护等民用领域应用前景极为广阔。正是因为看到未来无人机的民用市场潜力巨大，除一些科研院所外，民营企业也开始介入无人机市场。

本专业主要培养适应无人驾驶航空器产业和人工智能技术深度融合的岗位需求，全面掌握无人驾驶航空器的系统结构和工作原理、系统设计和研发、系统操控与组装调试等专业知识和应用技能，能够从事无人驾驶航空器的产品设计、研发、应用和管理等相关工作的高素质技术技能型人才。

开设课程

本专业培养学生全面掌握无人驾驶航空器系统的总体综合设计，无人驾驶航空器任务规划、任务载荷和地面站，无人驾驶航空器空中交通管理、适航与法规，无人驾驶航空器系统操控与维修等专业知识，使其具备从事无人驾驶航空器系统领域相关工作的能力。开设的主要课程有无人驾驶航空器系统导论、飞行原理与空气动力学、无人机构造与原理、电工与电子技术基础、机械基础、微机原理与单片机应用、PLC 编程及应用技术、传感器与检测技术应用、无人机操控技术、无人驾驶航空器系统组装与调试、无人驾驶航空器系统总体设计、无人驾驶航空器导航与飞行控制系统、无人驾驶航空器适航与法规等。

就业展望

本专业毕业生可在各类无人驾驶航空器企业、智能制造企业、其他航空类企业从事产品设计、研发、运用和管理等工作。主要有两个方向：一部分企业业务涉及设计、应用、维修等技术性工作；另一部分企业则是从事无人机的制造、营销等，其主要业务是生产和销售。无人飞行是一条产业链，人才培养也是围绕着该产业链的各个环节，要因材施教。

能力要求

本专业学生需要掌握扎实的无人驾驶航空器系统的基本知识和专业知识，接受无人驾驶航空器设计、航空航天运输技术、信息与控制技术、空中交通管制、无人驾驶航空器操作与应用等方面的专业训练，并且具有较强的计算机应用和软件开发的能力。

实力院校

开设无人驾驶航空器系统工程专业的代表性院校

北京航空航天大学、中原工学院、电子科技大学、西华大学、北京理工大学珠海学院、滇西科技师范学院、中国民用航空飞行学院、北京科技大学天津学院等。

武器系统与工程：国防事业的根基

核心含义

国家强大基于军事实力，军事强大基于武器优良。武器系统与工程专业主要研究武器系统及其发射、运载以及民用机械工程与自动化方面的基本理论和基本知识。该专业的研究方向主要有火炮设计、火箭弹总体设计与动力装置、火箭炮（发射架）、自动武器、探测制导与控制技术（引信）、弹药与爆炸技术等高精尖技术。

武器系统与工程专业的学生要接受武器系统设计、技术综合、产品研制、实验测试工程管理方面的基础训练，具备武器系统分析与综合、工程设计与计算、计算机应用、试验检测、科技管理等方面的基本能力。

开设课程

本专业开设的主要课程有武器系统工程、机电系统分析与设计、发射动力学、空气动力学、流体力学、弹道力学、制导原理及系统、弹药终点效应、冲击动力学、爆炸技术、安全工程学、火（炸）药合成、燃烧与爆炸物理学、火工烟火技术、地面武器机动系统分析与综合、液压与液力传动、车辆电子技术、机械制造工艺学等。

就业展望

武器系统与工程专业主要是面向高尖端航天技术及制导技术，因为该领域正处于高速拓展的阶段，所以该专业的毕业生就业状况总体来说是形势大好。毕业生主要在有关科研单位、高等学校、生产企业和管理部门从事系统设计、技术开发、产品制造、实验测试和科技管理方面工作。武器系统与工程专业主要研究方向为火炮设计、火箭弹总体设计与动力装置、火箭炮（发射架）、自动武器、探测制导与控制技术（引信）、弹药与爆炸技术等方面。

能力要求

1. 开设这个专业的学校较少，主要是一些具有军工背景的院校，部分院校的修学年限为 5 年。
2. 更适合数学、物理、化学成绩较好的男生报考。
3. 肺、肝、肾、脾、胃肠等主要脏器动过较大手术，功能恢复良好；或曾患有心肌炎、胃或十二指肠溃疡、慢性支气管炎、风湿性关节炎等病史；或甲状腺功能亢进已治愈一年的，不宜就读该专业。

实力院校

兵器科学与技术一流学科建设点

北京理工大学、南京理工大学。

拥有兵器科学与技术专业大类国家重点学科的院校

北京理工大学、南京理工大学、陆军工程大学。

拥有兵器科学与技术二级学科国家重点学科的院校

武器系统与运用工程：西北工业大学。

兵器发射理论与技术：火箭军工程大学。

拥有兵器科学与技术二级学科国家重点（培育）学科的院校

武器系统与运用工程：中北大学。

开设武器系统与工程专业的代表性院校

北京理工大学、南京理工大学、中北大学、西北工业大学、西安工业大学。

武器发射工程：给武器插上翅膀

核心含义

武器发射工程专业主要研究适应新形势下的武器从发射、飞行到命中目标全过程的力学现象、运动规律和测试等有关理论和工程应用技术。高新技术的迅猛发展及其在兵器技术中的应用，使得弹箭、火炮高新技术含量不断提高，出现了许多新概念武器，这些都与武器发射工程有着直接的关系。该专业主要研究方向有现代火炮发射理论及控制技术、外弹道理论及弹箭控制技术、弹箭空气动力及增程技术、弹道实验与仿真、火箭导弹发射技术等。

本专业学生主要学习武器系统及其发射、运载，以及民用机械工程与自动化方面的基本理论和基本知识，受到系统设计、技术开发、产品研制、实验测试及工程管理方面的基本训练，具备系统分析与综合、工程设计与计算、计算机应用、试验检测方面的基本能力。

开设课程

本专业开设的主要课程有高等数学、大学物理、大学英语、信息技术基础、VisualBasic 程序设计、机械设计与制造、微机原理、模拟电路与数字电路、工程热力学、气体动力学、弹箭空气动力学、内弹道学、外弹道学、武器概论、实验弹道学、新概念武器等。

就业展望

武器发射工程专业主要是面向高尖端航天技术及制导技术，因为该领域正处于高速拓展的阶段，所以该专业的毕业生就业状况总体来说是形势大好。众所周知，炮弹特别是导弹在现代战争中已经得到越来越广泛的应用，而以火箭为代表的现代航天技术的发展也是日新月异，这些高新技术的发展必然需要大批专业人才的加盟，这也就为该专业的毕业生提供了一个广阔的就业空间。

学生毕业后，绝大部分走向部队或是到国家航空航天局的有关部门工作，从根本上来说应该是为国家服务的，虽然就业的选择面相对较窄，但这些领域都是国家级的重点建设方向，人才需求状况良好。

能力要求

参考武器系统与工程专业。

实力院校

国家级特色专业建设点

北京理工大学、南京理工大学。

探测制导与控制技术：精准定位　智能控制

核心含义

探测制导与控制技术在国防建设和现代战争武器的发展中发挥重要的作用。该专业是教育部在1988年颁布的新专业，是由原来的鱼雷飞雷工程、火控与指挥系统工程、引信技术、飞行器制导与控制四个专业归并而成。该专业根据学校设置的不同分为电子方面和航天方面，但多数院校倾向于电子方向的培养。

电子方面：本专业培养具备目标及环境的探测、识别、跟踪、定位、制导与控制、安全与起炸控制以及机电控制和传感检测等方面的基础理论知识和工程实践能力，能在有关科研单位、高等院校、生产企业和管理部门从事系统设计、技术开发、产品研制、实验测试和科技管理等方面工作的高级工程技术人才。

航天方面：培养能够综合运用电子工程、控制理论、系统仿真技术的能力，掌握航天器和无人航空器探测、制导与控制的基础知识和专业知识，具有较强创新精神，能从事航天航空制导、导航与控制电子综合系统、飞行器控制系统设计的高级工程技术人才和研究人员。

开设课程

本专业（电子方向）开设的主要课程有机电系统设计、中近程探测与识别技术、现代控制理论、制导与控制原理及系统、传感与检测技术、模式识别与智能控制、GPS与抗干扰技术、武器探测、制导与控制系统分析与设计、系统建模与仿真技术等。

本专业（航天方向）开设的主要课程有机械设计基础、电路分析基础、模拟电子技术基础、单片机原理、网络技术基础、自动控制理论、计算机控制、航天器控制原理、导弹控制原理、导引系统原理、卫星轨道动力学、航天器飞行控制与仿真、卫星导航原理与应用、飞行力学、最优滤波与卫星组合导航等。

就业展望

探测制导与控制技术专业的学生毕业后，可到兵器工业部门，也可在民用企事业单位从事产品设计、科学研究与管理工作。由于探测制导与控制技术专业自身的某些特点，该专业学生就业后一般都到兵器工业部门。目前该项技术在军事领域内的广泛应用，并且研究的潜力和发展前景都十分巨大，所以该专业的人才需求状况良好。而对于一些民用企业来说，探测制导与控制技术的发展势头也被一致看好，特别是在冶金与深加工领域潜力巨大，因此毕业生到民用企业工作，将技术直接转化为现实生产也不失为明智之举。

能力要求

参考武器系统与工程专业。

实力院校

国家级特色专业建设点

北京航空航天大学、西北工业大学、哈尔滨工业大学、沈阳理工大学。

弹药工程与爆炸技术：爆破中的学问

核心含义

弹药工程与爆炸技术专业主要研究的是如何在爆破的过程中准确地命中目标并将其破坏，如何对海对空进行搜索并准确定位目标，如何利用炸药使其威力最大等内容。该专业是军事技术中最活跃的一部分，是军事院校中开设最早的专业之一，也是国家招收公安、安全管理局等事业单位公务员的指定专业。

本专业毕业生应具备弹药工程与爆炸技术领域的基础理论、专业知识和基本技能，具有良好的数学、力学、机械等基础理论和弹药设计、爆炸技术及应用、目标毁伤等专业知识。

开设课程

本专业开设的主要课程有机械工程、力学、自动控制原理、弹药系统分析与设计、爆炸物理、弹道学、终点效应、动态检测技术、冲击动力学、爆炸技术、安全工程学等。

就业展望

弹药工程与爆炸技术专业毕业生可在公安、消防、安全等公共管理机构及化工、铁道、水利水电、矿业、建筑工程、兵器工业、高等院校和科研院所等企事业单位从事设计、研发、产品制造、实验测试和科技与安全管理等工作。具备良好理论基础的毕业生也可从事化学、计算机、数学等方面的教学或科研工作。

能力要求

参考武器系统与工程专业。

实力院校

国家级特色专业建设点

安徽理工大学、中北大学。

特种能源技术与工程：探索异种化学材料反应的奥妙

核心含义

研究不同化学材料之间产生的美妙反应，正是探索特种能源的最佳途径。特种能源技术与工程专业培养适应国防建设和国民经济建设的需要、基础理论扎实、知识结构合理，并掌握火炸药及火工烟火技术等特种能源及其能量转换的基本理论和基础知识，具有较强的科技创新能力和开发应用能力，适应21世纪我国国防现代化建设和特种能源发展需求的应用型高级专业人才。该专业培养的学生能在兵工、航天、军队和其他相关材料工业从事特种能源工程与烟火技术的生产系统设计、技术开发、产品制造、实验测试和科技管理等工作。该专业注重学生实践能力的培养。

本专业的学生主要学习化学化工、火炸药和火工及烟火技术等特种能源及其能量转换的基本理论和基本知识，并且在系统设计、技术开发、产品研制、性能测试以及工程管理方面接受基本训练，具备系统分析与综合、工程设计与制造、计算机应用、试验检测等方面的基本能力。

开设课程

本专业开设的主要课程有高等数学、外语、大学物理、电工技术、工程制图、无机化学、有机化学、物理化学、化工原理、工程力学、炸药理论、燃烧理论、烟火学、火工品设计原理等。

就业展望

特种能源技术与工程专业的学生通过学习，可掌握火炸药、火工和烟火技术的分析与设计方法及产品研制技术。毕业后，可在机关、部队、兵器、航空航天、核工业部门或民用爆破器材企业从事火工品及烟火制品的研究、设计、生产、开发等工作，也可在相关科研院所从事教学、科研和管理等工作。

能力要求

参考武器系统与工程专业。

实力院校

国家级特色专业建设点

中北大学。

装甲车辆工程：打造坚实的移动堡垒

核心含义

装甲车是陆地上最坚实的防护堡垒，是国防事业最坚实的后盾之一。装甲车辆工程专业培养具备工程力学、机械设计、机械振动、电工电子、自动控制以及装甲车辆总体、动力传动、行动装置及行驶控制等方面的知识，基础扎实、素质全面、有工程实践能力和创新意识的高素质工程科技人才，能够从事理论研究、工程设计、产品开发、教学和管理等方面工作。

本专业学生除了要掌握基本的车辆工程专业方面的专业知识，还需掌握研究设计装甲车辆及发动机的总体系统，掌握编制装甲车辆及发动机的制造工艺，掌握研究设计装甲车辆三防和自动灭火、自动导航、隐身等特设装置，掌握研究装甲车辆的装甲防护技术，编制装甲车辆的技术标准，开发推广新技术等。

开设课程

本专业开设的主要课程有计算机系列课程、工程力学、机械设计基础课群、工程材料基础、电工和电子技术、流体力学、机械振动、自动控制理论基础、车用内燃机、坦克学、液压与液力传动、轮式车辆技术、现代车辆试验学等。

就业展望

学生毕业后，可在国防工业所属的军工企业、科研院所或其他工业部门从事机动武器、装甲车辆的设计、制造、试验等工作，也可从事普通机械、汽车的设计和制造等工作。总体来说，就业形势还不错，工资待遇也比较可观。

能力要求

参考武器系统与工程专业。

实力院校

国家级特色专业建设点

北京理工大学。

信息对抗技术：打好军事领域的信息战

核心含义

随着信息技术的发展，网络安全问题成为我国军事、政治、经济、文化、科技等领域的重中之重，信息对抗技术这一学科也随之渗透到各个领域。2001 年发生在中美之间的红客、黑客大战，使许多网站遭到攻击，就是一个明显的例子。尤其是 5G 的普及，为了适应时代发展需求，我国成立了军队、民间多种形式的信息战研究机构，在大学也增设了有关信息战理论和信息对抗技术方面的课程，信息对抗技术专业备受重视。

信息对抗技术专业主要培养具备信息战争与防御技术及民用信息安全防护等方面的基础理论和技术的高级工程技术人才。学生不仅要有扎实的数学基础、良好的外语和计算机软件素养，还必须了解现代战争中信息对抗技术的发展和应用前景，掌握信息干扰、信息防护和信息对抗的基本理论和专业知识，具备从事信息科学研究、信息应用软件开发等的初步能力，比如黑客防范体系、信息分析与监控、应急响应系统、计算机病毒、人工免疫系统在反病毒和抗入侵系统中的应用等。除此之外，信息对抗技术还涉及雷达对抗、通信对抗、光电对抗、水声对抗等内容。

开设课程

本专业开设的主要课程有信息对抗新技术、雷达原理、雷达对抗原理、网络对抗原理、通信原理、通信对抗原理、雷达对抗实验、网络对抗实验、数字信号处理、随机信号处理、信息战导论、雷达系统、信息论与编码理论、扩频通信、网络安全与保密、DSP 系统设计等。

就业展望

权威机构分析表明，信息技术人才位居 21 世纪我国急需的八大人才之首。因此，信息对抗技术专业的毕业生就业前景比较广阔，可以在国防、军事领域从事信息对抗工作，为国家信息安全做贡献；也可以在民用行业从事相关工作，比如金融、保险、税务、企业等部门从事信息安全的防护工作；还可以从事信息系统、信息对抗技术的研究、开发，以及此类系统的维护、管理、咨询等工作。

能力要求

相对来说，该专业在兵器类专业中也算唯一一个适合女生报考的专业。其余报考建议请参考武器系统与工程专业。

实力院校

国家级特色专业建设点

北京理工大学、西北工业大学、哈尔滨工程大学。

核工程与核技术：让核能在神州遍地开花

核心含义

为了使环保、清洁的核能成为我国电力供应的主要能源，预计不久的将来，核电站将在神州大地遍地开花，这将是迎接我国 21 世纪核电大发展的战斗命令和前进的号角，而发展核电的光荣与使命，永远属于核工程与核技术专业的毕业生们。该专业是由基础科学、技术科学及工程科学组成的一门综合性科学，主要研究核能科学与工程、核燃料循环与材料、核技术及应用、辐射防护及环境保护。

本专业的学生主要学习工程热物理、核工程、核技术的基础理论，受到核工程、核技术方面的实践训练，具有从事核工程、核技术的实验研究、设计建造、运行管理的基本能力。

开设课程

本专业开设的主要课程有工程力学、机械设计基础、电工与电子技术、工程热力学、流体力学、传热学、控制理论、测试技术、核物理、核反应堆、核能与热能动力装置、热工设备等。

就业展望

毕业生一般在医疗、卫生、国防、工业、农业等政府部门、规划部门和经济管理部门，以及核电工程的科研设计单位、工矿企业、高等院校等从事研究、规划、设计、施工、核电厂运行管理及设备制造、研发、技术咨询等工作；也可在核电站、核动力和核供热以及常规火力电站等领域从事研究、设计、建造、运行与管理等工作；还可以从事核电设备制造企业的技术开发工作，核工程设计院和研究院的设计和科研工作，核电工程公司的技术咨询与管理工作。

这是一个就业率较高的一个专业，主要原因是核工业在我国正处于一个发展时期，现在该方面的专业人才较少，而开设此专业的高校和每年的毕业生人数不多，所以绝大多数毕业生都能找到专业对口的工作。

能力要求

1. 从本专业学习内容来看，对数学、物理相关学科知识要求较高，建议考生结合个人情况进行报考。

2. 从事与核有关的工作并不会受到强烈的辐射，即使是一线工作人员，每年身体接收的辐射量也只相当于普通人到医院做一次 X 光扫描，同学们不必担忧。

实力院校

核科学与技术一流学科建设高校

清华大学、中国科学技术大学。

拥有核科学与技术专业大类国家重点学科的院校

清华大学、中国科学技术大学。

拥有核科学与技术二级学科国家重点学科的院校

核能科学与工程：西安交通大学。

核技术及应用：北京大学、四川大学。

国家级特色专业建设点

清华大学、华北电力大学、哈尔滨工程大学、四川大学、西安交通大学、复旦大学、上海交通大学、武汉大学、华南理工大学、南华大学、成都理工大学。

辐射防护与核安全：给核能加一道安全锁

核心含义

核能发展的核心之一就是安全防护，随着我国核电重启，辐射防护与核安全的相关专业人才需求量将激增。该专业以辐射物理、辐射探测技术为基础，培养系统掌握核辐射测量方法、辐射防护与环境工程等方面的基本理论，具有较强的辐射环境评价、辐射事故应急处理能力的应用研究型工程技术人才。随着核能在生产领域的广泛应用以及管理不当可能会造成的重大后果，核安全与辐射防护的重要性与日俱增，1986 年切尔诺贝利核事故和 2011 年日本福岛核电站泄露给世人带来的影响，已经充分表明辐射防护与核安全的重要性。

本专业的学生应具有坚实的数理基础、扎实的专业知识和熟练的专业技能，能够适应辐射防护与环境工程专业各个方向发展的基本需要。

开设课程

本专业开设的主要课程有核能与核技术概论、辐射物理、核辐射探测方法、辐射防护、电离辐射剂量学、环境工程、环境影响评价方法、环境地球化学基础、核安全法规、放射生态学、核电子学与核仪器、辐射监测方法与仪器、核数据获取与处理、核反应堆物理基础等。

就业展望

学生毕业后可在辐射监测、辐射防护、核应急、核电工程建设与运营、环保、核仪器仪表及软件等领域从事科学研究、设计开发、生产与管理等工作；也可攻读辐射防护与环境保护、安全工程、核技术及应用等相关专业的硕士学位。客观地说，在涉核的几个专业中，由于此专业市场需要量很少，就业前景不是很好。

能力要求

参考核工程与核技术专业。

实力院校

开设辐射防护与核安全专业的代表性院校

南京航空航天大学、东华理工大学、成都理工大学、南华大学、兰州大学、南京理工大学、华北电力大学（北京）、西南科技大学等。

工程物理：研究能量的转化、传递、利用

核心含义

该专业培养具有坚实而宽广的工程热物理的系统基础理论知识，熟知并能熟练运用相关学科的基础理论和新技术开展本学科的科研与应用开发工作，深入了解学科的进展、动向和最新发展前沿的高级技术人才。工程物理是物理、工程和数学三种学科结合的学科，主要研究能量以热和功及其他相关的形式在转化、传递和利用过程中的基本规律及其应用，几乎与所有产业部门及科技领域都密切相关，在人类社会进步和国民经济的发展中起着重要作用。而且该学科在军事、空间技术、农业、

人口、环境、生物、医药等领域的作用也越来越大，反过来极大地推动了本学科的研究与发展。

开设课程

本专业开设的主要课程有热力学专论、传热学专论、工程流体力学专论、现代实验技术、现代数学方法概论、非线性动力系统、非定常及不稳定两相流动、高效换热器、计算传热学进展及其应用等。

就业展望

现今，此专业市场需要量很少，但是就业率很高，就业前景也不错，毕业生一直深受各行业的欢迎。工程物理专业学生毕业后可从事电子、电机、品质控制、市场推广、程序编写及教育等行业工作。毕业生亦可进一步在科学或工程学等范畴深造，获取更高的学位。工程物理专业毕业生可从事的岗位有销售工程师、研发工程师、光学工程师、工艺工程师、软件工程师、硬件工程师、数据库工程师、高级软件工程师、技术工程师、算法工程师、销售储备干部等。

能力要求

该专业为涉核专业，报考建议可以参考核工程与核技术专业。

实力院校

开设工程物理专业的代表性院校

清华大学、北京航空航天大学、北京工业大学、西南交通大学、安徽大学。

核化工与核燃料工程：核电开发的基础力量

核心含义

核化工与核燃料工程专业是为了适应我国国民经济和国防核科技工业发展需要而开设的学科。该专业是适应清洁能源迫切需求而设的新增专业，是国家新兴发展战略产业所需专业，属国家和行业发展的紧缺专业。本专业主要培养具有坚实的理论基础、熟练的实验技能和专业技能，同时又具有一定的工程基础，能在核化工与核燃料及相近专业领域从事生产、规划、设计、管理、教育和研究开发等多方面工作的专门人才。

现在，不仅仅是国防建设方面，很多人们的生活用电等日常需求都同核化工与核燃料工程专业是分不开的。随着我国国防事业的建设以及新能源的开发和利用，核化工与核燃料工程专业的发展势头越来越好。

开设课程

本专业开设的主要课程有高等数学、普通物理、大学基础化学、工程制图、检测化学、环境化学、核化学与化工、核燃料循环与材料、化学反应工程、放化基础、核材料科学基础、核燃料后处理与废物处置、原子核物理、两相流基础、流体力学、工程热力学、反应堆物理分析、反应堆热工分析、反应堆安全分析、反应堆控制、核辐射探测、核电子学、辐射防护、环境监测与评价、核电站辐射测量技术、核技术应用概论等。

就业展望

积极发展核电是我国的能源政策，到2020年，我国预计新建核电机组容量6000万千瓦，每年需求1500名左右核专业人才。核电事业的发展将为本专业毕业生提供优良的择业机遇。近几年，核类专业本科生和研究生供不应求，年薪较其他工科专业高出1~2倍。

核化工与核燃料工程专业的毕业生就业主要集中在中国核工业集团公司、中国广东核电集团有限公司、中国电力投资集团公司、国家核电技术公司、中船重工集团、中国人民解放军海军等单位下属研究院、设计院和运营公司，以及各高等院校。从地理位置来看，这些单位大多处于省会城市或沿海发达城市。

能力要求

参考核工程与核技术专业。

实力院校

开设核化工与核燃料工程专业的代表性院校

哈尔滨工业大学、哈尔滨工程大学、兰州大学、南华大学、西南科技大学、东华理工大学、成都理工大学等。

农业工程：推进农业现代化的学科

核心含义

农业工程不就是学习如何种田种地，提高农作物产量的吗？不！如果这样想那就大错特错了。农业工程专业是一个综合性的交叉学科，是现代科学技术与农业产业化、现代化的有机结合。该专业培养具备农业水利工程学科的基本理论和基本知识，能在农业水利、水电、水保等部门从事水利工程勘测、规划、设计、施工、管理和试验研究以及教学、科研等方面工作的高级工程技术人才。该专业涵盖了农业生产活动的诸多领域，涉及的范围非常广泛，如农业机械化与装备工程领域、农业水土工程领域、农业生物环境与能源工程领域、农业电气化与信息化工程领域、农业生物系统工程领域等。农业工程已经成为建设现代农业和社会主义新农村、实现农业现代化的重要保障和关键科学技术领域之一。

开设课程

本专业开设的课程有机械制图与计算机绘图、工程力学、机械设计基础、电工技术、电子技术、工程测试技术、生物学基础、农牧业生产基础、农业工程导论、农业机械与设备、土壤与水资源、农产品加工工程、设施农业工程、机械装备设计等。

就业展望

对于农业工程专业的毕业生来讲，在毕业后主要从事与农业相关的工作，如进行农业方面的研究，其工作部门主要是农业研究院等。其次，还可以从事与农业相关的生产与销售工作，如农副产品的加工、农副产品的销售等。因为农业工程专业是将现代工程技术的理论和方法应用于农业的一门综合性学科，所以研究内容更偏理论一些，除了能在上述部门直接工作，也可以选择考研深造。

能力要求

1. 该专业报考时并不热门，对分数要求相对不是很高。
2. 一般而言，农业类院校在农业工程专业的课程开设上有自己的特长和优势，建议考生在报考

的时候尽量选择相关院校。

3. 物理基础较好、不怕吃苦、喜欢动手操作的男生适宜报考该专业。

实力院校

拥有农业工程世界一流建设学科的院校

中国农业大学、浙江大学。

拥有农业工程专业大类国家重点学科的院校

中国农业大学。

拥有农业工程二级学科国家重点学科的院校

农业机械化工程：吉林大学、东北农业大学、浙江大学。

农业水土工程：西北农林科技大学。

农业电气化与自动化：江苏大学。

拥有农业工程二级学科国家重点（培育）学科的院校

农业机械化工程：华南农业大学。

农业水土工程：内蒙古农业大学。

农业机械化及其自动化：实现农业生产自动化

核心含义

农业机械化及其自动化，是指在农业生产中运用先进的农业机械装备，改善农业生产经营条件，不断提高农业的生产技术水平和生产效率，把农民从繁重的体力劳动中解放出来。比如，以前种水稻都是纯人工在稻田里插秧，现在很多地方已经改成了用水稻插秧机直接插秧。类似可以大幅度解放劳动力、提高工作效率的农业机械还有棉花自动收割机、小麦自动收割脱粒机等，这些都是农业机械化及其自动化这个专业研究的成果在农业生产中的实际应用。很多人在听到该专业的时候比较容易产生误解，说这是个农学类专业，其实这是完全错误的。该专业是和机械打交道的，需要学习很多的机械课程，专攻农业机械，研究的是农业机械的生产制造，学生毕业后授予工学学士。

开设课程

本专业开设的课程有工程力学、机械设计基础、机械电子学、电工电子技术、控制工程基础、工程测试技术、农业机械学、农业机械化学、农业生物环境工程等。

就业展望

进入21世纪，特别是我国加入WTO以后，给中国农业带来巨大的发展空间，同时也给农业机械化及其自动化专业提供了迅速发展的良好契机。该专业的就业形势还是不错的，90%以上的毕业生都能找到相关工作。

1. 最基本的是去一些农机厂，一般就是农业机械的维护与维修工作。如果综合素质好，还可以从事农机的销售工作。

2. 虽然该专业带有“农业”二字，但因为研究的毕竟是机械，所以非农机的机械类企业也是有相应岗位的，比如去汽车、摩托车、拖拉机生产厂家工作。

3. 该专业相对较好的就业方向应该是侧重于农业机械计算机方面的岗位。此岗位的工资以及工作条件都相对较好，但需要CAD相关证书，包括计算机等级证书等。

4. 也可以报考公务员或市级以上从事农机或农机推广方面工作的事业单位，这就需要参加公务员考试了。

能力要求

参考农业工程专业。

实力院校

国家级特色专业建设点

中国农业大学、东北农业大学、南京农业大学、石河子大学、沈阳农业大学、华南农业大学、黑龙江八一农垦大学、山东理工大学、甘肃农业大学、河南科技大学、安徽农业大学。

农业电气化：为农村地区点亮光明

核心含义

农业电气化专业是指在农村广泛地建立电站网、高压线，向农村各地区输送电力，以发展农业生产，改善农民生活。农业电气化是农业机械化的重要条件，比如，用电力拖拉机耕地、用电力收割机收割、用电力抽水机灌溉、用电动剪子剪羊毛、用电力挤奶器挤牛奶等，这些农业生产活动都离不开电力。农业电气化是农业生产机械化和自动化的重要技术基础，它包括农业中电能的生产、输送、分配和利用，以电力为动力的农用技术装备的发展，农村家用电子、电器设备的推广等。该专业有三个研究领域，一是农业电气化与自动化技术，二是农业工程检测与控制技术，三是农业信息技术。

开设课程

本专业开设的课程有电路理论、模拟与数字电子电路、电机学、信号与系统、自控理论与系统、电力系统工程、计算机原理及应用、计算机控制技术、计算机网络技术、农业工程导论等。

就业展望

农业电气化的范畴遍及农业各个部门的所有生产过程和绝大部分环节，以及居民生活的各个方向。到目前为止，几乎所有发达国家的农场和农庄都已实现了电气化，但我国的农业电气化的水平还比较低，各地区发展也不平衡。因此，农业电气化专业的学生在农村和农业中拥有广阔的施展才能的空间。

该专业毕业生主要从事和电力相关的行业：第一，去一些企业的变配电室工作；第二，去一些生产设备厂、电控厂或者电线电缆厂工作，可以做技术研发、技术支持或者销售；第三，这个专业最好的出路还是考入国家电网，这类公司各方面的福利待遇很不错，而且稳定，但是如果是施工岗或者监理之类的工作会比较辛苦。

能力要求

参考农业工程专业。

实力院校

开设农业电气化专业的代表性院校

江苏大学、南京农业大学、沈阳农业大学、东北农业大学、华北电力大学。

农业建筑环境与能源工程：为农村环境和能源保驾护航

核心含义

农业建筑环境与能源工程专业是现代设施农业和工厂化农业发展的重要支撑学科，该专业涉及农业、建筑和能源等多个方面，是一门综合性非常强的学科。我国正处于从传统农业向现代农业发展过渡的关键时期，大力建立现代设施农业、生态农业、观光农业等高效农业示范园区。同时，伴随着人们越来越重视环境、能源问题，农业的可再生资源开发、农村的节能以及环境保护等问题逐渐成为关注的热点。农业建筑环境与能源工程就是在这样的形势下出现的适应时代发展的新型专业。农业废弃物的处理和养殖业污水废弃物的处理也是本专业研究的一个重点方向。本专业培养具备农业生产性建筑、乡镇建设、设施农业工程、新能源开发利用等方面的基本理论和基本知识，能在农业建筑与环境、工厂化设施园艺系统、规模化养殖设备设施与环境控制、新能源开发与科学利用、城镇区域规划等领域从事规划设计、装备开发与集成、经营与管理、教学与科研等方面工作的高级工程技术人才。

开设课程

本专业开设的课程有农业生物环境原理、建筑力学、农业建筑结构、流体力学、工程热力学与传热学、建筑测量、土力学与基础工程、房屋建筑学、城市与区域规划规划、设施农业工程工艺及建筑设计、农业生物环境工程、新能源工程等。

就业展望

农业建筑环境与能源工程是我国农业现代化、农村城镇化和新型工业化同步实施的战略型人才培养专业点。随着人们生活食物安全问题、能源问题的越发突出和对环境的要求越来越高，为该专业的发展提供了广阔的平台。该专业学生学成之后一般是在农业建筑与环境、工厂化工设施农业系统、农村新能源开发与科学利用等领域工作，工作内容可为规划设计，也可为装备开发与集成，也可为经营管理，也可为教学科研工作，教学科研工作一般要求研究生以上学历。

能力要求

参考农业工程专业。

实力院校

国家级特色专业建设点

中国农业大学、河南农业大学。

农业水利工程：保障农业农村用水

核心含义

农业水利工程专业，顾名思义，是学习有关农业方面的水利水电工程知识，主要是水利工程和土地整理方面。水利工程就是水库、水电站、水闸、堤防等与水有关的工程。土地整理一般是指农村耕地、灌溉渠道的规划，还有节水灌溉等方面。该专业毕业生主要是从事农业水土资源开发利用与保护以及乡镇供水工程之类的工作，比如说在大型农场修建水渠、取水闸或者喷灌滴灌等设施。该专业主要培养具备农业水利工程学科的基本理论和基本知识，能在水利、水电、水保、设计院等部门从事水利工程勘测、规划、设计、施工、管理和试验研究以及教学、科研等方面工作的高级工程技术人才。

开设课程

本专业开设的课程有工程水文学、工程力学、水力学、土力学、结构力学、钢筋混凝土结构、土壤农作学、水利工程施工、灌溉与排水工程学、水资源规划利用与管理、水工建筑物、水泵与泵站（或水电站）。

就业展望

从理论上讲，农业水利专业可以在大型农场从事农业灌溉、工程设计、施工、农业水利工程设计或施工的工作，但是这种大型的农场在国内不是很多，不像国外农场都已成规模化。但就算有这样的机会，许多学生因为接受不了大学毕业后回到农村工作而选择放弃到农村去工作的机会。当然，本专业毕业生也可以考公务员到事业单位去，去一些国家农业机关或水利机关相关部门工作，如自然资源部、水利部、地方国土局、水利厅等；也可以到节水灌溉公司、水利勘探设计院等，不过到设计院工作一般都会需要经常加班；进不了设计院的，也可以考虑去施工单位建水电站、大坝等一些水工建筑物。

能力要求

参考农业工程专业。

实力院校

国家级特色专业建设点

西北农林科技大学、东北农业大学、河海大学、华北水利水电大学、内蒙古农业大学、华北水利水电大学、塔里木大学。

土地整治工程：土地的“守护神”

核心含义

土地整治工程是近些年新开设的专业，是对低效利用、不合理利用、未利用以及生产建设活动和自然灾害损毁的土地进行整治，提高土地利用效率的专业。土地整治是盘活存量土地、强化节约集约用地、适时补充耕地和提升土地产能的重要手段。在我国，将土地整治与农村发展，特别是与新农村建设相结合，是保障发展、保护耕地、统筹城乡土地配置的重大战略。

开设课程

本专业开设的课程有机械制图与计算机绘图、工程力学、机械设计基础、电工技术、电子技术、工程测试技术、生物学基础、农牧业生产基础、工程材料基础、工程结构基础、农业工程导论、农业机械与设备、土壤与水资源、农产品加工工程、设施农业工程、机械装备设计、农业工程项目规划与设计、工程项目管理、机电系统驱动与控制等。

就业展望

该专业毕业生通过知识技能的储备及基础知识的学习，可在国土、城建、农业、房地产以及相关

领域从事土地调查、土地利用规划、地籍管理及土地管理等工作。

能力要求

按照普通高校本科专业目录，该专业属于农业工程类下属专业，能力要求请参考农业工程专业。

实力院校

开设土地整治工程专业的代表性院校

中国地质大学（北京）、长安大学、河北地质大学。

农业智能装备工程：实现农业生产智能化

核心含义

本专业培养德智体劳全面发展，掌握作物学、畜牧学、机械学、智能化控制技术、农业物联网技术及经营管理学等相关方面的基本理论，掌握农业生产机械化系统的规划设计、企业经营管理和农业机械及其自动化控制装置技能。能够在现代农业企业及其他相关的部门从事与农业现代化生产有关的人工智能设计及操作、推广与开发、经营与管理、教学与科研等工作，富有社会责任感，具有创新意识和创业精神的高素质复合型、应用型人才。

开设课程

本专业开设的课程有计算机原理及应用、电子电路技术基础及其应用、自动化控制原理与技术、传感器与检测技术、物联网技术、信号与信息、农业机械化、作物栽培及畜牧养殖技术、精准农业、农业物联网技术。

就业展望

本专业学生毕业后可以在农业智能装备的设计、制造、使用和维修等领域工作，就职于需要使用农业物联网技术、电子电工技术、智能控制技术的企业。

能力要求

参考农业工程专业。

实力院校

开设农业智能装备工程专业的代表性院校

安徽科技学院等。

森林工程：合理规划和利用森林资源

核心含义

森林是一种宝贵的资源，森林工程专业是以森林资源建设与保护、开发与利用为目的的一门综合性应用专业。它以森林生态学为依据，研究森林合理采伐的方式和集林方式，并以运筹学为基础，研究木材生产的优化规划方案选择，包括如何使森林资源得到可持续经营、开发利用，森林工程的勘测、设计、施工如何有效进行，以及研究天然林生态采伐、人工林定向收获技术，使之达到森林采伐作业方案的科学性、森林采伐与生态环境的协调性、生产工艺的合理性等。这些都是森林工程专业所涉及的内容。

开设课程

森林工程专业培养具备工程力学、机械运用学、土木工程学、系统工程学、环境科学和森林资源可持续经营、开发利用等知识的学生。该专业在大学一、二年级一般会安排基础科目的学习，如高等数学、线性代数、机械制图、机械原理、计算机基础、英语等；高年级以后会开设专业课程，如森林环境学、森林生态经济学、油锯结构、木材切削、材料力学、结构力学、工程测量学、道路建筑材料、土质土力学、水文水力学、公路勘测设计等。

就业展望

森林工程在整个森林的管理、开发、经营中都能发挥出其专业的优势和作用。根据党的十八届五中全会提出的“美丽中国”精神，培养社会主义现代化建设和生态文明发展所需要的高级专业人才显得极其重要，而森林工程就是满足可持续发展所需要的专业。该专业学生毕业后，可在林业部门从事森林工程方面的生产技术、组织管理、规划设计和研究工作，也可以到交通道路部门、机械行业、经济管理部门、教育系统、研究机构、行政机关等部门工作。

如果对森林工程更深层次的研究感兴趣，比如建立起完善的森林生态采伐理论和技术体系、开发森林工业特种机器人、开发环境友好型森林作业设备等，则可以选择读研深造。而这些研究的内容则是未来发展的方向，目前相关的技术人员较少，具备这些技能的人才将会有较好的发展前景。

能力要求

1. 以下考生不宜就读森林工程专业：任何一眼矫正到4.8、镜片度数大于800度的考生；肺、肝、肾、脾、胃、肠等主要脏器动过较大手术，功能恢复良好的考生；曾患有心肌炎、胃或十二指肠溃疡、慢性支气管炎、风湿性关节炎等病史的考生；甲状腺功能亢进已治愈一年的考生。具体以目标院校发布的招生章程为准。

2. 该专业属于工科类专业，研究的是森林资源的利用，所以将来可能会从事一些野外性质的工作，考生报考前需考虑清楚。

3. 该专业较冷门，对报考分数的要求不太高。

实力院校

国家级特色专业建设点

东北林业大学、南京林业大学。

木材科学与工程：让木材变得神奇

核心含义

木材可以用来燃烧，但是更可以用来制造出非常有价值的物品。木材科学与工程专业围绕木材及其衍生产品，主要研究木材加工、家具设计制造、室内装饰工程、工艺流程和设备管理开发等。该专业主要有家具设计和木材加工两个大方向，这两个方向大概有80%的课程相同。家居设计方向主要学习家具的结构设计和造型设计，课程重点会偏向木制品造型设计、手绘等；而木材加工方向则主要学习木材加工和人造板的合成，比如木材制材、木工机械、人造板机械等，也会涉及少量家具设计

和家具制图的课程。

开设课程

木材科学与工程专业以木材科学、机械、设计为基础。该专业在大一、大二一般会安排基础科目的学习，如高等数学、英语、工程制图、工程力学、机械基础等；大三、大四会开设专业课程，如木材学、胶粘剂与涂料、热工学、木材干燥学、木材切削原理与刀具、人造板工艺、家具设计与制造、材料科学导论、美学基础、建筑设计基础、造型原理、木制品生产工艺学、人造板表面装饰工艺、计算机辅助设计等。

就业展望

跟木材科学与工程专业相关的行业并不少，比如家具、地板、涂料、木工机械等，因为开设该专业的学校并不多，所以整体就业率还可以，但是整体就业环境不太好。该专业的学生毕业后大致有以下几个发展方向：第一，去家具厂从事家具设计、加工、生产管理等工作，比如全友家私、双虎家私、顾家家居等家具企业；第二，去相关的装饰公司从事室内设计或者平面设计工作；第三，去相关贸易公司从事木工机械贸易等工作。就业区域的话，比如广东佛山、四川成都、苏州蠡口、河北香河等这些地方都是我国的家具基地，就业机会相对较多。

能力要求

1. 患有轻度色觉异常（俗称色弱）、色觉异常Ⅱ度（俗称色盲）的考生不宜就读木材科学与工程专业。

2. 木材加工方向以男生居多，并且很多木材企业在招聘时也倾向于男生，不适合女生。如果女生就读本专业，建议选择家具设计方向。

3. 对于想报考家具设计方向的考生最好能有美术基础，但也不是硬性条件，大学里会开设很多相应的课程。

实力院校

拥有木材科学与技术二级学科国家重点学科的院校

北京林业大学、中南林业科技大学。

国家级特色专业建设点

南京林业大学、安徽农业大学、广西大学、北京林业大学、东北林业大学、西南林业大学、浙江农林大学。

林产化工：林产品与化学的交叉融合

核心含义

林产化工不是一个太好理解的专业，简单来说，就是利用化学方法对林业产品进行加工，进而生产出各类林产品，主要有林产品精细化工、植物提取物化学与工程、生物质能源与材料、制浆造纸等方向。比如化妆品里面的植物精油、天然香料以及松香、天然树脂、竹木炭、活性炭等，这些都是通过林产化工专业相关技术从植物里提取深加工出来的，还有最常见的造纸也属于林产化工行业。林产化工专业培养的是具有植物化学、林产品化学加工、精细化学加工及生物化工方面的基本理论与基本知识，掌握林产化工生产工艺设计、设备选型和原材料与产品分析检验等方面基本技能的高级工程技术人才。

开设课程

林产化工专业在大学一、二年级一般会安排基础科目的学习，如高等数学、无机及分析化学、有机化学、物理化学、化工原理、计算机基础、大学英语等；高年级以后会开设专业课程，如木材化学、天然产物化学、林产化工工艺、植物纤维化学、制浆原理与工程、化工设备设计、植物资源学、树木提取物工艺学等。

就业展望

林产化工专业将林业发展和经济建设紧密结合，在目前全球资源短缺的大背景下具有很好的发展前景，一些林产化工、生物质能源、精细化工、造纸、日用化工等行业都需要相关的人才。该专业的学生毕业后，可在林产品加工企业、造纸企业、化工企业、生物产品加工等企业从事林产化工、化学工艺设计、造纸制浆、生产技术、组织管理、产品开发和研究工作，少部分毕业生还可以到林业部门、研究机构、行政机关等相关部门工作。

如果对林产化工的某一个方向的研究感兴趣，比如林产品化学资源的提炼和开发、制浆造纸处理、开发环境友好型的林产品加工工艺等，则可以考虑读研，将来就业主要面向大型的相关企业、科研院所等。

能力要求

1. 任何一眼矫正到4.8、镜片度数大于800度的考生，轻度色觉异常（俗称色弱）的考生，肺、肝、肾、脾、胃、肠等主要脏器动过较大手术且功能恢复良好的考生，或曾患有心肌炎、胃或十二指肠溃疡、慢性支气管炎、风湿性关节炎等病史的考生，甲状腺功能亢进已治愈一年的考生，不宜就读林产化工专业。

2. 该专业属于工科类专业，而且涉及化学，对化学感兴趣的同学适宜报考。

3. 该专业报考较冷门，开设的院校较少，对报考分数的要求不太高。

实力院校

国家级特色专业建设点

东北林业大学、南京林业大学、北京林业大学。

家具设计与工程：创造美感和实用的家具

核心含义

人们在家庭生活中会用到很多的家具产品，那它们是怎么设计和生产出来的呢？家具设计与工程专业就是解决这些问题的，该专业是将材料、技术、设计等紧密结合而形成的一门新兴交叉学科，以家具产品及家居环境为主要对象，从事设计理论与方法、造型与结构设计、材料应用技术、产品制造技术、质量管理与控制、工程应用与评价等方面的教学与研究。该学科以材料学、制造工艺学、美学、社会学、管理学、建筑学、工业设计等学科的理论和方法为基础，主要开展家具设计及理论、家具制造与工业工程、家具与室内人类工效学、传统家具风格与艺术及家居与室内装饰等方面的研究。

开设课程

本专业开设的课程有家具设计基础、家具设计材料、家具设计结构、活动家具设计、木材干燥技

术、木工机械、家具制图与 CAD、人造板制造、实木家具制造技术及应用、油漆涂料、人体工程学等。

就业展望

本专业毕业生主要面向家具生产企业、设计机构，相关职业岗位有家具设计师、家具工艺师、家具销售人员等，其岗位主要业务范围包括从事家具企业新产品开发设计工作，从事家具企业生产工艺技术和管理工作，从事家具企业家具配套工程（酒店家具、办公家具）设计工作。

能力要求

参考木材科学与工程专业。

实力院校

开设家具设计与工程专业的代表性院校

南京林业大学、华南农业大学。

环境科学与工程 & 环境工程：让地球变得更美好

核心含义

环境科学与工程 & 环境工程，是两个联系非常密切的专业，是研究水、气、声、固体废弃物等环境污染的预防和控制、规划和管理，研究环境治理领域的新技术、新工艺、新设备的一门学科。举个例子，水体富营养化会引起水体中的藻类大量繁殖，使海域、湖泊发生赤潮，抢占鱼类和其他水生生物的氧气、营养，导致鱼类的大量死亡，使生态遭受极大的破坏。那么当水体富营养化的时候，我们该怎么处理才能使水体消除富营养化？这就需要用到环境科学中的污水脱氮除磷技术。又比如平时应该怎样注意预防水体富营养化？生活中产生的生活垃圾怎么集中、运输、处理，才能使污染降低到最小？城市的环境保护设施应该怎样规划、设计、布置？这些都是环境科学与工程 & 环境工程研究的内容。

环境科学与工程属于大类学科，包括环境科学与环境工程，也就是说环境科学与工程专业学习范围更广。环境科学专业一般属于理科，偏理论，毕业后一般获理学学士学位，部分院校也可以授予工学学士学位；环境工程专业属于工科，偏工程，毕业获工学学位。其实，在大学学习期间，专业学习内容差别并不大。

开设课程

本专业开设的课程有以环境科学、化学、微生物学等学科为基础的学科，在大一、大二安排的是基础科目的学习，如高等数学、概率论与数理统计、机械制图、无机及分析化学、有机化学、物理化学、化工原理、英语等；大三、大四会开设专业课程，如环境微生物学、环境化学、环境科学与工程原理、环境监测、环境系统分析、环境管理学、环境生态工程、水处理工程、大气污染控制工程、固体废弃物处理处置等。

就业展望

随着社会的进步，环境保护越来越成为可持续发展道路的重要组成部分。无论是工业、农业还是第三产业，都会涉及环境问题。可以说，这两个专业毕业生的发展机遇是很大的。很多化工类企业、造纸、发酵、石油、轻工纺织、农业、制药、采矿等类型的企业都需要相关人才。两个专业学生毕业后可在这些企业从事污水处理、固体废弃物处理、环境科学工程设计、技术开发、环境质量管理等工作，也可以到政府部门从事环境监督、保护、规划等工作。读研和深造也是这两个专业的一个重要的毕业去向。本科期间学习的内容大多为基础性、原理性的东西，而进一步对环境科学与工程某一方面的深入研究，则需要研究生期间来完成，比如对水体污染的新型检测手段的开发、某种类型污水处理工艺的改进、废气吸收和处理方法的研究等。如果对环境科学与工程的某个方向的研究感兴趣，想从事这方面的研究和教学工作，则可以选择读研。

能力要求

1. 有以下情况的考生不宜就读这两个专业：任何一眼矫正到4.8、镜片度数大于800度；轻度色觉异常（俗称色弱）；肺、肝、肾、脾、胃、肠等主要脏器动过较大手术，功能恢复良好；曾患有心肌炎、胃或十二指肠溃疡、慢性支气管炎、风湿性关节炎等疾病；甲状腺功能亢进已治愈一年的。具体以目标院校的招生章程为准。

2. 由于培养要求和知识结构的原因，对化学、生物感兴趣的同学适宜就读。

3. 该专业综合性较强，就业范围广，但报考不算热门，对分数要求相对不高。

实力院校

拥有环境科学与工程世界一流建设学科的院校

北京大学、清华大学、北京师范大学、哈尔滨工业大学、复旦大学、同济大学、南京大学、河海大学、浙江大学。

拥有环境工程二级学科国家重点学科的院校

清华大学、同济大学、浙江大学、大连理工大学、哈尔滨工业大学、湖南大学、西安建筑科技大学。

拥有环境工程二级学科国家重点（培育）学科的院校

南京大学、河海大学、昆明理工大学。

开设环境科学与工程专业的代表性院校

清华大学、哈尔滨工业大学、北京大学、浙江大学、南京大学、北京师范大学、南开大学、同济大学、天津大学、湖南大学。

国家级特色专业建设点（环境工程）

华北电力大学、大连理工大学、同济大学、哈尔滨工业大学、中国矿业大学（徐州）、河海大学、浙江大学、湖南大学、清华大学、华东理工大学、江南大学、中国地质大学（武汉）、东华大学、北京大学、北京科技大学、天津大学、东北大学、山东大学、武汉大学、中国海洋大学、重庆大学、西安建筑科技大学、北京石油化工学院、河北科技大学、西南科技大学、苏州科技大学、河南师范大学、广东工业大学、桂林理工大学、昆明理工大学、湖北理工学院。

环境科学：研究环境演化与人类协调发展的学科

核心含义

人类的发展离不开所处的自然环境，随着人类在控制环境污染方面所取得的进展，环境科学这一新兴学科也日趋成熟，并形成了自己的基础理论和研究方法，从分门别类研究环境和环境问题，逐

步发展到从整体上进行综合研究。本专业学生主要学习环境科学方面的基本理论、基本知识，受到应用基础研究、应用研究和环境管理的基本训练，具有较好的科学素养及一定的教学、研究、开发和管理能力，掌握环境监测与环境质量评价的方法以及进行环境规划与管理的基本技能。

开设课程

本专业大一以基础课程为主，主要有高等数学、有机化学、无机化学、环境法学、大学物理、环境科学概论等；大二、大三开设专业课程，主要有环境工程基础、生态学、基础生物学、环境生态监测实验、水力学、概率统计、地理信息系统、专业英语、环境微生物学、大气环境学、环境系统工程、环境土壤学、环境影响与评价等。

就业展望

环境科学是一门新兴的科学，近二三十年来发展极为迅速，它几乎与自然、社会的一切学科有联系，与人们的日常生活、生产更加密不可分，故毕业生的就业领域相当广泛。本专业学生毕业后，除少数人进入研究生层次继续深造之外，大多数人进入各级环境理论研究机构和生产部门从事环境科学研究、环境监测、评价、管理和规划工作，在大气、海洋、交通、工业、农业、医学、军事等领域均有广泛分布，在对污染治理、环境规划、人口问题等重大课题上发挥骨干作用，其工作性质涉及学科体系的理论研究、生产生活中的实际运用等方面。

能力要求

1. 肺、肝、肾、脾、胃、肠等主要脏器动过较大手术，功能恢复良好；或曾患有心肌炎、胃或十二指肠溃疡、慢性支气管炎、风湿性关节炎等病史；或甲状腺功能亢进已治愈一年的。有以上情况的考生不宜就读环境科学类专业。

2. 任何一眼矫正到4.8、镜片度数大于800度，或一眼失明，另一眼矫正到4.8、镜片度数大于400度的，不宜就读环境科学类专业。具体以目标院校招生章程公布的为准。

3. 由于培养要求和知识结构的原因，对生物、化学感兴趣的同学适宜就读。学生毕业后可授予工学或理学学士学位。

4. 该专业就业面比较广，但报考时并不热门，对分数要求相对不是很高。

实力院校

拥有环境科学二级学科国家重点学科的院校

北京大学、北京师范大学、南开大学、南京大学、厦门大学、中国海洋大学。

拥有环境科学国家重点（培育）学科的院校

哈尔滨工业大学。

国家级特色专业建设点

北京大学、南开大学、南京大学、长安大学、北京师范大学、北京林业大学、东北师范大学、云南大学、南京信息工程大学、安庆师范大学。

环境生态工程：环境和生态的“联姻”

核心含义

环境生态工程专业是一门新兴的、多学科交叉渗透的学科，是用生态学的原理、工程学手段来防治污染、保护环境的一门技术科学，其知识体系涉及现代科学的各个领域。随着环境问题越来越受到人们的重视，环境生态工程专业在21世纪的科技、工业、社会、自然和经济发展中具有广阔的应用前景。该专业学生主要学习生态学方面的基础理论、基本知识，受到基础研究和应用基础研究的科学思维和科学实验训练，具有较好的科学素养，掌握现代生态学理论和计算机模拟等实验技能，初步具备教学、研究、开发和管理的能力。

开设课程

本专业在大一、大二会开设一系列基础课程，比如有机化学、生物化学、微生物学、工程制图等，专业课程主要有环境学、生态学导论、湿地生态学、固体废物处理与处置、景观生态学、生态监测与评价、生态工程学、环境工程学、保护生物学、产业生态学、环境生态规划与管理、水污染控制工程等。

就业展望

近年来国家对生态建设与环境保护越来越重视，进一步拓展了环境生态工程专业发展的美好前景。该专业的毕业生可以在政府部门、规划部门、环保企业、设计单位、市政管理、工矿企业及生物环境治理相关企业从事规划、设计、管理、监理、工程实施等方面工作；也可以继续深造读研，毕业后在各类院校和科研院所从事相关教学和科研工作。

能力要求

1. 任何一眼矫正到4.8、镜片度数大于800度的考生，患有轻度色觉异常（俗称色弱）的考生，患有色觉异常Ⅱ度（俗称色盲）的考生不宜就读该专业。具体要求请参考目标院校的招生章程。

2. 由于培养要求和知识结构的原因，对生物、化学感兴趣的同学适宜就读。

3. 近几年该专业就业比较热门，就业对口率比较高。

实力院校

开设环境生态工程专业的代表性院校

大连理工大学、重庆大学、北京师范大学、贵州民族大学、四川农业大学等。

环保设备工程：助力环保事业发展

核心含义

环保事业需要借助工程设备和技术手段，使人们从繁重的体力劳动中解放出来。环保设备工程专业既要学习环保相关的理论知识，又要学习机械、控制等工程类知识。该专业学生需具备环保机械设备设计与制造、操纵与维护、功能完善与提升、新产品开发与应用等能力，能够从事废水、废气、固体废物及其他环境污染的控制工程设计、环保设备设计与制造，以及优化设计、创新改造、应用研究、环境影响评价、工程项目运行与管理等方面的工作。

开设课程

本专业开设的课程有工程图学、工程化学、工程材料、化工原理、流体力学与流体机械、机械原理与设计、环境监测与仪器分析、水污染控制工程、大气污染控制工程、机械制造技术、环境工程学、材料腐蚀与防护、环境工程仪表及自动化、环保设备制造工艺学、环保设备原理与设计、环境影

响评价等。

就业展望

尽管该专业毕业生目前就业形势一般，但是随着国家对环保工作的重视，相信该专业就业会越来越好。具体说来，毕业生可在石油、化工、轻工、医药、海洋工程、环保以及劳动安全等部门工作；可在与环境工程、设备制造相关领域的科研院所、企业从事环境污染的控制工程设计、环保设备设计与制造和环境影响评价及工程项目运行与管理等方面的工作；也可在大专院校从事教学、科研工作。

能力要求

1. 任何一眼矫正到 4.8、镜片度数大于 800 度的考生，患有轻度色觉异常（俗称色弱）的考生，患有色觉异常Ⅱ度（俗称色盲）的考生不宜就读该专业。具体可查看目标院校的招生章程。

2. 由于培养要求和知识结构的原因，对物理、化学感兴趣的同学适宜就读。

实力院校

国家级特色专业建设点

中国石油大学（华东）。

资源环境科学：资源物尽其用

核心含义

资源是有限的，需要人类共同保护。资源环境科学是一门从生态观点出发，将资源的合理利用和环境保护运用到生产和环境建设领域的综合性学科。资源环境科学专业主要培养具备现代生物学、生态环境学、生态农业资源遥感与信息技术的基本理论知识，具有为可持续发展提供技术保障的实践能力，能在资源与环境科学领域前沿承担创新研究和管理的高级科学技术人才。

开设课程

本专业开设的课程有资源环境科学概论、资源环境信息系统、生态学、资源环境分析、土地资源调查与评价、水资源利用与管理、环境质量评价、环境生物技术原理、环境工程微生物学、环境监测、水污染控制工程、固体废物处理与资源化、环境与资源保护法学、生物质能源、清洁生产与循环经济、土地退化与国土整治等。

就业展望

毕业生可以进入资源和环境领域的高等院校和科研院所从事教学、科研工作；可以到各级农业、环境、资源和生态等行政和事业单位从事管理和技术推广工作；可以到肥料、灌溉和绿色食品等企业从事技术工作。据了解，这个专业最好报考公务员，去企业的话工作不是很好找，待遇也不是很理想。

能力要求

1. 任何一眼矫正到 4.8、镜片度数大于 800 度的考生，患有轻度色觉异常（俗称色弱）的考生，患有色觉异常Ⅱ度（俗称色盲）的考生不宜就读该专业。具体请注意查看目标院校的招生章程。

2. 由于培养要求和知识结构的原因，对物理、化学感兴趣的同学适宜就读。

3. 该专业毕业后既可以授予工学学士学位，也可以授予理学学士学位，考生报考前最好详细咨询目标院校。

实力院校

开设资源环境科学专业的代表性院校

中国农业大学、北京师范大学、上海交通大学、浙江大学、华南理工大学、西北农林科技大学、河南工程学院、南京工业大学。

水质科学与技术：让每一滴水都是干净的

核心含义

水是生命之源，生活中处处都需要水，它是人类社会赖以生存和发展的不可替代的资源，水质问题是关系国民经济和社会可持续发展的重大战略问题。水质科学与技术专业是研究水在工业循环过程中水质变化规律和水质控制技术的综合性交叉学科，培养具有化学、化工、材料、电子、计算机、仪器仪表和自动控制等学科理论基础、实验技能和专业知识，具备水处理工艺、设备和系统的设计、研究和开发能力，能在能源动力系统及其相关领域从事水质工程规划、水处理技术研究、水处理系统设计、水质监测与控制和材料保护等工作，在核电站、大型火力发电厂从事技术监督和运营管理，在水工业高新企业从事水处理新技术、新材料、新设备和新工艺研发的高级专门人才。

开设课程

本专业开设的课程有课程有工程流体力学、无机与分析化学、有机化学、物理化学、仪器分析、化工原理、水质科学概论、水质监测技术、水微生物学基础、水处理原理与工艺、工业冷却水与过程水处理、水处理剂合成与评定、建筑给水排水工程、管道与管网工程、工业装备的腐蚀与防护、能源动力系统、聚合物化学与结构等。

就业展望

水质科学与技术专业口径宽，就业面广。毕业生可在石油、化工、电力、钢铁、核工业、造纸、纺织、有色金属、食品与发酵等行业从事科学研究、技术研发、工程设计、规划管理、生产运营和技术监督工作；可以在高等院校、科研设计院所、工矿企业、政府机构等从事教学、规划设计工作；也可在过程工业及水处理剂生产企业从事技术开发、生产运行、工程监理、经营管理等工作。

能力要求

1. 任何一眼矫正到4.8、镜片度数大于800度的考生，患有轻度色觉异常（俗称色弱）的考生，患有色觉异常Ⅱ度（俗称色盲）的考生不宜就读该专业。具体请参考目标院校的招生章程。

2. 由于培养要求和知识结构的原因，对物理、化学感兴趣的同学适宜就读。

实力院校

开设水质科学与技术专业的代表性院校

武汉大学、南京工业大学、沈阳化工大学、南京工程学院。

生物医学工程：用工程技术解决生物医学问题

核心含义

生物医学工程是一门新兴、前沿学科，综合了理学、工学、医学和生命科学等学科的专门知识，致力于集各学科之长来研究人的生命现象与规律，并为医学提供高水平的科学方法和工程技术。其研究领域和方向都很广，主要专业方向有生物医学信号的检测与处理、医学成像、生物医学材料、生物芯片、生物力学、分子诊断等。比如，大家都知道肿瘤和癌症的根本原因是细胞的 DNA 发生了不正常的突变，那么，如何判断癌症发展到哪个阶段了呢？人造骨骼、人造牙齿这些材料除了满足基本的强度、耐磨性、韧性等，还需要满足哪些条件？怎么把这些学科结合起来，并为人类健康服务，是生物医学工程专业需要研究的内容。

开设课程

本专业在大学一、二年级一般会安排基础科目的学习，如高等数学、线性代数、无机化学、有机化学、计算机基础、英语等；高年级以后会开设专业课程，如生物医学工程概论、生理学、生物化学、材料学、人体解剖学、基础生物学、分子生物学、生物信息学、免疫学、生物医学传感器与测量、生物医学检验仪器、医学成像技术、医学电子学、生物医学信号的检测与处理等。

就业展望

生物医学工程在医学方面有着非常广泛的应用，它具有新兴性、前沿性和交叉性。该专业人才需求量最大的是医院、医疗器械公司和医疗器械检测机构。该专业的学生毕业后，可以到各大医院的医学工程处、设备处、信息中心、医学影像处从事设备管理与操作、数据处理分析等工作；或者到医疗器械公司、医疗器械研发机构从事医疗仪器设备的设计、销售、开发与维护，以及电子信息领域的科研及技术管理工作；还可以到政府部门从事医学检测、信息分析等工作。

该专业学科交叉性较强，所以在本科阶段，该专业的学习是全面的、基础性的，为读研或深造打下了基础。进大学和科研院所的门槛基本都是博士，技术开发类的企业需求也基本为硕士，如果对生物医学工程的某一个研究领域感兴趣，想深入研究下去，则可以考虑进一步深造。

能力要求

1. 任何一眼矫正到 4.8、镜片度数大于 400 度的考生，患有轻度色觉异常（俗称色弱）的考生不宜就读生物医学工程专业。

2. 该专业属于工科类专业，可以授予工学或理学学士学位。由于其交叉的学科较广，所以不同学校侧重的方向不一样，建议同学们根据自己的兴趣，在报考的时候了解清楚不同学校在生物医学工程专业所侧重的研究方向，再确定报考意向。

实力院校

拥有生物医学工程世界一流建设学科的院校

清华大学、北京协和医学院、东南大学。

拥有生物医学工程专业大类国家重点学科的院校

清华大学、上海交通大学、东南大学、浙江大学、华中科技大学、四川大学、重庆大学、西安交通大学。

国家级特色专业建设点

清华大学、首都医科大学、东北大学、上海交通大学、东南大学、浙江大学、西安交通大学、南方医科大学、天津大学、湖北科技学院。

假肢矫形工程：生命的再生

核心含义

假肢矫形工程是一门非常能帮助人的学科，该专业应用现代工程学的原理和方法，为补偿、矫正或增强残疾人已缺失的、畸形的或功能减弱的身体部分或器官，使残疾人在可能的范围内最大限度地恢复功能或代偿功能和独立生活能力的应用性技术，是康复工程的主要内容之一。它是一门边缘性学科，涉及医学和工程学两大学科的若干专业，涵盖了解剖学、人体生物力学、机械学、电子学、高分子材料科学等学科。

该专业作为健康科学领域中一个新兴的复合型、交叉型专业，涉及康复医学、生物医学工程、机械学、电子学、高分子化学、材料学及人文社会科学等多种学科，注重培养具备康复医学、机电技术与材料科学、假肢矫形器设计与制作的基本理论，以及康复医学与工程技术相结合的基本能力，能在临床康复、假肢矫形工程领域从事研究、设计与技术服务的高级应用人才。

开设课程

本专业开设的课程有电工与电路分析、电子技术基础、机械设计基础、计算机辅助设计与制造、人体与运动形态学、人体运动机能学、人体与运动系统病理学、矫形临床学、假肢学、矫形器学、人体辅助康复器械、康复治疗与训练设备、骨科器械等。

就业展望

近年来，中国加大了对假肢矫形专业人员的培养，先后培养出一批技工、中专、大专层次技术人员。但是，随着经济与技术的进步和残疾人福利及保障事业的发展，技工及大、中专层次的技术人员专业面窄、基础较差的缺点暴露出来，在实际工作中已不能满足社会的较高层次的需要。中国是一个人口大国，也是一个残疾人大国。全国共有各类残疾人8290多万，其中肢体残疾占30%，约75万人需要装配假肢或矫形器，而实际状况是有74.4%的肢体残疾者尚未装配假肢或矫形器。原因是多方面的，其主要原因是从事为肢残人服务的假肢与矫形装配的专业人员不足。中国假肢矫形行业从业人数不足5000人，专业技术人员不到1000人，大多数一线技术人员是以师傅带徒弟的方式培养出来的。

假肢矫形工程专业毕业生适合在国内外康复工程、生物医学工程等领域从事与假肢、矫形相关的科研、教学、医疗技术开发和技术管理等工作；到国内各大医疗机构中的康复中心，或各级康复医疗中心，协助各机构建立整合性假肢矫形工程系统，提升医院整体康复医疗水平与康复效能；进入假肢装配中心、假胶零部件生产厂，研制与开发社会需求的假肢矫形工程产品；利用本身丰富的专业知识背景，进入政府的医保单位从事假肢矫形器医疗保险技术管理；或到装配中心、假胶部件生产厂从事车间管理工作；或继续就读国内外假肢矫形工程专业的相关研究所，进入学术领域从事假肢矫形工程学术研究工作。

能力要求

1. 任何一眼矫正到4.8、镜片度数大于800度的考生，患有轻度色觉异常（俗称色弱）的考生，

患有色觉异常Ⅱ度（俗称色盲）的考生不宜就读该专业。具体选择时请注意查看各院校的招生章程。

2. 由于培养要求和知识结构的原因，对物理、化学感兴趣的同学适宜就读。

实力院校

开设假肢矫形工程专业的代表性院校

首都医科大学、上海理工大学、广州中医药大学。

临床工程技术：医疗设备的守护者

核心含义

临床工程技术专业是一个新开设的专业，培养医工结合、以工为主，具有掌握重要医疗仪器设备，主要包括手术室、ICU 设备、血液透析中心等（如人工心肺机、呼吸机、血液透析机等）生命支持设备的操作、使用、维护、功能开发和技术管理的职业技能，掌握现代临床医疗仪器发展的复合型临床工程技术人才。

开设课程

本专业开设的专业有医用诊断仪器、医用治疗仪器、人体机能替代装置、人体信息及其测量技术、临床工程课题研究、医用机器安全管理学、医院见习。

就业展望

毕业学生可在医院、医疗事业单位，从事相关医疗仪器设备的操作、维护、检测和管理等工作，也可在医疗器械研发和生产企业从事产品的生产、管理、销售、售后服务等工作。

能力要求

按照普通高校本科专业目录，该专业属于生物医学工程类下属专业，能力要求请参考生物医学工程专业。

实力院校

开设临床医学工程技术专业的代表性院校

上海健康医学院。

康复工程：为永久性功能障碍者保驾护航

核心含义

康复工程是一门康复医学与工程技术的医工交叉学科。现代康复工程通过研究机械、电子、计算机等综合工程技术，用于预防、评估、增强、代偿或重建功能障碍者功能，其技术正向着智能化与物联网化方向发展，成为支撑老龄化社会与人民生命健康的新兴交叉学科。康复工程在康复医学中具有不可替代的重要作用，对于永久性功能障碍者的康复，康复工程甚至是唯一的手段。

康复工程专业主要培养工程技术与康复医学医工交叉的高级专门人才，设计、研发及应用相关的现代康复器械（康复辅助器具），帮助失能老人、残疾人及伤病人等功能障碍者恢复其独立生活、学习、工作、回归和参与社会的能力。

开设课程

本专业开设的主要课程有高等数学、大学物理、工程制图等基础课程；人体生理学、人体解剖学、人体生物力学、人机工程学、生物医学信号检测、机械设计、电工电子学、微机原理、自动控制、人工智能等专业基础课程；康复工程概论、康复医学、康复机器人学、康复治疗与训练设备、人体康复辅助技术、人机无障碍交互技术、康复器械工业设计、假肢矫形器学等专业课程。

就业展望

随着社会老龄化的愈加严峻，我国康复服务需求呈现爆炸式增长。康复工程及产品是康复服务的重要支撑，我国康复事业对康复工程人才具有巨大的需求。

毕业生的就业去向主要是在医院、各级康复机构以及养老助残机构从事临床康复工程技术，在康复设备制造企业及科研机构从事设计研发，以及在企事业单位、政府相关管理部门从事专业管理工作等；本专业学生也非常适合继续读研深造，国内外上百所著名高校设有康复工程或康复机器人研究方向的研究生培养，大多优先招收本专业学生。

能力要求

按照普通高校本科专业目录，该专业属于生物医学工程类下属专业，能力要求请参考生物医学工程专业。

实力院校

开设康复工程专业的代表性院校

上海理工大学等。

食品科学与工程：让食品更营养丰盛

核心含义

食品科学与工程专业和人们的食品问题息息相关，是以食品科学和工程科学为基础，研究食品的营养健康、工艺设计与社会生产、食品的加工贮藏与食品安全卫生的学科，是生命科学与工程科学的重要组成部分。它具有多学科交叉渗透的特点，涉及化学、物理、生物、农学、机械、环境、管理等多个学科领域，从多角度、多层次研究“饮食”。我们每天吃的米饭面条、喝的饮料等都和这个专业密切相关，比如酸奶是如何发酵出来的？大豆油和橄榄油谁更有营养？食品添加剂对人体都是有害的吗？怎么样吃得健康？这些都是食品科学与工程所要解决的问题。

开设课程

本专业在大学一年级统一开设基础课程，比如高等数学、线性代数、大学英语、无机化学、分析化学、物理化学、生物化学、有机化学等；进入高年级后开设专业课程，一般有食品工艺学、食品物料学、食品工程原理、食品机械与设备、食品营养学、食品保鲜、食品包装、食品感官评定、食品添加剂、食品发酵、食品质量控制与管理、食品加工新技术、食品工厂设计等。

就业展望

近几年受国有企业进行体制改革及食品工业普遍效益不佳的影响，食品专业毕业生的就业难度

陡然增大。食品科学与工程专业学生毕业后大致有以下几个发展方向：一是从事各类食品企业的食品工程设计、新产品开发（绿色、有机、功能性食品）、食品营养研究、食品质量检测、食品品质控制、技术管理、技术监督、食品机械设备管理、食品包装设计、食品贮藏管理、食品运输管理、企业经营管理、食品的科学研究和成果推广工作；二是在食品药品监督管理局、海关、商检、卫生防疫、进出口、工商局、质量技术监督局等政府部门或事业单位进行产品分析、检测、技术监督、执法、管理等工作；三是继续深造，毕业后在相关的国家机关、大专院校、科研院所进行教学科研等工作。

能力要求

1. 任何一眼矫正到 4. 8、镜片度数大于 800 度的考生，患有轻度色觉异常（俗称色弱）的考生，患有色觉异常Ⅱ度（俗称色盲）的考生不宜就读食品科学类专业。

2. 由于培养要求和知识结构的原因，对化学、生物感兴趣的同学适宜就读。毕业生授予工学或农学学士。

3. 该专业在报考时相对不太热门，对分数要求不是很高。

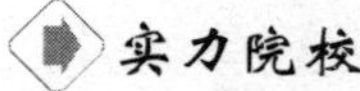

实力院校

拥有食品科学与工程世界一流建设学科的院校

中国农业大学、江南大学。

拥有食品科学与工程专业大类国家重点学科的院校

江南大学。

拥有食品科学二级学科国家重点学科的院校

南昌大学、华南理工大学。

拥有食品科学二级学科国家重点（培育）学科的院校

中国农业大学、南京农业大学。

国家级特色专业建设点

华中农业大学、南京农业大学、上海交通大学、南昌大学、西北农林科技大学、中国海洋大学、西南大学、合肥工业大学、东北农业大学、宁夏大学、南京财经大学、北京工商大学、青岛农业大学、天津科技大学、郑州轻工业大学、吉林工商学院、河南工业大学、武汉轻工大学、中南林业科技大学、河南科技学院、湖南农业大学、河北农业大学、吉林农业大学、哈尔滨商业大学、徐州工程学院、仲恺农业工程学院、西华大学、广东海洋大学、上海海洋大学、大连工业大学。

食品质量与安全：让人民吃得放心

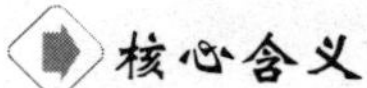

核心含义

近年来，注水猪肉、农药残留超标、染色馒头、地沟油等一系列假冒伪劣食品事件不断曝光，食品质量问题矛盾突出，人们不禁要问：究竟什么样的食品才是安全的？究竟我们还能吃什么？食品质量与安全就是这样一个与普通老百姓生活健康息息相关的专业，价值不言而喻。它以生命科学和食品科学为基础，研究食品的营养安全与健康的关系、食品营养的保障和食品安全卫生质量管理的学科，是食品科学与预防医学的重要组成部分，是连接食品与预防医学的重要桥梁。

开设课程

本专业在大一阶段开设基础课程，主要有高等数学、有机化学、无机化学、食品微生物学、大学物理、概率论等；大二开始开设专业课程，主要包括人体机能学、营养学、食品卫生学、食品化学、食品安全与质量控制技术、食品质量检验技术、食品微生物检验技术、功能食品学、食品环境学、食品品质控制学、食品添加剂学、食品质量管理学、动物性食品卫生学检验、食品理化检验等。

就业展望

随着人们对食品安全问题的关注日益增加，社会对于食品安全检验人才的需求也会不断增大。而随着社会经济的发展，与食品相关的职业也会越来越受关注。毕业生可到全国各级食品卫生监督部门、食品企业、社区的食品营养与安全服务部门、餐饮业工作；也可进入教学、科研等单位从事食品生产、食品营养与安全的管理、公共营养等方面的教研工作；当然也可往食品科学、营养与食品安全、食品生物技术、食品工程等方向继续深造。

能力要求

参考食品科学与工程专业。

实力院校

国家级特色专业建设点

中国农业大学、浙江工商大学、华南农业大学、广东海洋大学、河北科技大学。

粮食工程：保障国家粮食安全

核心含义

民以食为天，粮食问题是民生大计。粮食工程专业培养能从事粮食生产技术管理、粮油产品加工、粮食工程规划管理等工作的高级技术应用型专门人才。该专业具有两个专业方向，一是粮油加工工艺，二是食品工程。本专业学生主要学习生物学和食品工程学的基本理论和基本知识，受到食品生产技术管理、食品质量检测和安全等方面的基本训练，具有食品研究、食品质量安全检测等方面的基本能力。

开设课程

本专业在大学一、二年级一般会安排基础科目的学习，如高等数学、线性代数、生物化学、食品化学、计算机基础、C语言、英语等；高年级以后会开设专业课程，如粮食工程概论、粮食生产技术、粮食产品加工、粮食贮藏、粮食运输、粮食市场营销、食品工程原理、食品微生物、食品分析、粮油加工工艺、发酵食品工艺、焙烤制品工艺、食品机械与设备等。

就业展望

粮油加工是农产品加工业中的第一大产业，不论世界发达国家和发展中国家，都把粮油作为重要的战略物资。世界各国都非常重视其加工和深加工技术的开发，把产后粮油产品的贮藏、保鲜、加工、深加工、副产物综合利用放在重要地位，所以该专业的毕业生就业口径相对较宽。毕业后能够在粮油食品、生物化工、饲料等领域从事行政和企业管理、生产技术管理、品质控制、产品开发、市场营销、科学研究和工程设计等工作，或者在相关的院校、科研机构从事教学及科学研究工作；也可以在外贸、商检、海关等部门从事相关的粮食流通与质量检测工作。近几年，本专业的毕业生一次就业率都在95%以上。

能力要求

1. 由于培养要求和知识结构的原因，对生物、化学感兴趣的同学适宜就读。
2. 粮食工程专业虽然就业情况不算差，但报考时并不热门，对分数要求相对不是很高。
3. 该专业就业初期一般工作环境不太好，比较辛苦。

实力院校

国家级特色专业建设点

河南工业大学。

乳品工程：造出美味香甜的乳制品

核心含义

每个人每天会消费大量的乳品食物，乳品工程专业就是针对我国乳品加工行业的特殊情况设计的，主要培养具有乳品方面专业技术知识和能力，具有一定实验室操作技能的高级工程技术人才。从最上游的奶牛饲养场怎样建造、奶牛如何饲养，到奶制品加工设备怎样设计和制作，再到最终乳制品的加工、质量检测等，都是乳品工程专业需要学习和研究的内容。

开设课程

本专业开设的课程有生物化学、食品化学、计算机基础、C 语言、乳制品工艺学概论、发酵工艺学总论、食品感观评价、食品标准与法规、食品机械与设备、液态乳制品工艺学、发酵乳品工艺学、乳品质量与安全控制等。

就业展望

该专业的学生毕业后主要在乳品及相关领域内（中高等职业院校、技术监督部门、科研院所、海关、商检和大型乳品企业）从事乳品开发与研究、乳品生产及管理、产品质量控制、工程设计、分析检验、产品销售等方面的相关工作。这个专业不算热门，但是每年就业率还是相对比较高的，不过行业的薪资水平整体不高，刚开始工作也会比较辛苦。继续考研深造也是该专业一个不错的选择，之后可以从事乳品新技术的研发和乳制新产品的研发等工作。

能力要求

1. 由于培养要求和知识结构的原因，对生物、化学感兴趣的同学适宜就读。
2. 乳品工程专业虽然就业情况不算差，但报考时并不热门，对分数要求相对不是很高。

实力院校

开设乳品工程专业的代表性院校

扬州大学、东北农业大学、河南科技大学、黑龙江东方学院。

酿酒工程：酿制口感各异的酒

核心含义

酿酒工程专业主要针对白酒、黄酒、葡萄酒、啤酒等日常饮用酒的特征风味、成分和酿制过程中的功能微生物、酶及其代谢调控机制，对其中重要微生物和酶在分子水平上进行认识与改造，开发新产品，实现传统产业的改造和提升。例如，酿造白酒和黄酒需要用到酒曲，酒曲中的微生物种类、不同微生物之间的组成比例、酒曲制作的温度甚至酒曲的大小等都会对酒的口感风味产生影响。那么，这些因素是怎么影响酒类的口感和风味的呢？怎样做才能让这些因素从好的方面去影响酒的风味？这些都是酿酒工程的研究范围。

开设课程

本专业开设的课程以化学、生物学和工程学为基础，将传统酿酒工艺艺术与现代生物工程技术有机结合。在大学一、二年级一般会安排基础科目的学习，如高等数学、线性代数、有机化学、分析化学、化工原理、英语等；高年级以后会开设专业课程，如微生物学、生物化学、葡萄酒酿造学、白酒工程学、酒类风味化学与品尝、发酵工程原理与技术、蒸馏酒工艺学、酿酒工程设备与工厂设计等。

就业展望

本专业具有良好的就业前景，就业率较高，专业对口性很强，就业稳定性好。国内的酒文化和巨大的市场使酒厂遍地开花，毕业生可在酿酒科学与工程领域内从事教学、科学研究与开发、生产管理、检验、产品营销与技术服务等工作。国内大型酒类企业大部分技术负责人和工程师均出自该专业。

除就业外，酿酒工程专业本科毕业生另一个去向就是读研或深造。对于技术性较强、科学研究等类型的岗位，如酿酒企业的高级工程师、科研院所的教授、研究员等，则呼唤更高学历层次的人才，如果毕业生有这方面的发展意向，可以选择读研。

能力要求

1. 对酒精过敏或者因风俗习惯不能饮酒的考生不宜报考。
2. 该专业对口性强，开设本专业的院校较少，可供选择的并不多，故适宜于对酒类和酿酒等感兴趣的同学报考。
3. 该专业就业率高，但报考时并不热门，对分数要求相对不是很高。

实力院校

开设酿酒工程专业的代表性院校

江南大学、河北科技师范学院、绍兴文理学院、贵州大学。

葡萄与葡萄酒工程：精品葡萄酒的“缔造者”

核心含义

通过专业名便可得知，葡萄与葡萄酒工程是研究葡萄酒的专业，该专业培养具备葡萄酒产业化的基本理论和较系统的葡萄与葡萄酒生产的基础知识、基本技能，能在葡萄酒与酒类领域从事生产、管理、市场营销和新技术研究、新产品开发，又能在葡萄产业、农林、园艺、食品、环保、教育等行业及科研机构从事与生物技术有关的技术工作、管理工作、技术开发与应用研究的复合型人才。该专业综合了园艺学、生物工程、机械设备、食品科学与工程、感官品评学科的特色，属于理、工、农、人文交叉性的综合学科专业，既具备了相关学科科学技术的前瞻性，又具有独特的工艺技术和深厚

的文化内涵。

开设课程

本专业开设的课程有化学、微生物学、植物生理学、葡萄品种学、葡萄栽培学、葡萄保护学、葡萄贮运加工学、葡萄酒工艺学、葡萄酒市场学、葡萄酒法规等。

就业展望

随着人类对食品安全和营养保健的重视，葡萄酒作为一种健康的食品已成为大众消费的时尚。葡萄酒产业所涉及的领域除传统的葡萄栽培与葡萄酒生产外，还扩展到鉴赏艺术、管理营销、文化推广、食品营养、医药保健、质量控制、工程设计等诸多方面。葡萄与葡萄酒工程专业的学生毕业后可以在大专院校、科研院所及质量技术检测监督管理相关的生产部门、营销部门、进口产品代理、葡萄酒庄园、产品策划与设计、国际文化交流部门等，从事葡萄与葡萄酒、果露酒的新产品研发、生产经营、商品检验、酒类企业管理、营销贸易、文化推广、贸易及学校、科研单位的教学科研等工作。

能力要求

1. 任何一眼矫正到 4.8、镜片度数大于 800 度的考生，患有轻度色觉异常（俗称色弱）的考生，患有色觉异常Ⅱ度（俗称色盲）的考生不宜就读该专业。具体请查看目标院校的招生章程。
2. 由于培养要求和知识结构的原因，对化学、生物感兴趣的同学更适宜就读。

实力院校

开设葡萄与葡萄酒工程专业的代表性院校

西北农林科技大学、中国农业大学、沈阳药科大学、甘肃农业大学、青岛农业大学、河西学院、山东农业大学。

食品营养与检验教育：为国家培养食品营养检验人才

核心含义

食品营养与检验教育专业旨在培养具有食品分析检测、营养卫生学、环境与生物科学、管理学的基本理论；具备食品科学与工程和食品质量管理基本知识、基本技能；能运用所学知识解决一定的生产实际问题；具有良好教师素质，能够在中、高等职业学校从事食品安全与质量控制教育教学、教学研究的教育工作者；或能在食品原辅料生产、流通和消费领域从事分析检验、质量管理、安全评价、企业管理和科学研究等方面工作的高级技术人才。

开设课程

本专业开设的课程有食品化学、食品生物化学、食品营养学、食品分析与检测、食品病理检验、动植物检验检疫、仪器分析、食品安全检测技术、食品安全性评价、食品感官评定、教育学、心理学、食品微生物学、食品安全与卫生学、食品标准与法规、食品质量控制与管理等。

就业展望

食品营养与检验教育专业在就业上有三个主要方向。第一，毕业生可以在食品原辅料生产加工、流通和消费领域从事检验、品质控制、安全评价、生产管理、贸易经营、产品研发等工作；第二，可以在政府部门从事商检、卫生防疫、技术监督、食品安全监管等工作；第三，可以在中、高等职业学校从事食品营养、食疗保健、安全与质量控制方面教育教学及研究等工作。

能力要求

1. 任何一眼矫正到4.8、镜片度数大于800度的考生，患有轻度色觉异常（俗称色弱）的考生，患有色觉异常Ⅱ度（俗称色盲）的考生不宜就读该专业。具体报考时请注意查看目标院校的招生章程。

2. 由于培养要求和知识结构的原因，对化学、生物感兴趣的同学适宜就读。

实力院校

开设食品营养与检验教育专业的代表性院校

河南农业大学、山西师范大学、锦州医科大学、河南工业大学。

烹饪与营养教育：为国家培养烹饪营养人才

核心含义

食品烹饪包含大量的学问，让食品保持最好的营养同样需要技术。烹饪与营养教育专业是培养具有宽厚的烹饪科学理论、熟练的烹饪工艺实践技艺以及相应的餐饮管理知识与营销业务能力，能在中、高等烹饪学校或相关科研部门从事烹饪营养教学、科研工作，或从事大、中型饭店及集团餐饮部门的餐饮企业技术开发及管理工作的中高级应用型人才。

开设课程

本专业开设的课程有烹饪工艺学、烹饪原料学、烹饪营养学、食品卫生与安全、中医饮食保健学、管理学原理、餐饮管理与实务、中国饮食文化、菜肴制作技术、教育学、餐饮管理、菜点设计与创新、营养学等。

就业展望

改革开放至今，餐饮业一直作为中国增长最迅速的行业之一，引领着国内消费市场。我国餐饮业正向现代化、产业化、国际化方向迈进。伴随着政府拉动消费的政策影响、城乡居民收入较快增长和消费观念更新等因素，未来餐饮业依然是引人注目的消费热点，中国餐饮消费水平将继续保持高速增长。在这样的历史条件下，餐饮业已成为全球十大高薪职业之一，烹饪工作者成为前景最为广阔的高收入阶层。据调查，2011年最具就业前景的七大专业中，烹饪专业位居第三。一名烹饪专业优秀毕业生，特别是高档餐厅主厨月薪可达到8000元以上，厨师长年薪达十几万，行政总厨年薪高达几十万，甚至上百万。

烹饪与营养教育专业的毕业生可以在大中型饭店、各类餐饮企业及集团（大企业、学校、医院等）餐饮部门从事烹饪和餐饮管理、酒店的经营、管理、服务等工作，也可以在中、高等烹饪学校或相关科研部门从事教学科研工作、技术管理与产品开发工作，以及担任营养咨询中心和健身中心的营养师工作。

能力要求

1. 任何一眼矫正到4.8、镜片度数大于800度的考生，患有轻度色觉异常（俗称色弱）的考生，

患有色觉异常Ⅱ度（俗称色盲）的考生不宜就读该专业。主要脏器肺、肝、肾、脾、胃肠等动过较大手术，功能恢复良好，或曾患有心肌炎、胃或十二指肠溃疡、慢性支气管炎、风湿性关节炎等病史，甲状腺功能亢进已治愈一年的，不宜就读该专业。报考时请以目标院校招生章程为准。

2. 由于培养要求和知识结构的原因，对生物、化学感兴趣的同学更适宜就读。

实力院校

开设烹饪与营养教育专业的代表性院校

哈尔滨商业大学、河北师范大学、济南大学、扬州大学、黄山学院、吉林农业科技学院、岭南师范学院、河南科技学院、昆明学院、湖北经济学院、吉林工商学院。

食品安全与检测：食品安全“卫士”

核心含义

食品安全与检测专业培养熟练掌握食品营养组成与分析、食品卫生检验、食品安全检测等方面的专业知识和基本技能，注重对学生的职业素质和绿色理念的培养，从事食品营养分析检验、食品安全评价、食品管理、品质控制等方面工作的高素质技能型专门人才。

开设课程

本专业开设的课程有食品分析技术、仪器分析、食品化学、食品微生物学、食品卫生微生物学检验、食品工艺学、食品安全性评价、动植物检疫检验、食品安全导论、现代食品检测技术、食品法规与标准、食品质量控制、食品原料安全学、食品企业管理等。

就业展望

本专业毕业生主要面向食品加工、卫生检验、动植物检疫等有关企业、研究单位、大专院校、政府部门从事食品生产和质量控制、食品质量监督与管理、食品安全分析、食品科学研究等方面的工作。也可在保健食品厂、饮料厂、发酵食品工厂、生物工程制品厂、水产品加工厂等各种食品企业，各级政府食品质量监测部门、卫生防疫技术管理部门、商检技术管理部门、国家海关，化工企业、医药生产企业、饲料生产企业、大中型宾馆、超市等单位的技术岗位从事质量检测、卫生检测、污染监测、质量监控及评价和质量管理等工作。

能力要求

参考食品质量与安全专业。

实力院校

开设食品安全与检测专业的代表性院校

上海师范大学、汕头大学。

食品营养与健康：食物、营养与人体健康的关系

核心含义

食品营养与健康专业是研究食物、营养与人体健康关系的一门学科，具有很强的科学性、社会学

和应用性，与国民生计关系密切，它在增强我国人民体质、预防疾病和提高健康水平等方面起着重要作用。该专业培养较高水平的从事食品营养、营养指导和管理的应用型专门人才，满足食品、营养等相关领域对专门人才的需求。

开设课程

本专业开设的课程有营养学基础、公共营养学、分子营养学、临床营养学、食品化学、食品微生物学、食品毒理学、食品安全与卫生等。

就业展望

本专业毕业生可从事食品检验、品质管理、食品质量分析、卫生监督、营养治疗和保健、营养教育、餐饮管理、食品营销与贸易等工作。

能力要求

参考食品质量与安全专业。

实力院校

开设食品安全与检测专业的代表性院校

四川大学、西北农林科技大学、天津中医药大学等。

食用菌科学与工程：掌握科学开发食用菌的方法

核心含义

本专业培养适应现代社会发展需要，德智体美劳全面发展，具有科学创新意识和实践能力，具备应用生物科学的基本知识和技能，掌握菌物学方面的相关知识及实践操作技能，能够从事食用菌的生产、工厂设计、加工、流通、管理、新产品开发及科学研究等方面工作的复合应用型高级技术人才。

开设课程

本专业开设的主要课程有植物学、微生物学、普通真菌学、植物生理学、基础生物化学、菌物学导论、菌类资源学、发酵工程、食用菌育种学、食用菌栽培学、药用菌产品开发与利用、食用菌产品加工学等。

就业展望

学生毕业后可在各级企事业单位从事食用菌领域的新技术研究、新产品开发及产业规划、设计、管理等方面的工作。

能力要求

参考食品质量与安全专业。

实力院校

开设食用菌科学与工程专业的代表性院校

山西农业大学等。

白酒酿造工程：让中华美酒走向世界

核心含义

白酒酿造工程是以食品科学与工程类各基础专业和特设专业为基础，吸纳生物学、轻工技术与工程、管理学等多学科知识的交叉学科、综合学科和应用学科为一体的一个专业，旨在培养掌握白酒酿造、品评勾兑、酒质检测技术，具有创新能力的高素质应用型人才，以实现中国白酒产品和中国白酒文化走向世界的需要。

开设课程

本专业开设的课程有无机及分析化学、有机化学、生物化学、发酵工程原理、微生物学、白酒生产技术、酒精与蒸馏酒工艺学、白酒工厂设计、酿酒机械与设备、葡萄酒工艺学、啤酒工艺学、黄酒工艺学、微生物代谢控制发酵。

就业展望

近年来，随着我国经济发展，国民收入增加，以及消费观念的改变，健康白酒已成为消费热点。同时，随着我国白酒品质的不断提高以及品牌营销力度的不断加强，全球对“中国白酒”这一民族品牌的认可度越来越高，我国白酒在国际市场中占据的份额也逐渐扩大。而伴随“一带一路”的推出，沿线国家将不可避免地受到来自中国酒文化的熏陶和培育。众多因素推动着中国白酒产业的不断壮大，而国内相关专业人才的供给不能满足白酒产业人才需求。该专业毕业生可以在大专院校、科研院所及质量技术检测监督管理相关的生产部门、营销部门、出口产品代理、产品策划与设计、国际文化交流部门等，从事白酒的新产品研发、生产经营、商品检验、酒类企业管理、营销贸易、文化推广、贸易及学校、科研单位的教学科研等工作。

能力要求

参考酿酒工程专业的能力要求。

实力院校

开设白酒酿造工程专业的代表性院校

茅台学院等。

建筑学：研究建筑及其环境的学科

核心含义

很多人觉得，建筑学就是研究如何建造房子的，你呢？

实际上，建筑学不仅要研究如何建造房子，还需要研究房子的周边环境，因为建筑学服务的对象不仅是自然的人，而且也是社会的人，不仅要满足人们物质上的要求，而且要满足人们精神上的要求。建筑学专业的内容通常包括技术和艺术两个方面。

建筑设计是建筑学的核心，指导建筑设计创作是建筑学的最终目的。有关建筑设计的学科内容大致可分为两类：一类是总结各种建筑的设计经验，按照各种建筑的内容、特性、使用功能等，通过范例，阐述设计时应注意的问题以及解决这些问题的方式方法；另一类是探讨建筑设计的一般规律，包括平面布局、空间组合、交通安排，以及有关建筑艺术效果的美学规律等。

开设课程

本专业一般为五年制，也有部分院校为四年制。

大一至大三的主要课程有建筑概论、建筑美术、建筑阴影与透视、建筑构成、建筑设计基础、建筑制图与表达、风景园林建筑、建筑材料、建筑力学、计算机辅助设计、专业外语阅读、建筑构造、建筑物理、公共建筑设计原理、建筑结构、城市规划原理、室内设计、建筑设备、建筑项目管理、环境心理学、地基基础、建筑设计等。

大四开始深化学习建筑配套设备、结构等知识。

大五以实习为主。

就业展望

据近年来就业数据统计，建筑学专业学生毕业半年后的就业率高达97.3%。

本专业毕业生主要有四个就业方向：可进入建筑设计研究院和建筑设计事务所等建筑行业的设计单位，主要从事建筑物的设计和有关建筑的研究工作；一部分同学考取公务员在城建部门从事管理规划工作也是不错的；还有一部分同学（硕士生和博士生居多）留在高校研究和任教；另有相当一部分进入了房地产行业从事房地产开发。

当然，该专业毕业生也可继续攻读建筑设计及其理论、城市规划与设计、景观设计、建筑历史与理论、建筑技术等方向研究生。

能力要求

很多院校的建筑学专业要求考生具有一定的美术基础，会举行入学考试，考察新生对形体和空间的感受能力及感受后的表达能力、眼脑手的协调能力。

许多考生担心没有美术基础会被调剂到其他专业，事实上入学考试非常简单，对学生的美术基础要求较低，80%以上的新生从未有过美术基础，因此在高考后报名一个为期两周左右的美术班进行结构素描练习是较好的选择。

实力院校

拥有建筑学世界一流建设学科的院校

清华大学、同济大学、东南大学。

拥有建筑学专业大类国家重点学科的院校

清华大学、清华大学、天津大学、同济大学、东南大学。

拥有建筑学二级学科国家重点学科的院校

建筑设计及其理论方向：西安建筑科技大学。

城市规划和设计方向：重庆大学。

拥有建筑学二级学科国家重点（培育）学科的院校

建筑设计及其理论方向：华南理工大学。

国家级特色专业建设点

清华大学、北京建筑大学、天津大学、大连理工大学、沈阳建筑大学、同济大学、东南大学、浙江大学、山东建筑大学、广州大学、深圳大学、重庆大学、河北工程大学、吉林建筑工程学院、华南

理工大学、青岛理工大学、西南交通大学、西安建筑科技大学、北京工业大学、中国美术学院、合肥工业大学、华侨大学、昆明理工大学。

城乡规划学：研究城乡之间的协调发展之道

核心含义

城乡规划从宏观到微观分为整体性规划、分区性规划、控制性详细规划、修建性详细规划等几个步骤。城乡规划专业属于工学门类的建筑类专业，所属学科是工学“城乡规划学”专业大类。

随着城乡一体化统筹发展，城市之间的距离越来越近，城市建设已不仅仅局限于一个单一的城市，还会考虑到城市与城市之间、乡村与乡村之间、城市与乡村之间的协调，甚至是区域性的多个城乡联动规划，实行资源共享、优化配置，实现城乡一体、持续发展。由此可见，城乡规划是一个多学科交叉的综合学科，需要经济、地理、交通、社会、历史、文化等多学科知识的支撑。

开设课程

本专业本科多为五年制，也有部分院校为四年制。

一般本科一、二年级学习建筑专业相关知识，后两三年进行规划专业知识学习。

该专业开设的主干学科是城乡规划原理、城乡生态与环境规划、中国城市建设史与规划史、外国城市建设史与规划史、城乡基础设施规划、城乡道路与交通规划、城市总体规划与村镇规划、详细规划与城市设计、城乡规划管理与法规、城乡社会综合调查研究、地理信息系统应用等。

就业展望

城乡规划专业毕业生的就业方向归纳起来主要有三个：

第一，各级规划管理部门。比如在发改委、建设局、规划局、国土局、园林局等从事经济发展规划、区域规划、城市开发及城乡规划管理等工作；

第二，各级规划设计院。如在城市规划院、建筑设计院、风景园林设计院等单位从事城市规划设计、乡村规划设计、区域项目规划设计及研究等工作；

第三，在建筑规划设计公司、房地产企业、规划开发咨询机构从事项目规划设计、房地产筹划及相关政策法规的咨询和研究工作。

当然，还有很多毕业生会选择继续报考相关专业研究生或出国深造。

能力要求

城乡规划专业是一个多学科交叉的综合学科，需要经济、地理、交通、社会、历史、文化等多学科知识的支撑，要求学生具备较强的学习能力，部分院校的城乡规划专业要求考生具有一定的美术基础。

实力院校

拥有城乡规划世界一流建设学科的院校

同济大学、清华大学。

风景园林学：研究人与自然的和谐共存之道

核心含义

风景园林学以协调人与自然关系为根本使命，以保护和营造高品质的空间景观环境为基本任务，是一门建立在广泛的自然科学和人文艺术学科基础上的应用学科。

本学科涉及的问题主要存在于两个层面：

其一，如何有效保护和恢复人类生存所需的户外自然境域；

其二，如何规划设计人类生活所需的户外人工境域。

为了解决上述问题，本学科需要融合工、理、农、文、管理学等不同门类的知识，交替运用逻辑思维和形象思维，综合应用各种科学和艺术手段。因此，该专业也具有典型交叉学科的特征。

开设课程

本专业主要课程有中国画、书法、艺术传媒、工程力学、建筑工程、摄影、园林建筑结构与构造学、中国园林史、园林园艺、设计思维学、管理学基础、经济与管理、地质地貌学、资源与环境、园林计算机辅助设计、室内设计、艺术与传媒、园林树木栽植养护、风景区规划、园林模型制作、草坪学、旅游学、园林快题设计、城市景观设计等。

就业展望

随着人们生活质量、生活水平的不断提高，绿化及良好的生态环境成为大家新的追求。不仅房地产开发企业在市场竞争中竞相打起了“绿化牌”“景观牌”“生态环境牌”，一些企事业单位也越来越注重环境景观设计。那些既懂得园林绿化景观设计和花卉苗木养护，又懂得“绿色经济”经营管理的人才具有广泛的就业前景。

该专业主要就业单位包括园林局、设计院、苗圃与园林设计公司、旅游规划设计公司、风景旅游区、房地产公司、大中专院校以及其他建筑与环境工程、市政园林、公用事业、城乡规划建设管理等相关的行业、部门和机构。

本科毕业生也可继续攻读园林、景观、建筑、城市规划、环境艺术专业类的硕士学位。

能力要求

第一，任何一眼矫正到4.8、镜片度数大于800度的考生，患有轻度色觉异常（俗称色弱）的考生，患有色觉异常Ⅱ度（俗称色盲）的考生不宜就读风景园林专业。

第二，该专业偏重于设计，所以院校一般要求考生具有一定的美术功底，部分学校入学后会有相关考核，考核不通过则可能被调剂到其他专业。

第三，很多人会把风景园林专业与园林专业弄混淆，考生在报考时一定要了解清楚两者的不同：风景园林专业毕业后授予工学或艺术学学士学位，园林专业毕业后授予农学学士学位。

实力院校

拥有建筑学世界一流建设学科的院校

清华大学、北京林业大学、同济大学、东南大学。

国家级特色专业建设点

北京林业大学。

历史建筑保护工程：研究历史建筑的保护之道

核心含义

随着社会的进步，人们对文化遗产的保护意识不断提高，历史文化遗产的保护、历史建筑和历史环境的再利用以及城市的更新，已成为21 世纪建筑学的前沿领域。历史建筑保护工程专业致力于培养该领域一流的、具有特殊专长的专家和专业领导者，致力于守护珍贵的历史古迹。

开设课程

本专业主要课程有建筑初步、美术学、历史建筑形制与工艺、建筑设计、建筑历史、建筑技术、保护技术、艺术史、建筑力学、工程材料、传统建筑结构、建筑设计、建筑物理环境等。

就业展望

随着社会历史保护意识的迅速发展，历史建筑的保护与利用在我国正呈现出快速的发展趋势。但是，相关领域人才的培养却和保护项目的上升速度不成比例。伴随着整个社会对历史建筑保护的日益重视，相信这个专业毕业生的需求仍将持续增长。目前，该专业毕业生主要在城市与建筑遗产保护、文物保护系统中从事公共建筑设计、建筑遗产保护与修复工程设计、历史城市与历史建筑保护等方向的设计、科研、开发、管理等与建筑学专业相关的工作。

能力要求

对物理感兴趣的同学适宜就读该专业。此外，部分高校对学生有绘画基础和艺术修养方面的要求。

实力院校

开设历史建筑保护工程专业的代表性院校

同济大学、北京建筑大学。

人居环境科学与技术：培养智慧城市建设的领袖人才

核心含义

智慧城市是指通过广泛采用物联网、云计算、移动互联网、大数据等新一代信息技术，提高城市规划、设计、管理、服务、生产、生活的自动化、智能化水平，使城市运转更高效、更敏捷、更低碳。智慧城市建设已经成为未来城市人居环境建设与发展的新理念和新实践，人居环境科学与技术专业是面向智慧城市建设的新兴专业，致力于培养能把握智慧城市科技发展趋势的多学科交叉、多领域融合的专业人才。

开设课程

本专业主要课程包括人居环境科学导论、城市地理学、城市规划概论（设计）、现代城市与住宅设计、城市防灾与减灾、城市经济学等。

就业展望

本专业大部分学生毕业后可从事以下几个方面工作：

第一，研究人员。从事环境科学研究、环境监测、评价、管理和规划等工作。

第二，环境工程师。从事环保产品的开发，或进行环境工程和给水排水工程的规划、设计和管理。

第三，教师。担任大中专学校相应专业的教师。

第四，公务员。在中央和地方、各工业部委的环境科学研究部门工作。

人居环境科学与技术领域的研究对于国民经济及社会的各个方面都有着非常重要的战略意义及基础性作用。因此，国家对这一高层次人才的需求也是非常强烈的，但前提必须是学生在此一领域有潜力、有兴趣、有志向。

能力要求

第一，具有人文情怀、文化艺术与科学精神，具有严谨求实的科学素养和敢于争先的创新意识，能够从人居环境的高度去思考人类生存问题、环境问题、城市规划方面的问题。

第二，对大数据、物联网技术有兴趣，希望能够在利用物联网进行城市大数据的采集、处理、应用技术方面业有专攻，并技有所长。

第三，具备良好人际交往沟通能力、分析能力、解决复杂问题的能力等综合性能力。

实力院校

开设人居环境科学与技术专业的代表性院校

西安交通大学。

城市设计：促进城市良性发展

核心含义

城市设计又称都市设计，是一种关注城市规划布局、城市面貌、城镇功能，并且尤其关注城市公共空间的一门学科。相对于城市规划的抽象性和数据化，城市设计更具有具体性和图形化。城市设计的复杂在于以城市的实体安排与居民的社会心理健康的相互关系为重点，通过对物质空间及景观标志的处理，创造一种物质环境，既能使居民感到愉快，又能激励其社区精神，并且能够带来整个城市范围内的良性发展。

开设课程

本专业主要课程包括城市规划权原理、城市规划设计、城市设计、城市规划理论与城市发展史、城市道路与交通、城市生态与环境保护、城市地理学、城市经济学、区域规划等。

就业展望

本专业大部分学生毕业后可从事以下几个方面工作：

第一，到政府城市有关城市规划工作，发展潜力比较大，且工作环境也比较舒适；

第二，从事景观设计工作，比如公园的景观设计、别墅的景观设计，待遇比较好，且工作比较轻松；

第三，到建筑设计研究院做研究设计工作；

第四，到建筑公司做管理工作，一般刚毕业的学生都是从基层干起，最后到管理岗位。

能力要求

参考人居环境科学与技术专业的能力要求。

实力院校

开设城市设计专业的代表性院校

同济大学。

智慧建筑与建造：智慧城市下的新型建筑理念

核心含义

人居环境建设是人类文明发展的基础，是国民经济的重要支柱。智慧建筑与建造和人居环境建设密不可分，兼顾自然科学与人文精神，融汇人工智能、建筑学、工程学、艺术学等多学科知识，回应人工智能时代对于建筑领域人才的新需求。该专业面向“智慧设计”“智慧建造”“智慧运维”的人才培养需求，以智慧建筑与建造设计课程为核心，构建包括计算性设计、人工智能、智慧建造、项目管理等模块在内的课程体系。该专业旨在培养兼具智慧建筑与建造相关自然科学知识和人文精神素养，掌握智慧建筑与建造基础以及前沿理论方法和技术工具，能够解决建筑全生命周期内复杂工程问题，引领智慧建筑设计与建造及其相关领域未来发展的创新型工程科技人才。

开设课程

本专业主要课程包括建筑原理、建筑历史、建筑技术、职业素养等经典建筑类核心课程，以及计算性设计、人工智能、智慧建造、项目管理等交叉学科课程模块。

就业展望

智慧建筑与建造专业人才知识结构复合，就业面宽广，社会需求大，学生毕业后可任职于设计机构、高科技企业、地产企业、国家机关、高等学校、科研单位等，从事设计、管理、教学、研究等工作，主要就业单位有中国建设集团、首钢集团、北京中元国际工程有限公司、北京市建筑设计研究院、上海华东建筑集团股份有限公司、中海地产、腾讯科技有限公司等国内一流建筑企业及大、中城市规划管理部门。

能力要求

参考人居环境科学与技术专业的能力要求。

实力院校

开设智慧建筑与建造专业的代表性院校

哈尔滨工业大学。

安全工程：为生产经营安全装上“晴雨表”

核心含义

安全工程是隶属于专业大类“安全科学与工程”的一个二级学科。

本专业研究范围包括煤矿、金属矿、建筑、交通、航空、化工等各个领域。当然，不同院校研究的方向不同，比如，中国矿业大学主攻的是煤炭安全领域，南京工业大学则以工业泄露、火灾等重大灾害的防治为特色。

本专业致力于培养复合型人才，毕业后从事生产安全管理、安全防护工程、安全产品设计、事故防控规律研究、危险有害因素检测、工程风险评价、生产经营单位安全监察与管理、应急等工作，多渠道保障生产安全、社会和谐、家庭幸福、个人健康。各类生产经营单位都离不开安全工程。

开设课程

本专业在大学一、二年级一般会安排基础科目的学习，如高等数学、线性代数、大学物理、力学、计算机基础、概率论与数理统计、大学英语等。

高年级以后会开设专业课程，如安全原理、安全行为科学、安全人机工程学、矿业工程、燃烧与爆炸学、通风空调与净化、灾害防治理论与技术、安全法规，等等。

就业展望

随着国家《安全生产法》的颁布实施，各行各业越来越重视企业的生产安全，在当前的形势下，安全工程专业的毕业生就业形势普遍较好。学生毕业后可以到大型施工企业从事施工现场安全管理、现场安全教育、工伤事故处理、安全施工方案编制及审核施工安全防护用具配备及管理等工作；也可到大型厂矿、生产型企业从事企业安全管理、安全教育、安全评价、工伤事故处理及职业病防治等工作；另外也可通过公务员考试进入国家安全监测、环境保护等政府机关工作。

能力要求

第一，由于培养要求的原因，该专业录取时比较注重考生的物理、数学科目的成绩。

第二，该专业报考时不太热门，对分数要求相对不是很高。

实力院校

拥有安全工程二级学科国家重点学科的院校

安全技术及工程方向：西安科技大学。

拥有安全工程二级学科国家重点（培育）学科的院校

安全技术及工程方向：中国科学技术大学、辽宁工程技术大学。

国家级特色专业建设点

北京理工大学、中国矿业大学（北京）、河南工程学院、湖南科技大学、湖南工学院、北京科技大学、华北科技学院、中北大学、太原理工大学、东北大学、辽宁工程技术大学、沈阳航空航天大学、南京理工大学、中国矿业大学、南京工业大学、安徽理工大学、中国石油大学（华东）、山东科技大学、河南理工大学、中国地质大学（武汉）、中南大学、西安科技大学。

应急技术与管理

本专业属于新开专业，详细情况可查询太原理工大学安全与应急管理工程学院、辽宁工程技术大学安全科学与工程学院官方网站。

职业卫生工程：职业病危害控制与预防

核心含义

职业卫生工程专业将职业卫生与安全并举，将职业病的医学致病机理、职业病危害检测评价及工程控制手段有机地结合起来，在系统培养学生掌握职业卫生相关的医学为基础的基本理论的同时，重点培养学生职业病危害因素的检测、评价、预防以及工程控制能力，填补我国职业卫生专门人才培养的空白。该专业主要培养适应社会经济发展与职业安全需要，德智体美劳全面发展，厚基础、强能力、高素质，富有创新精神，掌握作业场所职业危害因素检测、控制与管理的基础理论和方法，具备创新精神、实践能力、国际视野，能从事职业危害因素检测、职业卫生咨询评价、职业卫生管理、职业病预防、职业危害控制等方面的工作，能够引领职业卫生科技创新、行业发展及社会进步的技术与管理复合型一流人才。

开设课程

本专业开设的主要课程有流体力学、热工学、化学分析及仪器分析、职业卫生医学基础、气溶胶科学、毒理学基础、作业环境检测及评价、工业通风、个体防护技术、人机工程学、粉尘防治、卫生统计与大数据分析、职业病诊断与工伤鉴定、工业防毒技术、公共卫生应急管理等。

就业展望

毕业生可以到能源、建筑、石油、化工、电力、交通等涉及职业危害的企事业单位和个体经济组织从事职业安全健康设计、检测、检验、监察、管理、评价、教育、培训与咨询等工作；也可在卫生监督所、职业卫生监管职能部门、职业卫生评价机构、疾病预防控制中心、职业病医院、社会团体等领域从事职业卫生监察、管理与研究等工作。

能力要求

由于此专业涉及医学基础知识，不妨参考医学类专业对考生的能力要求。

实力院校

开设职业卫生工程专业的代表性院校

中国劳动关系学院、中国矿业大学、华北科技学院等。

生物工程：用生物技术为人类造福

核心含义

生物工程是一门综合性学科，研究领域主要是对生物或其功能的定向改造。

本专业内容主要包括基因工程、细胞工程、蛋白质与酶工程、发酵工程、生物反应工程等，传授给学生生物技术及其产业化的科学原理、工艺技术过程和工程设计等基础理论、基本技能，培养能在生物技术与工程领域从事设计生产管理和新技术研究、新产品开发的工程技术人才。

开设课程

本专业以生物学和化学等学科为基础，在大一、大二一般会安排基础科目的学习，如高等数学、线性代数、英语、有机化学、无机化学、化工原理、物理化学等；大三、大四会开设专业课程，如微生物学、生物化学、细胞生物学、遗传学、分子生物学、基因工程、细胞工程、生物分离工程、生物工程设备、生物工程下游技术、生物制药工程、药物分析、仪器分析等。

就业展望

生物工程专业毕业生适宜于医药、食品、环保、商检等部门中生物产品的技术开发、工程设计、生产管理及产品性能检测分析等工作及教学部门的研究与教学工作。

本科生直接从事科研方面工作的可能性不大，部分毕业生转向其他行业，部分毕业生从事相关专业的下游技术工作。本科生毕业直接在医药、食品等方向就业，工作内容一般为较单调的技术工作，且需要进一步的经验积累和实践操作能力培养。

能力要求

任何一眼矫正到4.8、镜片度数大于800度的考生，患有轻度色觉异常（俗称色弱）的考生，患有色觉异常Ⅱ度（俗称色盲）的考生不宜就读该专业。具体请参考目标院校的招生章程。

实力院校

国家级特色专业建设点

南京工业大学、江南大学、华东理工大学、合肥学院、华中农业大学、北方民族大学、天津科技大学、大连大学、大连工业大学、大连民族大学、上海交通大学、淮阴工学院、浙江工业大学、宜春学院、齐鲁工业大学、四川轻化工大学、西北农林科技大学、石家庄学院、大连理工大学、沈阳药科大学、江西农业大学、湖北工业大学、湖南科技学院、华南理工大学、贵阳学院、中国农业大学、北京化工大学、重庆大学。

生物制药：生物也可以是防治疾病的药物

核心含义

生物制药是指以天然的生物为原料，制造出用于预防、诊断、治疗疾病的药物。天然的生物包括微生物、人体、动物、植物、海洋生物等。

本专业致力于培养具备扎实的生物技术和药学基础理论、基本知识，熟练掌握现代生物技术和制药技术的常用实验流程，能够胜任现代生物技术实验室和生物技术制药企业岗位基本要求的德智体美全面发展的技术应用型高级实用人才。

开设课程

本专业主要课程包括普通生物学、细胞生物学、生物化学、微生物学、分子生物学、免疫学、药理学、药剂学、药物化学、发酵工程制药、基因工程制药、酶工程、生物技术制药、生物制药工艺学、生物药物分析与检测、生物制药设备、药事管理等。

就业展望

生物制药是医药产业中的“朝阳产业”，已成为国内外增长最快的行业之一。然而，生物制药专业人才，尤其是本科及以上学历的高端人才严重不足，已成为制约行业发展的一个重要因素。

毕业生可在药物制剂生产企业、药物原料及中间体生产企业、药品经营企业、药品监督管理部门

从事药品生产、管理、检验、销售等工作，亦可在化工、食品、保健品等相关行业从事生产、销售和检验工作。

能力要求

任何一眼矫正到 4.8、镜片度数大于 800 度的考生，患有轻度色觉异常（俗称色弱）的考生，患有色觉异常Ⅱ度（俗称色盲）的考生不宜就读该专业。具体请参考目标院校的招生章程。

实力院校

国家级特色专业建设点

中国药科大学。

合成生物学：将“基因”连接成网络

核心含义

合成生物学是基于系统生物学的遗传工程和工程方法的人工生物系统研究，从基因片段、DNA 分子、基因调控网络与信号传导路径到细胞的人工设计与合成，类似于现代集成型建筑工程，将工程学原理与方法应用于遗传工程与细胞工程等生物技术领域。该专业主要培养适应社会主义现代化建设需要，德智体美全面发展，具备良好职业道德，具备合成生物技术基本理论和专业知识，并能分析和解决重大环保、能源、生物医药、信息、轻工、食品和军工等应用领域的工程问题的能力，具有创新精神和较好的国际交流能力的高级工程技术人才。

开设课程

本专业开设的主要课程有合成生物学、生物化学、有机合成化学、代谢工程、生物信息学、化学生物学、基因工程、生物制药工程、环境生物技术，能源生物技术等。

就业展望

本专业为 2019 年新开办专业，目前无就业展望，可以预见，本科生直接从事科研方面工作的可能性不大，部分毕业生转向其他行业，部分毕业生从事相关专业的下游技术工作。毕业直接在医药、食品等方向就业，工作内容一般为技术工作，需要进一步的经验积累和实践操作能力培养才能走上管理岗位。

能力要求

可参考生物工程专业的能力要求。

实力院校

开设合成生物学专业的代表性院校

天津大学等。

刑事科学技术：让罪犯无处遁形

核心含义

刑事科学技术是一个以发现、揭发和证实各类犯罪活动为目标的专业领域，是综合运用自然科学、社会科学的有关知识和技术，研究各种犯罪中物证的形成与变化规律，运用显现、提取、鉴定等技术方法，揭露和证实犯罪，为侦查、起诉、审判提供线索和证据的专门学科。

本专业分为痕迹检验、文件检验、法化学、交通事故处理、公安图像技术等5个专业方向，主要培养能在公安、司法等部门从事刑事技术鉴定工作的高级专门人才。

开设课程

本专业主要课程有刑事科学技术概论、心理学、逻辑学、刑事证据学、现场勘察学、刑事侦查学、光学仪器检验与分析、查缉战术、实弹射击、散打等。

就业展望

刑事科学技术专业的毕业生一般是面向公检法系统进行分配，当前该专业的人才紧缺，各地公检法系统都迫切需要大量的高素质人才。学生毕业后可到各级政法机关、军队保卫部门、海关、金融部门、司法鉴定机构等从事现场勘查、分析、重建以及常规物证检验、鉴定侦查等实际工作和教学科研工作。可以预见，在很长一段时间内，该专业的毕业生都将保持供不应求的局面。

能力要求

第一，任何一眼矫正到4.8、镜片度数大于800度的考生，患有轻度色觉异常（俗称色弱）的考生，患有色觉异常Ⅱ度（俗称色盲）的考生不宜就读此类专业。另外，主要脏器肺、肝、肾、脾、胃肠等动过较大手术，功能恢复良好，或曾患有心肌炎、胃或十二指肠溃疡、慢性支气管炎、风湿性关节炎等病史，甲状腺功能亢进已治愈一年的也不宜就读此专业。大家在选择公安类专业时一定要注意查看目标院校招生章程，以免发生误选、错漏的情况。

第二，该专业对考生的身高也有一定要求，一般男生要求不低于170cm，女生不低于160cm。女生录取比例不超过总人数的20%。

第三，该专业学生在校期间实行军事或半军事化管理，统一着人民警察服装。

实力院校

国家级特色专业建设点

中国刑事警察学院、江苏警官学院、福建警察学院。

消防工程：培养最美消防人

核心含义

近年来，我国的消防工作取得了长足的发展，但重特大火灾仍时有发生，这暴露出我国消防工作社会化程度、管理水平与消防安全保障能力尚有待进一步优化、完善。究其根本的原因，体现于行业人才队伍的建设与规范——市场缺乏专业的社会化消防技术服务和消防专业技术服务人才。消防工程致力于培养能在大专院校、科研设计院所、企事业单位消防部门和公安消防部队从事与消防有关的教学、科研和工程设计、消防管理、火灾调查和组织指挥等方面工作的高级专门人才。

开设课程

本专业开设的主要课程有工程力学、化学工程、消防燃烧理论、建筑防火设计原理、灭灾对策学、消防技术装备、消防法规、防火工程、消防监督管理、消防队伍管理、灭火救援、火灾调查、消防专业外语。此外，该专业会有大量实践性教学环节，比如认识实习、实验、模拟演练、教学参观、毕业实习等。

就业展望

该专业就业范围相对广泛，毕业生可以去到消防技术与工程研究和开发部门、武警消防部队、地方消防行政管理部门、各级建筑设计院、消防工程施工和安装部门、大中型企业单位消防事务管理部门、重要物资的大型仓库的专职消防队、各类消防产品的生产企业等。

能力要求

任何一眼矫正到4.8、镜片度数大于800度的考生，患有轻度色觉异常（俗称色弱）的考生，患有色觉异常Ⅱ度（俗称色盲）的考生不宜就读该专业。具体要求以目标院校的招生章程为准。

实力院校

国家级特色专业建设点

中国人民警察大学。

交通管理工程：为出行护航的专业

核心含义

我们的出行是否能够平安顺利，很大程度上取决于相关部门的交通管理水平。

交通管理工程专业致力于培养能在党政机关特别是政法部门从事交通秩序管理、交通安全宣传、车辆与驾驶人管理、交通事故处理、事故鉴定等工作的专业人才。

开设课程

本专业主要课程包括道路与交通管理设施、交通工程、道路交通安全法、交通管理信息系统、道路交通控制、道路交通安全工程、道路交通事故处理、智能交通管理系统设计与集成、交通违法监测技术、交通通信与监控、汽车原理与安全性能、交通心理与行为、交通秩序管理、交通事故现场勘验、车辆与驾驶人管理、交通事故重建、交通管理信息系统应用等。

就业展望

交通管理工程毕业生可到国家与省、市的发展规划部门、交通规划与设计部门、交通管理部门、交通工程公司等单位从事交通运输规划、交通工程设计、交通控制系统开发等方面的工作，也可在高等院校、科研院所从事教学和科学研究工作。当然，更多的毕业生还是根据生源地公安机关当年所设专业岗位，参加公务员（人民警察）招录考试进入公安机关，从事与交通管理岗位相关的工作。

能力要求

任何一眼矫正到4.8、镜片度数大于800度的考生，患有轻度色觉异常（俗称色弱）的考生，患有色觉异常Ⅱ度（俗称色盲）的考生不宜就读该专业。具体请参考目标院校的招生章程。

实力院校

开设交通管理工程专业的代表性院校

中国人民公安大学、云南警官学院、河南警察学院、四川警察学院、浙江警察学院、江西警察学院、重庆警察学院。

安全防范工程：将安全风险扼杀在萌芽状态

核心含义

本专业下设安全防范工程和警务信息技术（网络安全防控）两个专业方向，培养具有扎实的电子信息技术功底，全面系统地掌握安全技术防范的基本理论、基本知识和基本技能，能从事入侵报警、视频监控、防爆安检、行动技术、通信保障等领域的科学研究、技术应用和行业管理的高级专门人才。安全防范工程专业技术人才根据政策可捧上“金边饭碗”，进入公安系统工作。

开设课程

本专业主要课程包括电子技术、信号与线性系统、通信原理、自动控制原理、微机原理与接口技术、安全防范技术、安全防范系统与工程、安全防范管理与法规、公安通信网络技术、公安通信保障技术、侦查学、治安学、治安案件查处等。

就业展望

安全防范工程专业的就业前景不错，毕业后的就业方向有：

第一，在大型施工企业从事施工现场安全管理、现场安全教育、工伤事故处理、安全施工方案编制及审核、施工安全防护用具配备及管理、施工现场安全档案管理等工作；

第二，在大型厂矿、生产型企业从事企业安全管理、安全教育、安全评价、工伤事故处理及职业病防治等工作；

第三，在安全评价机构从事专业安全评价、风险评估等工作；

第四，在政府、企事业单位从事政府层面的安全管理工作；

第五，在大中专院校安全工程或相近专业从事教师工作。

能力要求

任何一眼矫正到4.8、镜片度数大于800度的考生，患有轻度色觉异常（俗称色弱）的考生，患有色觉异常Ⅱ度（俗称色盲）的考生不宜就读该专业。具体请参考目标院校的招生章程。

实力院校

开设安全防范工程专业的代表性院校

中国人民公安大学、江西警察学院、甘肃政法大学。

公安视听技术：研究犯罪中视听证据的形成与变化规律

核心含义

公安视听技术是与摄影、录像、录音、图像技术、计算机技术等现代科学技术紧密结合的技术，本专业主要培养掌握公安影像技术的基本理论与技能，能熟练进行犯罪现场的摄影、物证检验摄影、刑事摄录像、数字图像处理、人面像检验与鉴定，以及从事教学、科研工作的技术人才。具体而言，该专业从业人员需要研究各种犯罪中视听证据的形成与变化规律，运用采集、提取、处理、分析、检验、鉴定等技术方法，记录、显示和检验鉴定与犯罪有关的一切客体形象和声音，进而为侦查、起诉、审判提供线索和证据。

开设课程

本专业主要课程包括公安技术学、证据学、侦查学、犯罪现场勘察、电子技术、录音录像技术与应用、程序设计、计算机网络、计算机犯罪侦查与取证、数字图像处理、视频监控系统与应用、视听资料检验、视频技术、音频技术、数据备份与恢复技术、警务技能、射击、汽车驾驶等。

就业展望

该专业的就业前景不错，毕业生主要从事技术鉴定及教学科研工作，可以去公安部门，就业岗位为侦查员、部门主管等。一般来说，在公安类院校就读这类专业，可以参加系统内的招考进入公安系统工作。

能力要求

一般来说，报考该专业需要达到公安院校的体检标准。

实力院校

开设公安视听技术专业的代表性院校

中国人民公安大学、中国刑事警察学院。

抢险救援指挥与技术：让抢险救灾高效有序

核心含义

一方有难，八方支援！每当灾难降临，总有一些身影第一时间出现在灾难现场，开展搜救抢险工作，给人们带来生的希望。抢险救援指挥与技术专业致力于培养掌握抢险救援指挥与技术方面的基本理论和知识，受到相应的专业训练，具有抢险救援指挥与技术方面的基本技能，能在公安消防部队从事灾害事故救援、灭火救援组织指挥等方面工作的高级技术应用型专门人才。

开设课程

本专业主要课程包括灾害抢险救援技术、救生救助技术、灭火救援组织指挥方法、灾害抢险救援行动概论、现场医疗急救技术、部队管理等。

就业展望

该专业毕业生就业主要是面向公安消防部队，从事灾害应急救援、组织指挥、行政管理等方面的工作。一般来说，合格毕业生都会由公安部队负责安排工作。

能力要求

第一，由于全国仅有中国人民警察大学一所院校开设该专业，考生报考前要符合公安现役部队招收学员的体检标准。

第二，该专业比较冷门，竞争力相对较小。

实力院校

开设抢险救援指挥与技术专业的院校

中国人民警察大学。

火灾勘查：让纵火者无处遁形

核心含义

火灾勘查专业是一门主要研究火灾事故调查理论、技术、方法、刑事办案的学科。该专业主要为公安消防部队培养能掌握火灾勘查方面的基本理论和知识，受到相应的专业训练，具有观察和分析实际火灾现场的能力以及火灾事故调查的能力，能在公安、检察、国家安全等部门从事侦查工作、刑事执法工作、预防和控制犯罪以及侦查学教学、科研等方面工作，从事火灾事故调查和刑事办案等方面工作的高级专门人才。

开设课程

本专业主要课程包括行政法与行政诉讼法、火灾学、防火工程与技术、火灾证据学、火灾专案调查、火场图像技术、火灾物证技术鉴定、火灾现场勘查、火灾刑事案件侦查等。

就业展望

由于种种原因，全国各地火灾时有发生。随着人们法律意识的不断提高，依法维护自身合法权益不受侵害的意识不断增强，一旦火灾发生，因当事人对火灾事故的原因不明、责任不清而对火灾事故处理不服时，在有效期内申请火灾原因重新认定和上访诉讼案件逐渐增多。而现阶段我国火灾勘查专业人才匮乏，给公安消防机构带来了很大压力，严重影响了我国消防事业的发展进程。因此，现阶段，大力培养火灾勘查专业技术人员显得尤为重要。该专业的毕业生主要面向公安、检察、国家安全等部门，从事侦查工作、刑事执法工作、预防和控制犯罪以及侦查学教学、科研等方面工作。一般来说，合格毕业生都会由公安部队负责安排工作。

能力要求

由于全国仅有中国人民警察大学一所院校开设该专业，考生报考前要符合公安现役部队招收学员的体检标准。总体来说该专业比较冷门，竞争压力相对较小。

实力院校

开设火灾勘查专业的院校

中国人民警察大学。

网络安全与执法：清除网络环境的污泥

核心含义

网络安全与执法专业是一个工学（计算机科学与信息技术）、法学、公安学等多学科交叉融合的新型公安科技专业。该专业培养具有良好的科学素质、人文素质和警察基本素质，具备扎实的网络保卫执法的基础知识、基本技术，经过针对软件开发技术、网络情报技术、计算机犯罪侦查取证技术和网络监察技术的专门学习与训练，能在公安机关网络保卫执法部门及相关领域从事与预防网络犯罪、控制网络犯罪和处置网络犯罪相关的执法、教学及研究工作的应用型公安高级专门技术人才。

开设课程

本专业主要课程包括计算机程序设计语言、操作系统原理、数据库原理及应用、计算机网络技术、铁路信息技术、信息安全技术、网络安全管理与舆情监控、电子数据取证、信息化侦查技术、恶意代码分析、网络犯罪侦查技术、网络情报分析技术、网络对抗技术、数据加解密技术、公安信息技术应用、警用铁路技术、刑法学、刑事诉讼法学、警察防卫与控制、铁路站车查缉战术等课程。

就业展望

网络安全与执法专业的就业前景较好，毕业生可以在公安、检察、国家安全等部门从事侦查、刑事执法、预防和控制犯罪工作，以及侦查学教学、科研等方面的工作。

能力要求

由于该专业属于公安类专业，考生需符合公安院校招收学员体格检查标准。

实力院校

开设网络安全与执法专业的代表性院校

中国人民公安大学、中国刑事警察学院、中国人民警察大学、甘肃政法大学、南京森林警察学院、湖南警察学院、铁道警察学院。

核生化消防：研究核事故、生化灾害的防控之道

核心含义

核生化消防是核事故和生化灾害预防与控制的专业领域，该专业主要培养掌握核生化消防方面的基本理论和知识，受到相应的专业训练，具有研究开发计算机软、硬件的基本能力，以及从事灾害管理、核消防应急、生化灾害应急和突发事件抢险救援的基本能力，能够在公安消防部队从事灾害管理、核消防应急、生化灾害应急和突发事件抢险救援等工作的高级专门人才。

开设课程

本专业主要课程包括电路原理、模拟电子技术、数字逻辑、数字分析、计算机原理、微型计算机技术、计算机系统结构、计算机网络、高级语言、汇编语言、数据结构、操作系统等。

就业展望

毕业生可以选择在科研部门、教育单位、企事业单位、技术和行政管理部门等单位从事灾害管理、核消防应急、生化灾害应急和突发事件抢险救援等工作。

能力要求

由于该专业属于公安类专业，考生需符合公安院校招收学员体格检查标准。

实力院校

开设核生化消防专业的代表性院校

中国人民警察大学。

海警舰艇指挥与技术：培养舰艇秩序守护者

核心含义

海警舰艇指挥与技术主要研究海警舰艇的操纵、指挥、管理、海洋气象、海上执法等方面的基本知识和技能，在海警部队进行大型舰艇的操纵与指挥、海上维权执法、制止海上犯罪等。

开设课程

本专业主要课程有舰艇操纵与避碰、航海学、舰艇训练与管理、海洋气象、舰艇机动与编队、舰艇武器、涉外海上执法业务。

就业展望

本专业学生毕业后就业方向主要有海警大型舰艇航通长、枪帆长、舰艇长、海上执法等指挥管理岗位。

本专业属于新开专业，有关情况可以考虑查询公安海警学院官网。

数据警务技术：培养擅长数据分析的警察

核心含义

数据警务技术专业培养适应公安工作和公安队伍建设需要，对党忠诚、服务人民、执法公正、纪律严明，德智体美全面发展，政治意识、大局意识、核心意识、看齐意识牢固，基础理论扎实，专业知识深厚，富有创新精神，具有法治意识和国际视野，具备运用法治思维和方式解决问题的能力，能够在公安机关从事公安信息化平台架构与运维、警务数据分析与预测、警务数据管理与决策的高素质数据警务技术人才。

开设课程

本专业主要课程包括刑法学、刑事侦查学、治安管理学、公安信息化与大数据应用、公共安全风险建模与预测、多源信息融合技术、大数据与犯罪预测技术、警务大数据决策与指挥等。

就业展望

2015 年，我国实施国家大数据战略，加快数字中国建设。2018 年，公安部全面启动大数据战略，积极构建以大数据智能应用为核心的智慧警务新模式，着力提高预测预警能力、精准打击能力和动态管理能力，不断提升公安工作智能化水平。在这一背景下，各级公安机关、各种警种部门需要精通警务信息技术和大数据应用的专业人才。因此，数据警务技术专业毕业生可以在反恐、情报、治安、网安、侦查、出入境、交通等部门从事警务大数据工作。

能力要求

由于该专业属于公安类专业，考生需符合公安院校招收学员体格检查标准。

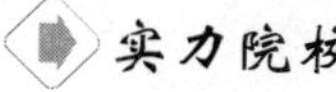

开设数据警务技术专业的代表性院校

中国人民警察大学等。

医学门类及其特点

医学门类是13大专业门类之一，有基础医学类、临床医学类、口腔医学类、公共卫生与预防医学类、中医学类、中西医结合类、药学类、中药学类、法医学类、医学技术类、护理学类等11专业大类，包括基础医学、临床医学等在内的58个专业，其中特设专业32个，国家控制布点专业30个，既是特设专业又是国家控制布点的专业有17个。各类专业之间在课程设置、培养目标以及就业方向等方面都存在着差异，但总的来看，这些专业之间也有较强的联系和共性特点。

医学类专业的共同特点如下：

1. 各类专业学习范围都有涉及医学专业基础知识和药学专业基础知识；

2. 学制不一，五年制的专业占据大多数，绝大部分专业只招收理科生，部分中医学有关的专业和护理学专业文理兼招，学生毕业后一律授予医学学士学位。也有的专业实行八年制的本硕连读，此类专业录取时往往分数更高；

3. 如果你比较有爱心、胆子大、肯钻研，对化学、生物等课程感兴趣，动手能力强，那么你适合报考医学类专业；

4. 在该类专业就读，大部分专业学历要较高，就读五年制的同学宜趁早做好考研的准备；

5. 该类专业在高考改革选科当中首选科目必选物理，由于在大学期间需要学习非常多的化学、生物方面的知识，建议再选科目重点考虑化学、生物。

基础医学：现代医学的基础

核心含义

本专业学生主要学习现代自然科学和生命科学、基础医学各学科的基本理论知识，一般地掌握临床医学的基本知识，受到基础医学各学科实验技能基本训练，重点掌握几类基本的生物医学实验技术。人是如何由受精卵在母体里成长发育的？人体是由哪些系统、组织、器官构成的？人为何会生病，疾病是如何发生、发展的？在生病的情况下，人体的状况又是怎样的？对于这些问题，基础医学可以提供科学的解释。基础医学的主要任务就是研究正常人体形态和构造，以及各器官、结构间的毗邻和连属关系；进一步研究人是如何形成的，胚胎的发育、成长及各组织器官的结构、功能特点，以及这些结构与功能之间的关系，从而理解人体生病时各组织器官所出现的畸形；研究当外来异物（如病毒、细菌）侵入人体时，人的各系统会产生什么样的反应；研究与疾病有关的微生物（包括病毒、细菌等）和寄生虫（包括原虫、蠕虫、医学节肢动物）的生物学规律、致病机理及其与宿主（如人体）之间相互作用；研究疾病发生发展的规律和具体过程，以及人生病时生命的活动规律，例如血液循环有何变化，食物的消化吸收和平时有什么不同。要研究上述内容，除了要掌握基本的理论知识外，还要掌握医学实验的分析、设计方法和操作技术，掌握文献检索、资料查询的基本方法，了解临床医学基本知识、新进展和新成就，熟悉基础医学教学工作的基本原理和方法。

开设课程

本专业开设的课程有人体解剖学、组织胚胎学、细胞生物学、生理学、神经生理学、生物化学与分子生物学、微生物学、免疫学、病历学、药理学、临床医学等。

就业展望

总体来说，基础医学不如别的医学专业好找工作，但该专业深造之后，起点会很高，工作也相对稳定，比如留在大学从事相关教学工作，也可以从事研究工作，不会像医院医生一样劳累，也没有复杂的医患纠纷，可以有很多时间做其他的事情，比如去给一些医药公司做技术支持。

如果你想做医生，那么最好不要选择基础医学专业。但如果倾向于搞研究，做医学科研人员，并且决定努力读到硕士、博士的话，可以考虑此专业。

能力要求

1. 该专业对考生的身体条件有一定的要求，患有轻度色觉异常（俗称色弱）及色觉异常Ⅱ度（俗称色盲）疾病的考生不予录取。

2. 有以下身体缺陷的考生不宜就读该专业：任何一眼矫正到4.8、镜片度数大于800度；一眼失明，另一眼矫正到4.8、镜片度数大于400度；两耳听力均在3米以内，或一耳听力在5米以内，另一耳全聋；斜视、嗅觉迟钝、口吃。

3. 医学类专业普遍都需要记忆大量的知识，比其他学科需要更多的耐心和毅力。

4. 基础医学专业毕业后一般是不能做临床医生的，大多都是从事研究工作，所以基本要读到博士甚至到国外读博士后才能胜任本专业的工作。如果缺少耐心，不能静下来不断学习和研究，那么不建议报考该专业。

5. 医学研究不免要进行各种医学实验，小至病毒细菌，大至动物、人体及其尸体，都是要接触的对象，所以报考医学类专业前需要谨慎考虑。

实力院校

拥有基础医学专业大类国家重点学科的院校

复旦大学、第二军医大学、第四军医大学。

拥有基础医学二级学科国家重点学科的院校

基础医学方向：复旦大学、第二军医大学、第四军医大学。

人体解剖与组织胚胎学方向：山东大学、南方医科大学。

免疫学方向：北京大学、清华大学医学部。

病理学与病理生理学方向：北京大学、清华大学医学部、上海交通大学、华中科技大学、中南大学、汕头大学。

拥有基础医学二级学科国家重点（培育）学科的院校

人体解剖与组织胚胎学方向：第三军医大学。

病原生物学方向：中山大学。

病理学与病理生理学方向：南京医科大学、浙江大学、郑州大学、南方医科大学。

国家级特色专业建设点

复旦大学、四川大学。

生物医学：关于生命的医学科学

核心含义

生物医学是综合医学、生命科学和生物学的理论与方法而发展起来的前沿交叉学科，基本任务

是运用生物学及工程技术手段研究和解决生命科学，特别是医学中的有关问题。生物医学是生物医学信息、医学影像技术、基因芯片、纳米技术、新材料等技术的学术研究和创新基地，随着社会—心理—生物医学模式的提出、系统生物学的发展，形成了现代系统生物医学，是与 21 世纪生物技术科学的形成和发展密切相关的领域，是关系到提高医疗诊断水平和人类自身健康的重要工程领域。

开设课程

本专业开设的课程有模拟与数字电子技术、微机原理及应用、医学系统设计与实践、工程生理学、生物化学、生物物理与定量生理、生物医学传感与检测技术、生物医学信号处理、现代医学成像技术等。

就业展望

生物医学家研究领域广阔，癌症、糖尿病、毒物学研究、输血、贫血症、髓膜炎、肝炎、艾滋病，这些都是他们探究的医学领域。此外，在宫颈涂片筛查、病毒及病症确认、监测药物治疗及其他诊治方案的效果方面，生物医学家也起着关键作用。

生物医学家在日常的工作中会大量使用电脑，接触高精密度仪器、显微镜及其他高科技的实验室设备，因此，他们知识面广并熟悉许多复杂的高科技仪器的操作。

能力要求

1. 该专业对考生的身体条件有一定的要求，患有轻度色觉异常（俗称色弱）及色觉异常 II 度（俗称色盲）疾病的考生不予录取。

2. 有以下身体缺陷的考生不宜就读该专业：任何一眼矫正到 4. 8、镜片度数大于 800 度；一眼失明，另一眼矫正到 4. 8、镜片度数大于 400 度；两耳听力均在 3 米以内，或一耳听力在 5 米以内，另一耳全聋；斜视、嗅觉迟钝、口吃。

3. 医学类专业普遍都需要记忆大量的知识，比其他学科需要更多的耐心和毅力。

4. 医学研究不免要进行各种医学实验，小至病毒细菌，大至动物、人体及其尸体，都是要接触的对象，所以报考医学类专业前需要谨慎考虑。

实力院校

开设生物医学专业的代表性院校

大连理工大学、清华大学、复旦大学、山东大学、西南交通大学、浙江大学等。

生物医学科学：生命科学与医学、化学的交叉学科

核心含义

生物医学科学以分子生物学、系统生物医学、合成生物学为主要方向，从细胞、组织、器官、系统的不同层次研究生命现象和生命活动的本质与规律，聚焦疾病的机理研究和诊疗技术，重点布局生命组学、个体发育、衰老调控、免疫、代谢、脑科学、环境与健康、精准医学等方面的关键科学问题，以原始创新成果为国家生命健康领域的战略需求提供源头供给。

开设课程

本专业开设的课程有生物化学、细胞分子生物学、遗传学、胚胎学、解剖学、生理学、病理学、

药理学、微生物学、免疫学、辐射生物学、结构生物学、人类生物学、生物医学科学以及分子医学等。

就业展望

第一，读研究生继续深造。如果想在这一领域搞科研，或有更深入的发展就要继续深造。撇开别的不说，进大学和科研院所的门槛基本都是博士，本科阶段的学习只是个基础。

第二，进入国家医疗器械司及各级医疗器械检测所。

第三，各级医院的医学工程处、设备处、信息中心以及医学影像科也是毕业生非常愿意去的地方。这些地方大多属于事业单位，工作稳定，竞争压力也是比较小的。

第四，去各大跨国以及国内医疗器械企业，另外，就是各类医疗器械代理公司。

能力要求

1. 该专业对考生的身体条件有一定的要求，患有轻度色觉异常（俗称色弱）及色觉异常 II 度（俗称色盲）疾病的考生不予录取。

2. 有以下身体缺陷的考生不宜就读该专业：任何一眼矫正到 4.8、镜片度数大于 800 度；一眼失明，另一眼矫正到 4.8、镜片度数大于 400 度；两耳听力均在 3 米以内，或一耳听力在 5 米以内，另一耳全聋；斜视、嗅觉迟钝、口吃。

3. 医学类专业普遍都需要记忆大量的知识，比其他学科需要更多的耐心和毅力。

4. 医学研究不免要进行各种医学实验，小至病毒细菌，大至动物、人体及其尸体，都是要接触的对象，所以报考医学类专业前需要谨慎考虑。

实力院校

开设生物医学科学专业的代表性院校

上海交通大学、西北大学。

临床医学：医学专业领域的风向标

核心含义

临床医学是研究疾病的病因、诊断、治疗和预后，提高临床治疗水平，促进人体健康的科学。主要学习内容就是通过各类检查，凭所学的知识和经验判断病人得的是什么病，病因和病情如何，然后采取相应的治疗措施（如吃药、打针、手术、针灸等）。医学这个概念好理解，为啥还要在前面加个“临床”二字？其本意是诊治必临病床，故名临床。临床医学专业虽然也学习中医学，但主要还是学习西医知识。该专业属于应用医学范畴，但和基础医学一样，也担负着认识生命活动的重要任务。

开设课程

本专业开设的课程有基础医学、临床医学系统解剖学、组织学与胚胎学、微生物学、免疫学、生理学、生物化学、病理学、药理学、病理生理学、诊断学、内科学、外科学、妇产科学、儿科学、中医学、神经病学、预防医学等。医学专业一般为五年，在最后的一到两年里需要到医院进行见习和实习，对各个科室进行熟悉，了解医院的大体情况。

就业展望

总体上来说，临床医学毕业生就业还算过得去，但随着近年来高等医学院校的扩招，以及绝大多数毕业生不愿意调整个人职业定位，只想去公立大医院工作，不想去蓬勃兴起的私立医院和位置偏僻的乡镇卫生院，这个群体的就业遭遇了一定的难度。

对于临床医学毕业生来说，无论是从事教学、科研还是想挤进大中型医院，或者考取卫健委相应岗位的公务员，或者考取公检法系统的法医，都需要较高的学历和丰富的工作经验。因此，临床医学本科毕业生很多选择继续深造。选择直接就业的，大部分都是在县级医院和乡镇医院、社区卫生服务机构就业。

要想做医生，首先得做实习医生，至少得实习一年，有了一定的工作经验后，再考取相应的执业医师资格证书，取得处方权才是一位真正的医生。

在医院里，临床科室又分为内科、外科、妇产科、儿科、传染病科、五官科等。这对应着每个临床医生都属于某个科室，有自己的职业发展方向。俗话说："金眼科，银妇产，铜外科。"这主要是从收入水平的角度来说的，也就是说这几个科的医生收入都较高。但是，外科医生要做手术，压力大。

临床医学毕业生也可以从事医药公司的医药代表工作，进行药品销售和学术推广。药品的研发要做临床试验，也有少部分人今后会从事药品研发注册工作。

能力要求

1. 患有轻度色觉异常（俗称色弱）及色觉异常 II 度（俗称色盲）疾病的考生不予录取。

2. 患以下疾病的考生不宜就读临床医学专业：任何一眼矫正到 4.8、镜片度数大于 800 度；一眼失明，另一眼矫正到 4.8、镜片度数大于 400 度；两耳听力均在 3 米以内，或一耳听力在 5 米以内，另一耳全聋；斜视、嗅觉迟钝、口吃。具体要求以各院校的招生简章为准。

3. 当你选择就读临床医学以后，就注定会走上一条辛苦求学的道路，在别人大学玩乐的时候你要学习、背书。当了医生以后，工作也会比较辛苦，基本没有固定的节假日，随时可能需要加班。

4. 学医的人脾气需要温和，脾气暴躁的建议不要报考。因为医生个人的性格脾气关系到与病人和病人家属的沟通效果，以及可能产生的医患纠纷。

实力院校

拥有临床医学二级学科国家重点学科的院校

北京大学、北京协和医学院、首都医科大学、中国医科大学、复旦大学、上海交通大学、苏州大学、南京医科大学、浙江大学、山东大学、华中科技大学、中南大学、中山大学、广州医科大学、四川大学、重庆医科大学、南方医科大学、第二军医大学、第三军医大学、第四军医大学。

拥有临床医学二级学科国家重点（培育）学科的院校

首都医科大学、天津医科大学、武汉大学、西安交通大学、哈尔滨医科大学、广西医科大学。

国家级特色专业建设点

北京协和医学院、首都医科大学、北京大学、天津医科大学、吉林大学、复旦大学、上海交通大学、浙江大学、山东大学、华中科技大学、中南大学、暨南大学、中山大学、四川大学、南京大学、中国医科大学、哈尔滨医科大学、南京医科大学、南方医科大学、石河子大学、延边大学、西藏大学、河北医科大学、华北理工大学、承德医学院、山西医科大学、长治医学院、大连医科大学、北华大学、吉林医药学院、南通大学、徐州医科大学、温州医科大学、安徽医科大学、赣南医学院、福建医科大学、青岛大学、潍坊医学院、山东第一医科大学、滨州医学院、济宁医学院、汕头大学、广州医科大学、广东医科大学、广西医科大学、重庆医科大学、西南医科大学、贵州医科大学、遵义医科大学、昆明医科大学、宁夏医科大学、新疆医科大学、锦州医科大学、南华大学、长沙医学院、海南医学院。

麻醉学：外科医生治病，麻醉医生保命

核心含义

麻醉学是一门研究临床麻醉、生命机能调控、重症监测治疗和疼痛诊疗的科学，通常用于手术或急救过程中。对于麻醉学很多人存在一个误区，就是认为麻醉学只是一门研究如何运用药物使病人失去知觉的医学科目，但实际上，麻醉阵痛只是该专业的一部分。俗话说："外科医生治病，麻醉医生保命。"麻醉医生要做的，不是仅仅打一针让患者睡过去就完事了。麻醉医生在手术过程中要全程监控患者的生命体征，比如确保氧气供给、心血管系统的稳定等。主刀医生只会关心自己的刀，而手术过程中出现紧急情况，如心脏骤停、极低血压等，都由麻醉医生进行处理，并领导抢救。麻醉医生才是手术中患者生命的真正守护者。

学生需要学习基础医学、临床医学和麻醉学的基本理论、基本知识，掌握临床诊疗工作的辩证思维和分析判断方法。该专业培养的是具有对常见病、多发病以及疼痛诊治的初步能力，能够对常见手术麻醉处理、围麻醉期并发症防治和危重病症监测、判断和治疗，以及在急救和生命复苏等方面具有基本能力的专业医生。

开设课程

本专业开设的课程有药理学、生理学、生物化学、病理生理学、人体解剖学以及内科学、外科学等。在临床医学方面，主要有临床麻醉学、麻醉设备学、疼痛诊疗等与临床相关的课程。麻醉学专业对理论知识和动手能力的要求都比较高，所以麻醉学专业一般也是五年制，在最后的一到两年里需要到医院进行见习和实习，如果要成为一名麻醉医生，还要进行三年的规范化培训。

就业展望

从总体上来说，因为开设麻醉学专业的学校不多，麻醉学毕业生供不应求。但随着近年来高等医学院校的扩招，加之本专业就业面窄，竞争加剧，要想进大医院难度还是较大。

对于麻醉学本科毕业生来说，无论是从事教学、科研还是想进入大中型医院工作，或者考取公务员，都需要有较扎实的理论基础、专业知识和一定的实践能力，学历层次越高就业就会越理想。因此，麻醉学本科毕业生很多都选择继续深造。值得提示大家的是，因为乡镇医院以及社区卫生医疗机构很少做手术，因此，麻醉学本科毕业生绝大部分都是在县级及以上医院就业。

要想做麻醉医生，首先是做实习麻醉医生，至少工作一年，先考取相应的执业医师资格证书，再工作满四年，考取麻醉医生资格证，才能成为一名真正的麻醉医生。总体来说，麻醉医生收入虽然不如临床医生，但也还算可观，尤其是县级及其以上实力较强的公立医院，有资格证的麻醉医生年薪有的可达十几万。

能力要求

1. 患有轻度色觉异常（俗称色弱）及色觉异常Ⅱ度（俗称色盲）疾病的考生不予录取。

2. 考生有以下缺陷的不宜就读医学类专业：任何一眼矫正到4.8、镜片度数大于800度；一眼失明，另一眼矫正到4.8、镜片度数大于400度；两耳听力均在3米以内，或一耳听力在5米以内，另一耳全聋；斜视、嗅觉迟钝、口吃。具体要求以各院校的招生简章为准。

3. 在医学界，麻醉被公认为是最具风险性的部分。麻醉要么没事，要么直接出大事，所以毕业后如能成为麻醉医生，压力会很大。麻醉医生不仅需要全程监控手术，在术前和术后都要持续对病人

进行观察，所以麻醉医生比临床医生还累一些，考生填报时要有心理准备。

4. 由于在医院里病人一旦出现紧急情况，大部分都是由麻醉医生组织抢救与急救，所以麻醉医生是医院中直接接触和处理病人死亡最多的医生。

实力院校

拥有麻醉学二级学科国家重点学科的院校

北京协和医学院—清华大学医学部、华中科技大学。

拥有麻醉学二级学科国家重点（培育）学科的院校

四川大学。

国家级特色专业建设点

哈尔滨医科大学、遵义医科大学、徐州医科大学、湖北医药学院、西南医科大学、赣南医学院、潍坊医学院。

医学影像学 & 医学影像技术

核心含义

医学影像学可以作为一种医疗辅助手段用于诊断和治疗，也可以作为一种科研手段用于生命科学的研究。该专业是研究借助于某种介质（如X射线、电磁场、超声波等）与人体相互作用，把人体内部组织器官结构、密度以影像方式表现出来，供诊断医师根据影像提供的信息进行判断，从而对人体健康状况进行评价的一门科学，包括医学成像系统和医学图像处理两方面相对独立的研究方向。很多人听到医学影像学就想到“拍片子”，但准确地说，医学影像技术专业才是给患者拍片的，而医学影像学主要是看片的。部分高校在招生时没有特意区分医学影像学专业与医学影像技术专业，所以考生在报考的时候一定要准确识别。医学影像学专业是五年制，毕业后发医学学士学位，经过一定的工作年限后可以考取医师证做医生。医学影像技术专业是四年制，毕业后发理学学士学位，毕业生只能做维护、操作拍摄设备的技师。

开设课程

两个专业开设的课程有基础医学、临床医学、物理学、电子学基础、计算机原理与接口、影像设备结构与维修、医学成像技术、摄影学、影像诊断学、影像物理、超声诊断、放射诊断、核素诊断、介入放射学、核医学、医学影像解剖学、肿瘤放疗治疗学、B超诊断学等。

就业展望

随着计算机技术、影像学设备及技术的发展，医生的诊断甚至手术越来越倚重影像学的检查和支持。在目前紧张的医患关系下，各项仪器检查结果成为医生在治疗过程中有无过错的重要法律依据，加之影像学检查对医院来说收益较高，导致我国医疗卫生单位医学影像科室迅速扩张，有的乡镇卫生院都设置了放射科。两个专业的本科毕业生前几年非常抢手，现在的就业前景也还不错。

医学影像学专业毕业生可在各类医疗机构、防疫机构、医学科研部门、血站等单位就业。大部分本科生都可进入大中型医院，最低也是在县级医院，主要从事影像医学诊断，也有转向从事医学影像检查工作。部分毕业生也可到医疗设备公司从事影像学检查设备的销售及售后服务工作。从就业的角度来说，医学影像学专业相对医学影像技术专业似乎更有优势，而医学影像技术专业毕业生很难跟医学影像学专业毕业生一争高下。

能力要求

1. 患有轻度色觉异常（俗称色弱）及色觉异常Ⅱ度（俗称色盲）疾病的考生不予录取。

2. 有以下缺陷的考生不宜就读该专业：任何一眼矫正到4.8、镜片度数大于800度；一眼失明，另一眼矫正到4.8、镜片度数大于400度；两耳听力均在3米以内，或一耳听力在5米以内，另一耳全聋；斜视、嗅觉迟钝、口吃。具体要求以各院校的招生简章为准。

3. 长期接触各类射线和声波对身体健康还是有影响，这就是为什么婴幼儿不能照X光和做B超检查的原因。长期在医院放射科工作，对女生怀胎可能会有较大的负面影响，因此，绝大部分医院放射科很少招聘女生。

实力院校

拥有医学影像学二级学科国家重点学科的院校

影像医学与核医学方向：清华大学医学部、复旦大学、四川大学、第二军医大学。

拥有医学影像学二级学科国家重点（培育）学科的院校

影像医学与核医学方向：首都医科大学、中国医科大学、华中科技大学、第四军医大学。

国家级特色专业建设点

中国医科大学、牡丹江医学院、山东第一医科大学、川北医学院、南昌大学、哈尔滨医科大学、三峡大学、天津医科大学、东南大学、南方医科大学、徐州医科大学、广东医科大学。

开设医学影像技术专业的代表性院校

东南大学、重庆医科大学、四川大学、哈尔滨医科大学、天津医科大学、新疆医科大学、温州医科大学、苏州大学、川北医学院、上海理工大学。

眼视光学 & 眼视光医学

核心含义

眼视光医学专业属于临床医学类专业，主要是诊断、治疗人的眼疾，需要依赖各类检验人员提供的检查数据和结果来判断是何种眼疾，在治疗以及矫治时，又需要技术人员提供一些治疗手段，如配近视眼镜等。而培养那些技术人员的专业就是眼视光学，属于医学技术类专业。换言之，眼视光学毕业出来，就是所谓的验光师，主要从事验光、配镜、视力保健等视光工作。这两个专业看上去很相似，其实是不一样的。

开设课程

本专业开设的课程有应用光学基础、机能实验学、屈光学、验光技术学、眼镜学与角膜接触镜学、生物化学与分子生物学、诊断学基础、神经病学、传染病学、耳鼻喉科学、眼科仪器学等。

眼视光医学专业医学基础课程同临床医学专业基本相同，其主要专业课程包括内科学、外科学、妇产科学、儿科学、眼科光学基础、眼科学基础、临床视光学基础、眼视光器械学、眼科临床、视觉神经生理学、双眼视觉学、低视力学和屈光手术学等。

就业展望

从目前社会情况来看，现代人群出现视力方面的问题非常普遍，验光师和加工师需求非常大，因此眼视光学专业的学生就业前景还是比较乐观的，但是区别于眼视光医学专业的毕业生，一般来说，

眼视光学专业的毕业生不可以到医院当眼科医生。

而眼视光医学专业属于特设专业，毕业后可以到医院做眼科医生，也可以做验光师（视光师）。懂视光还能考医师资格证做屈光手术是该专业毕业生最大的优势。因为以往从临床医学专业分出来的眼科医生百分之九十都不懂视光，对于术前术后出现的一些简单的视功能问题都不能解答。这也是眼视光医学专业应运而生的重要原因之一。

能力要求

1. 眼视光学专业和眼视光医学专业对患有轻度色觉异常（俗称色弱）及色觉异常Ⅱ度（俗称色盲）疾病的考生不予录取。

2. 有以下缺陷的考生不宜就读这两个专业：任何一眼矫正到4.8、镜片度数大于800度；一眼失明，另一眼矫正到4.8、镜片度数大于400度；两耳听力均在3米以内，或一耳听力在5米以内，另一耳全聋；斜视、嗅觉迟钝、口吃。具体要求以各院校的招生简章为准。

3. 眼视光学专业涉及生理学和物理学知识，以往主要招收理科生。

4. 眼视光学专业毕业后授予的是理学学士学位，不能考医师证成为医生，只能考验光师证，所以想当医生的考生不要报考该专业；眼视光医学专业本科一般和临床医学一样为五年制，毕业后获得医学学士学位，想成为医生的话需要考临床方向的医师资格证，并进行规培才能正式上岗。

实力院校

眼视光学专业国家级特色专业建设点

温州医科大学。

开设眼视光医学专业的代表性院校

温州医科大学、天津医科大学。

精神医学：促进人类的精神健康

核心含义

精神医学是研究精神疾病的病因、发病机理、临床表现和发展规律以及预防、诊断、治疗和康复等有关问题，并研究心理、社会因素对人们的健康和疾病影响的一门医学科学，是临床医学的分支。学生主要学习基础医学、临床医学、临床心理学及精神病学的基本理论和诊疗技能，培养一般医疗技能和处理常见心理障碍、行为障碍、精神疾病及相关疑难急重症的能力。

开设课程

本专业开设的课程有基础医学、临床医学、临床心理学、行为医学、儿童精神医学、精神病学等。

就业展望

随着我国精神卫生事业的发展，精神医学专业学生的就业前景较好，但我国的精神卫生发展要远落后于发达国家医学，而且南北方的地区差异明显存在。随着人们生活节奏的加快及人际关系的紧张，精神心理问题日趋突出，迫切需要有相关机构采取可行的办法和手段解决精神心理问题，因此，该专业有很大的发展空间。毕业生主要到各级医药院校、综合医院、脑科医院、医学心理中心及精神卫生保健机构从事医疗、教学和科研工作等。

能力要求

1. 精神医学专业对患有轻度色觉异常（俗称色弱）及色觉异常Ⅱ度（俗称色盲）疾病的考生不予录取。

2. 有以下身体缺陷的考生不宜就读该专业：任何一眼矫正到4.8、镜片度数大于800度；一眼失明，另一眼矫正到4.8、镜片度数大于400度；两耳听力均在3米以内，或一耳听力在5米以内，另一耳全聋；斜视、嗅觉迟钝、口吃。具体要求以各院校的招生简章为准。

3. 该专业本科一般和临床医学一样为五年制，毕业后获得医学学士学位。想成为医生的话需要考临床方向的医师资格证，并进行规培才能正式上岗。

4. 精神病患者比较特殊，精神科医生会经常遇到语言行为怪异甚至有暴力倾向的患者，需要做好相应的心理准备。

实力院校

拥有精神病与精神卫生学二级学科国家重点学科的院校

北京大学、中南大学。

拥有精神病与精神卫生学二级学科国家重点（培育）学科的院校

四川大学。

国家级特色专业建设点

中南大学、齐齐哈尔医学院。

放射医学：放射对人体的防护、诊断治疗

核心含义

放射医学是医学中的一门学科，其主要任务是研究电离辐射对人体的作用、机制、损伤与修复的规律，放射损伤的诊断、治疗和预防，为放射性工作人员的卫生防护、医学监督和保健工作提供理论依据和措施。同时，也研究利用放射线对特定疾病（如癌症）进行治疗，简称放疗。放射医学专业的学生在本科阶段主要学习基础医学、临床医学、放射医学的基础知识；掌握用放射诊断、核素诊断、影像诊断等各种技术进行疾病诊断的基本理论、方法和技能，培养应用γ射线、深部X射线、放射性核素等各种射线进行诊断及放射治疗的能力。

开设课程

本专业设置的课程有解剖学、组织与胚胎学、病原学、免疫学、生理学、病理学、药理学、临床医学导论、内科学、外科学、预防医学、放射医学及防护、影像诊断学、肿瘤放射治疗学、核医学等。

就业展望

随着生命科学、环境科学、材料科学和信息技术的飞速发展，核技术在工农业领域的广泛应用，放射医学的学科内涵和外延已经发生了深刻变化，放射医学与医学、环境科学、生命科学的最新发展紧密结合，日益显示出更强大的生命力。

本专业的本科毕业生可在大中型医院（尤其是肿瘤医院、职业病防治医院）从事放射医学及防护、放射病诊断治疗等工作；或者在有利用核能的单位（如核电站）做保健医生，指导职工正确防

护核辐射，并定期进行相应的体检；对于想要从事临床工作的毕业生来说，需要考取执业医师资格证；也可在相应高校及科研单位从事放射医学的教学、科研工作。

能力要求

1. 放射医学专业对患有轻度色觉异常（俗称色弱）及色觉异常Ⅱ度（俗称色盲）疾病的考生不予录取。

2. 有以下身体缺陷的考生不宜就读该专业：任何一眼矫正到4.8、镜片度数大于800度；一眼失明，另一眼矫正到4.8、镜片度数大于400度；两耳听力均在3米以内，或一耳听力在5米以内，另一耳全聋；斜视、嗅觉迟钝、口吃。具体要求以各院校的招生简章为准。

3. 放射医学专业本科修业年限五年，授予医学学士学位，其中四年制的授予理学学士，学习任务较繁重。想成为医生的话需要考临床方向的医师资格证，并进行规培才能正式上岗。

4. 有些家长和考生在报这个专业时，看到“放射”这两个字就担心会对身体有害，但实际上现在相关医疗和研究场所对于射线的防护已经非常全面，所以并不需要太多的担心。

实力院校

国家级特色专业建设点

苏州大学、吉林大学。

儿科学：保障儿童健康

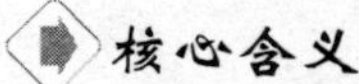

核心含义

儿科学属临床医学的二级学科，其研究对象是自胎儿至青春期的儿童，研究内容可以分为以下四个方面：

1. 研究儿童生长发育的规律及其影响因素，不断提高儿童体格、智力发育水平和社会适应性能力；

2. 研究儿童各种疾病的发生、发展规律以及临床诊断和治疗的理论和技术，不断降低疾病的发生率和死亡率，提高疾病的治愈率；

3. 研究各种疾病的预防措施，包括免疫接种、先天性遗传性疾病的筛查、科学知识普及教育等，这是现代儿科学最具有发展潜力的内容，将会占据越来越重要的地位；

4. 研究儿童中各种疾病的康复可能性以及具体方法，尽可能地帮助这些儿童提高他们的生活质量乃至完全恢复健康。

随着医学研究的进展，儿科学也不断向更深入专业的三级学科细化发展，同时也不断派生出新的专业。儿科学的三级学科分支类似内科学，主要以系统划分，如呼吸、消化、循环、神经、血液、肾脏、内分泌等。此外，还有传染病和急救医学等特殊专业。小儿外科学则为外科学下的三级学科。上述学科虽然在分类上与内科学相似，但是其研究内容及内在规律与成人差别颇大，应予以注意，不能混淆或替代。

开设课程

本专业设置的课程有人体解剖学、生理学、药理学、内科学、外科学、妇产科学、儿童保健学、小儿传染病学、小儿内科学、小儿外科学、儿童急救学等。

就业展望

儿科学专业人才紧缺，就业前景良好，特别是由于现在的二胎政策，对于该专业绝对是一个利好。毕业生可到各级综合医院和各地市的儿科专科医院或社区医院从事儿科临床诊疗工作，也可到医学院校科研机构从事教学科研等工作。

能力要求

1. 该专业对考生的身体条件有一定的要求，患有轻度色觉异常（俗称色弱）及色觉异常Ⅱ度（俗称色盲）疾病的考生不予录取。

2. 有以下身体缺陷的考生不宜就读该专业：任何一眼矫正到4.8、镜片度数大于800度；一眼失明，另一眼矫正到4.8、镜片度数大于400度；两耳听力均在3米以内，或一耳听力在5米以内，另一耳全聋；斜视、嗅觉迟钝、口吃。

3. 医学类专业普遍都需要记忆大量的知识，比其他学科需要更多的耐心和毅力。

4. 医学研究不免要进行各种医学实验，小至病毒细菌，大至动物、人体及其尸体，都是要接触的对象，所以报考医学类专业前需要谨慎考虑。

实力院校

开设儿科学专业的代表性院校

首都医科大学、华中科技大学、重庆医科大学、山西医科大学、中国医科大学、哈尔滨医科大学、南京医科大学、徐州医科大学、温州医科大学、广西医科大学。

口腔医学 & 口腔医学技术

核心含义

口腔医学专业学生主要学习口腔医学的基本理论和基本知识，受到口腔及颌面部疾病的诊断、治疗、预防方面的训练，具有口腔常见病、多发病的诊疗、修复和预防保健的基本能力。

口腔医学技术是一门研究各种假牙及修复体、矫正器制作工艺和技术的学科。学生通过学习数理、化学、生物、材料、力学、制作、机械、美学基本理论素养，了解基本医学基础理论和口腔医学的基本理论，熟练掌握口腔修复体的制作工艺流程。该专业培养的是从事各类义齿及矫正器械生产加工、管理及商业运作的复合型高级专业人才。

口腔医学和口腔医学技术专业有很大的区别，口腔医学专业是五年本科，学生毕业后授予医学学士学位，要进行为期三年的规范化培训并考取医师证才能正式上岗；口腔医学技术专业毕业后授予的是理学学士，不能考医师证成为医生，只能考技师证。

开设课程

口腔医学专业开设的课程有基础医学、口腔内科学、口腔颌面外科学、口腔修复学、口腔正畸学、口腔材料学等，主要涉及虫牙补牙、麻醉拔牙、镶牙、牙齿矫正、各类假牙制作的理论知识。

口腔医学技术专业开设的课程有口腔解剖学、生物力学、专业英语、口腔材料学、模具设计基础、医用材料性能测试、材料分析和产品分析、口腔3D技术及计算机辅助工程、咀嚼器官的功能和功能紊乱、咬合功能的仪器分析和评估、可摘义齿工艺学、固定义齿工艺学、全口义齿工艺学、种植义齿工艺学、活动矫治器工艺学、口腔和牙齿美学、功能性咬合重建工艺学。

就业展望

在以前，人们去看口腔医生基本都是因为口腔患病且严重到产生了无法忍受的痛苦，而现在，人们逐渐认识到，等到口腔病变到无法忍受才去看医生实际上为时已晚，真正应该注意的是平时的口腔保健和检查。因此，口腔医疗保健现在越来越受到普通人的重视。

两个专业毕业生就业面相对较广，可以去公立的综合医院做口腔医师、技师，或者去私人的口腔诊所。如果有资本也可以自己开诊所。

因为口腔医疗正逐渐被人们重视，而普通的公立综合医院也无法提供足够的资源来应对一般人的口腔保健和检查，所以私人口腔诊所在今后将成为提供普通口腔医疗服务的主要角色。此外，也有少部分毕业生到牙科医疗器械公司、牙膏制造研发企业、牙科材料公司等单位从事口腔健康咨询及口腔产品营销工作。

能力要求

1. 患有轻度色觉异常（俗称色弱）及色觉异常Ⅱ度（俗称色盲）疾病的考生不予录取，而且一般不招收左撇子考生。

2. 有以下身体缺陷的考生不宜就读这两个专业：任何一眼矫正到4.8、镜片度数大于800度；一眼失明，另一眼矫正到4.8、镜片度数大于400度；两耳听力均在3米以内，或一耳听力在5米以内，另一耳全聋；斜视、嗅觉迟钝、口吃。具体要求以各院校的招生简章为准。

实力院校

拥有口腔医学专业大类国家重点学科的院校

北京大学、四川大学。

拥有口腔医学二级学科国家重点学科的院校

口腔基础医学方向：武汉大学。

口腔临床医学方向：上海交通大学、第四军医大学、华中农业大学。

拥有口腔医学二级学科国家重点（培育）学科的院校

口腔基础医学方向：上海交通大学、第四军医大学。

口腔医学专业国家级特色专业建设点

首都医科大学、北京大学、上海交通大学、武汉大学、四川大学、山东大学、南京医科大学、河北医科大学、佳木斯大学、滨州医学院、广西医科大学、昆明医科大学、遵义医科大学。

开设口腔医学技术专业的代表性院校

北京大学、四川大学、山东第一医科大学、齐鲁医药学院。

预防医学：以预防伤残和疾病为目的

核心含义

预防医学是从医学科学体系中分化出来的，它是研究预防和消灭病害，讲究卫生，增强体质，改善和创造有利于健康的生产环境和生活条件的科学。预防医学与临床医学不同之处在于它是以人群为对象，而不是仅限于以个体为对象。医学发展的趋势之一，是从个体医学发展到群体医学，今天许多医学问题的真正彻底解决，不可能离开群体和群体医学方法。

广义的预防医学专业分为预防医学方向、卫生检验方向、卫生事业管理方向。预防医学方向以研究防病为主，卫生检验方向主要研究卫生检测技术，卫生事业管理方向侧重于各类公共卫生预防工作的管理。

开设课程

本专业开设课程有基础医学、临床医学、预防医学、人体解剖学、生理学、生物化学与分子生物学、医学免疫学、医学微生物学、药理学、病理生理学、病理解剖学、内科学、外科学、传染病学、流行病学、卫生统计学、环境卫生学、营养与食品卫生学、儿童少年卫生学、职业卫生与职业医学、卫生毒理学、卫生事业管理学。

就业展望

今天，随着国民经济收入的提高和文化素养的增强，人们对疾病的认识也由被动接受治疗转向主动预防追求健康上来，而日益严重的环境卫生问题和由此引发的职业病、流行病已经成为威胁人类健康的头号杀手。21 世纪以来，人类遭受了非典、禽流感、埃博拉等不可预知流行病的冲击，造成了难以估量的损失，可以想见，预防医学的前景是美好的。从目前情况来看，预防医学人才的供给本科生基本平衡，研究生以上学历人才需求略有提高。

预防医学毕业生毕业后可选择继续深造，但大部分都选择到疾病预防控制中心、卫生监督所、出入境卫生检验检疫局等事业单位从事预防、检验、卫生宣传普及工作。有一部分进入医院传染病科从事非临床的管理工作，还有一部分人员在流行病、地方病研究所从事科研，极少数毕业生会成功考取各级卫健委的公务员，从事卫生事业管理、卫生经济政策的制定等工作。

能力要求

1. 患有轻度色觉异常（俗称色弱）疾病的考生不予录取。

2. 有以下缺陷的考生不宜就读该专业：任何一眼矫正到 4.8、镜片度数大于 800 度；一眼失明，另一眼矫正到 4.8、镜片度数大于 400 度；两耳听力均在 3 米以内，或一耳听力在 5 米以内，另一耳全聋；斜视、嗅觉迟钝、口吃。具体要求以各院校的招生简章为准。

3. 本专业不属于临床医学专业，只能报考公共卫生执业医师资格，不能报考临床执业医师，就业单位多为事业单位，准入门槛较高。

4. 疾控中心和综合医院虽然是该专业一个高大上的去处，但实际上能去到这两个地方的只是少数，哪怕是读了研究生。而大部分预防医学毕业生最后去的都是社区医院和防疫站，从事一些比如打预防针、为病人提供糖丸制剂，以及统计慢性病、传染病、健康教育和社区健康卫生宣传等工作，考生对此应引起足够重视。

实力院校

拥有预防医学二级学科国家重点学科的院校

流行病与卫生统计学：北京大学、复旦大学、山东大学。

劳动卫生与环境卫生学：中国医科大学、南京医科大学、华中科技大学。

卫生毒理学：中山大学。

拥有预防医学二级学科国家重点（培育）学科的院校

少儿卫生与妇幼保健学：北京大学、华中科技大学。

卫生毒理学：第三军医大学。

国家级特色专业建设点

北京大学、中山大学、复旦大学、华中科技大学、青海大学、郑州大学、内蒙古科技大学、济宁医学院、南华大学、南方医科大学、广东药科大学、广西医科大学、哈尔滨医科大学、南京医科大学、安徽医科大学、新疆医科大学。

食品卫生与营养学：民以食为天，食以安为先

核心含义

食品卫生与营养学是研究食物与机体的相互作用，以及食物营养成分（包括营养素、非营养素、抗营养素等成分）在机体里分布、运输、消化、代谢等方面的一门学科。食品卫生与营养学是以人群为研究对象，用预防为主的思想，针对人群中营养问题和营养性疾病的消长规律，采用基础医学、营养学、临床医学、预防医学以及人文社会学的理论和方法，来探讨食物和营养因素对人群健康的影响和营养性疾病发生、发展的规律，制定相应的营养防治对策，并通过营养干预措施，达到人群合理营养、提高健康素质和生命质量，保护人类健康和促进社会发展的目的。本专业实际上包含既有区别又有密切联系的两门学科，即营养学和食品卫生学。营养学是研究食物中的营养素及其他生物活性物质对人体健康的生理作用和有益影响；食品卫生学是研究食物中含有的或混入食物中的各种有害因素对人体健康安全的危害及其预防措施。

开设课程

本专业开设的学科有基础医学、临床医学、营养学及食品科学。主要课程有：医用化学、系统解剖学、生物化学与分子生物学、医学免疫学、医学微生物学、病理学、药理学、公共营养学、特殊人群营养学、临床营养学、食品化学、食品理化检验、食品安全评价体系、食品工艺卫生学、食品安全的监督管理等。

就业展望

这是一个新开设的专业，前不久国家有关部门公布就业亮红灯的专业名单时，食品卫生与营养学专业排在第一位。但过去不热门，并不等于四年后不热门，事物总是发展变化的。何况咱们国家是一个人口大国，也是一个食品消耗大国，什么时候都离不开食品安全。加之大家越来越重视健康问题，重视食品的营养搭配，从这一点考虑，这个专业还是很有前途的。

本专业毕业生最适合在学校、幼儿教育机构、宾馆、医院营养科从事食品安全管理以及食品营养指导工作，也适合在高等院校、科研单位从事食品卫生与营养的科研、教学工作，还可以报考公务员，在各级疾病预防控制中心（CDC）、卫生监督所、食品药品管理局从事食品安全管理工作。

在学好本专业的同时，如果能与药膳及烹饪学相结合，自己创业开办饭馆，专营既安全又美味，更具保健功能的药膳，应该是个很好的选择。

能力要求

1. 有以下缺陷的考生不宜就读该专业：任何一眼矫正到 4.8、镜片度数大于 800 度；一眼失明，另一眼矫正到 4.8、镜片度数大于 400 度；两耳听力均在 3 米以内，或一耳听力在 5 米以内，另一耳全聋；斜视、嗅觉迟钝、口吃。具体要求以各院校的招生简章为准。

2. 如果毕业后从事食品卫生与营养学方向的工作，需要考取营养师证。

3. 该专业虽然是公共卫生与预防医学大类下的本科专业，但毕业后一般拿的是理学学士学位，

学制为4年制。

实力院校

拥有食品卫生与营养学二级学科国家重点学科的院校

哈尔滨医科大学、四川大学。

开设食品卫生与营养学专业的代表性院校

上海交通大学、四川大学、南京中医药大学、贵州医科大学、上海中医药大学、昆明医科大学、蚌埠医学院、重庆医科大学、哈尔滨医科大学、扬州大学。

妇幼保健医学：妇女儿童的健康保健

核心含义

妇幼保健医学专业旨在培养掌握妇幼保健基础医学知识，具备基础医学、临床医学和预防医学方面的基本技能，能通过国家执业医师资格考试，能在基层从事妇幼保健和妇产科、儿科常见病的防治，具有初步处理妇产科急诊、产科大出血及计划生育、围生期保健的能力，也能在妇幼保健业务及行政部门从事临床、预防、科研、管理等方面工作的医学高级妇幼保健专门人才。

开设课程

本专业开设的课程有人体解剖学、组织胚胎学、生理学、病理学、遗传与优生学、生殖内分泌与免疫、内科学、外科学、儿科学、妇产科学、生殖健康、妇幼与少儿卫生、妇女保健学、儿童保健学、妇幼营养学、妇幼心理学、妇幼卫生管理、流行病学、性医学等。

就业展望

妇幼保健工作是国家卫生保健的重点，妇幼儿的健康水平代表着人口的总体健康状况。妇幼保健工作属于国家公共卫生事业中的重要一环，国家只对公共卫生事业以项目推动的方式予以扶持和加强，从人力、财力方面给予充分的支持。加之随着经济的发展，国民越来越重视妇女幼儿的预防保健。因此，妇幼保健事业必将迎来大的发展。

该专业本科毕业生大多数都在各级妇幼保健医院或妇幼保健站从事妇女幼儿疾病的预防、保健或者管理工作（如儿童入学的体检、计划生育指导等）；也可考取有关部门公务员，从事妇幼事业管理工作；或者在相应学校及医学科研机构等部门从事基础医学各学科的教学、科研工作。

然而，正如其他社会服务部门一样，我国妇幼保健事业的发展也呈现出巨大的城乡和地区间的不平衡性。因此，为了实现基本妇幼保健服务均等化，对该专业人才需求越来越大。毕业生如果愿意去基层或西部地区就业，将大有可为。

能力要求

1. 妇幼保健医学专业对患有轻度色觉异常（俗称色弱）及色觉异常Ⅱ度（俗称色盲）疾病的考生不予录取。

2. 有以下身体缺陷的考生不宜就读该专业：任何一眼矫正到4.8、镜片度数大于800度；一眼失明，另一眼矫正到4.8、镜片度数大于400度；两耳听力均在3米以内，或一耳听力在5米以内，另一耳全聋；斜视、嗅觉迟钝、口吃。具体要求以各院校的招生简章为准。

3. 该专业本科一般和临床医学一样为5年制，毕业后获得医学学士学位。想成为医生的话还需

要考预防医学方向的医师资格证。

4. 该专业毕业生以后就业面对的主要人群是孕产妇及婴幼儿，报考的学生应有足够的爱心和耐心。

5. 需要注意的是，该专业毕业后不能直接考助产士证。助产士属于护士职业路径，而该专业培养的是医师，走的是医师职业路径。该专业的医生又很难成为临床产科医生，因为妇产科学实际上是临床医学下的分支，而妇幼保健医学属于预防医学，主要工作是对妇幼疾病及围生期的预防和保健，以及为健康妇女儿童提供检查指导，而非临床治疗。所以考生需要了解清楚后再进行报考。

实力院校

开设妇幼保健医学专业的代表性院校

中南大学、新疆医科大学、四川大学、山东工商学院、华北理工大学。

卫生监督：卫生监督的责任部门

核心含义

卫生监督是加强卫生管理的重要手段，各级卫生监督机构是主要的卫生监督管理执行机构，格局卫生行政部门是卫生监督的具体责任部门。

影响人体健康的卫生因素有很多，如医疗卫生、环境卫生、食品卫生、职业卫生等，针对这些因素，国家制定了一系列相应的法规。这些法规是否得到了很好的执行？如果违反了，谁去监督，谁去处理？这就需要卫生监督部门的人员去执法。

顾名思义，卫生监督主要就是监督公共资源的卫生情况，并进行执法管理。比如食品安全问题、饮水安全问题、学校卫生问题、职业病的危害、放射卫生等公共卫生问题都属于卫生监督的范畴。卫生监督专业就是培养专业的卫生监督人才，在培养过程中注重学生对医学知识、法律学知识、公共卫生知识、监督学知识的掌握，培养学生现场快速检测技术和参与公共卫生事件的现场监督技能。

开设课程

本专业开设的课程有系统解剖学、生理学、病理学、药理学、医学微生物学、诊断学、内科学、外科学、卫生统计学、流行病学、卫生法学、监督学总论、环境卫生与监督、职业卫生与放射卫生监督、医政与医疗服务卫生监督、食品安全与监督管理、药品与化妆品卫生监督等。

就业展望

从培养方向上考虑，卫生监督专业的学生毕业后可以在各级卫生监督所、食品药品监督管理局、安全生产监督管理局、卫生行政部门、环境保护局、疾病预防控制中心和医院的预防保健科、出入境检验检疫局等从事卫生监督执法工作。也可到餐饮行业、食品厂、学校等企事业单位从事管理工作。

能力要求

1. 有以下缺陷的考生不宜就读该专业：任何一眼矫正到 4.8、镜片度数大于 800 度；一眼失明，另一眼矫正到 4.8、镜片度数大于 400 度；两耳听力均在 3 米以内，或一耳听力在 5 米以内，另一耳全聋；斜视、嗅觉迟钝、口吃。具体要求以各院校的招生简章为准。

2. 卫生监督专业修业年限五年，授予医学学士学位。此本科专业到 2012 年才批准设立，属于公共卫生类学科。

3. 该专业也像医学专业一样要去相关单位实习，不同的是医学生是去医院实习，而卫生监督专业的学生是去卫生监督所实习，流转于卫生监督所的各个科室。但如果毕业后要到卫生监督所工作，必须要经过公务员考试。

实力院校

开设卫生监督专业的代表性院校

哈尔滨医科大学。

全球健康学：全球卫生合作

核心含义

全球健康学专业培养具有宽广国际视野以及深厚人文底蕴，系统掌握全球健康学基本理论、基本知识和基本技能，具备一定科学研究与实践创新能力、善于沟通协调的复合型新型人才，能胜任全球健康学领域理论研究、政策评估、国际卫生资源整合和疾病控制等方面的工作。

著名气象学家洛伦兹于1963年提出，如果南美洲亚马孙河流域有一只蝴蝶扇动了几次翅膀，两周后美国得克萨斯州就会掀起一场龙卷风，这就是著名的“蝴蝶效应”。随着全世界各类交流及人员往来的加剧，健康问题也成了全球问题，如SARS病毒、禽流感、疯牛病毒等。这些疾病的防治需要全世界人民一起努力，进行充分的沟通、协调，整合各国的资源，统一标准，采取措施一起应对。

开设课程

本专业的课程有人体结构学、生理学、病原生物学、临床医学概论、社会人类学、卫生经济学、国际法学、全球健康保健体系、全球疾病分布与健康特征、全球健康外交事务、健康心理行为学、健康教育与健康促进、卫生统计学、流行病学、GIS空间数据分析、环境职业与健康、环境毒物与危险评价、营养食物与健康等。此外，部分院校也开有特色课程，如全球健康外交实务、全球健康保健体系、国际法学、全球疾病分布与健康特征、现代国际关系、社会人类学、种族文化与健康等。

就业展望

近二十年来，国际健康组织异常活跃，健康相关议题已超越了传统的卫生范畴，被频频纳入各国政府高层领导会晤的议事日程中。全球健康已上升为国家“非传统安全威胁”，日益成为关联国家与国家、地区与地区之间的重要纽带。加快全球健康学人才培养，不仅可为我国的和平崛起营造良好的国际舆论环境，而且可为国家安全提供重要的战略性保障。因此，本专业的就业前景还是不错的。学生毕业后可在世界卫生组织（WHO）、国际红十字会、全球健康基金会等各类国际卫生组织中担任驻外机构卫生专员，国际卫生援助项目以及中国卫生外援项目官员。此外，也可在相关涉外健康管理的政府部门、海关检验检疫部门，以及相关教学、科研机构就业。

能力要求

1. 全球健康学专业对患有轻度色觉异常（俗称色弱）及色觉异常Ⅱ度（俗称色盲）疾病的考生不予录取。

2. 考生有以下缺陷的不宜就读该专业：任何一眼矫正到4.8、镜片度数大于800度；一眼失明，另一眼矫正到4.8、镜片度数大于400度；两耳听力均在3米以内，或一耳听力在5米以内，另一耳全聋；斜视、嗅觉迟钝、口吃。具体要求以各院校的招生简章为准。

3. 该专业学制为五年，毕业后获得理学学士学位，不能考医师资格证。

4. 该专业除了医学之外还涉及很多人文学科的知识，所以文理兼招。

5. 因为是涉外专业，所以全球健康学对外语要求很高，并且要有较好的沟通能力，所以外语成绩不好，不喜欢与陌生人沟通的考生需谨慎报考。

实力院校

开设全球健康学专业的代表性院校

武汉大学。

中医学：中华民族五千年文明史中一颗璀璨的明珠

核心含义

中医学专业培养系统掌握中医学基本理论知识和基本技能，适应现代中医学发展和高等中医教育需要，具备良好的人文和自然科学素养、扎实的西医学基本理论和基本技能、一定的中药学及预防医学相关知识，具有较强临床思维能力和临床实践能力的中医学专门人才。在中国，对于中医学是否属于科学的问题，一直争论不休。对此，我们不予评论。但大家都知道，五千年来，中华民族依靠中医中药的庇护，繁衍生息，让中国成为世界上人口最多的国家，可见中医必有它科学的成分、存在的道理和存在的价值。

中医学以阴阳五行作为理论基础，将人体看成是气、形、神的统一体。治病通过望、闻、问、切，四诊合参的方法，探求病因、病性、病位、分析病机及人体内五脏六腑、经络关节、气血津液的变化，判断邪正消长，进而得出病名，归纳出证型，以辨证论治原则，制定“汗、吐、下、和、温、清、补、消”等治法，使用中药、针灸、推拿、按摩、拔罐、气功、食疗等多种治疗手段，使人体达到阴阳调和而康复。

中医学主要包括基础理论、临床诊治、预防养生三大部分，这三部分构成了中医学完整的理论体系。中医学的理论和实践经过数千年的发展，形成了完整而系统的医学体系。这是中华民族的祖先在对人体、自然、心理等进行长期思索和在防治疾病的实践中创造出来的，其内在特质与中华民族的传统思维和文化有机地融汇在一起，这是与西医学的本质区别。

开设课程

本专业开设的课程有中医药基础理论、临床实践技能、中医学基础、现代医学基础、中医古典医籍、中医诊断学、中药学、方剂学、中医内科学、中医外科学、中医妇科学、中医儿科学、中医骨伤科学、针灸推拿等课程。

就业展望

中医学专业本科毕业后能够在各级中医医疗机构、科研机构、综合医院及各类相关医药卫生单位从事医疗、教学和科研工作。相对于西医来说，开设中医门诊的数量少很多，工作机会更少。中医也称之为经验医学，年龄越大、经验越丰富越好就业。因此，本科生刚毕业时很难进入大城市的大型医院工作，而主要集中在中小城市的中小型中医院就业。毕业生也可以在各类正规的养生会所从事保健工作，还可以做医药代表，或者继续深。如果要从事临床医疗工作，必须在毕业一年后考取中医执业医师资格证。

西医学发展到现在，还有很多疾病处于无从下手、无药可治的状况，特别是针对亚健康状态和其他疑难杂症，缺乏好的治疗手段。中医作为中国文化的一个象征，以其独特的诊疗方法，在今天社会越来越受到人们的青睐并历久弥新，因此，中医学专业还是有较好发展前景的。

能力要求

1. 患有轻度色觉异常（俗称色弱）疾病的考生不予录取。

2. 有以下缺陷的考生不宜就读中医学专业：任何一眼矫正到4.8、镜片度数大于800度；一眼失明，另一眼矫正到4.8、镜片度数大于400度；两耳听力均在3米以内，或一耳听力在5米以内，另一耳全聋；斜视、嗅觉迟钝、口吃。具体要求以各院校的招生简章为准。

3. 中医学专业的本科学制一般也为五年。近年来医疗行业对学历要求越来越高，想要在好的医院工作并有所建树，基本都要读到博士。

4. 中医学和临床医学一样，要参加中医类执业医师考试考取《执业医师资格证》，并且原则上要经过三年的住院医师规范化培训才能正式上岗。再加上本科或者研究生的学习，学习周期较长。

实力院校

拥有中医学专业大类国家重点学科的院校

北京中医药大学、广州中医药大学。

拥有中医学二级学科国家重点学科的院校

中医基础理论方向：辽宁中医药大学、山东中医药大学。

中医临床基础方向：浙江中医药大学。

中医医史文献方向：南京中医药大学、山东中医药大学。

方剂学方向：黑龙江中医药大学。

中医诊断学方向：湖南中医药大学。

中医内科学方向：天津中医药大学、上海中医药大学。

中医外科学方向：上海中医药大学。

中医骨伤科学方向：上海中医药大学。

中医妇科学方向：黑龙江中医药大学、成都中医药大学。

中医五官科学方向：成都中医药大学。

中医儿科学方向：南京中医药大学。

拥有中医学二级学科国家重点（培育）学科的院校

中医医史文献方向：上海中医药大学。

中医内科学方向：黑龙江中医药大学、南京中医药大学、山东中医药大学。

国家级特色专业建设点

北京中医药大学、天津中医药大学、辽宁中医药大学、上海中医药大学、江西中医药大学、内蒙古医科大学、黑龙江中医药大学、南京中医药大学、安徽中医药大学、山东中医药大学、河南中医药大学、湖北中医药大学、湖南中医药大学、首都医科大学、南方医科大学、山西中医学院、长春中医药大学、浙江中医药大学、福建中医药大学、山东中医药大学、广州中医药大学、广西中医药大学、成都中医药大学、云南中医药大学、陕西中医药大学、宁夏医科大学、河北医科大学、新疆医科大学、成都体育学院。

针灸推拿学：奇妙的东方理疗

核心含义

针灸推拿学专业培养具备中医药理论基础、针灸推拿专业知识和实践技能，能在各级中医院、中医科研机构及综合性医院针灸等部门从事针灸、推拿医疗及科学研究工作的医学高级专门人才。

针灸和推拿是两码事，再细分一点，针灸还分为“针”和“灸”。针就是扎针，就是用针刺激穴位；灸就是用艾熏蒸人体的穴位。针灸作用于特定的穴位，激活经络等人体各类自我调节系统，从而让机体达到阴阳平衡，其对于美容、减肥、止痛、戒毒等都有着特殊的作用。

推拿就通过各类按摩手法作用于人体体表的特定部位，以调节人体的生理、病理状况，达到防治疾病的目的。具体说来，推拿可以帮助人体补虚泻实、活血化瘀、疏通筋络，在局部通经络、行气血、濡筋骨，并通过气血、经络影响到脏器和其他部位。总的来说就是调节阴阳平衡。

别以为针灸推拿学只要学会扎针、推拿按摩就够了，其实这个专业要求学生学习中医学基础、人体解剖学、生物力学、中医古典医籍、经络学、刺灸学、手法学、功法学、中医内科学、神经病学、针灸临床治疗学、推拿临床治疗学等多门课程，具有扎实的中医学理论基础，熟练掌握人体的经络、穴位，并能熟练地进行具体操作。

开设课程

本专业开设的课程有中医学基础、中医诊断学、人体解剖学、生理学、病理学、药理学、西医诊断学基础、经络学、腧穴学、中药学、方剂学、中医内科学、中医骨伤学、推拿学基础、手法学、推拿治疗学、小儿推拿学、保健推拿学等。

就业展望

相对于其他中医学或西医临床医学类专业，本专业在医院的就业范围窄很多，本科毕业生一般在县、市级中医院或综合医院的中医科室就业。也有很多本科毕业生选择去美容、康复、理疗、保健休闲等机构就业，收入一般会比当医生高一些，但工作时间没有那么有规律，多集中于晚上或节假日。这一行就业还有个特点，就是积累了一定工作经验后，可以从事针灸推拿培训，也可以个人创业。针灸推拿学专业就业还有一个新的趋势，就是去欧美发达国家就业，国外对神奇的中医疗法越来越推崇，如果你英语足够好的话，可以到国外发展。

从事临床医疗工作的毕业生，需要在毕业至少一年后考取中医执业医师资格证。社会上宣传的什么针灸师证、推拿师证，卫生部门都是不予认可的，但在非医疗单位从业，可能会有一定帮助。

能力要求

参考中医学专业。

实力院校

拥有针灸推拿学二级学科国家重点学科的院校

天津中医药大学、成都中医药大学。

拥有针灸推拿学二级学科国家重点（培育）学科的院校

上海中医药大学。

国家级特色专业建设点

北京中医药大学、天津中医药大学、长春中医药大学、长春大学、上海中医药大学、黑龙江中医药大学、南京中医药大学、浙江中医药大学、安徽中医药大学、江西中医药大学、福建中医药大学、山东中医药大学、湖北中医药大学、湖南中医药大学、广州中医药大学、成都中医药大学、贵阳中医药大学、辽宁中医药大学、广西中医药大学、甘肃中医药大学、新疆医科大学。

少数民族医学：民族优秀文化的医学瑰宝

核心含义

民族地区有着独特的自然条件和生活习俗，长期实践形成了对某些疾病独特的治疗经验。少数民族医学是祖国医药学宝库的重要组成部分，它历史悠久，内容丰富，是广大少数民族同胞在同疾病作斗争的过程中逐渐积累起来的宝贵经验，在漫长的历史发展过程中，为各少数民族的繁衍生息做出了巨大的历史贡献。

少数民族医学是对各少数民族的医学统称，全国只开设了5个少数民族医学本科专业，分别为藏医学、蒙医学、维医学、壮医学、哈医学。从广义上来讲，这些医学都属于中医学类，是中国民族医学的重要组成部分，并且都深受中医学的影响。

各少数民族医学都具有共性，同中医学一样，都将人体看成一个有机整体来诊断、治疗，所用药物都是以天然植物为主，所用的治疗方法也有相同之处，如针灸、推拿。但各民族医学更有其显著特点。

藏医学最早的医学经典是《本医》，主要靠三种疗法，即放血疗法、火疗法、涂抹疗法来治病。同时，还有用酥油止血、用青稞酒治疗外伤等原始简单的办法。

蒙医学以“赫依”“希拉”“巴达干”三根的关系来解释人体的生理、病理现象。所谓“赫依”，是指各种生理功能的动力；“希拉”有火热之意；“巴达干”是指体内一种寒性的黏液状物质，如果“巴达干”的功能失调，就会导致水液的停滞不化而出现各种分泌物增多。

维吾尔族的祖先经历了草原游牧和塔里木盆地农业两种经济生活方式，其医学也深受这两种方式的影响。11世纪后，还受到了伊斯兰文化和阿拉伯医学的影响。维医学的基础理论认为自然界的四大基本物质是火、气、水、土，影响和制约着万物的生、长、盛、衰。

广西地区的土司制度延续了一千多年，这个相当漫长的历史阶段，也正是广西民族医药特别是壮医药的形成和发展时期。壮族先民最早创用针刺疗法，广泛应用气功导引引舞疗疾，对常见和多发的瘴毒蛊痧等病症有较深的认识，实绘了我国第一张人体解剖图。

哈萨克族很早就有了民间医人。一类称“叶木什”，专门用草药治病；另一类称“乌塔尔什”，专治骨折。民间医生询诊的方法主要通过诊脉、看眼睛及舌头，对风湿性关节炎、伤寒、感冒等疾病的治疗通常采用的是导汗疗法。因为游牧民族的生活环境和生活习惯所致，哈萨克族治疗骨折、脱臼的医术甚为高明。

开设课程

各专业开设的课程除中医学、人体解剖学、诊断学、内科学等公共课程外，也学习各医学独有的课程，如相应医学的医学概论学、基础理论、方剂学等。

能力要求

1. 少数民族医学各专业的修业年限都是五年，毕业后授予医学学士学位。

2. 学习少数民族医学，要精通相应民族的文字，并对相应民族宗教有一定了解，如学习藏医学，你除了要精通梵文、藏文和其他有关文字外，还需要对佛教有一定的了解。

3. 各民族医学开设的学校非常少，就业也主要在相应民族聚居区的相应医院。

4. 其余能力要求请参考中医学专业。

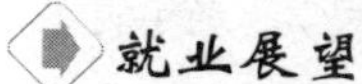

就业展望

国家一直都非常重视少数民族地区的发展，十分重视少数民族医药的抢救、继承和发扬，努力使古老的少数民族医药这一优秀民族文化得到枯木逢春般的良好传承和发展机遇。20 世纪 70 年代以来，各少数民族聚居地区不断扩建和新建立的相应的医疗、教育机构，抢救、整理了相应医学的珍贵古籍文献，规范了诊疗技术。未来，政府会更加重视少数民族同胞生活、医疗条件的改善，少数民族医学毕业生的就业前景会越来越好。

本专业毕业生主要在相应民族聚居地的医疗机构从事临床诊治工作，也可以在相应的学校或科研机构从事教学、科研工作。

实力院校

藏医学国家级特色专业建设点

西藏藏医药大学、成都中医药大学、青海大学。

蒙医学国家级特色专业建设点

内蒙古医科大学。

维医学国家级特色专业建设点

新疆医科大学。

开设壮医学专业的代表性院校

广西中医药大学。

开设哈医学专业的代表性院校

新疆医科大学。

中医康复学 & 中医养生学 & 中医儿科学 & 中医骨伤科学

核心含义

中医康复学是指在中医学理论指导下，针对残疾者、老年病、慢性病及急性病后期者，通过采用各种中医药特有的康复方法及其他有用的措施，以减轻功能障碍带来的影响和使之重返社会。

中医养生学专业主要培养掌握中医学基本理论、知识和技能，与中医养生学相关理论知识和实践技能，同时掌握一定的西医学基本理论、知识和技能。

中医儿科学是以中医学理论体系为指导，以中国传统的中药、针灸、推拿等治疗方法为手段，研究自胎儿至青少年这一时期小儿的生长发育、生理病理、喂养保健，以及各类疾病预防和治疗的一门医学科学。

中医骨伤科学是临床医学的一门重要学科，是研究防治骨折和脱位的一门科学，是中医骨伤科学的重要组成部分。中医骨伤学是以传统中医的理论和方法为基础，结合现代医学及其他学科领域的知识和技术，研究人体骨折和关节脱位以及有关损伤的一门临床学科，是中医学专业的专业临床课。

开设课程

各专业开设课程有现代医学基础、中医基础理论、中医诊断学、人体解剖学、中医骨伤学、中医外科、中医骨伤治疗、中医骨病治疗、中药学、方剂学、中医内科学、中医妇科学、中医儿科学、针灸学、推拿学、中医养生经典选读、生理学、病理学、诊断学、内科学、预防医学、老年病学。

能力要求

1. 患有轻度色觉异常（俗称色弱）疾病的考生不予录取。

2. 有以下缺陷的考生不宜就读中医学专业：任何一眼矫正到4.8、镜片度数大于800度；一眼失明，另一眼矫正到4.8、镜片度数大于400度；两耳听力均在3米以内，或一耳听力在5米以内，另一耳全聋；斜视、嗅觉迟钝、口吃。具体要求以各院校的招生简章为准。

3. 中医学专业的本科学制一般也为五年。近年来医疗行业对学历要求越来越高，想要在好的医院工作并有所建树，基本都要读到博士。

4. 中医学和临床医学一样，要参加中医类执业医师考试考取《执业医师资格证》，并且原则上要经过三年的住院医师规范化培训才能正式上岗。再加上本科或者研究生的学习，学习周期较长。

就业展望

这些人才主要在各级综合性医院、专科医院、社区医院、保健康复机构从事康复治疗、保健与评价工作、综合医院康复医学科、康复中心（康复医院）从事康复治疗师技术工作。

实力院校

开设中医养生学学专业的代表性院校

河南中医药大学、山西中医药大学、江西中医药大学等。

开设中医儿科学学专业的代表性院校

南京中医药大学、北京中医药大学、上海中医药大学等。

开设中医康复学专业的代表性院校

黑龙江中医药大学、河南中医药大学、云南中医药大学等。

开设中医骨伤科学专业的代表性院校

成都中医药大学、河南中医药大学、黑龙江中医药大学等。

中西医临床医学：中西合璧

核心含义

中西医结合临床医学就是将西医的临床医学和中医学相结合的一门交叉学科。很多人都会觉得这个专业肯定很好，中西合璧，不是仁者无敌吗？但是，中医和西医的理论体系、诊治方法都有很大的区别，要在五年学习期间将这两者很好地结合在一起，达到双剑合璧的境界，非常人所能，甚至有可能顾此失彼。本专业主要还是立足中医，取西医之精华，补中医之不足。该专业在传授传统中医学理论的同时，也注重对西方现代医学新成就、新技术的传授，重视学生实践能力和创新精神的培养，顺应中医药进入世界医疗主流体系的趋势，以培养适应社会需要和医药卫生事业发展需求的优秀人才。

开设课程

本专业开始的课程有中医学基础、中药学、方剂学、人体解剖学、生理学、病理学、药理学、诊断学、中西医内科学、中西医外科学、中西医妇科学、中西医儿科学、针灸学等。

就业展望

本专业本科毕业生主要在中小型中医院的中医临床科室或综合医院的中西医结合临床科室从事诊疗工作。毕业一年后需考取中西医临床执业医师资格证，方可单独执业。也可以从事医药卫生行业的科研、教学、社区保健、卫生防疫、卫生行政事业管理等工作，或者自己开办中西结合的诊所。

当今社会对医学从业人员的要求越来越高，如果攻读本专业的硕士或博士研究生，无论是从事临床、科研还是教学工作，都意味更多的就业机会和更好的工作岗位。

能力要求

1. 该专业在学校学习过程中会采用中西医两套技能培训。

2. 虽然该专业名称叫作中西医临床医学，但只有普通的临床医学毕业生才能报考西医临床执业医师，而中西医临床医学专业毕业生只能考取属于中医类的中西医结合执业医师，并且也需要进行三年的规范化培训。

3. 其余能力要求请参考中医学专业。

实力院校

拥有中西医结合临床医学专业大类国家重点学科的院校

复旦大学。

拥有中西医结合临床医学二级学科国家重点学科的院校

中西医结合基础方向：北京中医药大学、河北医科大学。

中西医结合临床方向：天津医科大学、大连医科大学、南方医科大学、第二军医大学。

拥有中西医结合临床医学二级学科国家重点（培育）学科的院校

华中科技大学。

国家级特色专业建设点

成都中医药大学、甘肃中医药大学、湖南中医药大学、安徽中医药大学、福建中医药大学、河南中医药大学、西南医科大学、贵阳中医药大学。

药学：研究药品的专业

核心含义

药学最先是从人类社会初期开始出现的，是历代人民大众智慧的结晶，它对全人类的健康发展，种族繁衍与发展，有着巨大贡献。药品是大家都很熟悉的物品，包括中药和西药，其中的中药材、中药饮片、中成药等属于中药学研究范围。药学的研究对象是西药，如化学原料药及其制剂、抗生素血液制品等。药品质量源于设计（研发），形成于生产制造过程，在使用时得到体现。药学的研究包括了药品从研发到使用的全过程及其过程中的各类影响因素。总之，一切都是为了保证药品质量，提高药品质量。

药学专门是一门涉及国家药事管理法规、药品研发（包括实验室研发和临床实验）、生产制造、质量管理、贮存、养护、销售、使用检测及监管的综合性科学。简而言之，就是学习如何研发药品，如何生产药品，如何合理地使用药品以及如何进行生产监督管理的理论和技能。

开设课程

本专业开设的课程有有机化学、分析化学、物理化学、生物化学、生理学、药理学、药用植物学、生药学、药物化学、药物分析、药剂学、生物药剂及药动学、药事管理学等。其中化学、生物类课程是大一、大二的专业基础课程。

就业展望

药学在各大经济领域可以说是发展最快的门类之一，我国药学事业近几年发展非常迅猛，全国医院、制药企业数量众多，就业率很高，但就业质量在医药类专业中较差，跟其他热门专业相比更差。

毕业生可以去大中专院校和研发部门，如高等院校、各类药品研究所、各制药企业研发部从事教学和研发工作。这些单位一般对人才有比较高的学历要求，从事研发的大多数从业人员难以出成果。也可报考各级食品药品监督管理部门的公务员，或者进入药品检验所等事业单位，从事药品监督管理及药品检测工作。

大多数同学都在药品使用领域就业，如医药批发公司、零售药店、医院药房、医院临床药学科室指导如何使用药品。大型医院对学历要求高，零售药店及批发公司主要招大中专毕业生，本科毕业生主要在中小型医院就业。也有很多毕业生是在制药企业从事药品质量管理、质量检测、生产管理等工作，刚入门时工资非常低，如果想做生产负责人或质量负责人，至少要有十年左右的工作经验，年薪在4万元至40万元甚至更高，不同企业的同等职位收入相差非常大。还有一部分毕业生从事药品的销售及学术推广工作，即通常所说的医药代表。这个行业刚入门前三年基本没有收入，经过三年的积累，收入会明显超过其他领域就业人员，但发展后劲不足。

在医院就业，需要报考卫生系统的药师、主管药师，然后评副主任药师、主任药师。在生产企业、医药公司、零售药店就业，如果想做负责人，必须在上岗前考取执业药师资格证书。

能力要求

1. 药学类专业对患有轻度色觉异常（俗称色弱）以及色觉异常Ⅱ度（俗称色盲）疾病的考生不予录取。

2. 由于该专业涉及化学和生物学方面的知识，特别是化学，其中的分析化学和有机化学是药学专业学生普遍反映最难的课程，不喜欢化学的同学需谨慎报考。

3. 药品管理有着非常严格的各类法规，做人做事原则性强的学生更适合报考。

4. 药学专业虽然属于医学门类下属专业，但本科一般授予的是理学学士学位。

实力院校

拥有药学专业大类国家重点学科的院校

北京大学、清华大学医学部、中国药科大学、第二军医大学。

拥有药学二级学科国家重点学科的院校

药剂学方向：沈阳药科大学、复旦大学、四川大学。

药理学方向：哈尔滨医科大学、南京医科大学、中南大学、中山大学。

拥有药学二级学科国家重点（培育）学科的院校

药理学方向：华中科技大学。

国家级特色专业建设点

北京大学、四川大学、首都医科大学、天津医科大学、中国药科大学、山东大学、中国海洋大学、华中科技大学、延边大学、河北北方学院、河北医科大学、大连医科大学、沈阳药科大学、徐州医科大学、安徽中医药大学、安徽医科大学、江西中医药大学、烟台大学、湖北科技学院、广东药科

大学、海南医学院、重庆医科大学、贵州医科大学、青海民族大学、新疆医科大学、广西医科大学、山西医科大学、温州医科大学、福建医科大学、山东第一医科大学、新乡医学院、桂林医学院、昆明医科大学、宁夏医科大学、大理大学、哈尔滨医科大学。

药物制剂：研制具体的药物成品

核心含义

该专业学生主要学习药学、生物药剂学、工业药剂学、药物制剂工程等方面的基础理论和基本知识，受到药物制剂研究和生产技术的基本训练，具有药物制剂研究、开发、生产技术改造及质量控制的基本能力。比如同一种药物要针对不同的人群，不同的摄入方式分别制成胶囊、冲剂、片剂或者针剂时，需要如何进行设计，如何使用不同的工艺来进行生产制造。该专业的学生主要学习药学、化学、生物学、基础医学等学科的基本理论和基本知识，接受工业药剂学、制剂工程学等方面基本实验技能训练，需要具备药物制剂研究、开发、生产等方面的基本能力。

开设课程

本专业主要开设的课程有有机化学、分析化学、物理化学、人体解剖生理学、微生物学与免疫学、生物化学、药物化学、药理学、药物分析、工业药剂学、生物药剂学与药物动力学、药用高分子材料学、制剂工程学、化工原理等。该专业的基础课程和药学基本相同，只是药学专业学习得更广泛，而药物制剂会学习更多关于药物研制方向的具体知识。

就业展望

我国的制药行业比起发达国家还存在很大差距，而药物制剂培养的就是制药方向的应用人才，所以是一个比较有前景的学科。一般来说，本科毕业进入药厂，只能进行简单的生产技术工作，或者成为销售代表、保健顾问等。要真正从事药物研发的话，肯定要继续进行深造。除了进入制药行业，毕业生也可以去医院药剂科或者门诊药房、药库、配置中心做药物管理类工作，或者通过公务员考试进入药监局、药检所工作。

能力要求

1. 药学类专业对患有轻度色觉异常（俗称色弱）以及色觉异常 II 度（俗称色盲）疾病的考生不予录取。

2. 该专业虽然属于医学门类下属专业，但一般授予的是理学学士学位。

3. 该专业涉及大量的生物与化学知识，并且设置有解剖课。不喜欢化学、生物，或者对人体解剖反感与晕血的考生谨慎报考。

实力院校

国家级特色专业建设点

中国药科大学、黑龙江中医药大学、内蒙古民族大学、沈阳药科大学、贵阳中医药大学、广东药科大学。

临床药学：研究药物防病治疗的合理性

核心含义

临床药学指从医院药学中分离出来的科学分支，是以病人为对象，以提高临床用药质量为目的，以药物与机体相互作用为核心，研究和实践药物临床合理应用方法的综合性应用技术学科。临床药学是研究药物防病治疗合理性及有效性的药学学科，主要内容是研究药物在人体内代谢过程中发挥最高疗效的理论与方法。它侧重于药物和人的关系，直接涉及药物本身、用药对象和给药方式，因此也直接关乎医疗质量。临床医师急需了解合理用药的信息，但不是指手画脚地干预医师用药，而是科学地为临床提供药事信息，重点工作是指导如何个体化给药，如何更好地联合用药，尽量减少或减轻药品的不良反应。

开设课程

本专业开设的课程有药剂学、药理学、药物化学、药物分析等基础课、专业课，还要学习临床药物代谢动力学、细胞生物学、药物毒理学、病理生理学、诊断学、内科学、外科学、妇科学、儿科学、临床药理学、临床药物治疗学、药物不良反应与药物警戒、药物经济学、医院药事法规与 GCP 等专业课。

就业展望

临床药学工作在国外开展得比较早，也比较受重视。我国这项工作起步较晚，开展才 10 多年，而且参与的医院并不多，具备条件的大型医院才有开设。由于各类医院普遍对此重视不够，临床药学专业人员在医院的地位并不高。但可以肯定的是，开设临床药学科室是医院今后必然的发展趋势。本专业毕业生其就业方向主要在各级医疗单位从事临床药学工作，或者在医学院校从事临床药学教学和科研工作，也可报考国家各级食品药品监督总局的公务员。

能力要求

1. 临床药学专业对患有轻度色觉异常（俗称色弱）以及色觉异常Ⅱ度（俗称色盲）疾病的考生不予录取。

2. 该专主要招收理科考生，涉及化学和生物学方面的知识较多。特别是化学，其中的分析化学和有机化学是药学专业学生普遍反映最难的课程，不喜欢化学的同学需谨慎报考。

3. 临床药学专业的修业年限一般为五年，授予理学学士学位，个别院校为六年制。由于所学内容涉及临床医学和药学两个领域，学习任务很繁重，报读此专业，一定要有很强的求知欲和毅力。

4. 一般设有临床药学科室的都是大型医院，本科毕业生进入大型医院难度很大，报考前要充分考虑到这一点。

实力院校

开设临床药学专业的代表性院校

中国医科大学、四川大学、南京医科大学、温州医科大学、哈尔滨医科大学、沈阳药科大学、中国药科大学、福建医科大学。

药事管理：管理学在药学领域的具体应用

核心含义

药事管理是一门新兴专业。药品从研发到生产，再到销售使用，除了采用相应的技术，还需要进行相应的管理。在管理过程中，有各环节的监督管理，还有药品价格管理、药品储备管理、基本药物管理、医保用药管理等。这就需要既有药学基础知识，又懂管理学和经济学知识的人去从事前述的管理工作。简而言之，药事管理就是对与药品相关的事宜进行管理，培养的是具有药学、管理学、经济学等方面的知识和能力的高级应用型人才。

开设课程

本专业开设的课程有临床医学概论、基础医学概论、药事管理学、经济学、管理学、药学概论、会计学、财务管理、药事企业管理、中医方药学、中药商品学、中药药剂学、中药炮制与加工、药理学、中药药理学、运筹学、国际贸易、人力资源管理、企业发展战略与企业文化等。

就业展望

人们生活质量的不断提高，对医药产品及医疗服务的品质、疗效及安全性要求也明显提高，社会将需要一大批既掌握医药基本知识，又懂经济管理理论和国内外药物管理政策法规，还能从事国内外医药经济管理活动的专业人才。因此，药事管理就业展望还不错。

该专业的毕业生主要在药品监督管理、卫生行政管理、药品价格管理、医疗保险、医药卫生监察、医药经济调控等部门和药品生产经营企业、医药科研院所、医疗卫生机构等单位从事药政活动的监督管理、医药资源调查研究、医药市场行为和特征分析、策划及经营的高级药事管理工作。

能力要求

1. 药事管理专业对患有轻度色觉异常（俗称色弱）以及色觉异常 II 度（俗称色盲）疾病的考生不予录取。
2. 药事管理专业要学到很多社会科学的知识，所以是一个文理兼招的专业。
3. 该专业本科毕业一般被授予的是理学学士学位，只能考执业药师而非执业医师。

实力院校

开设药事管理专业的代表性院校

南京中医药大学、沈阳药科大学、中国药科大学、广东药科大学、贵州医科大学。

药物分析：检验药物的真伪优劣

核心含义

药物分析是我国药学专业中规定设置的一门主干专业课程，是分析化学中的一个重要分支，也是整个药学科学领域中一个重要的组成部分。药物分析（习惯上称为药品检验）专业是运用化学、物理学、生物学、微生物学的方法和技术来研究化学结构已经明确的合成药物或天然药物及其制剂质量的一门学科。它包括药物成品的化学检验，药物生产过程的质量控制，药物贮存过程的质量考察，临床药物分析，体内药物分析等。该专业培养掌握药物分析与检验专业的基础理论知识和基本实验技能的高级技能型和技术应用型人才。

开设课程

本专业开设的课程有无机化学、有机化学、分析化学、微生物学、天然药物化学、药理学、药用物理、化学原理与化学分析、药物化学、药物分析、药剂学、药品质量管理技术、药品生产过程验证、现代药剂应用技术、现代药物分析检验技术、药品生物检定技术、药物分析质量管理规范、药事概论、药学微生物基础技术、仪器分析等。

就业展望

我国有将近6000家制药企业，还有很多食品、保健食品生产企业以及大量的药品研发机构，国家各级食品药品监督管理部门都设有相应的食品药品检验院所。药品的种类也越来越多，对药品的质量标准要求越来越高。因此，所需进行的检验以及从事检验的人才越来越多。本专业就业很容易，但职业发展范围很窄。

该专业的毕业生主要在各级食品、药品研发、生产企业从事食品、药品的检测工作；也可以参加各级食品药品检验院（所）考试，取得事业编制，在这些院所从事食品、药品的检测工作。有一些在高等院校、科研机构从事教学及科研工作，如果能读完研究生后再在这个领域就业会更好。毕业三年后，也可报考执业药师，获取资格证书，经过注册登记后，在药品生产、经营、使用单位中执业。

能力要求

1. 药物分析专业对患有轻度色觉异常（俗称色弱）以及色觉异常Ⅱ度（俗称色盲）疾病的考生不予录取。

2. 由于该专业重点涉及化学和生物学方面的知识，特别是化学，其中的分析化学和有机化学是药学类专业学生普遍反映最难的课程，不喜欢化学的同学需谨慎报考。

3. 该专业本科一般授予的是理学学士学位，只能考执业药师而非执业医师。

实力院校

开设药物分析专业的代表性院校

沈阳药科大学、中国药科大学、安徽中医药大学、河北医科大学、广东药科大学。

药物化学：获得新化学实体创制新药

核心含义

药物化学是利用化学的概念和方法发现和开发药物，从分子水平上研究药物在体内的作用方式和作用机理的一门学科。发现和发明新药是药物化学的第一任务，生产化学药物是药物化学的第二任务。

开设课程

本专业开设的课程有有机化学，生物化学，生理学，药理学，高等药物化学，药物合成设计，药物合成反应，近代有机合成，甾体、抗肿瘤、抗病毒前沿研究跟踪，药物设计进展，天然产物化学，有机光谱鉴定，有机结构测定的物理方法，现代生物技术与新药研究开发等。

就业展望

该专业的毕业生因为有着扎实的生化研究和分析的基础，所以就业不仅限于医药行业。除了可以进入各级医院和制药公司从事药物制剂开发、研究、质检以及销售等工作外，也可以进入日用化工、石油化工行业从事化学技术相关的工作。

能力要求

1. 药物化学专业对患有轻度色觉异常（俗称色弱）以及色觉异常Ⅱ度（俗称色盲）疾病的考生不予录取。

2. 化学知识是这个专业的核心，所以不喜欢化学的同学需谨慎报考。

3. 该专业本科一般授予的是理学学士学位，只能考执业药师而非执业医师。

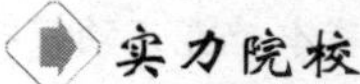

实力院校

国家级特色专业建设点

中国药科大学。

海洋药学：从海洋生物中分离、提取新药

核心含义

海洋药物学是一个新兴的边缘学科，它以研究海洋药物资源分布、储量、药性、临床应用以及海洋生物活性物质作为主要任务。海洋药学就是以海洋生物为研究对象，研究如何从海洋生物中分离、提取所含的药用活性物质，开发成药物的一门科学，包括海洋药物的研发、工艺设计、生产制造、质量管理。海洋药学专业的学生主要学习研究海洋药物资源的分布、采集、鉴定、保护和可持续性发展的理论和技术，研究海洋生物活性物质的分离提取、结构鉴定等技术。

开设课程

本专业开设的课程有无机化学、分析化学、有机化学、海洋生物学、海洋药用生物资源学、海洋药物生物技术原理与实验、海洋药物化学、生物化学与分子生物学、细胞生物学、微生物学与免疫学、遗传学、药理学、药剂学、生物制药工艺学、生物信息学以及文献检索等。

就业展望

中国的制药企业自主研发能力都不强，以前主要是仿制国外专利到期的药物。随着海洋经济和药物新技术的发展，很多药物研发机构、生产企业都将视角延伸到广阔的海洋。海洋药用活性成分一旦开发成功，就属于全世界独一无二的药物，具有非常大的价值。海洋药学专业毕业生虽然目前就业范围较窄，但从长远来看，必定会大有希望。大部分毕业生主要在各类海尖药物研究机构（如国家海洋局下属的各类研究所）从事海洋药物的鉴定分析及研制，或者在生产企业从事海洋药物炮制、生产、质量控制，也可在相应学校及研究所从事海洋药物教学、基础理论研究工作。

能力要求

1. 海洋药学专业对患有轻度色觉异常（俗称色弱）以及色觉异常Ⅱ度（俗称色盲）疾病的考生不予录取。

2. 本专业修业年限为四年，授予理学学士学位，属新兴学科，就业面相对较窄。

3. 该专业涉及化学和生物学方面的知识较多，特别是化学所占比例较重，其中的分析化学和有机化学是药学专业学生普遍反映最难的课程，不喜欢化学的同学需谨慎报考。

实力院校

开设海洋药学专业的代表性院校

中国药科大学、广东药科大学、宁波大学。

化妆品科学与技术：让你美丽的专业

核心含义

本专业培养具有生物技术与工程生物细胞培养与选育等方面的基本理论和基本技能，动植物细胞培养与选育等方面的基本理论和基本技能，能在生物技术与工程从事设计生产管理和新技术研究新产品开发等方面工作的高级工程技术人才，并着重突出生物技术在化妆品中的应用，为我国快速发展的日化行业提供更多、更好的人才。

开设课程

本专业开设的课程有无机化学、有机化学、物理化学、分析化学（含仪器分析）化工原理生物化学、微生物学、细胞生物学、分子生物学、基因工程、发酵工艺学、生物分离工程、生物工程设备、化妆品概论、化妆品管理与法规、美容皮肤科学、化妆品工艺学、表面活性剂。

就业展望

毕业生还可以到日化公司工作，如知名企业宝洁、联合利华、威露士、蓝月亮等。

能力要求

1. 本专业对患有轻度色觉异常（俗称色弱）以及色觉异常Ⅱ度（俗称色盲）疾病的考生不予录取。

2. 专业修业年限为四年，授予理学学士学位，属新兴学科，就业面相对较窄。

3. 该专业涉及化学和生物学方面的知识较多，特别是化学所占比例较重，其中的分析化学和有机化学是药学专业学生普遍反映最难的课程，不喜欢化学的同学需谨慎报考。

实力院校

开设化妆品科学与技术专业的代表性院校

上海应用技术大学、江南大学、北京工商大学、郑州轻工业大学、广东药科大学等。

中药学：中国古代优秀文化遗产

核心含义

中药学是研究中药的基本理论和临床应用的学科，是中医药各专业的基础学科之一。中药学也是中国独特的药学专业，除此之外，只有日本、韩国有类似于中药学的专业，但都起源于中国。

中药学是研究中药的基本理论、制造工艺以及临床应用的学科，主要侧重于中药的临床应用。内

容包括中药的起源和发展；中药材的产地与采集，药材的概念，以及在保证药效的前提下，如何发展道地药材；中药炮制的概念、目的与方法；中药药性的概念、中药治病的机理，中药配伍的目的、中药配合应用规律；用药禁忌的概念及主要内容；用药剂量与用法、剂量与疗效的关系、确定剂量的依据及中药煎服法等内容。

开设课程

本专业开设的课程有中医学基础、方剂学、无机化学、有机化学、分析化学、物理化学、生物化学、药理学、药用植物学、中药化学、中药药剂学、中药鉴定学、中药炮制学、中药药理学、中药分析学、药事管理学。

就业展望

本专业毕业生最适合在药店、医院从事指导中药使用的技术工作。因为中药饮片的炮制、中成药生产制造也是其学习的重点，因此也适合在中药饮片厂和中药制药企业从事生产、质量管理、中药检测等工作。中药使用领域需要评药师、主管药师等专业职称。如果想走向更高的职位，都需要在毕业三年后考中药执业药师资格证。GMP知识的学习对于中药饮片和中药制药企业从业人员非常重要。

毕业生可以在各类药品研究所、各制药企业研发部从事中药研发工作；可以在医药类学校从事教学、科研工作，但从事这类工作一般都需要比较高的学历，也比较难出成果；有极少数毕业生从事药品的销售及学术推广工作；有自己创业，尝试种植名贵中药材的。总体来说，中药的发展不如西药，相比较而言，中药各行业收入都略低于西药。

能力要求

1. 中药学专业对患有轻度色觉异常（俗称色弱）以及色觉异常Ⅱ度（俗称色盲）疾病的考生不予录取。

2. 中药除了要学习中药识别、炮制之外，也会用到西药的研究方法对中药的成分和药理进行分析，所以会需要学习很多生物化学方面的知识，文科考生需要谨慎报考。

实力院校

国家级特色专业建设点

北京中医药大学、中国药科大学、天津中医药大学、内蒙古医科大学、辽宁中医药大学、上海中医药大学、黑龙江中医药大学、南京中医药大学、浙江中医药大学、安徽中医药大学、江西中医药大学、山东中医药大学、湖北中医药大学、湖南中医药大学、广州中医药大学、广西中医药大学、成都中医药大学、贵阳中医药大学、云南中医药大学、西北大学、河南中医药大学、沈阳药科大学、长春中医药大学、陕西中医药大学。

中药资源与开发：培育“道地药材”

核心含义

我国是中药的生产大国，中医药学是我国的国粹，但目前能打入国际市场的中药产品寥寥无几。其中非常重要的原因就在于我们的中药产品不符合国际医药市场的标准和要求，无法用现代的、科学的指标对现有中药进行阐释、研究，没有有力的客观依据来说明中药的药效物质基础、药效原理以及中药产品本身的质量问题。中药资源与开发专业要解决的就是这些问题。

该专业主要学习中药基本理论和基本知识，获得调查分析中药资源和中药材培养生产、中药资源的综合开发和利用以及保护更新方面的知识与技能。重点研究如何利用高科技手段对中药资源产量、蕴藏量、主产区分布及需求量进行数据库管理，形成中药材信息管理系统、中药材蕴藏－需求预测系统和决策系统，然后根据需要生产，规范中药材栽培种植，完善中药资源的保持与利用。

开设课程

该专业主要课程包括无机化学、有机化学、化学分析、仪器分析、中医学基础、中药学、药用植物学、药用植物分类学、药用植物生理学、生态学、药用菌物学、药用植物栽培学、药用植物遗传与育种学、中药资源化学、中药鉴定学、中药资源学、中药生物技术、分子生药学、中药炮制学等，以及有关公共课和选修课程。

就业展望

中药资源与开发是一个相对冷门专业。理论上来说，学习这个专业今后可以从事中药资源调查、中药材料栽培、中药材鉴定、中药原料采购、中药新药研究开发、中药资源的综合开发利用等方面工作。但实际情况是，本科毕业后大部分学生都去做了保健品销售和医药销售，剩下的除了考研和考公务员的基本都转行了。由于对中药的科学化研究也只是初级阶段，所以该行业处于一个刚刚起步的阶段。

能力要求

1. 中药资源与开发专业对患有轻度色觉异常（俗称色弱）以及色觉异常Ⅱ度（俗称色盲）疾病的考生不予录取。

2. 该专业会使用现代科学方法分析中药的成分和药理，并且要学习一些植物栽培育种的农学类知识，与生物及化学相关程度较高，所以主要招收理科考生。本科毕业后颁发理学学士学位。

3. 如从事本专业研究工作，可能会涉及一些野外或露天的相关作业。且该行业是冷门行业，如不是对中药方面特别感兴趣的考生，需谨慎报考。

实力院校

国家级特色专业建设点

吉林农业大学、南京中医药大学。

藏药学 & 蒙药学

核心含义

药物治疗在藏医学中占有重要的地位，藏药学就是研究藏族传统医学中使用的药物的学科。本专业学生主要学习藏医基础医学和藏药学基本理论、基本知识和基本技能，掌握一定的现代药学基础知识，培养藏药材辨认、配制、药理分析的基本能力。

蒙药是蒙医防治疾病的有力武器，蒙药学就是研究蒙古族传统医学中使用的药物的学科。本专业学生主要学习蒙药学基本理论、基本知识和蒙药生产、检测技能，掌握一定的现代自然科学和蒙药销售推广等方面的知识，接受蒙药炮制、制剂鉴定和现代药检技能的基本训练，培养正确制剂、正确认用蒙药的基本能力。

开设课程

藏药学主要课程包括藏医概论学、藏医人体学、藏医病机学、藏药学、藏医三大基因学、藏医保健学、藏医伦理学、藏药植物学、藏药动物学、藏药矿物学、藏医药物学、水银洗练法、藏医常用配方学、藏药冶炼学、藏药炮制学、藏药方剂学、藏药泻治学、药理学、药剂学、天然药物化学、药物制剂分析、生药学、民族药物学、药事管理学。

蒙药学主要课程包括蒙医学基础、蒙药学、蒙医方剂学、蒙药药用植物学、蒙药化学、蒙药制剂学、蒙药鉴定学、蒙药炮制学、蒙药药剂学、蒙药药理学、蒙药分析、蒙药资源、药事法规、蒙药志、内蒙古植物药志、蒙药材标准等。

就业展望

在藏药的应用中，矿物药和动物药几乎占了用药总数的一半以上，而且藏药中有不少药物只产在高海拔的环境中，如高山雪莲花、喜马拉雅紫茉莉等，这也是其他医疗体系中少见的。所以对于现代药学，藏药有着极高的研究价值。

蒙药药源有植物、动物、矿物，仅典籍所载已达2000种以上，并且具有三小（毒性小、副作用小、剂量小）、三效（高效、速效、长效）、四方便（采集、生产、携带、服用方便）的特点，因此具有较大发展价值。

学生毕业后可到科研部门、高等院校、制药企业、医院和政府管理部门从事相应药品的开发研究、生产、管理、营销等工作。由于民族分布的原因，这两个专业毕业生一般都会对口到相应区域就业。

能力要求

1. 患有轻度色觉异常（俗称色弱）以及色觉异常Ⅱ度（俗称色盲）疾病的考生不予录取。

2. 传统民族药学专业需要学习很多生物、化学方面的知识，这是考生报考时需要注意的。

3. 因为学习民族医药专业往往需要对该民族的文化和语言有深入的了解，所以该类专业主要招收本民族考生，外族考生需要谨慎报考。

实力院校

国家级特色专业建设点

西藏藏医药大学（藏药学）、内蒙古医科大学（蒙药学）。

中药制药：科学化的中药制药

核心含义

中医和中药是我国宝贵的传统文化，但是想要中医真正发挥光彩，科学化的中药制药将是必经之路。中药制药专业就是研究如何将传统中药制成现代药剂的专业。以研究生产制造为主，以合理使用为辅，了解合理使用的目的是制出更好的中药，制出更好中药的目的是更好地治疗人的疾病。中药制药现在很少研究古老剂型如茶剂、锭剂制法，主要研究新剂型，如胶囊、片、颗粒、口服液等剂型制法以及中药饮片的炮制。

开设课程

中药制药的核心内容是采用现代制药技术来生产制造中药，所以，药学专业需要学习的各类化学及医学基础该专业都需要学。除此之外，还要学习的专业课程有中药药剂学、中药化学、现代中药分析、中药药代动力学、中药新药创制思路、现代中药制药关键技术与方法等。

就业展望

本科毕业生最适合在中药饮片厂、中药制剂生产企业从事中药材采购、中药饮片炮制、中药制剂生产、质量管理、检测等工作，部分毕业生也可以从事医药营销工作。从整体上来说，中药饮片厂、中药制剂生产企业数量众多，但规模较小，管理水平不高，本科毕业生从事药品制造和生产管理大有可为。

中药制药行业最缺少经验丰富的中药材鉴别、中药饮片炮制类技术人员。在学校时，同学们就可以从这个方向进行努力。在中药生产企业从业，需要重点学习 GMP 知识，并争取于毕业三年后尽快考取中药执业医师资格证。

本专业另一较合适的领域是从事中药制剂的研发工作。如能很好地利用现代制药技术将古老的经典方剂进行改善，做成新药，将会大有可为。学历较高的毕业生，也可在各类医药学校从事教学科研工作。

能力要求

1. 中药制药专业对患有轻度色觉异常（俗称色弱）以及色觉异常 II 度（俗称色盲）疾病的考生不予录取。

2. 该专业有的授予理学学士学位，有的授予工学学士学位，考生在报考前最好心中有数。

实力院校

开设中药制药的代表性院校

南京中医药大学、黑龙江中医药大学、北京中医药大学、天津中医药大学、中国药科大学、广州中医药大学、广东药科大学、河南中医药大学。

中草药栽培与鉴定：对中草药资源进行优培优育

核心含义

中草药栽培与鉴定是一门专业性比较强的学科，主要集中在中医药大学和中医学院里面。中草药栽培与鉴定专业与中药资源开发有一定的相似性，中药资源开发偏向研究种植“道地药材”需要的地理区域、环境，以及如何合理开发成药品、保健品；而中草药栽培与鉴定研究的是如何通过农业、生物技术对药用植物规模化栽培，并进行品种选育和药材的品质鉴定。学生需要学习中草药栽培、采收加工及鉴定领域的基本理论、知识、技能，接受系统的中草药种植培育的基本训练，培养中药植物种植加工、中药和制剂分析的能力。

开设课程

主要课程包括中药学、药用植物学、植物生理生化、中草药资源学、植物保护学、药用植物组织培养学、药用植物病虫防治学、中药化学、中药炮制学、中草药遗传育种学、中药鉴定学、药用植物栽培学、中药贮藏与加工等。

就业展望

在过去，被人为种植的主要是粮食，而药用植物只能通过野外的搜寻采集。但随着科技的进步，

药用植物也变得可以被人为地选优和大规模种植，所以该专业是我国在中药现代化发展需求的形势下产生和设立的。中草药栽培与鉴定专业的本科毕业生主要在中草药栽培企业从事中草药栽培工作，需要遵循 GAP（中药材种植管理规范），也可从事中药的研究开发、生产、质量管理等工作。

能力要求

1. 中草药栽培与鉴定专业对患有轻度色觉异常（俗称色弱）以及色觉异常Ⅱ度（俗称色盲）疾病的考生不予录取。

2. 该专业虽然属于中药类专业，但实际上要学很多生物学和农学的知识，可以说是药学里面的农学专业。而一旦涉及农学的作物选优和培育，在学习和工作中就很可能有很多野外露天的作业，考生需考虑清楚再报考。

实力院校

国家级特色专业建设点

甘肃中医药大学。

法医学：研究提供具有法律效力的医学证据的学科

核心含义

随着近些年法医电视剧的热播，法医学走进了不少年轻人的视野，尤其是不少中学生对该专业从好奇到崇拜，但是真实的法医学是怎么样的呢？法医学就是解决与法律相关的医学问题，比如鉴定伤情、身份识别、精神病鉴定、有毒物质检验以及通过尸检推断各种死亡信息等。法医专业的学生需要学习临床医学和法医学的基本理论知识，掌握司法鉴定程序。该专业培养的是具有独立分析及法医学检案基本能力，能够在司法鉴定机构、医学部门从事法医学检案鉴定、教学、科研工作的高层次、高素质应用型法医学人才。

开设课程

法医学前四年主要在学校学习基础医学、临床医学各个课程以及法医学近十门课程，如法医病理学、临床法医学、法医物证学、法医精神病学、法医毒物分析学、司法鉴定、诉讼法学以及侦查课程等。最后一年会进行实习，通过接触法医的实际工作环境来锻炼鉴定能力。

就业展望

我国在 2005 年 2 月颁发的《全国人大常委会关于司法鉴定管理问题的决定》规定，2005 年 10 月 1 日以后人民法院和司法行政部门不得设立鉴定机构。自此，除公安机关外的司法行政机构基本停止录用法医学专业毕业生，使得这个群体的就业面严重受限，主要就业单位为公安部门、社会鉴定机构、公司企业等。危机也是转机，受此影响，新的社会法医学鉴定机构如雨后春笋般出现，为法医学专业学子提供了更多的就业机会。

社会中介司法鉴定机构成为本专业本科生的主要就业渠道，此外，保险公司也需要部分本专业毕业生。除此之外，毕业生也可以在医院、高等院校从事法医学鉴定、医疗服务及医学科研、教学等工作。

进入公安系统从事法医工作，是本专业学子最理想的职业选择，但需要通过国家公务员考试，并且必须从事本专业工作满三年，才能取得鉴定人资格证书，出具的鉴定结论才有法律效力。

能力要求

1. 患有轻度色觉异常（俗称色[illegible]病的考生不予录取。

2. 有以下身体缺陷的考生不宜[illegible]：任何一眼矫正到4.8、镜片度数大于800度；一眼失明，另一眼矫正到4.8、镜片度数大于400度；两耳听力均在3米以内，或一耳听力在5米以内，另一耳全聋；斜视、嗅觉迟钝、口吃。具体要求以各院校的招生简章为准。

3. 由于法医学专业的学生不管是在学校学习中，还是在毕业后的日常工作中，都经常要接触各种状态的尸体，需要一定的心理承受能力。

实力院校

法医学二级学科国家重点学科名单

四川大学、西安交通大学。

国家级特色专业建设点

山西医科大学、中国医科大学、四川大学、昆明医科大学、皖南医学院、中山大学。

医学检验技术 & 医学实验技术

核心含义

医学不是玄学，它需要依靠可以客观验证的指征来判断和治疗疾病。这就离不开医学检验和医学实验技术方面的专业知识了。医学检验就是指利用物理、化学方法，通过实验室技术或者医疗仪器对人体的血液、体液、分泌物等样本进行检验，为医生诊断和治疗疾病提供依据。本专业学生主要学习基础医学、临床医学、医学检验方面的基本理论知识，接受医学检验操作技能系统训练，培养临床医学检验及卫生检验的基本能力。像照X光、B超这一类的检查操作，不属于医学检验技术，而属于医学影像学。医学影像学如同“火眼金睛”，能透过人体看清可能患病的器官或部位；医学检验技术却是通过人体的血液、分泌物、体液等，从中寻找一些“蛛丝马迹”，用以辅助医生诊断疾病。

医学实验技术这个专业在以前叫作医学检验学或者临床医学检验，专业的本质实际上和医学检验技术几乎相同，所以专业内涵可参考医学检验技术专业。该专业以前被叫作检验学或者临床医学检验的时候，学生毕业后可以被授予医学学士学位，也可以考取临床医师资格证的。但后来这个专业被国家卫健委认为达不到临床医师的要求，所以2013年之后入学的学生毕业后只能像医学检验技术的毕业生一样被授予理学学士学位，并且不再拥有考取执业医师资格证的资格，只能考取技师证。根据卫健委这一政策变化，之前开设医学检验学或者临床医学检验的学校在2013年之后陆续将这两个专业的名称更改为医学实验技术，并且学制改为四年制，毕业授予理学学士学位。

开设课程

医学检验技术主要课程：有机化学、无机化学、物理化学、生物化学、分子生物学、医学统计学、分析化学、检验仪器学、生理学、病理学、系统解剖学、局部解剖学、寄生虫学及检验、微生物学及检验、免疫学及检验、血液学检验、临床生物化学及检验、临床输血与检验、临床基础检验、医学英语、诊断学、内科学、外科学、妇产科学、儿科学、传染病、药理学、计算机基础与应用等。

医学实验技术的主干课程包括英语、无机化学、有机化学、分析化学、人体解剖学、组织胚胎学、生理学、生物化学、分子生物学、病理学、医学统计学、临床医学概论、临床检验基础、临床生物化学及检验、微生物学及检验、免疫学及检验、血液学检验、寄生虫学及检验、卫生理化检验、检

验仪器学和实验室管理。

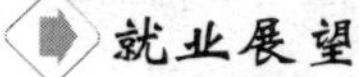

就业展望

随着检测技术的不断发展，检测项目的逐步增多，临床疾病的诊断对医学检验项目的依赖愈加明显。一般来说，医学检验技术专业本科毕业生只要功底扎实，基本能胜任医院的各类检验工作，但由于省级大型医院很难进入，县级以下医院很少开设检验科，所以本科生一般在市县级医院就业。在各科研院所的实验室从事检验工作，或在相应学校从事教学科研工作的毕业生，学历要求相对较高。本专业本科毕业后工作满3年，不能考取医师证，但可以考取医学检验技师，以后还可以考取主管技师（中级）、副主任技师、主任技师（高级）。近几年，国家提倡医检分家后，医学检验专业的学生就业面进一步扩大。比如，绝大部分城市都建立了健康体检中心，这是一个非常理想的就业渠道。除此之外，毕业生还可以进入海关检验检疫、卫生局、血站、防疫站等事业单位从事相关工作。

医学实验技术专业学生毕业后，除了能像医学检验技术一样去到医院的检验科，也可去临检中心或者检疫站以及体检中心等单位从事医疗检验方面工作，此外还可以在医学、药学高等院校、科研所及相关企事业单位的实验室从事教学、科研等工作。

能力要求

1. 两个专业对患有轻度色觉异常（俗称色弱）及色觉异常Ⅱ度（俗称色盲）疾病的考生不予录取。

2. 有以下缺陷的考生不宜就读这两个专业：任何一眼矫正到4.8、镜片度数大于800度；一眼失明，另一眼矫正到4.8、镜片度数大于400度；两耳听力均在3米以内，或一耳听力在5米，另一耳全聋；斜视、嗅觉迟钝、口吃。具体要求以各院校的招生简章为准。

3. 由于在检验工作中会经常使用各种光电仪器以及化学试剂完成实验分析，需要学生具有较好的物理、化学基础。

实力院校

医学检验技术国家级特色专业建设点

大连医科大学、新乡医学院、广州医科大学、重庆医科大学、上海交通大学、蚌埠医学院、广东医科大学、温州医科大学、南方医科大学、天津医科大学、北华大学、江苏大学、贵州医科大学。

开设医学实验技术专业的代表性院校

北京大学、哈尔滨医科大学、首都医科大学、四川大学、黑龙江中医药大学、云南中医药大学、浙江中医药大学、南方医科大学、福建医科大学。

康复治疗学＆康复物理治疗＆康复作业治疗

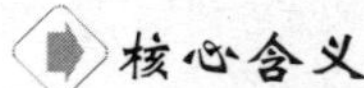

核心含义

有很多人的身体先天就有缺陷，也有不少人经历过一场大病或灾难后，导致身体某部分缺失或丧失功能。从此，他们的生活会缺少“阳光”，充满“雾霾”，失去“色彩”！康复治疗学的不断发展，给他们带来了希望，甚至可以让他们像正常人一样活得精彩。中国残疾人联合会名誉主席邓朴方对“康复”的概念说过一段意义深刻的话：“所谓康复，实质上就是能让残疾人恢复得像健康人一样。”这恰如其分地揭示了康复治疗学的核心内涵。

康复是一个帮助病员或残疾人在其生理或解剖缺陷的限度内以及环境条件许可的范围内，根据其职业愿望和生活计划，促进其在身体上、心理上、社会生活上、职业上、业余消遣上和教育上的潜能得到最充分发展的过程。康复医学目的在于通过物理疗法、运动疗法、生活训练、技能训练、言语训练和心理咨询等多种手段，使病、伤、残者尽快地得到最大限度的恢复，使身体残留部分的功能得到最充分的发挥，达到最大可能的生活自理和劳动以及工作等能力。

开设课程

康复医学是一门综合性学科，它包括四个方面：基础康复学、康复残疾学、临床康复评定学和临床康复治疗学。主要课程：英语、生物学、解剖学、生物化学、生理学、计算机学、医学统计学、文献检索学、表面解剖学、康复医学总论、康复评定学、康复工程学、物理治疗学、作业治疗学、语言治疗学、康复心理学、骨科康复学、内科疾病康复学、神经伤病康复学、传统康复学等。

就业展望

康复治疗学本科毕业生可以在各级医疗机构（综合性医院、专科医院）、儿童康复机构、社区康复中心、老人院、儿童福利院及疗养院从事康复理疗工作；也可以在民政部门下属各单位、大中专院校或特殊学校（聋校、语训等）从事康复教学和科研工作。从目前情况来看，本专业本科毕业生进入大医院就业并不是很难，但他们的工作基本上是推拿按摩，使用中频治疗仪、电疗、CPM（关节恢复器）、腰牵等物理疗法为病人做康复治理，以及帮病人做一些锻炼，每天大部分是体力性工作，在治疗上须听医生的医嘱。从工资薪酬和上升空间来看也不如医生。

康复治疗学专业是为适应现代医学发展和老龄化社会新开设的专业。由于在我国起步较晚，所以康复治疗技术人才缺口巨大，特别是高端人才极度匮乏。目前我国有6000万残疾人以及1.3亿以上的老年人，康复专业技术人才的现状远远跟不上实际的需求。据权威机构的调查结果表明，我国每10万人口仅分摊0.4名康复治疗师，这和西方发达国家差距甚远，因此，该专业就业前景还是非常广阔的。但我国的各级康复机构（如康复中心、老人院、儿童福利院）并不普及，就业环境也不成熟，短时间内很难让人非常乐观。

能力要求

1. 康复治疗学专业对患有轻度色觉异常（俗称色弱）疾病的考生不予录取。

2. 有以下身体缺陷的考生不宜就读该专业：任何一眼矫正到4.8、镜片度数大于800度；一眼失明，另一眼矫正到4.8、镜片度数大于400度；两耳听力均在3米以内，或一耳听力在5米，另一耳全聋；斜视、嗅觉迟钝、口吃。具体要求以各院校的招生简章为准。

3. 康复治疗学专业毕业生在工作中往往需要耗费很大的体力，所以单位招聘时更加偏好男生，招女生也要求身强体壮。再者，因为帮助的对象多是残疾人，所以有爱心、有耐心的同学更适合报读。

4. 康复治疗学专业授予理学学士学位，而非医学学士学位，不能当医生。毕业之后只能考康复治疗师职业技术资格证，然后当技师。

实力院校

国家级特色专业建设点

华北理工大学、南京医科大学。

康复物理治疗方向开设代表性院校：上海健康医学院、上海中医药大学、昆明医科大学。

康复作业治疗方向开设代表性院校：上海中医药大学。

卫生检验与检疫：防控疫情的“消防员”

核心含义

公共卫生安全是社会稳定的重要一环，这离不开卫生检疫工作者的辛勤付出。当传染病尤其是不明原因的传染病大流行时，当群体性食物中毒事件发生时，当某一类人群（如化工厂工人）很多人集中发病时，当某区域的河水、空气等突然受到严重污染时，谁来做好事件的处置工作？也许我们首先会想到医生，其实，更重要的是卫生检验人员，他们提取相应的各类样品进行检验，确定原因，然后提出针对性的解救和控制措施。当那些可能受到病毒污染的食品正等待通过海关时，谁来确认放行还是拒绝放行？当然是检疫人员。

卫生检验与检疫是研究检验检疫与人体健康、预防病害的一门科学，即通过各种生物、医学等技术手段对环境中有毒物质、流行病毒和有害细菌等进行检测和防控。本专业培养的正是从事上述检验、检疫工作的专门人才。

开设课程

卫生检验与检疫专业需要学习的课程有分析化学、生物学、卫生微生物及检验、生物材料检验、水质卫生理化检验、食品卫生理化检验、空气卫生理化检验、卫生毒理学、生物化学及检验、病毒学及检验、预防医学、寄生虫学及检验、免疫学检验等。

就业展望

从目前来看，检验检疫属于国家垄断行业，但在不少发达国家，检验检疫由专业公司负责执行，不少大型检验检疫公司出示的检验结果具有国际认证力。

对于卫生检验与检疫专业的学生来说，毕业后比较好的去向是进入各事业单位，比如疾病预防控制中心、出入境检验检疫局、食品药品监督、农产品质量监督、卫生局、海关、自来水厂、环保局、质监局等单位从事检验检疫或相关管理工作，也可以到医院的检验科室或第三方检验检测公司从事与检验检疫相关的工作。这些都是事业单位，工作稳定、收入也不低，但进入门槛高。对于想通过深造达到较高学历的同学来说，也可以进入相关高等院校和研究单位从事教学和科研工作。

能力要求

1. 卫生检验与检疫专业对患有轻度色觉异常（俗称色弱）及色觉异常Ⅱ度（俗称色盲）疾病的考生不予录取。

2. 有以下缺陷的考生不宜就读该专业：任何一眼矫正到4.8、镜片度数大于800度；一眼失明，另一眼矫正到4.8、镜片度数大于400度；两耳听力均在3米以内，或一耳听力在5米以内，另一耳全聋；斜视、嗅觉迟钝、口吃。具体要求以各院校的招生简章为准。

3. 该专业属于医学技术类专业，毕业后获得理学学士学位，不能考执业医师，只能考检验检疫师。

实力院校

开设卫生检验与检疫专业的代表性院校

四川大学、江苏大学、重庆医科大学、大连医科大学、湖北中医药大学等。

听力与言语康复学：研究“发声”和“听音”的守护者

核心含义

声音是人们交流的重要媒介，更是人进行社会化的重要工具。十哑九聋，聋哑严重影响了听力障碍者跟正常人的交流。绝大部分聋哑人是先天的，也有一些是后来听力和发声系统受到了伤害，使听力和言语能力下降或完全丧失。如何让聋哑人尽量恢复他们的听力与言语能力，甚至恢复到同正常人一样？这就需要听力与言语康复学专业去研究听力与言语康复的理论、方法、技能，并培养相应人才，从事听力与言语康复工作。因而，听力与言语康复就是研究如何帮助有听力障碍和言语障碍的人，在其生理或解剖缺陷的限度内，尽量恢复相应功能的一门学科。属于医学技术类的特设专业。

开设课程

该专业的主要课程有系统解剖学、听觉生理学、康复医学概论、临床康复学、人体发育学、语言学导论、听力与言语康复学统计、运动学、康复评定学、基础听力学（含应用声学）、诊断听力学、康复听力学理论与实践、言语病理学、言语障碍评估与矫治、言语障碍评估与矫治实践、嗓音障碍的测量与矫治、嗓音障碍的测量与矫治实践、口部运动治疗学、临床语音学、听力与言语康复学研究方法等。

就业展望

据统计，我国约 2004 万人有听力障碍，约 127 万人有言语障碍，其中绝大部分人都没有得到很好的康复治疗。随着经济的发展，这一部分人及其家人越来越重视他们的康复，因此本专业发展潜力巨大。

本专业本科毕业生主要在各级医疗单位、康复机构、特殊教育机构，从事听力障碍、言语障碍、语言障碍以及嗓音问题人群的诊断、治疗、康复训练、教育及研究工作。从目前来看，经济发达地区更适合本专业学生就业。

能力要求

1. 听力与言语康复学专业对患有轻度色觉异常（俗称色弱）疾病的考生不予录取。

2. 有以下缺陷的考生不宜就读该专业：任何一眼矫正到 4. 8、镜片度数大于 800 度；一眼失明，另一眼矫正到 4. 8、镜片度数大于 400 度；两耳听力均在 3 米以内，或一耳听力在 5 米以内，另一耳全聋；斜视、嗅觉迟钝、口吃。具体要求以各院校的招生简章为准。

3. 该专业授予理学学士学位，而非医学学士学位，不能当医生。毕业之后只能考相应的技术资格证。

4. 虽然该专业与康复治疗学都属于康复技术类专业，但由于该专主要为作业治疗（OT），所以对体能要求比康复治疗学要低，工作相对轻松一些，更适合有爱心和耐心的女生报考。

实力院校

国家级特色专业建设点

浙江中医药大学。

智能医学工程：让医疗智能化

核心含义

简单来说，智能医学工程就是将智能化的技术和医学设备、治疗相融合，让病人能得到更加便利和优质的治疗。该专业是医、理、工高度交叉、融合的学科，强调新兴智能技术在医学中的应用，包括医学数据的智能感知、智能分析和智能决策，其研究内容包括智能医疗机器人、智能诊疗、智能影像识别、智能健康数据管理等，主要应用于智慧医疗与远程医疗、智能医学影像和智能诊断、智能医学仪器及手术机器人，以及以患者为中心的智能健康管理系统等方面。

开设课程

主要有三大模块课程：

1. 通识基础模块：思政、数学、物理、英语、文化素质教育等；
2. 智能工学模块：智能技术、数据结构、信息系统、神经工程等；
3. 基础医学模块：组织学与胚胎学、解剖学、生理学、病理学、药理学、内科学、外科学、临床见习等。

就业展望

该专业为 2017 年的特设专业，就业前景不甚明朗。本专业本科毕业生可以在大型医院、高校、医学相关研究院所、以及智慧医疗相关的企事业单位，从事研究、技术开发、管理和教育等工作。

能力要求

物理、化学成绩较好的考生适宜报考该专业。该专业授工学学士学位。

实力院校

开设智能医学工程专业的代表性院校

天津医科大学、东北大学、重庆大学、西安电子科技大学。

护理学：保卫健康的“全能保姆”

核心含义

伟大的“提灯女神”南丁格尔开创了护理事业，随着时代的进程，体力有着优越性的男性也加入到了这个专业领域。医生和护士统称“医护人员”，医学与护理学密不可分，“三分治，七分养”，是我国古代对医学与护理学关系做出的高度概括。不要认为护士就是照看病人的饮食起居等琐碎繁杂的工作，其实那是护工的职责。护理岗位的工作内容远比照看病人要复杂，如护士要掌握良好的注射技巧帮病人打针，还要指导病人服药，以及在手术过程中协助医生等。

护理学是以自然科学和社会科学理论为基础，研究维护、促进、恢复人类健康的护理理论、知识、技能及其发展规律的综合性应用科学。学生主要学习相关的人文社会科学知识和医学基础、预防保健的基本理论知识，受到护理学的基本理论、基本知识和临床护理技能的基本训练，具有对服务对象实施整体护理及社区健康服务的基本能力。

开设课程

护理的服务对象是病人，护理是为病人健康提供服务的过程。随着护理理论的发展，现在还要求护士具有“诊断”和“处理”的能力，不只是做医生的助手，还要成为“保健医生”。因而，护理学的专业课程主要涉及三类：一是基础医学和临床医学等；二是专业护理学，主要课程包括健康教育学、医学心理学、微生物学与免疫学基础、生理学、病理学、营养学、药理学、预防医学、护理学导论、内科护理学、外科护理学、社区护理、急救护理学、护理学研究、精神障碍护理学、妇产科护理学、儿科护理学、护理管理学、护理教育导论等；三是实际操作技能练习，包括临床实习考核（实践）。

就业展望

随着社会经济的发展和生活水平的提高，民众对健康的需求、对卫生服务的需求越来越高。同时，科学技术的进步和医疗卫生服务改革的不断深入，对护理人才的数量、质量和结构都提出了更高的要求。护理专业被教育部、卫生部等六部委列入国家紧缺人才专业，并予以重点扶持。目前，医疗行业对男护士的需求尤其大。学生就业主要分布在各级各类综合医院、专科医院、急救中心、康复中心、社区医疗服务中心，从事临床护理、护理管理工作。

能力要求

护理学专业对患有轻度色觉异常（俗称色弱）疾病的考生不予录取。

有以下身体缺陷的考生不宜就读该专业：任何一眼矫正到4.8、镜片度数大于800度；一眼失明，另一眼矫正到4.8、镜片度数大于400度；两耳听力均在3米以内，或一耳听力在5米以内，另一耳全聋；斜视、嗅觉迟钝、口吃。具体要求以各院校的招生简章为准。

众所周知，护士工作很辛苦，经常需要上夜班，因此在实际工作中对体力有一定要求。

书本上的先进护理模式很理想，但由于中国整个护理行业的水平与国际上存在一定差距，且人均医疗资源低，所以先进的护理模式很难在中国实行。无论是什么学校，什么等级的护士，做的几乎都是一样的临床护理工作，所以越好的学校毕业的护理学专业学生，心理落差越大。

同属医学类专业，虽然国家一直强调护士的重要性，但实际上护理学专业从医学院到医院都没有受到足够的重视。

护理学专业毕业授予理学学士学位。该专业一般招收女生，但随着人们观念的改变，就读该专业的男生也开始多了起来，并且在护理过程中具有体能好、胆子大等优势。

实力院校

国家级特色专业建设点

上海交通大学、中国医科大学、四川大学、中山大学、山东大学、长治医学院、南京中医药大学、广东医科大学、天津医科大学、华北理工大学、辽宁中医药大学、新乡医学院、福建中医药大学、潍坊医学院、山东第一医科大学、滨州医学院、广西医科大学、南方医科大学、湖北医药学院、北京协和医学院、承德医学院、山西医科大学、湘南学院、大理大学、遵义医科大学、成都中医药大学、南京医科大学、长春中医药大学、浙江中医药大学、重庆医科大学、宁夏医科大学、广州中医药大学、大连大学、首都医科大学、福建医科大学。

助产学：二胎新政催生出的新蓝海

核心含义

助产学在国家开发二胎政策后越来越受到人们的关注，社会需求也持续扩大，这将是一个有着巨大需求的蓝海专业。助产学以妇科学、妇幼保健学、助产学等为基础，研究如何保障母婴健康，对孕前、孕期到分娩期再到产褥期乃至新生儿出生后，对母婴提供护理服务和健康咨询。

开设课程

与护理学有近似之处，专业除了基础医学和临床医学、护理学等外，还专门开设了助产相关理论课程。主要课程有实用英语、人体结构与功能、病理学、生物化学、护理药理学、病原微生物与免疫学、健康评估、护理学基础、护理美学、成人护理学、儿科护理学、妇产科护理学、五官科护理学、社区护理学、统计学、妇女劳动卫生学、高级产科学、妇产科实践课程（妊娠诊断实训，新生儿处理实训，产前、接生、产后操作技能实训）。

就业展望

该专业前景看好，随着国民经济的发展及人民生活水平的提高，社会对妇女保健服务人才规格需求也不断提高，每 4000 人口需要 1 名助产士；人性化全程陪伴分娩，要求大批高素质的助产士。本专业毕业后可报考双证（护理资格证和助产士资格证），就业前景良好，在各级综合医院、妇幼保健机构、社区卫生服务中心、科研及教育等行业都拥有就业机会。根据国家有关规定，凡在基层从事计生专干工作，必须持有助产士资格证方可上岗。

能力要求

参照护理学相关能力要求。部分院校有身高要求，建议男生身高 165cm 以上（含 165cm），女生身高 158cm 以上（含 158cm）。

实力院校

开设助产学专业的代表性院校

山西医科大学、温州医科大学、广西医科大学、湖南医药学院、厦门医学院、温州医科大学仁济学院等。

理学门类及其特点

理学是研究自然物质运动基本规律的基础科学，其原创成果往往代表着一个国家的科学水平。理学门类拥有 12 个专业大类，包括数学类、物理学类、化学类、天文学类、地理科学类、大气科学类、海洋科学类、地球物理学类、地质学类、生物科学类、心理学类和统计学类，共 42 个专业。其中数理基础科学、数据计算及应用、声学、系统科学与工程、化学生物学、分子科学工程、能源化学、海洋资源与环境、军事海洋学、防灾减灾科学与工程、地球信息科学与技术、古生物学、整合科学、神经科学等 14 个专业为国家特设专业。

理学门类各专业的共同特点如下：

1. 理学门类的本科生在毕业时将会被授予多元化的学位类型，大多数被授予理学学士学位，其他还有管理学学士学位和工学学士学位，尤以理学和工学结合的学位最常见，这充分说明了理学和工学两大专业门类的紧密相关性。同学们在填报理学类专业时，要结合自己的兴趣与未来的就业方向进行慎重选择。

2. 在13个专业门类中，理学门类专业的本科毕业生就业率处于中等水平。这是由于理学的绝大部分专业属于基础研究型专业，要想有所成就必须在细分领域再做深入学习和研究，再加上科研院所对人才的学历要求比较高，所以理学门类的本科毕业生就业率算是一般水平。但如果读研深造或出国留学的话，相比工科专业保研率更高，出国留学更容易获得奖学金。

3. 理学专业注重培养学生的逻辑思维能力，该门类的很多专业都对应着比较尖端的知识领域，希望从事科学研究和开发工作的同学，比较适宜报考该类专业。

4. 理学、农学专业门类一般首选科目要求选物理，再选科目根据专业类别不同要求有所区别，考生在报考时需仔细甄别。

数学与应用数学：用数和形解释世界

核心含义

数学与应用数学，即注重理论性，又强调应用性，是研究数学科学的基本理论与基本方法，并将其运用到生产、经济、日常生活和科学研究中的一门学科。如今，诸如建筑物面积、大学男女学生的比例及分布状态、我国经济增长率发展趋势、股票涨跌行情等数学概念已成为常见名词，可见数学已经深入我们的生活。该专业包括基础数学、应用数学、计算数学等方向，培养具备运用数学知识、使用计算机解决实际问题的能力，受到科学研究的初步训练，能在科技、教育和经济领域从事研究、教学工作的高级专门人才。

开设课程

本专业开设的主干学科是数学，主要课程包括分析学、代数学、几何学、概率论、物理学、数学模型、数学实验、计算机基础、数值法、数学史等，以及根据应用方向选择的基本课程。主要实践性教学环节包括计算机实习、生产实习、科研训练或毕业论文等。

就业展望

数学是基础学科，社会各个领域对该专业的人才需求量较大。数学与应用数学的毕业生除了从事教育行业外，还有很多其他选择。由于具备开发软件等方面的基本能力，毕业生可以进入互联网、金融、财政等企事业单位，从事数据分析、软件开发、银行等工作，这些都是较好的就业方向。由于数学类专业的本科毕业生具有较强的逻辑思维能力，报考工商管理类、金融类、计算机类的研究生也有较大优势。

能力要求

1. 金融领域对数学人才需求量比较大，有意从事金融行业的考生，如果分数达不到金融学等经济类专业的报考线，可以考虑报考数学专业。

2. 有部分院校的数学与应用数学专业对数学单科成绩有要求，建议考生在报考时注意查看目标院校的招生章程。例如，中国矿业大学（北京）数学类专业2019年要求数学单科成绩90分以上。

实力院校

拥有数学与应用数学世界一流建设学科的院校

北京大学、清华大学、北京师范大学、首都师范大学、南开大学、吉林大学、东北师范大学、复旦大学、上海交通大学、中国科学技术大学、山东大学、中南大学、中山大学、四川大学。

拥有数学与应用数学专业大类国家重点学科的院校

北京大学、北京师范大学、南开大学、吉林大学、复旦大学、南京大学、浙江大学、中国科学技术大学、四川大学。

拥有数学与应用数学二级学科国家重点学科的院校

应用数学方向：新疆大学。

概率论与数理统计方向：中南大学。

计算数学方向：大连理工大学、湘潭大学、西安交通大学。

基础数学方向：首都师范大学、华东师范大学、厦门大学、中山大学、武汉大学。

拥有数学与应用数学二级学科国家重点（培育）学科的院校

应用数学方向：上海交通大学。

基础数学方向：同济大学、湖南师范大学。

国家级特色专业建设点

吉林大学、哈尔滨工业大学、浙江大学、扬州大学、成都理工大学、兰州大学、新疆大学、首都师范大学、内蒙古大学、华东师范大学、华南师范大学、西南大学、四川师范大学、西藏大学、南开大学、复旦大学、福建师范大学、武汉大学、湖南师范大学、华南理工大学、同济大学、东南大学、苏州大学、南京师范大学、电子科技大学、绥化学院、江苏师范大学、湖州师范学院、皖西学院、淮北师范大学、临沂大学、信阳师范学院、湖北民族学院、忻州师范学院、盐城师范学院、曲阜师范大学、云南师范大学、西北师范大学、重庆师范大学、贵州师范大学、青海师范大学、太原师范学院、阜阳师范大学、潍坊学院、河南师范大学、商丘师范学院、广西师范大学、运城学院、辽宁师范大学、吉林师范大学、哈尔滨师范大学、常熟理工学院、上饶师范学院。

信息与计算科学：数学和计算机的交叉学科

核心含义

信息与计算科学是一门交叉学科，简单地说，就是通过搜集和运用信息，借助计算机的各项功能，获得科学研究与开发能力，并将其运用到各项研究领域。当今世界处于信息时代，任何一个领域都离不开信息与软件的应用，如网络游戏的开发，股市的走势图，高铁运行速度的计算与检测，甚至深海探测的信号传达，都需要借助信息与计算机进行分析。信息与计算机科学专业的学生不仅要学习信息、计算机等方面的知识，更需要掌握扎实的数学知识作为基础。

开设课程

本专业主要有两个方向：方向一是以计算机科学方面为主，数学方面为辅；方向二是以数学方面为主，计算机科学方面为辅。开设课程主要分为数学课程和计算机课程两大部分。数学课程包括数学基础课（分析、代数、几何）、概率统计、数学模型、物理学；计算机课程包括计算机基础（计算概论、算法与数据结构、软件系统基础）、信息科学基础、理论计算机科学基础、数值计算方法、计算机图形学、运筹与优化。

就业展望

信息与计算机领域的人才是当今社会各个行业，尤其是IT企业竞相争夺的对象。信息与计算科学专业的毕业生掌握了信息与软件开发的能力，就业前景十分乐观，可以在信息与计算科学、计算机信息处理、经济、金融等部门，从事研究、教学、应用软件开发等工作。其中，IT企业是本专业毕业生的优先选择，可以从事计算机软件开发、信息安全与网络安全等工作。

此外，继续读研深造也是该专业的学生非常好的选择。当今知名的互联网企业、通讯集团更倾向于硕士以上的毕业生，像中兴通讯、华为等，所以希望能够进入到这些大型企业的同学可以选择读研，报考计算机技术类、电子信息类、自动化类等专业。

能力要求

1. 信息与计算科学是信息、数学与计算机的联合体，需要考生具有扎实的数学基础。

2. 信息与计算科学专业偏向于软件开发应用，需要较强的研究能力，学习起来相对枯燥，如果对计算机的知识缺乏兴趣的同学，须慎重报考。

实力院校

国家级特色专业建设点

北京大学、大连理工大学、湘潭大学、湖南科技大学、桂林电子科技大学、安徽理工大学、重庆三峡学院、北方民族大学、哈尔滨理工大学、成都信息工程大学。

数理基础科学：数学与物理的交叉学科

核心含义

诺贝尔奖获得者杨振宁先生多次谈到“数学和物理交叉的领域，将会产生新的学科生长点”，这也是数理基础科学专业的追求。该专业主要培养能从事数学、物理等基础科学教学和科研的有发展潜力的优秀人才，尤其是在数学、物理上具有创新能力的人才。同时，也为对数理基础要求高的其他学科培养有良好数理基础的新型人才。近年来，“现代数学技术”和物理研究的交叉运用，已渗透到经济与产业、生产技术的各个部门，并与相关技术结合而形成这些领域中的“高新技术”，创造的成果惠及我们生活和生产的各个领域。

开设课程

该专业的学生在大一、大二年级以学习数学、物理类基础课程为主，大三年级进行专业分流，自主选择数学专业或物理专业的其他课程继续学习。大一、大二年级的主干课程为数学和物理学方向的共同课程，包括数学分析（1－3）、高等代数（1－2）、力学与热学、电磁学、光学等。数学方向课程包括解析几何、常微分方程、概率论、实变函数、数值计算方法、近世代数、数理统计、数学物理方法、泛函分析、拓扑学等；物理学方向课程包括原子物理学、理论力学、热力学与统计物理、量子力学、电动力学、凝聚态物理、普通物理实验（1－3）、近代物理实验（1－2）、数学物理方法、解析几何、常微分方程等。

就业展望

从工程控制到信息处理，从电气传输到核能发电，无不与数理相关。因此在科学研究、金融、经济产业、电力系统、能源领域，数理基础科学专业的毕业生都有很多就业选择机会，可以到大型 IT 企业与研究院所，以及证券、银行等金融机构从事相关工作，如数据分析员、金融分析师、经济规划师、研究员等。也可以进入院校从事教学与研发工作，继续为数理科学的研究做贡献。

此外，读研深造也是数理基础科学专业的毕业生很好的选择，可以报考数学、物理、电子信息、计算机、经济金融等学科的硕士专业。

能力要求

1. 数理基础科学是特设专业，全国开设该专业的院校较少，大家在填报的时候可以先进行综合比较，选择最适宜自己的院校。

2. 数理基础科学专业一般开设为基地班，对数学和物理学科知识要求较高，这两门科目成绩偏弱的考生慎重报考。

实力院校

开设数理基础科学专业的代表性院校

清华大学、南开大学、电子科技大学、云南大学、内蒙古大学。

数据计算及应用：培养未来的数据分析师

核心含义

本专业是在数据行业快速发展的背景下，数学、统计学和信息科学多学科交叉融合的应用理科专业，培养德智体全面发展，具有良好的数学基础和数学思维能力，掌握信息科学和统计学的基本理论、方法与技能，受到科学研究的初步训练，具备一定的数据建模、高性能计算、大数据处理以及程序设计能力，能运用所学知识与技能解决数据分析、信息处理、科学与工程计算等领域实际问题的复合型应用理科专业人才，是一类典型的交叉学科专业。

开设课程

本专业开设的课程有数学分析、高等代数、解析几何、概率论、数理统计、常微分方程、数据科学导论、高级语言程序设计、数据库原理、数据结构、统计预测与决策。核心课程有数据建模、数值最优化方法、数据算法与分析、应用时间序列分析、数据挖掘基础、统计推断、统计计算、机器学习、R 语言与数据分析、Hadoop 大数据分析、数据可视化分析、多元统计分析、矩阵计算、应用随机分析等理论及实践教学环节。

能力要求

按照普通高校本科专业目录，该专业属于数学类下属专业，能力要求可查看数学专业。

实力院校

本专业为教育部 2018 年新设立的专业，目前获准开办数据计算及应用专业的院校为上海工程技术大学。

物理学：探究万物运动的规律

核心含义

物理学是一门实验和理论相结合的学科，研究的是大至宇宙、小至基本粒子等一切物质最基本的运动形式和规律，是其他自然科学学科的研究基础。核能的利用、热机的发明和使用、晶体管、集成电路等，这些高端技术的发明都是物理学研究的成果。本专业学生主要学习物质运动的基本规律，接受运用物理知识和方法进行科学研究和技术开发的训练，从而具备扎实的物理理论功底和应用方面的经验，成为各工程技术领域的中高级技术人才和专家。

开设课程

本专业开设的课程分为普通物理学和理论物理学。普通物理学的课程有高等数学、力学、热学、光学、电磁学、原子物理学、固体物理学、结构和物性；理论物理学方向开设的课程有数学物理方法、理论力学、热力学与统计物理、电动力学、量子力学、计算物理学入门等。

就业展望

物理学专业的毕业生有较好的就业前景和广阔的就业领域，如信息通讯、生物医疗、航天、新材料与能源等领域。同学们也可以进入研究所从事物理学研究工作，或者进入高新技术研发公司、生物与能源技术企业从事产品开发、生产管理等工作，这些企业都非常需要物理学专业方面的人才。

物理学是自然科学中最重要的学科，也是一个需要深入研究的专业，本科阶段的通识教育无法渗透到物理学的细分方向。同学们可以通过攻读硕士以及博士，深入学习物理学。此外，国外对物理学的研究极其重视，内地毕业生出国留学机会也相对较多。

能力要求

1. 物理类专业对考生的身体条件有一定的要求。有些院校对色盲、色弱的考生不予录取，如2016年同济大学招生简章中明确标注不招色盲、色弱者。大家在选择专业时一定要注意查看目标高校招生章程。

2. 物理学是强基计划院校比较注重的学科，如果物理成绩较好或获得较高层次物理学科竞赛奖的同学，可以通过强基计划的途径考上更好的大学。

实力院校

拥有物理学世界一流建设学科的院校

北京大学、清华大学、吉林大学、复旦大学、南京大学、中国科学技术大学、武汉大学、华南师范大学。

拥有物理学专业大类国家重点学科的院校

北京大学、清华大学、复旦大学、南京大学、中国科学技术大学。

拥有物理学二级学科国家重点学科的院校

光学方向：北京工业大学、南开大学、山西大学、哈尔滨工业大学、上海交通大学、华东师范大学、华南师范大学。

凝聚态物理方向：吉林大学、上海交通大学、浙江大学、厦门大学、山东大学、郑州大学、武汉大学、中山大学。

无线电物理方向：中山大学。

等离子物理方向：大连理工大学。

原子与分子物理方向：吉林大学、国防科技大学、四川大学。

理论物理方向：湖南师范大学、华中师范大学、北京师范大学、浙江大学。

粒子物理与原子核物理方向：山东大学、兰州大学。

拥有物理学二级学科国家重点（培育）学科的院校

凝聚态物理方向：同济大学、四川大学。

光学方向：中山大学。

国家级特色专业建设点

清华大学、内蒙古大学、吉林大学、东北师范大学、复旦大学、南京大学、福建师范大学、山东师范大学、郑州大学、华南师范大学、湖北大学、西北大学、山西大学、吉林师范大学、河南师范大学、南开大学、广西师范大学、苏州大学、浙江大学、厦门大学、华中师范大学、兰州大学、西南大学、西北师范大学、山西大同大学、通化师范学院、浙江师范大学、湖北文理学院、云南师范大学、陕西理工大学、淮阴师范学院、阜阳师范大学、曲阜师范大学、洛阳师范学院、衡阳师范学院、西华师范大学、温州大学、商丘师范学院、楚雄师范学院、宝鸡文理学院、山西师范大学。

应用物理学：高科技的孵化器

核心含义

应用物理学是以物理学的基本规律、实验方法及新成就为基础，来研究物理学应用的学科。主要研究方向包括声学应用、光学应用、新材料应用、空气动力学、液体动力学等。简单地说，应用物理学专业就是研究新方法、新工艺、新材料、新器件等的发明和创造。例如，半导体是收音机、计算机、移动电话、数字录音机当中的核心单元，但半导体究竟是怎么研发出来的呢？如果没有半导体，收音机、电视机还能正常运行吗？这些都是应用物理学专业要学习的内容。

开设课程

本专业开设的课程有近代物理基础、量子力学、统计物理、固体物理学、光电子学、信息论基础、电路分析与电子电路、通信原理和光纤通信原理等课程。除了理论课程外，该专业还设置了实践课程与实习，包括计算物理与实践、MATLAB 及其在通信中的应用、C + + 高级语言程序设计、计算机实习、物理电子学实验和毕业设计等实践教学环节等。

就业展望

本专业有较强的社会适应性，毕业生既具有从事基础科学研究的基础知识，也具有在应用物理技术、电子信息技术等领域从事高科技开发的实际业务能力，适合在工业、交通、邮电通信、航空航天、能源开发、计算机技术及应用、光电子技术、医疗保健、自动控制等行业从事科技开发、生产和管理工作，还可以在中学担任物理教师。

应用物理学的研究方向涉及物理学、光信息科学、数学等领域，且都更偏向于实验研究。大学本科的教学资源与实验设备有限，如果希望能够从事物理学的研究工作，同学们可以选择读研或出国深造。

能力要求

1. 大家在选择物理类专业时注意查看院校的招生章程，因为有些院校该类专业不招收色盲、色弱的考生。

2. 任何一眼矫正到4.8、镜片度数大于800度的同学，不宜报考该专业。

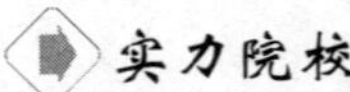

实力院校

国家级特色专业建设点

烟台大学、中国石油大学（华东）、北京邮电大学、青岛大学、东华大学、河北工业大学、河北大学。

核物理：和平利用核能

核心含义

核物理既能开发出造福人类的核能，也能造出核弹，怎么利用完全取决于人类。核物理是以原子核为主要研究对象的物理学科，包括原子核的结构和变化规律，射线束的产生、探测和分析技术，以及同核能、核技术应用有关的物理问题。核物理在我们日常生活中的应用十分广泛，如医院在对病人做检查的时候使用的放射性射线以及放射性药物，都是核物理的研究对象与成果。本专业致力于培养具有扎实的核物理及核技术基础理论、熟练掌握核物理实验技能及核辐射探测方法、对核技术应用有较全面了解的高级专门人才。

开设课程

本专业开设的课程分为基础课和专业课。基础课程包括力学、热学、电磁学、光学、原子物理、电子线路及实验、近代物理实验、理论力学、热力学与统计物理、量子力学、固体物理、数学物理方法、应用软件基础等；专业课程包括原子核物理学、核物理实验方法、核物理实验、核电子学、核技术基础、辐射剂量与防护、粒子物理导论、等离子体物理以及相应的课外培养环节。

就业展望

核物理专业的本科毕业生可以在核物理学或核能工程、国防建设、核医学等相关科学技术领域从事科学研究、教学、技术应用和相关管理工作。此外，也可以进入到生物医药、地质探测、光纤信息、邮电通信等企业，从事新产品开发、技术研发、生产检测及管理等工作。从目前来看，该专业人才紧缺，每年的毕业生大都被中核集团和一些核电站签约。目前我国正在鼓励使用核能，大力兴建核电站，未来人才需求量更大。

除就业外，本科毕业生选择读研或出国深造也是非常好的方向。核物理对某一对象的研究一般周期性较长，且需要深入进行。因此，如果希望能够在这一领域有所建树或取得更多成果，同学们可以报考相关专业的研究生或出国留学。

能力要求

1. 核物理专业相对其他理学专业来说，是比较紧缺的专业，院校招生规模较小，就业形势较好，分数要求也不是太高。

2. 有人说学习核物理，将来进入核电站对身体健康有影响，其实这是没有必要担心的，受核辐射的概率非常低。

实力院校

开设核物理专业的代表性院校

吉林大学、哈尔滨工业大学、北京航空航天大学、南华大学。

声学：研究声音的科学

核心含义

自然界和人类社会存在着各种不同的声音。声学，就是研究媒质中机械波的产生、传播、接收和效应的科学，属于物理学的一个分支学科。这里的媒质包括物质各态，如固体、液体、气体等。自然界中，从宏观世界到微观世界，从简单的机械运动到复杂的生命运动，从工程技术到医学、生物学，从衣食住行到语言、音乐、艺术，都是现代声学研究和应用的领域，比如，高考期间建筑工地的噪音控制。本专业主要培养学生成为具有扎实、系统的应用声学与信息科学的基础知识，并掌握相应的电子技术、计算机技术及声学测量技术，能够适应高科技发展以及经济、教育等多方面的需要，从事科研、开发和教学的高层次人才。

开设课程

声学是物理学科中的特设专业，是以声学、物理学为基础的学科，其开设课程主要包括声学、物理学和计算机三部分。声学开设的课程有声学基础、噪声控制概论、超声概论、声频测量、工程噪声控制、电声技术、音响技术等；物理学相关课程有普通物理及实验、数学物理方法、理论物理、近代物理实验、电子线路及实验；计算机相关课程有计算机原理及实验、算法语言及程序设计、信号与系统理论、传感器等。

就业展望

声学专业的同学具备着声学、物理学、电子信息的多学科专业知识，掌握了交叉学科的专业技能。同学们毕业后可以进入互联网、声电子器件、超声医疗仪器等公司，如担任音频工程管理员、建筑声学工程师、噪声控制工程师、光声信息处理研究员等。此外，声学专业的本科毕业生还可以通过考试进入国家行政部门或事业单位，从事声学相关的研发、质量监督等工作。

能力要求

1. 由于学科性质和培养要求的原因，对物理、计算机感兴趣的同学适宜就读。

2. 有些院校在招收物理类专业新生时，是以物理学类招生的，物理学类专业对身体条件有一定的限制要求。例如，2016 年上海大学的理科实验班明确指出不招色盲考生。同学们报考时需认真阅读目标院校的招生章程。

实力院校

开设声学专业的代表性院校

南京大学、北京大学、北京理工大学、北京师范大学、大连理工大学、西北工业大学、同济大学、中国科学技术大学、清华大学、复旦大学、南开大学、浙江大学、中国人民大学、国防科技大学、湖南师范大学、华东师范大学、华中科技大学、厦门大学、重庆大学、上海师范大学、中央民族大学等。

系统科学与工程：提供复杂系统的整体解决方案

核心含义

本专业的学生主要通过对系统的模型、建模与仿真、管理信息系统、系统工程导论等专业理论知识的学习，并受到严格的科学实验训练和科学研究能力训练，培养能综合运用系统科学、控制科学、计算机科学和管理科学等方面的基本理论和方法，在自动化系统、网络与通信、生产系统、金融经济、社会管理等宽广领域从事系统建模、分析、控制、设计、研究、开发、运行和管理的宽口径、复合型高层次人才。

开设课程

本专业开设的课程有系统理论与系统工程、系统建模分析与仿真、运筹学、电路原理、模拟电子技术基础、数字电子技术基础、信号分析与处理、应用统计学、控制理论、现代控制理论、微机原理与接口技术、可编程控制器系统等。

就业展望

系统科学与工程专业毕业生可以在电子信息、生物工程、通信、计算机、电子商务、电气工程、电力工程、交通、金融、机械以及轻纺等广泛领域，从事系统分析、设计、科学研究开发和管理决策工作，国家机关、军事系统等的系统规划、设计和管理工作，工厂、企业、工程项目的生产系统从事设计规划、设计和管理工作等。该专业也可以在研究机构和大专院校，从事系统工程及相关学科的教学和科研工作。

能力要求

按照普通高校本科专业目录，该专业属于物理学类下属专业，能力要求请参考物理学专业。

实力院校

本专业为教育部2017年新设立的专业，目前获准开办系统科学与工程专业的院校为浙江大学。

化学：合成新物质

核心含义

化学从本质上来讲是一门实验科学，是在原子和分子层面上研究物质的性质、组成、结构、变化规律及其应用的一门自然科学。通过对化学变化产生新物质的研究，以促进生产力的发展和社会的进步。比如，我国粮食产量的提高一定程度上有赖于化肥的产品升级和改良。该专业培养具备化学的基础知识、基本理论和基本技能，能在化学及与化学相关的科学技术或其他领域，从事科研、教学、技术及相关管理工作的高级专门人才。

开设课程

一般院校在大一、大二开设的课程为基础课程，包括有机化学、无机化学、物理化学、分析化学、高等数学、线性代数、普通物理、计算机基础、C语言、英语等。在大三期间主要是学专业课程，如材料物理性能、材料力学、材料工程基础、材料专业基础实验、工程材料力学性能、现代材料研究技术等。

就业展望

化学专业的本科毕业生主要从事基础教研工作。例如，进入中小学基础教育部门从事教学工作，或到化工、国防等有关系统的科研部门从事科学研究工作。此外，同学们毕业后还可以进入环保、医药、材料、石化等化工类企业，从事技术研发和生产管理等工作。如知名企业：中国石化集团、中国石油天然气股份有限公司等。

化学专业是偏向于理论研究的基础专业，本科生的就业方向比较局限，因此报考研究生是更好的选择。

能力要求

1. 化学是偏向理论研究的基础专业，有意向就读化学专业的同学，最好选择有国家重点实验室或是在化工方向有特色的大学，专业发展前景比较好。

2. 化学专业是一门实验操作较多的专业，要求学生有一定的动手能力，更适宜动手能力强的学生。

实力院校

拥有化学世界一流建设学科的院校

北京大学、清华大学、南开大学、天津大学、大连理工大学、吉林大学、东北师范大学、复旦大学、上海交通大学、华东理工大学、南京大学、浙江大学、中国科学技术大学、厦门大学、福州大学、山东大学、郑州大学、武汉大学、湖南大学、中山大学、华南理工大学、四川大学、兰州大学、新疆大学、中国科学院大学。

拥有化学专业大类国家重点学科的院校

北京大学、南开大学、吉林大学、复旦大学、南京大学、浙江大学、中国科学技术大学、厦门大学。

拥有化学二级学科国家重点学科的院校

无机化学方向：中山大学。

有机化学方向：四川大学、兰州大学。

物理化学方向：北京师范大学、福州大学、山东大学。

分析化学方向：清华大学、武汉大学、湖南大学。

高分子化学与物理：中山大学。

拥有化学二级学科国家重点（培育）学科的院校

有机化学方向：郑州大学。

物理化学方向：清华大学。

高分子化学与物理：北京化工大学。

国家级特色专业建设点

南开大学、山西师范大学、华东师范大学、扬州大学、中国科学技术大学、安徽师范大学、河南师范大学、武汉大学、湖南大学、湖南师范大学、广西师范大学、西南大学、四川师范大学、兰州大学、清华大学、厦门大学、北京师范大学、内蒙古大学、延边大学、复旦大学、南京大学、山东师范大学、四川大学、中国海洋大学、河南大学、湘潭大学、西北师范大学、内蒙古民族大学、安庆师范大学、湖北工程学院、湖北师范大学、温州大学、淮北师范大学、聊城大学、山西大同大学、忻州师范学院、赣南师范大学、上饶师范学院、嘉应学院、韩山师范学院、黑龙江大学、杭州师范大学、闽南师范大学、井冈山大学、洛阳师范学院、南阳师范学院、湖北大学、湖北民族大学、岭南师范学院、鲁东大学、辽宁师范大学。

应用化学：让化学理论“开花结果”

核心含义

应用化学，顾名思义，就是将化学基本原理应用到现实生活、生产中的学科。专业分为电化学、药物合成、材料、精细化工以及传统能源及新能源等方向。应用化学的实践成果服务于我国诸多行业和高新技术产业的各个领域，其领域包括医药、农药、染料涂料、香料与香精、催化剂、食品添加剂、汽车用化学品、功能性高分子材料、生物化工制品等。本专业培养的毕业生不仅掌握化学的基本理论，更能运用所学知识和实验技能进行研究、技术开发和科技管理，毕业后可授予理学或工学学士学位。

开设课程

应用化学是以化学为基础的学科，实验操作性很强，大学里面开设的课程分为两大部分：理论课程和实验课程。理论课程包括化工原理、结构化学、生物化学、精细有机合成、精细化学品化学、环境微生物学、助剂化学及其应用、天然产物提取及应用等；实验课程包括综合化学实验、化工原理实验、化学专业实验、生化反应工程等。

就业展望

应用化学是与日常生活、生产联系十分紧密的专业，该专业的就业面比较广。同学们毕业后，如果对制药合成研究感兴趣，可以进入制药企业；如果倾向于能源方向的研究，可以进入石油企业的研发部门。除此之外，毕业生还可以到日化公司工作，如宝洁、联合利华、威露士、蓝月亮等知名企业；还可进入涂料、塑胶、电化工类的企业，从事产品研发、检测和质量检验等工作。

应用化学是属于需要深入研究的专业，同学们如果对应用化学的某个研究方向感兴趣，希望以后能够从事相关的研究工作，可以报考相应方向的研究生。

能力要求

1. 化学类专业对考生的身体条件有限制。例如，北京化工大学要求报考化学类专业的考生不能有色盲、色弱。各高校具体要求不同，大家在志愿填报时一定要仔细查看目标院校的招生章程。

2. 应用化学专业从大二开始就会开设较多的实验课程，如果你动手能力不强、对做实验比较排斥，请慎重报考。

实力院校

国家级特色专业建设点

中国石油大学（华东）、中南大学、陕西科技大学、华东理工大学、中南民族大学、西南石油大学、中国石油大学（北京）、北京化工大学、天津大学、辽宁石油化工大学、浙江工业大学、江西师范大学、青岛科技大学、济南大学、东北电力大学、宿州学院、湘南学院、江西科技师范大学、武汉工程大学。

化学生物学：化学与生物、医学交叉的学科

核心含义

化学生物学是化学与生物、医学全面交叉结合的新兴学科，非常注重实验操作，与我国的经济发展日益相关。它是应用化学的观点、理论、研究方法和技术，研究生命现象、生命过程的化学基础。生物体物质的代谢过程、生物能量之间的转换、遗传信息的传递途径、植物光合作用等，这些都是化学生物学专业要学习的内容。本专业培养具有坚实的化学与生物学基础知识和较广泛的化学生物学交叉领域知识，熟练掌握化学与相关生物学实验技能，具备从事化学生物学交叉领域科学研究的基本能力的高级人才。

开设课程

化学生物学专业的授课方式有三大特点：第一是注重基础，即专业课，包括化学和生物；第二是交叉性，融合了化学和生物两个学科；第三是实践性较强，既有理论课程，又有实验课程。开设化学学科的课程有无机化学、分析化学、有机化学、物理化学、仪器分析、分离技术、化学信息学基础等；生物学学科的课程包括分子生物学、细胞生物学、生物化学等。

就业展望

化学生物学专业的本科毕业生在选择工作的时候有三大方向：化学、生物学领域，以及这两大学科交叉的领域。第一是环保、医药、材料、石化等化工类企业，毕业生可以从事技术研发和生产管理等工作，如中国石化集团、中国石油天然气股份有限公司等知名的企业；第二是生物领域的企业和单位，如生物制药、海关（动植物检疫）商检、公安、专利等部门；第三是一些交叉领域的企业，如医药、环保、材料等公司，从事科研和生产管理工作。当然，除了直接就业外，毕业生还可以攻读研究生，选择的方向可以偏向化学，也可以偏向生物学。

能力要求

1. 开设化学生物学专业的院校相对来说比普通专业要少，选择的范围也较窄。
2. 化学生物学专业融合了化学和生物两大学科，非常适合对这两个学科都感兴趣的同学报考。

实力院校

开设化学生物学专业的代表性院校

清华大学、厦门大学、西北大学、中山大学、南开大学、南京大学、北京大学、华南理工大学、安徽工业大学、天津师范大学、四川农业大学、中南民族大学、湖北大学、三峡大学、衡阳师范学院、长治学院。

分子科学与工程：用分子理论解决化学问题

核心含义

我国为了培养化学领域的高素质、复合型专业人才，由天津大学和南开大学集成各自的优势和特长，成立了“分子科学与工程”专业。分子科学与工程专业与普通化学专业不一样，它注重用分子层次的理论和知识解决化学以及相关的环境、材料和生命科学的问题。当前对新型化学品的需求日益增加，化学科研成果较难以满足高新技术的发展。同时，我国为实现可持续发展战略，对环境、能源与资源等提出了更高的要求。如何从分子水平上设计和制造新物质、新型功能材料，这些需要更高层次的人才来完成这项任务，而分子科学与工程专业便是为培养该类人才而设立的。

开设课程

分子科学与工程专业的课程以化学类和化工类为主干学科。化学类课程包括无机化学、有机化学、分析化学、生物化学、高分子化学、高分子物理、高等无机化学、无机材料化学等；化工类课程包括化工原理、化工热力学、化工设计、环境化工、化工安全与环保、功能材料物理性能、药物分析、材料物理性能等。除了基础课程外，院校还安排了实践活动，包括化学基础实验、化学综合实验、毕业实习等。

就业展望

分子科学与工程专业培养具有较强的功能性化学新产品研发与产业化能力、全面发展的复合型高素质人才。该专业的本科毕业生面临着较好的就业大环境，国家对这类人才的需求量比较大，同学们可到相关行业或部门从事科研、教学、开发、设计、管理等工作，像生物制药、洗涤用品制造、医疗器械、材料开发等公司。全国开设分子科学与工程专业的院校较少，本科阶段接触的专业知识比较浅显，如果同学们希望继续钻研该领域的知识，攻读硕士研究生是非常好的选择。

能力要求

1. 分子科学与工程专业对实验操作能力同样要求高，所以适合动手操作能力强的学生报考。
2. 分子科学与工程专业虽是特设专业，但仍属于化学类学科，对化学感兴趣的同学可以报考。

实力院校

开设分子科学与工程专业的代表性院校

南开大学、天津大学、中北大学、华南理工大学。

能源化学：保障未来能源供给和安全

核心含义

能源化学工程专业是适应能源产业发展新形势而设置的学科交叉型专业，主要包括能源资源开发、能源优化利用、新能源材料的基础与应用基础研究，其研究对象在国民经济、社会发展和国家能源安全中有着重要应用，涉及化工、能源、轻工、安全、环保和军工等领域。本专业分煤化工和生物化工两个培养方向，主要研究方向有：煤和生物质能源的轻质化、可再生能源利用及能源高效转化、化工用能评价、生物能源化工、生物材料化工等。

开设课程

本专业开设的课程有无机化学与分析化学、物理化学、有机化学、化工热力学、化工原理、化学反应工程、石油加工工程及实验、有机化工工艺、石油炼制工程概论、能源工程概论、合成燃料化学、可再生能源工程、化工用能评价、合成燃料化工设计、能源转化催化原理、合成燃料工程、煤化工工艺学，天然气化工工艺学，能源经济学，能源化工设计等。

就业展望

该专业培养“厚基础、宽专业、高素质”的人才，毕业生具备扎实的化学化工基础知识和能源化学工程专业知识，能够在化学、化工、传统和新能源加工等领域从事相关工作。毕业生工作领域包括：煤化工行业、天然气化工行业、电厂化工综合利用行业、生物能源化工行业、固体废物综合处理行业、石油加工行业、石油化工行业、天然气行业、城市燃气、分析检测、催化剂生产和研发行业。同学们毕业后可以在这些行业从事设计、科学研究、技术管理等工作或继续深造。

能力要求

按照普通高校本科专业目录，该专业属于化学类下属专业，能力要求请参考化学专业。

实力院校

国家级特色专业建设点

北京化工大学、大连理工大学。

天文学：追寻星空之谜

核心含义

浩瀚的宇宙蕴藏着无数的奥秘，期待着怀有好奇和想象的人们去探索和发现。天文学，顾名思义，就是研究天体和宇宙的科学。它以各种现代尖端技术作为探测手段，收集和处理来自宇宙的全波段电磁辐射和其他信息，为我们人类解开宇宙之谜。比如，星星、流星雨、极光这些现象都是天文学所要学习的内容。21 世纪美国、中国、印度等各国启动的深空探测计划，也需用到天文学的知识。本专业要求学生具备坚实的数理基础，掌握天文专业基础知识，成为富有创新精神和实践能力的研究生后备人才及航天航空等领域的应用型人才。

开设课程

本专业开设的课程有物理类、数学类、天文类和计算类四大类。天文类课程包括天文入门、天文学导论、天文实验、实测天体物理、射电天文学、理论天体物理、恒星结构和演化、球面天文和天体力学等；数学类开设的课程有大学数学和数学物理方法；物理类课程包括普通物理和理论物理；计算类的课程包括算法语言、计算方法、天文数据处理、天文软件操作与多媒体等。

学生在校期间结合专业方向到天文台进行观测实习和科研能力训练，完成毕业论文。

就业展望

天文学是和航天、测地、国防等应用学科有交叉的学科，学生毕业后可在这些领域一展才华。其中，天文学所学习的内容与航空航天紧密相关，毕业生在航空航天领域的就业形势非常明朗。像科研、国防、院校及事业单位都是天文学专业毕业生非常好的就业选择，可以任职天文馆的讲解员、科研所的研究员、天文工程技术人员等。

对于天文学专业的毕业生来说，继续读研或出国深造的机会非常多，超高读研率是本专业的一大特点。天文学领域的研究员大部分都是硕博出身，所以继续深造对于有志从事科学研究的同学来说是不错的选择。

能力要求

1. 学好天文学的“武器”是数学和物理，因此良好的数学和物理基础对学习天文学有着较大帮助。

2. 天文学虽不属于热门专业，但当前开设天文学专业的院校多为双一流院校，如天文学专业全国第一的南京大学，投档线相对来说较高。

实力院校

拥有天文学世界一流建设学科的院校

南京大学、中国科学技术大学。

拥有天文学专业大类国家重点学科的院校

南京大学。

拥有天文学二级学科国家重点学科的院校

天体物理方向：北京大学、中国科学技术大学。

国家级特色专业建设点

北京师范大学、南京大学。

地理科学：研究自然环境和人文形态

核心含义

地理科学总体上研究两个方面：一个是自然地理形态和现象，包括地形、地质、气候、生物、水文、海洋、岩层等自然环境；另一个是人文地理，如人口、城市形态与建设、交通、文化、资源等。地理科学的应用领域非常宽泛，如地区旅游开发、生态环境整治、江河整治等。以我们熟悉的青藏铁路为例，铁路沿线的雪山、湖泊、河流、草原等地形地貌属于地理科学研究范围，以及在修建过程中面临的冻土、高寒缺氧和生态脆弱等问题，也需要地理科学专业的人员指导。

开设课程

地理科学专业在大一开设的课程为基础科目，包括高等数学、自然地理学引论、基础地质学及实习、人文地理学、地图学、地理信息系统基本原理以及遥感概论；学生从大二开始专业课程的学习，如气象学与气候学、地质学、地貌学、水文学、经济地理学、土壤地理学、植物地理学、城市地理学。

就业展望

地理科学属于师范类专业，同学们毕业后可以去中小学任职地理教师、自然科学类教师，或到教育管理部门从事地理教育科研和教育管理工作。此外，地理科学专业的同学在校期间会掌握一些计算机与绘图的知识与技术，毕业后也可以进入 IT 企业、建筑设计公司、旅游规划公司。许多事业单位和政府部门都需要地理科学专业的人才，如国家地震局、国土局、气象局等，这些也是直接对口就业的单位。除直接就业外，读研或出国深造也是地理科学专业本科毕业生的不错选择。地理科学下面较多研究方向有人文地理、自然地理、测绘、气象等，如果同学们对某一个方向非常有兴趣或希望继续研究，可以选择报考这个方向的研究生。

能力要求

1. 地理科学是一门理学专业，在大学课程的设置中需要学习计算机、高等数学等偏理科的知识，考生在报考前必须有个心理准备。

2. 地理科学是研究自然现象与人文活动的学科，喜欢探究地理事物的同学非常适宜就读。

3. 该专业就业前景较好，但报考时并不热门，专业分数相对不是很高。

4. 任何一眼矫正到 4.8、镜片度数大于 800 度的同学不宜报考该专业。

实力院校

拥有地理科学世界一流建设学科的院校

北京大学、北京师范大学、南京师范大学。

拥有地理科学专业大类国家重点学科的院校

北京大学、北京师范大学、华东师范大学。

拥有地理科学二级学科国家重点学科的院校

人文地理学方向：中山大学。

自然地理学方向：南京大学、兰州大学。

拥有地理科学二级学科国家重点（培育）学科的院校

人文地理学方向：南京师范大学。

地图学与地理信息系统方向：中山大学。

国家级特色专业建设点

北京大学、北京师范大学、哈尔滨师范大学、陕西师范大学、兰州大学、西北师范大学、贵州师范大学、安徽师范大学、福建师范大学、华南师范大学、四川师范大学、云南师范大学、太原师范学院、湖南文理学院、南宁师范大学、河北师范大学、湖北文理学院、湖北科技学院、西华师范大学、青海师范大学。

自然地理与资源环境：探索大自然的资源

核心含义

自然地理与资源环境是以地质、地貌、地形、气候、资源等自然环境与自然现象为研究对象的一门学科。学生通过学习专业知识、研究地球表层特征及其变化，获得分析不同地貌自然地带特征的能力，如自然地带内部结构、自然区的划分以及土地系统的分异和组合规律等。世界各国的地理位置、全球七大洲分布特征、世界最长河流、最深湖泊等都是该专业的学习内容。同时，该专业也要学习自然资源的分布、保护和利用等。本专业的同学毕业后可以从事自然地理过程、环境变化研究和资源管理、环境保护与应用等方面的工作。

开设课程

自然资源与地理环境的主干学科是自然地理学、地图学与地理信息系统。专业核心课程包括综合自然地理学、环境规划学、自然资源学、土地资源评价与管理、水土保持学、遥感与地理信息技术、资源学、水资源计算与管理、景观生态学、生态环境规划等。由于该专业的学习内容涉及绘图要求，因此也会开设相关的软件课程，如计量地理学、地质学、地貌学、地理信息系统、遥感与数字图像处理等。

此外，该专业有较多的实践活动，如测量教学实习、地质地貌认识实习、地图学教学实习、区域资源调查实习、地理信息系统应用实习、遥感实习、地理专业实习等。

就业展望

从地质工程、资源探测到环境整治整顿，都是自然资源与地理环境专业研究的内容与领域。因此，该专业的同学毕业后可以进入相关的部门与研究所工作，如国家地质研究院、地震局、环保部门、国土规划部门等事业单位。此外，同学们也可以到土地公司、规划设计院、生物技术类和环保类企业，从事自然地理环境保护、国土开发、城乡规划等工作。

自然地理与资源环境是偏向研究型的专业，攻读研究生能够对该专业的学习与研究更加深入，毕业后也更容易受到国家企事业单位的青睐。因此，同学们如果想要深入地了解和研究该专业，可以考虑报考研究生。

能力要求

1. 自然地理与资源环境专业的研究内容既有偏向理论研究的，也有偏向实验实践的。

2. 该专业的学习内容多为自然环境与资源，对自然地理事物感兴趣的同学非常适宜就读，而且分数要求不高。

3. 该专业毕业生可授予理学学士学位或管理学学士学位。

实力院校

开办自然地理与资源环境专业的代表性院校

北京林业大学、天津理工大学、山西大学、南通大学。

人文地理与城乡规划：城市形貌的设计师

核心含义

人文地理与城乡规划专业以地理学为基础，研究与人类日常生活、生产息息相关的社会现象和人文活动的学科。按照研究对象不同可以划分为自然地理、人文地理和地理技术科学。我国人口分布特征、城市区域发展差异、城乡统筹发展、景区旅游规划与设计等，这些都是人文地理与城乡规划专业要研究的内容。由于研究对象的复杂性，该专业不仅要求学生有广泛的学科基础，也需要有较强的逻辑推理能力和发散性的思维能力。

开设课程

本专业开设的课程有人文地理、文化地理、经济地理、城市地理；其核心课程包括自然地理、区域分析与规划、城市规划原理、城乡规划设计、城乡规划政策与法规、交通与市政工程规划、城市生态与环境保护、经济学基础等；还有一些计算机课程，如地理信息系统、计算机制图、遥感技术应用、数理统计、线性代数等。

就业展望

国民经济活动、城市建设与开发、旅游规划、土地开发利用等，这些领域都是与人文地理与城乡规划专业息息相关的。该专业的毕业生主要面向三个方向就业：一是经济地理、空间规划、产业规

划、旅游以及行政与社区规划与管理等领域的学术研究部门；二是城乡与土地利用、市政工程、环保、旅游、社区等领域的规划与管理政府部门；三是城乡规划与设计、房地产开发与评估、土地开发整理与评估、产业规划与咨询、现代服务业等企事业单位。

该专业在本科阶段的学习都是基础性、宽泛性的知识，同学们如果希望以后能够直接进入某个研究方向的岗位，可以选择报考该方向的研究生，如人文地理学、地图学与地理信息系统、地质工程等。

能力要求

1. 人文地理与城乡规划专业学习的内容涉及旅游、城乡规划、经济规划等，对这些领域感兴趣的同学可以报考。
2. 该专业与许多国家政府部门或事业单位对口，适合以后希望从事公务员工作的同学报考。
3. 该专业虽不属于热门专业，但就业前景比较乐观，且对分数要求相对不是很高。
4. 该专业毕业生可授予理学学士学位或管理学学士学位。

实力院校

开办人文地理与城乡规划专业的代表性院校

北京师范大学、南京大学、东北师范大学、天津师范大学、福州大学、泉州师范学院、河南理工大学。

地理信息科学：把地球搬到计算机上

核心含义

随着社会的发展，人们越来越离不开定位导航、查询各类位置信息。地理信息科学就是通过应用计算机技术处理、存储以及分析各类地理信息，包括人口增长、资源分布及开发、地形地势、环境污染治理等。例如，人们对自由行十分热爱，当要去某个旅游景点时，可以自行在网上搜寻该旅游景点的地理位置、出游路线、周边饮食及住宿等，而这些信息都需要通过计算机将其存储到计算机系统，人们可以通过计算机进行查询。那么，计算机技术如何处理这些地理信息，正是地理信息科学要研究的内容。

开设课程

地理学、信息学基础学科，包括地理和计算机两大方向。地理学开设的专业课程有地理学、地图学、自然地理学、经济地理学、遥感原理与技术、地理信息系统原理、GPS理论与应用、遥感技术与应用等；计算机类开设的专业课程有地图制图基础、摄影测量与遥感、空间数据库原理、卫星导航定位、城市空间信息学、激光雷达测量技术、计算机科学与技术、工程数学、高级语言程序设计、数据库管理系统、摄影测量学、GIS设计与开发等。

就业展望

从日常生活中对地理位置的认知，到全球导航定位，无不与地理信息科学相关联。该专业毕业的本科生不仅掌握了基本的地理学知识，还具备较强的地图设计、编制以及计算机图形图像处理的能力。因此，毕业后可以进入政府部门、城乡规划部门、国土管理部门、信息管理部门以及企事业单位从事地理信息科学的研究、应用软件与应用系统的开发和管理等工作。此外，IT企业也是该专业毕业生的就业领域，成为计算机编程员、设计员、数据分析研究员等。除就业外，读研或深造也是不错的选择，因为该专业的关键内容只有在读研的时候才能真正接触到。

能力要求

1. 地理信息科学对考生物理、数学功底要求较高，考生在报考时须注意报考条件。
2. 该专业虽就业前景比较乐观，但在报考时不属于热门专业，对考生分数要求相对不高。
3. 该专业对计算机学习能力要求比一般专业更高，排斥计算机学习的同学慎重报考。

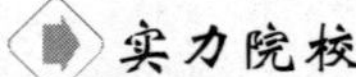

实力院校

国家级特色专业建设点

南京师范大学、武汉大学、首都师范大学、中国地质大学（北京）、南宁师范大学、滁州学院。

大气科学：研究地球的“气息”

核心含义

人们经常在电视上看到播报员报道天气，那他们这些预测和数据是怎么得出来的呢？大气科学专业就发挥了非常重要的作用。简单地说，大气科学是研究大气的各种现象及其演变规律，包括天气、气候、气流等。大气科学的主要专业方向有大气探测、气候学、天气学、动力气象学、大气物理学、大气化学、应用气象学等。大气科学为我们生活和生产提供了极大的帮助，如提高天气和气候预报的准确率，为开发利用气候资源、制定发展战略提供了更加可靠的科学依据。

开设课程

数学、物理是基础学科，在大学开设的课程以大气科学为主干学科。基础课程包括大学英语、高等数学、概率统计、计算方法、大学物理、数理方程、大气物理学等；专业课程包括大气探测学、流体力学、现代气候学、热力学、天气学原理和方法、气象统计方法、天气学分析基础、典型天气过程分析、动力气象学、中国天气、气象雷达资料处理及应用等。在实践教学环节，将安排同学们去进行短时的天气预报实习。

就业展望

该专业的毕业生可以在大气物理、大气环境、大气探测、气象学及相关领域从事教学、科技开发及有关管理工作。大气科学专业的本科毕业生大部分是去气象类的部门工作。例如，我国气象局下属的各省、市、县的气象部门或气象台做预报工作；还有一些空管局和空军部队的气象系统，也需要很多气象研究人员。如果毕业后打算去公司，也可以选择气象科研公司，例如太阳能机器制造、风能资源开发类的公司。

除就业外，选择读研或出国深造也是不错的选择。大学本科阶段以通识教育为主，同学们对大气科学的学习不够深入，可以通过读研选择自己更为感兴趣的研究方向，硕士生乃至博士生毕业后更有机会进入国家或省级气象部门。国外对自然科学学科极其重视，因此大气科学专业的学生出国门槛相对较低。

能力要求

1. 大气科学专业对数理计算能力有很高的要求，大学设置了很多数值计算的课程，数学、物理

较弱的考生要慎重报考。

2. 有的学校大气科学专业招生时分了几个方向，如大气探测、大气物理、水文气象等，同学们可以选择自己喜欢的方向报考。

实力院校

拥有大气科学世界一流建设学科的院校

南京大学、南京信息工程大学、兰州大学。

拥有大气科学专业大类国家重点学科的院校

北京大学。

拥有大气科学二级学科国家重点学科的院校

气象学方向：南京大学、南京信息工程大学。

拥有大气科学二级学科国家重点（培育）学科的院校

大气物理学与大气环境方向：南京大学、兰州大学。

国家级特色专业建设点

南京大学、南京信息工程大学、兰州大学、云南大学、成都信息工程大学。

应用气象学：气候变化的“播报员”

核心含义

应用气象学，简单来说，就是将大气学的基本理论与方法，以及一些成果运用到人们的生活和生产中去。例如，天气预报可以预测当天和未来几天的天气状况，如温度多少、风力几级、有无寒潮等，这都是应用气象学专业的研究范畴。本专业注重培养学生掌握现代应用气象学理论和计算机模拟等实验技能，使其毕业后能够在城市气象预报、农业气象服务、气象产品开发应用、气候资源利用、气象防灾减灾和生态环境监测与评价等领域从事相关工作。

应用气象学和大气科学专业是有区别的，前者涵盖面更广泛，除了大气科学所研究的天气诊断分析、天气预报、气象观测外，还包括防雷设计与监测、农业气象等。简单来说，应用气象学更注重气象在生产、生活中的运用，而大气科学则偏重理论研究。

开设课程

应用气象学主干学科包括农业气象学、城市气象学、微气象学、应用气象学方法、气候资源学、气象灾害与评估、气象服务学、智慧气象。主要课程有大气物理学、大气探测学、天气学原理、动力气象学、气象服务学、地理信息系统与应用、遥感原理及应用、农业气象情报预报等课程。在大三、大四的时候还会有相关的专业实践，如天气预报综合实习、应用气象综合实习、微气象实习、大气探测实习。

就业展望

应用气象学是侧重气象在人们日常生活中的应用，该专业毕业生就业面虽然窄，但就业前景比较乐观。中国气象局及其下属分局是该专业毕业生最主要的就业方向，同学们可以从事气象预报、观测、研究等工作。此外，军队十分需要气象专业人才。例如空军，每个空军基地的飞机场都有气象台。部分毕业生还可到政府机关、高等学校、科研院所等单位，从事与气象、农业、环境、海洋、国防、民航等相关的科研、教学、管理工作。

除了直接就业外，应用气象学专业的本科生也可以继续深造，攻读本专业或相关专业的研究生。气象专业属于紧俏专业，开设该专业的院校数量并不多，而当前社会对于该专业高学历人才的需求极大，如果有同学希望能够一直从事气象学研究，选择读研是一个很好的方向。

能力要求

1. 应用气象学的研究方向比较多，每个院校的研究方向不一样。如中国农业大学偏重的是农业气象学分支，中国海洋大学则偏重海洋气象，大家可以根据自己的兴趣和需求来选择填报。

2. 应用气象学的专业课程有很多涉及数学、物理、化学、计算机等方面的基本原理和基本知识，比较适宜理科生就读。

实力院校

国家级特色专业建设点

南京信息工程大学。

海洋科学：探索海洋的奥秘

核心含义

海洋深不可测，生活着数不胜数的生物，蕴藏着丰富的宝贵资源。海洋科学是研究海洋的一切自然现象、性质及其变化规律的科学。人类对海洋的开发与利用，如潮汐、洋流等海洋物理现象，以及海洋卫星遥感、海底资源探测和开发等，都是海洋科学专业的研究对象。学生通过学习基础专业知识、海洋科学基本调查方法和实验技能，获得从事海洋调查和海洋科学研究的基本能力。

开设课程

海洋科学是以物理、数学等理学为基础的学科，学生在大一、大二主要学习基础性课程，如高等数学、计算机、大学英语等。专业课程有海洋科学导论、流体力学、物理海洋学、海洋地质学、海洋生物学、海洋水文气象、海洋遥感技术、船舶与港口工程、航道测量学等。

就业展望

随着国家对海洋资源的重视，以及我国海洋科学事业的发展，社会对海洋科学技术人才的需求与日俱增。毕业生可以进入海洋规划部门、海洋环保部门及其他相关设计单位、科研院所、涉海企业等，从事规划、管理、技术开发和研究等方面工作。

海洋科学是一门综合性学科，大学本科阶段的学习内容十分宽泛。因此，继续深造是比较好的选择，如读研究生或出国深造。目前，我国各个海洋部门、涉海企业比较注重该专业毕业生的学历层次，如果大家希望能够进入更好的工作单位，可以选择读研深造。

能力要求

1. 海洋科学专业要求考生有一定的物理、数学基础，这两个学科比较薄弱的考生要慎重报考。

2. 海洋科学专业分很多方向，每所院校的优势方向不同，如厦门大学的海洋生物方向代表了国内较高水平，中国地质大学在海洋地质与资源方向研究得较为深入。所以，大家如果对某一个方向感兴趣，可以查阅相关方面的资料后再去选择院校。

3. 屈光不正（近视眼或远视眼），任何一眼矫正到 4.8、镜片度数大于 400 度的考生不宜报考。

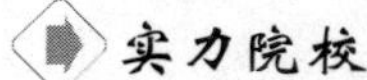

拥有海洋科学世界一流建设学科的院校

厦门大学、中国海洋大学。

拥有海洋科学专业大类国家重点学科的院校

厦门大学、中国海洋大学。

拥有海洋科学二级学科国家重点学科的院校

海洋地质方向：同济大学。

国家级特色专业建设点

中国海洋大学、厦门大学。

海洋技术：探测海洋资源

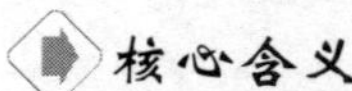

海洋技术是以海洋资源勘查和开发为核心的新兴技术，是一门研究如何开发与利用海洋资源的学科。海洋能源的开发、海洋与全球变化的关系、海洋环境与生态的发展等，都必须获取大范围、精确的海洋环境数据。开展海底勘探、取样、水下施工等资源开发与利用工作，都需要一系列的海洋开发技术支撑，包括深海探测、海洋遥感、导航等。海洋资源如何为我们人类更加有效地利用，如海水淡化、潮汐发电、海底钻井等，这些都是海洋技术专业要学习的内容。

开设课程

数学、物理是基础学科，开设课程包括海洋学、物理学、计算机等方面。关于海洋学方面的课程有海洋科学导论、海洋环境保护与监测、海洋调查方法、海洋技术概论等；物理学相关的课程有物理海洋学、声学基础、水声学原理、水声测量技术等；计算机学科的课程有遥感技术与应用、模拟电子技术、数字电子技术、信号与信息处理等。

就业展望

海洋技术是更偏向技术开发的应用型专业。该专业的同学毕业后主要从事的是研究与技术开发工作，如海洋调查与海洋资源开发利用、海洋环境监测与保护、海洋渔业、海洋管理、海洋探测和监测仪器的基础研究和开发。除此之外，同学们还可以进入一些企业从事遥感和声信息相关的工作，如中国海运、中国船舶工业、中国海洋石油总公司等知名企业。

海洋技术包括海洋矿产资源开发技术、海洋生物资源开发技术、海洋药物开发技术等多个细分方向，同学们在本科阶段接受的只是通识教育，每一个细分方向的专业知识都不够深入。如果希望对海洋技术的某个研究方向有更深入的学习，可以选择读研究生或出国深造，提高自己的专业素养。

能力要求

1. 海洋技术专业属于理学专业，对物理、数学基础要求较高，相关成绩偏差的同学慎重报考。
2. 海洋技术专业的同学在本科毕业时，可以授予理学学士学位或工学学士学位。
3. 屈光不正（近视眼或远视眼），任何一眼矫正到 4.8、镜片度数大于 400 度的同学不宜就读该专业。

4. 该专业适合女生的工作岗位不是很多，毕业后一般从事数据分析工作，女生请慎重报考该专业。

实力院校

开设海洋技术专业的代表性院校

中国海洋大学、厦门大学、浙江海洋大学、天津科技大学、江苏海洋大学。

海洋资源与环境：开发和保护海洋

核心含义

海洋资源与环境专业以海洋生物与海洋环境为研究对象，探寻人类对海洋资源的开发与利用，以及生态环境的保护。我国是一个海洋大国，拥有约300万平方公里的管辖海域，海洋资源丰富，如何促进海洋资源的可持续利用、保护海洋环境，这些课题都是海洋资源与环境专业所要学习与研究的内容。本专业培养的是具有环保意识和海洋生物、滩涂资源管理、开发与海洋环境污染、治理方面基础理论知识和专业技能的复合应用型人才。

开设课程

海洋资源与环境是融合了海洋生物与环境科学的交叉学科，开设的课程以海洋生物与海洋环境为主干课程。目前全国开设该专业的院校仅十余所。专业课程包括普通生物学、海洋生态学、环境科学概论、海洋环境监测与评价、海洋技术概论、海洋生物评价、海洋生物资源评估与管理、海洋生态学等。

就业展望

我国海洋事业正处于蒸蒸日上的发展阶段，而海洋管理、海洋环境与修复治理的专门人才却有很大的缺口。该专业的本科毕业生就业方向主要集中在海洋生物资源与环境领域，像海洋管理与检测、环境监测、海洋水产研究、水产技术推广、卫生防疫等单位和部门，同学们可以从事海洋生物资源与环境监测、调查、评价、受损海洋生态系统修复或重建，以及相关领域的教学、科研、经营和管理方面工作。

能力要求

1. 海洋资源与环境是以海洋生物学科和环境科学学科交叉而设置的专业，如果有考生对生物和环境两大学科都感兴趣的话，这个专业是很好的选择。

2. 海洋资源与环境专业的就业形势比较明朗，且薪酬收入也很可观。

3. 海洋资源与环境专业的同学毕业后，由于主要从事海洋工作，出海或在海上工作时间较长，同学们报考的时候要认识到这个专业的特殊性。

实力院校

开设海洋资源与环境专业的代表性院校

中国海洋大学、宁波大学、扬州大学、大连海事大学、河北工业大学、山东大学、山东大学威海分校、青岛农业大学、浙江海洋大学、江苏海洋大学。

军事海洋学：保卫领海主权

核心含义

军事海洋学是在海洋科学和军事科学基础上结合发展起来的新兴研究领域，主要是研究和利用海洋自然规律，为海上军事行动提供科学依据和实施海洋保障的科学。潜水艇的潜航、探测、追踪等活动，还有其他海上军事活动，包括登陆、布雷、海上救捞和军事工程施工等，这些都是军事海洋学专业要研究的内容。本专业培养具有良好科学素养和海洋科学技术理论知识，忠诚为部队建设服务，能从事海洋战场环境建设与研究，德、智、军、体全面发展的高级专业技术人才。军事海洋学属于理学大类，是海洋科学类下的二级学科，专业方向主要包括海洋学调查研究、海洋工程技术和海洋环境保障三个部分。

开设课程

本专业开设的课程有流体力学、海洋学、海洋物理学、军事海洋学、海浪预报理论及方法、海洋天气学、海战战场海洋环境评估与预测、卫星遥感及海洋遥测、军事思想、军事运筹学、军事基层管理。该专业按照课堂理论和实习演练相结合的方式进行教学，一般从大二开始安排教学实习（也可到高年级安排），其他实践包括海洋学实习、毕业论文设计等。

就业展望

成为一名海军，是军事海洋学专业的本科毕业生最主要的一个就业方向。除了海军以外，同学们还可以去相关的事业单位、研究院所、海事部门，从事海上战场环境的数值模拟、环境建设、海洋水文气象等研究，以及卫星遥感及海洋遥测、军事思想、军事运筹学、军事基层管理等工作。

能力要求

1. 军事海洋学专业毕业生主要就业方向是海军部队，主要在海上工作，相对来说工作环境比较特殊，需要长期在海上或海边驻扎，大家在填报的时候需要认真思考。

2. 海军是一项保卫领海主权、维护海洋权益的无上光荣的工作，愿意致力于国家的海洋事业，对海洋事业具有情怀的考生更适合报考。

实力院校

开设军事海洋学的代表性院校

中国海洋大学、陆军工程大学、海军大连舰艇学院、海军工程大学。

地球物理学：用物理学的原理方法研究地球物理场

核心含义

地球物理学是指用物理学的原理和方法，对地球的各种物理场分布及其变化进行观测，探索地球本体及近地空间的介质结构、物质组成、形成和演化，研究与其相关的各种自然现象及其变化规律。并在此基础上为探测地球内部结构与构造、寻找能源、资源和环境监测提供理论、方法和技术，为灾害预报提供重要依据。著名地球物理学家赵九章先生曾这样形容地球物理学——“上穷碧落下黄泉，两处茫茫都不见。”

我国有很多矿产资源掩埋在地下，如金属矿床、煤炭、石油等，这些都是肉眼无法直接看到的，必须要借助物理学的方法，包括地震勘探、电法勘探、重力勘探、放射性勘探等去进行探测；此外，通过全球地震活动性和震源空间分布特征、全球重力、地磁和地热测量等的研究，收集板块边界划分的准确数据，为预测与预防（或防治）诸如地震、火山、滑坡及岩爆等自然灾害提供有力的依据。这些都是地球物理学的研究内容。

本专业的学生要掌握系统的数学物理基础理论和基本知识，有较强的计算机应用能力和较高的外语水平，具有扎实的地球物理专业知识和基本的实验技能，受过从事基础研究或应用研究的初步训练，具有较强的知识更新能力。

开设课程

本专业开设的主要课程有地球物理场论、地球物理信号处理原理与方法、数值分析、海洋地球物理、海洋地质学、海洋声学调查技术、地震波场与地震勘探、地电场与电法勘探、环境与工程地球物理、地球物理测井等。其他基础性学科有高等数学、大学英语、VB 高级语言程序设计、普通地质学、综合地质学等。

就业展望

地球物理学专业虽不是热门专业，但其广泛的应用范围给该专业的本科毕业生带来较好的发展机遇。本专业学生毕业后可以去地质调查局、海洋局等相关单位或研究所，从事地质研究工作。此外，一些石化、石油、煤矿性质的国有大中型企业都需要大量的地球物理学的专业人才，如中国石化、中国石油、中国海洋石油、神华、中煤能源等企业，毕业生可以从事工程探测类地球物理软件程序设计、仪器开发等工作。

能力要求

1. 地球物理学专业对考生的身体条件方面有所限制，如武汉大学在招生计划中标注着色弱、色盲及肢体残疾不宜报考地球物理学专业。具体以目标院校的招生章程为准。

2. 由于地球物理学专业的学习内容大部分与地质探测、地球物理测井相关，需要经常野外出勤，工作条件相对艰苦，女生在选择该专业的时候需要慎重考虑。

实力院校

拥有地球物理学一流学科建设点的院校

北京大学、中国科学技术大学、武汉大学。

拥有地球物理学专业大类国家重点学科的院校

中国科学技术大学。

拥有地球物理学二级学科国家重点学科的院校

固体地球物理学方向：北京大学。

拥有地球物理学二级学科国家重点（培育）学科的院校

空间物理学方向：武汉大学。

地球物理学国家级特色专业建设点

中国地质大学（北京）、中国地质大学（武汉）、成都理工大学、北京大学、中国科学技术大学、防灾科技学院。

空间科学与技术：探索太空奥秘　研究日月星辰

核心含义

空间科学与技术是近年获得迅速发展的前沿交叉学科领域，空间科学与技术领域的人才培养和科学研究为我国空间科学与航天事业提供有力支撑，空间科学与应用专业的发展对我国国防建设，国民经济建设和社会发展有着深刻的影响，具有战略发展意义。该专业是随着我国航空航天事业而发展起来的一门新兴交叉学科，融合了天文学、地质学、地球物理学、环境科学、计算机科学及其他边缘学科。通过利用各类航天器上的观测仪器和实验设备，研究日地空间、行星际空间、恒星空间环境的物理、化学特性及其演化过程。比如，制造人造月亮就是空间科学与技术专业的一个具体运用。

本专业的学科特点决定了本专业毕业的学生不仅具有很强的从事空间科学与技术研究的能力，而且能适应现代社会多方面工作的需要，成为新型的科技与管理人才。

开设课程

空间科学与技术专业是偏向技术应用的专业，院校开设的课程以计算机为主干学科，如信号与系统、现代通信技术、航天传感器技术、自动控制技术、入式系统、空间探测技术、导航原理、现代编码理论与技术等。此外，还有一些物理学方面的专业课程，如电路分析理论、电磁场与电磁波、热力学与统计物理、等离子物理、量子力学等。

就业展望

随着我国在航空航天领域取得越来越多的突破，国家对该领域的专业人才有极大需求。该专业的本科毕业生可以进入电子通信、航天航空、船舶兵器等行业的科研院所和工业部门，从事研究、技术开发工作。空间科学与技术专业在本科是按照宽口径模式设置相应课程，着重于加强基础、培养能力，如果同学们对该专业非常感兴趣，可以报考该专业的研究生，因为航空航天部门一般对学历要求较高。

能力要求

1. 空间科学与技术专业对数学、物理、计算机有较高的要求，建议大家在报考的时候根据个人实际情况决定。

2. 空间科学与技术虽然属于理学学科，但可以颁发理学学士或工学学士学位，具体学位要根据目标院校情况而定。

实力院校

拥有空间科学与技术二级学科国家重点（培育）学科的院校

空间物理学方向：武汉大学。

开设空间科学与技术专业的代表性院校

北京大学、西安电子科技大学、北京航空航天大学、南京大学、南京航空航天大学、山东大学、哈尔滨工业大学、成都理工大学。

防灾减灾科学与工程：与天斗，其乐无穷

核心含义

防灾减灾科学与工程专业是2018年正式设立，该专业的设立对我国实施可持续发展战略有着重要作用，其主要任务是建立、发展并提高工程结构和工程系统对自然地质灾害和人为地质灾害的抵御能力，发展防灾减灾的科学理论、设计技术和工程处理方法，通过工程措施，最大限度的减轻地质灾害可能造成的破坏和损失，保证人民生命财产的安全，保证灾后重建、经济恢复和发展能力。

本专业主要培养学生掌握防灾减灾工程、防护结构工程及地质工程坚实基础理论知识、系统的专门科学知识；具备应对突发性重大地质灾害事件的能力；对本学科的研究现状和发展趋势有基本了解的高级工程技术专门人才；有严谨求实、勇于探索的科学态度和作风，具备较强科学研究能力的高级科学研究人才。

开设课程

本专业开设的主要课程有桥梁与隧道工程、工程力学，结构工程，道路与铁道工程，岩土工程，地质工程，材料学，工程测量、市政工程，运输工程等。

就业展望

我国不仅是世界上自然灾害多发的国家，而且是世界上蒙受自然灾害最为深重的国家之一。我们生活的家园不是安然无恙的，多种自然灾害频发是我国重要的基本国情之一。目前地质灾害与防治越来越受到重视，国家对这方面的投入力度不断加大，比如抗震的研究，有很大的研究空间。毕业生都能从事设计、施工及管理工作，具备初步的项目规划和研究开发能力；各个专业方向的毕业生又各具所长，能在政府机关建设职能部门，机关及工矿企事业单位的基建管理部门，建筑、市政工程设计院，土木工程科研院所，建筑、公路、桥梁等施工企业，工程质量监督站，工程建设监理部门，房地产公司，工程造价咨询机构、银行及投资咨询机构等，从事技术与管理等工作。

能力要求

按照普通高校本科专业目录，该专业属于地球物理学类下属专业，能力要求请参考地球物理学专业。

实力院校

本专业为教育部2018年新设立的专业，目前招生院校较少。

地质学：穿越山川河流　探究地球演化

核心含义

地质学是一门探讨地球如何演化的自然哲学，囊括了地球的物质组成、内部构造、外部特征、各圈层之间的相互作用和演变历史的知识体系。专业研究内容分为三个方面：地球的物质组成和结构构造、地球的形成和演化、地质学与社会经济发展相适应的使用技术。

本专业主要培养具备地质学基本理论、基本知识、基本技能和相关学科基础知识，具有较好的科学素养及初步的研究、教学和管理能力，能在科研机构、学校从事地质科学研究或教学工作，在地矿、冶金、建材、石油、煤炭、材料、环境、基础工程、旅游开发从事技术开发与技术管理工作以及

在行政部门从事管理工作的高级专门人才。

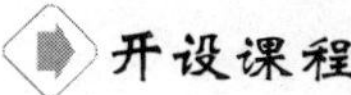

开设课程

地质学是以地理为基础的学科，院校开设的课程多与地理相关，也有一些涉及物理、化学、生物等学科专业知识。在低年级主要是一些基础课程，如大学英语、大学计算机、高等数学等。专业课程在低年级和高年级都有设置，主要包括结晶学与矿物学、变质岩石学、沉积岩石学、构造地质学、古生物学、地层学、地球化学、测量学、GIS和遥感技术等。由于地质学是研究地球性质的专业，需要经常去野外观察，因此设置了很多野外实习，如地质认识实习、测量实习、地质填图实习、地质综合实习等。

就业展望

地质学比较注重理论研究，因此，地质学专业的本科生毕业后从事的工作主要以开发与研究为主。许多与地质相关的研究院都需要地质学专业人才，如勘察设计研究院、测绘与遥感设计院。油气资源勘探开发、煤田勘查、矿物开采等领域相关的科研机构也需要此类专业人才。毕业生还可以进入相关的公司，如中国石油天然气集团公司、中国石油化工集团公司、中国海洋石油总公司等，从事研究、生产和管理等各项工作。

地质学专业需要经常到野外勘查，工作条件相对艰苦。如果希望在室内从事研究性工作的同学，可以选择读研究生，以提高自己的专业知识，毕业时会有更多更高层次的选择。

能力要求

1. 地质学专业有很多的实习与野外考察，且一般时间较长，需要有吃苦耐劳的精神。
2. 地质学的工作环境更加适合男生，女生在选择这个专业的时候需要谨慎。

实力院校

拥有地质学一流学科建设点的院校

北京大学、南京大学、中国地质大学（武汉）、成都理工大学、西北大学、中国地质大学（北京）。

拥有地质学专业大类国家重点学科的院校

南京大学、中国地质大学、西北大学。

拥有地质学二级学科国家重点学科的院校

地球化学方向：中国科学技术大学。

构造地质学方向：北京大学。

拥有地质学二级学科国家重点（培育）学科的院校

矿物学、矿床学、岩石学方向：北京大学、成都理工大学。

地质学专业国家特色专业建设点

中国地质大学（武汉）、同济大学、成都理工大学、吉林大学、中国石油大学（北京）、南京大学、北京大学、西北大学。

地球化学：研究地球天体的化学组成和演化

核心含义

地球化学是研究地球及其子系统（包括部分宇宙体）的化学组成和化学演化的一门学科。该专业主要研究地球（包括部分天体）的化学组成，研究地质过程中化学作用机制和条件、元素的共生组合及其赋存形式及元素的迁移和循环等。主要包括三个方向：环境地球化学、勘查地球化学和理论地球化学。地球上有非常丰富的矿产矿物资源，如矿石、钻石；还有多种多样的岩石，如花岗岩、玄武岩、大理岩、砂岩等。这些矿产资源的密度是多少，含有哪些化学成分，要经过怎样的过程才能够形成有价值的资源等，这些都需要地球化学的专业知识来解答。本专业培养学生具有扎实的数学、化学基础理论知识和熟练的计算机应用技能，能进行文字、图形、数据处理和编程。

开设课程

地球化学融合了地理与化学两大学科的交叉专业，主干课程以这两大学科为主，课程设置的比例大体上是相当的。化学学科方面的课程主要包括无机化学、古生物学、古生物地层学等；地理学科方面的课程主要包括地球科学概论、地史学、地球物理学导论、结晶学与矿物学等；还有一些交叉学科，如地球化学、环境化学、元素地球化学等。地球化学是实践性活动较多的专业，需要经常到野外考察，同时也会安排野外地质实习或毕业实习，增强同学们的实践能力。

就业展望

地球化学专业的本科生毕业后主要从事基础性的研究与开发工作，如进入国家行政机关、科研院所、环保机构、工矿企事业单位等部门。此外，还可以进入土地评估与开发、环境监测、能源开发等公司，从事生产、测试、技术管理、评估与评价等工作。毕业生可以选择地球化学专业或相关专业作为考研方向，如地质学、地球化学、环境科学、地理学等。

能力要求

1. 地球化学是以地理和化学为主干学科的专业，需要有较强的研究能力。

2. 地球化学专业会涉及许多实践与实验课程，对动手能力有一定的要求，同学们在选择专业时要根据自己实际情况来填报。

实力院校

地球化学专业国家级特色专业建设点

成都理工大学、中国地质大学（北京）、东北石油大学、中国地质大学（武汉）。

地球信息科学与技术：智能化地球

核心含义

地球信息科学与技术专业是迎合21世纪国民经济建设和发展的需求所建立，为打造信息化、智能化的地球培养相关专业人才。该专业以地球科学和计算机技术为基础，结合遥感技术、卫星定位技术和数字地球，探究地球空间数据无线网络传输、数据信息可视化、空间信息工程、3S集成（GPS、GIS、RS）等信息的一门学科。该专业的研究成果早已应用在我们的日常生活与生产中，例如当前我

国环境污染和生态破坏问题十分突出，地球信息技术的引入，就较好地解决了环境保护和灾害评价中的各种问题。此外，沿海、内陆地区地质环境与自然灾害、资源、土地利用、生态系统、城市建设等方面的勘察、规划、管理和动态监测等，这些问题都需要通过庞大的数据库与数字模型来解决，而信息的建立与获取便是地球信息科学与技术专业要学习的内容。

地球信息科学与技术专业培养掌握地球科学、地球信息获取、信息处理与计算机应用技术的基本理论方法；具有坚实的地学、测量学、数理、信息与计算科学、计算机科学和外语等学科基础；在地球内部探测数据采集、地球内部信息处理技术及相应的软件应用、软件系统设计开发等方面，具有良好的科学素养及创新能力的研究与应用复合型高级专门人才。

开设课程

数学、物理学和信息科学是地球信息科学与技术专业的重要基础，主干学科包括地球动力学与空间测地学、信息科学、电子计量学。开设的专业课程主要包括普通地质学、矿物岩石学、构造地质学、地层古生物学、地理信息系统原理、地理信息系统设计与开发、地球物理测井、计算机图形学等。该专业还设置了一些实践性教学环节，主要包括课程实验和实习、专业课程的教学实习、初步科研训练和毕业设计等。

就业展望

地球信息科学与技术专业属交叉学科，该专业的学生有着扎实的“数、理、外”基础，专业知识面宽，适应能力强，就业面广。毕业生最优先考虑的是国家政府机关和相关部门，如城市建设、国土资源、国防、环境保护、气象等部门，主要从事科研、技术开发及管理工作。除此之外，像国土资源评价管理、信息技术、旅游规划、城市规划与建筑等领域的企业，也十分需要本专业的毕业生。

大学本科大多实施“通才教育，培养厚基础、宽口径人才”的教学方针，同学们所学习的专业知识相对有限。因此，如果想要在该领域进行深入研究，报考研究生是非常好的选择。

能力要求

1. 地球信息科学与技术属于理学大类专业，该专业毕业生可授予理学学士学位或工学学士学位，不同的院校会有所不同。

2. 该专业是一门交叉学科，对数学、物理、信息科学的基础知识要求比较严格，同学们在选择的时候应结合自己的情况报考。

实力院校

开设地球信息科学与技术的代表性院校

电子科技大学、中国矿业大学（江苏）、中国地质大学（武汉）、浙江大学、中国海洋大学、中国地质大学（北京）、同济大学、中山大学、中南大学、河南理工大学、西南石油大学、郑州大学、河北地质大学。

古生物学：探索远古生命　深究地球历史

核心含义

古生物学是生命科学和地球科学的交叉科学。既是生命科学中唯一具有历史科学性质的时间尺度的一个独特分支，研究生命起源、发展历史、生物宏观进化模型、节奏与作用机制等历史生物学的重要基础和组成部分；又是地球科学的一个分支，研究保存在地层中的生物遗体、遗迹、化石，用以确定地层的顺序、时代，了解地壳发展的历史，推断地质史上水陆分布、气候变迁和沉积矿产形成与分布的规律。化石是古生物学的主要研究对象，不同的研究任务对化石的测量要求不同，比如，生物地层研究要求选择良好剖面，逐层寻找和采集化石，而古生态研究除一般生物地层工作外，还要着重观察收集古生物的分布、埋葬、群落结构等资料，需要在野外进行定量的采集和观察。如何去采集化石、收集资料、鉴定和测量化石等，这些都是古生物学需要研究的内容。

开设课程

古生物学的基础学科包括生物学和地质学，开设的课程以这两大学科为主。低年级开设有公共基础课程，主要包括大学英语、大学计算机、思想政治与品德修养等。专业课程在低年级和高年级都有设置，主要包括地球科学概论、古生物学基础、矿物学、岩石学、地史学、自然地理学、古生态学、地层学原理、构造地质学、环境地质学等。

就业展望

古生物学专业的本科毕业生主要的就业方向是政府相关部门和机构，如古生物及其他自然类博物馆、国家及省市自然保护区及地质公园。从事的岗位包括科研或管理人员、国土资源行政部门化石管理人员，以及石油、煤炭及地质调查等部门的研究、实验人员等。毕业生也可以报考该专业或相关专业的研究生，提高自己的专业素养，进行专业知识的深入研究。

能力要求

1. 目前全国开设古生物学专业的院校不多，招生人数也十分少，像北京大学甚至出现了每年都只有一个毕业生的局面。如果希望就读该专业，需要仔细查看院校简章进行对比。

2. 古生物学专业需要较多的野外考察和信息采集，实践环境较为艰苦，同学们在报考的时候需要考虑到这一点。

实力院校

开设古生物学专业的代表性院校

北京大学、沈阳师范大学、南京大学、河北地质大学。

生物科学：解锁生命密码

核心含义

生物科学是从分子、细胞、机体乃至生态系统等不同层次研究生命现象的本质、生物的起源进化、遗传变异、生长发育等生命活动规律的科学。人类生活离不开生物科学，当前我们面临的一系列重大问题，很大程度上依赖于生物科学、生物技术的进步与发展。例如，我们看到的很多生物，如植物、微生物、动物，这些生物是如何生长发育的，和其生长环境存在什么关系，物种和物种之间的关系、物种和环境之间的关系等，这些都是生物科学专业必须要学习的内容。

开设课程

生物科学专业的同学在低年级需要学习公共基础课程，主要包括大学英语、大学计算机、思想政治与品德修养等。还有一些生物科学的必修课程，主要包括普通生物学及实验、生物化学及实验、细

胞生物学及实验、遗传学及实验、基因工程综合实验、细胞、遗传与发育生物学综合实验等。除此之外，各校还会开设各类选修课程，主要包括免疫学、神经生物学、生物信息学、药物药理学导论、重大疾病的分子机制等。该专业还安排有野外实践活动，学生们会在老师的带领下去郊区或深山认识、观察各种有趣的动植物，采集制作标本等。

就业展望

生物科学专业本科毕业生的主要就业方向集中于生物、医药这两个领域，该专业的毕业生可以进入与生命科学有关的科研单位、院校，从事开发与研究工作。此外，也有很多与生物科学相关的公司和企业，如化工企业、生物制药企业、海关（动植物检疫）商检、公安、专利等部门；也有很多同学毕业后进入中学从事生物学的教育教学工作。相对于直接就业来说，该专业的本科生很多都选择读研或出国深造。同学们考研时一般选择较热门的专业方向有生物化学与分子生物学、植物学、学科教学（生物）、细胞生物学等。

能力要求

1. 开设生物科学的院校各具特色，有的以生化、植物为主，有的以微生物学为主，有的侧重于病原理、人体学等。同学们必须对目标院校的专业办学方向有认真了解，根据自己的兴趣爱好选择填报。

2. 生物科学专业对数学、化学的要求较高，部分学生在这类基础课程的学习上可能会遇到困难，大一的时候尤其需要刻苦努力，打好基础。

3. 该专业不招收色盲和色弱的考生，同学们在填报该专业的时候注意查看目标院校的具体要求。

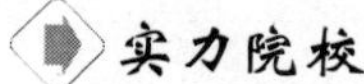

实力院校

拥有生物学世界一流建设学科院校

北京大学、清华大学、中国农业大学、北京协和医学、复旦大学、上海交通大学、南京大学、浙江大学、中国科学技术大学、厦门大学、武汉大学、华中农业大学、中山大学、西南大学、河南大学、内蒙古大学（自定）。

拥有生物科学专业大类国家重点学科的院校

北京大学、清华大学、北京协和医学院、复旦大学、南京大学、中国科学技术大学、武汉大学、中山大学。

拥有生物科学二级学科国家重点学科的院校

植物学方向：中国农业大学、北京林业大学、首都师范大学、东北林业大学、浙江大学、四川大学、西北大学、兰州大学。

动物学方向：南开大学、内蒙古大学、南京师范大学、厦门大学。

生理学方向：山西医科大学、西安交通大学、第二军医大学。

水生生物学方向：厦门大学、暨南大学。

微生物学方向：中国农业大学、南开大学、山东大学、华中农业大学、云南大学。

神经生物学方向：首都医科大学、第四军医大学。

遗传学方向：上海交通大学、中南大学、四川大学、第二军医大学。

发育生物学方向：湖南师范大学。

细胞生物学方向：北京师范大学、河北师范大学、东北师范大学、厦门大学、第四军医大学。

生物化学与分子生物学方向：中国农业大学、吉林大学、上海交通大学、华中农业大学、第四军医大学。生物物理学方向：浙江大学、华中科技大学。

生态学方向：北京师范大学、东北师范大学、东北林业大学、华东师范大学、南京林业大学、浙江大学、云南大学、兰州大学。

拥有生物科学二级学科国家重点（培育）学科的院校

植物学方向：南开大学。

动物学方向：河北大学、华东师范大学、陕西师范大学。

生理学方向：青岛大学。

微生物学方向：广西大学。

生态学方向：内蒙古大学、中南林业科技大学、西南大学。

国家级特色专业建设点

北京大学、清华大学、北京林业大学、北京师范大学、复旦大学、华东师范大学、南京大学、南京农业大学、浙江大学、厦门大学、中国海洋大学、中山大学、西南大学、四川大学、兰州大学、中国科学技术大学、华中师范大学、东北师范大学、陕西师范大学、南京师范大学、内蒙古大学、南昌大学、湖南师范大学、宁夏大学、河北师范大学、山西师范大学、山西大学、辽宁师范大学、上海海洋大学、杭州师范大学、绍兴文理学院、安徽大学、安徽师范大学、安徽科技学院、福建农林大学、井冈山大学、山东师范大学、鲁东大学、河南师范大学、河南大学、南阳师范学院、湖北大学、黄冈师范学院、湖北工程学院、吉首大学、海南师范大学、西华师范大学、贵州师范大学、延安大学、长治学院、哈尔滨师范大学、齐齐哈尔大学、白城师范学院、九江学院、周口师范学院、湖北师范大学、韩山师范学院、云南师范大学、西北师范大学、陇东学院。

生物技术：利用生命秘密造福人类

核心含义

生物技术作为生命科学领域的一种高新技术，是70年代初伴随着DNA重组技术和淋巴细胞杂交瘤技术的发明和应用而诞生的，主要包括以DNA重组技术为核心的基因工程和蛋白质工程，以及细胞工程、酶工程、发酵工程、生化工程等技术。生物技术的应用和发展为医疗、制药、食品、农林、牧渔、环保、园林等行业的发展开辟了广阔的前景，是21世纪科技发展的前沿关键技术和新兴产业。该专业是利用生物科学揭示的规律、机制和途径，去创造怎样利用生物、改造生物的手段和技术。生物技术的核心是以DNA重组技术为中心，人为地对各种生物的分子、细胞、组织等进行设定，定向地创作出有特定形状的新物种或新品种。转基因技术、分子育种技术、器官移植技术、发酵技术、生物制药等，这一系列技术的发明都是生物技术的研究成果。本专业培养以现代细胞与分子生物学为基础、以分子克隆技术为手段的现代生物技术人才，未来从事生物技术及其相关领域的科学研究。

开设课程

在同一所大学里，生物技术与生命科学这两个专业的课程设置基本上是一样的，相对来说，生物技术更侧重应用，生物科学更侧重科研。低年级主要是基础学科，主要包括大学英语、大学计算机；专业课程是以生物为基础的课程，主要包括植细胞生物学、分子生物学、免疫学、细胞工程、基因工程、蛋白质与酶工程、微生物工程、药用植物学、生物制药、药理学、生物信息学等。

就业展望

生物技术专业的应用领域较多，该专业的本科毕业生可以进入一些科研机构或学校，从事科学

研究或教学工作。此外，很多与生物相关的企业对生物技术专业的人才也是极其渴求的，毕业生能在工业、医药、商检、食品、农林生产、环保、科技情报、园林等行业的企业、事业单位和行政管理部门，从事技术开发、生产管理和行政管理等工作。

生物技术专业是属于研究性较强的工作，需要更为深入的学习和研究才能够有重大的研究成果，选择读研或读博士后前景也是比较美好的。

能力要求

1. 生物技术专业开设的实验课程比较多，对动手能力有一定的要求，同学们在报考时要多考虑这方面的因素。

2. 生物技术专业对数理化的要求较高，建议同学们结合自己的实际情况来选择专业。

3. 生物类专业毕业后可授予理学或工学学士学位。在招生时，有的高校使用具体的专业名称，还有的按“生物科学类”进行大类招生，如浙江大学则按“理科试验班类”进行招生，同学们选择专业时应该格外注意。

实力院校

拥有生物技术二级学科国家重点学科的院校

生理学方向：山西医科大学、西安交通大学、第二军医大学。

遗传学方向：上海交通大学、中南大学、四川大学、第二军医大学。

发育生物学方向：湖南师范大学。

细胞生物学方向：北京师范大学、河北师范大学、东北师范大学、厦门大学、第四军医大学。

生物化学与分子生物学方向：中国农业大学、吉林大学、上海交通大学、华中农业大学、第四军医大学。

拥有生物技术二级学科国家重点（培育）学科的院校

生理学方向：青岛大学。

微生物学方向：广西大学。

国家级特色专业建设点

北京师范大学、南开大学、上海交通大学、东北林业大学、山东大学、华中科技大学、中山大学、暨南大学、兰州大学、武汉大学、西北农林科技大学、东北农业大学、江南大学、华南农业大学、浙江万里学院、湖南农业大学、中南民族大学、桂林医学院、云南农业大学、塔里木大学、滨州医学院、山东农业大学。

生物信息学：生命密码的数字信息库

核心含义

生物信息学是在生命科学、计算机科学和数学的基础上逐步发展而形成的一门新兴交叉学科，是为理解各种数据的生物学意义，运用数学与计算机科学手段进行生物信息的收集、加工、存储、传播、分析与解析的科学。该专业具体分为基因组信息学、蛋白质空间结构模拟和药物设计三个部分。生物信息在我们日常生活中应用十分广泛，尤其是在医学领域，例如很多重大疾病的诊断，以及如何针对这些疾病进行研究，探究诊治的方法。生物信息学在一些前沿领域起到了关键作用，例如基因组学、蛋白组学、蛋白质工程、代谢工程、药物开发、疫苗设计、诊断试剂等。

开设课程

生物信息学专业是以生物、计算机为基础的学科，开设的课程以这两大部分为主。主干学科主要包括生物信息学、分子生物学、基础医学、计算机应用技术；核心课程主要包括高等数学、线细胞生物学、高级程序设计与数据结构、生物化学与分子生物学、医学遗传学、蛋白质组信息学、药物生物信息学、功能基因组信息学、肿瘤基因组信息学等。除了理论课外，生物信息学专业还开设了实验课程，实验教学配套使用生物信息学领域常用仪器和软件。

就业展望

生物信息学专业的同学在本科四年期间学习了计算机、生物、医学等多学科知识，为毕业求职提供了较广阔的发展领域。但说实话，生物科学类专业本科毕业就业前景都很一般，出国深造拥有较高学位也许会有较好的前景。该专业的本科毕业生可以进入科研、教学、生物与医药高科技公司等企事业单位的技术、行政管理部门，从事与生物相关的研究工作，如药物研发与管理、诊断检测试剂研制、生产管理、市场营销等。除此之外，像生物、医疗、环保、食品安全等领域也需要生物信息学专业的人才，毕业生可以从事快速检验、检疫和高通量工作。

能力要求

1. 生物信息学专业设置了较多的计算机课程，如果对计算机学科比较排斥或学习吃力的同学慎重报考。

2. 生物信息学专业有非常多的实验课程，要求同学们具有较强的动手能力。

3. 生物信息学专业的同学毕业时，可以授予理学或工学学士学位。

实力院校

拥有生物信息学二级学科国家重点学科的院校

遗传学方向：上海交通大学、中南大学、四川大学、第二军医大学。

发育生物学方向：湖南师范大学。

细胞生物学方向：北京师范大学、河北师范大学、东北师范大学、厦门大学、第四军医大学。

拥有生物信息学二级学科国家重点（培育）学科的院校

生理学方向：青岛大学。

国家级特色专业建设点

同济大学。

生态学：构造人与自然的和谐

核心含义

生态学以研究不同层次生物系统和环境系统关系为核心，兼及多学科交叉、多领域应用，特别是生态系统在人类活动干预下的各种运行机制及变化规律。生态学涉及的尺度有大有小，小到一株植物，大至景观生态学、种群生态学，乃至全球变化生态学。简单地说，就是生物如何去适应其生长及周围的环境，比如生物在怎样的环境才能生存，生物的生长与繁殖需要在怎样的条件下进行，生物与其环境之间构成的生态系统是怎么样的？这些都是生态学专业需要学习的内容。

开设课程

生态学专业是以生态学为研究内容，开设的专业课程以生物学为主。生态学专业的同学在低年级学习的基础学科，主要包括大学英语、大学计算机、高等数学等。专业课程在低年级和高年级都有开设，主要包括普通生物学、生物化学、普通生态学、农业生态学、微生物学、环境科学概论、环境监测、恢复生态学、土壤学、生态工程、水土保持学、环境质量评价。生态学专业有比较特殊之处，该专业的同学需要经常去野外，学习生态监测与评价，研究动植物等。

就业展望

当前生态环境问题是全球关注的焦点之一，相应地对这个领域的人才有很大的需求，但客观上目前该专业就业不是很理想。具体来说，生态学专业的本科毕业生可以进入相应的政府机构，如各级环保局、农业局、发改局、城乡规划局、国土管理局以及各类规划设计研究院、自然保护区等，从事与生态相关的行政管理、规划编制和生态工程技术推广应用等工作。很多企业也非常需要生态学专业的人才，如农业、环保技术推广中心、生态工程技术公司、环境治理公司、园林绿化公司等，毕业生可以从事生态规划、设计、建设及咨询等工作。

生态学专业下分很多方向，每个方向的研究对象、领域、侧重点都有所不一样，同学们如果想在生态学或某个方向继续研究，可以报考相应方向的研究生。

能力要求

1. 生态学专业设置有理论课程与实践课程，且实践课程多为野外活动，条件较为艰苦，同学们在报考该专业之前要综合考虑自己的实际情况慎重填报。

2. 由于生态学专业需要经常做实验和野外考察，要求能够区分颜色，所以对考生身体条件会有一定限制，如色盲、色弱者不宜填报。

实力院校

拥有生态学世界一流建设学科的院校

北京大学、北京师范大学、复旦大学、华东师范大学、浙江大学、厦门大学、中山大学、云南大学、兰州大学、西藏大学（自定）、青海大学（自定）。

拥有生态学二级学科国家重点学科的院校

生态学方向：北京师范大学、东北师范大学、东北林业大学、华东师范大学、南京林业大学、浙江大学、云南大学、兰州大学。

拥有生态学二级学科国家重点（培育）学科的院校

生态学方向：内蒙古大学、中南林业科技大学、西南大学。

生态学专业国家级特色专业建设点

中央民族大学、内蒙古大学、山东大学、云南大学。

整合科学：培养生物学领域科研领军人才

核心含义

2014 年“整合科学实验班”在北京大学元培学院应运而生。整合科学旨在打破人为造成的传统学科之间的藩篱，实现数、理、化、生、信、工的整合，培养新一代的跨学科创新型科研人才。如果是学生物科学的同学，由于他们没有学过数学相关的专业知识，也看不懂数学内容太深的材料和文献，更没有建模需要的数学技术，因此无法将建模技术完全应用到生物学领域；而数学学院的同学则是什么数学工具都掌握了，但是对生物却完全不懂，也很难理解生物的专业术语，单纯对着数据建立的模型也无法确定是否具有意义，他们不懂生物就不知道怎样设计合理的实验，更无法得到需要的数据。因此，整合科学应运而生。

开设课程

核心专业课包括微积分与力学、定量分子生物学、生物化学、定量细胞生物学、整合热力学、整合化学动力学、电磁学、概率统计、量子力学与光谱基础等。除了理论教学外，整合科学专业在第一学年还会开设很多实验课，重点培养学生动手能力，进行物理、化学、电子、计算机科学基本实验技能的培养，并侧重于相关知识在生命科学经典问题研究中的应用。从第二学年开始则更注重学生的自主选择权，学院会安排多个与课程相关的实验室，学生可自行选择自己侧重的学习方向，并进行大量的实验训练，接受来自科研最前沿课题的挑战，培养学生对科学问题的理解，学会设立科学假设，并设计科学实验加以研究探索。

就业展望

整合科学有着课业繁重的名声，坊间也流传着这样一句话：“整科是一个传说中学术大牛和大神扎堆儿出没的地方”，几乎每位同学都在兴趣和引导下接受磨砺、提升自我。作为全国唯一一所开设这个专业的高校，与此同时又是门槛如此之高的神级院校，北京大学的毕业生将近 9 成都会选择继续深造，而在这些人中又有一半的人选择申请去国外知名大学留学，只有少数毕业生会选择就业。

能力要求

1. 本专业需要学习多门学科的课程，而且招生院校在全国高校金字塔，因此比较适合成绩优异、学习能力强的考生报考。

2. 本专业旨在培养高端复合型科研人才，因此比较适合以后想从事科研工作的考生报考。

实力院校

开设整合科学专业的代表性院校

北京大学。

神经科学：寻求解释神智活动的生物学机制

核心含义

本专业培养具备神经科学的基本理论、基本知识和较强的实验技能，能在科研机构、高等学校及企事业单位等从事科学研究、教学工作及管理工作的神经科学高级专门人才。神经科学专业不同于传统意义上的专业，它的重点不是某一个学科，相反，这个专业的老师和学生在诸多不同层面上都有互动与合作，其中包括细胞与分子神经生物学、药理学、生理学、神经工程、神经通讯以及认知与行为神经科学。本专业为本科生进入神经科学或相关研究生专业提供了优质、全面的培训。此外，由于本专业的许多核心课与医学院预科课程重叠，因此也有助于学生将来进入医学院或卫生相关领域的研究生专业。

开设课程

专业特色课程有脑科学、神经生物学、神经病理学、行为遗传学等。

就业展望

本专业毕业生多在科研机构、高等学校及企事业单位等从事科学研究、教学及管理工作。

能力要求

1. 神经科学是一个跨学科的科学，是生物学的一个分支，要学习这门科学，需要对其他领域也有很深的了解。

2. 国内开设神经科学专业的院校并不多，想要真正在这个领域做出成就往往需要出国深造，因此比较适合外语成绩比较好、家庭条件不错的考生报考。

实力院校

开设神经科学专业的代表性院校

上海纽约大学。

心理学：探索心灵的奥秘

核心含义

心理学是一门研究人类心理现象及其影响下的精神功能和行为活动的科学。自古以来，人类在探索自然界奥秘的同时，也在不断地探索人类自身的奥秘，特别是心灵的奥秘，由此心理学便应运而生。最初，心理学隶属于哲学，直至 19 世纪末，自然科学的实验方法被应用到心理研究中，心理学才成为一门独立的实验科学。

简单来说，心理学专业的研究内容是心理过程发生、发展及其变化规律；个性心理形成和发展的过程；心理过程和个性心理的相互关系。该专业研究领域广泛，涉及教育、军事、咨询、生物等方面。心理学的研究，已渗透到人们所从事的一切活动中，其研究任务是从理论上弄清人类心理的本质，目的是在实践中更充分地发挥人的因素，提高学习、劳动的效率，适应现代生活的需要。

开设课程

心理学的基础课程主要包括普通心理学、社会心理学、发展心理学、教育心理学、实验心理学、心理测量、教育与心理统计。另外，针对不同的方向和分支，比较重要的课程主要包括：心理学研究方法、认知心理学、心理咨询、变态心理学、心理治疗、人格心理学、人力资源管理、人才测评等。

就业展望

因为心理学是研究"人"的学科，各行各业都和人相关，所以心理学专业的毕业生就业范围相对较为广泛。职业领域涉及心理咨询、人力资源、猎头、部分管理咨询、用户体验、市场调研、教师或大学辅导员、公务员以及教育机构（早教、智力开发）等。如果毕业生想要在心理咨询领域有所成就和发展，可优先考虑心理咨询发展较好的城市，如北京、上海、广州、深圳、武汉等一线城市。

总体来看，心理学专业有着较好的发展和就业前景。一是市场需求和社会需求都急剧增加；二是我国政府和相关部门十分重视；三是新兴事物的生命周期，它还处于生长发展的高速期。现代社会的发展，人们对于心理学的存在和作用，已经给予了充分的肯定和认可。该专业毕业后不仅就业前景看好，且对学生自身素质的完善也有着重要作用。

能力要求

1. 只要身心健康，对心理学有兴趣并有志于从事这个方面的研究的同学，都可以大胆地报考本专业。

2. 心理学的研究离不开反复的实验与分析总结，这对那些善于思考问题，喜静，热爱读书的同学更为适宜。

3. 心理学专业发展较好的院校多集中在师范类和医学类，也有少部分综合性大学。

实力院校

拥有心理学世界一流建设学科的院校

北京大学、北京师范大学。

拥有心理学专业大类国家重点学科的院校

北京师范大学。

拥有心理学二级学科国家重点学科的院校

基础心理学方向：北京大学、华东师范大学、西南大学。

发展与教育心理学方向：天津师范大学、华南师范大学。

应用心理学方向：浙江大学。

国家级特色专业建设点

北京师范大学、华东师范大学、东北师范大学、华中师范大学、陕西师范大学、西南大学、哈尔滨师范大学、内蒙古师范大学。

应用心理学：将读心术应用到生活

核心含义

在这个快速发展的社会里，各种各样的竞争也随之愈演愈烈，来自各方的压力也不断增加，人们也日益注意到了自身的心理健康问题。随着社会的发展、人们的生活水平的提高，人们的社会压力、生活压力也日益增大，由此引发的各种心理疾患和心理障碍，有待应用心理学专业人士的解决。

应用心理学是心理学中迅速发展的一个重要学科分支。由于人们在工作及生活方面的需要，多种主题的相关研究领域形成应用心理学学科。应用心理学研究心理学基本原理在各种实际领域的应用，包括工业、工程、组织管理、市场消费、社会生活、医疗保健、体育运动以及军事、司法、环境等各个领域。

本专业面向国民心身健康产业发展新需求，围绕地方经济建设和社会发展需要，通过提供心理学基础理论、心身健康基础知识和心身调节、心理咨询技能的基本训练，培养具有高度社会责任感、服务意识和合作精神，具有扎实的心理学理论基础和较高水平的心理干预技能，能在心身健康领域从事市场调研、人际关系管理、各类人群的心理健康教育、早期教育、家庭教育、特殊教育等工作的高素质应用型人才。

开设课程

本专业的主干课程主要包括教育心理学、管理心理学、临床与咨询心理学；核心知识领域的课程主要包括普通心理学、实验心理学、心理统计及常用软件、心理测量学、生物心理学、变态心理学等。

就业展望

应用心理学专业的毕业生就业方向集中在三个领域：第一，从事大众传播、组织管理、人力资源评估与开发、广告宣传、公共关系、民意调查、心理卫生等工作；第二，各级学校和各类公众的心理测量、心理咨询和心理辅导工作；第三，高等院校和科研单位以及社会学、管理学、教育学、精神医学等领域中相关心理学内容的教学与科研工作。另外，随着社会生活节奏的加快和竞争的加剧，心理及精神疾病的发病率日渐增加，心理医生已成为21世纪最受欢迎和最有前途的职业之一。在发达国家，心理医生是社会需求高、经济收入高、社会地位高的“三高”人群。随着我国与国际接轨日益频繁，中国应用心理学人才也将越来越受欢迎。

能力要求

参考心理学专业。

实力院校

拥有应用心理学二级学科国家重点学科的院校名单

浙江大学。

应用心理学国家级特色专业建设点

天津师范大学。

统计学：大数据时代的核心

核心含义

统计学是应用数学的一个分支，主要通过利用概率论建立数学模型，收集所观察系统的数据，进行量化分析、总结，做出推断和预测，为相关决策提供依据和参考。该专业的应用性很强，主要研究客观事物数量方面的方法论，其方法广泛适用于自然、社会、经济、科学技术等各个领域，因此，统计学是经济管理类专业的核心专业基础课。现在，统计学的应用几乎遍及所有科学领域和国民经济各部门，统计学的一些基本概念知识已成为很多社会生活和经济活动的必备常识。

开设课程

统计学的基础课程主要包括数学基础课（分析、代数、几何）、概率论、数理统计、运筹学、计算机基础、应用随机过程、实用回归分析、时间序列分析、多元统计分析、非参数统计、统计预测与决策、试验设计与统计软件等。其他课程则视方向选择，如经济统计方向可选择社会调查方法、经济与社会统计、国民经济核算、会计学等。

就业展望

统计学曾经被评为给人类生活带来重大影响的20项新技能之一，它的应用遍及所有科学技术领域、工农业生产和国民经济的各个部门，是工农业生产和科学技术深层次、高层次管理的重要工具。由于具有应用广、成本低的特点，统计学近年的发展越来越快，各个部门和企业对统计学人才的需求量也越来越大。

统计学专业毕业生有三大去向：市场调查公司、咨询公司的市场研究部门、工业企业的质量检测部门、事业单位；银行、保险公司和证券公司等金融部门；政府部门（统计局）等。除此之外，还有许多应用到统计学知识的业务部门也是统计专业毕业生的去向，比如，公司的人力资源部门需要统计学专业人才来进行一些员工情况调查和信息综合。从近几年统计学专业本科毕业生流向来看，到国有企业、三资企业或其他企业就业的占总数的40%以上。广东、上海、北京、福建、江苏和浙江是接受统计学专业本科生最多的省份。

能力要求

1. 该专业学习需要较强的数理逻辑思维。
2. 由于培养要求的原因，该专业对考生数学与计算机要求较高。

实力院校

拥有统计学世界一流建设学科的院校

北京大学、清华大学（统计学与运筹学）、中国人民大学、南开大学、东北师范大学、华东师范大学、上海财经大学、厦门大学。

国家级特色专业建设点

中央财经大学、中国人民大学、华东师范大学、东北财经大学、上海财经大学、西南财经大学、南京财经大学、首都经济贸易大学、天津财经大学、山西财经大学、西安财经学院、浙江工商大学、山东工商学院、淮北师范大学、兰州财经大学、贵州民族大学、新疆财经大学、厦门大学。

应用统计学：用数字表达生活　拿数据创造奇迹

核心含义

在偶然中寻求必然是应用统计学的核心，该专业属于统计学的一个范畴，它是将统计学的原理运用到实际生活的各个领域。最关键的是用统计软件（比如R/SAS）跑程序，然后从结果中得到一些我们需要的数据，代入已知的理论得出相应的结论。该专业培养具有良好的数学或数学与经济学素养，掌握统计学的基本理论和方法，能熟练地运用计算机分析数据，能在企事业单位和经济、管理部门从事统计调查、统计信息管理、数量分析等开发、应用和管理工作，或在科研、教育部门从事研究和教学工作的高级专门人才。

统计学和应用统计学区别不是很大，在很多同时开设这两个专业的学校，区别只有几门课程的不同。统计学偏向学术研究，适合考研；应用统计则偏向实际操作，比如数学建模、软件操作，更适合求职。

开设课程

应用统计学的基础课程主要包括数学基础课（分析、代数、几何）、概率论、数理统计、运筹学、计算机基础、应用随机过程、实用回归分析、时间序列分析、多元统计分析、非参数统计、统计预测与决策、试验设计与统计软件等。其他课程因应用方向不同，课程内容极为不同。如广东财经大学、上海金融学院倾向于金融方向，而广东医科大学、滨州医学院则倾向于医学方向。

就业展望

参考统计学专业。

能力要求

参考统计学专业。

实力院校

参考统计学专业。

农学门类及其特点

农学门类下总共包含 7 个专业大类——植物生产类、自然保护与环境生态类、动物生产类、动物医学类、林学类、水产类、草学类。植物生产类下设专业：农学、园艺、植物保护、植物科学与技术、种子科学与工程、设施农业科学与技术、茶学、烟草、应用生物科学、农艺教育、园艺教育、智慧农业、菌物科学与工程、农药化肥。其中，茶学、烟草、应用生物科学、农艺教育、园艺教育、智慧农业、菌物科学与工程、农药化肥 8 个专业为特设专业。自然保护与环境生态类下设专业：农业资源与环境、野生动物与自然保护区管理、水土保持与荒漠化防治、生物质科学与工程。动物生产类下设专业：动物科学、蚕学、蜂学、经济动物学、马业科学，其中蚕学、蜂学、经济动物学、马业科学为特设专业。动物医学类下设 3 个特设专业：动植物检疫、实验动物学、中兽医学。水产类下设 2 个特设专业：水族科学与技术、水生动物医学。

农学专业共同特点如下：

1. 一直以来，农学类专业在报考方面都属于冷门专业，录取分数相对偏低，专业教育收费也相对偏低。

2. 招生一般以理科为主，少部分专业文理兼招。学生毕业后一般授予农学学士学位，其中设施农业科学与工程专业还可授予工学学士学位，应用生物科学专业和动植物检疫专业还可授予理学学士学位。

3. 近年来，随着农村经济的持续发展，农业科技方面的人才需求也在增加，农学作为培养农业生产研究方面高级人才的学科也得到越来越多的重视，很多冷门的农学专业也渐渐开始回暖。

4. 农学类专业整体考研率比较高，很大一部分学生毕业后都会选择继续深造，另外跨专业考研的学生也不少。

农学：人类发展的根基

核心含义

农学专业，新的农业科技革命的先锋专业，不仅致力于作物科学的前沿研究，而且紧紧围绕国家现代农业可持续发展和粮食安全的重大需求，进行新品种、新技术研发和推广应用。农学专业的内容很广泛，从微观农作物分子细胞的研究到宏观农业产业的经营，都是农学专业研究的范畴。主要有四大块研究内容：一是遗传育种理论；二是新品种的培育；三是高效栽培技术；四是耕作制度。该专业培养的是具备作物生产、作物病害、作物遗传以及种子生产与经营管理等方面的基本理论和技能的高级科学技术人才。

开设课程

农学专业开设的主要课程包括遗传学、田间试验与设计、植物学、土壤肥料学、植物生理与生物化学、应用概率统计、农业生态学、作物栽培与耕作学、育种学、种子学、耕作学、农业经济管理、植物病虫害等。除了理论学习外，该专业还有许多实践课程，大多会到试验田里进行劳动，种植一些农作物等。

就业展望

我国是一个农业大国，基层农技人员和管理人员却很少，在品种培育和农业机械化方面都处于相对落后的位置，说明我国在高级农业科学技术人才需求方面还是存在很大潜力。但从实际来看，农学专业的就业情况整体一般，工资不太高。很大一部分本科毕业生会到种子、化肥、农药等相关公司从事销售或行政工作；还有一部分人会通过考公务员进入农业局、粮食局等相关单位。这个专业另外一条出路是继续深造，攻读硕士、博士研究生，今后从事科研教学等工作。

能力要求

1. 农学专业对考生的身体条件有一定的要求，色盲、色弱不宜就读此类专业。

2. 对生物科学以及化学等有兴趣和特长的考生适合报考该专业。

3. 该专业属于冷门专业，对分数要求相对不是很高，就业率一般。但是，近年来国家对农业的支持力度越来越大，还是很有发展前景的。

实力院校

拥有农学世界一流建设学科的院校

华南理工大学、西北农林科技大学。

农学专业国家级特色专业建设点

华中农业大学、南京农业大学、西南大学、华南农业大学、四川农业大学、江西农业大学、山西农业大学、海南大学、扬州大学、石河子大学、湖南农业大学、福建农林大学、西南科技大学、内蒙古农业大学、内蒙古民族大学、山东农业大学、新疆农业大学、天津农学院、河南农业大学、河北农业大学、沈阳农业大学、云南农业大学、塔里木大学、黑龙江八一农垦大学、长江大学、河南科技学院、宜春学院、东北农业大学、广西大学、宁夏大学、西北农林科技大学、西藏大学。

园艺：城市美化者

核心含义

园艺专业与城市建设和人们的生活息息相关，城市的美化离不开园艺，生活水平越高的地方，对这方面人才的需求越大。该专业的研究对象是种植在园子里的植物，主要包括果树、蔬菜、花卉和观赏植物等。该专业主要学习和研究园艺作物新品种的培育方法、栽培技术及园艺产品的储藏和运输技术，研究范围涵盖了整个园艺产业链，涉及生物学基础、信息技术、工程学等领域的问题。

开设课程

园艺专业在大一、大二会开设一系列基础课程，比如植物学、生物化学、植物生理学、植物生理与生物化学、应用概率统计、遗传学、分子生物学导论等。大三、大四开设专业课程，比如园艺植物育种学、园艺植物栽培学、园艺植物病虫害防治学、园艺产品贮藏加工、微生物与植物病原学、计算机农业应用、园艺作物栽培学、设施园艺学、园艺商品学、园艺产品采后与营销等。

就业展望

我国园艺行业产业目前还没有形成很大的规模，所以该专业的学生毕业后就业面相对较窄，待

遇一般。主要有以下几个发展方向：第一，去苗木公司、蔬菜基地、种子公司等从事园艺作物的繁殖、栽培工作；第二，去园艺相关的贸易公司从事园艺作物的代理或销售工作；第三，对花艺感兴趣的学生可以往花艺师方向发展，特别是在一些大城市的花艺业发展更有前途；第四，考公务员或进事业单位，比如农科院、农业局、林业局等。

能力要求

1. 任何一眼矫正到 4.8、镜片度数大于 800 度的考生、患有轻度色觉异常（俗称色弱）的考生、患有色觉异常Ⅱ度（俗称色盲）的考生不宜就读该专业。

2. 园艺专业很容易和园林专业混淆，二者的差别其实是很大的，考生在报考时要注意区分。

3. 和其他农学类专业一样，园艺专业在报考时也不热门。

实力院校

拥有园艺学世界一流建设学科的院校

浙江大学、华中农业大学。

拥有园艺学专业大类国家重点学科的院校

浙江大学。

拥有园艺学二级学科国家重点学科的院校

果树学方向：中国农业大学、华中农业大学、西北农林科技大学、华南农业大学、山东农业大学。

蔬菜学方向：南京农业大学、沈阳农业大学。

拥有园艺学二级学科国家重点（培育）学科的院校

果树学方向：西南大学。

蔬菜学方向：华中农业大学、东北农业大学。

茶学方向：安徽农业大学。

园艺专业国家级特色专业建设点

西北农林科技大学、南京农业大学、华南农业大学、沈阳农业大学、四川农业大学、海南大学、山西农业大学、东北农业大学、河北农业大学、山东农业大学、北京农学院、吉林农业大学、浙江农林大学、云南农业大学、青岛农业大学、新疆农业大学、塔里木大学、湖北民族大学、仲恺农业工程学院、河南科技学院、湖北工程学院、西南大学、华中农业大学。

植物保护：感受草木之情　护卫大地生命

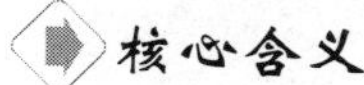

核心含义

植物保护专业是农业专业里面综合性比较强的专业，可以渗透到种植业的各个领域。顾名思义，植物保护就是保护植物的，有哪种植物不需要保护呢，搞植物保护的可以用植物医生来形容。该专业是生命科学领域的传统专业，是以植物学、动物学、微生物学、农业生态学、信息科学为基础，研究有害生物的发生发展规律，并提出综合治理技术的学科，可以说是植物界的医学。简单来说，植物保护专业的任务主要是为治疗植物疾病和害虫提供技术保障，培养具备综合应用生物技术、信息技术、仿生技术等高新技术和技能，为我国农业可持续发展和食品安全生产、植物检疫、农产品贸易等服务的高级专门科技人才。

开设课程

植物保护专业在大一、大二开设基础课程，主要包括生物学、作物学、植物保护学、普通植物病理学、普通昆虫学、农业植物病理学、农业昆虫学、植物化学保护、农药学原理、蜱螨学等。大三、大四开设专业课程，主要包括植物检疫、农业化学及应用、植物与植物生理、植物生产环境、作物生产技术、园艺作物生产技术、农业害虫防治、植物病害防治、植物化学保护等。此外，该专业还会开设一系列技能训练的课程，比如植物栽培技术技能训练、植物遗传育种技术技能训练、植物病理技能训练、害虫预测预报技能训练、植物检疫技能训练等。

就业展望

总体来说，植物保护专业的就业形势不是十分乐观，本科毕业生就业去向主要有以下几个方面：第一，国内动植物检疫部门、海关进出口检验检疫局、环保部门；第二，地方基层农业局、植保站、农技推广中心等；第三，农药化工企业，大部分选择就业的毕业生都流向了该类企业，从事销售、农药产品的研发、登记、生产、管理等工作；第四，进入大中专院校从事教学、管理工作，当然这对学历有一定的要求。

能力要求

1. 任何一眼矫正到4.8、镜片度数大于800度的考生、患有轻度色觉异常（俗称色弱）的考生、患有色觉异常Ⅱ度（俗称色盲）的考生不宜就读该专业。

2. 对生物、化学感兴趣的同学适宜就读该专业。

3. 该专业相对冷门，对分数要求比较低。

实力院校

拥有植物保护一流学科建设点的院校

中国农业大学、浙江大学、贵州大学（自定）。

拥有植物保护专业大类国家重点学科的院校

浙江大学、中国农业大学、南京农业大学。

拥有植物保护二级学科国家重点学科的院校

植物病理学方向：西北农林科技大学、福建农业大学。

农业昆虫与害虫防治方向：华南农业大学。

农药学方向：南开大学、华中师范大学、贵州大学。

拥有植物保护二级学科国家重点（培育）学科的院校

农业昆虫与害虫防治方向：西北农林科技大学。

植物保护专业国家级特色专业建设点

浙江大学、南京农业大学、湖南农业大学、青岛农业大学、山东农业大学、安徽农业大学、河北农业大学、沈阳农业大学、福建农林大学、海南大学、云南农业大学、河南农业大学、山西农业大学、西北农林科技大学、吉林大学、华南农业大学、西南大学、贵州大学。

植物科学与技术：培养现代化园丁

核心含义

植物科学与技术专业是新兴专业，综合了传统的农学、园艺和植保三大内容，在科研和应用上均具有重大意义。该专业主要研究现代生物技术及植物遗传改良、农业信息技术及植物生产管理、生态环境及植物产品质量安全、植物保护和植物产品贮藏与加工等，综合了传统的农学、园艺和植物保护三大内容。比如，有些品种的小麦、水稻在成熟时容易出现“倒伏”现象，影响收割。棉花容易出现虫害。那么怎样通过遗传改良来培育出抗“倒伏”、抗虫害的新品种？又比如，怎么根据植物的生长习性、品种、栽培管理来实现植物的高产？这些，都是植物科学与技术专业需要研究的内容。

开设课程

在大学一、二年级一般会安排基础科目的学习，主要包括高等数学、数理统计、计算机基础、有机化学、植物化学、微生物学、英语等。高年级以后会开设专业课程，主要包括植物生物技术、植物保护学、植物育种学、耕作学、植物生产学、分子生物学、植物生态学、种子学、植物栽培学、植物病理学、农业昆虫学、土壤肥料学、植物生物技术、生物统计与试验设计等。

就业展望

本专业涵盖传统的农学、园艺和植物保护等三大内容，所以就业范围较广。毕业生可在农业、园林、林业、食品、医药、畜牧等行业从事与植物科学相关的教学与科研、技术推广与开发、经营与管理等工作；还可在农业院校（大中专）、科研院所、农场、种子公司、农业技术推广部门、涉农企业、国家机关等，从事食品、医药、园林、农业、林业、畜牧等与植物科学相关的科学研究与教学、技术推广与开发、生产经营、管理与咨询服务等工作。

考研是本专业学生毕业后的一个重要去向。由于该专业在本科阶段学习的内容太广，每个领域学的知识都不够深入，为了今后事业的发展，许多同学毕业后选择考取园艺、农学、植物保护等方向的研究生。如果大家有志于从事这些领域的研究和教学工作，也可以考虑继续考研深造。

能力要求

1. 任何一眼矫正到4.8、镜片度数大于800度的考生、患有轻度色觉异常（俗称色弱）的考生不宜就读植物科学与技术专业。
2. 对农学、园艺、植物保护感兴趣的同学适宜就读。
3. 该专业就业和报考都比较冷门，对分数要求不高。

实力院校

国家级特色专业建设点

山东农业大学。

种子科学与工程：触碰造物的精灵

核心含义

民以食为天，粮以种为先。简单来说，种子科学与工程专业就是研究植物育种、种子加工贮藏、种子质量检测以及种子推广的学科。比如，在大米、小麦等粮食的贮藏过程中，因为霉变、发芽、虫蛀等因素会损失6%～10%的粮食。那么如何通过改变种子的加工方法和贮藏条件来减少这些损失？当种子收获后，如何保证种子的发芽率，如何检测种子的质量，以减少因为出芽率低或种子损伤而造成的经济损失？这些，都是种子科学与工程专业需要学习的内容。

开设课程

种子科学与工程专业是以植物学、遗传学、农学为基础的学科，在大学一、二年级一般会安排基础科目的学习，主要包括高等数学、概率论与数理统计、计算机技术、英语等。高年级以后会开设专业课程，主要包括植物学、生物化学、植物生理学、遗传学、试验设计与生物统计、土壤学、微生物与植物病原学、植物病理学、植物育种学、作物栽培学、种子生物学、种子生产学、种子检验学、种子加工与贮藏学、种子经营与管理学等。

就业展望

种子产业的发展直接关系到国家的粮食安全问题，是关系国计民生的大事，这也为种子科学与工程专业的毕业生提供了很多发展机遇。该专业的学生毕业后可以到相关企业和单位从事种子生产、种子推广、新品种种子开发、种子经营与管理等工作。代表性企业有中化集团中国种子集团公司、隆平高科种业有限公司、中粮集团有限公司等。

除了就业外，该专业的学生还可选择在作物遗传育种、作物栽培学与耕作学、作物生理学等硕士授权点进行深造。如果大家有志于从事作物遗传育种或作物生理学等相关领域的研究和教学工作，进一步深造也是个不错的选择。

能力要求

1. 任何一眼矫正到4.8、镜片度数大于400度的考生、患有轻度色觉异常（俗称色弱）的考生不宜就读该类专业。具体以目标院校的招生章程为准。
2. 鉴于这个专业的工作周期比较长，所以条件相对比较枯燥和艰苦。
3. 该专业就业需求存在一定缺口，但报考并不热门，对分数要求相对不是很高。
4. 该专业毕业后可授予工学或农学学士学位。

实力院校

国家级特色专业建设点

中国农业大学、新疆农业大学、河西学院。

设施农业科学与工程：加速现代化农业的发展

核心含义

设施农业科学与工程专业指设施农业的完整科学体系和生产体系，是一门涉及生物、工程、环境等多学科有机结合与统一形成的新兴专业。该专业主要研究设施农业的生产理论与技术，以及在相对可控的环境条件下利用温室、机械等设施和设备，实现集约、高效、可持续发展的现代农业生产方式。它具有高度的技术规范、高效益、集约化、规模化的特征。比如在广大温带地区，许多农作物在冬天无法生长，满足不了人们的生活需求。而温室的利用，则解决了这个问题。那么，温室内的温度、光照、空气和水分等条件应该怎样控制？怎样利用新的技术手段使温室的栽培更加集约化和高效率？怎样合理安排作物的栽培时间来满足人们在不同季节对不同农产品的需求，从而提高温室的运转效益？这些，都是设施农业科学与工程专业需要学习的内容。

开设课程

设施农业科学与工程是一门新兴学科，集成现代生物技术、农业工程、管理、环境控制、信息技

术等学科。在大学一、二年级一般会安排基础科目的学习，主要包括高等数学、线性代数、工程力学、计算机基础、电子电工基础、英语、有机化学、无机化学等。高年级以后会开设专业课程，主要包括植物学、温室工程学、温室建筑与结构、农业园区管理与规划、农业设施环境控制、农业设施设计制造、无土栽培、现代灌排原理与技术、工厂化育苗、环境生物学、土壤学、肥料学等。

就业展望

设施农业科学与工程以现代化农业设施为依托，科技含量高，产品附加值高，土地产出率高和劳动生产率高，是我国农业高新技术的象征，也是未来农业发展的趋势。同学们毕业后可在农业科技园区、科研院所、政府涉农机构、农业技术推广中心、园艺设施设计及建造企业、园艺设备生产单位等部门从事农业企业技术、农业园区管理、农业技术推广、园艺产业营销、科研与教学等工作。

本专业就业率相对较低，但考研率较高，毕业生不仅可报考本专业的研究生，也可报考设施农业与生态工程、环境科学、风景园林、自动化、园艺学、蔬菜学、植物学等相关学科的研究生。研究生毕业后主要从事规划管理、新技术的开发设计、工厂化农业建设等类型工作。

能力要求

1. 任何一眼矫正到 4.8、镜片度数大于 800 度的考生、患有轻度色觉异常（俗称色弱）的考生、患有色觉异常Ⅱ度（俗称色盲）的考生不宜就读设施农业科学与工程专业。具体以目标院校招生章程公布的为准。

2. 该专业工作环境相对艰苦，比较适合男生。

3. 该专业毕业后可授予工学或农学学士学位，就业和报考均较冷门，对分数要求相对比较低。

实力院校

开设设施农业科学与工程专业的代表性院校

中国农业大学、南京农业大学、华中农业大学、西北农林科技大学、东北农业大学、河北农业大学、内蒙古农业大学、沈阳农业大学、山东农业大学、福建农林大学、甘肃农业大学、河南农业大学、石河子大学。

茶学：来自东方的神秘饮品

核心含义

茶学是一门具有悠久历史和鲜明特色的传统学科，亦是一门涉及自然科学和人文科学的现代学科。中国是茶的故乡，茶学研究的内容，从大的方面可以划分为两大部分：茶科学和茶文化学。该专业重点培养具备农业生物科学、食品科学和茶学等方面的基本理论、基本知识和基本技能，能在农业、工业、商贸等领域或部门从事与茶学有关的技术与设计、推广与开发、经营与管理、教学与科研等工作的高级科学技术人才。该专业学生主要学习农业生物科学、食品科学、茶学方面的基本理论和基本知识，受到茶树栽培育种和茶叶生产、营销等方面的基本训练，具有茶树栽培育种、茶叶生产、茶的综合利用和营销方面的基本能力。

开设课程

本专业开设的主要课程有植物学、植物生理与生物化学、田间实验与统计分析、应用概率统计、遗传学、土壤学、农业生态学、茶树栽培与育种学、茶叶生物化学、茶叶机械、茶叶加工学、茶叶审评与检验、茶文化学、经济管理与营销等。

就业展望

中国的茶业市场十分巨大，茶学专业毕业生所从事的茶业行业具有很好的市场前景。在这个知识经济时代，我们越来越注重产品的科技含量及附加值。由于人们对保健茶、有机茶越来越重视，在茶叶的栽培、育种、加工、包装、销售等过程中，对其产品品质和科技含量的要求也越来越高，市场的竞争越来越激烈。因此，需要越来越多的专业人才去不断研究出新的具有竞争力的产品来赢得市场。近几年来，茶文化已经走出国门，进入广阔的东、西欧市场，茶叶贸易的前景逐年看好。所以，本专业毕业生就业口径还是比较宽的，主要就业方向有各茶区农业技术推广与管理部门、茶叶进出口商检、茶叶品质安全论证中介机构和茶叶企业（茶叶贸易与经营公司、茶叶出口加工企业和茶叶生产企业等）。

能力要求

1. 患有轻度色觉异常（俗称色弱）的考生、患有色觉异常Ⅱ度（俗称色盲）的考生不宜就读茶学专业。

2. 该专业属于国家控制布点专业，招生院校有限，报考热度也不高。

实力院校

拥有茶学二级学科国家重点（培育）学科的院校

安徽农业大学。

茶学专业国家级特色专业建设点

华南农业大学、湖南农业大学、安徽农业大学、四川农业大学、云南农业大学、武夷学院。

烟草：探索烟草科学　揭秘黄金产业

核心含义

烟草在国民经济中占有十分重要的地位，烟草行业的稳定和持续发展，需要一定数量的人才支撑。烟草专业培养从事烟草科学研究、技术开发与推广、烟草加工及市场营销、企业管理等方面的高级复合型烟草科技人才。学生通过学习具备扎实的自然科学基础知识，能够较好地掌握农业生物科学及该专业较为系统的基本理论知识和技能，了解该专业的发展趋势和最新成果，具备较宽的知识面，并受到初步的科学研究训练，实际操作能力强，具有较强的创新意识和独立获取知识、进行信息处理的能力。毕业生具有适应烟草多元化生产及相近专业工作的能力与素质。

开设课程

烟草专业在大学一、二年级一般会安排基础科目的学习，主要包括高等数学、线性代数、基础生物化学、植物生理学、计算机基础、大学英语等。高年级以后会开设专业课程，主要包括土壤肥料学、烟草栽培、烟叶调制与分级、烟草育种学、烟叶化学品质分析、烟草病虫害防治、卷烟工艺学、烟草商品学、烟草化学等。

就业展望

我国作为烟草大国，对烟草行业人才的需求愈来愈大。本专业就业前景广阔，几乎所有的毕业生

在学校一年一度的就业率统计中都是名列前茅的。毕业生一般在烟草及其相关的部门或单位，从事与烟草有关的技术与设计、推广与开发、经营与管理、教学与科研等工作。也可从事农业行政管理、农业企业经营管理、烟草生产、烟草企业经营管理、农业教育、农业科研、自主创业以及相关涉农单位的工作。

能力要求

1. 任何一眼矫正到4.8、镜片度数大于800度的考生、患有轻度色觉异常（俗称色弱）的考生、患有色觉异常Ⅱ度（俗称色盲）的考生不宜就读该专业。大家在选择专业时一定要注意查看目标院校招生章程，以免发生身体条件不符合要求的情况。

2. 由于培养要求和知识结构的原因，对生物、化学感兴趣的同学适宜就读该专业。

3. 该专业多数开设在农业院校。虽然就业比较热门，但报考时并不热门，属于国家控制布点专业，对分数要求相对不是很高。

实力院校

国家级特色专业建设点

河南农业大学。

应用生物科学：将生命奥秘运用于农业生产

核心含义

近年来我国的农产品生产量快速增长，粮食、肉类、水果蔬菜年产量居世界之首。食品安全也成为国民密切关注的问题，应用生物科学专业应运而生。该专业是一个多学科、宽口径的应用性专业，在学习过程中，学校特别注重对学生基本技能的培养。招生和培养可按理学学位和农学学位两类进行。本专业以生物技术、生物信息等高新技术在农业生物、昆虫、微生物上的应用为目的，培养具有扎实生物科学和生物技术基础知识，具备从事生物资源相关技术研发、产品设计、科技推广和技术服务等综合能力的复合型高级专门人才。

开设课程

本专业开设的主要课程有生物化学、遗传学、微生物学、细胞与分子生物学、植物学、病毒学、植物生理学、应用微生物学、遗传育种学、仪器分析、植物资源学、动物资源学、保护生物学、生物制品学、生物科学进展、生物修复及生物安全、质量控制技术、生物工程学等。

就业展望

应用生物科学专业具有广阔的发展前景，毕业生可以到环境监测与保护部门、动植物检验检疫部门工作；到制药企业、各类酒厂、乳品加工企业、食品加工企业、酶制剂企业、生物制剂企业、生物肥料加工企业工作；也可以担任高校教师、科研院所研究人员、国家公务员以及从事与应用微生物有关的企事业研发设计人员、技术人员、管理人员、质检和销售人员等岗位。

能力要求

1. 任何一眼矫正到4.8、镜片度数大于800度的考生、患有轻度色觉异常（俗称色弱）的考生、患有色觉异常Ⅱ度（俗称色盲）的考生不宜就读该专业。具体请注意查看目标院校招生章程。

2. 由于培养要求和知识结构的原因，对生物、化学感兴趣的同学适宜就读该专业，同时要求学生具有较强的动手能力。

3. 该专业不属于热门专业，对分数要求不是很高。

实力院校

开设应用生物科学的代表性院校

浙江大学、云南师范大学、苏州大学、安徽农业大学、塔里木大学等。

农艺教育：培养教师型“农民”

核心含义

随着时代进步，各种高新农业机械的产生，农业生产也成为更多年轻人所追求的时代产业，而农艺教育专业更是备受关注，竞争力也较大。该专业旨在培养中等职业教育农艺专业课程师资和应用型人才，要求学生掌握农业生物科学的基本知识和理论，掌握大田作物、园艺作物等高产栽培技术，掌握作物良种繁育、病虫害防治等的基本理论和技能，掌握科学的教育理论和教学方法，且教师职业基本技能达标，具有从事现代农业教学、生产、技术开发与推广工作的能力。

开设课程

本专业开设的主要课程有植物生理与生化、田间试验与统计分析、土壤与施肥原理、作物栽培、园艺植物生产技术、植物保护技术、作物遗传育种、种子与苗木生产、种子检验技术、植物组织培养技术、农业经济管理、农业推广、教育学、教育心理学、职业教育、计算机应用基础等。

就业展望

农艺教育专业毕业生主要有以下几个发展方向：第一，在中学或高等学校从事农艺相关专业课的教学工作；第二，在现代农业高新园区、农业企业、政府部门等，从事土壤改良、水肥调控、有害生物防治、无公害作物生产和良种繁育等方面的技术开发、科学研究和经营管理工作；第三，在各级政府部门及其下属单位从事农业教育、行政管理和科技推广工作。虽然近几年该专业受到广泛关注，但由于该专业既不是农学，也不是教育学，在公务员招聘上根本找不到职位，只能报不限专业的岗位。

能力要求

1. 农艺教育专业对考生的身体条件有一定的要求，任何一眼矫正到4.8、镜片度数大于800度的考生、患有轻度色觉异常（俗称色弱）的考生、患有色觉异常Ⅱ度（俗称色盲）的考生不宜就读此专业。

2. 由于培养要求和知识结构的原因，对生物、化学感兴趣的同学适宜就读该专业。

3. 该专业就业和报考都不热门，对分数要求相对比较低。

实力院校

开设农艺教育专业的代表性院校

山西农业大学、广西大学、吉林农业大学、甘肃农业大学、安徽科技学院等。

园艺教育：不会栽培植物的老师不是好园丁

核心含义

园艺行业历史悠久，中国古代就有在温室中栽培、种植名贵花卉、果木的记载。随着时代的变迁，园艺产业不断发展，现代园艺为各种科学技术提供了应用领域，园艺产品也已成为完善人类食物营养及美化、净化生活环境的必需品。园艺通常指的是果树、花卉和蔬菜生产栽培技术以及相关企业经营管理与营销、花卉应用等知识和技能。顾名思义，园艺教育专业主要培养具备生物学、园艺学和教育学基本理论和技能，能担任中等职业教育园艺类课程教师或在相关领域从事园艺工作的应用型人才。

开设课程

本专业开设的主要课程有教育学、教育心理学、网络技术与教育应用、计算机辅助教育、园艺产品营销学、花卉学、园林规划设计、盆景艺术、园艺环境工程与调控、园艺植物分子遗传学、园艺产品储藏与加工、设施园艺学等。

就业展望

随着社会经济的发展，城市园艺事业也取得了长足的进步，对园艺人才的需求也越来越大。相应来说，园艺教育专业毕业生的就业前景也还不错，毕业生能够适应中高等职业学校园艺类专业的教学、管理工作的要求，可从事职业教育教学工作以及园艺专业相关的管理、科研、技术推广等工作。由于该专业既不是园艺专业，也不是教育专业，在公务员招聘上根本找不到职位，只能报不限专业的岗位。

能力要求

1. 园艺教育专业对考生的身体条件有一定的要求，任何一眼矫正到 4.8、镜片度数大于 800 度的考生、患有轻度色觉异常（俗称色弱）或色觉异常Ⅱ度（俗称色盲）的考生不宜就读此专业。

2. 园艺教育专业会涉及很多植物学方面的课程，所以对生物、化学感兴趣的同学适宜就读，也是农学门类下比较适合女生就读的一个专业。

3. 该专业开设院校很少，报考时也不热门，对分数要求相对比较低。

实力院校

开设园艺教育专业的代表性院校

云南农业大学、安徽农业大学、吉林农业大学、甘肃农业大学。

智慧农业：信息知识＋智能装备的现代化农业

核心含义

智慧农业专业致力于培养服务国家和区域农业农村现代化发展战略需求，能将信息技术、生物技术、现代工程装备技术、现代经营管理知识与农学有机融合的高素质创新型复合人才。智慧农业专业有注重跨学院、跨专业的学科深度交叉、着力培养综合型复合型人才以及着眼未来前沿的高精尖特等特点。智慧农业专业要学习农业的产前、产中、产后相关的信息化技术，从某种程度上讲，智慧农业就是系统高效地从一粒种子的选择、播种、生产管理、农产品采摘与销售，到日常生活的一体化数字化管理的流程再造。

开设课程

专业核心课有作物生产学、作物育种学、植物保护学、神经网络与深度学习、大数据架构与模式等。

专业特色课：1. 作物信息学模块，如 Python 语言程序设计、生物统计学、机器学习、生物信息学、模式识别等；2. 农业智慧生产模块，如单片机原理与应用、农业遥感、农业生产机械化、物联网工程、电气控制基础与可编程控制器等智慧生产相关课程；3. 农业产业链运营与管理，如经济学原理、网络营销、金融学、农业推广学等农业经济管理相关课程。

就业展望

智慧农业专业毕业生能胜任现代农业及相关领域的教学科研、产业规划、经营管理、技术服务等方面的工作。毕业后可进入国内外大型农场、现代涉农企业、政府农业管理部门、现代农业科研部门，从事作物精细智能管理、智慧植保方案制定与实施、农业大数据分析与挖掘、农机装备智能管理与应用等方面的工作，也可继续在作物学、植物保护学、农业信息学、计算机科学与技术等学科深造。

能力要求

1. 对考生的身体条件有一定的要求，色盲、色弱不宜就读此类专业。
2. 对生物科学以及化学等有兴趣和特长的考生更适合报考该专业。
3. 数学、物理学科较好及动手能力较强的考生适合报考。

实力院校

华中农业大学、吉林农业大学

菌物科学与工程："新农科"背景下的菌物学

核心含义

本专业旨在培养具备生物学知识，菌物学理论体系，菌类作物生产加工技能，能在农业领域从事菌物资源及利用工作的复合型高素质人才。培养学生具有正确的人生观、价值观和世界观；具有良好的人文、科学素质和社会责任感；培养具有扎实的菌物生物学及生产应用技术方面的基本理论和基本知识，掌握菌类作物栽培及菌类产品加工等专业技能并能够理论联系实际；培养真正具有自主学习、自主创新及自主管理等能力高素质人才。

开设课程

本专业开设的课程有微生物学、普通真菌学、植物生理学、基础生物化学、菌物学导论、菌类资源学、发酵工程、食用菌育种学、食用菌栽培学、药用菌产品开发与利用、食用菌产品加工学等。

就业展望

本专业学生毕业后可在国内外重点大学、科研院所和大型龙头就业，就业领域广，能够在教育、农业、林业、工业等领域的各级政府、院校、科研单位、企事业单位，从事菌物学相关教学、科研、生产、技术推广开发、经营和管理等工作。

报考要求

1. 轻度色觉异常（俗称色弱）或色觉异常Ⅱ度（俗称色盲）的考生不宜就读本专业。
2. 由于培养要求和知识结构的原因，对生物、化学感兴趣的同学适宜就读该专业。

实力院校

吉林农业大学。

农药化肥：绿色农业精准施肥用药

核心含义

为加强新农科建设，满足农资行业的人才需求，在提倡保护生态环境，实行精准施肥用药，倡导绿色农业生产的背景下，开设了农药化肥专业。目的是为国家培养更多具有现代化农业生产技能和水平的农药化肥专业人才，服务于农业生产资料行业营销、管理、科学研究与技术推广，为农业生态环境健康、国家粮食安全、农产品质量安全等提供人才支撑和保障。

开设课程

本专业开设的课程有农业药剂学、植物营养学、肥料学、农药分析技术、肥料分析技术、作物施肥原理与技术、植物病理学、农业昆虫学、农资市场学和管理学、环境影响评价、绿色农产品生产、农药境内外登记等。

就业展望

本专业毕业生可担任国内外农药化肥生产、流通企业中的技术服务、精准使用、技术推广、营销管理、产品研发等工作岗位；外贸进出口部门相关岗位；涉农相关企业技术服务、推广应用、管理等岗位；食品、医药、化工、涉农等企业质量监控岗位或相关岗位。此外，考取硕士、博士研究生，参加公务员或事业单位招考录用等，也具很好的选择。

报考要求

1. 轻度色觉异常（俗称色弱）或色觉异常Ⅱ度（俗称色盲）的考生不宜就读本专业。
2. 由于培养要求和知识结构的原因，对生物、化学感兴趣的同学适宜就读该专业。

实力院校

吉林农业大学。

农业资源与环境：开发农业自然资源与经济资源

核心含义

农业资源是农业自然资源和农业经济资源的总称。农业自然资源含农业生产可以利用的自然环境要素，如土地资源、水资源、气候资源和生物资源等。农业经济资源是指直接或间接对农业生产发挥作用的社会经济因素和社会生产成果，如农业人口和劳动力的数量和质量、农业技术装备、包括交通运输、通讯、文教和卫生等农业基础设施等。

农业资源与环境专业主要研究利用科学技术手段，协调农村经济发展与农业自然资源利用的关系，以及使农业环境质量和生态状况维持良好的状态，防止其遭受污染和生态破坏。该专业主要有农业资源管理及利用、农业环境保护、生态农业等方向。比如，怎样处理土地、农业物质技术装备、经济技术条件等农业资源与农业劳动力的分配关系；又比如，农业环境不仅受到来自工业、城市的污染，还受到农业自身的过度和滥用化肥、农药、除草剂等各方面的污染等，该如何解决这些问题呢？这些都是农业资源与环境专业研究的内容。

开设课程

农业资源与环境专业综合了农学、化学、环境科学等多种学科，其开设课程较多。低年级通常开设基础课程，如高等数学、英语、土壤学、植物学、有机化学、无机化学等。高年级则开设专业课程，如植物营养学、土地资源学、资源遥感与信息技术、农业环境学、农业废弃物资源化、农业环境监测新技术、土壤资源评价、农业化学分析、农业气象学、生态学、水土保持学、农田水利学等。

就业展望

本专业学生毕业后可在农业、土地、环保、农资等部门或单位，从事农业资源管理及利用、农业环境保护、生态农业、资源遥感与信息技术的教学、科研、管理等工作。如果是进入企业，则通常从事肥料开发、产品加工、营销及农化服务等工作。也可在事业单位从事农业生产管理、农业环境保护和资源利用、土地资源管理、农业技术和产品推广等工作。另外，考研也是本专业的一个选择，研究生期间的主要方向有土壤肥料资源高效利用、农业环境保护、植物营养学等。

报考要求

1. 轻度色觉异常（俗称色弱）或色觉异常Ⅱ度（俗称色盲）的考生不宜就读本专业。
2. 本专业本科毕业后授予农学学士学位。
3. 本专业就业方向不少，但就业率相对偏低，报考和就业均较冷门，报考时对分数要求不高。

实力院校

拥有农业资源与环境二级学科国家重点学科的院校

农业资源利用方向：中国农业大学、浙江大学、南京农业大学。

国家级特色专业建设点

南京农业大学、华中农业大学、西南大学、四川农业大学、山西农业大学、山东农业大学、海南大学、新疆农业大学。

野生动物与自然保护区管理：呵护野生动物

核心含义

我们都知道，无论哪一种生物，都是维持生态平衡不可缺少的部分，某一种生物的减少甚至灭绝，生态系统就要遭到破坏，人类的生存环境也会受到影响。那么，如何保护这些野生动植物？当某种野生动植物濒危的时候该如何繁育？野生动植物资源该如何有效的利用等，这些都是野生动物与自然保护区管理专业所要研究的内容。野生动物与自然保护区管理专业主要研究野生动物的繁育、检疫、疾病防治和自然保护区的规划设计、管理等，培养具有动物科学、检疫学、遗传育种与繁殖、森林资源科学等多种学科知识的高级科学技术人才。

开设课程

低年级通常开设基础课程，如高等数学、概率论与数理统计、工程力学、英语、化学等。高年级则开设专业课程，如动物学、动物组织解剖学、动物生理学、生物化学、动物遗传育种与繁殖学、动物检疫及病理学、自然保护区管理、自然保护区规划与设计、保护生物学、脊椎动物分类学、植物生态学、野生动物管理学等。

就业展望

毕业生可以到科研院所、自然保护区、动物园、动物饲养场、各级政府行政主管部门、自然保护非政府组织、高等院校等单位，从事自然保护区管理、野生动物保护、自然资源可持续利用、驯养繁殖、产业开发以及教学、科研、行政管理、生产管理等工作。另外，本科毕业后也可继续攻读硕士学位。

报考要求

1. 患有轻度色觉异常（俗称色弱）的考生不宜就读本专业。
2. 本专业就业面较窄，报考和就业均较冷门，报考时对分数要求不高。

实力院校

国家级特色专业建设点

北京林业大学、东北林业大学、吉林农业科技学院。

水土保持与荒漠化防治：给子孙后代留下绿水青山

核心含义

水土保持与荒漠化防治专业主要有水土保持和荒漠化防治两个方向。例如，由于人为的乱砍滥伐、矿产资源的过度开采等原因，许多地区出现泥石流、山体滑坡，不仅危害到人们的生命和财产安全，也进一步对环境造成破坏。那么，怎样根据不同的地形地貌和降水等因素来规划水土保持的方案，怎么监测和评估水土流失？这些正是该专业需要研究的内容之一，水土保持与荒漠化防治专业主要研究水土资源保护、改良和合理利用以及防治荒漠化所提出的关键理论与技术问题。

开设课程

水土保持与荒漠化防治交叉性强，综合了农、林、水利、环境科学等多种学科，其开设课程较多。低年级通常开设基础课程，如高等数学、工程力学、英语、化学等。高年级则开设专业课程，如水土保持工程学、水土保持规划、地质地貌学、普通植物学、森林生态学、林业生态工程学、土壤学、树木学、土壤侵蚀原理、林业生态工程学、水文与水资源学、水土保持方案编制、水土保持规划、小型水利工程学、农田水利学等。

就业展望

随着可持续发展战略的实施，国家越来越重视生态文明建设，而水土保持和荒漠化防治则显得尤为重要。本专业毕业生考公务员和事业单位的居多，可在林业局和水利局、水文、环保、气象和国土等部门或者一些环保企业或设计院从事水土保持与荒漠化防治的规划设计、水土保持方案的规划、荒漠化监测等工作。另外，考研也是本专业的一个选择，研究的主要方向有退化土地恢复与治理、小流域综合治理、林业生态工程等。

能力要求

1. 水土保持与荒漠化防治专业对考生的身体条件有一定的要求，主要脏器包括肺、肝、肾、脾、胃肠等主要脏器动过较大手术，功能恢复良好；曾患有心肌炎、胃或十二指肠溃疡、慢性支气管炎、风湿性关节炎等病史；甲状腺功能亢进已治愈一年的，不宜就读本专业。

2. 本专业本科毕业后授予农学学士学位。

3. 本专业就业面较窄，报考和就业均较冷门，报考时对分数要求不高。

实力院校

拥有水土保持与荒漠化防治二级学科国家重点（培育）学科的院校

内蒙古农业大学。

国家级特色专业建设点

西北农林科技大学、北京林业大学、西南林业大学、甘肃农业大学。

动物科学：研究科学饲养动物的方法

核心含义

动物科学是生命科学的重要分支，包含动物科学和水产养殖两个专业。它的基本任务是在认识和掌握动物遗传变异、生长发育、繁殖消化代谢等生命规律的基础上，为人类提供质优量多的动物产品；动物科学旨在满足人们日益增长的高档肉类饮食需求，主要进行动物营养与饲养、饲料资源开发、饲料配动物科学专业方与饲料工艺设计，以及饲料与饲养企业管理的研究，如猪、牛、羊、禽等畜禽动物，及家蚕、蜜蜂、水产等特种经济动物的遗传育种、营养饲料、产品加工等。比如，如何让猪的饲养更加高效、更安全、更符合人们的需求？如何让牛奶产量更高？如何让家蚕结出更优质的丝？等等。动物科学较偏重于相关技术的综合运用，同时希望你对动物有爱心，并具备一定的动手能力。

开设课程

本专业开设的课程有动物解剖学、动物组织胚胎学、动物生理学、动物生物化学、畜牧微生物学、动物遗传学、动物营养学、饲料学、生物统计学、动物繁殖学、动物环境卫生与畜舍建筑学、畜牧生产系统、动物育种学、群体遗传学、数量遗传学、细胞遗传学、生化遗传学、分子遗传学、反刍动物营养、猪营养、家禽营养、鱼虾动物营养等。

就业展望

动物科学专业的学生毕业后大概有以下几个发展方向：1. 去各类养殖场做最简单、最底层的管理工作，比较辛苦，刚开始工资也比较低；2. 去相关公司或研究院做技术研发人员，但是一般要求研究生以上学历；3. 本科毕业生有很大一部分去饲料厂、兽药公司、动物保健公司做销售；4. 考入事业单位或考公务员，如出入境检疫检验局、畜牧局、防疫站、动物卫生监督所等；5. 有志于深造的学生也可以继续考研或考博，主要方向有动物营养和动物遗传育种等，今后可以从事科研工作。

能力要求

1. 任何一眼矫正到4.8、镜片度数大于800度的考生、患有轻度色觉异常（俗称色弱）的考生、患有色觉异常Ⅱ度（俗称色盲）的考生不宜就读此专业。

2. 动物科学专业就业并不难，但是工作环境相对比较差，更适合男生就读。

3. 该专业报考时不热门，对分数要求比较低。

实力院校

拥有动物科学二级学科国家重点学科的院校

动物遗传育种与繁殖方向：华中农业大学、西北农林科技大学、广西大学。

动物营养与饲料科学方向：东北农业大学、四川农业大学。

特种经济动物饲养方向：浙江大学、西南大学。

拥有动物科学二级学科国家重点（培育）学科的院校

动物遗传育种与繁殖方向：山西农业大学、内蒙古农业大学、四川农业大学、扬州大学、东北农业大学。

动物营养与饲料科学方向：浙江大学。

国家级特色专业建设点

西北农林科技大学、南京农业大学、湖南农业大学、西藏大学、江西农业大学、吉林农业大学、广东海洋大学、东北农业大学、云南农业大学、青岛农业大学、内蒙古农业大学、新疆农业大学、武汉轻工大学、西南民族大学、河北科技师范学院。

蚕学：专门研究蚕的一门学问

核心含义

早在5500年前，我国历史上就开始养蚕，是世界公认的“丝绸之乡”。蚕学专业属于传统的农科类专业，主要研究蚕的种类、形态结构、生活习性、繁殖、发育与遗传、分类、分布移动和历史发展以及其他有关生命活动特征和规律。现在的蚕学研究已经融进了许多新元素，在桑蚕病发生流行规律与防治技术、家蚕食性生理与人工饲料养蚕实用化、速生丰产省力化桑蚕综合技术研究、生物制药和桑树转基因技术等方面，部分研究成果已达到国际先进水平。

开设课程

本专业开设的课程有植物生理学、生物化学、遗传学、桑树栽培及育种学、桑树病虫害防治学、家蚕遗传育种学、蚕业资源综合利用、蚕业经济管理学、桑蚕生物技术、经济昆虫饲养、家蚕人工饲料、茧丝学、茧丝化学、丝绸材料学、丝绸产品学、服装材料学、国际丝绸贸易等。

就业展望

蚕学专业就业有着特定的指向，主要面向南方的养蚕区，如广东、广西、福建、江苏、浙江、云南、四川等省份。蚕业快速发展的态势，必然带动人才市场对专业人才的大量需求。近年来，部分院校该专业的就业率接近100%。学生毕业后适宜从事栽桑养蚕、茧丝加工、蚕业资源调查及桑蚕副产物综合利用、蚕业经营管理及丝绸贸易等方面的工作。可以在各级蚕丝绸公司的产供销部门、外贸部门、各级丝厂、蚕种场、茧庄等，从事技术推广与开发、生产管理与经营、教学与科研等工作；也可在学校、研究机关从事教学和科研工作。

报考要求

1. 任何一眼矫正到4.8、镜片度数大于800度的考生、患有轻度色觉异常（俗称色弱）的考生、患有色觉异常Ⅱ度（俗称色盲）的考生不宜就读该专业。具体要求报考时一定要注意查看目标院校的招生章程。

2. 由于培养要求和知识结构的原因，该专业要求首选科目为物理学科，对生物、化学感兴趣的同学适宜就读。

3. 该专业报考时属于冷门专业，同时也是国家控制布点专业，对分数要求相对不是很高。

实力院校

国家级特色专业建设点

西南大学、山东农业大学。

蜂学：带你走进蜜蜂的世界

核心含义

蜂学专业的研究对象是蜂，此专业主要培养从事蜜蜂饲养、育种、产品开发及授粉服务等方面的农业科学人才。蜂学专业包括蜂学、蜂产品加工与贸易两个方向，主要学习养蜂生产与管理、蜜蜂遗传育种、蜂病防治、蜂产品加工、蜂产品贸易的基本理论与知识，接受与蜂学相关的实验、设计、调查、分析、评估等方面的基本训练，要求具有养蜂、蜂产品加工和蜂产品贸易等方面的基本技能。以福建农林大学为例，其蜂学院分为蜂学系、蜂产品系和蜂疗系。蜂学系侧重理论基础，蜂产品系侧重产品开发与贸易实践能力的培养，蜂疗系则侧重医疗方向。

开设课程

本专业开设的课程有昆虫学、蜜蜂生物学、蜂群饲养管理、蜜蜂育种学、蜜蜂保护学、养蜂机具学、食品加工工艺、蜜蜂产品学、蜜粉源植物学、蜂产品加工学、蜂业经营管理等。

就业展望

蜂学作为新兴产业，由于开设院校极少，所以这方面的人才很紧缺。毕业生主要在各级蜂业管理和技术部门、土畜产品外贸公司、食品加工和制药企业、大专院校和科研机构等，从事专业技术和管理工作。

能力要求

1. 任何一眼矫正到4.8、镜片度数大于800度的考生、患有轻度色觉异常（俗称色弱）的考生、患有色觉异常Ⅱ度（俗称色盲）的考生不宜就读该专业。

2. 由于培养要求和知识结构的原因，对生物、化学感兴趣的同学适宜就读。

3. 该专业报考时属于冷门专业，对分数要求比较低。

实力院校

国家级特色专业建设点

福建农林大学。

经济动物学：国内经济动物本科人才的摇篮

核心含义

培养具备动物科学相关基本理论，掌握经济动物驯养、繁育、产品开发利用、检疫、疾病防治基本技术，以及具备野生动物资源保护与利用基本知识，能在经济动物生产与开发及野生动物保护与利用领域从事技术及管理工作的复合型高素质人才。本专业是国内经济动物本科人才的摇篮。以药用动物、毛皮动物、观赏动物和宠物等为主要代表的特种经济动物，种类繁多，价值各异，且与人民生活关系密切，对其驯养、繁育和开发利用是专业建设的初衷和基石。

开设课程

本专业开设课程有经济动物营养学、经济动物繁殖学、动物遗传学、动物育种学、野生动物生态学、保护生物学、经济动物科学技术综合实验、药用动物生产学、毛皮动物生产学、野生动物管理学、自然保护区学、宠物保健与美容等。

就业展望

本专业毕业生可考取相关专业硕士研究生，也可到与本专业相关的经济动物生产、产品加工与开发、贸易与营销、检验与检疫等企业，动物园、野生动物救护中心、自然保护区及野生动物管理机构和组织等事业单位或政府管理机构，从事相关工作。

报考要求

1. 轻度色觉异常（俗称色弱）或色觉异常Ⅱ度（俗称色盲）的考生不宜就读本专业。
2. 由于培养要求和知识结构的原因，对生物感兴趣的同学适宜就读该专业。

实力院校

吉林农业大学。

马业科学：现代马业“全能选手”

核心含义

主要培养学生具备马属动物遗传育种与繁殖、营养、医学及马术等方面的基本理论和操作技能，掌握马科学、马产业、马文化以及动物科学领域等的基本理论、知识和技能，具备从事马属动物遗传育种与繁殖、营养与饲料、马医学与护理及马术运动管理等方面的基本能力。

开设课程

本专业开设课程有动物解剖与组织胚胎学、动物生理学、动物生物化学、动物遗传学、动物育种学、马繁殖学、马营养学、饲料学、微生物学、生物统计与试验设计、家畜环境卫生学、马普通病学，马疫病学，马的调教与护理，马行为学，马文化，马术基础，马设施与环境管理，马产品学，马场设计与建设等。

就业展望

本专业毕业生可在政府、事业单位及企业等畜牧相关行业部门，从事马的繁育、驯养与管理、马术运动管理等科研、教学和生产管理工作。

报考要求

1. 轻度色觉异常（俗称色弱）或色觉异常Ⅱ度（俗称色盲）的考生不宜就读本专业。

2. 由于培养要求和知识结构的原因，对生物、化学感兴趣的同学适宜就读该专业。

实力院校

内蒙古农业大学、青岛农业大学、武汉商学院。

动物医学：用心呵护动物的健康

核心含义

动物医学，用通俗的话来说就是动物的专业医生，也就是我们俗称的“兽医”。人有生老病死，动物也不例外。动物种类繁多，与人相比，生理机能也不一样，所患疾病与治疗方法也有很大区别，这就需要专门的医生去从事动物疾病的预防、检查、诊断、治疗。

动物医学是以生物学为基础，研究动物疾病的发生发展规律，并在此基础上对疾病进行诊断和防治，保障动物健康的综合性学科。其基本任务是，有效地防治畜禽、伴侣动物、医学实验动物及其他观赏动物疾病的发生、发展。与其他医学类专业类似，动物医学首先要学习基础生物学和医学理论，然后通过大量解剖实验强化学生对理论的理解。

开设课程

专业课程以基础兽医学、预防兽医学和临床兽医学为基础。主要课程包括：动物解剖与组织胚胎学、动物生理学、动物生物化学、兽医病理学、兽医药理学、兽医微生物学与免疫学、兽医内科学、兽医外科学、动物传染病学、动物寄生虫学与寄生虫病学、兽医产科学、兽医公共卫生学、中兽医学等。

就业展望

动物医学专业的就业前景令人看好。2004 年底，国家劳动和社会保障部将“宠物健康护理员”正式列为新兴职业，于是人们将这一新兴职业与“动物医学专业”联系在一起。动物医学的研究范围已不再局限于畜牧业，而是扩展到了公共卫生事业、社会预防医学、伴侣动物及观赏动物医疗保健和食品卫生、环境保护、医药工业等诸多领域。特别是宠物健康护理员这个新兴职业的出现，更多地引起人们对动物医学专业的好奇和关注。

动物医学专业的毕业生可从事畜牧兽医行政管理、进出口动物及其产品的检验、肉品卫生检验、饲料工业、食品安全、环境保护、畜禽疾病的诊断与防治、伴侣动物医疗保健、实验动物、比较医学、公共卫生及生物学等领域的工作。如果你不愿意像多数学生一样成为兽医或自己开一个宠物诊所的话，还可以去动物检疫站或动物生产类企业。如果你想从事动物疾病的诊断和治疗工作，还需要考取兽医执业资格证书。

能力要求

1. 动物医学专业对考生的身体条件有一定的要求，患有轻度色觉异常（俗称色弱）以及色觉异常Ⅱ度（俗称色盲）的考生不予录取。

2. 该专业只对物理学科的要求较高，大部分学校学制是五年。

3. 喜爱干净、特别害怕动物以及晕血的考生不宜报考。

实力院校

拥有动物医学专业大类国家重点学科的院校

中国农业大学、南京农业大学。

拥有动物医学二级学科国家重点学科的院校

基础兽医学方向：东北农业大学。

预防兽医学方向：吉林大学、华南农业大学、扬州大学。

临床兽医学方向：西北农林科技大学。

拥有动物医学二级学科国家重点（培育）学科的院校

基础兽医学方向：吉林大学。

预防兽医学方向：四川农业大学。

临床兽医学方向：东北农业大学。

动物医学专业国家级特色专业建设点

中国农业大学、南京农业大学、华中农业大学、西北农林科技大学、吉林大学、西南大学、东北农业大学、华南农业大学、四川农业大学、石河子大学、北京农学院、山西农业大学、内蒙古农业大学、黑龙江八一农垦大学、扬州大学、安徽农业大学、江西农业大学、河南农业大学、甘肃农业大学、吉林农业大学、安徽科技学院、福建农林大学、山东农业大学、佛山科学技术学院。

动物药学：撑起动物健康的灵丹妙药

核心含义

医治动物的疾病，必须用到药品。动物药品是指用于预防、治疗、诊断动物的疾病，有目的地调节动物的生理机能并规定有适应证或者功能主治、用法和用量的物质。动物药品既有动物原料药，也有制剂，制剂中又分西药制剂和中药制剂。动物药学的研究包括动物药品从研发到使用的全过程及其过程中的各类影响因素。

动物药学就是学习动物药管理法规，研究动物药品研发、生产制造、质量管理、贮存、养护、销售、使用检测及监管的综合性科学。毕业生应具有宽厚而系统的动物药学和动物生物制品及相关学科的基础理论和基本知识，具有从事动物药物和生物制品研究、开发及使用的基本技能，接受科学研究思维和实验训练，具备该领域研究、开发、教学和管理的能力。毕业后能从事药物剂型及制剂的设计和制备、药物及其制剂的分析检验、动物临床药学、药品质量评价监督、药品营销和药物资源开发利用策划等工作。

开设课程

专业课程主要包括动物生理学、动物生物化学、动物传染病学、动物药理学、兽医毒理学、兽医药剂学、兽医中药药理学、药物化学、兽医药物分析、兽医临床药物治疗学、中药制剂学、分子生物学基础、生物技术制药、兽医生物制品与工艺学、兽药残留检测技术、药政管理学等。

就业展望

本专业毕业生主要在动物药生产企业、销售公司，从事动物药生产、检验、质量管理、销售等工作；从事兽药的研发工作；开办动物药品零售店（兽药店）；考取农业部门与动物药审批、监管相关岗位的公务员。

目前，中国的动物药研发企业较少，动物药生产企业众多。但无论是动物药生产企业还是销售公司，规模都比较小，技术较落后，待遇相对来说也不高。其实，对于药品生产来说，人用药和动物用药没有多大区别，一些学普通药学的毕业生也可以进入动物药生产企业就业。

随着经济的发展，城市里饲养宠物的人越来越多，可以预见，对动物药物的需求也会越来越多，该专业的毕业生也会更有用武之地。

能力要求

1. 动物药学专业对考生的身体条件有一定的要求，患有轻度色觉异常（俗称色弱）以及色觉异常II度（俗称色盲）的考生不予录取。

2. 肝功能异常和澳抗阳性的考生不能报考。

3. 喜爱干净，特别害怕动物以及晕血的考生不宜报考。

4. 该专业对物理学科要求较高，对生物和化学感兴趣的考生更适合报考。

实力院校

开设动物药学专业的代表性院校

华南农业大学、江西农业大学、湖南农业大学、天津农学院、吉林农业大学、南京农业大学、东北农业大学、黑龙江八一农垦大学、长江大学、河南科技大学、河北农业大学、西南大学、青岛农业大学、安徽科技学院。

动植物检疫：让老百姓吃得放心，吃得安心

核心含义

动植物检疫专业主要培养具备动植物检验检疫方面的基本理论知识和技能，能在国家各级检验检疫部门、动植物产品卫生安全与监督机构、农畜产品生产销售等企业从事动植物病虫害检验检疫及防治、农畜产品卫生安全检测、动植物保护等方面的技术、管理与推广的高级技术人才。

动植物检疫专业是为适应动植物产品国际贸易迅猛发展及防控有害生物而设立的。本专业学生主要学习动物基础医学、预防医学和临床医学的基本理论和基本知识，受到动物体正常和异常结构及功能实验、检查、疾病预防、诊断、治疗技术的基本训练，培养掌握动植物检验检疫的基础理论和法规，具备进行有害生物的检测鉴定、控制有害生物入侵蔓延、综合治理有害生物的基础知识和基本技能的复合型高级科技人才。

开设课程

动植物检疫专业在大一、大二阶段开设基础课程，如有机化学、无机及分析化学、生物化学、分子生物学、植物生物学、动物生物学、微生物学等。大三、大四阶段开设专业课程，如昆虫学、植物病理学、动物病理学、植物检疫学、动物检疫学、检疫处理原理与方法、动植物检验检疫法规、动物解剖学、动物组织与胚胎学、动物遗传育种学、动物营养与饲料学、动物繁殖等。

就业展望

目前全国动植物检疫专业的毕业生人数并不多，本科生就业质量也很一般，大部分学生本科毕业后会选择继续考研深造，同专业的考研难度相对较小。该专业的学生毕业后能在国家各级检验检

疫部门、动植物产品卫生安全与监督机构、农畜产品生产销售企业等从事动植物病虫害检验检疫及防治、农畜产品卫生安全检测、动植物保护等方面的技术、管理与推广工作。

能力要求

1. 任何一眼矫正到4.8、镜片度数大于800度的考生、患有轻度色觉异常（俗称色弱）的考生、患有色觉异常Ⅱ度（俗称色盲）的考生不宜就读该专业。具体要求请查看目标院校的招生章程。

2. 由于培养要求和知识结构的原因，该专业首选科目要求是物理，对生物、化学感兴趣的同学适宜就读。学生毕业后可授予农学或理学学士学位。

3. 该专业一般在大二或大三期间会进行专业分流，基本分为动物检验方向和植物检验方向。

实力院校

开设动植物检疫专业的代表性院校

扬州大学、江苏海洋大学、中国计量大学、安庆师范大学、安徽农业大学、安徽科技学院、甘肃民族师范学院、乐山师范学院、四川农业大学、集美大学、江西农业大学、内蒙古农业大学、河北农业大学、山西农业大学、山东农业大学、沈阳农业大学、锦州医科大学、湖南农业大学、河南农业大学、河南科技大学、河南科技学院、新疆农业大学、吉林农业科技学院、云南农业大学。

实验动物学：研究实验动物＋动物实验的综合性学科

核心含义

实验动物学专业是以实验动物为主要研究对象，并将其培育、应用于生命科学等领域研究的一门综合性学科。研究如何培育符合要求的标准化实验动物和研究精确可靠的实验方法，使动物接受处理后，能获得重复性和较强的敏感性，较一致的反应性的生物学科。培养适应新时期医学和整个生命科学技术发展需要，基础理论知识扎实、业务能力较强，集管理与技术相统一的从事实验动物科学教学、科研，实验动物培育和管理的复合型高等专门人才。

开设课程

本专业开设课程有实验动物学、实验动物医学、比较医学、遗传学、实验动物解剖学、动物组织学与胚胎学、动物生理学、微生物学、免疫学、动物病理学、药理及毒理学、动物实验技术、实验动物质量检测技术、动物行为学、动物传染病学、动物寄生虫病学、细胞分子生物学、实验动物环境控制与管理、疾病模型的建立方法等。

就业展望

本专业毕业生可在相关企事业单位、动物生产单位从事科研、教学和实验动物培育和管理工作。

报考要求

1. 轻度色觉异常（俗称色弱）或色觉异常Ⅱ度（俗称色盲）的考生不宜就读本专业。
2. 由于培养要求和知识结构的原因，对生物、化学擅长的同学适宜就读该专业。

实力院校

扬州大学。

中兽医学：中西兽医技术的结合

核心含义

中兽医学专业培养具有强烈社会责任感、深厚人文底蕴、宽广国际视野，具备良好的职业道德和敬业精神，掌握扎实的现代动物医学及传统兽医学理论、知识和技能，富有创新创业精神和实践能力的高素质中西兽医结合的复合应用型人才。例如：中兽医诊断、开具中药及方剂。

开设课程

本专业开设课程有家畜解剖学及组织胚胎学、中兽医基础理论、动物生理学、兽医针灸学、兽医中药学、兽医方剂学、兽医微生物学、动物传染病学、中药添加剂学等。

就业展望

本专业毕业生可在兽医业务部门、动物生产单位及有关部门，从事食品动物疾病预防控制、诊断、治疗和监测；亦可从事伴侣动物疾病诊断与防治、兽用药品生产、销售与技术服务，兽医公共卫生管理与监督等方面工作。

报考要求

1. 轻度色觉异常（俗称色弱）或色觉异常Ⅱ度（俗称色盲）的考生不宜就读本专业。
2. 由于培养要求和知识结构的原因，对生物、化学擅长且动手能力强的同学适宜就读该专业。

实力院校

中国农业大学、河北农业大学、河南牧业经济学院、西南大学。

林学：还世界一片青山绿水

核心含义

很多人说，林学专业学出来就是种树的，这是大部分考生和家长都存在的一个误区。其实林学的研究面很广，从整个森林保护到培育一棵单一的树，从树木最开始抚育到最后的砍伐，再到加工利用，都属于林学的研究范围。林学主要学习森林培育、林木遗传育种、野生植物资源开放以及林产品加工等方面的知识并接受相关的基本训练，培养具备对林业资源科学开发与科学管理能力的人才。

开设课程

主干课程包括植物学、植物生理学、土壤学、生态学、遗传学、林木育种学、森林资源经营管理、森林计测学、森林培育学、经济林、森林有害生物控制、城市绿地规划、城市林业、野生动物保护与管理等。

就业展望

林业是我国经济建设和环境建设的重要组成部分，具有直接和间接的经济价值。要真正实现森林资源可持续性利用，科学技术是关键，而人才则是关键之关键，因此社会对林学领域的科技和工程应用人才的需求将会日益增加。我国的林业生产第一线急需科技人才，在解决如何将知识转化为生产力以发展我国的农林经济问题上，林学类专业的毕业生大有可为。

该专业学生毕业后可在林业、环保、园林、旅游、科研、教育等企事业单位和行政部门，从事森林培育、森林调查规划设计、森林资源经营管理、森林保护、植物资源开发与利用、经济林培育与加工利用、生态环境综合治理、城市园林绿化、公园经营管理等方面的生产、行政管理和教学与科研工作。

能力要求

1. 林学专业对患有轻度色觉异常（俗称色弱）及色觉异常Ⅱ度（俗称色盲）的考生不予录取。

2. 由于培养要求和学科知识关联的原因，该专业适合对物理、化学、生物感兴趣的同学。相反，对这些学科缺乏兴趣，或者害怕昆虫的考生需谨慎报考。

3. 该专业的实习和工作，可能大量涉及野外的森林、林场，辛苦程度实际超过同样经常需要露天工作的土木工程，对体力以及生活适应能力都有一定的考验。所以选择该专业应根据自身情况斟酌，特别是女生。

实力院校

拥有林学专业大类国家重点学科的院校

北京林业大学、东北林业大学。

拥有林学二级学科国家重点学科的院校

林木遗传育种方向：南京林业大学。

国家级特色专业建设点

北京林业大学、东北林业大学、四川农业大学、西北农林科技大学、广西大学、贵州大学、西藏大学、华南农业大学、浙江农林大学、河北农业大学、西南林业大学、北华大学、内蒙古农业大学、黄山学院、福建农林大学、河南农业大学。

园林：观赏植物让家园更美好

核心含义

很多人都认为园林专业就是花圃里面的园丁，这其实是一种片面的认知。园林专业主要培养从事园林植物繁育、养护管理与应用，城乡各类园林绿地的规划与设计，园林施工组织与管理等方面的高级复合型科学技术人才。园林专业和风景园林专业是有一定区别的，比起风景园林，园林专业以研究植物的景观应用为主，比如，学习某一地区常用绿化植物的主要观赏特性，园林植物培养和管理的方法。虽然园林专业也要学习一些设计和规划，但远少于以此为主的风景园林专业。园林专业更侧重培养学生关于园林植物繁育、养护管理与应用等方面的能力。

开设课程

园林专业是以生物学、林学、植物学为基础的学科，主干课程包括：园林树木学、园林花卉学、园林设计、园林建筑设计、园林工程、城市园林绿地规划、植物学、园林植物分类学、园林树木栽培学、园林景观生态学、园林史、园林艺术原理、城市规划概论、风景区规划概论、遥感与GIS概论、地质学基础、测绘学等。毕业后授予农学学士学位，这和风景园林专业毕业后授予工学或艺术学学位是相区别的。

就业展望

作为“世界园林之母”的中国，园林专业具有非常广阔的发展空间。无论是城镇规划，还是地产景观，还有生态修复与环境治理，都与园林专业密切相关，且国家投入巨大。从目前来看，该专业是农学类就业形势最好的专业。毕业生可在园林、林业、城乡建设、市政交通以及房地产开发等相关单位，从事园林植物应用、园林绿地规划、园林建筑设计、园林工程管理等方面的工作，也可以读研深造后从事相关的教学和科研工作。

能力要求

1. 园林专业对患有轻度色觉异常（俗称色弱）及色觉异常Ⅱ度（俗称色盲）的考生不予录取。

2. 该专业对景观植物感兴趣的同学适宜就读。考生最好具有一定的美术基础，有基本的审美能力。

3. 该专业未来发展趋势较好，但报考时属于非热门专业，对分数要求相对不是很高。

4. 相对于林学其他专业的工作，从事园林工作虽然较少远离城市，但也有大量的城市露天作业，这也是在报考时需要斟酌考虑的。

实力院校

国家级特色专业建设点

北京林业大学、东北林业大学、四川农业大学、华中农业大学、河南农业大学、重庆文理学院、河北农业大学、南京林业大学、北华大学、浙江农林大学、福建农林大学、安康学院。

森林保护：让森林健康发展

核心含义

森林保护专业和林学专业有一定的相似性。森林保护与林学的区别就在于该专业是在如何确保森林健康的方向进行深度研究，通过现代生物、化学、生态学等方面知识和技术手段促进森林健康发展。本专业学生需要学习现代林业基础科学、林业有害生物防控等方面的基本知识，掌握森林有害生物的鉴定、有益生物利用的基本技能，培养林业有害生物种群动态监测、森林植物检疫，以及对森林的综合保护与管理的能力。

开设课程

森林保护专业是以数学、化学、物理为基础的学科，主干课程包括植物学、高等数学、基础生物化学、微生物学、森林资源调查、森林生态学、森林昆虫分类学、森林菌物分类学、林火管理学、自然保护区学、森林环境学、林木病理学、森林昆虫学、林政管理学、森林化学保护、森林有害生物防治、森林植物病害检疫、森林植物虫害检疫、森林经营学、林业生态工程、森林生态环境监测与评价、森林生态系统健康学、林下经济理论与实践、森林旅游学等。

就业展望

由于世界范围的森林破坏，数千种动植物物种受到灭绝的威胁。热带雨林的动植物物种可能包括了已知物种的一半，但它正在以每年460万公顷的速度消失。因此，森林保护是国家生态环境建设和生态安全事业发展的重要组成部分，专业人才具有较大的市场需求。毕业生可就职于林业局、林业站、森林公园、自然保护区、环保等单位，从事森林资源调查与资产评估、森林及园林绿化植物的病虫害防治、护林防火、自然保护区和森林公园管理等工作。

能力要求

1. 该专业对患有轻度色觉异常（俗称色弱）及色觉异常Ⅱ度（俗称色盲）的考生不予录取。

2. 森林保护要研究病虫害问题，不可避免要接触虫子和其他野生动物，对之感到害怕的考生要谨慎报考。

3. 该专业和林学专业一样，经常需要驻在森林、林场附近进行相关工作，不但工作内容较为辛苦，居住环境也较差，对体力以及生活适应能力都有一定的考验。所以，选择该专业应根据自身情况斟酌，特别是女生。

实力院校

拥有森林保护二级学科国家重点学科的院校

森林保护学方向：南京林业大学。

森林培育方向：中南林业科技大学。

拥有森林保护二级学科国家重点（培育）学科的院校

水土保持与荒漠化防治方向：内蒙古农业大学。

森林保护二级学科国家级特色专业建设点

东北林业大学、中南林业科技大学。

经济林：卓越农林人才的摇篮

核心含义

经济林特指以生产果品、木本粮食、木本油料、木本蔬菜、饮料、调料、工业原料和药材等为主要目的的经济林木。本专业主要培养适应国家社会经济发展和林业建设需要，德、智、体、美全面发展，身心健康，具备经济林专业、园林专业、森林保护专业所要求的基本理论、方法和技能，能在林学、园林、森林资源保护、自然保护区、生态环境、生态文明建设等相关领域从事科研（含科技开发与推广）、教学、管理、创业的创新型和复合应用型高素质专业技术人才，具备经济林良种选育、经济林机械与智能化栽培管理、林下资源开发利用、经济林基地规划设计、经济林产品贮藏加工、经济林产品营销等方面工作能力。

开设课程

本专业开设的课程有植物学、植物生理学、生物化学、气象学、土壤学、经济林遗传育种、经济林栽培学、经济林综合实习、林下资源开发与利用、经济林有害生物控制、经济林贮藏与加工、经济林产品营销学、经济林机械与智能管理、科学研究法与实训等。

就业展望

本专业毕业生可在林业、农业、环保、国土绿化等行业的科研机构、大专院校、行政机关、公司等企事业单位，从事经济林栽培与加工利用、林下资源经营管理、经济林产品市场营销等方面的教学科研、行政管理和生产管理导等工作。

报考要求

1. 轻度色觉异常（俗称色弱）或色觉异常Ⅱ度（俗称色盲）的考生不宜就读本专业。

2. 由于培养要求和知识结构的原因，对生物感兴趣的同学适宜就读该专业。

实力院校

北京林业大学、河北农业大学、河南农业大学、中南林业科技大学。

水产养殖学：发现水下王国之美

核心含义

水产养殖学专业就是研究在人工控制下，繁殖、培育和收获水生动植物的生产活动中所涉及的科学与技术。该专业学生需要学习生物学和水域环境学的基本理论以及水产增养殖、渔业经济和管理等方面的基本知识，接受有关生物学和化学实验教学、水产增养殖实践性环节、微型计算机应用等方面的基本训练，具备培养水产经济动、植物增养殖技术、营养与饲料和病害防治等方面的基本能力。

开设课程

该专业主干课程包括微生物学、普通动物学、普通生态学、动物遗传学、组织胚胎学、动物生理学、水环境化学、水产动物营养与饲料、生物饵料培养、水产动物病害学、生物化学、细胞生物学、水产增养殖学（包括鱼类、甲壳类、贝类等）。

就业展望

随着我国渔业经济结构的优化升级，加之全国海洋渔业资源的限制捕捞，水产养殖业将成为朝阳产业得到快速发展。由于水产品市场需求的增加带动了水产养殖业的快速发展，对人才的需求将越来越多，这为水产养殖专业的毕业生提供了良好的就业前景。该专业学生毕业后，可以在现代水产养殖园区、教学科研等企事业单位以及党政机关等部门，从事水产养殖、教学、科研及管理等工作。客观来说，这个专业目前的就业形势还不错，基本不愁工作，男生从事技术工作吃香，女生最好往营销、管理岗位方向发展。

能力要求

1. 水产类专业对考生的身体条件有一定的要求，患有轻度色觉异常（俗称色弱）的考生不予录取。

2. 该专业主要涉及生物学方面的知识以及部分化学知识，对这些科目的要求比较高。

3. 该专业属于应用型农学专业，经常需要驻在相应的农业场所开展相关工作，不但工作内容较为辛苦，居住环境也较差，对体力以及生活适应能力都有一定的考验。

4. 如从事本行业工作，要接触大量的水生动物植物，包括一些对水生动物的解剖观察等，对此反感的考生需谨慎报考。

实力院校

拥有水产养殖学专业大类国家重点学科的院校

中国海洋大学。

拥有水产养殖学二级学科国家重点学科的院校

水产养殖学方向：上海海洋大学、华中农业大学。

国家级特色专业建设点

华中农业大学、海南大学、中国海洋大学、广东海洋大学、天津农学院、大连海洋大学、宁波大学、上海海洋大学、江苏海洋大学、集美大学。

海洋渔业科学与技术：让渔业能够更好地实现可持续发展

核心含义

海洋渔业科学与技术专业主要分为两大块：渔业资源与捕捞学。渔业资源的研究包含海洋生物资源繁殖、栖息和生长规律；捕捞学则是研究各鱼种渔场分布、变动，以及作业方式等。学生不仅需要学习渔业资源及海洋环境知识，还要学习相关法律法规，以及渔政管理方面的知识，同时还将接受捕捞技术、渔政调查、渔业水域环境监测等方面的训练，具备渔业资源与渔业环境的调查和研究、渔具渔法设计和渔业管理等基本能力。

开设课程

本专业在大一、大二阶段主要以基础的通识课为主，包括高等数学、大学物理、概率论、线性代数、机械制图、计算机、鱼类学、鱼类行为学、大学英语、气象学、渔业资源学等课程；大三、大四阶段主要以专业课为主，包括渔业资源评估、海洋渔业科学与技术、航海学、网具材料、航海英语、捕捞英语、航海技术、船舶结构原理等课程。

就业展望

海洋渔业科学与技术是一个地域指向性极强的专业，毕业生就业领域主要在沿海经济发达地区。从总体情况来看，该专业毕业生就业情况良好，薪资待遇也较高。当今海洋渔业全球化趋势明显，特别是渔业生产已经不仅是简单的捕捞活动，而是与环境、法律、贸易、生物资源与加工、管理等诸多领域密切相关。毕业生可在海洋渔业生产管理、淡水渔业生产管理、渔业涉外技术服务、水产品贸易、渔业行政管理以及教育、科研等领域就业。同时，该专业毕业生参加工作后出国学习的机会也相对较多。

能力要求

1. 该专业对患有轻度色觉异常（俗称色弱）及色觉异常Ⅱ度（俗称色盲）的考生不予录取；要求考生无扁平足。

2. 由于涉及与高中知识的关联，该专业对物理要求较高。

3. 该专业毕业后的工作可能涉及长期的远洋航海，报考前需考生慎重考虑，并且很多学校只招男生。

实力院校

国家级特色专业建设点

广东海洋大学、大连海洋大学、上海海洋大学、浙江海洋大学。

水族科学与技术：发现水下生命之美

核心含义

水族科学与技术专业主要学习水产动物育种学、水产品品质与卫生检验、水环境科学、水族动物生产学等多门学科的基本理论和基本知识。

该专业是一个新兴的时尚学科，是在原来的水产养殖基础上发展起来的一个新专业，2004 年首次出现在教育部颁布的本科专业目录中。该专业非常重视应用技术，要求学生除了掌握水产养殖的应用理论和技术外，还要了解景观规划设计及水族景观工艺技术，同时还要学习许多关于人文素质的课程。学生主要学习现代生物科学和环境科学的基本理论以及观赏水族的养殖、水族产业的经营和管理等方面的知识，受到有关生物学和化学实验教学、观赏水族养殖实践性环节、计算机应用等方面的基本训练，掌握观赏水族养殖技术、水域环境控制、营养与饲料、病害防治等方面的基本能力。

开设课程

水族科学与技术专业属于农学，基础课程有基础化学、有机化学、生物化学、植物学、动物学、鱼类学、水生生物学、遗传学、微生物学、生态学等。专业课程主要有水产动物疾病学、水产动物饵料学、水族造景技术、水族鉴赏、观赏水族养殖学、水草栽培学、游钓渔业学、水族馆创意与设计、观赏水族营养与饲料学、观赏水族疾病防治学、水处理技术、景观生态学、管理学、休闲渔业经营学等。

就业展望

水族产业是世界渔业产业中的一个重要部分，从 20 世纪 90 年代起水族产业开始迅速发展。该专业毕业生可到大中城市的水族馆、游钓鱼业、水产养殖等部门从事养殖开发和管理等工作，也可在水产贸易行业从事产品推广、经销管理等工作。当然也有部分同学选择继续深造，成为能够在水族产业的企事业单位，从事休闲渔业及观赏水族科研、开发、教学、管理等工作的复合型科学技术人才。

能力要求

1. 任何一眼矫正到 4.8、镜片度数大于 800 度的考生、患有轻度色觉异常（俗称色弱）或色觉异常Ⅱ度（俗称色盲）的考生，以及嗅觉迟钝的考生不宜就读。具体要求请参考各校招生章程。
2. 由于培养要求和知识结构的原因，该专业对生物、化学感兴趣的同学适宜就读。

实力院校

开设水族科学与技术专业的代表性院校

上海海洋大学、大连海洋大学、华中农业大学、西南大学、天津农学院。

水生动物医学：水生动物的保护神

核心含义

水生动物医学专业主要学习现代动物医学、水产科学和环境科学等方面的基本理论和基本知识，接受微生物学、免疫学、水产动物病理学、药理学、鱼病学及无脊椎动物疾病学实践教学及计算机应用等方面的基本训练，掌握水生动物疾病诊断与防控基本原理，培养具备基础兽医学、预防兽医学、临床兽医学的基本理论、基础知识和基本技能，能在水生动物病害防控、养殖生产、教育、科研和管理等部门从事病害防控、预防检疫、科学研究、教学、经营管理、技术开发与推广等方面工作的复合应用型人才。

开设课程

本专业开设的课程有养殖水环境化学、水生动物生物学、水产动物病原生物学、水产药物学、水

产动物病理学、水产动物免疫学、鱼病学、水产无脊椎动物疾病学、水产动物疾病诊断学、水产养殖学概论等。

就业展望

培养的学生能在渔业、海洋、资源保护等管理部门和事业单位从事管理、科技开发和技术推广工作，能在水产养殖生产、教育、科研和管理等部门从事水生动物疾病诊治、防疫检验、教学、管理、技术研发和服务、产品营销等工作，能在水生动物医学及其相关领域自主创业，也可在水产学、兽医学、生物学和环境科学以及相关学科攻读硕士学位。

能力要求

1. 任何一眼矫正到4.8、镜片度数大于800度的考生、患有轻度色觉异常（俗称色弱）或色觉异常Ⅱ度（俗称色盲）的考生，以及嗅觉迟钝的考生不宜就读。具体要求请参考各校招生章程。

2. 由于培养要求和知识结构的原因，对生物、化学感兴趣的同学适宜就读该专业。

实力院校

开设水生动物医学专业的代表性院校

中国海洋大学、上海海洋大学、广东海洋大学、集美大学。

草业科学：科学培养草场

核心含义

草业科学，用一句通俗的话来说就是研究草，用书面表达来说，就是研究科学培养草坪、草场的学科。该专业主要通过让学生学习草业科学方面（草坪绿化、园林绿化、牧草栽培育种与加工、人工草地建植与管理、草地改良等）的基本理论、基本知识和基本技能，培养能在农业以及其他相关的部门或单位，从事草业生产与保护工作的技术与设计、推广与开发、经营与管理、教学与科研等工作的高级科学技术人才。

开设课程

本专业开设的课程有生物化学、植物生理学、遗传学、植物分类学、植物生态学、牧草与草坪草育种学、牧草生物技术、草坪学、城市园林设计、牧草栽培学、牧草与草坪草种子学、水土保持学、草地管理学、草地遥感学、草地资源学、牧草加工学、动物营养学等。

就业展望

我国目前的草业从业人员中，经历过正规高度教育的比例非常低，大部分从业人员都没有系统地学习过该领域的知识。因此，草业科学专业就业前景很乐观。除了在草原和农村从事草产品加工、畜牧等工作之外，城市也同样是该专业毕业生的主要就业区域。比如，在城市园林建设、公园绿化、企业绿化、高尔夫球场、旅游环保等方面，从事草业资源规划、草坪绿化、环境建设的技术、管理工作，以及相关草业产品的销售工作。

能力要求

1. 主要脏器（肺、肝、肾、胃、肠等）动过较大手术，或曾患有心肌炎、胃或十二指肠溃疡、慢性支气管炎、风湿性关节炎等病史，甲状腺功能亢进已治愈一年的考生；先天性心脏病经手术治愈，或房室间隔缺损分流量少，动脉导管未闭返流血量少，经二级以上医院专科检查确定无需手术的考生；肢体残疾（不继续恶化）的考生不宜就读草业科学专业。具体以目标院校的招生章程为准。

2. 若从事本专业的技术类工作，需要经常在露天环境下进行作业，这是需要考生提前考虑的。

实力院校

国家级特色专业建设点

兰州大学、四川农业大学、青海大学、宁夏大学、内蒙古农业大学、甘肃农业大学、新疆大学。

草坪科学与工程：草坪与绿地建设管理专家

核心含义

本专业以生物学为基础，研究草坪绿地植物生长发育规律，草坪与绿地、运动场草坪、园林建造与管理、生态环境、草业生产技术与管理。服务范围涵盖园林景观设计、水土保持、游憩与运动场地、生态建设与草业生产等领域。培养系统掌握生物科学、生态学、环境科学和草坪科学基本理论知识以及草坪与绿地建植管理、园林建造与管理、生态建设、草业生产技能，能在管理部门、科研院所、高等院校与企业，从事绿化工程施工与监理、运动场草坪建造、园林规划设计、生态修复、草业生产等方面的工作，具有社会责任感、心系三农、善于学习、勤于实践、勇于创新创业、德智体美劳全面发展的高素质应用型专业人才。

开设课程

本专业开设的课程有植物学、基础生物化学、植物生理学、土壤学、测量学、普通生态学、植物分类学、草坪建植与管理、草类植物育种学、草类植物种子学、草坪保护学、草坪灌溉与排水、园林绿地规划设计、园林工程、草坪营养与施肥、草坪工程监理、运动场草坪等。

就业展望

面向园林绿化、生态环境、体育运动、草业生产等行业从事技术和管理工作，在高等院校和科研院所从事教学与研究工作，也可流向经济发达地区从事园林绿化、绿色有氧运动场地建造与维护、生态环境修复、草业生产技术与管理工作。

报考要求

1. 轻度色觉异常（俗称色弱）或色觉异常Ⅱ度（俗称色盲）的考生不宜就读本专业。
2. 由于培养要求和知识结构的原因，对生物擅长的同学适宜就读该专业。

实力院校

甘肃农业大学。

经济学门类及其特点

经济学门类共有经济学类、财政学类、金融学类和经济贸易类四个专业大类，包括经济学、经济统计学、财政学、金融学和国际经济与贸易等 23 个本科专业。总的来看，该门类中的所有专业都与

社会的经济运行密切相关，学习内容也有交叉重叠的地方，但每个专业之间又各有侧重。

经济学门类的特点是：

1. 经济学门类下属的专业报考和就业都比较热门，有志于就读此类专业的同学在填报志愿时务必注意录取专业线差。

2. 各专业学习内容主要集中在金融、证券、贸易、投资、保险等领域，它们之间都可相互贯通。

3. 无论是大学本科阶段的学习，还是进入同一领域深造，数学功底好的学生才能在经济学这条路上走得更远。

除了上述特点，各类专业还有各自特点。经济学类专业对理论学习要求较高，财政学类专业重在税收和财政政策的研究，金融学类专业较为看重学生的数理能力，经济与贸易类专业则很注重学生的语言与交流能力。考生务必结合自身的特点，在经济学这个门类下选出更适合自己的专业。

经济学：研究经济运行的基本规律

核心含义

经济学不就是研究如何赚钱的学科吗？不！如果这样想那就大错特错了。经济学专业是基础学科，侧重经济学理论的学习和研究，主要培养理论方面的人才，而不是培养银行、证券、保险、风险投资等操作实务的人员。这个专业离我们很近，像新闻里常说的宏观调控、收入分配、GDP和CPI等都与经济学有关。经济学专业学生最核心的工作内容是利用经济学理论分析各种经济政策，并对经济现象进行解读。比如，通过统计局公布的GDP和CPI数据，分析经济的发展前景和通货膨胀的原因。

本专业培养具备比较扎实的经济学理论基础，熟悉现代经济学理论，比较熟练地掌握现代经济分析方法，知识面较宽，具有向经济学相关领域扩展渗透的能力，能在综合经济管理部门、政策研究部门、金融机构和企业从事经济分析、预测、规划和经济管理工作的高级专门人才。

开设课程

本专业开设的课程有经济学基础、中级微观经济学、中级宏观经济学、政治经济学、财政学、货币银行学、国际经济学、金融经济学、计量经济学、公司理财、经济史、经济思想史、当代中国经济、劳动经济学、产业经济学、网络经济学、会计学、统计学、国际贸易、国际金融、公司财务、市场营销、企业经济学等。

就业展望

经济学专业研究的是整个经济领域，所以适合的行业和岗位比较广泛。

1. 政府的综合经济管理部门和研究部门。如中央的财政部、统计局和中国人民银行，以及省市级的财政局、统计局和外汇局等。

2. 金融系统。如银行、证券公司、投资管理公司、资产管理公司等，主要从事研究和分析类工作。

3. 毕业生也适合进入咨询行业。如管理咨询、营销咨询、IT咨询等咨询机构及投资银行。

4. 经济类媒体也是就业方向之一。

一般而言，经济学专业硕士生可以选择的媒体空间比较大，一些经济类的报社、杂志社、出版社和网络媒体是很多经济学专业毕业生的选择。事实上，经济学专业的就业范围远比这些广泛。但是，最后的就业情况仍然取决于个人的能力与素质。大学期间好好学习经济学理论基础，同时针对就业岗位提早做出职业规划，多积累自己的实践经验，毕业时找到理想的工作并非难事。

能力要求

总体上来看，经济学专业是社会科学领域的基础学科，理论偏向比较明显，对数学的要求比较高，学习中需要具备较强的抽象思维能力和逻辑思维能力。抽象思维能力不足、数学逻辑基础不够扎实的人，在经济学专业课程学习中会比较吃力。此外，经济学是一门与现紧密相连的学科，需要学生有敏锐的现实洞察力。少数同学对现实经济问题缺乏兴趣，观察力不足，难以深入体会和掌握经济学理论，从而容易失去对经济学理论学习的兴趣。

实力院校

拥有应用经济学、理论经济学世界一流建设学科的院校

应用经济学：北京大学、中国人民大学、中央财经大学、对外经济贸易大学、辽宁大学、西南财经大学。

理论经济学：北京大学、中国人民大学、武汉大学。

拥有经济学专业大类国家重点学科的院校

应用经济学方向：中国人民大学、中央财经大学、南开大学、厦门大学。

理论经济学方向：北京大学、中国人民大学、南开大学、复旦大学、厦门大学、武汉大学。

拥有经济学二级学科国家重点学科的院校

国防经济学方向：国防大学、中国人民解放军陆军勤务学院。

数量经济学方向：清华大学、吉林大学、华侨大学。

劳动经济学方向：首都经济贸易大学。

产业经济学方向：北京交通大学、东北财经大学、复旦大学、山东大学、暨南大学、西安交通大学。

经济思想史方向：上海财经大学。

西方经济学方向：华中科技大学。

世界经济方向：辽宁大学。

国民经济学方向：北京大学、辽宁大学。

区域经济学方向：兰州大学。

拥有经济学二级学科国家重点（培育）学科的院校

政治经济学：浙江大学。

经济史：中南财经政法大学。

世界经济：北京师范大学、南京大学。

人口、资源与环境经济学：新疆大学。

产业经济学：江西财经大学。

数量经济学：东北财经大学。

国家级特色专业建设点

北京大学、南京大学、复旦大学、厦门大学、兰州大学、中南财经政法大学、西南财经大学、华南师范大学、武汉大学、华中科技大学、四川大学、西北大学、暨南大学、辽宁大学、青海大学、北京物资学院、湖南科技大学、嘉兴学院、河南大学、首都经济贸易大学、浙江财经大学、安徽财经大学、哈尔滨商业大学、南京财经大学、湖南工商大学、吉林财经大学、福建师范大学、山东财经大学、河南师范大学、湘潭大学、重庆工商大学、四川师范大学。

经济统计学：统计学在经济领域的实际应用

核心含义

经济统计学运用统计学的理论和方法对经济活动中的数据进行整理分析，找出经济活动规律。例如炒股，影响股票的数据有很多，运用经济统计学就可以对影响股票的大量数据进行整理、统计和分析，然后找出规律，预测股票走势。经济统计学可以说是经济研究中最为客观、最为重要的工具，金融、证券和保险等行业会经常用到。

开设课程

本专业开设的课程有数学分析、高等代数、C 语言程序设计、数据库原理及其应用、面向对象程序设计、微观经济学、宏观经济学、统计学原理、经济统计学、金融统计学、多元统计分析、实用回归分析、抽样调查技术、统计预测与决策、风险管理、证券期货投资技术分析、统计软件、国民经济核算等。

就业展望

经济统计学属于技能型专业，专业适应性较广，如果读书的时候能考取一些职业技能证书，就业前景会更好。大体来看，就业可以面向金融、统计、经济和会计这四个大方向：

1. 进入金融系统。比如，到银行统计工作岗位；到证券公司等金融机构做风险管理、信用分析工作；到保险公司做后台风险管理控制。

2. 考取公务员。比如统计局，主要负责收集国民生产总值、就业、失业、价格等数据。必须参加公务员考试，这些单位往往很少招本科生，一般都是要求硕士以上学历。

3. 部分毕业生可以做经济咨询师，为企事业单位做咨询、调研等有关经济分析的工作。不过，除了专门的统计调查和数据分析的企事业单位有需求之外，其他的需求量比较少。

4. 进入会计师、教师岗位。

能力要求

1. 对于本科生来说，由于所学范围宽广，涉及学科较多，学得广而不精，所以在就业的时候存在一个转向的问题。数据处理是这个专业的优势所在，因此，进入大学后，务必认真学习好数据处理技能，对就业有所帮助。

2. 经济统计学学习的内容比较广泛，学习内容也会因不同学校而有所差异，所以报考前要仔细了解目标院校的专业培养方案。

3. 该专业要求学生具备较好的数理能力和数学学习兴趣。

实力院校

开设经济统计学的代表性院校

浙江工商大学、上海财经大学、江西财经大学、暨南大学、北京工业大学、云南财经大学、西南财经大学、安徽财经大学、南京财经大学、南京邮电大学、海南大学、华中科技大学、安徽大学、东北财经大学、山东财经大学、中南财经政法大学、广东金融学院、新疆财经大学、山西财经大学、吉林财经大学、闽南师范大学。

国民经济管理：培养高级复合型人才

核心含义

国民经济管理方面的人才需要具备扎实的经济学、管理学基础。本专业是一门新兴学科，是适应市场经济条件下，经济、社会发展对宏观经济管理的需要而设立的应用经济学科，是经济学一般原理与行政管理学及社会统计数据的结合。这个专业的前身是计划经济专业，是计划经济时代的产物，曾经培养了许多著名的经济学大家及宏观经济管理的高层政府领导，但是随着计划调控逐步让位于市场调控，这个专业慢慢地也改变了培养方向，转向培养经济管理的高级复合型专业人才。

开设课程

本专业开设的课程有经济学基础、中级微观经济学、中级宏观经济学、财政学、货币银行学、国际经济学、金融经济学、计量经济学、统计学、会计学、政治经济学、国民经济管理学、发展战略与规划、投入产出分析、产业经济学、管理学基础等。

就业展望

本专业的许多学生本科毕业时选择考研和继续深造，同时也有大部分人报考各级政府的国家公务员。选择就业的毕业生可以到各类企业从事经济管理、财务管理、营销管理及人力资源管理，或者到各级银行、保险、税务、审计、证券、投资、基建部门从事经济管理工作，也可以在各科研机构、大专院校从事经济学、管理学教学科研工作。但是，读完相关专业研究生后再就业，前景会比较光明。

能力要求

1. 该专业对考生的身体条件有一定的要求，根据《普通高等学校招生体检工作指导意见》规定，不能准确识别红、黄、绿、蓝、紫各种颜色中任何一种颜色的导线、按键、信号灯、几何图形的考生，该专业可以不予录取。当然，这里所说的只是总体情况，各高校的要求不同，大家在选择该专业时一定要注意查看目标院校的招生章程。

2. 国民经济管理是一个很宏观的专业，倾向于理论研究。在本科阶段，这个专业可以说是学得广而不精，经济、金融、管理都得学，所以学业压力也比较大。但是这个专业的学生由于经济管理学的基础较厚实，考研优势巨大。

实力院校

开设国民经济管理专业的代表性院校

中国人民大学、北京大学、厦门大学、中央财经大学、浙江大学、中南财经政法大学、辽宁大学、东北财经大学、复旦大学、山东大学。

国家级特色专业建设点

辽宁大学。

资源与环境经济学：经济学与资源环境科学的交叉学科

核心含义

资源与环境经济学是运用经济学原理来分析和解决资源与环境问题。本专业是经济学研究向自

然科学世袭领地的扩展和进入，是经济学和资源环境科学两大学科交叉形成的一门新兴学科。2012年经教育部调整，将“环境经济”与“环境资源与发展经济学”合并为资源与环境经济学，成为国家特色专业。本专业主要学习资源与环境经济学基本理论与基本知识，熟悉资源环境政策法规与交易规则，掌握资源与环境经济分析方法及管理技能，旨在用经济学的工具来分析环境、资源问题。

开设课程

本专业开设的课程有自然资源学、环境学概论、资源与环境经济学、资源开发与管理、产业经济学、发展经济学、生态经济学、资源环境定量分析方法、经济地理学、可持续发展理论与实践、环境认证与审计、环境会计学等。

就业展望

本专业的就业前景非常广阔，毕业生可在综合经济管理部门、政策研究部门、金融机构和企业从事资源与环境规划、资源与环保产品定价与交易、项目评估与绩效管理、资源与环保产品产业化等方面的工作。由于研究的领域比较宏观，再加上毕业生对工作的期望值偏高，地区性就业出现失衡，但可以预见，该专业就业趋势将会越来越好。

能力要求

1. 不能准确识别红、黄、绿、蓝、紫各种颜色中任何一种颜色的导线、按键、信号灯、几何图形的考生，资源与环境经济学专业可以不予录取。

2. 由于培养要求的原因，学生应具有较好的语文、数学、英语基础和较强的社会活动能力及综合能力。

3. 该专业报考时几乎很少有人将其作为首选，专业分差不大。

实力院校

开设资源与环境经济学专业的代表性院校

中国人民大学、北京大学、武汉大学、山西财经大学、山东财经大学、贵州财经大学、内蒙古工业大学、内蒙古财经大学、浙江工商大学、安徽理工大学、重庆科技学院、湖北经济学院。

商务经济学：培养胜任商务实践活动的商科人才

核心含义

商务经济学，就是运用经济学原理去分析和处理各种商务问题。培养学生具备在政府部门和企业从事商务工作的基本能力。这要求我们学生对于商务现象要有敏锐的洞察能力和较强的写作分析能力，从一小摊一小贩的现象中看出其中运作的规律，并能够通过自己的专业手段预测出该现象未来的发展趋势，扮演好现代经济监测员的角色。

开设课程

本专业开设的课程有英语、统计、信息技术、电脑调研、商务入门、财务会计原理、微电子应用、经济理论、宏观经济学原理经济、管理学原理、管理心理学、营销原理、中级微观经济学、数理经济学、货币银行学、公共金融学、商务调研方法、中级宏观经济学、经济计量学基础、国际贸易、管理经济学、国际宏观经济学、战略经济学、经济学研讨等。

就业展望

经济学类的专业相对来说就业前景都比较好。商务经济学作为经济学下的二级学科，学习了众多关于经济学的基础知识，这样就为学生提供多样和灵活的就业机会，毕业生能在综合经济管理部门、政策研究部门、金融机构和企业，从事经济分析、预测、规划与经济管理工作。从就业区域来说，目前来看商务经济学专业就业前景最好的地区主要集中在北京、上海、广州等发达地区，其他城市相应的职位还不是很多。

能力要求

1. 不能准确识别红、黄、绿、蓝、紫各种颜色中任何一种颜色的导线、按键、信号灯、几何图形的考生，本专业可以不予录取。

2. 由于培养要求的原因，考生填报时除了具有浓厚的学习兴趣外，还要具有较强的文字和口头表达能力。

3. 该专业属于国家特色专业，开设此专业的院校不多，专业分差比较低。但是就业形势比较好，对于想学经济类专业但是分数又不够高的考生，可以考虑此专业。

实力院校

开设商务经济学专业的代表性院校

山东大学、上海商学院、哈尔滨商业大学、重庆第二师范学院、兰州财经大学、铜陵学院。

能源经济：解决能源可持续性问题

核心含义

能源经济是经济学、管理学与能源科学各学科交叉在一起的复合型专业。能源经济主要包括七个方面的研究内容：能源与经济增长、社会发展的关系；能源与环境污染的关系；能源资源的优化配置；能源价格和税收；节能与循环经济；能源的内部替代和外部替代；能源的国际贸易和石油作为金融产品。目前，我国由于缺乏能源经济人才，缺乏有效的能源经济研究为政府制定能源和经济政策提供建议，许多能源问题不能得到及时解决，导致重大的经济损失。因此，培养高素质的能源经济学人才迫在眉睫。

开设课程

本专业开设的课程有微观经济学、宏观经济学、产业经济学、消费经济学、计量经济学、会计学、统计学、国际贸易、货币银行学、能源经济学、能源市场与价格、能源安全、低碳经济、能源政策、能源经济数量模型、资源与环境经济学、能源企业管理、能源金融、石油经济学、能源产业制度创新等。

就业展望

目前全球能源短缺，因而能源经济是个相对具有较好前景的专业，毕业生可以在各级政府能源经济管理部门、各类能源经营与管理部门、各级银行金融机构和大中型企业的能源管理部门从事实际工作，也可以去高校及科研机构从事相关的教学、科研等工作。

能力要求

1. 不能准确识别红、黄、绿、蓝、紫各种颜色中任何一种颜色的导线、按键、信号灯、几何图形的考生，请慎重报考。

实力院校

开设能源经济专业的代表性院校

中国人民大学、中国石油大学、江苏大学、江苏科技大学、山西财经大学、山西晋中学院、湖北工业大学、重庆大学。

劳动经济学：优化劳动力资源

核心含义

劳动经济学属应用经济学，是2016年新开设的一个专业。此专业以劳动力市场现象及其所引起的劳动力资源配置为研究对象，是研究劳动经济理论与实务的学科，具有理论经济学和应用经济学双重属性。劳动经济学专业要求学生系统掌握管理学、经济学、社会学等专业知识，了解国内外劳动与社会保障理论及实践的历史和现状，具备运用现代技术手段进行调查分析和实际操作的能力，培养具备比较扎实的管理学与经济学专业知识，掌握现代管理技术与方法，能在政府部门、政策研究部门、大中型企事业单位从事劳动与社会保障工作的高级专门人才。

开设课程

本专业开设的课程有社会主义理论与实践、英语、专管理数学、微观经济学、宏观经济学、人口资源环境统计学、人口经济学、生态与可持续发展经济学、资源与环境经济学、计算机应用、国内外人口、生态研究文献选读、区域与城市经济学、数量经济与技术经济学、社会调查与统计分析、农业经济学、社会学原理、人力资源开发与管理。

就业展望

从近几年的就业情况来看，学生毕业后大多在中央和地方各级政府、高等院校、大型的国有企业、民营企业及外国在华投资企业工作，主要从事人力资源管理、劳动科学研究等相关工作。有许多毕业生已经成为著名的专家、学者和政府的高层领导，以及企业人力资源部门的高级管理人员。据调查显示，用人单位对本专业毕业生予以了较高的评价，许多优秀毕业生都已走上政府部门的领导岗位和企业中高层管理者岗位。

能力要求

系统了解劳动经济学和其他经济学知识，对国内外经济理论和经济实践中的重大问题有较清楚的了解；能运用现代经济分析方法和计算手段；熟悉掌握一门外国语；具有独立从事科研的能力。

实力院校

拥有劳动经济学二级学科国家重点学科的院校

首都经济贸易大学。

经济工程：用经济学思维解决技术难题

核心含义

经济工程学包括理论、方法、工具和主体间可核实性的知识以及各种经济学科、工程学科和法律学科之间的关系，作为企业经济与工程学之间的连接口，已经发展成一个独特的科学领域。

经济工程学是由经济学科和工程学科共同组成，两者同等重要。其内容包括工程学科知识和经济学科知识的跨学科课程。它作为一门独特的学科同时也被列入众多大学工程学科的院系之中。经济工程不仅已经建立了独立的科学性课程，同时也被作为独立的科学性专业领域设立于公共以及私人的研究机构中。

通过对经济工程学课程的学习，学生们应该能够从不同的角度分析问题，并且对其进行经济性和技术性的评判。力求通过跨学科的方法使得毕业生们获得处理问题的全局观。学科课程作为架在经济与工程科学之间的桥梁，汇集了来自两个科学领域的内容与能力。为完成这一目标，课程设置不仅以在自然工程和企业经济方面的专业能力培养为重点，同时在专业整合方面如质量管理、项目管理、环境管理、流程管理和法律等继续进行开发。由此培养出毕业生们所必须具备的能力，使得他们在技术与商业交叉领域胜任各项工作。

开设课程

本专业开设的课程有德语、企业经济学、会计学、投资与融资、企业管理、建筑构造、工程材料、项目管理及进展、房地产经济学、不动产价值估算、能源技术、能源经济学、技术力学、应用物理建筑技术、废物垃圾处理经济学、经济法等。

就业展望

作为技术和经济重叠领域的专业人士，经济工程师可以在销售和市场，制造和生产，或质量部门以及金融和会计领域就业。一般来说，在所有行业的制造企业都有工作机会，如技术方向的贸易企业，家政企业和咨询企业，以及大型的交通企业也能给该专业毕业生提供工作岗位。

能力要求

该专业要求考生具备以下几个方面的能力：1. 具有经济学、管理学、数学等方面的知识。2. 具有计算机辅助设计能力。3. 了解建筑工程、能源技术、房地产方面的知识。4. 具有敏锐的观察能力和活跃的思维能力。

实力院校

开设经济工程专业的代表性院校

合肥学院。

数字经济：给经济学插上“大数据”的翅膀

核心含义

数字经济专业是2018年新开的专业，此专业以经济学为根基，数字技术为手段，融合管理科学、数学、计算机科学等交叉学科与技术，研究数字经济的运行规律，测度数字经济的规模，规划数字经

济的发展，促进数字产业化与产业数字化发展，实现数字技术与工业、农业、服务业等行业的深度融合。

该专业在融合管理学、经济学与统计学、计算机科学技术等学科领域的基础上，坚持“学科交叉、技术融合、理论与实践并重”的培养思路，着重培养全面掌握数字经济基本理论与运行规律，具备管理运营数据分析与决策能力，具备产业数字化规划与建设能力，促进组织数字化转型，提升组织竞争能力和管理水平，能在数字经济相关的国家各级管理部门、工商企业、金融机构、科研单位及数字产业部门从事数据分析、产业数字化建设的高素质应用型人才。

开设课程

本专业开设的课程有微观经济学、宏观经济学、计量经济学、财政学、金融学、管理学、统计学、会计学、区块链原理及应用、Python 程序设计、数据库原理及应用、Python 大数据分析、互联网+运营管理、数字经济概论、基于大数据的经济分析综合实训、社会经济调查实训、统计综合模拟实训、区块链金融实训、数字营销实验、生产实习、毕业设计等。

就业展望

本专业主要培养具有深厚经济学基础和熟练数字技能的数据分析与决策人才，以及产业数字化人才，帮助企事业单位更好完成数字化转型，提升管理运营效率。毕业生可就业于数字经济相关的国家各级管理部门、工商企业、金融机构、科研单位及数字产业部门。

能力要求

1. 具备良好的数理基础，掌握经济学、管理学、金融学等理论知识，能够综合运用现代经济方法与手段进行社会调查、经济分析。

2. 具备一定的大数据技术基础，能够将大数据技术综合应用于数字经济相关领域的分析与挖掘，辅助决策，解决实际问题。

3. 掌握数据挖掘与分析技术，具备数据经济分析能力。

4. 具有初步的科学研究和实际工作能力，具有一定的批判性思维能力。

5. 具有一定的外语应用能力，能阅读本专业的外文资料，具备一定的国际视野和跨文化环境下的交流、竞争与合作的初步能力。

6. 具有一定的组织管理能力、表达能力、独立工作能力、人际交往能力和团队合作能力。

开设数字经济专业的代表性院校

桂林电子科技大学。

财政学：政府的理财之政

核心含义

财政学属于应用经济学，该专业主要研究政府在筹集资金和使用资金等方面的问题。国家要正常运行就需要财政资金的支持。那么，财政资金怎么获取、怎么管理、怎么使用呢？应该对哪种类型的企业征税？税率应该定多少？国家要发多少国债？这些都是财政学专业所要解答的问题。总的来看，财政学主要是利用财政手段来更好地调节收入分配，对宏观经济进行调控和监督。财政学专业培养具备财政、税务等方面的理论知识和业务技能，能在财政、税务及其他经济管理部门和企业从事相关工作的高级专门人才。

开设课程

本专业开设的课程有财政学、税收经济学、税收管理学、中国税制、纳税检查、税收筹划、国际税收、政府预算管理、比较税制、税务代理、政府与非营利组织会计、资产评估、会计学、中级财务会计、成本会计学、企业财务学、微观经济学、宏观经济学、统计学、审计学、金融学、保险学、管理学等。

就业展望

1. 就业方向一：对外贸易。外贸在沿海一带大小城市发展都非常快，对外贸人才的需求也大。浙江、江苏一带民营企业已经意识到高素质人才的重要性，近些年开始大量招聘有学历的新手，这是毕业生们入行的好机会。

2. 就业方向二：税务筹划。通过税务规划进行合法避税是很多公司的必然选择。另外，一些个人也采取聘请税务规划咨询师的方式来合法减少税务支出。我们有理由相信，在今后的几年里，税务规划方面的职位将在需求和薪酬方面有较大幅度的攀升。

3. 就业方向三：公务员。公务员受到大部分毕业生青睐，其理由是工作稳定、压力小、薪酬待遇中上。但是，上岗竞争空前激烈，经常出现几百人竞争一个职位的场景。财政学专业毕业生的对口职位大都在财政局和税务局，从事税收规划、审计、资产管理等方面的工作。

4. 就业方向四：包括财务会计、市场营销、职业学校或大学教师、客户服务等，这些职位虽然没有完全脱离经济类专业的就业方向范畴，但都不是财政学毕业生的对口就业岗位。

能力要求

1. 该专业学习需要记忆的东西很多，所以要有足够的耐性和较好的记忆力，且需要有条不紊的逻辑思维能力。

2. 很多学校的财政学专业都会开设海关管理与报关实务课程，大家可以结合这门课程去参加报关员和外销员资格考试，以便为将来就业增加筹码。

实力院校

拥有财政学二级学科国家重点学科的院校

东北财经大学、上海财经大学、中南财经政法大学。

国家级特色专业建设点

中国人民大学、辽宁大学、厦门大学、山东大学、东北财经大学、安徽财经大学、集美大学、浙江财经大学、山东财政大学、内蒙古财经大学、西安财经学院、河北经贸大学、天津财经大学、南京审计达大学、江西财经大学、广东财经大学。

税收学：一门体现生活方方面面的学问

核心含义

税收学属于应用经济学。我们生活中的方方面面都与税收学有关，税收现象无处不在。税收学专业是近年来社会需求增长较快的一个专业，是一门系统地反映税收理论、政策、制度和管理内容的学科，主要涉及税收政策、税收筹划和税收检查等方面的知识。旨在培养学生理解国家税收政策、税收制度和分析企业税务发展战略的能力，培养具备税务及管理、法律等方面的知识，具有创新精神、实

践能力、自我发展能力和良好的职业道德，并能胜任税务机关、企事业单位、税务中介机构等部门实际工作，以及胜任大中专学校和研究单位的教学与研究工作的应用型专门人才。

开设课程

本专业开设的课程有税收理论、中国税制、外国税制、税收筹划、税务代理实务、国际税收、税收管理、财税信息化、财务会计、公共财政学、中国财政史、国家预算、公共支出管理、宏观经济学、微观经济学、计量经济学、经济法、国际经济学等。

就业展望

税收学专业是一个热门专业，学生就业后的工资待遇、工作环境都还不错。除了企业中基本的报税纳税外，该专业比较热门的一个方向就是税收筹划，简单地说就是避税，如果能在这方面有所建树的话，前景是非常可观的。毕业生就业去向是主要为税务师事务所、会计师事务所、财务公司等税务咨询代理机构，以及财政、税务等政府部门、银行、工商企事业单位从事税务、财务相关工作。从事的主要职业有：簿记员、会计、审计员、出纳员；税收监察者、征收人和税收代理人；法院、市政以及政府行政机关办事员、报税代理人等。

能力要求

1. 税务专业一直是经济学类专业中的报考热门专业，对分数的要求相对较高，报考时建议重点考虑财经类专业实力强劲的院校。

2. 有的学校税收学专业会细分为不同的方向，比如中央财经大学税收学专业就分了税收学、税收学（国际税方向）、税收学（注册税务师方向），在学习的时候会有所侧重。报考时要结合自己的意向进行选择。

3. 如果喜欢和钱打交道，对数字比较敏感，性格细腻，有耐心且原则性较强的话，不妨报考税收学专业。如果能考取注册税务师，不只就业没有问题，而且还是高收入白领。

实力院校

国家级特色专业建设点

中央财经大学、吉林财经大学、东北财经大学、上海海关学院。

金融学：一门无时不跟“钱”打交道的学问

核心含义

金融学，顾名思义，就是一门研究资金融通的学问。金融的内涵非常广泛，涉及银行、保险、证券市场、国家财政、国际贸易等。广义的金融，包括与货币有关的一切经济活动。金融学专业主要研究现代金融机构、金融市场以及整个金融经济的运行规律。从研究领域来看，金融学大致有两个方向：宏观金融（货币银行等）和微观金融（公司治理等）。具体来看，金融学专业让学生学会如何分析、预测股票和外汇价格变动，掌握时机买卖证券赚取利润，以及银行、保险公司是怎样吸引存款和保险，如何投资赚钱。

开设课程

本专业开设的课程有微观经济学、宏观经济学、会计学、财政学、统计学、计量经济学、货币银行学、国际金融学、金融市场、商业银行经营学、投资银行学、国际贸易、保险学、证券投资学、金融衍生工具、金融经济学、现代货币理论、国际货币制度概论、证券投资学、国际贸易实务等。

就业展望

金融学专业在就业市场上属于热门专业，毕业生就业环境较好，主要面向银行及金融系统。除了商业银行、股份制商行、外资银行驻国内分支机构以外，还有几大主要去向：

1. 金融业监督管理机构。中央（人民）银行、银行业监督管理委员会、证券业监督管理委员会、保险业监督管理委员会等。当然，进入这些机构的难度较大，本科生受学历要求所限会更难一些。

2. 风险性金融公司。证券公司（含基金管理公司）、信托投资公司、金融控股集团等。这类公司一般要求硕士学历。

3. 四大会计师事务所、四大资产管理公司、金融租赁、担保公司等。如果有在银行、证券的从业经历，进入金融租赁、担保行业会更有作为。

4. 保险公司、保险经纪公司。

5. 社保基金管理中心或社保局。

6. 上市（拟上市）股份公司的证券部、财务部、证券事务代表等。上市公司证券部的工作也是不错的，但它对财务、产业分析能力要求较高。

7. 国家公务员序列的政府行政机构。如财政、审计、海关部门等；高等院校金融财政专业教师；研究机构研究人员等。

能力要求

1. 因为金融学专业的热度，这个专业录取分数一直居高不下，考生报考时需要从实际出发，理性报考。

2. 在专业培养方向和课程设置上，不同院校也有自身特点。比如，北京语言大学的金融学专业课程大都采用双语授课，中央财经大学的金融学专业注重宏观金融理论、政策及应用金融的教学与研究。同一专业还会包括不同的专业方向。又如中央财经大学就有金融学、国际金融方向、公司理财等方向，报考前务必弄清楚。

3. 毕业生进入外企的机会相对较多，所以需要良好的英语基础。

4. 另外，像证券投资及保险相关工作都需要大量的数据分析，因此，该专业更适合数学基础良好以及计算机应用技能突出的考生。

实力院校

拥有金融学二级学科国家重点学科的院校

复旦大学、武汉大学、中南财经政法大学、西南财经大学、辽宁大学、暨南大学。

拥有金融学二级学科国家重点（培育）学科的院校

上海财经大学。

国家级特色专业建设点

对外经济贸易大学、中央财经大学、上海财经大学、中国人民大学、南开大学、西南财经大学、中南财经政法大学、湖南大学、北京大学、厦门大学、郑州大学、长沙理工大学、北京工商大学、天津财经大学、上海立信会计金融学院、南京审计大学、新疆财经大学、江西财经大学、河南财经政法大学、天津商业大学、河北经贸大学、上海对外经贸大学、浙江财经大学、湖北经济学院、广东金融学院、广东财经大学、北京联合大学、内蒙古财经大学、安徽财经大学、山东财经大学、深圳大学、

西南民族大学、贵州财经大学、云南财经大学。

金融工程：金融业蓬勃发展的护航者

核心含义

金融工程属应用经济学，此专业是金融学与信息技术及工程化方法的结合。作为一种投资手段的股票、债券等，由于金融市场的复杂多变而存在很多风险，如何创造出一种更有效的方法或者金融产品来降低投资中的风险，就是金融工程要研究的问题。所以，可以说金融工程是金融领域中的一种保险。

具体地说，金融工程就是用数学模型和计算机的一些手段创造出新的金融产品（金融衍生物，如期货、期权）来规避金融风险，并对其进行定价。金融衍生品定价、金融产品设计、金融管理工具的开发等，是金融工程专业研究的主要对象。

金融工程专业培养的是具有设计、开发综合运用各种金融工具创造性解决金融实务问题的基本能力，开展金融风险管理、公司理财、投资战略策划以及金融产品定价研究，能在跨国公司和金融机构从事金融财务管理、金融分析和策划的高素质复合型现代金融人才。

开设课程

本专业开设的课程有经济学模块、金融学模块、计算机模块、数学与统计学模块。开设课程有：政治经济学、微观经济学、宏观经济学、计量经济学、货币银行学、金融经济学、金融市场学、证券投资学、衍生金融工具、固定收益证券、公司金融、金融工程学、金融会计、金融统计与分析应用、商业银行经营与管理、保险与精算、金融风险管理、投资银行学、国际金融、国际投资、金融法等。

就业展望

金融工程专业毕业生总体来说工作相对辛苦，收入比其他行业高很多。虽然实际工作和软件行业的程序员没有本质区别，但收入高，而且相对容易找到工作。就目前来说，金融工程在中国的就业主要在以下几个领域：一是基金公司，基金公司非常需要能做基金绩效评估风险控制、资产配置的人才；二是证券公司，证券公司正处在一个艰难的时期，同时也在通过集合理财产品设计等寻求生存的机会；三是银行，各大银行的总行正在着手建立内部风险管理模型，急需这方面的人才。

能力要求

1. 本专业对数学、计算机要求非常高。如果对数学不太感兴趣，不建议学金融工程。
2. 毕业后工作薪酬高，但是工作强度非常大，体质较弱、不能承受较大工作压力的考生要慎重报考。

实力院校

国家级特色专业建设点

对外经济贸易大学、山东大学。

保险学：培养能从事保险及相关行业的人才

核心含义

保险学专业培养能够从事商业性保险业务的营销、经营管理、社会保险基金运作与管理、保险监管等实际工作以及科学研究工作的高级保险人才，如保险销售、组训、培训讲师，核培、核保、核损，资金运作，资金精算都属于保险学的范畴。目前保险学专业有保险管理和精算两个方向：保险管理方向需要掌握大量概念性比较强的东西，精算方向则需要很强的数学功底。保险学专业要求毕业生掌握经济学科的基础知识，系统掌握保险学的基本理论、业务知识与技能，熟悉我国保险领域的法律法规和方针政策，并具备解决实际问题的能力和初步的科研能力。

开设课程

本专业开设的课程有微观经济学、宏观经济学、国际经济学、货币银行学、金融市场学、计量经济学、会计学、统计学、财政学、管理学、保险学、经济法、保险公司经营管理、保险学原理、保险精算、财产保险原理与实务、人寿保险原理与实务、社会保险、人寿与健康保险、财产和责任保险、保险公司财务管理、利息理论、寿险精算、非寿险精算等。

就业展望

保险学专业毕业生主要在保险公司、保险中介机构、保险监督机构、银行与证券部门或其他大中型企业风险管理部门，从事保险业务、投资金融业务、保险精算、保险监督、政策研究、保险经营管理、风险顾问等工作。虽然保险学专业本科生毕业后基本上可以胜任保险公司中的各个岗位，但由于学得浅显，就业情况一般。

1. 工作能力很强的毕业生可以做到精算师职位，但实际上能做到这个职位的人极少。

2. 一般本科生毕业后最好的工作是做组训和讲师，但这类工作相对难找。

3. 普通大学本科毕业生一般从基层做起，工作业绩突出才能得到提拔，也就是要求有销售保险的一线工作经验。

4. 保险学在报考公务员时会受到专业的限制。但保险学本身属于金融范畴，所以就算不做保险，也可以尝试往金融的其他领域发展。

能力要求

1. 对于本专业，不管是本科生还是研究生，如果是普通大学毕业生，绝大多数都要从营销也就是跑保险干起，需要有过人的口才、足够的心理承受能力和坚韧的毅力。未来 10 年是保险发展的黄金阶段，关键是你能不能坚持到成功。

2. 虽然未来是朝阳行业，但是目前在中国，保险行业是不太被接受的。如果你不是外向型、能足够抗压的人，建议不要学保险学专业。

实力院校

国家级特色专业建设点

北京大学、中央财经大学、西南财经大学、东北财经大学。

投资学：掌握赚钱的秘籍

核心含义

投资学属于应用经济学，此专业主要研究如何把投资者（个人、机构）有限的资源合理地分配到各种资产上，并获得一定的收益。

投资学专业旨在培养具备当代世界政治、经济视野，了解中国投资政策，能够在银行、证券公

司、保险公司、投资公司、投资咨询公司、资产管理公司、基金管理公司及信托公司等金融机构，从事投资管理、投资咨询工作的高素质的投资专门人才；以及到各类企事业单位、政府部门、教学科研单位，从事投资管理及相关业务的应用性人才。

投资学分两种：一种是金融投资学，主要是面向商业银行、证券公司的，比如股票、债券等的投资研究；另一种是经济学专业里面的投资学，主要是实业投资。投资学不仅要学习经济学的基础知识，更要有扎实的专业知识基础做后盾。既要熟悉宏观的投资政策背景，又要精通各种投资的微观技巧。

开设课程

本专业开设的课程有政治经济学、西方经济学、计量经济学、货币银行学、财政学、会计学、投资学、国际投资、跨国公司经营与案例分析、公共投资学、创业投资、投资项目评估、证券投资学、投资基金管理、投资银行学、公司投资与案例分析、项目融资、投资估算、投资项目管理、房地产金融、家庭投资理财、投资管理信息系统，以及实训课程模拟投资运作等。

就业展望

投资学专业毕业生一般在资金投入和资金丰厚的地方就业。投资行业是高风险和高收益并存的。总的来说，专业就业不错，但是对自身能力要求很高。

一般来说，投资学专业的毕业生主要有以下几个去向：第一，到证券、信托投资公司和投资银行从事证券投资，如投资公司、上市公司、证券公司、信托公司、风险投资公司、商业银行、保险公司等；第二，到一些社会的投资中介机构、咨询公司、财务公司、基金公司、资产管理公司、金融控股公司、房地产公司等，参与操作、协助决策或给予专业建议；第三，到企业的投资部门从事企业投资工作；第四，到各大企业的财会或审计部门，税务部门，参与企业的投资策划与决策、财富理财、风险管理与控制工作；第五，到政府相关部门从事有关投资的政策制定和政策管理，或者是到事业单位，如会计师事务所及税务师事务所等税务代理机构、政府财税部门，从事管理工作；第六，到高校、科研部门从事教学、科研工作。

能力要求

1. 投资学专业毕业生要想有好的发展，院校出身尤其是好的财经类大学出身特别重要，所以建议尽量报考金融类学科实力强劲、地域优势大的院校，如中央财经大学、上海财经大学等。

2. 学习该专业，需要自身具有很强的悟性，以及具备很强的逻辑推理能力、敏锐的市场嗅觉以及对金融市场的独特见解。

3. 该专业需要具备很强的沟通能力以及开朗乐观的性格，所以比较适合善于沟通的学生填报。

实力院校

开设投资学专业的代表性院校

中央财经大学、中南财经政法大学、上海财经大学、对外经济贸易大学、南京农业大学、西南财经大学、江西财经大学、郑州财经学院、广东金融学院、广东财经大学、安徽财经大学、南京审计学院、河南财经政法大学、河北经贸大学、安徽师范大学、浙江工商大学、西安财经学院、肇庆学院、兰州商学院、西安欧亚学院。

金融数学：拿着最高薪水的“金融数学家”

核心含义

金融数学是数学理论在金融领域的实际运用，是一门新兴的交叉学科。相对于经济领域其他专业的学生来说，运用好金融工具和数理分析方法，具备较强的金融领域计算机应用能力和编程能力也在培养范围内。所以说，这不是一门理论的学科，而是一门实践的学科，是用来解决生活中现实问题的，相较于经济学等纯理论专业来说更为接地气。

开设课程

本专业开设的课程有数学分析、高等代数、解析几何、微分方程、概率论、数理统计、应用统计、多元统计分析、运筹学、数值分析、复变函数、实变函数、数学建模与数学实验、西方经济学、货币银行学、计量经济学、会计学、金融工程学、保险学、金融数学、计算机应用基础等。

就业展望

金融数学由于涉及的范围比较广泛，所以就业的方向很多，因此毕业生就业前景十分明朗。虽然投资银行是金融数学家的主要就业行业，但是本专业所教授的技能也适用于其他的行业。例如，商品贸易或国际贸易公司（能源公司、航空公司、大型钢铁公司、矿业公司及国际大公司），这些公司会面临商品价格风险及外汇风险，金融数学专业毕业生可以利用所学专长去处理这些风险。目前，人才市场严重缺乏训练有素的金融数学专业人才，这意味着市场对毕业生的需求很大。

毕业生主要去向：

1. 银行、保险公司、金融业相关委员会。如中央人民银行、银行业监督管理委员会、证券业监督管理委员会、保险业监督管理委员会等。

2. 投资公司、基金公司、证券公司（包含基金管理公司、上交所、深交所、期交所）等。但这些公司都是以风险管理为基础的，存在一定的风险因素，因此人才选拔起点相对较高，通常情况下最低是硕士研究生。

能力要求

1. 选择金融数学专业，就必须做好迎接高难度的数学学习和高密度的金融专业课程学习准备，也要求具备批判精神、创新精神和实践能力。

2. 金融数学属于较为新兴的专业，但是该专业无论是就业还是报考都比较热门，建议考生报考时不要跟风，要根据自己的学科特长以及兴趣爱好来选择。

实力院校

开设金融数学专业的代表性院校

复旦大学、山东大学、北京大学、浙江大学、南开大学、西交利物浦大学、南京师范大学、西南交通大学、西南财经大学、北京师范大学—香港浸会大学联合国际学院。

信用管理：国际经济活动中的桥梁

核心含义

信用管理主要培养能在国际经济活动中解决问题的管理人才。教育部特设了信用管理专业，它

是以信用信息为研究对象，以信用风险管理为核心，以提供信用产品与服务为宗旨，集管理、金融、财务分析为一体的新兴边缘学科。培养具有扎实的经济学和金融学理论基础，掌握数理统计和计量经济基本分析方法，并在信用分析和管理方面具有深厚理论基础和应用能力的高级信用管理专门人才。信用管理主要包括五个方面的功能：信用档案管理、授信管理、账户控制管理、商账追收管理、利用征信数据开拓市场。学生毕业后可获得经济学或管理学学士学位。

开设课程

本专业开设的课程有信用管理学、管理信息系统、经济法、市场调查与分析、会计学、财务管理、国家信用管理体系、信用和市场风险管理、企业和个人信用管理、征信数据库应用开发、资信评估、客户关系管理等。

就业展望

社会信用体系建设规划纲要（2014—2020年）明确，到2020年，基本建立社会信用基础性法律法规和标准体系，基本建成以信用信息资源共享为基础的覆盖全社会的征信系统。

据国家商务部统计，在今后5年内，我国将至少需要50万名信用管理经理，200万名信用管理人员。特别是国家劳动部最近公布了信用管理师这一新的职业类别，几乎所有企业都将建立起信用管理制度和信用管理部门，因此，该专业的人才需求和供给缺口极大。

毕业生的就业选择非常多。主要包括：政府部门的财政部、工商管理局、海关、征信局；金融行业的商业银行、保险公司、信用卡公司；企业的信用管理部门；研究单位、高等院校、信用评级机构、资产评估机构、会计师事务所、风险管理部门和资金借贷部门；大型企业中的会计审计部门、风险控制部门；政府监管部门等。

能力要求

1. 过去很多人认为信用管理专业就业范围非常小，甚至毕业等于失业，以致使该专业在很多学校都无人问津。但事实上随着我国信用管理体系和信用制度的建立，信用管理人才奇缺，信用管理专业的毕业生颇受企事业单位的喜欢，无论是薪资待遇还是就业率都不错。目前来说，就业前景最好的还是北京、上海、广州等发达地区。

2. 信用管理专业作为金融学类下的二级学科，属于就业比较热门的专业，但是报考时却比较冷门，所以专业分差在金融学类专业中属于比较低的。这对于一心想学金融类专业，分数上又不是很有优势的考生来说值得考虑。

实力院校

开设信用管理专业的代表性院校

中国人民大学、中央财经大学、上海财经大学、天津财经大学、吉林大学、南京财经大学、上海大学、上海理工大学、上海海事大学、浙江财经大学、南京审计大学、广西大学、西安外国语大学、山东财经大学、兰州财经大学、河南财经政法大学、天津商业大学、上海师范大学、哈尔滨金融学院、上海立信会计金融学院、广东金融学院、上海第二工业大学等。

经济与金融：理论与应用的完美结合

核心含义

经济与金融专业是将理论经济学与应用经济学融合在一起，学习此专业有助于学生在日后对众多职业选择时做出最优选择。此专业不仅要求学生在金融领域有较宽的知识面，掌握金融学、投资学、公司金融及国际金融方面的基本理论与技能，也需要拥有人文的知识和视角，扎实的数理基础和编程能力，并运用现代经济学分析方法、数量化方法、经济分析实证方法对金融问题进行建模、分析和解决。

开设课程

本专业开设的课程有数学分析、线性代数、概率论与数理统计、C++程序设计、财务会计、计量经济学、应用统计、英语、微观经济学、宏观经济学、货币银行学、投资学、国际金融学、金融衍生产品市场、金融随机分析、金融经济学。

就业展望

经济与金融专业的毕业生不仅拥有扎实的专业基础，更掌握了经济学类的各种基础知识，就业范围可谓比较广泛。出国留学、读研、工作都是不错的选择，而且每一种选择内部也有非常宽泛的空间。比如出国留学，国外许多名校都有经济与金融方面的研究生项目；选择国内读研，由于该专业本科生功底扎实，很受导师的欢迎；选择就业可直接进入国家经济管理部门，服务于证券公司、会计师事务所、投资银行、商业银行、保险公司、各类投资基金及管理公司等金融机构，也可在管理与财务咨询公司和大型工商企业就业。

能力要求

1. 经济与金融专业对本科生的数学与英语有比较高的要求，必须具有熟练运用英语进行跨文化交流的能力，建议考生选报时做好心理准备。

2. 金融学专业一直是热门专业，但是金融学的专业分差很高，没有足够的分数是选不到这个专业的。那么，经济与金融专业就是热爱金融的考生的最佳选择。

3. 该专业学的知识非常广博，很多的知识都需要去自学，所以要求考生在大学期间有较强的自学能力。

4. 对于金融行业来说，一直以来就是高端人才走俏，继续深造会使就业机会和薪资待遇更好。

实力院校

开设经济与金融专业的代表性院校

清华大学、对外经济贸易大学、武汉大学、西交利物浦大学、中国民航大学、湖北经济学院、上海政法学院、大连海洋大学、台州学院、皖西学院、青岛农业大学、黄冈师范学院、云南民族大学、新疆师范大学、淮阴工学院、潍坊学院、东莞理工学院、安徽新华学院、安徽外国语学院、石家庄学院、常熟理工学院、安徽工业大学、闽南师范大学、嘉应学院、青海民族大学、徐州工程学院、南昌工程学院、汉口学院。

精算学：高薪行业的代表

核心含义

精算学专业就是依据经济学的基本原理，运用现代数学、统计学、金融学及法学等的各种科学有效的方法，对各种经济活动中未来的风险进行分析、评估和管理，是现代保险、金融、投资实现稳健经营的基础。本专业学生主要学习数学和应用数学的基础理论、基本方法，受到数学模型、计算机和

数学软件方面的基本训练，在数学理论和应用两方面都受到良好的教育，具有较好的科学素养和较强的创新意识，初步具备科学研究、教学、解决实际问题及开发软件等方面的基本能力和较强的更新知识的能力。

开设课程

本专业开设的课程有微观经济学、宏观经济学、货币银行学、会计学、统计学概论、概率论和数理统计；专业必修课包括保险原理、金融数学、寿险精算、精算模型、非寿险精算、精算管理、随机过程、回归分析、统计软件、时间序列分析。

就业展望

精算学是一个偏实用的课程，不适合读博或做学术研究，走上这条路就一个目的——就业。就业主要渠道就是保险公司，各大保险公司都有精算师岗位，但因为行业相对较窄，提供的岗位相对少一些，开设的院校不多，所以行业圈子很小，彼此不是同学就是朋友。薪资方面，岗位基本集中在北上广深等大城市，应届生起薪基本在6~8千，好点的起薪1万左右；工作3年年薪可达20~30万，相对来说是比较高的。

能力要求

1. 具有扎实的数学基础，受到比较严格的科学思维训练，初步掌握数学科学思想方法。
2. 具有应用数学知识去解决实际问题，特别是建立数学模型的初步能力，了解某一应用程序。
3. 能熟练使用计算机（包括常用语言、工具及一些数学软件），具有编写简单应用程序的能力。

实力院校

开设精算学专业的代表性院校

中央财经大学、对外经济贸易大学、山东财经大学、西南财经大学、云南财经大学、广东金融学院、西交利物浦大学、江西财经大学。

互联网金融：让资本联通世界

核心含义

互联网金融专业是将IT技术应用到金融学专业上，是2016年新开设的一个专业。该专业是指传统金融机构与互联网企业利用互联网技术和信息通信技术，实现资金融通、支付、投资和信息中介服务的新型金融业务模式。互联网金融专业是传统金融行业与互联网精神相结合的专业，培养跨学科、复合型、高端互联网金融人才。是信息技术、互联网思维、金融学和企业管理完美结合、金融与技术深度融合。

开设课程

本专业开设的课程有济学基础、金融基础、互联网金融、国际金融、网贷与众筹、互联网金融支付、互联网金融产品营销与推广、金融数据分析、金融基本技能、金融理财、金融信息安全技术、互联网征信、金融商务礼仪、互联网金融案例分析、互联网金融企业实战、互联网技术应用、网页设计等。

就业展望

该专业毕业后可从事产品经理、互联网金融产品策划师、互联网金融产品运营师、金融产品风控师、投资理财顾问、产品商务拓展 BD 工程师、网络媒介工程师等工作。

能力要求

参考经济与金融专业。

实力院校

开设互联网金融专业的代表性院校

电子科技大学、安徽财经大学、云南财经大学、湖南信息学院、兰州财经大学、山西工商学院。

金融科技：将金融业智能化

核心含义

金融科技专业是新开设的一个专业，该专业注重数据科学、算法和智能技术、经济金融素养的有机结合，强调金融教学、科研与金融实践的实时交流和密切合作，强调创造性解决实践中提出的金融问题，具有交叉性、应用性和创新性，以培养具有将现代科技应用于金融服务业能力的复合型、创新型、应用型的现代金融人才为目标。

开设课程

本专业开设的课程有微观经济学、宏观经济学、Python 程序设计、C + + 程序设计、数据结构与算法、计量经济学、金融学、现代密码学、金融科技学、金融工程概论、公司金融、大数据与金融、金融风险管理、软件工程、区块链技术及应用、人工智能原理及应用等。

就业展望

金融科技专业的学生毕业后主要在金融机构、金融科技企业、第三方金融服务机构、金融监管部门及相关企事业单位、政府部门，从事金融科技产品开发、运营和管理等相关工作。与传统金融相比，金融科技凭借在许多方面有着更大的优势，在处理风险和获客上的效率都大大提升，成为风投界的新兴宠儿。

能力要求

1. 需要熟练掌握一门外语。
2. 要有良好的数学能力，金融科技专业比较注重数理运算。
3. 具备计算机编程的能力。

实力院校

开设金融科技专业的代表性院校

中央财经大学。

国际经济与贸易：研究国与国如何做买卖

核心含义

国际经济与贸易专业培养的学生应较系统地掌握经济学基本原理和国际经济、国际贸易的基本理论，掌握国际贸易的基本知识与基本技能，了解当代国际经济贸易的发展现状，熟悉通行的国际贸易规则和惯例以及中国对外贸易的政策法规，了解主要国家与地区的社会经济情况，能在涉外经济贸易部门、外资企业及政府机构从事实际业务、管理、调研和宣传策划工作的高级专门人才。

开设课程

本专业开设的课程有政治经济学、西方经济学、国际经济学、计量经济学、世界经济概论、国际贸易理论与实务、国际金融、国际结算、货币银行学、财政学、会计学、统计学、管理学原理、国际商法、中国对外贸易、外贸运输与保险、国际贸易电子化实务、商务沟通与函电（英）、国际投资学、国际贸易模拟等。

就业展望

国际经济与贸易专业的毕业生可以到政府对外贸易经济管理部门从事外贸管理工作，到外贸企业从事对外贸易业务及国际市场的营销工作，到国家机关、国民经济综合部门、商业部门、涉外企业、合资企业、大型工商贸易公司或企业从事贸易经济、市场营销、经营管理工作，到各大高等院校、科研单位从事教学及科研工作等。在就业地域方面，沿海比内陆机会多，南方比北方好，建议择校时把地域因素作为一个重点来考虑。

能力要求

1. 性格比较外向、沟通交流能力强的考生适合报考，因为这个专业最大的特点就是和人打交道。

2. 部分学校的国际经济与贸易专业招生时对英语单科成绩有要求，考生报考时应仔细了解目标院校的招生章程。

实力院校

国家级特色专业建设点

北京师范大学、对外经济贸易大学、国际关系学院、上海财经大学、厦门大学、武汉大学、湖南大学、重庆大学、南京大学、浙江大学、武汉理工大学、广东外语外贸大学、云南大学、河北经贸大学、上海对外贸易大学、上海电机学院、上海杉达学院、浙江工业大学、安徽财经大学、山东财政大学、山东财经大学、湖南商学院、广西财经大学、山西财经大学、辽宁对外经贸学院、吉林财经大学、浙江树人学院、河南财经政法大学、北方民族大学、梧州学院、红河学院、铜陵学院、九江学院、邢台学院。

贸易经济：培养出色的“现代商人”

核心含义

贸易经济专业培养的学生应成为具有国际化视野、宽广的知识面、持续的学习能力、强烈的社会责任感、创新能力与创业素质的“现代商人”。要求学生具备扎实经济学和管理学功底，掌握流通的基本理论与研究方法，通晓现代贸易规则与技术手段，能够独立开展贸易活动，进行流通管理的能力，并具有良好的沟通能力，较强的社会适应能力、实践能力，诚信、严谨、求实、团队合作精神，能够在企事业单位或政府部门从事商业经营与管理、网络贸易、贸易策划以及相关研究工作的外向型、复合型、高层次应用型贸易人才。

开设课程

本专业开设的课程有经济数学、政治经济学、西方经济学、货币银行学、财政学、会计学、统计学、国际经济学、计量经济学、发展经济学、贸易经济学、市场营销学、物流学、国际金融实务、国际贸易实务、购销实务、管理学、国民经济管理、市场调查、市场营销策划、现代商场策划、证券与期货、公共关系、商务谈判、消费心理、西方商业、电子商务、经济法、合同法、WTO、商贸英语等。

就业展望

贸易经济专业学生毕业后可在商业（包括粮食、供销）、外贸系统、国民经济综合部门、大型工贸公司（企业）、涉外企业、合资企业等部门，从事经营管理、市场调查与预测、经济活动分析、理论政策研究等工作，也可以从事有关科学研究和教学工作。主要从事的行业有：贸易/进出口、互联网/电子商务、金融/投资/证券、新能源、电子技术/半导体/集成电路、交通/运输/物流以及其他行业、专业服务（咨询、人力资源、财会）等。

能力要求

性格比较外向、沟通交流能力强的考生适合报考，因为这个专业最大的特点就是和人打交道。

实力院校

开设贸易经济专业的代表性院校

中国人民大学、北京工商大学、山西财经大学、安徽财经大学、山东财经大学、河南财经政法大学、中南财经政法大学、湖南工商大学、云南财经大学、西安财经大学、重庆工商大学、河北经贸大学。

管理学门类及其特点

管理学门类下设9个专业大类，59种专业。9个专业大类分别为：管理科学与工程类、工商管理类、农林经济管理类、公共管理类、图书管理与档案管理类。59种专业中包括管理科学、信息管理与信息系统、工程管理、房地产开发与管理、工程造价、工商管理、市场营销、会计学、财务管理等32个基本专业，和保密管理、劳动关系、体育经济与管理、财务会计教育、市场营销教育、海关管理、交通管理、海事管理、公共关系学、采购管理、标准化工程、质量管理工程、电子商务及法律、旅游管理与服务教育27个特设专业。

管理学门类的专业有以下几个共同特点：

1. 无论是高考、考研还是就业，管理学门类下的大多数专业都是热门专业，录取分数相对较高。

2. 学制四年，文理兼招，学生毕业后绝大部分授予管理学学士学位，部分专业还可以授予工学、经济学、农学、艺术学学士学位。

3. 很多高校按照管理科学与工程类、工商管理类、农林经济管理类、公共管理类、图书管理与

档案管理类、物流管理与工程类、工业工程类、电子商务类、旅游管理类进行大类招生，入学一段时间后实施具体的专业分流，考生报考前对此应有个充分了解，争取入学后选到最适合自己的专业。

4. 管理既是一门科学又是一门艺术，综合素质较高且组织、沟通能力较强的考生适合报考管理学类专业。

5. 管理学类毕业生就业范围广泛，基本不受各类组织形式的限制以及地域的限制，打算就业的同学应该多去相关企业实习，积累相关专业的实习经验，在企业的实习期里充分表现自己的才能，这样成功就业的可能性可以得到很大提高。

管理科学：理工学科与社会学科的综合

核心含义

管理科学专业主要培养掌握现代管理学的理论和方法，具备科学的决策模型分析和解决问题的能力，能在各级政府管理部门和企事业单位从事运营管理、组织管理和技术管理以及系统分析、设计、实施和评价等方面的高级专门人才。

管理科学研究的重点是如何利用市场机制把企业的整体方向统一起来，如何把社会资源、自然资源和员工的力量集中起来，为企业的发展而共同努力。

开设课程

本专业开设的课程有统计学、运筹学、经济学、会计学、财务学、管理信息系统、国际贸易和国际金融、组织行为学、管理决策模型和方法、运营计划与控制等。

就业展望

管理科学专业毕业生可在各类工商企业、政府部门和行业管理机构的产业分析和政策管理部门、事业单位，从事战略研究、市场分析、管理运作、项目管理、决策分析、信息管理和数据分析等管理工作，亦可经进一步深造后，进入高校和研究机构。

从近几年人才市场上各涉外、高新技术以及经贸类企业对应聘者的具体要求看，本专业人才有一定的需求量，尤其是部门经理、业务主管等重要部门职位。但由于此类专业的特殊性，许多就业单位对尚未步入社会、没有实践工作经验的应届本科生来说，需求量相对较少，而对有一定实践经验的硕士研究生需求量逐年增多，因而甚至有专家提出，在本科阶段取消“管理科学”这个专业。

能力要求

1. 数学成绩较好，喜欢计算机的考生更适宜报考。
2. 该专业既可授予管理学学士学位，也可以授予理学学士学位。

实力院校

拥有管理科学与工程世界一流建设学科的院校

清华大学、天津大学、浙江大学、合肥工业大学、西安交通大学、国防科技大学。

拥有管理科学与工程专业大类国家重点学科的院校

清华大学、北京航空航天大学、天津大学、大连理工大学、哈尔滨工业大学、上海交通大学、浙江大学、合肥工业大学、中南大学、西安交通大学、国防科技大学。

拥有管理科学与工程二级学科国家重点（培育）学科的院校

复旦大学、中国科学技术大学、华中科技大学。

国家级特色专业建设点

复旦大学、邵阳学院。

信息管理与信息系统：经济、管理、计算机的交叉

核心含义

信息管理与信息系统专业简称“信管”，此专业的学习涉及三大学科：经济学、管理学与计算机。分开来看，“信息管理”就是利用程序设计语言、计算机操作来从事管理工作，而“信息系统”就是利用数据库技术进行信息的整合，建立与维护相关信息。把两者结合在一起，就是利用计算机工具通过程序编排来进行数据的存储、分析和整合，从而为企业的信息管理提供保障。因此，信息管理与信息系统专业作为一门综合经济、管理、信息技术的交叉性专业，对学生的知识面要求比较高，学生要学习的课程比较多，不仅要学经济学、管理学，更要学计算机编程相关的知识。

开设课程

本专业开设的课程有经济学、会计学、市场营销学、生产与运作管理、组织战略与行为学、管理学原理、应用数理统计、运筹学、计算机系统与系统软件、数据结构与数据库、计算机网络、信息管理学、信息组织、信息存储与检查管理、信息系统分析与设计等。

就业展望

如今企业的管理越来越趋向信息化，员工与管理者之间的沟通、人员信息管理甚至企业的发展决策都开始依赖信息管理和信息技术。国内的许多企业也逐渐扩大了规模，而每一个大型企业都需要属于自己的信息系统，这就形成了一个就业缺口，所以，企业的发展需要信管专业的人才来填补这一缺口。信息管理与信息系统专业的毕业生的去向主要是三个方向：一是管理人员，在国家各级管理部门、工商企业、金融机构、科研单位，从事信息管理以及信息系统分析、设计、实施管理和评价等方面的工作；二是软件开发人员，在企业从事开发管理应用软件工作；三是信息咨询人员，在企业从事信息收集、管理工作。值得注意的是，虽然该专业的就业面比较广，但该专业也有它的不足之处，从课程安排上来讲，信管专业的课程面虽然铺得很开，但是不够“精”。因此，有些学生毕业以后发现自己虽然学得也不少，但是论管理能力不如管理方面的专业人员（如财务管理、人力资源管理等），搞技术也拼不过专业的计算机从业人员。

能力要求

数学成绩好，逻辑思维能力强的考生适宜报考。

实力院校

国家级特色专业建设点的院校

东华大学、哈尔滨工业大学、合肥工业大学、辽宁工程技术大学、江苏科技大学、江西财经大学、昆明理工大学、北京师范大学、中央财经大学、华东理工大学、中南大学、山东财经大学。

工程管理：管理、法律、经济、技术的交融

核心含义

管理类专业主要分为两种：对“人”的管理和对“物”的管理。而工程管理专业主要是对

“物”的管理，主要培养具备管理学、经济学和土木工程技术的基本知识，掌握现代管理科学的理论、方法和手段，能在国内外工程建设领域从事项目决策和全过程管理的复合型高级管理人才。字面上来看，工程管理就是对工程或者工程建设进行管理，这里的工程指的是土木建筑工程。工程管理是对一个工程从概念设想到正式运营的全过程进行管理，这个管理过程的具体工作包括：投资机会研究、初步可行性研究、最终可行性研究、勘察设计、招标、采购、施工、试运行等。也有专家认为，工程管理的范围不应该仅限于土木建筑工程管理，应该包括范围更广的其他工程。

开设课程

本专业开设的课程有管理学、经济学、应用、运筹学、会计学、财务管理、工程经济学、组织行为学、市场学、计算机应用、经济法、工程项目管理、工程估价、合同管理、房地产开发与经营、工程项目融资、土木工程概论、工程力学、工程结构等。

就业展望

目前我国工程管理人才奇缺，毕业生供求比例大致在 1∶3 左右。工程管理专业主要为建筑业、房地产业培养具有专业技术基础的管理型人才。毕业生就业的主要方向有：国家、地方建设管理部门，从事工程建设管理工作；工程咨询、监理、设计、施工单位、房地产估价公司、物业管理公司、资产评估公司、质量监督部门，从事咨询、招投标、概预算、合同管理、项目管理、国际工程管理；各类房地产开发公司，从事房地产开发规划与实施；科研和教学单位从事相关的研究和教学。毕业生具备一定工作经历后，相关职位一般为：项目经理、房地产人、房地产估价师、监理工程师、造价工程师、咨询工程师、甲方代表、政府官员等。但是该专业毕业生就业后会面临土木工程专业毕业生的冲击，土木工程专业相对来说更注重实际，毕业生在积累一定工作经验后更容易走向管理岗位。

能力要求

1. 人际交往能力强，又善于理性思考问题的考生适宜报考该专业。
2. 与该专业相关的资格证考试有造价工程师职业资格、国际工程管理认证（EMCI）等，这是含金量比较高的证书，考生在读期间最好把相关科目的基础打牢。
3. 该专业毕业生既可以授予管理学学士学位，也可以授予工学学士学位。

国家级特色专业建设点

哈尔滨工业大学、同济大学、西安建筑科技大学、清华大学、天津大学、华北电力大学、石家庄铁道大学、东南大学、重庆大学、沈阳建筑大学、东北财经大学、三峡大学、安徽建筑大学、贵州财经大学。

房地产开发与管理：玩转“房产”和“地产”

核心含义

房地产开发与管理专业的学生主要学习房地产开发与管理方面的基本理论和方法，进行房地产开发与管理方面的实操训练，具备房地产开发与管理的基本能力。此专业既不是简单的学习建房子，也不是简单的卖房子，而是培养掌握必需的建筑工程知识，熟悉房地产基本法规和政策，能从事房地产项目策划、房地产估价、房地产营销、物业管理、工程项目管理的高素质人才。举个例子来说，一个地产项目要经历选址、买地、研发、设计、报批、融资、建造、销售、管理、服务等多个环节，学生在四年的学习中要学到整个过程的知识。

开设课程

本专业开设的课程有建筑施工、建筑结构、城市小区规划、房屋建筑学、房地产经济学、概预算与造价管理、房地产会计、房地产管理信息系统、房地产估价、房地产投资、房地产综合开发、房地产金融、管理心理学等。

就业展望

房地产是政府、企事业单位和家庭最重要的消费品和投资品之一。随着市场经济的发展，房地产及相关行业对具有房地产知识和技能的高素质复合型人才的需求日益增加。学生毕业后可在房地产经营与开发公司、房地产估价事务所、房地产投资咨询公司、房地产经纪公司、物业管理公司等，从事房地产投资与经济分析、房地产管理、房地产估价、房地产营销、房地产经营与开发项目管理等工作。目前，房地产行业遇冷，该专业毕业生就业相对不如以前，由于房产库存压力大，估计在今后较长一段时间该专业的就业状况很难有所改变。

能力要求

1. 很多人认为进了房地产公司就很光鲜，其实不然。进去后先要经过较长一段时间的辛勤工作和锻炼，积累经验，方才有所收获。毕业后需要成长的路很长，请做好心理准备。

2. 该专业包括房地产开发、物业管理两个方向，请在报考时注意查看目标院校的专业介绍。

实力院校

开设房地产开发与管理专业的代表性院校

中央财经大学、山西财经大学、辽宁工业大学、吉林建筑大学、上海财经大学、南京财经大学、江西财经大学、河南财经政法大学、中南财经政法大学、兰州财经大学、上海立信会计金融学院、沈阳建筑大学、东北财经大学、华东师范大学、华中师范大学、广东财经大学、安徽建筑大学等。

工程造价：研究工程的成本

核心含义

想要知道生产建设需要多少成本和收益应该学什么？比如盖一栋楼、修一条马路、建设一条高铁能产生多少经济效益，这一切都是通过预算员或造价师算出来的，而工程造价就是培养这种人才的一个专业。这是一个实用性比较强的专业，除了在课堂上学习工程造价方面的基本理论、方法以及工程技术经济和土木工程技术方面的基本理论和基本知识外，更主要的课堂是在工地和现场，通过实际操练，很快提高看图、制图能力和计算机管理能力。

开设课程

本专业开设的课程有工程制图、建筑材料、工程测量、建筑结构、房屋建筑学、道路工程、土木工程施工技术、工程项目管理、工程经济、投资管理学、工程合同管理、工程定额与预算、工程造价与计价控制、工程造价案例分析、施工资料管理等。

就业展望

每个工程都需要造价预算，比如在安装、土建、市政等方面，都需要用到造价知识。再加上现在

造价方面的考试十分严格，工程造价专业考试通过率也十分低，所以造价方面的人才比较稀缺，工程造价专业就业前景还是不错的。毕业生可以到工程造价咨询公司、建筑施工企业、建筑装潢装饰工程公司、工程建设监理公司、房地产开发企业，主要从事工程造价招标代理、建设项目投融资和投资控制、投标报价决策、合同管理、工程预（结）决算、工程成本分析、工程咨询以及工程监理等工作。

能力要求

数学、物理成绩较好的考生适宜报考该专业，在工程建设领域，这也是相对而言比较适合女孩子学习的一个专业。该专业与“工程管理”专业非常相近，既可以授予管理学学士学位，也可以授予工学学士学位。相关的资格证考试有造价工程师执业资格、国际工程管理认证（EMCI）等。

实力院校

国家级特色专业建设点

天津理工大学、福建工程学院。

保密管理：学习保密领域相关知识

核心含义

保密管理专业是根据日益发展的国际复杂形势和国家安全需要，由国家保密局依托高校计算机科学、信息安全、法学、管理学、新闻学、国际政治、社会学等相关学科整合建立的专业。该专业强化应用计算机信息技术，培养德、智、体全面发展，系统地掌握保密法规、保密技术、保密管理专业知识，政治素质过硬、具有良好的保密业务素质、突出的创新意识、机智的适应能力，懂法律、有技术、善管理的复合型保密人才。

开设课程

本专业开设的课程有离散数学、数据结构、计算机组织与结构、操作系统、数据库原理、计算机网络、现代密码学、信息系统安全、网络安全、信息管理学、公共经济学、档案管理学、行政法与行政诉讼学、知识产权法、保密法学、保密概论、保密技术等。

就业展望

该专业属于国家控制布点专业，目前来看就业状况比较好。毕业生可在国家保密行政管理部门、国家行政机关、军工企事业单位、国防科技工业和信息产业等部门，从事保密理论研究、保密技术开发、保密组织管理、保密法规制定、保密教学培训等工作。

能力要求

部分院校对考生有政审要求，报考时要注意看清条件。如果毕业后想进入公务员队伍，大学就读期间最好加入中国共产党。本专业更适合思维缜密、作风谨慎的同学报考。

实力院校

开设保密管理专业的代表性院校

南京大学、哈尔滨工程大学、中山大学、北京交通大学、中国海洋大学、湖南大学、天津大学、四川大学等。

邮政管理：新时代的物流人才

核心含义

邮政管理是在新一代信息技术背景下成长的新专业，是顺应现代邮政发展需要而诞生的新专业。邮政管理专业定位于管理科学在邮政与快递领域的应用，以网络型企业管理创新与特色行业监管为发展目标，培养“互联网+”和智能制造时代的商务、运营管理及市场监管高端复合型人才。要系统掌握现代邮政管理的基础理论与方法，精通计算机科学知识和应用技术，具备邮政信息资源管理与信息系统开发能力。

开设课程

本专业开设的课程有有数据结构、数据库系统原理、邮政通信网络技术、管理信息系统、邮政运作管理、运筹学、邮政网络优化、现代物流与供应链管理、系统工程、软件工程等。

就业展望

该专业属于2017年新增特色专业，目前来看就业状况尚未明朗。毕业生可在政府相关管理部门、邮政和快递企业、各类电商及互联网公司、物流企事业单位、咨询机构和科研院所等，从事经营和管理工作。毕业生还可向管理科学与工程、工商管理等多个研究生方向发展。具体职位包括快速消费品（食品、饮料、化妆品）、互联网/电子商务、行政管理等。

能力要求

掌握邮政相关的法律、法规；具有从事工程管理的理论知识和实践能力；具有运用计算机辅助解决邮政管理问题的能力。总的来说，邮政管理还是偏重于管理科学，适合那些人际交往能力强，又善于用理性去思考问题的考生报考。

实力院校

开设邮政管理专业的代表性院校

北京邮电大学、西安邮电大学等。

大数据管理与应用：大数据时代的CEO

核心含义

大数据时代带来的新兴专业，2018年新增的特色专业。致力于培养能在商业、金融、制造等相关领域从事数据分析、商务智能决策、信息管理、业务流程优化等工作的复合型人才。换而言之，就是能在大数据时代分析数据，得出企业需要的建议，然后对企业进行管理的人才。

开设课程

本专业开设的课程有数据库与数据管理、数据质量管理、Python程序设计基础、大数据技术原理与应用、统计机器学习、电子商务、商务智能分析、商务数据可视分析、Python数据分析与应用、商业人工智能、大数据商业模式等。

就业展望

该专业属于 2017 年新增特色专业，当前就业状况未明。可在商业、金融、制造、服务、医疗等领域及政府机构，从事数据预测分析、企业数据管理、信息架构开发、数据仓库研究等工作；主要岗位有首席数据官、营销分析师、客户关系管理分析师、大数据工程师、商务智能开发工程师、数据可视化工程师等。

能力要求

掌握管理学与经济学基本理论，熟悉大数据管理技术与方法，善于利用商务数据进行智能定量分析与应用。

本专业更适合思维缜密、对数据敏感的同学报考。

实力院校

开设大数据管理与应用专业的代表性院校

吉林大学、中国传媒大学、合肥工业大学、浙江越秀外国语学院、北京石油化工学院等。

工程审计：工程的专项审计师

核心含义

简而言之，如果说工程造价是负责计算工程要花多少钱的，那么工程审计是核查工程花这么多钱是否合法合理。工程审计人员通过行使独立审计职权，检查工程建设各基建环节的管理是否合规合法、建设成本的真实性和相关规定的贯彻执行情况等，通过检查，纠正工程管理中存在的不规范行为。审计人员通过客观公正、合理地确定造价，核减工程结算中的不合规计价，不仅维护施工单位的利益，而且也降低建设单位的成本，在加强和规范工程管理、控制工程投资等方面发挥了重要的作用，可以取得非常大的成效。工程审计是集技术、经济、管理、审计与法律为一体的综合性专业。

开设课程

本专业开设的课程有：工程制图与识图、土木工程概论、房屋建筑学、建筑材料、工程计量与计价、CAD 与 BIM 建模基础、工程造价管理、工程招投标与合同管理、工程施工技术工程财务管理、工程组织与项目管理、建筑法、合同法、基础会计、税法、经济学、管理学、中级财务会计、审计学、建设项目审计等。

就业展望

该专业属于 2017 年新增特色专业，目前来看就业状况不明。毕业生可在工程造价咨询公司、建筑施工企业、建筑装潢装饰工程公司、工程建设监理公司、房地产开发企业工作。

能力要求

本专业更适合思维缜密、作风谨慎的同学报考。

实力院校

开设工程审计专业的代表性院校

南宁学院。

计算金融：学习保密相关知识

核心含义

计算金融是2018年新增特色专业，研究运用数学模型和计算机的数据组织和数据分析工具解决金融领域的各类复杂问题。培养可以在相关部门从事信息管理、数据分析、业务流程优化、商务智能决策和互联网智能化等工作，懂数据、会用计算机分析金融数据的管理人才。

开设课程

本专业开设的课程有经济管理理论、数理基础、计算机基础、金融量化分析、数据库和数据分析方法类课程等。

就业展望

该专业是2018年新增特色专业，目前来看就业状况未明。毕业生可在航空航天、互联网、金融、通信等领域，负责信息管理、数据分析、业务流程优化、商务智能决策和互联网智能化等工作。

能力要求

熟悉计算机、金融、管理等方面的知识，能运用计算机处理复杂的金融数据，得出管理建议，给出优化方案和建议。要求有数据获取能力以及对结构化、半结构化和非结构化数据的处理与分析能力。

建议数学知识过硬的、对计算机有兴趣的同学报考。

实力院校

开设计算金融专业的代表性院校

哈尔滨工业大学。

应急管理：对特重大事故灾害提出应对机制

核心含义

应急管理是一门融合公共管理、信息科学、法学、心理学、经济学、社会学、政治学、传播学和大数据科学等多学科知识的新兴学科，具有显著的多学科交叉特征。既包括宏观层面的应急决策、风险沟通、风险治理等内容，也包括应用层面的预防与应急准备、监测预警、应急处置与救援、恢复与重建等一系列活动。

开设课程

本专业开设的课程有管理学原理、社会学、公共事业管理、应急管理概论、安全生产应急管理、灾害学概论、城市公共危机管理、社会风险评估与管理、应急预案管理与演练、应急响应管理、恐怖主义概论、国外应急管理、灾后恢复与重建、人力资源管理、应急管理法制、公共政策学、突发事件信息管理与媒体应对、保险学、社会保障学等。

就业展望

应急管理专业的学生毕业后，可在政府机构、社区和大型企事业单位从事应急管理工作，也能够

在机关、团体、企业单位从事保卫工作，或者在应急服务企业里担任研究人员和中层管理者，在相关研究部门和学校从事科研和教学等工作。

能力要求

掌握一定的管理学、灾害学、灾后恢复与重建等学科的基本理论和知识；具备预防、应对、处理突发事件的能力；具有应急管理及指挥的能力。

实力院校

武汉理工大学。

工商管理：保障企业正常运行的操盘手

核心含义

工商管理专业毕业后是不是好就业，需要学习者首先理解好工商管理的内容和含义：工商管理是一门研究怎样办好企业、管理好企业的专业。企业的成功，不仅取决于技术水平，与企业的管理水平也有很大的关联。如何充分调动员工的积极性，如何降低商业成本，如何抓住稍纵即逝的商机，如何根据市场前景制定企业发展战略从而保证企业的生存与发展，这些都是工商管理要解决的问题。

开设课程

本专业开设的课程有管理学、微观经济学、宏观经济学、管理信息系统、会计学、财务管理、市场营销、经济法、运营管理、人力资源管理、企业战略管理、高等数学、计算机应用等。

就业展望

从理论上说，无论是国家经济体制的改革还是现代企业制度的建立，各个环节都迫切需要大量高素质管理人才。因此，社会对工商管理人才的需求量极大，该专业的学生本不应有找不到工作的顾虑。可在现实生活中，大量工商管理类本科生毕业即失业。这一方面是由于该专业扩招得太厉害，几乎所有以“大学”命名的院校都设有该专业；另一方面是因为好多毕业生没有任何实践经验，不能被企业“拿来就用”。甚至由于该专业特色不明显，没有一技之长，在人才市场上还要接受其他专业特别是相关技术专业毕业生的挑战。毕业生适合在国家和地方各级经济管理部门、行业管理部门、大中型工商企业、涉外公司以及金融、商贸企业，从事经营管理等工作。

能力要求

该专业对考生的数学成绩有一定的要求。

这是一个与理论研究型专业明显不同的应用性专业。上大学期间就需要学生投身“商海”，实习推销商品、参加市场调查和市场预测，为毕业时参加工作积累经验。

实力院校

拥有工商管理世界一流建设学科的院校

中国人民大学、清华大学、中山大学、西安交通大学

拥有工商管理专业大类国家重点学科的院校

中国人民大学、清华大学、厦门大学、中山大学、西安交通大学。

拥有工商管理二级学科国家重点学科的院校

会计学方向：中央财经大学、东北财经大学、上海财经大学、中南财经政法大学、西南财经大学。

企业管理方向：北京大学、南开大学、南京大学。

技术经济及管理方向：重庆大学。

拥有工商管理二级学科国家重点（培育）学科的院校

企业管理方向：上海交通大学。

技术经济及管理方向：天津大学、大连理工大学、吉林大学、河海大学。

国家级特色专业建设点

中国人民大学、华北电力大学、南开大学、天津大学、山东大学、中山大学、暨南大学、重庆大学、上海财经大学、湖南大学、华南理工大学、东北财经大学、广西大学、南昌大学、天津财经大学、河北地质大学、吉林财经大学、浙江工商大学、吉首大学、汕头大学、深圳大学、河南理工大学、四川师范大学、山东财经大学、新疆财经大学、上海工程技术大学、上海对外贸易大学、南京邮电大学、广东工业大学、广西财经学院、山东财经大学、西安理工大学、河南财经政法大学、河北地质大学。

市场营销：研究买与卖之间的奥秘

核心含义

市场营销出来就是售货员吗？错了，市场营销的关键不是会吆喝，而是要研究消费心理、消费动机和过程，从而定位好市场需求和人群，制定好消费策略。市场营销是以回答顾客最为关心的问题为核心，以快速推动顾客购买进程为目的的活动和过程。该专业主要学习的内容是：如何按照市场需求来开发产品；如何选择并进行正确的市场定位；如何进行产品的广告宣传；如何根据消费者的需求和购买力来推销产品等。

开设课程

本专业开设的课程有管理学、微观经济学、宏观经济学、管理信息系统、统计学、运筹学、会计学、财务管理、市场营销、经济法、消费者行为学、消费心理学、国际市场营销、市场调查、基础会计、金融概论、企业销售策划、商业银行实务、人力资源管理学、市场调查与预测、分销渠道管理、银行营销、服务营销、客户关系管理、定价管理、现代推销技术、营销创新、广告理论与实务、财政与税收、公共关系学、促销管理以及商务礼仪和商务谈判等。

就业展望

市场营销专业培养具备管理、经济、法律、市场营销等方面的知识和能力，能在企、事业单位及政府部门，从事市场营销与管理以及教学、科研方面工作的工商管理学科高级专门人才。虽然社会对市场营销专业毕业生的需求很大，但并不代表市场营销就是好专业，因为学校里面学的大多只是理论知识，现在社会上需要的是有实际经验的复合型人才。因为，在策划、宣传和推动产品销售中涉及很多方面的知识，只有在商业活动中才会学到这些真正有用的东西。该专业学生毕业后，只有在社会和市场中磨炼成长，才能成为有经验的营销人员。

能力要求

市场营销专业是一个与人接触比较多的专业，性格比较外向、善于与他人交际的考生适宜报考。

实力院校

国家级特色专业建设点

中国石油大学（北京）、对外经济贸易大学、中央财经大学、重庆大学、西南财经大学、中南财经政法大学、江西财经大学、广东外语外贸大学、吉林工程技术师范学院、湖北经济学院、湖南工商大学、广东财经大学、重庆工商大学、贵州财经大学、云南财经大学、兰州财经大学。

会计学：理财管账的小能手

核心含义

简单地说，会计主要是以货币作为主要计量尺度，对单位的经济业务进行计量、记录、汇总和分析，向有关方面报告财务信息，并直接参与单位的经营管理，提高经济效益的一种经济信息系统和经济管理工作。在平时课程学习中，不仅要求学生专业精通，更要具备管理、经济、法律等方面的知识，对数学和英语也有较高的要求，还要能够熟练地运用计算机。

开设课程

本专业开设的课程有管理学、微观经济学、宏观经济学、管理信息系统、统计学、会计学、财务管理、市场营销、经济法、财务会计、成本会计、管理会计、审计学。主要学习中级财务会计、高级财务会计、财务管理等；基础课有管理学、宏观经济学、微观经济学等课程。

就业展望

会计学专业培养具备管理、经济、法律和会计学等方面的知识和能力，能在企、事业单位及政府部门从事会计实务以及教学、科研方面工作的工商管理学科高级专门人才。社会上各个企业都有专业的财务人员。正因为如此，会计学专业在全国多数省份都是志愿填报的热门专业之一，毕业生规模较大。但会计人才的层次也很分明，拿到了含金量较高的证书（比如注册会计师），或有几年工作经验的求职者，会很快成为人才市场的“香饽饽”。当然，拥有名牌院校的学历证书，对就业而言也是锦上添花。但从整体来看，目前会计从业人员中，普通的财务人员占绝大多数，低层次人才供过于求，而高级人才却十分短缺。

能力要求

财会工作是一个比较严谨的职业，要求财务人员心细，有责任感，对数字有一定的敏感性，一个小数点都不能马虎，否则就会铸成大错。考生在选择该专业时，要考虑自己对财务、会计工作是否有兴趣，性格是否合适等。

会计学的专业是不是数学好就能学好？会计学专业不一定要求数学特好，但是如果要选择在这个大方向上读研深造，则需要具备较好的数学功底，因为考研数学是有一定难度的。

实力院校

拥有会计学二级学科国家重点学科的院校

中央财经大学、东北财经大学、上海财经大学、中南财经政法大学、西南财经大学。

国家级特色专业建设点

中国人民大学、对外经济贸易大学、中央财经大学、上海财经大学、厦门大学、中国海洋大学、中南财经政法大学、中山大学、东北师范大学、中国矿业大学（徐州）、湖南大学、东北财经大学、广东外语外贸大学、北京工商大学、天津财经大学、河北经贸大学、山西财经大学、内蒙古财经大学、上海立信会计金融学院、哈尔滨商业大学、南京财经大学、金陵科技学院、浙江财经大学、浙江工商大学、杭州电子科技大学、安徽财经大学、山东财经大学、长沙理工大学、贵州财经大学、云南财经大学、兰州财经大学、新疆财经大学、吉林财经大学、江西财经大学、重庆工商大学、湖北经济学院、广东财经大学、重庆理工大学、西藏民族大学、西安财经学院、嘉兴学院、铜陵学院、郑州航空工业管理学院、河南财经政法大学。

财务管理：理财大管家

核心含义

有人会觉得财务管理是一个特别高大上的专业，因为财务管理是组织企业财务活动，处理财务关系的一项经济管理工作。但是财务管理究竟学什么却很少有人说得清楚——财务管理是研究如何通过计划、决策、控制、考核、监督等管理活动对资金运动进行管理，以提高资金效益的一门经营管理学科。有人把财务管理和企业的关系，比作链条和自行车的关系，即一旦链条失灵，整个自行车将寸步难移。在本科教学中，学校往往会结合课程的特征，引导学生运用所学的专业知识，撰写财务分析等各类研究报告，提高学生分析问题和解决问题的能力。

开设课程

本专业开设的课程有管理学、微观经济学、宏观经济学、管理信息系统、会计学、财务管理、市场营销、经济法、中级财务管理、高级财务管理、商业银行经营管理等。

就业展望

目前，开设财务管理专业的高校非常多，就业面临较大竞争。不过一般的企事业单位都需要财会人员，只要就业的期望值不是太高，还是可以找到一份比较满意的工作。与会计学专业一样，财务管理专业低层次人才供过于求，高层次的人才供不应求，需求缺口还很大。毕业生如果能够考取含金量较高的证书，比如注册会计师证，积累几年的工作经验并拥有高级职称，很快就能成为人才市场的抢手货。

能力要求

参考会计学专业。

实力院校

国家级特色专业建设点

西南财经大学、北京工商大学、山西财经大学、徐州工程学院、天津商业大学。

国际商务：学习国际贸易、商务管理的基础知识

核心含义

随着全球化的进程逐步深化，越来越多的国际化商务需要专业的人投身相关行业的工作。国际商务需要掌握国际商务理论、国际商法基础以及掌握一定的国际法规和国际惯例，来开展的国际商

务活动。该专业培养熟悉国际贸易相关知识，具备现代市场营销理念，有较高外语水平及计算机应用能力，掌握进出口贸易实物，掌握国际商务法规，能在国际市场上熟练地开展商务活动的应用型人才。国际商务和国际经济与贸易专业是有区别的，国际商务专业毕业后授予管理学学士学位，国际经济与贸易专业则是经济学学士学位，前者侧重于商务、贸易管理，后者更侧重于贸易知识。

开设课程

本专业开设的课程有管理学、经济学、国际商务、国际贸易、国际贸易实务、国际市场营销、电子商务、商务沟通、国际企业管理、国际金融、国际商法、管理信息系统等。

就业展望

国际商务专业就业前景十分广阔。该专业毕业生可以在专业外贸公司、工贸公司、自营进出口企业等单位，从事进出口业务工作；也可以在外商投资企业从事国际采购、营销管理等工作；还可以在其他各类企事业单位从事涉外经济贸易及管理工作。如果想要报考该专业，建议选择东部沿海发达地区，如长江三角洲、珠江三角洲等地区。内陆地区院校该专业找工作相对东部沿海发达地区要困难。

能力要求

该专业对考生的外语成绩有一定的要求。

实力院校

开设国际商务专业的代表性院校

上海财经大学、中国政法大学、华中科技大学、南京大学、中国海洋大学、上海外国语大学、广东外语外贸大学、云南大学、吉林大学、广西大学、吉林财经大学、江西财经大学、江苏师范大学、广东技术师范学院、内蒙古工业大学、上海对外经贸大学、山东财经大学、广东财经大学、湖南城市学院等。

人力资源管理：研究如何把人放到最佳岗位的学科

核心含义

怎样让人才进入合适的岗位？怎样让人才在企业得到最佳的发挥和展现？这就是人力资源管理研究的主要课题。人力资源管理是人力资源的生产、开发、配置和利用等环节的总称，是一个企业为了实现既定目标，提高工作效率，运用心理学、社会学、管理学和人类学等相关的科学知识原理，对企业中的人力资源进行规划、培训、选拔、考核激励的活动过程。通俗地说，就是想尽一切办法让各类人才都在合适的位置上人尽其才，人尽其利。

开设课程

本专业开设的课程有管理学、微观经济学、宏观经济学、管理信息系统、会计学、财务管理、市场营销、经济法、人力资源管理、组织行为学、劳动经济学等。

就业展望

有资料显示，21 世纪我国急需的人才有八类，人力资源管理位列其中。不论什么企业，科学有效的管理人才、智力资本和生产技术资本已经成为企业成功的重要砝码。因而，人力资源管理人员就业这几年一直是水涨船高，除了各企业的人事部门，各大人才市场乃至猎头公司都在大量招募该专业的毕业生。不过，对于没有工作经验的本科生来说，找到合适的工作也不是很容易，毕竟大部分公司更欢迎具有一定工作经验或研究生学历的管理人员。该专业毕业生一般前往企事业单位及其咨询机构人力资源管理相关岗位，从事招聘、人力资源开发、考核、薪酬管理、员工培训、办公室文秘等工作。

能力要求

人力资源管理专业适宜善于与人交往，有一定统筹能力的考生适宜报考。

实力院校

国家级特色专业建设点

南开大学、西南财经大学、首都经济贸易大学、湖南理工学院、西安工业大学。

审计学：企业财务的监管者

核心含义

如果将会计的工作看成是“做账”，那么审计的工作就是“审账”了。审计就是审查、稽查、计算之意，是由专门人才对被审计单位的财务资料和经济活动进行审计。狭义的审计是在会计账目的基础上进行审查，看是否有违法做假账等问题。该专业学生主要学习会计、审计等方面的基本理论和基本知识，受到会计、审计方法和技巧方面的基本训练，具有分析和解决会计、审计问题的基本能力。

开设课程

本专业开设的课程有工商管理、经济学、法学、管理学、宏观经济学、微观经济学、管理信息系统、统计学、财务管理、市场营销、经济法、财务会计、成本会计、管理会计、审计学原理、审计技术方法、财务审计、经济效益审计以及政府审计、社会审计、内部审计和固定资产投资审计方向模块课等。

就业展望

审计学专业一直是经久不衰的报考热门。该专业学生毕业后可在大中型企业和跨国公司从事内部审计工作；可在政府审计机关和司法机关从事审计检查与鉴定工作；也可在会计师事务所、律师事务所、资产评估公司等中介机构，从事审计服务与咨询工作；还可以在学校和科研部门从事教学和科研工作。据了解，我国大约需要35万名审计学专业方面的专业人才，但目前只有5万多名执业人员，而且其中一大半得不到国际机构的认可，人才缺口很大。

能力要求

参考会计学专业。

实力院校

国家级特色专业建设点

南京审计大学、郑州航空工业管理学院。

资产评估：火眼金睛的标价师

核心含义

一座房子、一个企业、一个商标值多少钱？这个问题的解答需要一种人才，那就是资产评估人员。资产评估是专业机构和人员按照国家法律、法规和资产评估准则，依据特定的目的，遵循评估原则，依照相关程序，选择适当的价值类型，运用科学的方法，对资产价值进行分析、估算并发表专业意见的行为和过程。资产评估专业学生主要学习会计、审计等方面的基本理论和基本知识，受到会计、审计方法和技巧方面的基本训练，具有分析和解决资产评估问题的基本能力。

开设课程

本专业开设的课程有经济法、财务会计、财务管理、统计学、金融学、保险学、投资学、财政学、税法、资产评估原理、建筑工程概论、机电设备评估、建筑工程评估、企业资产评估、审计学、国有资产管理、企业价值评估、房地产评估、无形资产评估、国际评估准则等。

就业展望

资产评估作为一种专业化市场中介行业，在规范资产运作、维护经济秩序、促进经济发展等方面具有十分重要的作用，因而就业前景十分广阔。具体来说，该专业毕业生可以从事以下工作：可参加各级政府的公务员考试，进入政府资产管理部门、土地管理部门、财政局、国税局、地税局等从事资产管理及财务税收工作；可到各类资产评估事务所、会计师事务所、税务事务所以及管理咨询机构就业。经过一段时间对口工作，在实践中不断积累经验和提高业务水平，并通过全国注册资产评估师考试取得执业资格，就业前景会更好；还可到企事业单位、金融证券投资公司、房地产开发机构、典当拍卖机构从事资产评估与管理及财务税收、企业管理工作。

能力要求

就读该专业最好努力考取相应的资格证书，如资产评估师证、会计上岗证、初级会计师证、ERP（企业资源计划）资格证等。

其他能力要求请参考会计学专业。

实力院校

开设资产评估专业的代表性院校

中央财经大学、北京交通大学、中国人民大学、山西财经大学、东北财经大学、上海对外经贸大学、上海立信会计金融学院、南京财经大学、浙江财经大学、厦门大学、山东财经大学、河南财经政法大学、湖南财政经济学院、广东财经大学、广州大学、广西财经学院、云南财经大学等。

物业管理：现代建筑的高级管家

核心含义

随着城镇化和小区的居家形式普及，物业被越来越多人所知晓，然后物业管理仅仅是负责小区卫生和水电费的管理吗？当然不是，物业管理是对各类房屋建筑、公共设施及区域环境进行科学的维护和经营管理的一门全新的专业。近年来，随着物业管理的规范化，又赋予了它新的内涵，即通过物业的管理达到为人服务的目的。该专业十分注重理论与实践的结合，学生除了学习管理类的理论知识外，还需要掌握许多实际操作技能，如采暖、空调、电梯、通信、安全以及办公自动化等。

开设课程

本专业开设的课程有公共关系基础、房地产市场营销、物业档案管理、会计学基础、物业管理学、物业管理实务、建筑制图、市场营销、物业设备与设施、物业管理法、建筑工程概论、物业管理财务基础等。

就业展望

物业管理专业的学生毕业后主要是在物业管理公司中做管理工作。但是国内物业管理企业普遍效益低下，入不敷出的现象十分严重，所以这个行业工资待遇普遍较低。该专业相对来说比较好找工作，就业率相当高；但是工作时间比较长，节假日少。

能力要求

物业管理工作特别烦琐，如果你没有足够的耐心和好脾气，最好慎重考虑这个专业。

实力院校

开设物业管理专业的代表性院校

武汉大学、北京林业大学、上海师范大学、佳木斯大学、内蒙古财经大学、山东工商学院、沈阳工程学院、石家庄学院等。

文化产业管理：挖掘艺术的价值

核心含义

当艺术遇上市场经济就自然产生了“文化产业管理”的专业需求，文化产业管理专业培养掌握经济学、管理学及文化学基本理论与方法，具有宽阔的文化视野和现代管理意识，熟悉文化法规及政策，具备较强规划、决策、组织、策划、创意以及沟通表达能力，具备较强社会调研和信息处理能力，能够在文化产业及相关产业、政府文化管理部门及文化事业单位从事文化经营管理、市场营销与策划、文化贸易与交流工作的应用型、复合型高级人才。该专业覆盖面较广，包括文化旅游、广播影视、新闻出版、文化贸易、文物遗产、工艺美术、广告会展、文化政策、体育娱乐、手机网络、动漫音乐、文化经纪等众多文化产业领域。因此，文化产业管理是一门基础宽的学科，个人可以就此根据自己的爱好选择专业方向。

开设课程

本专业开设的课程有文化学、中国文化史、中国文化交流史，产业经济学、管理心理学、文化市场营销学、管理信息系统、文化管理学、会计学、应用统计、公共事业管理学、文化产业概论、文化资源概论、文化政策与法规、文化管理理论与实践、艺术基础、美学概论、世界文化简史、民俗学、宗教文化概论、广告学、文化项目策划实务、影视产业概论、文化旅游概论、动漫与数字产业概论等。

就业展望

文化产业是在全球化的背景下发展起来的一门新兴产业，被公认为21世纪的“朝阳产业”或

“黄金产业”。我国文化产业的迅速发展使得该领域的人才奇缺，这已成为制约我国文化产业发展的最大瓶颈。总的来说，尽管该专业本身是一个不错的专业，“文化产业有前途，文化产业最缺人”的说法也不绝于耳，但是就毕业生就业而言，找工作特别是找与自己所学专业对口的工作并没有那么容易，整体就业情况没有想象中那么乐观。

能力要求

1. 该专业比较适宜喜欢音乐、美术但并无艺术特长的考生报考。
2. 学生毕业后授予管理学学位，少数院校授予艺术学学位，具体请查看目标院校的招生章程。

实力院校

国家级特色专业建设点

中国传媒大学。

劳动关系：劳动权益的保护人

核心含义

凭借劳动获得收益是天经地义的，但是劳动合同怎样写？单位的劳动人事关系怎样管理？这些问题正是劳动关系专业的学生所要学习和研究的。劳动关系专业是适应中国社会转型和市场经济发展的需要，建立在经济学、管理学、法学和社会学学科平台上的交叉应用型学科。该专业培养学生掌握国内外劳动经济学和劳动关系的理论与方法，熟悉我国劳动关系政策、劳动法及劳动争议处理实务、社会保险理论及政策的变化与发展，具有调查、研究和解决各类型组织现实劳动关系、劳动争议处理及相关劳动问题的实际能力。

开设课程

本专业开设的课程有微观经济学、宏观经济学、统计学、社会科学研究方法、管理学、会计学、财务管理学、管理信息系统、劳动关系学、工会与工人运动、集体谈判、劳动法律制度、劳动争议处理、员工参与、员工关系管理、管理心理学、劳动社会学、劳动经济学等。

就业展望

劳动关系问题属于人力资源管理板块中的一个方向，虽然是一个新兴方向，前景看好，但目前来说就业较困难，毕竟企业更重视人力资源管理的招聘、培训、考核、薪酬管理等方向。该专业毕业生就业方向主要包括：政府机构、工会组织；企事业单位的公共关系、人力资源管理、劳动关系岗位，企事业工会；就业服务机构的咨询、辅导、培训人员；劳动执法监察员、劳动争议仲裁员及劳动司法机构的其他工作人员；企业管理顾问公司、咨询公司、民办非企业机构研究、认证、监察、培训、咨询人员；街道及社区劳动与社会保障机构工作人员。读研深造的方向可以是国内外大学和研究机构的劳动关系专业、劳动法学专业硕士。

能力要求

该专业是一个理论性和实用性都非常强的专业，要求学生既能钻研理论，又具有较强的实践精神，所以适合耐性较好、性格较为外向的学生报考。

实力院校

国家级特色专业建设点

中国劳动关系学院。

体育经济与管理：研究体育产业的经济与管理规律

核心含义

体育产业的未来有多大，体育经济与管理的需求就有多大。随着国力提升和人们生活水平的提高，越来越多的人开始关注自身健康，体育产业也随之兴起。体育产业的方针、政策以及运营的国际惯例与规则有哪些？商业性体育活动如何组织管理、经营开发？这些都属于体育经济与管理专业研究的范畴。该专业以经济学、管理学、体育学为理论基础，培养具有扎实的经济学和管理学基础知识，掌握体育经济理论、体育市场营销理论、体育赛事管理与运营理论和体育产业经营管理理论，具有国际化视野并具有良好实践能力和社会适应能力，在体育企事业单位从事市场研究、营销策划、运作管理工作的高素质、应用型工商管理专门人才。

开设课程

本专业开设的课程有西方经济学、管理学、金融学、统计学、会计学、市场营销学、民商法通论、体育经济学、体育管理学、体育经纪人理论与实务、体育赛事运营、体育俱乐部管理、体育无形资产开发、体育法规等。

就业展望

总的来看，与其他专业相比，该专业发展前景指数为中等。具体来看，有以下就业方向：

各级国家体育行政部门、各项商业体育赛事组织部门、各类体育咨询公司、各大型体育产品公司、各类健身俱乐部、各类体育经纪人公司、各类体育企业、职业体育俱乐部、健身俱乐部、体育中介公司、运动项目管理中心、体育事业单位的体育管理、经营和销售人才，也可在高等院校中担任教师。

能力要求

该专业毕业生就业主要集中在体育产业，所以建议学生报考时要考量一下自己的身体素质条件。

实力院校

开设体育经济与管理的代表性院校

中央财经大学、天津财经大学、北京体育大学、成都体育学院、山东财经大学、首都体育学院、河南财经政法大学、沈阳体育学院等。

财务会计教育：怎样培养出杰出的会计工作者

核心含义

财务会计教育需要大量的财务管理知识，与此同时还需要会计实际操作和师范教育技能。学习内容包括会计、审计、工商管理和教学等方面的基本理论和基本知识，受到会计方法、技巧和教学技

能等方面的基本训练。与财务管理或者会计学专业相比，本专业注重学生师范技能与专业技能的紧密结合。

开设课程

本专业开设的课程有管理学、微观经济学、宏观经济学、管理信息系统、统计学、初级会计学、财务管理、市场营销、经济法、财务会计学、成本会计学、管理会计学、审计学、财务报表分析、运筹学、资产评估、跨国公司财务、注册会计师实务等。

就业展望

本专业就业空间广阔，人才紧俏，本科生就业率也较高。具体来看，就业方向如下：

1. 在大中专院校、中等职业技术学校从事教学、科研及财务管理工作。
2. 也可到各经济管理部门、工商企业、会计师事务所等单位从事财会工作。

能力要求

1. 该专业适合逻辑思维清晰、有条理，并且对数据具有一定敏感度的学生报考。
2. 选择该专业，尽量就读一个法学专业的第二学位，成为复合型人才，未来竞争力更大。

实力院校

开设财务会计教育专业的代表性院校

华中师范大学、云南大学、天津职业技术师范大学、河北师范大学、河北科技师范学院、岭南师范学院、曲靖师范学院、广东技术师范大学、浙江师范大学、云南民族大学、内蒙古农业大学、聊城大学、广西财经学院等。

市场营销教育：如何培养出杰出的市场营销人才

核心含义

王牌营销是可以培养的，所以需要市场营销教育来帮助企业培养营销人才。市场营销教育专业学生主要学习市场营销、工商管理及教育学方面的基本理论和基本知识、受到营销方法与技巧以及职业教育教学法的基本训练，与市场营销专业相比，该专业注重培养学生教育技能，学生具备管理、经济、法律、市场营销、教育学等方面的知识和能力。

开设课程

本专业开设的课程有管理学、微观经济学、宏观经济学、管理信息系统、统计学、会计学、财务管理、市场营销、经济法、消费者行为学、国际市场营销、市场调查、教育学、英语、计算机等。

就业展望

市场营销教育专业毕业生可到企事业单位从事市场营销及相关工作，担任销售经理、销售代表、市场专员、销售主管、区域销售经理、课程顾问、销售总监、客户经理、区域经理、营销总监、学术推广员、市场经理等职位，也可在中高等职业学校从事市场营销职业教育的教学工作。

能力要求

该专业除了学习理论知识外，更重要的是实践能力，如沟通、开发和营销能力，所以该专业更适合性格外向的学生报考。

实力院校

开设市场营销教育专业的代表性院校

云南大学、云南师范大学、哈尔滨商业大学、内蒙古农业大学、云南民族大学、重庆理工大学、云南民族大学等。

零售业管理：转变零售环境下的思维和行动方式

核心含义

零售管理包括商品管理、人员管理及财务管理。本专业培养具有社会责任、实践能力、创新创业精神，掌握现代零售经营管理理论，熟悉零售企业实务、运营特点和管理模式，具有较好的零售分析与管理能力、国际视野与跨文化交流能力，适应零售业发展的新趋势，服务于行业发展的应用型、复合型零售精英人才。

开设课程

本专业开设的课程有会计学原理、经济学、管理学、市场营销学、财务管理、零售学、零售战略管理、零售运营管理、采购与供应链管理、零售企业拓展与规划、在线零售管理等。

就业展望

零售业管理专业毕业生主要在零售企业、连锁店、超市、百货商店、网店等从事经营管理的应用型工作。

能力要求

掌握管理学、经济学和现代市场营销学的基本理论、基本知识；掌握零售业营销的定性、定量分析方法；具有较强的语言与文字表达、人际沟通以及分析和解决营销实际问题的基本能力；熟悉我国有关市场营销的方针、政策与法规及了解国际市场营销的惯例和规则；了解本学科的理论前沿及发展动态；握文献检索、资料查询的基本方法，具有一定的科学研究和实际工作能力。

实力院校

上海商学院、武汉商学院、陕西国际商贸学院。

农林经济管理：研究农林经济的运行及管理

核心含义

农林经济管理是在未来大有可为的专业，我国越来越重视环境资源的可持续性开发，而农林经济管理就是把经济学、管理学的知识应用到农业和林业生产中，促进农林经济的快速健康发展。该专业研究的具体内容包括如何配置涉农（林）领域稀缺的自然资源与经济资源，如何利用国内外市场，如何对农（林）业实行保护政策，如何实施农（林）业可持续发展战略等。学生主要学习管理科学和经济科学的基本理论和相关的农（林）业科学基本知识，受到调查、策划、技术经济分析、计算机应用等方面的基本训练，掌握企业经营管理、市场营销、政策研究等方面的基本能力。

开设课程

本专业开设的课程有经济学、农（林）业经济学、管理学原理、农（林）业企业经营管理学、农（林）业技术经济学、农（林）产品营销学、农（林）业政策学、农（林）业概论等。

就业展望

从理论上说，该专业的毕业生主要到各类农（林）业企业、教育科研单位和各级政府部门，从事经营管理、市场营销、金融财会、政策研究等方面的工作，但真正到找工作时，却面临着其他院校经济管理类专业毕业生的正面竞争。另外，在农林业工业产业化的趋势下，许多企业开始涉足农业、林业、畜牧业，这就需要大量的农林经济管理人才。不过，在这类企业中，相当部分是规模不大的中小企业，毕业生在这里找工作，既有巨大的上升空间亦有一定的风险。

能力要求

该专业属于管理学专业门类下比较冷门的专业，专业分差比较低。

实力院校

拥有农林经济管理一流建设学科的院校

中国人民大学、浙江大学、华中农业大学。

拥有农林经济管理二级学科国家重点学科的院校

农业经济管理方向：中国人民大学、中国农业大学、南京农业大学、华中农业大学、华南农业大学、西北农林科技大学。

拥有农林经济管理二级学科国家重点（培育）学科的院校

农业经济管理方向：浙江大学。

林业经济管理方向：北京林业大学。

国家级特色专业建设点

中国农业大学、海南大学、西南大学、华中农业大学、贵州大学、西北农林科技大学、石河子大学、北京林业大学、南京农业大学、浙江大学、福建农林大学、华南农业大学、吉林农业大学、南京林业大学、江西农业大学、北京农学院、东北林业大学、东北农业大学、上海海洋大学、四川农业大学。

农村区域发展：促进农村良性发展

核心含义

农村的发展是我国非常重要的课题，而农村区域发展专业是我国根据农业发展的需要而设立的一门新专业，它是农业推广学进一步发展的结果。该专业学生主要学习农村区域发展和当代农村发展方面的基本理论和基本知识，受到农村发展调查分析、规划设计、实施、调控与评价等方面的基本训练，掌握从事农村区域、社区发展工作的基本能力。

开设课程

本专业开设的课程有农业概论、政治经济学、农业经济学、发展人类学、发展社会学、发展经济学、农村发展研究方法、农村发展设计等。

就业展望

农村区域发展专业的毕业生可在各级行政管理机关、政策研究机构、农业企业和教育等部门、单位，从事农村区域发展战略规划、农业推广及管理、农业发展项目设计与管理、发展评价监测等工作。该专业学生虽然以规划农村区域为己任，但受国情限制，在实际工作中，更多的是担负农业推广的任务，即向农民传授农业技术、生产经验和管理方法，同时还可以向政府建议如何改善农村生存环境。

能力要求

农村区域发展专业属于管理学门类中比较冷门的专业，专业分差比较低。该专业既可以授予管理学士学位，也可以授予农学学士学位，建议报考前仔细查看目标院校培养方向。

实力院校

国家级特色专业建设点

中国农业大学、贵州财经大学。

公共事业管理：社会公共利益的守护者

核心含义

公共事业的发展离不开公共事业管理的进步和发展。公共事业管理主要是指在一定的环境中，政府管理部门和不以营利为目的的非政府组织依法对满足社会公共需求为主要目的的各项公共事业的发展进行规划、组织、指挥、协调和控制，以保障和增进社会公共利益公平分配的活动。科教文卫体等都属于公共事业，这些都是公共事业管理专业的服务对象。公共事业管理专业主要研究科学、教育、文化、卫生、体育、社会保障等公共事业的组织的管理活动，包括研究如何明确单位中各部门的责权，如何协调好各部门间的利益冲突等。

开设课程

本专业开设的课程有管理学原理、管理、人力资源开发与管理、管理经济学、公共关系、公共财务、管理定量分析、应用统计、管理信息系统、管理文秘等。

就业展望

该专业的毕业生可在政府部门、事业单位、高等院校、社会团体、各类大中型企业中，从事行政管理、文秘、人力资源、商务管理等工作，也可报考公共事务管理师、人力资源管理师、高级秘书等资格证书。众所周知，由于考公务员难度较大，所以该专业毕业生真正进政府部门、事业单位的很少，大多数进了中小型企业。但企业也不愿意招收没有经验只有理论的管理人员，所以毕业生出来后一般到人事部门当行政职员，少数拥有个人特长的毕业生根据自身的特长可以应聘到相关的岗位。

能力要求

1. 该专业普通二、三本院校的就业率比较低，且很难找到与专业对口的职业。
2. 善于沟通、长于组织和主持各项工作的考生适宜报考该专业。
3. 该专业在不同学校有不同的报考方向。在医科类大学，该专业偏向医疗卫生事业管理；在师范类大学，该专业偏向教育管理。考生报考时要对目标院校办学方向有详细了解。

实力院校

拥有公共管理世界一流建设学科的院校

中国人民大学、清华大学。

拥有公共管理二级学科国家重点学科的院校

行政管理方向：中国人民大学、中山大学。

社会医学与卫生事业管理方向：复旦大学。

教育经济与管理方向：北京大学、北京师范大学。

社会保障方向：武汉大学。

土地资源管理方向：南京农业大学。

国家级特色专业建设点

潍坊医学院、云南大学、北京中医药大学、东北大学、白城师范学院、武汉体育学院、江西师范大学、山东艺术学院、安徽医科大学、淮北师范大学、临沂大学、华中科技大学。

行政管理：提高内部管理的效益

核心含义

一个国家有内务，一个企业也有内务，而行政管理是运用国家权力对社会事务的一种管理活动，也泛指一切企业、事业单位的行政事务管理工作。行政管理的对象包括经济建设、文化教育、市政建设、社会秩序、公共卫生、环境保护、公共建设等各个方面。现代行政管理多应用系统工程思想和方法，以减少人力、物力、财力和时间的支出和浪费，提高行政管理的效能和效率。

开设课程

本专业开设的课程有：管理学原理、行政学原理、政治学原理、当代中国政治制度、比较政治制度、法学导论、社会学概论、政府经济学、行政组织学、地方政府学、市政学、公共政策等。

就业展望

行政管理专业毕业生主要进入政府部门、公共政策研究机构、企事业单位、各类社会团体，从事行政管理工作。从理论上说，行政管理专业的“对口单位”应该是党政机关和企事业单位的办公室。但现实情况却是，党政机关的公务员一律面向社会公开招聘，应聘者必须参加各级政府组织的公务员统一考试。多数招聘单位并不要求报考者是行政管理专业，甚至大部分要求的是非行政管理专业毕业生，因而，大部分毕业生只能转身到企事业单位谋得一个办公室文职人员的职位或者其他业务部门的助理职位。

能力要求

参考公共事业管理专业。

实力院校

拥有行政管理二级学科国家重点学科的院校

中国人民大学、中山大学。

国家级特色专业建设点

郑州大学、湘潭大学、中南财经政法大学、中央司法警官学院、西南政法大学、中国人民大学、中央民族大学、南京大学、厦门大学、中山大学、西北大学、兰州大学。

劳动与社会保障：调节市场经济的稳定器

核心含义

市场经济如果没有调控就会因为过度追逐利益，而导致市场崩溃、社会动荡。调控的方向中就包含劳动保障这一环，劳动与社会保障专业主要学习关于就业与劳动力市场、劳动关系及人员开发、社会保障及救助等方面的知识，工作性质是为政府部门、政策研究部门及各种企业单位提供下岗和再就业、养老保险、实业保险、医疗保险等方面问题的解决办法和政策支持。

开设课程

本专业开设的课程有管理学原理、西方经济学、人口学、社会学、财政学、保险学、计量经济学、社会调查研究方法、行政学和行政法、货币银行学、人力资源管理等。

就业展望

虽然劳动与社会保障是社会的热门话题，但这个专业不算热门专业，就业情况一般。该专业的就业方向主要包括各级政府行政部门、大中型企事业单位和社会团体、社会服务部门、劳动仲裁机构、司法部门、人力资源管理部门等。毕业生几乎都会参加各级政府的公务员考试，但真正能够考上的却寥寥无几。绝大部分毕业生最后只能进入企事业单位从事一般性的文秘、助理工作。

能力要求

该专业涉及调查统计，考生需要有较好的数学基础。该专业研究的多属于宏观政策，可能会比较枯燥。

实力院校

拥有社会保障二级学科国家重点学科的院校

武汉大学。

国家级特色专业建设点

首都经济贸易大学、中南财经政法大学。

土地资源管理：让土地资源利用效率最大化

核心含义

土地资源管理简单来说，就是利用现代测量技术并结合现代管理理论和经济管理理论对土地资源进行有效的管理及合理的配置。学生主要学习土地管理方面的基本理论和基本知识，受到土地规划、测量、计算机、地籍管理的基本训练，具有土地利用与管理的基本能力。本专业培养具备现代管理学、经济学及资源学的基本理论，掌握土地管理方面的基础知识，具有测量、制图、计算机等基本技能，能在国土、城建、农业、房地产以及相关领域从事土地调查、土地利用规划、地籍管理及土地管理政策法规工作的高级专门人才。

开设课程

本专业开设的课程有土地资源学、土地规划学、土地管理学、土地经济学、地籍管理学、测量学、不动产评估、土地信息系统等。

就业展望

土地资源管理专业毕业生的就业面比较广，但还是脱离不了土地两个字。就业方向主要集中在两大块：一是考公务员到土地管理部门、城乡规划与建设管理部门及农林部门，单位具体有国土资源局、土地规划局、测量局、建设局、房产局；二是企业，主要有房地产开发估价部门、不动产资产评估机构，去了这些单位可以利用不动产估价的知识对企业使用的土地价值和特点进行评估测算，便于企业以此为依据发展适合的产业，或者以此为担保进行社会融资等。

能力要求

1. 该专业既可以授予管理学学士学位，也可以授予工学学士学位。

2. 为增强就业竞争力，建议该专业的毕业生考取相关职业资格证书，例如房地产估价师、土地估价师、资产评估师等。

实力院校

拥有土地资源管理二级学科国家重点学科的院校

南京农业大学。

国家级特色专业建设点

南京农业大学、南宁师范大学、中国地质大学（北京）、河北地质大学、甘肃农业大学、内蒙古师范大学、中南林业科技大学。

城市管理：培育城市的管理者

核心含义

城市管理是一门将城市规划学、经济学、管理学结合为一体的专业。具体来说，它是指城市管理者通过分析、运用和控制影响城市发展的内部和外部因素，为实现城市复合型生态系统的平衡和可持续发展目标，所进行的经济、行政、社会、法律等系统的管理行为。城市管理所追求的是经济、社会、环境综合效益的最大化和城市的可持续发展。

开设课程

本专业开设的课程有微观经济学、宏观经济学、管理学原理、城市管理学、城市经济学、城市地理学、城市规划、城市基础设施管理、公共政策学、城市资源学、城市道路与交通、城市生态与环境保护、行政法学、土地管理、城乡建设与管理、物业管理、社区管理、房地产管理、市政管理学等。

就业展望

该专业的学生毕业后能够在城市市容和环境卫生管理部门、城市公用事业单位、城镇社区、城市社会团体、执法及综合管理部门、城市市容环境和园林绿化管理部门、教育科研部门等相关企事业单位，从事城市建设和管理工作。虽然城市管理的就业方向很多，但整体上对口工作还是比较难找的。

考公务员是比较好的出路，但一般国考、省考很少有指明要城市管理专业的学生，一般都是要公共管理类的或不限专业的。对考上公务员的毕业生来说，这个专业肯定不错，很对口；但是如果没有考上的话，找工作就会稍微有些困难，因为几乎没有公司会指明要城市管理专业的毕业生。

能力要求

有志于学习该专业的同学也可报考与该专业比较相近的专业——城乡规划，但一般来说，城乡规划报考难度更大。

实力院校

国家级特色专业建设点

北京大学、东北师范大学。

海关管理：锻造海关卫士

核心含义

众所周知，海关是国家进出关境监督管理机关，其职责是监管进出境的运输工具、货物或其他物品，征收关税和其他税费，查缉走私，编制海关统计以及其他海关业务。海关管理专业旨在培养具备海关管理专业技能的高素质实用型人才。本专业学生主要学习管理学、经济学和法学的基本理论和基础知识，接受海关业务知识和管理方法的基本训练，通过学习掌握海关对进出口货物及物品的监管、验估征税、海关稽查、海关统计及其他通关业务的基本技能。

开设课程

本专业开设的课程有管理学、公共管理学、公共经济学、公共政策分析、公共部门人力资源管理、政治学原理、组织行为学、海关管理学、运筹学、行政法与行政诉讼法、海关法、海关监管、关税理论与制度、海关统计、海关缉私、海关风险管理、国际海关制度等。

就业展望

海关管理专业毕业生主要面向海关、外贸企业、国际货运公司等单位，从事海关管理、海关协管、进出口货物通关、国际商品贸易、谈判、储运、报关、制单结汇等工作。该专业曾经非常火爆，但从目前来看，由于就业面较窄，进海关已不如以前容易，所以考生报考前还得仔细权衡。

能力要求

1. 该专业既属于国家特色专业，也属于国家控制布点专业，录取分数较高，考生填报前需认真掂量自己的实力。

2. 录取时对考生的身高、视力、体重、形象及男女比例均有要求，考生在报考前应仔细查看目标院校的招生章程。

实力院校

开设海关管理专业的代表性院校

对外经济贸易大学、上海海关学院等。

交通管理：培养航运管理的高级人才

核心含义

交通管理专业即原来的航运管理专业，更名后的交通管理专业立足现代交通管理，面向综合交通运输；以内河港口与航运业务管理为特色，兼顾海上运输；以交通运输工程和管理学为背景，培养以港航生产经营管理为主要特色的综合交通管理人才，服务于我国内河港口与航运事业发展。

开设课程

本专业开设的课程有运筹学、管理学、交通运输经济学、国际贸易实务、海商法、交通运输系统、现代物流概论、航运业务英语、船舶货运技术、集装箱运输、租船运输、航运生产管理、港口管理、港口装卸工艺、国际货运与船务代理等。

就业展望

毕业生面向交通运输管理部门、交通运输企事业单位、现代港口、航运企业、船（货）代理企业、现代物流企业和航运中介企业等，主要从事航运生产组织、指挥调度、生产经营、物流管理等工作。

能力要求

1. 该专业毕业生对口就业一般为一线基层，所以要求报考者具备较好的体能和抗压能力。
2. 本专业为国家特色专业，毕业后可以授予管理学学士学位或工学学士学位。
3. 本专业由航运管理专业更名以后，虽然仍偏向内河航运管理，但毕业生也可以从事陆上交通管理。比如，培养具有维持交通秩序、处理交通事故和车辆检审及管理能力的人才。

实力院校

开设交通管理专业的代表性院校

大连海事大学、上海海事大学、重庆交通大学等。

海事管理：海事安全的守护者

核心含义

海事管理是将海上交通环境作为研究对象的一门学科，涵盖船舶安全监督管理、船舶防污染监督管理、通航安全保障等相关方面。例如，如何维护我国各个海事领域的交通安全、如何防治水域环境污染，如何促进我国海事业务的发展等，这些都是海事管理专业需要学习的内容。本专业培养的学生具备海事管理理论与技术的能力，以及航运业务和海事法律的专业知识，能够适应涉外运输业务、涉外海商法律事务、海事管理等多项工作。

开设课程

本专业开设的课程有管理学、现代物流管理、国际航运管理、行政法学、民法学、海商法、船舶代理与货运代理、船舶原理、船舶结构与设备、航海学、水上交通安全管理、船舶防污染技术与监督管理、船舶安全管理体系（SMS）、海事管理信息系统、航海气象与海洋学、船载航行设备、船舶碰撞法、船舶操纵与水上搜救等。

就业展望

随着我国海运事业的飞速发展，海事安全管理人员的需求也随之扩大，海事管理专业的本科生就业前景广阔，发展潜力较大。同学们在就业时大多会选择直接对口的单位，如海事管理机构、航运企事业单位、船舶运输、海事局、航运公司，从事海事管理或服务工作。除此之外，还有少部分同学去对外贸易企业、海事法律机构、货运代理与船舶代理等，从事行政、法务、管理等工作。

除了直接就业外，同学们也可以选择读研。由于大学本科开设的课程多为通识课程，海事管理的细分方向研究都较为浅显，如果希望以后从事海事管理的研究工作，读研是很好的选择。

能力要求

1. 由于工作性质特殊，且海上外出时限较长，环境较为艰苦，海事管理专业不太适宜女生报考。

2. 海事管理专业对考生的英语水平有一定的要求，英语较弱的同学需慎重报考。

3. 海事管理专业对考生的身体条件有限制，同学们在报考时需要详细查看院校招生章程与信息。如大连海事大学要求考生双眼裸视力均能达 4.7（0.5）及以上，且矫正视力均能达 4.9（0.8）。

实力院校

开设海事管理专业的代表性院校

大连海事大学、武汉理工大学、广州航海学院、山东交通学院等。

公共关系学：研究如何树立良好的公众形象

核心含义

公共关系学是研究通过如何建立社会组织与社会公众之间良好的沟通关系，进而在社会公众心目中树立社会组织的良好形象的一门学科。公共关系学在我们的日常生活中应用十分广泛，对企业的发展来说非常重要。例如，企业公共关系日常活动和专项活动的开展；如何通过新闻传播、公益广告、公共关系礼仪等途径，提高公司的知名度与品牌推广。本专业培养的学生具备较强公共关系写作技能和管理沟通能力，能够满足社会组织对公关人才的需求。

开设课程

本专业开设的课程有管理学原理、社会学概论、传播学、社会心理学、经济学原理、应用统计、公共管理学、公共关系原理、公关策划学、市场营销学、公共关系实务与案例、商务礼仪、公共危机管理、舆论学、企业危机管理、媒介关系管理等。

就业展望

目前我国公共关系行业每年产值增长率 30% 以上，但面临高级专业人才稀缺的尴尬局面，因而公共关系学的毕业生具有较好的发展前景。同学们可以选择去媒体类企业，如公关公司、广告公司、咨询公司等，从事企业品牌策划、市场营销、广告传播等工作。除此之外，毕业生也可以通过公务员、事业单位考试，进入政府部门和事业单位，从事行政管理、人力资源管理等工作。

如果同学们希望能够在公共关系学学科有更深入的研究与学习，可以选择读研或出国深造，不仅能拓宽学习领域，也能提高自己的学历。

能力要求

1. 公共关系学专业对学生外语素质具有较高的要求，尤其是以后致力于进入外资企业的同学，在报考时要综合考虑自己的外语能力以及未来发展方向。

2. 本专业的学习内容是研究公共关系，需要较强的人际交往能力，比较适宜性格开朗外向的学生报考。

实力院校

开设公共关系学专业的代表性院校

中国计量大学、中国传媒大学、上海海事大学、华东师范大学、上海外国语大学、南昌大学、北京师范大学—香港浸会大学联合国际学院、东华大学、中山大学、西南大学、上海师范大学、内蒙古财经大学等。

健康服务与管理：培养专业化健康服务人才

核心含义

健康服务与管理主要研究管理学、健康服务、预防医学、人文科学等方面的基本知识和技能。随着我国医药卫生事业的发展及民众健康意识的日益提升，人口老龄化和城镇化进程加快，城市工作压力大、生活节奏快、饮食结构改变等原因，亚健康人群和慢病人群不断增长，社会对健康服务与管理人才的需求正在增加。

开设课程

本专业开设的课程有中医学基础、基础医学、预防医学概论、循证医学基础、健康管理概论、营养学基础、运动与健康、服务管理、卫生事业管理、社区健康管理、医药企业管理、养老机构管理、健康信息管理等。

就业展望

健康服务与管理的毕业生主要从事健康服务、健康管理、健康促进、疾病防控等相关领域工作，例如在医疗服务机构、社区卫生服务中心、健康体检中心、健康管理公司、营养咨询公司、心理咨询机构、医药公司、养生会所、康体中心、养老院等从事健康监测、分析、评估、健康教育、健康咨询、健康指导和健康危险因素干预等具体工作。

能力要求

1. 本专业要求考生掌握一定的医学基础理论和知识，对医学不感兴趣的考生谨慎报考。
2. 为增强就业竞争力，建议考生多考取一些与医药行业有关的职业资格证书。

实力院校

开设健康服务与管理专业的代表性院校

锦州医科大学、哈尔滨医科大学、上海健康医学院、南京中医药大学、浙江中医药大学、江西中医药大学、河南中医药大学、湖北中医药大学、广州中医药大学、广西医科大学、成都中医药大学、陕西中医药大学、甘肃中医药大学、新疆医科大学。

海警后勤管理：后勤保障人才

核心含义

该专业培养在德、智、军、体全面发展，掌握后勤各种办公和操作软件使用技能，讲政治、懂技术、会管理、能执勤的“一专多能”型后勤管理的高级人才。毕业生主要学习部队资源的维护、物资保障、基础设施建设等知识，为部队提供强有力的后勤保障。

开设课程

高等数学、大学英语、基础会计学、财务管理、审计学、珠算、财政与金融、预算会计、经济法、军需管理、后勤参谋业务、后勤工作概论、建筑构造与识图等。

就业展望

从事财务、军需、营房、军械、运输等工作的高级部队管理人才。

能力要求

海警后勤管理的基本理论和知识；掌握我国管理政策及法律制度；熟悉海警后勤管理的一般职责；具备相关海警后勤管理的基础知识和技能；具有综合运用所学知识分析和处理海警后勤管理的实际问题的技能和技巧。

实力院校

武警海警学院。

医疗产品管理：培养医疗产品领域的复合型人才

核心含义

医疗产品管理专业除了要求考生掌握医学、工学、管理学、法学的理论基础和医疗产品（医疗器械）管理的知识和技能外，还要求掌握医疗产品运营管理、制造管理和医疗信息化管理的专业知识，并且具备医疗产品销售、医疗大数据挖掘与分析、精准营销、医疗器械注册、医疗信息化平台应用和基础维护等能力，致力于培养面向医疗设备/器械生产企业、医疗卫生服务机构、医疗产品监管等企事业单位，具有社会责任感、国际视野、创新精神和较强实践能力的应用型高级专门人才。

开设课程

该专业开设的课程有基础医学、医疗产品运营管理、医疗法律法规、C语言程序设计、管理统计学、医疗产品生产管理、医疗器械注册管理、医疗产品质量管理、医疗器械临床评价、医疗数据挖掘导论、医疗大数据分析、医疗信息化平台应用、Python语言程序设计、健康服务与管理、SAP项目管理等。

就业展望

1. 可在医疗产品（医疗器械）生产经营企业、医疗机构、市场监督管理部门、药品监督管理部门以及行业协会等企事业单位，从事临床试验管理、注册申报、质量管理体系建立维护、安全性能评价、法规事务执行等工作。

2. 从事医疗器械销售，构建各级商品分销渠道，与医院、医疗卫生服务机构、药房等企事业单位维系长期稳定客户关系的市场专员。

3. 从事医疗信息化管理，基于医疗大数据分析消费者需求，为产品设计、精准营销提供支撑，开展医疗信息化平台应用和维护的技术专员。

4. 在各级各类医学院校从事医疗产品管理、医疗大数据挖掘和分析、医疗信息化平台应用和维护的教学、科研工作，可继续攻读本专业或相关专业硕士学位。

能力要求

1. 该专业要求考生掌握一定的医学基础理论和知识，对医学不感兴趣的考生谨慎报考。
2. 为增强就业竞争力，建议该专业的学生多考取一些与医药行业有关的职业资格证书。

实力院校

开设医疗产品管理专业的代表性院校

沈阳药科大学、上海健康医学院。

医疗保险：集医学、金融保险、法学于一体的专业

核心含义

医疗保险专业旨在培养具有比较扎实的管理学、保险学、医学方面的基础知识、基本理论、基本技能，掌握当代医疗保险理论和方法，具备创新意识和实践能力，在商业保险机构从事医疗查勘，医疗审批以及核保、理赔等保险业务的管理工作，在社会保险机构从事保险基金运作与管理、保险监管等实际工作，在各级医院的医疗保险部门从事医保管理以及科学研究工作的复合型人才。

开设课程

本专业开设的课程有基础医学概论、临床医学概论、数学类、经济类和管理类、医疗保险、商业健康保险等。

就业展望

毕业生可在各级医疗保险部门、商业性保险机构、医疗卫生单位从事医疗保险管理、人身与健康保险核保与理赔、健康管理、卫生经济与管理等方面工作，也可在高等院校、科研机构从事教学和研究工作。

能力要求

具有比较扎实的管理学、保险学、医学方面的基础知识、基本理论、基本技能，掌握当代医疗保险理论和方法，具备创新意识和实践能力。

实力院校

锦州医科大学。

养老服务管理：培养养老机构运营管理人才

核心含义

养老服务管理专业在各大院校中定位于培养照顾老人的全能型人才。学生在校期间多会接触到大量医疗护理类课程与社会工作类课程，同时还会兼有营销、金融、经济、管理等其他学系课程，学生在校期间，多会接触到养老机构、社区、医疗场所的实习机会，最终成长为一名合格的养老行业从业者。

开设课程

本专业开设的课程有管理学、社会学概论、老年社会工作、公共政策、法学概论、养老机构经营与管理、人力资源管理、综合护理实训、老年人体结构与功能、企业战略管理、中医基础。

就业展望

就业面十分广泛，可在养老集团的管理部门、老年大学、养老相关职能部门任职；亦可从事旅居养老、养老产品设计研发；养老机构评估等与养老相关的工作，毕业生还可考取研究生、选调生、公务员、事业单位编制等。

能力要求

具备老年社会工作、老年护理保健、老年护理保健、老年服务管理等方面的知识和技能，熟悉老年方面的政策法规。

实力院校

上海工程技术大学、山东女子学院。

图书馆学：实现文献信息资源的科学利用

核心含义

简单来说，图书馆学是研究图书馆的发生发展、组织管理，以及图书馆工作规律的一门学科。该专业的学生需要掌握文献信息收集、组织、检索、分析研究、开发利用等技能。

开设课程

本专业开设的课程有图书馆学基础、图书馆管理、信息管理概论、信息用户研究、文献资源建设、文献分类法、文献编目、人文社会科学文献检索、科技文献检索、咨询与决策等。

就业展望

图书馆学专业毕业生可在各类企业、公司、中外合资单位从事综合信息处理与管理工作；在行政事业单位、各类型图书馆及情报所从事管理与情报研究、信息开发与管理、文献检索与使用等工作。该专业虽然其应用性和方向性都很明确，但由于所从事的是编研工作，促成了一批“笔杆子”的生成，因此，毕业之后，常有学生投身传媒行业。部分计算机信息处理、编程水平较高的毕业生去了企业的信息部门或者互联网公司。现在国家级和省级图书馆、高校图书馆都不收本科生，所以该专业毕业生考研、保研的特别多。

能力要求

1. 该专业比较适合追求安逸工作环境的考生报考，女生相对来说更适合。
2. 由于属于冷门专业，录取分数相对不高。

实力院校

拥有图书馆、情报与档案管理专业大类国家重点学科的院校

武汉大学。

拥有图书馆学二级学科国家重点学科的院校

北京大学。

国家级特色专业建设点

武汉大学。

档案学：揭示档案现象的本质和规律

核心含义

档案学的研究对象主要包括 3 个方面：档案、档案现象及档案工作规律。其基本任务是：在研究档案和档案工作发展规律的基础上，提出档案工作的科学理论、原则与方法，指导档案工作实践，提高档案管理的科学水平，以便充分实现档案的价值，为各项社会实践服务。

开设课程

本专业开设的课程有档案学概论、档案管理学、科技档案管理学、电子档案管理学、档案文献编研学、档案法规学、文书学、科技文件管理学、秘书学、档案管理自动化、档案保护学等。

就业展望

该专业学生毕业后可在图书情报机构和各类企事业单位的信息部门从事信息服务及管理工作。现代社会的档案意识逐渐增强，无论是企业还是行政机关，都非常重视这一环节。现在很多企事业单位都有自己的档案室，尤其是事业单位和国有企业。但相对来说开设档案学专业的大学还比较少，所以近两年的就业情况尚可，尤其是中国人民大学、武汉大学、中山大学这样的名牌学校，档案学毕业生就业形势不错。档案学专业的毕业生一般找的工作都比较稳定，压力小，不过待遇很一般，发展潜力也很一般。对于女生来说也还算得上比较好的选择，但是对于男生及那些希望有更大发展空间、更多收入、更喜欢挑战的人来说，档案学专业就不是很理想的选择了。

能力要求

1. 耐得住寂寞和枯燥的考生适宜报考，更适合崇尚安逸的女生。
2. 尽量选发达地区的好学校报考，否则就业会遭遇困难。

实力院校

拥有档案学二级学科国家重点学科的院校

中国人民大学。

国家级特色专业建设点

中国人民大学、苏州大学、广西民族大学。

信息资源管理：掌管所有可以管理的信息资源

核心含义

信息资源管理是为实现信息资源的有效合理利用，依托现代信息技术，对信息资源实施管理活动。它主要研究社会信息化环境下各种信息的采集、处理、组织、检索、保管等。简单来说，就是掌管所有可以管理的信息资源。

开设课程

本专业开设的课程有信息资源管理、社会信息化研究、信息分析、电子政务导论、中国政府与行政、企业信息系统、电子文件管理、电子政务系统设计、政务信息编研、数字资源管理、情报学概论、信息检索语言、计算机信息检索、网络信息传播、数据库原理、数据结构等。

就业展望

客观来说，在一切向“钱”看的社会背景下，这个专业就业展望并不好。不管是个人、企业还是政府，都始终没有正视信息管理与信息再组织的重要性，当然，这和专业本身并没有创造很好的效益有关。信息资源管理专业毕业生大多在高校、企事业单位、信息服务机构等从事知识管理、信息分析、信息利用和知识服务等工作。比如，企事业单位的综合办公部门、文件管理部门、档案管理部门、信息管理部门、人事管理部门；互联网公司的互联网产品策划及运营，咨询公司的信息分析；国家各级档案行政管理机构，各级各类档案馆；各类型图书馆等。

能力要求

1. 该专业要求考生具备一定的数学基础。
2. 该专业更适合崇尚安逸的学生，尤其是女生报考。

实力院校

开设信息资源管理专业的代表院校

中国人民大学、苏州大学、华中师范大学、河北师范大学、浙江大学、四川大学、河北建筑工程学院等。

物流管理：研究物资资料实体流通的规律

核心含义

物流管理是根据物质资料实体流动的规律，运用管理学的基本原理和方法，对物流活动进行计划、组织、指挥、协调、控制和监督，让各项物流活动实现最佳的协调与配合，以降低物流成本，提高物流效率和经济效益。

该专业培养具有系统经济学、管理学基础理论，掌握现代物流与供应链系统分析、设计、运营、管理的基本理论、方法与技术，熟悉企业生产经营活动中的物流运作，能在企业、科研院所及政府部门从事供应链设计与管理、物流系统优化及运营管理等方面工作的复合应用型人才。

开设课程

本专业开设的课程有物流学、管理学、供应链管理、配送管理、物流信息管理、国际物流、仓储运输管理、采购管理、电子商务物流管理、生产运营管理、财务管理和第三方物流管理。

就业展望

物流管理人才是当前社会紧缺人才，虽然目前物流业有入行门槛低、从业人员素质良莠不齐等现象，但是随着物流行业的不断发展，必然会提高对从业人员的素质要求，物流管理专业培养专门研究物流管理的高级人才，肯定会被就业市场所青睐。

目前，本专业本科就业率比较高，但是就业环境一般，起步月薪不高。

能力要求

1. 物流相关工作常年需要熬夜、加班，一般越和物流链接触的工作地点就越处于郊区，尤其是和仓库管理相关的工作，常年都吃住在偏僻的郊区。因此，本专业适合耐得住寂寞和吃得了苦的考生。

2. 本专业女生在就业时相对较难。

3. 物流一线工作是特别需要吃苦耐劳精神的，就算是立志于从事物流软件开发、设备开发等工作也需要常年熬夜、加班，甚至从事大量体力劳动，建议报考的考生做好心理准备。

4. 建议报考位于发达城市的经济管理类专业较强的院校。

实力院校

国家级特色专业建设点

北京工商大学、上海海事大学、合肥学院、华中科技大学、上海对外经贸大学、浙江万里学院、云南财经大学、北京物资学院、上海第二工业大学。

物流工程：培养物流领域的工程师

核心含义

与物流管理专业不同，物流工程专业偏重于技术，所以部分开设本专业的院校既可以授予毕业生管理学学士也可以授予工学学士。物流工程主要面向制造业和服务业，以现代工程技术与先进管理方法为手段，培养掌握物流技术装备、现代信息技术和系统化管理方法等专门知识，具有从事物流系统规划设计、资源优化配置、运作过程的计划控制及经营管理方面的研究与应用能力的复合型人才。

开设课程

本专业开设的课程有运筹学、数据库应用系统、机械制图、物流系统规划与设计、立体化仓库规划与设计、物流信息管理、条码技术与应用、物流系统建模与仿真等。

就业展望

物流工程专业除了可以涉足物流管理的部分岗位之外，还有交通运输企事业单位、物流系统规划与设计部门和物流设备研发单位可以选择。在目前的国内物流行业内，人才需求分布情况是：负责仓储和货物流通的是最基础的职位，这部分从业者比较多，但几乎都不是物流专业人才，他们的年收入在2万元左右；负责业务和管理的经理是中级职位，这部分人大多也不是物流专业人才，都是有一定经验的从业人员，他们的年收入在3~5万元；出色的高级经理和总监是最缺乏的，他们的年收入在几十万元以上。该专业一般以货运港口、大型货物中转站所在地为就业热门区域。据统计，在上海从事物流行业的人员只有不到10万人，人才缺口达到50万。在上海的人才开发目录中，物流人才被列为12种紧缺人才之一。

能力要求

1. 本专业就业普遍比较辛苦，需要大量熬夜、加班甚至还有不少体力劳动，因此就业时女生会有些劣势。

2. 本专业对实践要求较高，本科期间如果在各个物流环节进行兼职或者实习都对学习和就业有很大帮助。

3. 本专业相对于物流管理专业来说，对数学和物理方面的知识要求更高。

4. 报考时建议选择发达城市的工科类院校。

实力院校

国家级特色专业建设点

武汉理工大学。

采购管理：实现企业采购的科学管理

核心含义

采购管理简单来讲是指对采购业务过程进行组织、实施与控制的管理过程，具体包括采购组织与人员管理、采购需求与计划、供应商的选择与管理、采购谈判与合同管理、采购价格与成本管理等。例如，很多企业都会设置采购部，他们在采购物资之前，都要先充分了解原材料或设备、配件的市场行情和技术标准，对产品成本各方面的信息进行分析，再由决策者决定是否采购。采购管理专业培养具有管理学、经济学和商品学理论知识、能够充分胜任采购与供应链管理工作、能够经受国际化市场挑战的专门管理人才。

开设课程

本专业开设的课程有采购供应管理导论、运作管理、采购供应战略、供应商管理、采购谈判、招投标管理、采购合同管理、物流学概论、库存管理、供应链管理、采购绩效管理以及质量管理等。

就业展望

采购管理专业相比人力资源管理专业更为实在，毕业生目前来说就业状况还算不错。毕业生可以进入各类企业的采购部门，从事相应的采购供应管理工作。例如，比较知名的华润万家、联合利华等公司。除了这些公司的采购部门之外，毕业生还可以去专业采购组织、政府采购管理部门以及行业管理部门。

除了直接就业外，同学们还可以选择读研继续深造。采购管理专业虽属于物流管理与工程类，但与工商管理、人力资源管理、市场营销等专业有许多的共同之处，同学们考研时可以结合自己的兴趣来选择研究方向，提前做好准备。

能力要求

采购管理专业是特设专业，目前全国开设该专业的院校较少，适合喜欢跟人打交道的同学报考。

实力院校

开设采购管理专业的代表性院校

云南财经大学、北京物资学院。

供应链管理：围绕核心企业的网链关系管理

核心含义

供应链管理是一门结合物流与采购管理、工商管理、市场营销、电子商务、金融、信息网络技术等多个学科基础上，运用大数据、人工智能、深度学习等前沿技术发展起来的一门新兴学科。主要学习和研究如何认清组织环境，如何明确需求与规划供应，如何进行市场分析，如何制定战略，如何评估与初选供应商，如何获取与选择报价，如何进行商务谈判，如何准备合同，如何管理合同与供应商关系，如何进行供应链中的物流管理，如何进行库存管理，如何进行绩效考评。

开设课程

本专业开设的课程有经济学原理、管理学、市场营销学、供应链管理基础、供应链运营管理、物流管理、采购与供应管理、生产与运营管理、电子商务概论、供应链服务管理、供应链信息管理、供应链系统仿真与决策等。

就业展望

随着信息技术的快速发展，现代供应链领域产生百万级人才缺口，企业愿意砸钱抢人才。许多国外 500 强企业以及央企、国企都已经创立了各自的全球采购中心，搭建资源平台，占领市场先机。采购也从单一的职能衍生到供应链管理的重要环节。例如京东的智慧供应链，结合了人工智能、区块链、物联网等新技术，在预测、选品、定价方面都有优势，实现线上线下、多平台、全渠道、一体化解决方案。随着时代的发展，许多互联网企业也纷纷对这类人才亮出了橄榄枝。当前，供应链已经上升到国家战略高度，同时供应链已成为企业提升竞争能力的重要载体。但是能够满足企业需求的供应链人才却如凤毛麟角，供应链人才短缺的趋势越发严峻。

能力要求

1. 本专业属于时下比较火爆的专业，录取分数一般较高。
2. 本专业需要积累较多的实践技能，建议考生多去争取相关企业的实习的机会。

实力院校

开设供应链管理专业的代表性院校

上海海事大学、保定学院。

工业工程：将生产投入资源利用最大化

核心含义

工业工程简单来说，就是利用科学的方法论，对整个工业生产的工程进行优化，从而提高劳动生产率，保证质量和降低生产成本。本专业培养具备企业管理、机械工程、自动化及计算机技术的基础知识及应用能力，具备较高英语水平、机械工程应用能力和管理知识与技能，能在生产企业，包括制造、电子、计算机应用、金融和服务等多行业，从事对各种复杂的管理和生产系统进行分析、规划、设计和管理工作的，既懂技术又懂管理的复合型高级人才。

开设课程

本专业开设的课程有人因工程、质量控制与可靠性工程、先进制造系统、生产计划与控制、机械CAD/CAM、设施规划与设计、管理学原理、系统工程、物流信息管理、管理信息系统、安全工程等。

就业展望

工业工程（IE）在我国大陆的企业刚起步，在台资和外资企业里受到较多的重视。但随着成本竞争的加剧，工业工程的未来也正被更多的企业和老板看好。就近些年的就业形势来看，前景是非常乐观的，要找工作不难，个人能力稍微突出一点的就更简单了。至于具体的工作岗位，针对工业工程降低成本、提高效率的目的来说，总体以改善和成本控制居多。改善包括现场作业环境改善、生产方式改善等；成本主要是生产成本分析和控制，物料的消耗等。当然，工业工程是一门系统学科，是以工程技术为基础，用科学的方法来发现问题、解决问题和预防问题，所涉及的面非常广，非常实用，因而就业形势也比较好。

能力要求

1. 本专业属于研究型专业，需要学习大量理论知识，适合研究型考生。
2. 本专业毕业生在有的院校被授予管理学学士学位，有的院校被授予工学学士学位。
3. 每个院校侧重点都不太一样，有些侧重物流管理，有些侧重轻工业生产等，报考前可以具体咨询相关院校以选择自己最合适的院校。

实力院校

国家级特色专业建设点

上海交通大学、清华大学、郑州航空工业管理学院、沈阳工业大学。

标准化工程：得标准者得天下

核心含义

标准化工程的研究内容主要涵盖三个方向：工程管理、专利标准化、标准国际化。工程标准化与专利化对于任何国家的外贸经济都极其重要。以往，我国很多出口商品正是由于未达到国外标准而被退货甚至销毁，严重地影响了我国的外贸经济效益。标准化准则是维持国际贸易公正公平发展的重要保障，也是国际竞争的新法则。我国的标准化工程建设是外贸发展的必由之路。基于此背景，标准化工程专业致力于培养具备标准化工程和系统管理等方面的知识和应用能力，能够从事有关标准化工程项目的决策和全过程管理的标准化高级专门人才。

开设课程

本专业开设的课程有管理学、标准化基础、应用统计学、误差理论与数据处理、质量管理与质量认证、现代质量工程方法、标准化技术、标准化与知识产权、企业标准化管理与实务、标准化工程实践等。

就业展望

随着全球化与一体化的发展，国际商品经济贸易对其商品的标准化极其重视。当前，我国标准化队伍薄弱，人才奇缺，该专业毕业生有着良好的发展前景。毕业生可以去各级、各类企事业单位及政府部门、群众团体等从事有关标准制修订、标准化管理及咨询服务、标准化项目研发和系统建设等方面的工作，尤其是各种对外贸易企业对该专业人才需求极大。

能力要求

1. 由于标准化工程专业对考生的数学能力有一定的要求，数学较弱的考生慎重填报。

2. 标准化工程专业的就业前景较好，但报考时并不热门，院校录取分数不高，对于想就读该专业的同学来说是一个好机会。

3. 标准化工程专业毕业生未来的就业领域国际交往较多，对学生外语能力有较高要求。

实力院校

开设标准化工程专业的代表性院校

中国计量大学、广东理工学院。

质量管理工程：研究质量管理活动的基本规律

核心含义

质量管理工程简单来说就是对产品质量、工程质量和服务质量领域内的技术经济问题进行计测分析、评价、优化与创新。无论是产品服务或是各项工程，它们质量的优劣对我们的日常生活和生产都具有重要影响。例如，食品质量安全一直都是我们关注的焦点，如何保证食品的安全质量以及防治质量问题，并制定相应的质量认证体系等，这些都是质量管理工程专业需要学习的内容。该专业培养融工程技术背景和管理知识于一体、具有创新精神与实践能力的质量管理工程专业人才。

开设课程

本专业开设的课程有质量管理学、质量工程学、质量统计学、质量经济学、计量与标准化基础、质量管理体系认证、质量规划理论与方法、产品质量快速检测理论与方法、电器设备质量检测理论与技术等。

就业展望

质量管理工程专业的本科毕业生经过四年的专业知识学习，具备了综合运用质量管理工程技术与手段解决实际问题能力。毕业生可在各类企事业单位从事供应商管理、产品质量检验、质量分析与改进、质量管理体系建立与实施、产品和技术标准制定与推广等工作；可去科研院所或企事业研发部门从事质量策划和质量设计工作；可去各级质量监督检验检疫部门、质量认证和质量咨询等机构从事质量监督与审核、进出口商品检验检疫、质量认证与质量咨询等工作。从目前来看，多数毕业生多进入各行业的标杆或知名企业和机构从事质量管理工程相关工作，如农夫山泉、江中集团、娃哈哈集团、澳优乳业集团等。

能力要求

1. 质量管理工程专业以招收理科生为主，基本不招收文科生，同学们在报考该专业时主要查看报考条件，以免出现误报。

2. 由于质量管理工程专业会开设一些实验课程，对考生的动手能力有一定的要求，大家在填报专业的时候注意结合自己的实际情况来选择。

实力院校

开设质量管理工程专业的代表性院校

北京信息科技大学、中国计量大学、河北大学、昆明理工大学、南京财经大学、上海电机学院、郑州航空工业管理学院等。

电子商务：开辟互联网时代商务活动的新模式

核心含义

电子商务简单来讲就是利用互联网进行各种商务活动，包括网上营销、网上客户服务、网上广告、网上调查等。本专业培养基础理论扎实、专业知识实用，掌握电子商务、金融、管理、营销、计算机等方面基础知识，具有现代电子商务和互联网金融的理念和视野，能在电子商务、互联网金融、网络营销等领域从事网络营销、国际商务、网站建设与推广、信息管理、物流管理、互联网金融分析与管理、在线理财等工作的技术性、应用型专门人才。

开设课程

本专业开设的课程有管理学、市场营销学、市场调查与预测、经济学、电子商务概论、移动电子商务、网络营销与策划、电子商务物流管理、电子商务案例分析、国际贸易理论与实务、电子商务网站建设、电子商务管理实务、商务谈判、网店运营等。

就业展望

电子商务在我国已经连续十几年成为商业热点，可以说是新世纪炙手可热的商业领域。特别是在互联网时代，各行各业大到跨国巨头小到街边小贩，都想方设法跟上不断变化的电商时代的脚步从而分一杯羹。电子商务培养电商领域的专才，在全民电商的时代，这样的人才必然会因专业素养而大放异彩。尽管现在城市电商已经比较成熟，但是将来十年乃至二十年，农村电商依然有非常广阔的发展土壤，因此电子商务专业会越来越热门。客观来说，电子商务人才目前虽然短缺，但真正缺少的更多的是业务过硬的技术人员，普通的毕业生就业状况很一般。所以，就读该专业关键还要看学到的知识及技术有多少分量。

能力要求

本专业既要学习管理学、营销学、经济学等知识，也要学习软件应用、软件开发、拍照等技术，

学习范围很广，内容很多，需要在实践中应用和训练。毕业生可能被授予管理学学士学位，也可能被授予经济学学士学位，甚至还可能被授予工学学士学位。本专业在就业路径上比较广，电子商务的各个环节的岗位都可以尝试去做。但是建议提前实践，确定自己要发展的方向，以便在相关的领域有更大的理论积累，为将来的职业发展打下坚实基础。

实力院校

国家级特色专业建设点

河南工业大学、对外经济贸易大学、泉州师范学院、成都信息工程大学。

电子商务及法律：维护电商领域的公平与正义

核心含义

电子商务及法律专业将电子商务与法律学两个学科相融合，是面向信息行业、宽口径的一门交叉学科。电子商务是基于网络的新型商业运营模式，但由于网络的开放性与自由性，人们在交易过程中经常会面临很多商务纠纷，需要一个成熟、统一的法律系统来仲裁这些纠纷，这就是电子商务及法律专业的研究内容。本专业培养的是既具有扎实的经济与管理理论基础，又具备现代信息科学技术的方法与手段，能在较宽泛的领域从事电子商务运作与管理、开展商务活动的高素质复合型人才。

开设课程

电子商务及法律专业由两大学科组成：法学和电子商务学。法学学科开设的课程主要有：西方经济学、法理学、商务法、民法、商法、经济法、民事诉讼法、知识产权法等。电子商务学开设的课程有：管理学原理、统计学、计算机应用基础、商务英语、电子商务概论、市场营销学、电路系列课程、计算机系列课程。

就业展望

电子商务及法律专业的学生通过四年学习，掌握了电子商务相关的基本法律知识和电子商务的运作过程，就业领域十分宽泛。毕业生可在大中型电子商务企业、互联网企业、高新技术企业、金融机构、物流企业等，从事电子商务信息技术管理及电子商务法律风险管理等工作。除此之外，毕业生也可以进入各级机关、政府部门，从事电子商务技术、运作与管理、商务活动等工作，以及承担电子商务及其相关活动的法务工作。

能力要求

1. 由于电子商务及法律专业的特殊性，对考生英语水平具有较高的要求，英语较弱或排斥英语学习的考生慎重填报。

2. 电子商务及法律专业是特色专业，全国开设该专业的院校数量较少，如果同学们对该专业感兴趣，不妨提前进行布局。

实力院校

开设电子商务及法律专业的代表性院校

北京邮电大学、广东财经大学、西北政法大学、湖北大学、重庆理工大学等。

跨境电子商务：电子商务发展的最新趋势

核心含义

本专业培养德、智、体、美、劳全面发展，具有良好职业道德和人文素养，掌握跨境电子商务领域相关专业理论知识，具备跨境电子商务网络营销、活动策划、平台运营等能力，从事跨境电子商务平台运营及数据分析、视觉营销、网络客服等工作的高素质技术技能人才。

开设课程

本专业开设的课程有跨境电子商务平台实务、跨境电子商务数据分析与应用、跨境电子商务营销策划、跨境电子商务视觉设计、跨境电子商务客户服务、跨境电子商务采购与物流管理等。

就业展望

主要面向跨境电子商务应用企业，从事跨境电子商务平台运营、视觉设计、跨境电子商务网络营销与活动策划、跨境电子商务客户服务、国际物流与供应链管理、国际市场推广等工作。

能力要求

具备对新知识、新技能的学习能力和创新创业能力；具备把握国际市场消费趋势、确定商品的能力；具备跨境电子商务视觉设计与文案策划的能力；具有根据经营目标开展跨境电子商务网络营销、开展跨境电子商务平台运营的能力；具有良好的跨文化沟通和外语书面表达能力，能够运用外语开展网络客户服务。

实力院校

长春财经学院、浙江万里学院、武汉学院、广东科技学院、云南师范大学商学院。

旅游管理：让旅游成为一种享受

核心含义

旅游管理专业是一门将旅游学、管理学、文化学等学科交叉的综合性专业，该专业的学生需要学习旅游产业的各个环节的相关知识，培养具有坚实的专业理论基础和宽广的知识面，熟练掌握外语交流工具，具有较好的外在形象和较强的人际沟通能力的旅游产业高级管理人才。毕业生就业领域广泛，除了传统的酒店、旅行社、旅游景区和主题公园外，还有许多新兴业态，如旅游地产、旅游商业、旅游文化、旅游金融投资、旅游网络企业及航空、教育研究、传媒出版、国际交流等相关机构。

开设课程

本专业开设的课程有旅游学概论、旅游职业素养、旅游产业经济学、旅游心理学、旅游地理学、旅游法原理、旅游人类学、旅游市场营销、旅游规划与开发、休闲学概论、旅游企业管理课程及系列实践课程等。

就业展望

从长远来看，旅游业是个充满生机和活力的朝阳产业，但是这个行业的竞争也会越来越激烈。因为低端的旅游业由于从业门槛低，利润空间越来越小，而且从业人员十分辛苦。高端的市场还有许多

尚待开发的空间，利润空间也很大，但从业门槛较高。学习旅游管理，把自己打造成懂外语、综合素质较高，能够进入行业高端的专门人才，前景十分看好。

近些年，一系列工作火爆了全球网络"旅行体验师""酒店体验师"等高薪又轻松快乐的岗位引起了网友们的羡慕。事实上，这些岗位的出现是人们对旅行品质的要求不断提高而必然产生的。人们对于旅行的定义不再是简单地去某个地方看某个景点，而是消费一系列的旅行文化和旅行服务的集合体。因此，作为高素质的旅游产业专门人才，旅游管理专业的毕业生能够在全民旅游时代得到较大发展，这也代表了旅游管理专业毕业生就业的新方向。

能力要求

1. 本专业适合性格活泼外向、善于和别人打交道的考生。

2. 本专业大多数开设院校都比较重视外语，甚至有些会开设小语种课程作为二外，因此对于外语学习能力要求比较高。

3. 本专业对考生身高、形象有一定要求，建议报考前查询目标院校的招生章程。

实力院校

国家级特色专业建设点

燕山大学、黄山学院、重庆师范大学、青海民族大学、天津商业大学、沈阳师范大学、湖北大学、贵州民族大学、云南师范大学、北京联合大学、华侨大学、江西科技师范大学、湘潭大学、西南民族大学、贵州财经大学、北京第二外国语学院、东北财经大学、上海师范大学、郑州大学、贵州师范大学、西安外国语大学。

酒店管理：酒店高级经营管理人才的摇篮

核心含义

酒店要为客户提供高质量的服务，除了较好的硬件设施外，还必须要让服务人员提供有良好的服务。因此，酒店管理专业毕业生不仅要学习怎样配置和管理酒店的硬件设施，更要重点学习如何管理酒店内部工作人员和服务客户。本专业涉猎广泛，选修课程几乎涵盖整个星级酒店除了后厨以外的方方面面，学生毕业后能成为在酒店一线管理部门、酒店管理研究机构以及其他相关产业中担任与酒店经营管理相关的高级经营管理人才。

开设课程

本专业开设的课程有旅游学概论、酒店管理概论、酒店前厅与客房管理、酒店餐饮管理、酒店财务管理、酒店人力资源管理、酒店品牌建设与管理、现代服务业管理、酒店商务英语、酒店公关礼仪等。

就业展望

我国自从加入 WTO 以来，一大批国外著名的连锁酒店进入我国，因而将国外先进的酒店管理经验输入我国。酒店管理专业吸取国外成熟的酒店管理经验，培养适应新的经济环境的高级酒店管理专门人才。因为社会眼光等原因，开设酒店管理的专业大多数都是层次比较低的院校，而且数量不多。但这样也给很多低分考生一个难得的良机，如果本身适合从事相关的行业，可以考虑未来前景不错的酒店管理专业。有一点需要在这里提醒一下，酒店管理并不是一个毕业生出来就能进管理层的专业，职业路径是从基层干起，再一步一步攀升。

能力要求

1. 本专业适合性格外向、形象气质条件较佳的考生。
2. 本专业就业时不看重院校层次，看重综合能力。
3. 本专业对考生身高、形象有一定要求，建议报考前查询目标院校的招生章程。

实力院校

开设酒店管理专业的代表性院校

中山大学、天津商业大学、山西大学、沈阳师范大学、上海师范大学、黄山学院、华侨大学、闽江学院、济南大学、许昌学院、湘潭大学、四川师范大学、青岛大学、长沙学院、上海商学院、中国劳动关系学院、武汉学院等。

会展经济与管理：会展业的王者

核心含义

会展经济是一个商机无限的全新行业经济，会展行业是一个快速发展的新兴行业，涉及的领域是多方面的，大到世界博览会、奥运会、国家和省级大型节日庆典，小到行业年会、商业展示、音乐会。而会展经济与管理专业学习的内容就是这些活动的计划、组织、管理和营销。本专业旨在培养适应现代社会经济建设和会展业发展需要，具有丰厚的人文底蕴、扎实的学科功底，具备较高综合素质、较强实践能力与沟通能力，具有较强创新精神、能较好地胜任各类会议、展览会、商务交流等活动的策划、组织以及会展企业经营管理等相关工作的高级应用型人才。

开设课程

本专业开设的课程有项目管理、财务管理、商务英语、会展概论、市场营销学、国际贸易实务（双语）、商务谈判、媒介经营管理概论、展示设计艺术与方法、广告策划与创意、会展组织与策划、会展经典案例分析、会展管理与实务、参展商实务，以及文化会展、辅助技术等。

就业展望

会展业是一个新兴行业，大多数从业者都是半路出家，很少有正规科班出身的。比如，以前做平面设计的，如今改搞会展空间设计；以前做企业管理的，从事展会管理……这些从业人员虽然有一定的实践经验，但毕竟专业底子薄，专业性稍弱，对国际展会运作模式也了解不够。现代会展业是一个涉及面广、政策性强、专业化程度高的产业，对专业人才和复合型人才的需求特别大。假如一家展览公司中绝大多数管理人员专业知识不够，势必造成展览公司资质差，展会水平普遍不高。因此，本专业毕业生有广阔天地可供发展，大有可为。目前，该行业虽然起点低，但是发展迅速，加之目前我国还没有大型的、知名的会展企业，因此未来就业还有很大的空间。一般来说，这样的新兴行业是需要大量的人才的，而当前会展人才的供给远远跟不上需求，因此，毕业找工作基本不成问题。

能力要求

1. 本专业适合性格外向、喜欢和人打交道的考生。
2. 报考本专业建议选择位于发达地区或者城市的院校。

3. 本专业属于管理学，所学内容涉猎广泛、需要在实践中学习、成长，报考本专业的考生在大学期间可以积极参加各种会展岗位的实习，为将来就业积累资本。

实力院校

国家级特色专业建设点

浙江万里学院。

旅游管理与服务教育：打造复合型旅游人才

核心含义

旅游管理与服务教育专业属于将旅游管理与教育学相融合的交叉学科。主要包括三个研究方向：旅游教育方向、景观规划与设计方向和策划营销方向。旅游教育方向属于师范类，主要培养具备一定的外语会话能力和一定的旅游专业教学能力，能在旅游行业从事相关教学、管理与服务工作的复合应用型人才；景观规划与设计方向主要培养具备现代设计意识和创新能力的旅游应用型设计专门人才；策划营销方向则主要培养从事旅游及其他行业的营销和产品策划的复合型人才。

开设课程

旅游管理与服务教育专业采用2+2的培养模式，即前两年进行专业基础教育，后两年分方向培养。该专业的开设课程也包括三个部分：旅游教育学方向，开设的课程有旅游学概论、酒店管理、旅游教学论、教育实习等；景观规划与设计方向，开设的课程有设计素描、色彩构成、建筑学基础、工程制图、城市规划原理、绿地系统规划、景区规划、景观设计等；策划营销方向，开设的课程有市场营销学、消费心理学、电子商务、项目策划、企业营销训练等。此外，该专业往往还开设特色课程，如形体训练、旅游地理学、旅游资源学、旅游英语、饭店管理实务、旅游经济学等。

就业展望

旅游管理与服务教育专业的本科毕业生就业方向与其学习方向有关。旅游教育方向的同学主要以从事教师职业为主，可以去高等职业技术学院、职业高中从事旅游管理与酒店管理教学。景观规划与设计方向的同学主要进入一些旅游规划、建筑设计、房地产开发、土地评估等企业，以及旅游局或相关政府部门，从事旅游区规划、旅游景观设计、城市绿地规划、风景园林设计等工作。策划营销方向的毕业生既可以进入旅游规划公司，也可以选择事业单位的产品推广部门，从事产品营销和策划的工作。

能力要求

1. 旅游管理与服务教育专业分为三个研究方向，考生可以结合自己的兴趣与未来的职业发展规划进行选择。

2. 旅游管理与服务教育专业一般对考生的形体有要求，大家在选报专业的时候注意查看目标院校的填报条件，以免出现误报。

实力院校

开设旅游管理与服务教育专业的代表性院校

浙江师范大学、重庆理工大学、山西大学、山西师范大学、山西财经大学、太原师范学院、云南师范大学、云南民族大学、楚雄师范学院、内蒙古财经大学、湖北师范大学等。

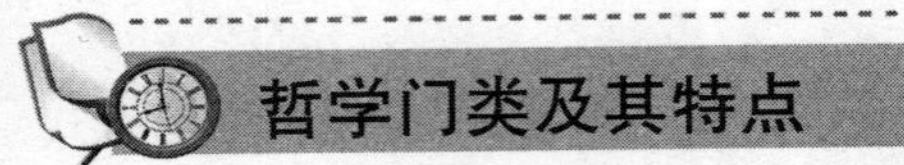

哲学门类及其特点

在所有13个专业门类中，哲学门类下的专业类别设置最为简单，仅包含1个大类——哲学类，大类下设4个专业：哲学、逻辑学、宗教学、伦理学。其中，宗教学为国家控制布点专业，伦理学为特设专业。

4个专业的共同特点如下：

1. 无论是报考还是就业，哲学门类下的4个专业都是冷门专业，录取分数相对偏低，专业教育收费也相对偏低。

2. 学制四年，学生毕业后一律授予哲学学士学位。

3. 很多高校按照哲学大类招生，入学一段时间后开始分专业。

4. 如果你平时喜欢思考人生、宇宙、价值、道德等问题，并且毕业后倾向于从事此类问题的教学和学术研究工作，那么你适合报考哲学类专业。

5. 在该类专业就读，毕业后打算深造的同学宜尽早做好考研的准备；打算就业的同学应注重提升自己的综合素质，建议有条件的同学攻读第二学士学位，培养自己的其他专业技能。

哲学：让人睿智又深刻的学问

核心含义

“我是谁”“从哪里来”“到哪里去”，面对三连环的灵魂拷问，要想深入地研究就不得不提到哲学，这门让人睿智又深刻的学问。

高中时代我们学习政治时就接触过哲学基本知识，比如，唯物主义和唯心主义、主要矛盾和次要矛盾的关系、实践和认识的关系等。这么看来，哲学其实更多的是培养人的思维能力，教我们学习科学认识世界的方法。

而大学中的哲学专业学习不仅局限于此，其范围更加广泛。古今中外思想名家的哲学理论，以及伦理学、宗教学、美学、逻辑学、心理学等方面的知识，都是哲学专业所要研究的范畴。哲学虽然没有教人“一技之长”，却教会你怎样选择人生之路，怎样通过思想名家的观点思考问题和认识世界。

开设课程

本专业开设的课程主要有逻辑学、中国哲学、西方哲学、马克思主义哲学、马克思主义哲学史、现当代中国哲学、美学、伦理学、宗教学、现代西方哲学、科学技术哲学、价值哲学、西方马克思主义哲学、中国哲学专题、中国哲学原著选读、外国哲学专题、外国哲学原著选读、数理逻辑、中外逻辑史、中外伦理思想史、应用伦理学、中外美学史、时尚美学、基督教概论、佛教概论、道教概论、科学技术与社会、科学思想史等。

就业展望

不必讳言，在眼下这个崇尚“实用”的社会，哲学专业是个不折不扣的冷门专业。在设有哲学专业的高校里，有相当一部分学生是因当初“服从调剂”而被安排到这个专业的。

哲学专业的毕业生就业去向大致可以分为两类：一类是继续深造，或考研，或保研（保研率一般比较高），完成硕士、博士学业，而后成为大学教授和学者。一类是直接就业，或者通过考公务员进入各级党政机关工作；文字水平出众的话可进入各种文化传媒机构，如出版社、报刊社；由于学哲

学的毕业生看问题有别样的角度和非同一般的深度，往往比较适合从事策划、企划、管理咨询等岗位；如果是师范院校哲学系的毕业生，那就适合到普通中学做一名政治老师。需要提醒的是，如果直接就业的话，哲学专业毕业生很可能会遭遇与文史哲其他专业毕业生的正面竞争。比如，你有意担任中学政治教师，那么思想政治教育专业毕业生比你更有竞争力；你想进入报社、杂志社等传媒机构，新闻学、编辑出版学专业的学生比你更有优势。

能力要求

1. 该专业对考生单科成绩和身体健康状况一般没有特别要求，建议逻辑思维能力较强、有志于从事学术研究且喜欢思考人生问题的学生多加考虑。

2. 除了以哲学专业招生外，不少院校（如北大、复旦等）以哲学类名称进行招生；清华大学等高校则以人文科学试验班的名义招生，考生一定要注意查看该试验班包含的专业（方向）。后一类高校一般入学后先按学科大类进行培养，经过一年或两年学习后，再分流到相应的专业（方向）。

实力院校

拥有哲学世界一流建设学科的院校

北京大学、中国人民大学、复旦大学、南京大学、中山大学。

拥有哲学专业大类国家重点学科的院校

北京大学、中国人民大学、复旦大学。

拥有哲学二级学科国家重点学科的院校

马克思主义哲学方向：北京师范大学、南开大学、吉林大学、南京大学、武汉大学、中山大学、中共中央党校。

中国哲学方向：武汉大学。

逻辑学方向：中山大学。

伦理学方向：湖南师范大学。

宗教学方向：四川大学。

科学技术哲学方向：山西大学、东北大学。

拥有哲学二级学科国家重点（培育）学科的院校

外国哲学方向：浙江大学。

中国哲学方向：华东师范大学、中山大学。

马克思主义哲学方向：黑龙江大学。

国家级特色专业建设点

南开大学、辽宁大学、复旦大学、武汉大学、北京大学、中国人民大学、吉林大学、南京大学、华东师范大学、中山大学、四川大学、贵州大学、西北政法大学、河北大学、黑龙江大学。

逻辑学：追踪思维方式及其规律的学问

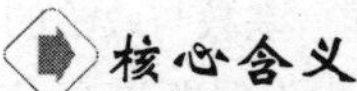

核心含义

逻辑学是一门历史悠久的指导人们掌握正确的思维方法的学科。如果没有逻辑学，人类就不能够寻找到真理。逻辑的研究以推理为中心，主要目的是找出推理规律。不妨举个例子来说明：所有金属都是有光泽的，所有铁都是金属。所以，所有铁都是有光泽的。这个例子就是一个简单的推理。现代逻辑学与数学有着非常密切的联系，但是不属于数学范畴，而是属于哲学范畴，数理逻辑是现代逻辑学的主流。本专业学生接受的是公理化方法、形式化方法和语义分析方面的基本训练，着重提高思维能力和正确表达思想的能力，以及识别错误和揭露诡辩的能力。总体而言，该专业能培养严谨的思维能力、精密的推算能力和审慎的操作能力。

开设课程

本专业开设的课程主要有数学分析、高等代数、抽象代数、概率统计、逻辑导论、数理逻辑、集合论、模态逻辑、归纳逻辑、应用逻辑、逻辑史、逻辑哲学、中国逻辑史、西方逻辑史、现代逻辑思想史、程序语言设计、操作系统等。

就业展望

逻辑学专业毕业生既可以从事学术研究工作，也可以在很多实际应用领域从事工作。主要进入高等院校或科研单位，作为高校教师或科研人员，从事逻辑学教学和研究工作；或通过考试进入国家机关、企事业管理部门从事管理工作。顺便提一下，该专业学子考公务员有一定优势，因为《行政职业能力测试》的试题很多需要运用逻辑学知识来解答。从长远看来，逻辑学专业知识扎实的学子，理性思维能力突出，发挥得当，易于在管理岗位上崭露头角。

逻辑学专业报考和就业都很冷门，但相比而言，逻辑学专业的实用性较宗教学专业要高，且由于该专业的主修课程包含了相当部分的数学、计算机类课程，毕业生可以考虑转型从事数学和计算机领域的相关工作。

能力要求

1. 逻辑学专业适合爱探究事物本质的同学报考，因为这个专业和哲学一样，专业对口的工作极少。

2. 全国的高等院校中，本科阶段开设逻辑学的非常少，不超过十所，而且不是每一年都招生。一般都是先招哲学大类，以后再分方向。

3. 该专业需要一定的数学基础，大学里需学多门数学课程，对计算机感兴趣的考生更适合报考；数学好的考生也不一定能学好逻辑学，要得出定理的正确性，还需要严格的逻辑推导证明。

实力院校

拥有逻辑学二级学科国家重点学科的院校

中山大学。

宗教学：揭开宗教的神秘面纱

核心含义

宗教学是一门研究人类宗教现象及其历史演变的综合性学科。它研究各大宗教的历史与理论，研究人类宗教的起源、宗教与人类其他精神活动的关系、宗教对社会生活的影响、宗教与政治的关系等方面的基本问题。为适应社会对复合型宗教学人才的需要，宗教学专业的课程设置既重视专业基础，也注重宗教学与其他人文社会科学的交叉，在专业培养方面具有国际化程度高的优势。根据我国的独特国情，本专业培养具有一定的马克思主义理论素养，具备较全面的宗教学知识，了解世界宗教的历史与现状，熟悉我国宗教法规和政策，能在高等院校、研究机构或政府部门从事教学、研究、宗教事务管理、理论宣传、政策调研等工作的宗教学高级专门人才。

开设课程

本专业开设的课程主要有马克思主义哲学原理、中国哲学史、西方哲学史、宗教学导论、佛教、道教、伊斯兰教、基督教、宗教社会学、宗教伦理学、中国少数民族宗教概况、宗教经典选读、宗教政策与法规等。

就业展望

我国宗教学创设时间不长，专业人才不多，毕业生的就业方向大致包括：

1. 政府宗教事务管理部门。在国际交往方面，由于宗教知识是对外文化交流的一个重要内容，所以，出于对外交往方面的需要，中央各部委的一些部门需要对宗教有深入研究的专门人才；在对内宣传方面，国家的宗教政策需要得到贯彻，信教群众的利益需要进行维护，以使各宗教在维持自身发展的前提下有助于社会主义事业，所以各级地方政府和部门也需要宗教学领域的专业人才，比如民族宗教部门。

2. 高等院校和相关研究、出版机构。需要有宗教方面专门人才传授宗教学知识，研究专门课题，从事有关采访编辑文档整理工作。

能力要求

1. 该专业适合对宗教事务感兴趣的同学报考、就读。
2. 报考与就业皆不热门，对分数要求相对不是很高。

实力院校

拥有宗教学二级学科国家重点学科的院校

四川大学。

国家级特色专业建设点

中央民族大学、中国人民大学。

伦理学：关于道德的科学

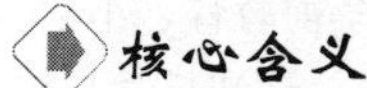

核心含义

伦理学的本质是关于道德问题的科学，是道德思想观点的系统化、理论化。或者说，伦理学是以人类的道德问题作为自己的研究对象。伦理学要解决的问题既多又复杂，但伦理学的基本问题只有一个，即道德和利益的关系问题，即“义”与“利”的关系问题。这个问题包括两个方面：一方面是经济利益和道德的关系问题，即两者谁决定谁，以及道德对经济有无反作用的问题；另一方面是个人利益与社会整体利益的关系问题，即两者谁从属于谁的问题。对这一基本问题的不同回答，决定着各种道德体系的原则和规范，也决定着各种道德活动的评判标准和取向。

伦理学有着自身的特点，它所研究的是一个特殊的社会现象领域，主要揭示社会道德关系的性质及其发展的规律性。此外，伦理学与教育学、社会学、心理学、美学等有着相互影响、相互渗透的关系。教育学、心理学、美学等都只研究道德现象的一部分，如社会学在这方面关注的是社会道德风貌、风尚习俗以及婚姻家庭中的道德问题；心理学，特别是社会心理学，是把认知道德情感、道德意志作为重要研究内容；美学涉及的则是人的行为和心灵的崇高；而伦理学是研究人类社会历史中的全部道德现象。

开设课程

本专业开设的课程主要有马克思主义哲学原理、伦理学原理、中国伦理思想史、中国哲学概论、西方哲学概论、数理逻辑、美学原理、科学技术哲学、宗教学基础、马克思主义哲学发展史原著选读、西方伦理思想史等。

就业展望

就目前的总体就业形势来看，伦理学专业就业局限性很大。该专业毕业生一般就业方向是从事教学和专门研究，其次就是考取国家公务员或进入相关的事业单位。随着我国改革开放的不断深入，党的十八大以来提出了构建社会主义核心价观，伦理学的社会价值将不断提高。如果你对该专业有较浓厚的兴趣，未来想要致力于这一领域的研究，或许也会有很好的职业发展。

能力要求

1. 作为哲学的二级学科，伦理学同样是个冷门专业。该专业是一门强调思辨的学科，理论性强。学习伦理学专业，除了要掌握一定的自然科学基础知识外，更要博览群书，了解大量文史哲知识，因此更适合坐得住、能静下心、耐得住寂寞的学子报考。

2. 伦理学本科就业不是很理想，对于不打算继续考研深造的考生，选报此专业要慎重。

实力院校

拥有伦理学二级学科国家重点学科的院校

湖南师范大学。

开设伦理学专业的代表性院校

湖南师范大学。

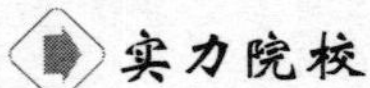

教育学门类及其特点

相比理工科门类，教育学门类下的专业类别较少，仅有两个大类——教育学类和体育学类。教育学类下设12个专业：教育学、科学教育、人文教育、教育技术学、艺术教育、学前教育、小学教育、特殊教育、华文教育、教育康复学、卫生教育、认知科学与技术，其中华文教育、认知科学与技术和卫生教育为特设专业，教育康复学既是特设专业又是国家控制布点专业；体育学类下设13个专业：体育教育、运动训练、社会体育指导与管理、武术与民族传统体育、运动人体科学、运动康复、休闲体育、体能训练、冰雪运动、电子竞技运动与管理、智能体育工程、体育旅游、运动能力开发，其中，运动训练、武术与民族传统体育为国家控制布点专业，运动康复、休闲体育、体能训练、冰雪运动、运动能力开发为特设专业，电子竞技运动与管理、智能体育工程、体育旅游既是国家控制布点专业又是特设专业。

教育学门类的专业共同点如下：

1. 相比经济类专业，教育学门类下的专业无论是报考还是就业，都可以说是偏冷门的专业，录取分数相对较低，专业教育收费也相对偏低。

2. 学制四年，除教育技术学可授教育学、理学或工学学士学位，艺术教育可授教育学、艺术学学士学位，运动康复可授教育学、理学学士学位外，其他专业的毕业生一律授予教育学学士学位。

3. 开设院校多为师范类院校，报考体育学类的考生最好具备一定的体育运动基础，其中运动训练、武术与民族传统体育两个专业可以由具有单招资格的院校单独组织考试，单独录取，录取后的考生可以不参加普通高考。

4. 如果你平时喜欢孩子，对待孩子有热情有耐心，并且毕业后愿意投身于教育事业，那么你适合报考教育学类专业。

教育学：专门研究教育的学问

核心含义

教育学是一门独立的学科。教育学是研究人类教育现象和解决教育问题、揭示一般教育规律的一门社会科学。教育是广泛存在于人类生活中的社会现象，教育学是有目的地培养社会人的活动。它是通过对各种教育现象和问题的研究揭示教育的一般规律。教育学，通俗来讲就是研究培养什么人才、采取什么样的方式进行教育的一门学问。具体来说，教育学研究教育本质问题，教育、社会、人三者之间的关系问题，教育的目的、内容，教育实施的途径、方法、形式以及它们的相互关系问题。涉及的领域包括学校教育、家庭教育、社会教育等各个方面，像我们经常提到的“怎么实施素质教育”“为什么要进行教育改革”等，都是教育学研究的课题。

开设课程

本专业开设的课程主要分为两类：教育学类和心理学类。教育学类课程包括：教育学原理、外国教育史、中国教育史、教育研究方法基础、课程与教学论、德育教育、西方哲学史、教育的量化研究、教育学史和中外教育名著选读等；心理学类课程包括：普通心理学、发展心理学、人格心理学、教育心理学、实验心理学等；此外，还设有包括高等数学、逻辑学在内的学科基础课程。

就业展望

教育学专业主要是为教育学及相关专业的研究生教育培养具有良好的教育理论素养、较强的教育研究能力的专门人才，因而教育学专业的学生大多会选择继续读研。

教育学专业的学生就业主要在教师、公务员、培训机构三个方向。

1. 教师：本专业的毕业生一毕业即可拿到高中教师资格证书。但是，一般一线和二线城市的高中是不会招本科毕业生当教师的，因此只能去找初中或者小学的教师职位。再者，毕业生的教师资格证书上写的教学科目是“其他”，就是指除了语文、数学、英语、政治、历史、化学、物理、地理的其他科目，因此，教育学专业的本科毕业生如果想应聘教师职位的话，需要辅修一门科目，拿到双学位。

2. 公务员：相对来说，毕业生能够报考的公务员职位并不多，基本上有三类，一是教育局，二是监狱系统，三是专业不限的职位。如果毕业生可以拿到双学位，那就可以根据第二专业来报考。而教育行政部门一般招聘的人数比较少，竞争比较激烈。

3. 培训机构：现在的辅导机构蓬勃发展，很多机构都会招聘教育学专业的毕业生，一般辅导机构的门槛也不高，平时的工作就是帮中小学生补课、备课，但是工资不会太高，员工福利也不如公办教师。

能力要求

教育学虽然比较适合充满爱心、有情怀的女生，但男生也不必望而却步，因为男生在就业时相对更为抢手。

实力院校

拥有教育学世界一流建设学科的院校

北京师范大学、华东师范大学。

拥有教育学专业大类国家重点学科的院校

北京师范大学、华东师范大学。

拥有教育学二级学科国家重点学科的院校

教育学原理方向：东北师范大学、南京师范大学、华中师范大学。

课程与教学论方向：西南大学。

教育史方向：浙江大学。

学前教育学方向：南京师范大学。

高等教育学方向：厦门大学、华中科技大学。

教育技术学方向：华南师范大学。

拥有教育学二级国家重点（培育）学科的院校

教育学原理方向：山东师范大学。

课程与教学论方向：西北师范大学。

国家级特色专业建设点

浙江大学、华中师范大学、湖南师范大学、西南大学、陕西师范大学、山东师范大学、河北大学、辽宁师范大学、哈尔滨师范大学、安徽师范大学、曲阜师范大学、中央司法警官学院、四川师范大学、河南大学、云南师范大学、西华师范大学。

科学教育：理化生大综合教育

核心含义

科学教育专业旨在培养具有现代教育理念，能适应21世纪社会经济发展和现代化建设需要，掌握科学教育及相关学科专业的基本理论、基础知识和实验技能，具有良好的科学素养，知识面宽、能力强、素质高，富有时代特征、探究精神和实践能力的基础教育领域的应用型、复合型专门人才。科学教育就是理科（理化生）大综合教育，主要是在学校进行理科综合或者理科单科课程的教学工作。

开设课程

本专业开设的课程主要有基础化学、基础物理学、基础生物学、地球概论、环境科学、教育心理学、科学课程与教学论、科学教学设计与技能训练、科技制作等。

就业展望

现阶段还是一个不错的专业，但教育专业受国家政策影响大，国家政策的变化随时影响着教育专业的就业形势。毕业生就业总体方向有：当中学教师，这是较好的出路；在相关教育行业从事研究、教学和管理等工作。具体可参考教育学专业。

能力要求

本专业具有地域差异，不同地区、不同省份重视程度不一样，对专业的认可度也不一样，专业定

位也有区别。比如说在贵州省，科学教育毕业后办的是物理、化学、生物三个方向的教师资格证，可以由个人任选一个方向。

实力院校

科学教育专业国家级特色专业建设点

长春师范大学。

人文教育：政史地大综合教育

核心含义

人文教育专业培养基础扎实、知识结构合理，具有现代教育思想和技能，具有一定理论素养、创新精神和实践能力，既能胜任中学综合文科“人文与社会”课程教学需要，又能适应历史、中文、政治分科教学需要，德、智、体、美全面发展的高级应用人才。人文教育就是文科（政史地）大综合教育，主要方向是初、高中文科综合课程或文科单科课程的教学。

开设课程

本专业开设的课程主要有中外文化史、文学概论、社会学研究、美学原理、管理学通论、科学研究方法、现代汉语、中外名著选读、民族与宗教、人文课程资源开发研究、自然与人文、科学与人文等。

就业展望

现阶段还是一个不错的专业，但教育专业受国家政策影响大，国家政策的变化随时影响着教育专业的就业形势。毕业生就业总体方向如下：当中学教师，这是较好的出路；在相关教育行业从事研究、教学和管理等工作。具体可参考教育学专业。

能力要求

本专业具有地域差异，不同地区、不同省份重视程度不一样，对专业的认可度也不一样，专业定位也有区别。比如说在贵州省，人文教育教师资格证上是历史、政治、地理等中的一个方向，选了哪个方向以后基本就教哪门课。

实力院校

人文教育专业国家级特色专业建设点

长春师范大学、怀化学院、安庆师范大学。

教育技术学：用计算机带动教育

核心含义

本专业培养能够在新技术教育领域从事教学媒体和教学系统的设计、开发、运用、管理和评价等的教育技术学科高级专门人才，包括各级师范院校和中等学校教育技术学课程教师以及各级电教馆、高校和普教的教育技术人员。

开设课程

本专业开设的课程主要有教育学、计算机科学与技术。其课程设置不同院校有所区别，一般包括教育技术学、教学系统设计、计算机教育基础、网络教育应用、远距离教育、电视教材设计与制作、教育技术研究方法、教育传播学等。

就业展望

不同高校培养的目标不一样。本专业主要就业方向有：到学校的教育技术系从事教育教学工作；到各省、市、县电教站从事电教管理、教育信息化建设相关工作；到企业的宣传、职教部门从事职工电化教育工作；到中小学从事电教管理、课件制作、信息技术教育等；各级各类电视台、广播电台的教育节目制作；也可以从事远程教育设计、开发和管理工作。

相比教育学，教育技术学专业的发展前景会更好一点，毕竟随着教育内容的复杂化和信息技术的迅速发展，现代教育也需要综合利用各种先进方法提高教育质量。

能力要求

1. 本科毕业较难找到对口的工作，若考生有继续深造的想法，在选择院校时应选择具有重点学科设置，或者有硕士、博士授予点的院校。

2. 本专业毕业后授予教育学、理学或工学学士学位，考生在报考前请注意查看目标院校的培养方向。

实力院校

国家级特色专业建设点

北京师范大学、华中师范大学、华南师范大学、四川师范大学、浙江师范大学、黄冈师范学院、江苏师范大学、渭南师范学院。

艺术教育：美育的传承者

核心含义

艺术作为人类文化的沉淀和人类想象力和创造力的结晶，具有极高的人文价值，艺术教育是培养人感知美、鉴赏美、创造美的能力的审美教育，其目的是促进人的身心实现和谐的发展；艺术教育还能够完善学生的人格，健全学生的自我意识。在当代社会中，艺术教育具有两种不同的含义和内容。狭义地说，艺术教育可以理解为培养艺术家或专业艺术人才所进行的各种理论和实践教育。比如，戏剧学院培养出编剧、导演和戏剧演员，音乐学院培养出作曲家、歌唱演员和器乐演奏员等。广义上说，艺术教育是美育的核心，其根本目的是培养全面发展的人，而不是专业艺术工作者。

开设课程

本专业开设课程的主干学科是教育学和艺术学两个方面，主要课程包括：美学原理、艺术概论、艺术创作原理、中外艺术史、艺术作品鉴赏、文学作品鉴赏、综合艺术创作原理与实践、艺术技能训练、艺术教育概论、艺术教育心理学等。

就业展望

艺术教育专业毕业的学生适宜从事中小学的艺术教育工作，亦可在艺术研究单位从事研究工作，或在各级文化单位和业余艺术学校从事艺术训练工作。

能力要求

1. 对于具有一定的艺术基础，未来想从事教育行业的考生来说是一个不错的选择。
2. 适合性格较外向、有爱心、有耐性、擅长自我表现的考生报考。

实力院校

国家级特色专业建设点

云南师范大学。

学前教育：祖国花朵的“启蒙老师”

核心含义

学前教育学是研究教育规律的科学，是教育科学的一个分支。对儿童的教育从出生就开始，0～3岁的教育称为婴儿教育，3～6岁的儿童教育称为幼儿教育。主要研究托儿所、幼儿园教育，对家庭教育、社会教育也有一定的教育指导作用，托儿所、幼儿园、家庭、社会在教育目的、任务、原则等方面基本一致。任务是总结学前教育的经验，研究学前教育理论，并借鉴外国学前教育的理论与实践，帮助托儿所、幼儿园和家庭科学地对儿童进行教育，为培养新生一代基础教育做科学的指导。

开设课程

本专业开设的课程主要有普通心理学、人体解剖生理学、教育社会学、声乐、舞蹈、美术、学前教育学、幼儿心理学、幼儿教育心理学、幼儿保健学、幼儿教育研究方法等。

就业展望

学前教育专业毕业的学生不一定要去做幼师，还可以去亲子机构、早教中心发展。概括来说，主要有两个工作方向：一是幼儿园教育经营与管理，到幼儿园当老师，设计各种课程，每天与小孩子愉快地玩耍嬉戏，教育孩子，做好家园共育；二是教育产业运营，到各种教育机构、相关产业公司从事与学前教育产业相关的工作，小到研发绘本、玩具、教育App，大到开早教培训机构、从事儿童用品开发等。总之，除了做老师以外，跟学前教育沾边的都能做。

能力要求

1. 考生在报考时，须注意所报院校是否需要提前面试，一些高校要求考生提前参加学校组织的面试，合格后方可报考，如天津师范大学学前教育专业。

2. 严重口吃、色弱、色盲、嗅觉或听觉迟钝、肝炎病原携带者或乙型肝炎表面抗原检验阳性、仪表或仪态欠佳者慎报。

3. 对于以后想做幼儿园老师的学生来说，在大四毕业之前须拿到两学证（教育学、心理学）+普通话证+教师资格证共三证，才能到幼儿园当老师。

实力院校

学前教育专业国家级特色专业建设点

华东师范大学、沈阳师范大学、中华女子学院、大庆师范学院、浙江师范大学。

小学教育：专门培养小学教师的学科

核心含义

小学教育专业，是在培养小学教师五十多年的经验基础上，于 2001 年经教育部批准的新增设本科专业。主要培养具有中等师范及以上学历的学生。其中，文史类面向文史类教师，理科类面向理科教师。

开设课程

本专业开设的课程主要有心理卫生与心理辅导、课程与教学论、发展与教育心理学、中外教育简史、中小学教育管理、比较教育、小学艺术教育、教育社会学、学习心理学等。

就业展望

小学教育专业毕业最好的选择就是考入公办小学，成为编制内的小学老师。除此之外还可以到农村小学改善音乐、体育、美术、科学等小科教师缺乏现状；应聘到中小城市的幼儿园工作；应聘社区文化特色学校；应聘到社区做管理工作；应聘企业、事业单位担任培训教师。

能力要求

1. 考生在报考时，须注意所报院校是否需要提前面试，一些高校要求考生提前参加学校组织的面试，合格后方可报考，如天津师范大学学前教育专业。

2. 严重口吃、色弱、色盲、嗅觉或听觉迟钝、肝炎病原携带者或乙型肝炎表面抗原检验阳性、仪表或仪态欠佳者慎报。

3. 对于以后想做幼儿园老师的学生来说，在大四毕业之前须拿到两学证（教育学、心理学）+普通话证+教师资格证共三证，才能当老师。

实力院校

小学教育专业国家级特色专业建设点

东北师范大学、南京师范大学、首都师范大学、上海师范大学、南京晓庄学院、天津师范大学、杭州师范大学、大连大学、哈尔滨学院、内蒙古科技大学、湖州师范学院、海南师范大学、吉林师范大学、天水师范学院、淮南师范学院、湖南第一师范学院。

特殊教育：特别的爱给特别的你

核心含义

特殊教育专业培养具备普通教育和特殊教育的知识和能力，主要能在特殊教育机构及与特殊教育相关的机构从事特殊教育实践、理论研究、管理工作等方面的高级专门人才。

特殊教育是指使用一般的或经过特别设计的课程、教材、教法和教学组织形式及教学设备，对有特殊需要的儿童进行的旨在达到一般和特殊培养目标的教育。也就是说，如何让特殊需要的儿童能像正常儿童一样学习各种知识与技能，如何帮助他们建立自信，如何发现、培养天才儿童等，都是特殊教育学的研究范畴。

特殊教育专业就是为了满足特殊儿童的特殊学习需要而设计的，是针对非普通儿童的教育，如对聋哑、自闭、智力落后、身体残疾、情绪障碍等儿童的教育。

开设课程

考虑到教育对象的特殊性，特殊教育一般使用的是经过特别设计的课程、教材和教学设备。比如针对聋哑儿童要学会手语，针对视力低下儿童要学会盲文。因为特殊儿童身体有缺陷，所以该专业学生在大学时就要学习残疾儿童的生理、病理实验，残疾儿童康复、特殊教育技术等。

部分特殊儿童在心理上会存在或多或少的问题，因此要学一些特殊教育导论、盲童心理与教育、聋童心理与教育、弱智儿童心理与教育等课程，目的是对特殊儿童进行心理疏导、完善他们的人格。总之，这个专业的学生既要学习教育理论，还要学习学前儿童和特殊儿童的生理、心理等方面的知识，以及针对这些儿童的教育方法。

就业展望

一直以来，社会这方面的人才供不应求，因此，这个专业就业情况很不错。特殊教育专业毕业的学生主要到特殊教育机构及与特殊教育相关的机构从事特殊教育实践、理论研究及管理工作：1. 可以到特殊教育中心、盲聋哑学校、低能儿学校或设有低常儿童班、弱智儿童班的教育机构从事教育服务工作。因为面对特殊儿童，教育一般比较辛苦，所以工资待遇普遍较高，要比普通教育多一些特教津贴。此外，相比私立机构，公办学校环境轻松，待遇好。但是公办学校门槛高，想进入编制内不容易。2. 直接深入到每一个特殊儿童的家庭，进行直接有效的干预和指导；3. 开发和销售有关特殊儿童、特殊人群教育和发展的产品。

能力要求

1. 从事特殊教育需要很大的勇气，面对各类身体有缺陷的适龄受教育儿童一定要付出比普通教育多百倍的耐心、爱心和恒心。所以这个专业适合有爱心、工作细致的同学。脾气不好的同学，或接受不了特殊小孩的同学建议不要报考这个专业。

2. 这个专业待遇很不错，但如果单一地只考虑待遇，不建议选择这个专业。

实力院校

国家级特色专业建设点

北京师范大学。

华文教育：传播中华文化的使者

核心含义

华文教育是教育学属下的一门学科，专为海外尤其是东南亚华人开设，它以汉语言及中华文化知识为基础，以传统教育学为基本内涵，同时与心理学、中国语言文学、文化学等学科相融通。华文教育作为国家特设专业，与汉语国际教育专业差不多，但所属专业类别不同。

开设课程

华文教育专业以汉语言及中华文化知识为基础，以传统教育学为基本内涵，同时与心理学、中国语言文学、文化学等学科相融通。

本专业开设的课程主要有教育学、心理学、第二语言教学论、综合汉语、汉语听力、汉语口语、汉语阅读、汉语写作、汉英语言对比、英语听说与写作、现代汉语、古代汉语、中国古代文学、中国现当代文学、中华文化、外国文学、对外汉语教学法、现代教育技术等。

就业展望

华文教育专业的毕业生都致力于海外华文教育事业，将所学知识服务于海外华人华侨社会，成为联系祖籍国与居住国之间的友好使者和多元文化的传递者，携手推动中外文化的交流与融合，共同促进世界的和平与发展。毕业生适合在海外华文教育机构、海外华文媒体、华人社团等机构从事汉语教师、编辑、记者等工作；当然也可报考相关岗位的公务员。

能力要求

1. 该专业的发展方向是涉外领域，因此毕业生除了要学好基本的汉语言文化知识外，还要求一定的英语水平，最好还要会目标国家的当地母语。

2. 适合对中国语言文化传播感兴趣，有意向对外交流，语言表达能力较强，喜欢与人交流沟通的学生报考。

实力院校

开设华文教育专业的代表性院校

暨南大学、云南师范大学文华学院、重庆师范大学、宜春学院、湖北师范大学、韶关学院、肇庆学院等。

教育康复学：医学与教育完美结合

核心含义

本专业是一门整合教育与康复的手段，为有教育与康复双重需求的群体提供服务的综合交叉学科。是顺应社会发展需求而产生的一门新兴学科，是在医教结合、综合康复理念指导下，整合教育与康复的手段和方法，有效地为兼具教育与康复两种需求的人提供服务的一门综合科学。它广泛地服务于听力障碍、言语语言障碍、心理障碍、智力障碍、自闭症等有特殊需要的群体。本专业作为国内首个教育康复学专业，秉承“医教结合、文理结合、理论与实践相结合”的办学理念，师资力量雄厚，课程资源丰富且与国际接轨，培养亟须的既能从事特殊教育教学任务，又能承担康复训练任务的“双师型”（教师、康复师）人才。

开设课程

本专业开设的主要课程有教育康复学导论、人体解剖生理学、普通心理学、发展心理学、特殊教育学、听力学基础、康复听力学、言语科学基础、言语障碍评估与矫治、临床语音学、嗓音障碍评估与矫治、儿童语言发展、语言障碍的评估与训练、情绪行为障碍评估与训练、特殊儿童运动康复、失语症评估与训练、听障儿童的教育与康复、智力障碍儿童康复与教育、自闭症儿童康复与教育、脑瘫儿童的康复与教育等、教育康复研究方法、教育康复管理、教育康复技术等。

就业展望

近几年，随着我国对障碍人群的关注与投入的空前提高，社会对教育康复人才的需求激增，教育康复人才稀缺。本专业毕业生在就业方面呈现出“供不应求”之势。学生毕业后主要在特殊教育学

校、康复中心、民政福利机构、医院相关科室、研究机构、普通学校资源教室等单位或场所从事言语、听力、认知、心理、运动等障碍的评定、康复、教育、咨询、研发等工作。

能力要求

热爱、尊重残疾儿童，具有牢固的专业思想。具备扎实的特殊教育学、康复学、听力学、语言学、病理学等专业基础知识；具有与特殊儿童沟通能力；针对特殊儿童特点制定个别比教育计划课程（IEP）并组织实施的能力；具有独立进行言语、听觉、语言、认知、心理、动作等障碍的评定，并能够结合现代教育康复技术对残疾儿童进行集体教育康复训练与个别化教育康复训练的能力；具有初步的特殊需要儿童教育康复研究的能力。

实力院校

开设教育康复学专业的代表性院校

华东师范大学。

卫生教育：培养卫生健康领域的教师

核心含义

本专业以“医教结合”为特色，旨在通过四年通识课程、专业课程的理论学习与专业实践，培养具有扎实的健康教育教学、卫生保健服务、学校卫生管理相关基础理论知识和基本技能，有一定的健康教育研究能力，有良好的职业素养，能够在各级各类学校开展学校卫生保健服务、学校卫生管理、健康教育教学、疾病预防与控制的复合型、应用型人才。

开设课程

本专业开设的课程有心理学基础、教育学基础、发展心理学、人体解剖生理学、疾病学基础、健康教育学、预防医学、儿童健康评估、儿童营养与发育、儿童卫生与保健、心理咨询与辅导、健康教育课程设计与评价、健康教育研究、学校卫生管理与实践等。

就业展望

卫生教育专业开设时间较短，是2017年教育部批准设立的本科专业，其前身是教育学（卫生教育方向）专业，适合在各类中小学单位就业，从事卫生保健服务、学校卫生管理、健康教育教学、疾病预防与控制等工作。

能力要求

本专业具有地域差异，不同地区不同省份重视程度不一样，对专业的要求也不一样，专业定位也有区别。比如说在上海地区，本专业从一开始就致力于为上海地区中小学培养专门卫生健康领域的教师，因此比较适合充满爱心、有情怀的考生报考。

实力院校

开设卫生教育专业的代表性院校

上海杉达学院。

认知科学与技术：研究认知的学科

核心含义

认知科学与技术是2018年新增的国家特设专业，主要培养具备良好的政治思想素质、人文素养和科学精神，具有认知科学基础理论、专业知识与技能，符合脑认知科学发展的需求，适应贵州省乃至全国经济发展的需求，能在教育、科研、社会管理等机构从事科学研究、人力资源测评、用户体验、脑与认知训练、人工智能与人机交互及其他领域的应用型专门人才。

开设课程

本专业开设的主要课程有认知科学导论、认知神经科学、文化神经科学、社会神经科学、脑与行为、语言的进化、心理学基础、语言心理学、思维心理学、社会心理学、语言学导论、句法学、语义学、语用学、言语与思维、逻辑与认知、推理与认知、计算机科学导论、人工智能、科学哲学、文化人类学、文化与认知、东西方文化对比等。

就业展望

毕业的学生主要面向教育、科研、社会管理等机构从事科学研究、人力资源测评、用户体验、脑与认知训练、人工智能与人机交互等就业。

实力院校

开设认知科学与技术专业的代表性院校

贵州民族大学。

体育教育：专门培养中小学体育教师的学科

核心含义

体育教育专业培养具备系统地掌握体育教育的基本理论、基本知识和基本技能，掌握学校体育教育工作规律，具有较强的实践能力，在全面发展的基础上有所专长，能在中等学校等从事体育教学、课外体育活动、课余体育训练和竞赛工作，并能从事学校体育科学研究、学校体育管理、社会体育指导等工作的高级专门人才。本专业的学生主要学习体育教育教学方面的基本理论和基本知识，接受作为体育教师所必备的运动技能的基本训练，具备体育教学、训练、竞赛、科研的基本技能。

开设课程

本专业开设的主干课程有教育学、体育学。其学习的主要课程包括：体育概论、教育学、学校体育学概论、体育教学论、运动解剖学、运动生理学、教育心理学、运动项目理论与实践等。

就业展望

本专业毕业生可到各类学校从事学校体育的教学工作，以及教育教学的管理工作。毕业生也可根据社会需要到企事业单位从事群众体育的指导工作、体育运动训练工作和体育科学研究工作。客观来说，现在体育教育专业就业形势很严峻，因此毕业生除了不断学好自己专项外，还要掌握及熟练几门体育项目，即一专多能，掌握多项目裁判能力。

体育教育有两个方向：学校教育和社会健身。对于学校教育来说，足球、田径、篮球是传统项目。随着国家对学校足球的重视，这个项目前景不错。如果以后想在社会体育健身方面发展，就必须在健美操、网球、游泳、羽毛球、有氧运动项目进一步学习深造。同时必须要考取国家体育总局和人力资源和社会保障部规定的体育工种的执业资格书。

能力要求

1. 想要报考体育专业的学生须具备一定的体育运动基础，必须通过专业省级统考，这个专业的录取一般都要求专业省级统考和文化成绩双上线。

2. 注意所报院校的身体条件限制。

3. 注意所报院校对语种的要求，比如广州中医药大学 2016 年在湖南招收体育教育专业的招生计划中要求考生为英语语种，请慎重报考。

实力院校

拥有体育学专业大类国家重点学科的院校

北京体育大学。

拥有体育学二级学科国家重点（培育）学科的院校

体育人文社会学方向：华南师范大学。

运动人体科学方向：华东师范大学。

民族传统体育学方向：上海体育学院。

国家级特色专业建设点

湖南师范大学、哈尔滨体育学院、广州体育学院、北京师范大学、北京体育大学、首都体育学院、河北师范大学、吉林体育学院、成都体育学院、武汉体育学院、天津体育学院、内蒙古师范大学、南京体育学院、华中师范大学、肇庆学院、湖南人文科技学院、邵阳学院、华东师范大学、上海体育学院、宁波大学、曲阜师范大学、河南大学、西华师范大学、云南师范大学、新疆师范大学、西安体育学院。

运动训练：专业运动员的指路人

核心含义

运动训练专业的主要参与者是运动员和教练员，而不是一般的体育参与者，是一个有组织有计划的活动过程，其目的是提高训练水平，为取得运动成绩奠定基础。本专业是为提高运动员的竞技能力和运动成绩，在教练员的指导下，有组织的有计划的体育活动，它是竞技体育的重要组成部分。该专业学生主要学习与竞技体育相关的基本理论、基本知识以及基本技能，能够掌握从事竞技体育相关社会活动的基本能力。

学生有五大学习方向，即新闻（体育新闻方向）、英语（体育英语方向）、旅游（体育旅游方向）、管理（体育管理方向）、教育（体育教育方向），其中最主要的方向是管理（体育管理方向）。

开设课程

本专业开设的课程主要有运动训练学、主修项目理论与实践、运动选材学、运动营养与恢复、运动训练管理学、运动心理学、运动生理学、运动生物力学、教育学等。根据不同的方向，还会开设相关方向的课程。

就业展望

毕业生就业方向多为学校、企事业部门、群众活动团体从事运动训练、体育教学和管理工作，也有的从事健身技能的指导与科学健身咨询、体质测评以及社区体育的组织管理工作等。在全国各大健身馆、俱乐部等场所对于培训、指导、训练所需的运动训练专业人才需求量很大。

能力要求

1. 报考本专业的考生须具有一定的竞技体育基础，适合具有奥运会项目和部分非奥运会项目二级和二级以上运动员称号或相应称号的高中（或相应学历）毕业生及社会青年、具有一级和一级以上运动员称号的省体工队现役运动员报考。

2. 该专业可以由具有单招资格的院校单独组织考试，单独录取，录取后的考生可以不参加普通高考。

3. 其余报考条件参考体育教育专业。

实力院校

国家级特色专业建设点

北京体育大学、西安体育学院、吉林体育学院、沈阳体育学院、南京体育学院、河北体育学院、首都体育学院、成都体育学院、武汉体育学院。

社会体育指导与管理：带动全民健身的“热心人”

核心含义

社会体育指导与管理专业针对的受众不同于运动训练面对的是专业运动员，更多的是职工、农民和街道居民自愿参加的，以身体运动为基本手段，以增进身心健康为主要目的的社会体育活动。该专业培养具有社会体育的基本理论、知识与技能，能在社会体育领域从事群众性体育活动的组织管理、咨询指导、经营开发以及教学科研等方面工作的高级管理人才。

开设课程

本专业开设的课程主要有体育学、公共管理、运动心理学、运动生理学、运动保健、社会体育概论、社会体育管理、体育健身概论、运动人体科学、人文社会学、体育营销、市场推广等。

就业展望

社会体育指导与管理专业就业面比较狭窄，毕业生一般从事健身教练、理疗师等工作，也可以到体育器材公司、健身房担任销售代表、销售经理，当然也可以到一些“互联网 + 体育运动”的新型公司（如悦跑圈）从事“互联网 + 体育产品或服务”的研发。

能力要求

1. 考虑到本专业要涉及管理、市场营销、市场推广方面的知识，对于拥有一定的体育运动基础，并有志于自主创办体育事业的学生来说是一个不错的选择。

2. 对于想当体育老师的学生来说，该专业明显不如体育教育专业。

3. 其余报考建议请参考体育教育专业。

实力院校

开设社会体育指导与管理专业有特色的学校

北京体育大学、华南师范大学、上海体育学院、华东师范大学、武汉体育学院、山东大学、吉林大学、南京师范大学、天津体育学院、山西大学、湖南涉外经济学院。

武术与民族传统体育：高手在民间

核心含义

武术与民族传统体育专业培养适应社会主义市场经济建设需要，具有民族传统体育教学、训练、科研基本知识与技能，能从事武术、体育养生及民族民间传统体育工作的德、智、体全面发展的体育专门人才。更多的是以武术为主干，包括民族民间体育和体育养生新兴专业方向在内的民族传统体育专业。专业知识涉及武术、武术散打、中国式摔跤、养生等民族民间体育以及柔道、跆拳道、弓道等运动项目的专业基础理论、知识和技能，也包括民族传统体育的教学、训练、科研、管理和推广等，培养能从事民族传统体育的教学、训练、科研、管理和推广的应用型人才。

开设课程

本专业开设的主干学科包括体育学、历史学、中医学。其专业课程则包括：民族传统体育概论、武术史、中国文化概论、武术理论基础、传统养生学、中医学基础、专项理论与实践、运动生理学、运动解剖学、运动心理学等。

就业展望

国家正在申请武术进入奥运会项目，可见该专业就业展望还是非常不错的。本科毕业生适合在各类学校、业余体校、武术馆（院）、各级体育部门及武术运动队、公安、部队、健身机构、武术研究机构等单位从事训练、教学、管理工作。

能力要求

1. 适合热爱民族传统体育，具有良好的身体素质，最好拥有一定的武术基础的考生报考。

2. 该专业可以由具有单招资格的院校单独组织考试，单独录取，录取后的考生可以不参加普通高考。

实力院校

国家级特色专业建设点

上海体育学院、成都体育学院、河北体育学院。

运动人体科学：体育运动与人体机能

核心含义

运动人体科学专业培养具备运动人体科学理论和实验研究能力，能在中等以上学校、体育科研机构、运动训练基地和保健康复等部门，从事运动人体科学方面的教学、科研、竞技运动和康复指导的高级专门人才。学生主要学习运动人体科学方面的基本理论和基本知识，受到专业实验技能方面的基本训练，掌握教学和科学研究方面的基本能力。设有体育保健康复和运动生物学监控及应用两个方向。体育保健康复方向是研究运动与健康的关系；运动生物学监控及应用方向是研究提高运动机能潜力，生物力学技术分析，对训练进行生理、生化监控等的理论与方法。

开设课程

本专业开设主干学科：生物学、临床医学、体育学。主要课程有：人体解剖学、人体生理学、生物化学、生物力学、临床医学基础、中医基础、运动训练学、运动心理学、运动实践与分析等。

就业展望

运动人体科学专业就业面宽泛，主要在医疗康复部门、体育科研机构、各级运动队、体育健身俱乐部以及社区服务机构等部门从事教学、科研、健身技能指导与科学健身咨询、体质测评及社区体育的组织管理工作。

能力要求

1. 运动人体科学专业涉及医学方面的知识，适合对医学有一定兴趣的运动人才报考。
2. 报考学生要求具备一定的生物、化学方面的知识。
3. 其余报考条件参考体育教育专业。

实力院校

国家级特色专业建设点

北京体育大学、上海体育学院、广州体育学院、西安体育学院、南京体育学院、沈阳体育学院。

运动康复：运动员专属医疗团

核心含义

运动康复专业是新兴的体育和医学交叉结合的前沿学科，是为弥补中国健身康复人才紧缺的局面而开设的新兴专业，主要研究运动与健康的关系。运动康复也称体疗，是对伤病或伤残者采用各种运动方法，使其在身体功能和精神上获得全面恢复。比如说，我们的运动员在训练时或者比赛时受伤了，就需要运用运动康复的专业技能来为运动员进行康复治疗。

开设课程

运动康复专业的学生除了要学习基本的体育运动类专业知识，还要学习医学常识。本专业开设的课程主要有人体解剖、运动解剖学、人体生理、运动生理学、运动生物力学、康复心理学、药理学、中国传统康复治疗学（含针灸、按摩）、运动疗法原理与技术、运动损伤学、临床运动疗法学、理疗学等。

就业展望

随着群众体育运动越来越火，与之相伴的运动损伤以及运动过程中营养搭配、自我保护等成为大众急需了解的知识。过去运动康复专业主要针对专业运动员展开，相关人才培养少，具有系统的医疗和体育相结合知识的人才更少。因此，相关人才一直是各大训练基地、健身俱乐部需求的热点。

总体而言，运动康复专业的就业前景还不错。该专业就业岗位包括：健走教练、健康管理师、康

复治疗师等。毕业生可以去专业运动队、各级医院的康复机构、体育运动基地、健康休闲俱乐部、职业运动俱乐部、健康与康复科研所、体育与卫生行政部门等机构从事康复治疗、健康教育、健康测定与评估、健身指导、科学研究及行政管理的工作。

能力要求

1. 开设这个专业的院校主要是体育类院校、医学类院校和师范类院校，不同类型的院校侧重点稍有不同。体育类院校侧重体育健康、健身方面；师范类院校侧重教育学方面；医学类院校则更侧重康复与健康方面。而且，相比其他类型的院校来说，医学类院校无论是医学基础、实习基地、还是实践案例方面都要更齐全。

2. 报考这个专业的考生最好具有一定的运动基础。

3. 毕业生可授予教育学或理学学士学位。

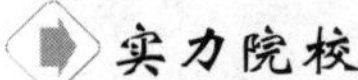

实力院校

开设运动康复专业的代表性院校

北京体育大学、武汉体育学院、上海体育学院、天津体育学院、首都体育学院、大连理工大学、西安体育学院、广州体育学院、吉林体育学院、哈尔滨体育学院等。

休闲体育：运动休闲两不误

核心含义

休闲体育学作为一门交叉学科专业的形成，既离不开体育学又离不开休闲学。该专业旨在培养德、智、体全面发展，适应新世纪社会发展需要，具有休闲体育的基本理论、知识与技能，能够从事休闲体育研究、体育旅游、休闲体育产品策划与设计工作的高素质、应用型专门人才。

开设课程

本专业开设的课程主要有运动专项训练、运动休闲产业概论、休闲体育原理与方法、休闲体育设施规划与管理、运动休闲业生产与运作管理、体育旅游概论、休闲与游憩概论等。

就业展望

随着人民生活水平的提高，休闲体育变得越来越流行，前景看好。该专业的毕业生可在休闲体育工商企业（如休闲度假村、高尔夫会所、健身休闲俱乐部、户外与拓展训练机构、体育旅游公司等）、政府或公益机构（如城市公共游憩空间、主题公园、全民健身中心、公共体育活动与竞赛场所等）、休闲体育事业机构（如高等院校、研究所）等单位从事相关工作。

能力要求

1. 报考本专业的考生须具有一定的体育运动基础，对体育事业有一定的热情。

2. 注意所报院校的身体条件限制。

实力院校

开设休闲体育专业的代表性院校

北京体育大学、武汉体育学院、江苏海洋大学、四川旅游学院、上海体育学院、常州大学、三亚学院、杭州师范大学、贵州医科大学、广州体育学院、沈阳体育学院、海南热带海洋学院等。

体能训练：持久健康运动的加油站

核心含义

体能训练专业培养德、智、体、美、劳全面发展，具有较高的科学和文化素养，具备相应的现代化、数字化体能训练理念和科学研究能力，系统地掌握体能训练专业的基本理论、基本知识、基本技能和相关运动医学知识，富有创新精神和现代训练理念，能够从事竞技体育行业、大众健康促进领域、特殊人群（行业）体能训练专业教学、训练，科学研究及管理的“一专多能”应用型人才。

开设课程

核心课程有运动解剖学、运动生理学、运动生物力学、运动营养学、运动心理学、教育学、运动训练学、体能训练理论与实践（体能训练计划设计与实践、力量训练原理与方法、速度与灵敏训练与方法、耐力训练原理与方法、柔韧训练原理与方法、平衡与稳定性训练原理与方法、训练准备与放松原理与方法）、田径、体操、运动损伤机制与预防、运动医学、运动康复训练、运动技术分析与诊断等特色课程。

就业展望

本专业是2017年新增本科专业，学生毕业后就业方向大体与体育学类其他专业一致，一般适合在体育俱乐部、企事业单位、各类学（体）校任职。

能力要求

1. 体能训练专业隶属于体育学类专业，需要参加体育专业统考且成绩达到相应标准。

2. 患有下列疾病者，不宜就读：（1）主要脏器：肺、肝、肾、脾、胃肠等动过较大手术，功能恢复良好，或曾患有心肌炎、胃或十二指肠溃疡、慢性支气管炎、风湿性关节炎等病史，甲状腺功能亢进已治愈一年的；（2）先天性心脏病经手术治愈，或房室间隔缺损分流量少，动脉导管未闭返流血量少，经二级以上医院专科检查确定无需手术的；（3）肢体残疾（不继续恶化）的；（4）肝炎患者（乙肝病毒携带但肝功能正常者除外），有生理缺陷、嗅觉迟钝、步态异常、驼背、面部畸形、斜视、严重口吃及耳鼻喉科疾病之一而妨碍发音、面部有较大面积（3×3厘米）疤痕、血管瘤、白癜风、黑色素痣等情形之一者。患心脏病、精神疾病等难以正常完成体育课学业者各专业不予录取。

3. 各招生院校对身高和视力均有要求，具体见报考院校的招生简章。

实力院校

开设体能训练专业的代表性院校

北京体育大学、首都体育学院、河北体育学院、吉林体育学院、上海体育学院、南京体育学院、山东体育学院、山东英才学院、武汉体育学院、成都体育学院。

冰雪运动：致力于培养冰雪运动教学、管理人才

核心含义

培养具备冰雪运动基本理论知识及突出的专项运动技能，能在各级专业或职业队、体校和学校

代表队、体育俱乐部等相关单位，从事冰雪运动训练、教学、竞赛和场地运营管理等方面工作，富有国际视野、创新精神的高素质应用型人才。

开设课程

本专业开设的课程有运动训练学、教育学、运动心理学、运动技能学习与控制、运动竞赛学、冬季奥林匹克运动、冰雪赛事组织与管理、冰雪场地、设备使用与维护、专项训练理论与实践。

就业展望

本专业毕业后主要有以下就业方向：

1. 各相关体育协会、运动项目管理中心的训练、竞赛及管理人员；
2. 大中小学校体育教师、教练员；
3. 社会各类冰雪运动俱乐部等单位的训练、教学和竞赛组织及其他体育相关从业人员。

能力要求

1. 想要报考体育学类专业的学生须具备一定的体育运动基础，必须通过专业省级统考，这个专业的录取一般都要求专业省级统考和文化成绩双上线。
2. 注意所报院校对身体条件的要求。
3. 其余报考条件参考体育教育专业。

实力院校

开设冰雪运动专业的代表性院校

北京体育大学、张家口学院、河北体育学院、河北北方学院、吉林体育学院、北华大学、哈尔滨体育学院、哈尔滨学院。

电子竞技运动与管理：电竞爱好者的福音

核心含义

如今电竞产业发展速度过快，现有教育教学尚没有相应人才培养模式，造成相应专业人才大量缺失，在很大程度上制约了整个行业的发展。电子竞技运动与管理专业主要培养的是电竞产业相关从业人员，包括电竞运动员、教练员、裁判员、职业经理人、赛事策划与执行、战术与数据分析、场地运营与维护、俱乐部运营与管理、电竞主持与主播、电竞商务等相关人才。

实力院校

开设电子竞技运动与管理专业的代表性院校

湖南体育职业学院。

智能体育工程：完美融合科技与体育

核心含义

本专业旨在培养符合数字化时代体育产业需要的新型体育科技人才。注重学科交叉和创新实践，培养掌握体育学、计算机科学、信息科学相关基础理论知识，具备信息处理与控制相关应用能力和较强实际动手能力，能在智能体育、体育大数据、互联网、计算机技术及其他电子技术等方面从事教学、科研和管理的高层次复合型人才。

开设课程

本专业开设的课程有运动人体科学导论、生物力学、生物与运动信息采集、体育测量与评价、运动训练学、生物力学、人机工效学、数字逻辑与数字系统、算法设计与分析、数据结构、人工智能基础、机器学习导论、模式识别基础、智能信息处理、机器视觉、动作捕捉与虚拟现实、数字体育概论等。

就业展望

本专业培养的是教育学和工学门类的交叉型人才，学生毕业后可在体育俱乐部、企事业单位、各类学（体）校从事教学、科研和管理等工作。

能力要求

本专业学生需要掌握体育学、计算机科学、信息科学相关基础理论知识，具备信息处理与较强的动手操作能力。

实力院校

开设智能体育工程专业的代表性院校

北京体育大学。

体育旅游：健身旅游两不误

核心含义

中国经济高速增长和收入阶层差异变化带来的市场需求变化，使得旅游产品向休闲、运动等多个方向发展，旅游者从传统的观赏型旅游向参与体验型旅游发展，要自身参与到旅游项目中去，促进身体健康，加强体育锻炼，诸如爬山、滑雪、跳伞、攀岩等体育旅游项目越来越受到大众的欢迎，体育旅游专业应运而生。

本专业旨在培养德、智、体、美、劳全面发展，掌握体育旅游管理和技术指导的基本理论与方法，具备体育旅游工作所需的经营、管理、服务、策划、咨询、培训和休闲运动项目技术指导等综合实践能力，具有良好的职业道德、开拓创新精神、国际化视野的高素质应用复合型人才。

开设课程

本专业开设的课程有旅游学概论、旅游接待业、旅游目的地管理、旅游消费者行为、体育旅游概论、体育活动策划与组织、教学方法论、专项教学训练理论与实践（时尚新锐休闲体育项目为主）。

就业展望

本专业主要就业方向：政府旅游管理部门、相关旅游企业、体育赛事组织与经纪公司、体育休闲度假中心、国家公园、主题公园等。

能力要求

体育旅游强调学生的项目策划和市场营销能力，主要就业方向为营销和管理岗位，对人际交往

能力和口头表达能力要求较高。

实力院校

开设体育旅游专业的代表性院校

首都体育学院、上海体育学院。

运动能力开发：科学开发人体的运动能力

核心含义

“运动能力”是指人体参加运动和训练所具备的各种能力，是人的身体形态、素质、机能、技能和心理能力等因素的综合表现。“运动能力开发”是对人体运动或训练过程中的综合运动能力进行测量、分析与调控的科学体系，具有明显的学科交叉融合特征。该专业着力于培养“晓理论、懂体育、会监控、善反馈”的运动训练监控师和“懂数据、能分析、善运动、会转换”的运动技战术表现分析师的体育专业人才，以满足当今社会发展对新型体育人才的巨大需要。

开设课程

课程体系涵盖范围较广，主要包括三类课程：第一类是体育类课程，让学生亲身感知各类体育运动的开展；第二类是基础理论类课程，了解运动之后身体会产生什么样的变化；第三类是统计学和大数据类的课程。

就业展望

这一新专业培养出的学生，对应的职业岗位也都是非常有发展空间和前景的，可以成为运动训练监控师、运动防护师、运动技战术表现分析师等。现实运动训练过程中，他们可以科学监测和分析评估训练效果的好坏，帮助老百姓在运动过程中减少伤病发生和预防伤病，还可以在专业运动队当“高参”，研究对手的特点，加强自身战队的技战术水平。

能力要求

1. 想要报考运动能力开发专业的学生须具备一定的体育运动基础，必须通过专业省级统考，这个专业的录取一般都要求专业省级统考和文化成绩双上线。
2. 注意所报院校的身体条件限制。
3. 其余报考条件参考体育教育专业。

实力院校

开设运动能力开发专业的代表性院校

上海体育学院。

历史学门类及其特点

历史学门类是十三大专业门类之一，包括历史学、世界史、考古学、文物与博物馆学 4 个常设专业，文物保护技术、外国语言与外国历史、文化遗产三个国家特设专业。其中，外国语言与外国历史专业最为特殊，毕业可授历史学或文学学士学位，且学生的修业年限可以根据学习情况自由延长，最长可以达到6年。

历史学门类的特点是：

1. 历史学门类下属的七个专业无论报考还是就业都比较冷门。

2. 无论是哪个专业，都需要学习中外通史。

3. 历史学门类毕业生就业主要集中在教育、培训、新闻出版、文案岗位。

4. 历史学门类教育方向本科就业率比较高，非教育类专业考研率比较高。

除了上述共同特点，考古学和文物保护技术两个专业有其个性特点。由于在工作实际中需运用较多的技术手段，两个专业对数理化知识要求相对比较高。

历史学：通晓古今，传承文明

核心含义

历史学是一门相当古老的学问。作为一门学科，它主要以人类历史及其规律为研究对象，主要学习和掌握中国历史和世界历史发生、发展的过程，理解和弄清历史上重要人物、重大事件以及相关史实的原委、作用和影响，并力图发现和总结其中的经验和教训，为当今的社会生活提供借鉴。历史学专业主要研究中外历史，通过历史学独特的人文学科方法和路径训练，学生可以了解中外主要历史学理论、历史事件及其影响，掌握相应的分析方法，从而具备一定的历史学研究能力、良好的文化底蕴和文字运用能力、文献整理能力。相对于大家所熟悉的中学历史，历史学专业无论在学习深度还是知识广度都大大增加。

开设课程

本专业开设的课程主要有中国通史、世界通史、史学概论、历史文献学、中国历史文选、中国历史地理、考古学概论、中国史学史、中国社会生活史、中国经济史、中国思想文化史、中国政治制度史、西方文明史、西方政治制度史、国际关系史等。

就业展望

中学历史教师是历史学专业学生对口就业的主要方向，毕业生也可以在各级政府部门和博物馆、文化展览单位和出版集团从事相关的工作。技术的进步使得历史学的交叉学科也越来越多，专门史类不断丰富，高校和相关研究单位对专门历史人才的需求也在逐渐加大。除了直接就业以外，历史学本科毕业生读研深造也是一种常见选择。历史学在本科提供“宽口径”的人才培养模式，真正想要在历史学领域走学术道路的必须选择细分的某个分支作为读研方向进行深造。

能力要求

1. 历史学对综合素养要求高，就业范围广，非师范方向专业就业比较难，薪酬普遍不高。

2. 历史学需要长时间沉浸在浩瀚的史料里面精耕细作才能偶有所得，建议性格外向、不能长时间“坐冷板凳”的考生慎重选择走学术方向，有较强专业兴趣可以考虑师范方向。

3. 历史学作为冷门学科，报考人数不多，往往作为调剂专业出现，即使是历史学专业相当强势的院校专业分差也不高，对历史学有兴趣而且希望报考到层次较高学校的考生可以优先考虑。

实力院校

拥有中国史世界一流建设学科的院校

北京大学、中国人民大学、北京师范大学、复旦大学。

拥有世界史世界一流建设学科的院校

北京大学、东北师范大学、南开大学。

拥有考古学世界一流建设学科的院校

北京大学、吉林大学。

拥有历史学专业大类国家重点学科的院校

北京大学、南开大学。

拥有历史学二级学科国家重点学科的院校

史学理论及史学史方向：北京师范大学。

考古学及博物馆学：吉林大学。

历史地理学：复旦大学、陕西师范大学。

中国近代史方向：中国人民大学、复旦大学、华中师范大学、中山大学、湖南师范大学。

中国古代史方向：北京师范大学、中国人民大学、山东大学、武汉大学、中山大学、陕西师范大学。

专门史方向：清华大学、厦门大学、四川大学、云南大学、西北大学。

历史文献学方向：四川大学。

史学史方向：清华大学、北京协和医学院—清华大学医学部、厦门大学、四川大学、云南大学、西北大学。

拥有历史学二级学科国家重点（培育）学科的院校

历史文献学方向：兰州大学。

中国古代史方向：郑州大学。

中国近现代史方向：南京大学。

国家级特色专业建设点

南开大学、厦门大学、郑州大学、中山大学、四川大学、西北大学、陕西师范大学、北京师范大学、山东大学、武汉大学、兰州大学、中央民族大学、复旦大学、南京大学、华中师范大学、湖南师范大学、中国人民大学（国学方向）、山西大学、河南大学、河北师范大学、长春师范大学、赣南师范大学、通化师范学院、徐州师范大学、内蒙古师范大学、鲁东大学、山东师范大学、广西师范大学、四川师范大学、贵州师范大学、西北师范大学、山西师范大学、赤峰学院、福建师范大学、聊城大学、曲阜师范大学等。

世界史：睁开双眼，心怀天下

核心含义

世界史就是从世界各个国家历史的共性基础之上，具体分析每个国家历史特殊性的学问。世界史专业培养具有基本史学素养和较高水平外语能力，能够在学校、政府等企事业单位和其他相关机构从事教学、科研、管理、涉外交流等工作的高级历史专门人才。

开设课程

本专业开设的课程主要有中国通史、世界通史、世界经济史、西方思想史、国际关系史、文化人类学著作选读（双语）、西方史学原著选读（双语）、欧洲经济社会史、西方文化史、西方法律社会史、世界主要地区国别史、专业英语等。

就业展望

世界史专业并不是一个就业很热门的专业，甚至只能算一个冷门专业。学生毕业后可以在各级中学从事历史教学工作，也可以在各级党政机关、涉外部门、公安、法院、新闻出版、海关、银行、保险、商检以及涉外企事业单位等部门、行业发挥专长，胜任行政、编辑、文秘、涉外宣传、文化交流、文教宣传等工作。

世界史读研方向非常多，毕业生可以根据自身情况和兴趣选择具体的国别史作为研究方向，考研压力较小。

能力要求

1. 世界史专业对外语能力要求较高，有些课程要求大量的双语阅读，有些院校除了英语以外还要选修一门小语种，建议外语能力较弱的考生慎重报考。

2. 其他报考建议请参考历史学专业。

实力院校

拥有世界史二级学科国家重点学科的院校

首都师范大学、东北师范大学、南京大学、武汉大学。

拥有世界史二级学科国家重点（培育）的院校

华东师范大学。

国家级特色专业建设点

北京大学。

考古学：让文物告诉你厚重的记忆

核心含义

简单地说，考古学就是根据古代人类遗留下来的实物，研究古代社会历史的科学。这些实物资料包括各种遗迹和遗物，多埋藏在地下。通过发掘、鉴定、分类等复杂的工作，这些实物资料才得以系统、完整地收集起来。因此，考古学研究的基本方法就是田野调查和发掘。因为考古的技术难度大，涉猎方向广，不确定因素多，是特别能够锻炼人吃苦耐劳和不懈探索精神的学科，毕业生通过学习和实践可以全面了解中国历史文化知识，掌握考古学和文物鉴定基本知识和技能，具备一定的从事历史文化研究工作的能力。

开设课程

本专业开设的课程主要有中国通史、世界通史、考古学理论、史学理论、古代汉语、历史要籍介绍及选读、断代考古、考古科技、文物保护、考古测绘与摄影等。

就业展望

考古学是历史学的分支学科中最有技术含量的学科，因此，考古学是上升学科，无论是学术界还是具体工作上都有很多可以进步的空间。考古学毕业生既可以选择走学术道路，从事考古学的理论和技术研究，也可以在博物馆、文物鉴定和拍卖机构、文物保护和修复中心等从事文物相关的展示、鉴定、修复和保护工作。

能力要求

1. 任何一眼矫正到4.8、镜片度数大于800度的考生、患有轻度色觉异常（俗称色弱）的考生、患有色觉异常Ⅱ度（俗称色盲）的考生不宜就读考古学专业。

2. 考古学专业里面有必修的长达半年的野外实习，条件普遍艰苦。

3. 考古学专业学生既需要大量阅读史料，也需要进行相当多的课外实践。学习任务重，成长周期长，是需要终生学习和进行大量枯燥、重复劳动的学科，选择该专业要有思想准备。

4. 考古学开设院校不多，专业实力较强的大部分都是重点大学，低分考生选择不多。

实力院校

国家级特色专业建设点

北京大学、安徽大学、吉林大学、西北大学。

文物与博物馆学：用我的“专业”保护国宝

核心含义

文物和博物馆学专业培养拥有考古学知识和技能，能够鉴定、修复和保护文物的博物馆学专门人才。该专业既要学习实干的考古学技能，也要学习历史相关知识和博物馆陈列管理知识等。绝大部分文物都是不能被人直接把玩的，必须要有专业技术来处理和保护，并且放在博物馆等收藏机构里由专门人才看管保护，才能长期向公众展示。有时候一个墓室或者遗址的发现就足够建立专门的博物馆，就近进行保护和收藏。

开设课程

本专业开设课程主要有中外通史、中国物质文化史、中国文物学概论、中国考古学通论、博物馆学基础、中国历史地理、博物馆藏品与经营管理、考古绘图、中国古代工艺美术史、文物管理政策法规、民俗学、中外博物馆等。

就业展望

总体来说，文物与博物馆学目前毕业生数量不多，对口就业岗位也不多。目前来说，该专业就业率不高，就业状况不太乐观。但相对于考古学专业来说，该专业与博物馆相关工作更加对口。该专业属于交叉学科，考研除了选择本专业以外，报考历史学或者考古学方向也有一定优势。

能力要求

1. 本专业虽然对身体条件没有特别限制，但仍然有视力等方面的潜在要求。色盲色弱考生慎重报考，具体要求可查询目标院校的招生章程。

2. 学习文物与博物馆学并不意味着只有该专业的毕业生才可以去各种文物博物馆就业，考古学、历史学甚至文化产业管理等很多学科毕业生同样有很强的竞争力。如果特别想在博物馆就业，建议大一就开始参加各种博物馆的实习计划，在实践中学习和运用知识才是制胜法宝。

实力院校

拥有考古学及博物馆学二级学科国家重点学科的院校

吉林大学。

文物保护技术：用我毕生之力，护你一世周全

核心含义

文物保护技术，本专业是一个文理交叉、理工渗透，现代科学技术与人文科学知识相结合的新兴边缘学科。培养既掌握数理化和历史、文物考古的一般知识，又掌握文物材质分析、文物修复技能，能在博物馆、考古研究与文物保护机构从事文物保护与研究工作的高级专门人才。在字面上特别容易理解，就是通过专门技术手段来修复和保护字画、古玩、建筑等文物，起到保护文物的作用。

开设课程

本专业开设课程主要有文物保护导论、无机化学及实验、有机化学及实验、分析化学及实验、普通物理学、中国考古学通论、中国古代史、文物学概论、博物馆学概论、无机质文物保护、有机质文物保护、土遗址保护、文物保护材料学、文物修复与保护实验、古建保护与维修、文物分析技术、文物与环境等。

就业展望

随着现代科学技术的发展，文物保护技术也越来越发达，文物修复和保护效果也越来越好。因为开办文物保护技术专业的院校较少，从就业上看，在历史学类里面算是比较好的。毕业生可到文化、文物、博物馆、环保、建设、公安、海关、旅游及科研、高校等部门，从事教育、科研、设计、开发、管理等工作。此外，该专业考研率也比较高。

能力要求

1. 就读该专业需要学习运用大量数理化知识，对数理化知识毫无兴趣的考生慎重报考。
2. 文物保护技术专业开设院校不多，而且都分布在西北和东北地区。
3. 文物修复保护类岗位需要一定的从业时间才能够有所成就，适合能够潜心学习、不断摸索的考生。

实力院校

开设文物保护技术专业代表性的院校

西北大学、山西大同大学、西北民族大学、哈尔滨师范大学。

外国语言与外国历史：跨越时空与国别的相遇

核心含义

外国语言与外国历史专业是中国高等学校2011年新增的专业，该专业学生主要通过世界历史的学习，了解人类文明的一般发展历程和世界历史研究的基本方法、学术史和最新动态，同时对主修国家和地区的历史、文化、政治、社会、军事、经济的概貌与特点有比较深入的认识，有较强的独立研究或实际工作能力。本专业在国内只有北京大学和聊城大学开设，均和其他跨学科、跨学院专业放在一起管理。专业目标是培养素质高、学识宽阔、基础扎实、适应力强的国际文化交流人才，并为相关学科输送高质量的研究人才。

开设课程

本专业大一期间学习：毛泽东思想概论、军事理论、马克思主义哲学原理、马克思主义政治经济学原理、英语等基础课程。大二以后选定方向学习相应的历史和外语课程。

就业展望

本专业是为了培养高层次国际文化交流人才而特设的，目前开办得最为成功的是北京大学元培学院。元培学院实行导师制培养模式，根据考生的性格特点和兴趣来确定具体的发展方向。毕业时限也可以适当延长，以培养足够的专业素养。虽然该专业偏理论研究，但是从长期发展来说要优于历史学专业和外国语专业，这为该专业学生提供了更加宽广的未来和可能。本专业考研率非常高，大部分学生都会读研深造。

能力要求

1. 外国语言与外国历史是弹性非常大的交叉特设学科，目前只有北大元培学院和聊城大学开设，选择余地不大。
2. 本专业对外语能力要求较高，除要求有高水平的英语以外，还要熟练掌握另一门相关外语。
3. 本专业本科就业较难，大部分学生会选择读研深造。
4. 本专业学习内容多、部分学生修业时间会延长至5年。

实力院校

开设外国语言与外国历史专业代表性的院校

北京大学、聊城大学。

文化遗产：让历史留下的宝贵财富永续传承

核心含义

文化遗产专业主要研究文化学、考古学、文化遗产等方面的基本理论和知识，包括文化遗产的概况、分类、分布、管理、保护状况、法规与政策等。同时，该专业要求学生掌握文化遗产保护与修复的基本技能，能在文博类企事业单位从事文化遗产的调查、评估、保护、开发、管理等工作。

开设课程

文化遗产概论、文化遗产规划与管理、文化遗产法规与政策、文化遗产保护技术、非物质文化遗产保护、文化遗产保护案例、北京文化遗产、文化人类学、考古学概论、中国文化史等。

就业展望

本专业培养能够在文博类企事业单位从事文化遗产的调查、评估、保护、开发、管理工作的毕业生。中国是世界文化和自然遗产大国，截至2019年7月底，中国已有55项世界遗产，仅次于意大利居世界第二位，还有大量的各级别的物质文化遗产和非物质文化遗产。但与此相应的文化遗产保护人才却十分短缺，各地争相申遗，迫切需要专业人才。因此本专业毕业生就业前景向好。

能力要求

1. 本专业需要长时间沉浸在浩瀚的史料里面精耕细作才能偶有所得，建议不能长时间“坐冷板凳”的考生慎重选择。

2. 本专业属于历史学类专业，比较冷门，毕业后薪资水平也不会很高，因此建议真正对历史文物等文化遗产有兴趣的考生报考。

3. 本专业学生既需要大量阅读史料，也需要进行相当多的课外实践。学习任务重，成长周期长，是需要终生学习和进行大量枯燥、重复劳动的学科，选择该专业要有思想准备。

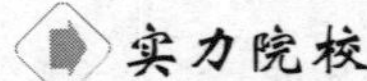

实力院校

开设文化遗产专业的代表性院校

首都师范大学、河北民族师范学院、长治学院、淮北师范大学、景德镇陶瓷大学、重庆文理学院。

法学门类及其特点

法学门类是十三大专业门类之一，有法学类、政治学类、社会学类、民族学类、马克思主义理论类和公安学6个专业大类，包括法学、政治学与行政学、社会学、民族学、科学社会主义和侦查学等在内的9个常设专业和知识产权、监狱学在内的11个特设专业以及4个国家控制布点专业，此外还有20个专业既是国家控制布点专业又是特设专业。各类专业之间在课程设置、培养目标以及就业方向等方面都存在着差异，但总的来看，这些专业之间也有较强的联系和共性特点。

法学类专业的共同特点如下：

1. 各类专业学习范围都有涉及法学专业基础知识和社会学专业基础知识，都需要知道法学学科和社会学学科的一般运行规律和研究方法。

2. 学制四年，对选考科目一般无要求，学生毕业后一律授予法学学士学位。

3. 很多高校按照法学大类招生，入学一段时间后开始分专业。

4. 如果你有较好的逻辑思维和条理性，有关注社会、服务他人的热心，或者毕业后热衷于从事相关教学和学术研究工作，那么你适合报考法学类专业。

5. 在该类专业就读，毕业后打算深造的同学宜趁早做好考研的准备；打算就业的同学应注重提升自己的综合素质。

法学：维护社会公正与秩序之学

核心含义

在我们日常生活、工作和经商活动中，很多方面都要用到法学知识。比如，做生意签订合同要懂合同法，与工作单位发生劳动纠纷要懂劳动法。另外，诸如研究犯罪问题的《刑法》、研究如何打官司的诉讼法、研究国家关系的国际法等都是法学的范畴。一言以蔽之，法学是以法律、法律现象及其规律为研究内容的学科，它是研究与法相关问题的专门学问，是关于法律问题的知识和理论体系。

本专业培养系统掌握法学知识，熟悉我国法律法规，了解党和国家相关方针政策，能在国家机关、企事业单位和社会团体，特别是能在立法机关、行政机关、检察机关、审判机关、仲裁机构和法律服务机构从事法律工作的高级专门人才。

开设课程

按照教育部法学教育指导委员会的要求，法学专业开设法理学、宪法、刑法、民法、民事诉讼

法、刑事诉讼法、行政法与行政诉讼法、经济法、商法、知识产权法、国际公法、国际私法、国际经济法、中国法制史、社会保障法、环境资源法等核心课程。同时，开设科技法、企业法、公司法、证券法、合同法、税法、保险法、国际贸易法、劳动法、婚姻家庭法、律师学、证据学、外国法制史、法律写作、法律英语、法学前沿讲座等专业选修课。此外，与理论教学相呼应，设置大量的实践课程，如中期实习、毕业实习、模拟法庭、案例分析、研讨、讲座、参观等。

就业展望

总体来看，最近这几年法学专业就业前景不太好。具体有以下几大方向：

1. 从事与法律专业关系密切的法官、检察官、律师、法律顾问等工作。但因为法学教育与法律职业之间存在冲突，法学学士、硕士毕业后不能立刻从事上述工作，必须通过司法考试，而通过率仅为10%左右。

2. 考国家公务员。由于公务员职位有限，且我国的法学院校和法学专业毕业生较多，所以往往百里挑一，竞争激烈。

3. 到企业从事与法律相关的工作。本科毕业的学生进企业的话，一般做法务专员。

4. 除了以上几个主要就业方向外，社会其他领域对具有“复合型知识结构”的法律人才也有需求。如企业中的文秘、人力资源管理、市场营销等岗位对既有经济管理基本知识、又具有法律专业知识的人才较为青睐。一些法学专业毕业生也会从事会计师、审计师、证券业、环境评估、司法鉴定、职业中介、房地产咨询、法制宣传等工作。

能力要求

学习法学专业并不必然就能做法官或者律师，因为法官或者律师的职位一定要通过国家统一法律职业资格考试，不然只能做一些法律辅助性的工作，所以报考该专业的学生要做好心理准备。

实力院校

拥有法学世界一流建设学科的院校

北京大学、中国人民大学、中国政法大学、清华大学、武汉大学、中南财经政法大学。

拥有法学专业大类国家重点学科的院校

北京大学、中国人民大学、中国政法大学。

拥有法学二级学科国家重点学科的院校

法学理论方向：吉林大学。

法律史方向：华东政法大学。

宪法学与行政法学方向：浙江大学。

刑法学方向：吉林大学。

民商法学方向：中南财经政法大学。

诉讼法学方向：西南政法大学。

经济法学方向：西南政法大学。

环境与资源保护法学方向：武汉大学。

国际法学方向：对外经济贸易大学、厦门大学、武汉大学。

拥有法学二级学科国家重点（培育）学科的院校

经济法学方向：南京大学。

国家级特色专业建设点

中国政法大学、安徽大学、郑州大学、吉林大学、南京师范大学、山东大学、西南财经大学、辽宁大学、上海交通大学、中国海洋大学、厦门大学、河北经贸大学、汕头大学、广东财经大学、海南大学、西南民族大学、国际关系学院、中国劳动关系学院、上海海关学院、烟台大学、湘潭大学、西南政法大学、甘肃政法大学、中南财经政法大学、中国社会科学院大学、天津师范大学、宁波大学、贵州民族大学、大连海事大学、黑龙江大学、江西财经大学、广西师范大学、华东政法大学。

知识产权：让发明创造之花开遍神州大地

核心含义

知识产权是人类对于在社会实践中创造的智力劳动成果所享有的专有权利，一般只在有限时间内有效。各种智力创造比如发明、外观设计、文学和艺术作品，以及在商业中使用的标志、名称、图像，都可被认为是某一个人或组织所拥有的知识产权。

知识产权专业培养能在律师事务所、专利事务所、商标事务所等从事商标代理、专利代理等专门知识产权事务，同时也能在公、检、法等部门从事专门的知识产权司法审判及其他法律事务，或者在版权局、商标局、专利局、科技局等部门从事知识产权管理事务的知识产权专门人才。

开设课程

本专业开设的课程有法理学、宪法学、民法学、刑法学、刑事诉讼法、行政法与行政诉讼法、网络知识产权法、国际法、版权法、专利法、商标法、知识产权国际公约、专利文献检索、知识产权损害赔偿、合同法、知识产权法原理等。

就业展望

由于该专业建立与起步较晚、人才培养周期较长等因素，我国现有的知识产权专业人才相对不足。随着我国企业参与国际市场竞争的进一步深化，涉外知识产权事务的不断增多，知识产权人才成为市场上的“紧俏商品”，就业行情一路走高。学生毕业后主要是在公、检、法及其他国家机关、企事业单位、律师事务所以及各类学校或研究机构从事知识产权法律工作或教学研究工作。

能力要求

1. 法学类专业就学习内容来说相对比较枯燥，需要记忆的东西比较多，考生在选择此类专业时一定要结合自己的性格特点做决定。

2. 对科技新事物感兴趣的考生更适合报考。

实力院校

开设知识产权专业的代表性院校

北京大学、清华大学、中国人民大学、中国人民公安大学、中国政法大学、华东政法大学、中南财经政法大学、同济大学、华东理工大学、南京航空航天大学、南京理工大学、上海理工大学、上海财经大学、上海大学、华南理工大学、南京大学、东南大学、苏州大学、南京工业大学、南京师范大学、河海大学、浙江大学、厦门大学、西北政法大学、武汉大学、西南政法大学、暨南大学、对外经济贸易大学、中央民族大学、中国计量大学、天津科技大学、河北师范大学、河北大学、保定学院、石家庄学院、内蒙古科技大学、内蒙古财经大学、沈阳工业大学、哈尔滨金融学院、杭州师范大学、

浙江工商大学、安徽师范大学、铜陵学院、福建工程学院、景德镇陶瓷大学、河南财经政法大学等。

监狱学：培养监狱管理人才

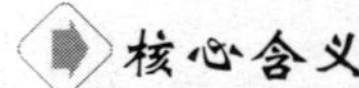

核心含义

监狱学是以监狱法作为基本研究对象的科学，属于部门法学。当然，学习监狱学并从事相关行业将来不可避免会与罪犯打交道，所以还要研究与罪犯相关的狱政管理、罪犯教育、罪犯劳动、罪犯心理、刑满释放人员的社会保护等问题。除此以外，监狱经济管理、监狱医疗卫生、监狱建筑也是其中需要关注的问题。总之，这个专业就是培养能够熟练掌握马克思主义理论、侦查学基本知识、法律知识，能够综合使用各种侦察手段和方法，掌握射击、驾驶、自卫、擒拿等特种技能，能够胜任监狱及其他司法部门的侦查工作、刑事执法工作以及本专业教学、科研工作的高级专门人才。这个专业具有很强的针对性，未来的就业方向大部分都是司法系统的监狱警察，所以开设这个专业的一般都是公安类院校。

开设课程

本专业开设的课程有法学基础理论、宪法学、刑法学、刑事诉讼法学、民法学、行政法学、经济法学、犯罪学、犯罪心理学、监狱学基础理论、监狱刑罚学、狱政管理学、监狱教育学、狱内侦查学、罪犯改造心理学、监狱经济管理学、比较监狱学、法律文书、劳动教养学、刑事照相、审讯学、计算机技术、射击技术等。

就业展望

本专业毕业生的主要就业方向：在公检法司和其他机关从事执法工作；在监狱、劳教所、看守所等从事管理、罪犯教育和心理矫正工作；在机关、企事业单位从事法律和安全保卫工作；从事教学研究工作也是一部分毕业生较好的方向。开设这个专业的一般都是公安类院校，有比较严格的招生控制，每年的毕业生相对来说较少，远远不能满足社会的需要，所以学生的就业率相对来说是比较高的。

能力要求

1. 该专业列入普通本科提前批招生，报考监狱学专业的考生都需要经过政审、面试、体检、体能测试。

2. 该专业更适合男生报考，对于女生的录取比例有严格的控制，一般不超过计划的5%。

3. 该专业对考生身高有一定要求，一般男生不能低于170cm，女生不能低于155cm，考生报考时一定要注意查看学校的招生章程。

实力院校

国家级特色专业建设点

中央司法警官学院、上海政法学院。

开设监狱学专业的代表性院校

中央司法警官学院、山东政法学院、上海政法学院、福建警察学院、辽宁警察学院、新疆警察学院。

信用风险管理与法律防控：用法律处理信用风险问题

核心含义

信用风险管理与法律防控专业是以开展化解信用管理领域法律风险、妥善处置矛盾纠纷，保障经济安全，增强社会诚信，提高社会治理能力的科学研究与人才培养为宗旨开办的专业。

该专业培养德智体全面发展，掌握信用风险法律防控专业知识、能够化解信用管理领域法律风险、善于处置经济矛盾纠纷，保障市场主体合法权益，维护交易安全，理论功底扎实、创新能力及管理能力较强的高层次法律管理人才。

信用风险管理与法律防控专业学生主要学习法学的基本理论和基本知识，信用管理知识。接受法学思维和法律实务的基本训练，具有运用法学理论和方法分析问题和运用法律管理事务与解决信用风险问题的基本能力。

开设课程

本专业开设的课程有：法理学、宪法学、民法学、刑法学、刑事诉讼法、行政法与行政诉讼法、国际私法、国际法、著作权法（版权法）、专利法、商标法、知识产权国际公约、专利文献检索、知识产权损害赔偿、合同法、知识产权法原理、网络环境下的知识产权保护、企业知识产权战略、反不正当竞争法、知识产权代理实务等。

就业展望

该专业毕业生能在风险管理机构、大型企业、投资机构等单位从事知识产权管理工作；也能在知识产权中介服务机构、律师事务所或人民法院等单位从事知识产权服务工作或审判工作；还能在研究单位从事风险投资及管理相关的研究工作。该专业毕业生非常适合相应的公务员岗位。

能力要求

该专业要求考生具备以下几个方面的能力：1. 掌握法学、管理学的基本原理和现代信用风险管理的基本理论、基本方法；2. 熟悉我国现有有关方针政策、法律法规以及信用风险管理惯例及相关的法律、规则；3. 系统掌握信用风险管理的理论知识和分析方法，具有较强的解决信用风险管理实际问题的基本能力；4. 具有较强的语言与文字表达能力和人际沟通能力；5. 具有化解市场主体因失信引发的违约、违法、犯罪等法律风险、处置经济矛盾纠纷的基本能力；6. 掌握文献查询的基本方法，了解信用风险管理学科发展动态，具有从事信用风险管理研究的初步能力；7. 具有较强创新能力，熟练掌握一门以上外语。

实力院校

开设信用风险管理与法律防控专业的代表性院校

湘潭大学。

国际经贸规则：培养解决国际经贸问题的法律人才

核心含义

国际经贸规则是新设专业，本专业培养既具备扎实的中国法律知识和执业能力，又通晓英美国家法律制度，精研国际贸易规则，拥有国际视野和跨文化沟通能力，能够在世界贸易组织（WTO）处理国际经贸争端、在国际投资争端解决中心（ICSID）处理国际投资争议、在世界知识产权组织（WIPO）处理跨国知识产权纠纷的大法官、国际仲裁员和国际律师，以及能够解决“一带一路”、国内自由贸易区、自由贸易港各类涉外法律问题的高端经贸法律人才。

该专业学生毕业后具有与国内外著名法学院毕业生相当的法律素养，具备未来进入国际组织、跨国企业和国际律师事务所等机构从事相关法律工作的能力。

开设课程

本专业开设了法律、经济、外三个方面的课程：

1. 法律类：基础课程，包括法理学、宪法、中国法律史、民法、民事诉讼法、刑法、刑事诉讼法、国际法、法律职业伦理、国际经济法、国际私法、国际商法等；专业课程，包括英美法导论、英美宪法、英美合同法、英美财产法、英美侵权法、法律推理与研究、英美法理学与司法制度等；实践教学课程，除了商务英语应用模拟训练之外，还通过法学专业实验课程，例如非诉业务模拟、WTO争端解决案例模拟等，使学生获得并提高运用所学知识分析解决实际问题的能力。

2. 经济类：包括学科基础课中的经贸管理类课程和个性拓展选修课程，使学生掌握经济、贸易、金融、投资等基本的理论知识和实务，达到复合型人才培养目标。

3. 外语类：该类课程包含英语和法语两部分。英语部分包括基础英语和专业英语。通过基础英语课程的学习，进一步提升学生基本的英文听说读写能力；通过核心专业课程的全英文及双语教学，提高学生的法律专业外语水平。法语部分通过在专业选修课下设置的法语模块来进行，包括基础法语、法语语法、法语翻译理论和商务法语等课程，提升学生使用法语从事相关工作的能力。

就业展望

改革开放以来，我国坚持以开放促发展，在发展中越来越开放，国际经贸规则与我国经济社会的关系越来越密切，与国际社会往来越来越频繁，相应的，就更需要我们懂得国际社会往来的相关规则，避免在与外界的往来中陷入被动，以更好地促进我国的对外开放和经济社会的发展。

在这样的大背景下，通晓国际经贸规则的相关人才有了更加广阔的用武之地，解决“一带一路”、国内自由贸易区、自由贸易港各类涉外法律问题。所以本专业的就业前景非常广阔。

能力要求

从培养目的出发，本专业要求学生具备较强的学习能力、逻辑思维能力和语言表达能力，有志于成为跨文化法律工作者。

实力院校

开设国际经贸规则专业的代表性院校

上海对外经贸大学。

司法警察学：法学与警察学的交叉学科

核心含义

司法警察学主要研究司法学、监狱学、侦查学相关内容，进行刑事犯罪预防与打击、改造罪犯、管理劳动教养人员、维护社会治安等。例如：监狱中改造及教育管理劳动教养人员，人民法院中警卫法庭、提押犯人、执行搜查、拘传和送达诉讼文书。

司法警察学专业主要培养在保证审判、检察场所安全、提押嫌疑人以及强制执行等行为中行使的是对司法机关（法院、检察院）司法行为的辅助性职能，以及执勤训练、管理教育等方面工作的应用型高级专门人才。

司法警察学专业培养的学生需要具备法学的基本理论和基本知识，受到法学思维和法律实务的基本训练，并受到警察学专业的基本训练，具有警察实际工作的基本能力。具有运用法学理论和方法分析问题和运用法律管理事务与解决问题的基本能力。

开设课程

本专业开设的课程有法理学、法制史、宪法、行政法与行政诉讼法、民法、商法、知识产权法、经济法、刑法、民事诉讼法、刑事诉讼法、国际法、国际私法、国际经济法、国际政治、警卫勤务学、警卫战术学、警卫指挥学、部队管理科学基础、劳动教养学、审讯学、计算机技术等。

就业展望

该专业毕业生既能在风险管理机构、大型企业、投资机构等单位从事知识产权管理工作，也能在知识产权中介服务机构、律师事务所或人民法院等单位从事知识产权服务工作或审判工作，还能在研究单位从事风险投资及管理相关的研究工作。该专业适合公务员岗位。

能力要求

该专业要求考生具备以下几个方面的能力：1. 比较系统地掌握本专业的基本理论、基础知识和基本技能；2. 熟悉司法警察工作的政策法规；3. 具有较强的组织指挥、管理和协调能力；4. 具有运用法学知识去认识问题和处理问题的能力；5. 能处理一般涉外业务。

实力院校

开设司法警察学专业的代表性院校

中央司法警官学院。

社区矫正：培养“特殊刑罚”执行人才队伍

核心含义

社区矫正，是指针对被判处管制、宣告缓刑、裁定假释、暂予监外执行这四类犯罪行为较轻的对象所实施的非监禁性矫正刑罚。

社区矫正专业，是适应我国刑罚执行新趋势而开设的新专业，旨在培养掌握刑罚执行、法律以及社会工作相关的基础知识，熟悉社区矫正日常工作流程，具有刑务处理、信息化应用、教育矫正、心理干预、再犯防控等职业能力，具备忠诚、责任、奉献、服务等职业素质，能够胜任社区矫正工作一线岗位的高素质应用型专门人才。

开设课程

本专业开设的主要课程有法学基础、刑法、刑事诉讼法、民法、民事诉讼法、行政法与行政诉讼法、犯罪学、社会学概论、社会心理学、社会工作概论、社区矫正理论基础、社区矫正工作流程、社区矫正信息化应用、社区服刑人员教育实务、社区服刑人员心理干预、社区服刑人员个案工作等。

就业展望

随着社区矫正在全国的普遍推广，社区矫正队伍管理日益规范，社区矫正工作的人才需求日益紧迫，这为本专业提供了广阔的就业前景。本专业毕业生多进入各司法局阳光社区矫正中心、各司法局基层司法所、法院、检察院、中小型企业法务部任职，适合的岗位有社区矫正执法人员、社区矫正辅助工作者、社区矫正专职社会工作者、其他司法行政辅助人员。

能力要求

因为该专业毕业后从事的工作面对的是一些犯过罪的人，具备很好的耐心和喜欢帮助人的考生更适合报考。

实力院校

开设社区矫正专业的代表性院校

中央司法警官学院。

政治学与行政学：研究政治权力与制度的学科

核心含义

政治学与行政学这个专业属于政治学类，在一般大学是隶属于政治系的。主要研究一个国家的政治制度和政治体制、公共行政等方面的情况。比如说，研究什么是社会主义制度，什么是三权分立等。政治学与行政学以国家及其活动为主要研究对象，范围涉及政治理论、政治制度、政治行为、公共政策、公共行政和国际政治等领域。培养具有一定政治学、行政学方面的基本理论和专门知识，能在党政机关、新闻出版机构、企事业和社会团体等单位从事教学科研、行政管理等方面工作的政治学和行政学高级专门人才。

开设课程

本专业开设的课程有政治学原理、行政学概论、中国政治制度史、当代中国政治制度、比较政治制度、中国政治思想史、当代西方政治思潮、中国社会政治分析、比较政党制度、市政学、公共政策概论、行政法学、人事行政学、社会调查与社会统计等。

就业展望

由于所学知识偏重理论，所以整体就业情况不是很理想。总体来看，有以下几个就业方向：

1. 该专业所学的理论知识对考公务员很有帮助，所以政府机关或者事业单位里的文职工作是比较对口的。但该专业考公务员受到限制较多，大多数岗位都不对这个专业开放。

2. 在企业（公司）里从事和行政相关的工作，比如公司人事、行政专员、办公室内勤等。

3. 继续深造。相当多部分的学生选择考研深造，之后走学术路线。

4. 中学政治老师。从教需要考取教师资格证，所以建议有从教愿望的学生在校的时候就做好相关准备，拿到教师资格证。

5. 高校辅导员。该专业学生政治理论素养较好，满足辅导员岗位所需要的基本条件，但在本科阶段必须入党。

能力要求

1. 适合对政治课有比较强烈的兴趣，关心中国古代和当代的政治制度，关心国家大事的同学报考。

2. 该专业总体而言偏于理论，不喜欢钻研理论的人最好不要报考。

实力院校

拥有政治学专业大类国家重点学科的院校

北京大学。

拥有政治学二级学科国家重点学科的院校

政治学理论：南开大学、天津师范大学、吉林大学、复旦大学。

中外政治制度：华中师范大学。

科学社会主义与国际共产主义运动：山东大学、华中师范大学、中共中央党校。

中共党史：中国人民大学、中共中央党校。

国际政治：中国人民大学。

国际关系：复旦大学。

国家级特色专业建设点

中国政法大学、南开大学、吉林大学、云南大学、中国社会科学院大学、天津师范大学。

国际政治：研究国际关系的学科

核心含义

国际政治是指全球性的政治活动，国际政治专业是对国际大事或问题进行深入研究的一门学科。

该专业主要研究以国家为主体的国际互动关系，并从政治的视角研究影响这种互动关系的一切因素。国际政治偏重理论上的学习和研究，经常结合国际舞台最新发生的重大情况进行分析。比方说国际政治专业的人会结合叙利亚战事、土耳其击落俄罗斯战机事件、欧洲难民危机等国际大事件来研究各个国家之间的政治关系。

开设课程

本专业开设的课程有国际关系史、政治学原理、国际政治学概论、国际关系理论、经济学原理、国际组织与国际法、区域经济与政治、外交学、政治经济学、全球政治经济学、政治学研究方法、中国政府与政治、中外政治思想史、世界经济史、外国政治制度、全球化与全球治理、专业英语、对外援助理论与实践、经济外交、当代安全与战略、国际商务谈判等。

就业展望

该专业本科毕业后就业状况一般。就业方向首先是考公务员，在各级党政机关、外事部门工作，负责行政与外事协商以及政策研究。但实际上对口的岗位非常少，竞争异常激烈；其次是深造之后担任高校教师。毕业生在高等院校或科研院所工作，负责国际政治及相关专业的教学和科研；再次，还可以在有关媒体担任国际新闻记者、编辑。但在传统媒体普遍不景气的情况下，毕业生更多的是去新媒体负责创意策划和新闻采编。

能力要求

1. 国际政治专业不等于外交学专业。国际政治只研究政治，偏向理论研究。而外交学研究外交，偏向实践，培养懂得基本外交礼仪的应用型人才。职业理想为外交官的学生不建议报考该专业。

2. 该专业对学习者的英语水平要求较高，对理论素养的研究也很高，报考时要考量一下自己的语言能力和对理论学习的热情度。

实力院校

拥有国际政治二级学科国家重点学科的院校

中国人民大学。

国家级特色专业建设点

北京大学、中国人民大学、复旦大学。

外交学：培养外交家和涉外活动家

核心含义

外交学专业侧重研究国家对外交往的实践活动，这个专业的应用性和实践性比较强，与国际政治专业和国际关系专业联系比较大。

外交学专业的学习和研究有两方面：一是一般外交学理论与实践；二是具体国家的外交政策。在理论方面，研究外交的本质、目标和类型；在实践方面，主要研究外交手段和技巧、外交礼仪和规范。该专业主要培养具备交际和谈判能力的外交家和涉外活动家。

开设课程

本专业开设的课程有国际政治经济学、世界经济概论、欧美国家概况、外交学、简明世界史、国际关系史、外国政治制度、专业英语、宗教与国际政治、当代中国外交、演讲与谈判学、外交礼仪、大国关系研究、西方国际关系理论、外交思想史等。

就业展望

这个专业相对比较冷门，就业前景和状况很一般。至于毕业后从事的工作，比较理想的就是在外交部从事外事外交、政策研究、对外宣传等工作。或者是在新闻单位从事国际新闻采编。另外，还有一部分毕业生在外企从事与英语相关的工作。除此之外，考研究生、公务员或者事业单位也是该专业的就业方向。

能力要求

1. 学习本专业的学生除了要有犀利的口才、灵活的头脑，最好还要对国际新闻具有高度的敏感性。

2. 学了本专业并不意味着将来就会成为外交官，因为外交学专业毕业生只有极优秀才可能被外交部录取。所以，志在进入外交部的考生不妨考虑更具有优势的外语类大学的外语类专业。

3. 涉外人员要对国际事务和中国外交有全面系统的了解，需要较宽的知识面，外语功底要相对较好，所以建议报考者要做好沉下心来扎实学习的心理准备。

实力院校

开设国际事务与国际关系专业的代表性院校

北京外国语大学、西安外国语大学、广东外语外贸大学、四川外国语大学。

国际事务与国际关系：培养具有国际化视野的专业人才

核心含义

国际事务与国际关系属于涉外性政治类学科，具有宽口径、交叉性和国际化的特点。本专业旨在培养学生对当今全球力量的整体认识能力，包括对世界各国的政治、历史和国际关系、文化研究和现代语言等。该专业涉及内容非常广泛，为学生从全球视角观察当代国际事务进程的结构、动力和网络提供了独一无二的机会。

开设课程

开设课程以宽口径、厚基础为原则，着重培养学生熟练的英汉双语能力和国际文化交流能力。开设英语训练课程，其强度与英语专业本科相同；开设具有特色的中外文化基础课程，贯通历史、哲学、思想、文学、宗教学等学科。同时辅以国际政治、经济、法律、传播学等方面基础知识的学习。在高年级开设德语、葡萄牙语等小语种选修以及对外汉语、文秘等方向的实用性课程。

就业展望

从未来国家发展的趋势来看，中国的崛起需要有大量的人才进行国际事务与国际关系方面的理论与实践研究作为知识支撑，因此，该专业的毕业生有机会脱颖而出。毕业生就业主要定位在三资企业、合资企业、独资企业、政府对外经济文化部门和学术机构。高端人才相对来说走俏，但对于该专业本科生就业前景不太乐观，而且目前看不到国家在这方面政策的变动，预计今后几年就业形势仍将趋紧。

能力要求

1. 考生在报考国际事务与国际关系专业时要充分考虑自身的特点和未来的职业规划。一般来讲外语基础比较好、喜欢接受挑战的学生，或者是文史功底相对较好的学生一般更适宜报考。

2. 对于想在本科阶段立即就业而不打算继续深造的考生，最好选择名校。有条件的考生不妨选择该专业的中外合作办学项目，这样在本科阶段就有机会接触异域文化的熏陶。

3. 2012 年经教育部调整目录，原“国际文化交流专业”也归入国际事务与国际关系专业。学生本科阶段要学习的东西进一步丰富，学生除了要努力学习专业知识外，还应学好英语，多研读一些国内外经典著作，增加自己的知识底蕴。

实力院校

开设国际事务与国际关系专业的代表性院校

宁波诺丁汉大学、北京语言大学、北京第二外国语学院、湖北大学、安徽大学、华侨大学、湘潭大学、战略支援部队信息工程大学、大连外国语大学、内蒙古师范大学、广西民族大学、天津外国语大学滨海外事学院。

政治学、经济学与哲学：培养治国理政的领导型人才

核心含义

政治学、经济学与哲学专业培养治国理政的领导型人才。

现代社会的发展要求领导型人才不但要具备政治学、经济学的知识和思维方式，而且要能从哲学的高度、以哲学的思维方式来分析和解决经济和政治领域的问题。政治学、经济学与哲学涉及整个社会发展极其重要的三个领域：哲学关系到人生观和价值观的形成，经济是社会发展的命脉，政治则是人与人之间关系的核心之一。故设立此跨学科专业，将为培养治国理政的领导型人才铺就一条新路。

本专业最初是北大为满足中国高层次领导型人才的需要而设置的招生专业，专业不对高考学生招生，只在北大元培学院内设立。现在，北京大学元培学院、清华大学新雅书院、中国人民大学、南京审计大学和聊城大学开设了此专业。

开设课程

公共必修课程：大学英语、思想道德修养与法律基础、中国近现代史纲要、马克思主义基本原理、毛泽东思想、邓小平理论和“三个代表”重要思想概论、文科计算机基础、军事理论、体育系列课程。

专业必修课程：逻辑与批判性思维、微积分、线性代数、概率统计、社会调查的理论与方法、学术规范与论文写作、政治学原理、政治哲学、政治经济学导论、比较政治学概论、中国近现代政治发展史、经济学原理、中级微观经济学、中国经济专题、中国哲学史、西方哲学史、宗教学导论、全球化问题研究。

就业展望

从目前来看，该专业比较冷门，但由于每年毕业生人数十分有限，就业竞争压力也不大。据悉，这种集政治学、经济学与哲学于一身的专业在英国牛津大学等国外名校已设立了多年，毕业生一般到政府机关、社会管理部门、财富创造部门和国内外哲学社会科学研究机构从事相关学术研究、教学、销售经营、管理、咨询策划服务等工作。

能力要求

1. 该专业基本是纯理论的研究，需要有较强的思维辩证能力和钻研精神，更适合沉稳、耐心、细致的考生学习。

2. 该专业主要培养的是能够治国理政的复合型领导人才，对于将来有志于从政的考生，是一个不错的选择。

实力院校

开设政治学、经济学与哲学专业的代表性院校

北京大学元培学院、清华大学新雅书院、中国人民大学、南京审计大学、聊城大学。

国际组织与全球治理：培养具备国际事务管理、法律、外语能力的全能型人才

核心含义

国际组织与全球治理专业是一门以国际学学位为基础的交叉学科，主要研究国际组织运营规律、全球发展趋势、全球治理动态、国际通用语言——英语和法语、国际谈判、国际法、国际关系等。例如：为国家大型外交外事论坛提供服务。

该专业培养具有全球视野、理论扎实、业务精通、外语娴熟的高素质全球治理与国际组织人才。该专业毕业生将具备两种国际组织通用语言：英语和法语的听说读写能力，能够熟练运用英语和法语进行工作；他们将熟悉国际组织运行规律，关心全球发展趋势以及全球性议题，将具备调查研究、公共政策分析、国际谈判、跨文化沟通、创造性解决问题等业务能力。他们将成为具有民族自豪感、全球视野、人类命运共同体情怀以及创新务实精神的新一代复合型高级全球治理和国际组织人才。

国际组织与全球治理专业主要学习政治学、国际政治、世界经济等方面的基本理论和基础知识，受到国际政治和国际形势研究、社会调查与统计等方面的基本训练，具有调查研究、分析判断和协调组织等方面的基本能力。

开设课程

本专业开设的课程有政治学导论、全球关系认识、国际政治经济、国际组织、中国与世界、发展政治学、中国和世界、资本主义的起源等。

就业展望

该专业毕业生能分别在风险管理机构、大型企业、投资机构等单位从事知识产权管理工作；也能在知识产权中介服务机构、律师事务所或人民法院等单位从事知识产权服务工作或审判工作；还能在研究单位从事风险投资及管理相关的研究工作。该专业适合公务员岗位。

能力要求

该专业要求考生具备以下几个方面的能力：1. 熟悉和了解世界各国的知识和国际关系；2. 了解世界各国的国际事务与国家、地域间的交往活动，具有从全球视角观察决定当代国际事务进程的结构、动力和网络的能力；3. 提高自身的文化认识和知识技能，并获得工作所需要的相应语言能力；4. 熟练地掌握外语，具有较强的外语阅读、翻译能力和较好的听说能力。

实力院校

开设国际组织与全球治理专业的代表性院校

北京外国语大学、外交学院、广东外语外贸大学、西安外国语大学。

社会学：探求如何解决社会问题的学科

核心含义

随着经济社会的发展，很多新的问题困扰着人们，如劳资关系恶化、贫富差距扩大、青少年犯罪等问题，社会学专业在此背景下应运而生。

概括来看，社会学是一门分析各种社会现象，研究社会中人的行为，探求如何解决社会问题的学科。研究领域涉及家庭、学校、企业、国家乃至国际社会。

学习社会学，在课堂上会研究很多社会问题，比如社会福利问题、青少年犯罪问题、童工问题等，然后研究解决这些问题的方案。社会学还有自己一套专门的研究方法，比如通过观察、采访、舆论调查来搜集资料，并运用统计技术和计算机技术进行资料分析，求得一些预期结果。因此，社会学专业培养的是具有一定数学、统计学知识和计算机技能，具有独特、综合视角的理论与应用并重的人才。

开设课程

本专业开设的课程有中外社会思想史、社会学概论、社会学理论、经济学原理、社会调查研究方法、社会心理学、社会统计学、数据分析技术、社会管理学、社会项目评估、人力资源管理、社会传播学、社会政策概论、社会问题概论等。

就业展望

社会学专业就业前景可概括为：前景很丰满、现实不乐观。

目前，我国除了深圳、广州和上海等沿海城市有初步发展外，内地社工有待发展，薪资还没有统一的标准体系。总体来看，社会学专业主要有以下几个就业方向：

1. 社会统计学和社会调查方法学得好的同学，可以进调查公司、咨询公司工作；
2. 进民政系统、街道办事处、社区居委会当公务员或者选调生；
3. 进入 NGO、NPO 等非政府、非营利组织及民间组织，从事各类公益项目；
4. 可以进报社、杂志社担任记者、编辑，因为该专业学生看待问题有独特的分析视角，比如《南方周末》的很多记者就是社会学专业出身；深造之后当高校老师或者进社科院进行学术研究也是方向之一。

能力要求

1. 社会活动能力强、同理心强的同学更适合报考。
2. 报考该专业的学生在校期间建议多参加社会实践活动，将理论结合实际，规划好自己的就业方向和职业生涯。

实力院校

拥有社会学世界一流建设学科的院校

北京大学、中国人民大学。

拥有社会学专业大类国家重点学科的院校

北京大学、中国人民大学。

拥有社会学二级学科国家重点学科的院校

社会学方向：上海大学、南京大学。

人类学方向：中山大学。

民俗学方向：北京师范大学。

拥有社会学二级学科国家重点（培育）学科的院校

中山大学。

国家级特色专业建设点

中国政法大学、中国人民大学、贵州民族大学、西北民族大学、云南民族大学。

社会工作：培养“扶危济困”的专业型人才

核心含义

相比于社会学偏重理论的特性，社会工作更偏重于实务与技术。具体工作包括社会救助、化解社会纷争、犯罪矫正、戒毒扶助等，它是一种帮助解决人与社会环境问题的工作。扶危济困是社会工作的核心，其目标就是帮助处于危机中的人们解决困难、增强生活能力。社会工作专业设有很多助人技术课程，如个体辅导、小组辅导等。总的来说，社会工作专业培养的是以助人为宗旨，运用专业知识和方法，进行困难救助、矛盾调处、权益维护、心理辅导、行为矫治等社会服务工作的专门人才；培养协调社会关系、预防和解决社会问题、促进社会公正等现代社会管理与服务的专业人才。

开设课程

专业基础课程：社会学概论、社会工作概论、社会统计学、社会调查研究方法、个案工作、小组工作、社区工作、社会工作专业伦理、社会工作行政、社会工作实务、人类行为与环境、社会心理学，普通心理学、异常心理学。

特色课程：社会保障概论、中国社会思想史、心理咨询、犯罪心理学、组织社会学、青少年社会工作、老年社会工作、妇女社会工作、学校社会工作、残障社会工作、家庭社会工作、医务社会工作、社会问题概论、社会政策、现代社会福利思想等。

就业展望

参考社会学专业。

能力要求

1. 有兴趣报考该专业的学生可关注“社工中国”这个网站，详细了解该专业对应的职业、工作状况。

2. 社会活动能力强、关注社会问题、同理心强的学生更适合报考。

实力院校

国家级特色专业建设点

华东理工大学、中国社会科学院大学、中华女子学院、上海政法学院。

人类学：全方位研究“人”的学科

核心含义

人类学是从生物和文化的角度对人类进行全面研究的学科群。如果说有一门学科包罗万象，那么非人类学莫属——只要有人存在的地方就必定有其研究的对象。无论是巴厘岛上的“斗鸡”、安达曼岛上的土著、崇尚武士道精神的日本人，还是我国各少数民族丰富的民俗与仪式，以及我们日常生活中的礼仪或者祭祀，这些都是人类学研究的对象。如果从学科上来划分，人类学主要可以分为体质人类学、文化人类学，这也是人的生物性与文化性直接对应的学科。

随着时代的发展，多学科交叉的现象也越来越多见。人类学与其他学科有着千丝万缕的关系，诸如哲学、考古学、语言学、哲学、社会学、政治学、经济学、心理学和历史学。因此，也形成了不少交叉性的学科，如媒体人类学、经济人类学、法医人类学等。这也可以看出人类学逐渐在多领域中发挥其重要的作用。

开设课程

本专业学生兼修文化人类学、考古人类学、语言人类学、体质人类学四方面的课程，开设的课程有人类学概论、文化人类学理论方法、考古人类学、体质人类学、语言人类学、中国民族学、中国民族史、中国民族志、世界民族志、民俗学、经济人类学、政治人类学、宗教人类学、旅游人类学、应用人类学、社会学概论、田野调查方法等。

就业展望

人类学在国外已经是基础性学科，甚至在某些国家的大学里属于必修课，这也可见国外对于人类学的重视性。我国人类学并不像国外那样普及，这也是目前人类学遇到的尴尬境地的原因。

很多用人单位并不了解人类学，也不了解该学科的优势。因此在就业时往往会遭遇许多的尴尬境地。人类学专业毕业生的方向以博物馆、民俗研究机构、考古方面为主，有的学生还进了媒体当记者编辑、进企业从事市场调查等。近来，人类学专业也有了新兴的就业方向，比如游戏策划。目前，一些国外的游戏公司选择在中国开发游戏时，会采用国外的游戏策划系统，聘请人类学背景学科的人士来做社会文化、游戏受众群体的分析，以了解受众群体的整体文化背景、心理需求等。游戏领域也是人类学专业的毕业生今后择业的一个重要方向。

能力要求

1. 人类学在众人眼里就是研究人类自己的一门“无用”学科，所以许多考生和用人单位往往都会避开这个专业。如果不是真正对人类的社会现象及民族风情感兴趣，并且有继续深造的想法，建议考生谨慎填报。

2. 人类学无论是报考还是就业都比较冷门，专业分数要求比较低。而且，开设人类学本科专业的只有几所名牌大学，且都是办学历史悠久的老牌高校，像厦门大学、中山大学等，分数不高又想上名牌的考生可以考虑该专业。

实力院校

拥有人类学二级学科国家重点学科的院校

中山大学。

女性学：全方位探讨女性发展的学科

核心含义

女性学专业是从更加客观和全面的角度去认识女性，把女性放在人类发展和社会进步的历史进程中探索和揭示其行为规律的学科。而不是从主观、传统或者某一特定角度去探讨女性某一方面的特质和行为。女性学研究的“女性”是各学科研究中“女性”概念的综合，是对女性本体认识更集中、更系统、更客观、更具高度的抽象和理论概括。女性学专业有不同的研究方向：女性学理论、女性与政策、女性与传媒、女性与参政、女性与发展、女性与婚姻家庭。女性自我保护、女性礼仪、女性时尚等也是该专业必不可少的学习内容。学习女性学不仅能看到女性身上真正散发的魅力，更能够让自己展现性别的精彩。

开设课程

本专业开设的主要课程有社会学概论、社会政策与制度分析、社会科学研究方法、法学概论、教育学概论、管理学和行政管理学、社会心理学、女性学概论、女性学理论、中外妇女运动史、社会研究方法、女性心理学、人类行为与社会环境、妇女人权、妇女工作、女性与健康、女性领导学、女政治家研究、性别与发展等。

就业展望

随着女性地位的提高以及社会对女性问题的关注，女性学专业的就业前景也是越来越看好。毕业生可在党政机关和群团组织、企事业单位、民间组织、大专院校、社区及国际组织从事妇女工作、性别与发展的研究与实际推动、性别与政策分析、性别与文化传播、女性学教学与管理等相关工作。此外，考研和进一步出国深造，将来加入国际妇女学的研究队伍也是毕业生的选择之一。

能力要求

1. 这是一个特设专业，全国只有中华女子学院和湖南女子学院开设，毕业生规模比较小，就业率也还不错。但是由于大家对女性学专业的不理解，导致该专业的专业分差基本上在0~1分。

2. 目前来说，女性学专业只招收女生。

3. 女性学专业的毕业生主要还是集中在政府部门、民间组织和大专院校，就业面在我国相对来说还是比较窄，这就要求该专业毕业生要有扎实的专业基础和综合能力，才能拥有较强的竞争力。

实力院校

开设女性学专业的代表性院校

中华女子学院、湖南女子学院。

家政学：以家庭生活质量的提升为核心

核心含义

家政学不是学习煮饭、炒菜、带小孩、打扫卫生的学科，其实是一门研究关于解决家庭事务管理，解决家庭“失范行为”的学问。它是以人类家庭生活为主要研究对象，以提高家庭生活质量、强化家庭成员素质、造福全人类为目的，指导人们家庭生活、社会生活、感情伦理生活的一门综合型应用学科。家政学专业以全新的教育理念，培养具备系统家政学基本理论和相关专业知识的高素质家政学专门人才，帮助人们提高生活质量。

开设课程

本专业开设的课程有社会学概论、社会医学、社会心理学、生活科学概论、应用营养学、优生学、儿童保育与教育、心理咨询与辅导、家庭医学、社会保障、家庭投资理财、生活美学、老年学、公共事业管理、家庭伦理学、婚姻与家庭咨询等。

就业展望

随着社会经济的不断发展，人们对生活质量的要求也在不断提高。家居卫生、家庭设施维修保

养、老人问题、儿童教育问题、婚姻问题等，让众多家庭不知所措，他们急需专业的家政人才给予正确的导向和科学的管理。家政学专业毕业生能在政府部门和民政系统、妇联系统、社会工作系统等从事社区管理与服务、生活与家庭教育指导、婚姻与家庭咨询等工作；能在中小学校和学前教育机构从事生活教育、生活管理等工作；能在企事业单位从事职工保健与生活管理等工作；能从事生活科学产业的开发、组织和运作，如家庭产品、老年用品的开发、医疗保健用品的推广等工作。总之，我国家政学专业教育发展前景广阔。

能力要求

1. 家政学专业主要是学习家庭教育、营养学、室内环境艺术、服饰艺术等方面的专业知识，需要考生有一定的审美观及对生活的热爱。

2. 家政学是一门充满爱的学科，需要考生具有奉献精神，所以考生填报时一定要结合自身的性格特点来取舍。

3. 学习家政学获得的技能被认为是家庭主妇应具备的基本技能，这给考生带来了很深的误解，使得家政学的招生不是很理想。事实上，该专业就业前途不错。

实力院校

国家级特色专业建设点

吉林农业大学。

开设女性学专业的代表性院校

吉林农业大学、天津师范大学。

老年学：关注老年人心理、健康、发展、教育的专业

核心含义

老年学专业是研究人类老化规律的学科。是以自然科学、社会科学和自然科学、社会科学相互交叉渗透的科学的理论和方法，研究人的个体老化和群体老化及由此而引起的社会的经济和自然的诸问题，以及老化现象本身规律的一门综合学科。老年学最初主要是研究人类衰老的生物和医学方面的问题。随着社会的发展，逐步从生物、医学的研究扩展到社会学、心理学以及教育学的研究，并与生物学、医学共同构成对人的老年、老龄过程和老龄问题的综合研究，发展为现代老年学。

老年学专业在培养能够从事老年学及相关学科研究、教学、管理、对外交流的高级专业人才。本专业学生要德、智、体、能全面发展，既具有扎实而深厚的老年学专业知识，又具有广博的社会科学和自然科学的知识。本专业着力培养学生的创新能力、领导能力、研究能力和实际组织工作能力。从本专业毕业的学生，应该是“母机型”人才，并能够熟练地使用外国语。

开设课程

本专业开设的课程有老年社会工作、老年心理学、老年生理学、老年活动策划、老年健康管理、老年食品营养、老年康复、老年教育学等。

就业展望

老年学专业毕业生可从事的工作有高级护士、健康顾问、医疗卫生服务管理、医疗和公共健康工作者、心理健康辅导师、职业治疗师、物理治疗师、公共利益的律师。

能力要求

该专业要求考生具备以下几个方面的能力：1. 熟练掌握老年社会工作的基本理论、方法和知识；2. 熟练掌握老年社会工作的各种技能和方法，善于运用理论、知识和方法帮助老年困难群体走出困境；3. 熟练掌握社会调查方法和技能及社会统计方法；4. 了解党和政府的重大方针、政策、法律和法规，有通过社会工作实践和社会工作研究影响社会政策的价值取向和基本能力；5. 具有初步的科学研究能力，善于了解国情，善于分析各种老年社会现象和问题，具有较强的论文写作和语言表达能力；6. 掌握文献检索、资料查询的方法，具有一定的实际工作能力。

实力院校

开设老年学专业的代表性院校

湖南女子学院。

民族学：研究民族的发生、发展和变化规律的学科

核心含义

民族学专业是研究民族的发生、发展和变化的专业。它以民族及其文化为研究对象，主要通过实地调查、分析文献资料，研究民族的起源、发展以及消亡的过程，弄清各民族的社会经济结构、政治制度、社会生活、家庭婚姻、风俗习惯、宗教信仰、语言文字、文学艺术、道德规范、思想意识等。培养具备系统的民族学基本知识，有进一步培养潜能的民族学专门人才，以及能在国家机关、文教事业、新闻出版、社会团体和各类企事业部门从事实际工作的应用型、复合型高级专门人才。

开设课程

本专业开设的课程有人类学、民族学导论、文化人类学、民族学、人类学史、生态人类学、民族学调查方法、中国民族概论、世界民族概论、民族考古学、民族经济学、族群与家族、民族理论与政策、民族学概论、社会学概论、民俗学概论、中国文化史、世界文化史、人类学通论、宗教文化学、区域经济学、市场营销、文化经济学等。

就业展望

民族学专业是冷门专业，毕业后进入政府部门的民族和宗教事务局是最为对口的，但只有少数学生可以进入这样的部门工作。大多数毕业生本科毕业后有以下四种就业方向：

1. 进入党政事业机关，成为公务员；
2. 进入各大中型企业，包括国有、私企和外企；
3. 进入新闻媒体、出版机构；
4. 继续深造，包括考研和读博。

能力要求

1. 报考该专业不仅要看院校，更要看专业实力。比如厦门大学与云南大学，虽然云南大学的综合实力不能与厦门大学相提并论，但是云南大学的民族学实力要比厦门大学强很多，建议大家理性报考。

2. 民族学专业就业状况很一般，如果不是对此专业非常有兴趣并耐得住寂寞，不建议报考该

专业。

实力院校

拥有民族学世界一流建设学科的院校

中央民族大学、云南大学。

拥有民族学二级学科国家重点学科的院校

中央民族大学、云南大学、兰州大学。

拥有民族学二级学科国家重点（培育）学科的院校

中国少数民族经济方向：中央民族大学。

国家级特色专业建设点

中央民族大学、广西民族大学、云南民族大学、中南民族大学。

科学社会主义：用马列主义分析和解决现实问题的学科

核心含义

马克思和恩格斯 1848 年发表《共产党宣言》，标志着科学社会主义的诞生。对科学社会主义的研究成为社会主义国家的一个重大理论课题。在 1990 年以前，我国有科学社会主义和国际共产主义运动两个专业学位点，如今总称为科学社会主义专业。它把马克思主义经典原著的研究同当今实际结合起来，以马克思主义基本理论为指导，研究当今社会主义运动出现的新情况和新问题。

本专业要求毕业生掌握政治学科的基本理论、基本知识，了解党的有关方针、政策和法律法规，了解科学社会主义和国际共产主义运动方面的发展状态，掌握科学的分析方法，具有分析、观察、解决问题的基本能力，并掌握文献检索、资料查询的基本方法，具有一定的科学研究和实际工作能力。

开设课程

理论课程：科学社会主义原理、马列主义经典著作选读、国际政治学、社会主义思想史、政治学、行政管理学、中共党史等。

主要实践性教学环节：包括教学、组织学生参加社会调查、业务实习等，一般安排 18 周。

就业展望

就业前景不是十分乐观，就业方向主要是进入党政机关、外事部门、高等院校从事理论宣传、教学研究工作，典型岗位有：

1. 高校教师。大学讲师针对他们所擅长的领域开课或授予学生专业训练，同时深耕于自己专精的学科，以发表论文的方式来获得职业的认可，在授课、训练、书写论文这几个方向里取得平衡。

2. 高校辅导员。辅导员是高校思想政治工作的骨干力量，具体工作的组织者、实施者、指导者。

能力要求

1. 该专业适合对理论学习和研究有较强兴趣的学生学习。

2. 该专业本科毕业后就业不理想，建议报考者做好读研甚至读博的心理准备。

实力院校

拥有科学社会主义二级学科国家重点学科的院校

科学社会主义与国际共产主义运动方向：山东大学、华中师范大学、中共中央党校。

中国共产党历史：以史为鉴，兴党强国

核心含义

中国共产党历史专业的主要研究内容包括中国共产党领导中国革命、建设、改革和党的建设的历史经验教训；中国革命、建设、改革的发展规律和党自身的发展规律；中国共产党的历史发展、理论、政策与实践。本专业注重以史为鉴，注重总结历史和现实经验，培养具备良好的政治理论素质和人文社会科学素质，既能在学校和科研机构从事本专业的教学和研究工作，又能在党政机关和企事业单位从事以本专业为基础的宣传、党务政务管理、文秘等工作的复合型人才。

开设课程

本专业开设的课程有马克思主义哲学原理、马克思主义政治经济学概论、科学社会主义理论与实践、毛泽东思想概论、中国特色社会主义理论体系概论、政治学概论、史学概论、中国近代史、中共党史、中国近现代政治思想史、政党学、党的建设理论与实践、党务管理、当代中国政府与政治、当代中国社会思潮、当代中国社会问题、世界近现代史、统一战线理论与实践、国家公务员制度、中共党史文献选读、马克思主义经典著作选读、海外中共党史研究等。

就业展望

中共党史相对来说是一个冷门专业，就业门路较窄。总体来看，主要有以下几个就业方向：

1. 在党政机关、政府部门的教育行政部门、政策研究室、党史研究室等机构就职，从事党校教师、党务干事、党建管理等工作。

2. 目前城镇权力机关的行政岗位对该专业需求稍微大些，其需要合格学历的政工干部充实队伍，所以毕业生可以参与村干部选拔及公务员考试去基层工作。

3. 深造读研、读博之后，在高校教学或者在科研机构做学术研究。

能力要求

1. 中国共产党历史专业的本科毕业生就业前景相对困难，一般需要继续深造，所以建议报考者做好读研深造的打算。

2. 建议对研究我党历史特别有兴趣的同学报考。

实力院校

拥有中国共产党历史二级学科国家重点（培育）学科的院校

中国人民大学、中共中央党校。

开设中国共产党历史专业的代表性院校

北京大学、中国人民大学、中国政法大学、湘潭大学、延边大学、华东师范大学、广西民族大学、井冈山大学。

思想政治教育：让社会主义核心价值观发扬光大

核心含义

思想政治教育专业主要研究人的思想观念以及人生观、世界观的形成规律，目的是指导人们形成正确的思想行为，是一个偏重理论的专业。我国现代思想政治教育学的理论基础是马克思主义，并借鉴吸取政治学、教育学、伦理学、心理学、社会学等学科的理论和方法。

该专业注重培养学生理论联系实际的能力，毕业后主要是从事思想政治教育研究工作，成为国家机关、学校、科研单位、新闻出版事业单位负责党务、宣传、教学、行政和党团工作的专业型人才。

开设课程

本专业开设的课程有政治学理论、马克思主义哲学、马克思主义政治经济学概论、科学社会主义概论、马克思主义中国化研究、中国政治思想史、西方政治思想史、中国革命史、中华人民共和国史、国际共产主义运动史、法学概论、民法学、刑法学、伦理学、逻辑学、管理学、教育学、心理学、思想政治教育原理、思想政治教育史、思想政治教育案例分析等。

就业展望

由于我国的特殊国情，该专业还是有用武之地的。特别是 20 世纪 80 年代末国内政治风波的涌动，国家和政府加大了思想政治建设力度，思政教育重新被提升到关乎现代化建设前途和命运的位置上来。具体说来，该专业主要有以下几个就业方向：

1. 从事教师职业。师范方向的毕业生一般可以到中小学担任思想政治教育老师，前提是拿到教师资格证。

2. 担任高校政治辅导员。在大学里属于从事行政工作，整体发展空间不错，但是必须提升自己的学历，而且在大学期间必须入党。

3. 毕业后选择读研读博，深造之后可走学术路线。或留在高校担任相关专业的老师，或进科研机构从事研究工作。

4. 考事业单位岗位或者公务员，负责党务、宣传、行政和党团等工作。

值得提醒的是，除大、中型国有企业外，其余的外资企业、民营企业难接以纳这个专业的毕业生。

能力要求

思想政治教育专业一般分为师范类和非师范类。师范类方向的毕业生一般是到中小学从事有关思想政治学科的教学；非师范类方向的毕业生主要进入党政机关、企事业单位，负责党务、行政、组织、宣传和管理工作，报考时要弄清楚方向。

实力院校

拥有思想政治教育二级学科国家重点学科的院校

东北师范大学、中山大学。

拥有思想政治教育二级学科国家重点（培育）学科的院校

武汉大学。

国家级特色专业建设点

华中师范大学、中国社会科学院大学、牡丹江师范学院、聊城大学、湖南师范大学、广西师范大学、长江师范学院、西华师范大学、贵州师范大学、北京师范大学、东北师范大学、淮阴师范学院、信阳师范学院、华南师范大学、西南大学、陕西师范大学、山西师范大学、吉林师范大学、哈尔滨师范大学、浙江师范大学、江西师范大学、山东师范大学、湖南人文科技学院、南宁师范大学、四川师范大学、武汉大学、辽宁师范大学、云南师范大学、天津师范大学、河北师范大学。

马克思主义理论：培养关心国家发展、关注社会现实的人才

核心含义

马克思主义理论专业是对马克思主义进行整体性研究，主要研究马克思列宁主义、马克思中国化的重要理论成果、毛泽东思想、邓小平理论等，培养能在党政机关、外事部门、高等院校从事实际工作的高级专门人才。例如：在相关科研机构进行研究工作，利用马克思主义立场、观点和方法分析研究当代现实问题。该专业培养具有基本的人文素养、关心国家发展、关注社会现实，并有着理论探索精神和社会实践能力的高素质、复合型人才。

马克思主义理论专业学生需要具备坚定的共产主义理想信念，掌握系统的马克思主义理论知识；具有良好的语言文字表达能力、科研创新能力、良好的沟通能力和社会实践能力；熟练地运用计算机技术，掌握一门外语。

开设课程

本专业开设的课程有科学社会主义原理、国际共产主义运动史、当代国际共产主义运动、邓小平理论、国际政治学、当代世界社会主义、社会主义思想史、政治学、行政管理学、中共党史、外交学、国际关系理论、中国外交史、国际政治经济学、世界经济概论、国际法与国际组织、外国政治制度、中国政治制度、宗教与国际政治、谈判学、中国通史、世界通史、中国革命史等。

就业展望

该专业毕业可以去学校做思想政治教师，各级大中小学都需要政治教师，或者继续读研读博，毕业后到高校任教、做学术科研。如果人际交往能力强，可以做辅导员，之后做办公室主任。所以，在校期间就要做好职业规划，走教学路线还是行政路线，要注意培养相应职业领域需要的能力。

能力要求

该专业要求考生具备以下几个方面的能力：1. 扎实掌握马克思主义哲学、马克思主义政治经济学、科学社会主义、中国近现代史等相关基础理论；2. 系统掌握中国共产党以马克思主义为指导领导中国人民进行新民主主义革命、社会主义革命、社会主义建设和改革以及自身建设的历程、经验、规律，掌握中国共产党历史专业的理论前沿和学术发展动态；3. 全面掌握历史学、政治学、社会学、哲学、法学等相关学科基础知识；4. 具有较强的自主学习能力、逻辑思维能力、科学研究能力以及文字和口头表达能力；5. 掌握中国共产党历史学科的基本研究方法，进行独立思考和创新思维，能提出一定的新见解、新观点，具有初步的学术探索和创新能力；6. 能够运用马克思主义立场、观点、方法分析和解决实际问题，具有良好的实践能力、择业创业能力、思想政治工作能力、人际交往能力、组织协调能力；7. 坚持马克思主义的立场、观点、方法，有良好的政治理论素质、思想道德素质、科学文化素质、身体和心理素质。

实力院校

开设马克思主义理论专业的代表性院校

中国人民大学、清华大学、东北师范大学、武汉大学、北京大学、吉林大学、复旦大学、南京师范大学、山东大学、华中师范大学、中山大学。

治安学：培养国民身边的"卫士"

核心含义

治安学专业在社会生活中应用非常广泛，大到重大突发性事件的预防与处置，小到日常生活中如社区管理、纠纷调处等都离不开治安管理与治安学。综合来看，治安学是研究社会治安现象、产生社会治安现象的原因以及治安对策的科学，它通过对社会治安现象进行整体化研究，着力解决社会治安问题。

本专业培养能在公安、国家安全、边防、消防、军队、行政执法机关以及安全保卫等部门，从事治安管理、出入境管理、道路交通管理、预防和控制犯罪、安全保卫等实际工作，以及从事治安学教学、科研等方面工作的高级复合型、应用型人才。

开设课程

本专业开设的课程有法理学、宪法学、政治学、行政管理学、警察法学、公安基础理论、刑法学、刑事诉讼法学、行政法与行政诉讼法学、治安管理学总论、刑事侦查学、侦查讯问学、侦查措施、犯罪学、犯罪心理学、法医学、刑事照相、安全防范技术、道路交通管理、治安秩序管理、治安案件查处、危险物品管理、消防安全管理、计算机安全管理、保卫学、警卫学、涉外警务、文件检验学、痕迹检验学、擒敌技术、查缉战术、汽车驾驶技术等。

就业展望

本专业毕业的学生除考取硕士研究生继续深造学习外，主要就业方向如下：

1. 在各级公安机关、边防、国家安全等部门从事治安管理、出入境管理、消防管理、户政管理、安全保卫、预防和控制犯罪等方面工作。

2. 在党政机关、社会团体、企事业单位从事党政管理、纪检监察、治安保卫与防范、行政执法等工作。

3. 在人民法院、人民检察院、劳教劳改系统担任司法警察、监狱干警、劳教劳改干警等。

4. 在各级教育和科研机构从事治安学教学与研究工作。

能力要求

1. 一般安排在本科提前批录取，须公安体检、面试、体能测试、政审合格。具体要求请参考目标院校的招生章程和公安类院校的录取要求。

2. 本专业适合有志于维护社会稳定的同学报考。而这个专业的适应能力也是比较强的，胜任一些非本专业的公安工作体能训练是必需的，好的身体素质是成为一名合格的侦查员或者说警察的首要条件。该专业的职业方向要求毕业生必须要能吃苦耐劳，而且心理素质必须要过关，遇到各种突发事件时能冷静处置。外勤只是警察任务的一种普通任务，大多数只是巡逻任务或者维持治安而已，算是比较轻松的。

实力院校

国家级特色专业建设点

中国人民公安大学、江苏警官学院、浙江警察学院。

侦查学：研究防控犯罪之道

核心含义

侦查学是刑事法学的重要分支，它以侦查活动及其规律、侦查制度和侦查理论、犯罪活动的规律及特点为研究对象，从属于法学门类，是集科学性、实践性为一体的综合性应用科学。该专业学生主要学习侦查学的基本理论和基本知识，接受刑事执法、侦查破案的基本训练，掌握侦查学理论和技术。专业培养具有坚定正确的政治方向、严格的组织纪律观念、良好的职业道德，有为维护国家安全、社会安定而献身精神，熟悉我国公安工作的路线、方针、政策和相关法律、法规，系统掌握侦查学专业的基本理论、基本知识和基本技能，能在公安、检察、国家安全等部门从事侦查工作、刑事执法工作、预防和控制犯罪以及侦查学教学、科研等方面工作的高级专门人才。

开设课程

本专业开设的课程有刑法学、刑事诉讼法学、证据法学、侦查学总论、侦查原理、侦查谋略、法医学、经济犯罪侦查、现场勘察学、讯问学、侦查技术、侦查技能训练、检察学、贪污贿赂犯罪侦查、犯罪心理学、国际刑警组织、计算机侦查应用、外国侦查制度、犯罪预防学、司法会计、侦查指挥学、犯罪情报学、金融法概论、海关法、计算机犯罪侦查等。

就业展望

侦查学这个专业的就业前景在公安类专业中是比较好的，因为这个专业就全国来说需求量也是最大的，就业方向主要有以下几个方面：

1. 能在各级公安、边防、国家安全、海关等部门和人民检察院系统从事侦查、刑事执法、预防和控制犯罪、缉毒、缉私等方面工作。

2. 在党政机关、社会团体、企事业单位从事党政管理、纪检监察、治安保卫与防范、行政执法等工作。

3. 在劳教劳改系统担任监狱、劳教劳改干警等。还有一个方向是在各级警校和科研机构从事侦查学教学与研究工作。

能力要求

1. 一般安排在本科提前批录取，须公安体检、面试、体能测试、政审合格。

2. 本专业主要有刑事侦查方向，经济犯罪侦查方向和禁毒学方向，适合有志于维护社会稳定的同学报考。该专业要求考生能吃苦耐劳、体魄健康、反应敏锐。好的身体素质是成为一名合格侦查员或警察的首要条件，而且工作中会遇到各种突发事件，心理素质也必须过关。对考生在体能、身体、思想政治素质等方面有一定的要求，具体可以看公安类专业招生须知。

3. 该专业要求毕业生法学理论扎实，有分析和解决问题的实际工作能力。

实力院校

国家级特色专业建设点

湖北警官学院、西南政法大学、甘肃政法大学、中国刑事警察学院、中国人民公安大学、华东政法大学、西北政法大学等。

边防管理：培养国境守护人才

核心含义

我国疆域辽阔，随着改革的深入发展，对外开放的领域越来越广，对高素质的边防管理人才的需求有所增长。边防管理专业培养具备国（边）境管理、部队管理和出入境边防检查等方面的知识和能力，能在公安边防部队和出入境管理部门从事国（边）境管理和出入境边防检查等方面工作的高级专门人才。

该专业学生主要学习法律、公安边防业务、部队管理等方面的基本理论和基本知识，受到国（边）境管理、边防勤务与战术、护照证件及交通运输工具检查（监护）等方面的基本训练。

开设课程

边防管理专业开设课程有：国际法、刑法、刑事诉讼法、当代世界政治经济法、边防公安法规、公安学概论、治安管理学、刑事侦查学、边境管理学、边防勤务学、边防战术学、边防情报学、边防检查学、护照鉴证制度、口岸管理、国际移民管理概论、行政法与行政诉讼法等。

就业展望

该专业毕业生就业方向主要有：

1. 在边防部队、人民警察和武警部队中的出入境管理部门和出入境边防检查部门，从事国境管理和出入境边防检查等方面的工作；

2. 到政府外事部门、安全、海关、金融、税务、高等院校、科研机构工作。

能力要求

学生在选择此专业时要注意院校的性质，地方院校对考生限制较少，部队院校则相对要求严格，要提前进行体检、政审。

实力院校

国家级特色专业建设点

中国人民警察大学、甘肃政法大学。

禁毒学：让社会远离毒品的侵袭

核心含义

禁毒学专业培养的是具有坚定正确的政治方向，严格的组织纪律观念和良好的职业道德，熟悉公安业务，了解我国和世界毒品问题现状、趋势及应对策略，系统地掌握禁毒学的基本理论、基础知识和基本技能，具有从事毒品犯罪案件侦查及其他禁毒工作实践和理论研究能力的应用型专门人才。

开设课程

本专业开设的课程有禁毒学导论、毒品学（含检验）、禁毒法学、禁毒情报、戒毒学、毒品公开查缉、毒品犯罪案件侦查（含措施、预审）、毒品预防、国外禁毒概论（双语）、艾滋病与职业防护。

就业展望

禁毒学专业是伴随着毒品问题在世界范围内不断发展蔓延而兴起的一门学科，是国家按照需求计划培养的专业，就业前景比较好。特别是云南等边境地区是我国毒品的重灾区，对于该专业人才的需求量比较大。学生毕业后大多到公安、边检等系统从事与禁毒相关的工作，也有不少考生选择从事高校教学或者科研等方面的工作。总之，该专业基本上属于“订单式”培养，不存在就业困难问题。

能力要求

1. 本专业属于提前批次录取，考生须参加体检、面试和体能测试及政审。

2. 本专业大部分计划只招收男生。

3. 本专业毕业生大部分到我国的边境地区进行缉毒工作，工作环境没有期待中的舒适，有可能会经常在丛林山村穿梭，而且还具有一定的危险性，所以考生要具有吃苦耐劳和为国家奉献的精神。

实力院校

国家特色专业建设点

云南警官学院。

警犬技术：关于驯养警犬的学问

核心含义

警犬技术就是警察机关根据警务需要，训练、使用、管理、繁育警犬以及对警犬疾病进行防治的一种专门技术，是一门为侦察破案和安全防范服务的综合性应用科学，是刑事侦查和治安防范科学的组成部分，在公安、司法、国家安全等部门广泛应用。警犬技术专业主要分为三个方向：刑侦、治安和缉毒。

开设课程

以中国刑事警察学院警犬技术系为例，本专业开设的课程如下：

大一大二在本部学习：中国近现代史纲要、公安学基础理论、公安管理学、政治理论、大学英语、公安文书写作、计算机应用、形势与政策、公安法规、宪法学、法理学、刑法、刑事诉讼法、行政诉讼法、民商法、治安管理学、犯罪学、犯罪心理学、刑事案件侦查、预审学、侦查策略、审讯技巧、临场查缉战术、犯罪现场勘查、痕迹检验（足迹检验、步法追踪等）、法医病理学、特种照相、警察体育、防卫控制、射击等。

在大学三年级前往公安部沈阳警犬基地：警犬学概论、犬解剖生理、犬病学、养犬学、警犬训练学、警犬使用学、犬行为学等。学生通过抽签决定学习刑侦、缉毒、治安方向警犬应用，并有公安实习。

大四全校学生进行省考、国考、公安联考或者研究生考试的准备。

就业展望

警犬技术专业主要培养公安业务基础扎实，精通警犬技术，有教学、科研和实践能力的警犬技术应用型人才。专业性很强，就业面比较窄，毕业生主要在公安、司法、国家安全等部门工作。目前只有中国刑事警察学院开设了警犬技术这个本科专业，每年的毕业生规模比较小，国家相关部门对这方面的人才是比较欢迎的，所以只要在学校表现优秀，专业能力强，一般都能够被分配到相关部门工作，不用太担心就业问题。

能力要求

1. 该专业放在本科提前批招生，一般都需要经过体检、面试、体能测试及政审。

2. 警犬技术是人、犬结合的技术，需要真正拿犬当朋友，需要付出人类的感情，所以对犬有热爱之心的人会更适合学习这个专业。

3. 警犬技术专业毕业生在工作中经常要与警犬打交道，并带领警犬侦查案件、缉拿凶犯、维护社会治安等，工作不仅枯燥、劳累，还具有危险性，所以考生选择该专业一定要做好充分的心理准备。

实力院校

中国刑事警察学院。

经济犯罪侦查：揑出经济繁荣背后的蛀虫

核心含义

随着经济发展越来越快，有一部分人为牟取不法利益，违反国家经济法规，严重破坏社会经济秩序，成为经济繁荣背后的蛀虫。为了维护经济发展的稳定，国家需要培养一批能够掌握惩治经济犯罪的法律法规，并运用侦查手段来打击经济犯罪行为的专门人才。经济犯罪侦查专业就是为满足新形势下防控经济犯罪工作对专业人才的需求，经教育部批准在全国本科院校中率先开设的公安应用学科。

经济犯罪侦查专业分涉税犯罪侦查、走私犯罪侦查、金融犯罪侦查、商贸犯罪侦查 4 个专业方向。

开设课程

主要专业课程：侦查策略、刑法学、证据学、现场勘查、司法会计、走私犯罪案件侦查、金融犯罪案件侦查、商业犯罪案件侦查、经济犯罪防范对策、刑事讯问学、痕迹检验、笔迹学、侦查心理学、法医学、刑事照相、司法精神病学、经济法学等。

就业展望

目前，我国经济犯罪行为层出不穷，很多地方警力吃紧，高素质的经济犯罪侦查专业人才更是供不应求。该专业毕业生的就业方向比较集中，主要是检察机关、纪检部门、公安部门以及企事业单位相关岗位。

能力要求

1. 学习该专业的学生需要有比较强的辩证逻辑思维能力和表达能力，具备较强的独立分析、调查能力和科学研究能力；同时还要求学生具备一定程度的计算机水平和外语水平。这个专业更适合耐心、细致、认真的学生学习。

2. 国内现在有众多公安类院校开设了经济犯罪侦查专业，有志于从事公安类职业的学生可以考虑。

3. 报考该专业的考生都需要经过政审、面试、体检、体能测试。

实力院校

国家特色专业建设点

广东警官学院。

开设经济犯罪侦查专业的代表性院校

中国刑事警察学院、西南政法大学、江西警察学院。

边防指挥：公安性质，军人待遇

核心含义

边防指挥专业是一门研究部队管理与部队指挥的学科，主要培养能在公安边防部队从事边防执勤执法行动指挥、处置边境突发事件等方面工作的应用型高素质警官。

开设课程

本专业开设的主要课程有部队基层政治工作、部队基层行政管理、参谋业务基础、公安学概论、边境管理学、边防情报学、边防勤务学、边防战术学、公安边防部队实习、社会调查等，以及各校的主要特色课程和实践环节。

就业展望

边防指挥专业毕业生的就业方向比较固定，毕业后统一分配到公安边防、消防、警卫部队工作，基本上都是“订单式”培养、对口就业。该专业属于国家控制布点专业，学生入学都能够享受现役军人待遇，不仅不用交学费和生活费，还能享受军队补贴，而且毕业后国家统一分配工作。对于想要稳定工作，又能吃苦耐劳的考生来说是一个不错的选择。

能力要求

1. 该专业招录参加全国普通高等学校招生统一考试的普通中学高中毕业生（应届生、往届生均可），但仅限英语语种的考生，并要求考生高考成绩达到当地第一批本科录取控制线以上。

2. 该专业在本科提前批录取，须参加学院和省（区、市）公安厅（局）政治部共同组织的面试、体检、政审。体检标准：男生身高不低于1.68米，女生身高不低于1.58米；两眼裸眼视力均为4.6以上；其他标准参照《军队院校招收学员体格检查标准（试行）》（后卫〔2015〕904号）执行。

3. 该专业对考生有一定的年龄限制，要求年龄不低于17周岁、不超过20周岁（截至报考当年8月31日）。同时，要求考生未婚。

4. 新生入学后，经身体复检、政治复审合格，即取得学籍、军籍，成为公安现役院校学员，享受现役军人待遇。

实力院校

国内现只有中国人民警察大学开设了边防指挥本科专业。

消防指挥：培养“烈火英雄”指挥官

核心含义

消防指挥学是应用军队指挥学的基础理论，结合消防部队作战的具体特点，重点研究消防部队灭火救援作战组织指挥规律、指导抢险救灾组织指挥实践的科学。

消防指挥专业的学生主要学习消防工程、土木工程、安全管理和管理学等方面基本理论和基本知识，受到消防技术标准审核、监督管理和组织指挥等方面机能的基本训练。

该专业培养具有消防监督、队伍管理和灭火救援等工作组织指挥的基本能力，能在公安消防部队和企事业单位从事消防工程技术与管理和灭火救援指挥方面工作的高级专门人才。

开设课程

开设的主要课程：工程力学、化学工程、消防燃烧理论、建筑防火设计原理、灭灾对策学、消防技术装备、消防法规、防火工程、消防监督管理、消防队伍管理、灭火救援、火灾调查、消防专业外语、军队指挥学基础理论、部队管理科学基础、火灾科学概论、灭火技术、灭火战术、消防技能训练、现代消防装备、灭火救援指挥、消防司令部工作、消防监督管理等。

就业展望

相对来说，消防指挥是一个专业与职业匹配度比较高的专业，毕业薪酬指数也高于各专业的平均值。目前，我国大陆只有中国人民警察大学、中国消防救援学院开设了消防指挥本科专业，基本上都是“订单式”培养，所以不存在就业难的问题。但是由于该职业存在一定的危险性，所以很多考生家长都望而却步。

能力要求

1. 该专业属于本科提前批招生的专业，需要参加公安现役院校的面试、体检和政审。

2. 该专业可以招收往届生，但是对年龄有一定的限制，不低于 17 周岁、不超过 20 周岁（截至报考当年 8 月 31 日），而且基本上只招收男生，所以考生在填报该专业时一定要注意相关要求。

3. 该专业学生是可以免学费的，而且就业和薪资基本上都能达到期望值。但是，消防工作是比较辛苦和危险的，报考该专业的考生一定要有吃苦耐劳和为国家奉献的精神。

实力院校

中国人民警察大学、中国消防救援学院。

警卫学：培养政要人物的安全卫士

核心含义

警卫学是一门研究警卫活动的现象、特点、规律的综合性应用科学，是公安学的一个重要分支学科。

近年来，随着国际、国内社会治安形势的发展变化，恐怖分子、敌对分子往往把党政要人作为袭击目标，实施暗杀等一系列破坏活动，警卫工作面临的形势越来越严峻，作为公安工作的一项专门业务，越来越受到重视。

本专业培养在公安警卫部队从事党和国家领导人、来访重要外宾及重要会议、重大活动安全警卫工作，以及执勤训练、管理教育等方面工作的应用型人才。

开设课程

本专业开设的主要课程有治安管理学、散打、驾驶技术、防暴技术、警卫基础理论、警卫参谋学、警卫勤务学、警卫战术学、警卫指挥学、部队管理科学基础、治安管理学、汽车驾驶等。

就业展望

警卫学专业毕业生主要是在公安、检察、国家安全等部门从事侦查、刑事执法、预防和控制犯罪以及侦查学教学、科研等方面工作。目前，只有中国人民警察大学警卫学本科专业公开招收高中毕业生，基本上都是国家对口分配工作，不存在就业难的问题。

能力要求

1. 该专业招参加全国普通高等学校招生统一考试的普通中学高中毕业生，但仅限英语语种的考生，并要求考生高考成绩达到当地第一批本科录取控制线以上。

2. 该专业在提前批录取，考生按照当地高考志愿填报要求，在提前批次填报志愿即可。须参加学院和省（区、市）公安厅（局）政治部共同组织的面试、体检、政审。

3. 该专业有一定的年龄限制和体检要求。年龄不低于17周岁、不超过20周岁（截至报考当年8月31日），未婚；男生身高不低于175cm，女生身高不低于158cm；两眼裸视力均为4.8以上；其他标准参照《军队院校招收学员体格检查标准（试行）》（后卫〔2015〕904号）执行。

4. 该专业的待遇比较好。新生入学后，经身体复检、政治复审合格，即取得学籍、军籍，成为公安现役院校学员，享受现役军人待遇。学习期间免交学费、住宿费，统一发放武警警服、津贴和伙食费，并视成绩状况发放奖学金，家属享受军属待遇；毕业后统一分配工作。对于家庭条件一般，想要稳定工作，又能吃苦耐劳的考生来说是一个不错的选择。

实力院校

国内现只有中国人民警察大学开设了警卫学本科专业。

公安情报学：实现对犯罪行为的快速反应和精确打击

核心含义

公安情报学是情报学理论与公安警务情报工作实践相结合而形成的一门特色情报学学科。

该专业培养具备扎实的公安情报理论基础，掌握情报收集、处理、分析、评估、判断和管理的方法与技术，具备使用现代信息技术开展公安情报活动的能力，能在公安各警种从事个情报公安收集、分析、研判和管理的应用型高级专门人才。

公安情报学属于一门新兴的交叉学科，是自然科学和社会科学的合成学科，它作为理解现代化通信和知识综合化所必需的一个领域而存在。

开设课程

根据公安情报学研究的三维结构，公安情报学专业的课程主要从业务、技术和管理三个方面来进行设置。

业务方面，开设课程有公安情报学、犯罪情报分析、公安情报工作实务、侦查逻辑学、社情调查与统计学、电子证据与文件检验、公安语用学、公安战略情报评估、犯罪学、中国社会热点问题等。

技术方面，开设课程有公安情报技术、计算机犯罪侦查与取证、情报组织、情报检索、公安情报预警系统、智能情报系统、刑事图像技术、信息隐藏与数字水印技术、公安通信与侦听技术、电子警务等。

管理方面，开设课程有中外公安情报制度、公安情报政策与法规、情报与反情报、公安情报安全管理学等。

就业展望

本专业着重培养学生胜任公安情报实际业务工作的能力，包括公安情报搜集能力、公安情报整编能力、公安情报分析能力、公安情报管理能力以及与公安情报工作相关的信息技术应用能力、群众工作能力等。同时培训学生掌握侦查、治安等方面的公安业务知识和技能，既能胜任公安机关及其他政法机关、企事业单位的信息、情报工作，也能适应这些单位相关岗位的需要，在就业上可谓前景广阔。

能力要求

1. 该专业招收参加全国普通高等学校招生统一考试的普通中学高中毕业生（应届生、往届生均可），但仅限英语语种的考生。大部分省份招生要求考生高考成绩达到当地第一批本科录取控制线以上。

2. 该专业在本科提前批录取，考生按照当地高考志愿填报要求，在提前批次填报志愿即可。须参加学院和省（区、市）公安厅（局）政治部共同组织的面试、体检、政审，具体安排请关注各省（区、市）教育考试院或公安厅（局）网站。

3. 该专业基本上只招收男生，需要考生具备较强的心理素质和综合分析能力。

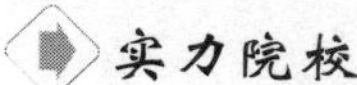

实力院校

国内开设公安情报学专业的代表性院校

中国人民公安大学、中国刑事警察学院、山东警察学院、南京森林警察学院。

犯罪学：探究犯罪现象的根源

核心含义

犯罪学是一门以犯罪现象为研究对象的学科，属刑事法学方向。

本专业主要探索犯罪发生的原因及其规律，并提出有效预防处理和预防犯罪的对策，从而达到降低犯罪现象出现的目的。

本专业要求学生具有良好的科学素质与人文素质、警察基本素质和技术技能，既有较高的执法能力和管理水平，又有强烈的公共服务意识，全面系统地掌握犯罪学基础理论、基本知识和基本技能。

开设课程

本专业设置的课程有犯罪学原理、西方犯罪学、刑事政策学、犯罪被害人学、犯罪预防学、犯罪心理学、罪犯矫治学、犯罪评估导论、犯罪学研究方法、犯罪统计学、公安学概论、刑事侦查学、治安管理学、刑事科学技术、刑法学、刑事诉讼法学、社会学概论、社会工作概论、普通心理学、社会心理学、人格心理学、变态心理学等。

就业展望

目前国内仅有中国人民公安大学开设了犯罪学本科专业，每年的毕业生数量十分有限，就业前景比较乐观。毕业生主要在公安保卫部门从事犯罪预防、犯罪分析与预测、犯罪矫治等工作，以及到检察院、法院、司法行政部门从事相关工作。也可在相关领域从事犯罪学教学、科研工作。

此外，按照《关于公安院校公安专业人才招录培养制度改革的意见》要求，毕业生可参加公安部、国家公务员局组织的公安机关面向公安院校公安专业毕业生的统一招警考试，笔试、面试、体检、体能测评、考察等均合格的毕业生，有资格选择录用职位，并择优录用到公安机关工作，原则上回生源地公安机关入警。

能力要求

1. 招收全国内地高级中等教育学校毕业或具有同等学力，未婚，年龄不超过22周岁的学生（截至当年9月1日），并且只招收男生，要求公安体检、面试、体能测试、政审合格。

2. 该专业在本科提前批录取，要求考生分数达到所在省份的本科一批录取控制分数线。

3. 该专业更多的是研究人的心理活动，所以更适合敏感、细腻、对人的行为和心理有一定兴趣的考生报考。

实力院校

中国人民公安大学。

公安管理学：公安机关的“健康管理系统”

核心含义

公安管理是国家公共行政管理的重要组成部分，它是通过对公安机关的有效组织和管理，促进公安行政行为的实施，以确保公安机关职能充分发挥的活动过程，也就是公安机关提高系统功能，有效地保卫国家安全，维护社会治安，根据国家的法制并运用现代管理理论、管理方法和技术手段，有意识、有计划、有组织地进行一切协调活动。

公安管理的目的就是确保公安机关自身职能的充分发挥，使公安机关充分体现出其固有的宗旨和使命。公安管理的特征包括政治性、法制性、强制性、服务性和层次性。

公安管理学专业着重培养能在公安机关综合管理、政治工作、法制工作、后勤保障等部门从事管理、法制工作，在公安业务部门从事警务指挥、组织管理、信息调研工作以及在相关领域从事教学、科研工作的高级复合型专门人才。

开设课程

本专业开设的主要课程有政治学、管理学、公安管理学、公安决策学、公安指挥学、公安政工学、警察人力资源管理、警察组织行为学、公安信息系统管理、警察公共关系等。

就业展望

公安管理学是行政管理专业的一个分支，也是国家特设专业、控制布点专业，每年的毕业生除了考研深造外，几乎都在全国各级公安系统就业。他们主要是在公安机关政治工作、法制工作、后勤保障等部门从事管理、法制工作或在公安业务部门从事警务指挥、组织管理以及从事相关领域的教学、科研工作。

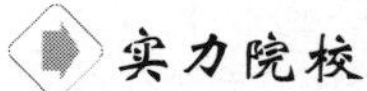

1. 该专业更适合具有良好组织纪律和作风、较强文字及语言表达能力、良好心理素质的考生报考。

2. 该专业基本上只招收男生，需要参加省级公安机关统一组织的面试、体检、政审等。

实力院校

国家级特色专业建设点

中国人民公安大学。

开设公安管理学专业的代表性院校

中国人民公安大学、北京警察学院、四川警察学院、南京森林警察学院、福建警察学院、江苏警官学院、铁道警察学院。

涉外警务：培养涉外纠纷的调解员

核心含义

涉外警务是指公安机关和警察人员依法行使警察职权，对具有涉外因素的事务实施行政和刑事管辖活动的总称，或者说是公安涉外管理的总和。涉外因素包括外国人、外国政府、外国组织、外国机构，也包括在中国领域外发生的涉及中国国家或中国公民利益的事务，该专业同外交学、国际关系学、国际法学、涉外行政法学、犯罪学、治安管理学、侦查学等学科有着很强的交叉性和渗透性。

该专业旨在为公安机关培养具备扎实的涉外警务基础理论知识，具备出入境管理、涉外案件处置、国际警务执法合作等方面专业技能，具有较高外语水平，能在公安机关从事出入境管理、边防检查、国际社区管理、涉外案件查处、维和警务、涉外警务联络等工作以及在相关领域从事教学、科研工作的应用型公安高级专门人才。

开设课程

本专业开设的主要课程有涉外警务法律基础、涉外警务概论、出入境管理、涉外案件处置、国际警务合作概论、跨国犯罪对策、国际移民概论、国际关系概论、外交学、警务英语口译、警务英语笔译。

就业展望

如今我国公安机关与世界各国警察机构的交流和合作在进一步加强，涉外治安管理和涉外刑事管辖进一步国际化，迫切需要国际型的高级执法人才。

涉外警务专业具有很强的涉外性，它具有国际执法和国内执法的双重性质。较强的外语能力与熟练掌握公安学、治安学理论知识和实践技能，将成为该专业毕业生的两把利剑。无论是在公安机关出入境管理部门、武警边防检查机构，还是在其他涉外警务工作部门从事出入境管理、国际警务合作、联合国维和警务、边防检查、涉外案件处置、跨国犯罪调查、跨国罪犯追捕与遣返、国际执法联络、国际警务合作、司法协助、中国驻外使领馆警务联络工作，毕业生都能如鱼得水。

能力要求

1. 该专业男女兼招，以男生为主，需要参加省级公安机关统一组织的面试、体检、政审等，放在提前批录取。

2. 该专业对外语水平要求比较高，除英语外也招收其他语种的考生，更适合具有良好组织纪律作风、较强语言表达能力、良好心理素质和一定语言天赋的考生报考。

3. 部分院校对英语专业有一定的单科要求，请注意在报考前查看目标院校的招生章程。

实力院校

国内开设公安管理学专业的代表性院校

中国人民公安大学、中国刑事警察学院、北京警察学院、江苏警官学院、湖北警官学院、浙江警察学院、新疆警察学院。

国内安全保卫：培养国家安全与稳定的护卫队

核心含义

国内安全保卫从广义来讲，是一个国家特定的专责机关，根据国家的宪法和法律来维护国家政权和社会制度的稳定。而从狭义来讲，是指公安机关的国内安全保卫部门依照宪法和法律规定，为了维护国家安全和社会稳定，运用专门力量和隐蔽手段进行的特殊工作。

简而言之，国内安全保卫就是一门研究怎样维护社会稳定和国家安全的公安学科，隐蔽性是国内安全保卫工作的重要特点之一，这也就决定了该学科具有极强的保密性。同时，阶级性、科学性、综合性、应用性也是它的代表性特征。该专业的核心技能在于安全防范技术和安全保卫工作能力。

该专业旨在培养熟悉新形势下国内安全保卫工作的规律、特点，掌握维护国家安全和社会稳定方面的综合技能，能够胜任国内安全保卫的实际工作和国内安全保卫专业教学、科研工作的高级专门人才。

开设课程

本专业开设的主要课程有公安学基础理论、刑法、刑事诉讼法、刑事侦查学、公安行政法、犯罪学、治安管理学、擒敌、射击、查缉战术、汽车驾驶、国内安全基础理论、国内安全措施与手段、国内安全情报信息、国内安全案件侦查、保卫学、安全防范技术、事故对策学、痕迹学、刑事图像技术、文件检验、刑事化验、法医学、侦查讯问学等。

就业展望

国内安全保卫专业毕业生的就业面比较广，基层公安机关和行政、企事业单位安全保卫部门都是其毕业方向。毕业生可从事基层公安、国家安全机关及党政机关、企事业单位、金融领域等安全保卫部门的安保工作；各保安公司、机关团体、企事业单位保卫部门的保安管理人员、外事部门（涉外饭店、公司、大使馆、领事馆）保安人员。目前开设该专业的院校只有中国人民公安大学，毕业生之间的竞争压力不大。

能力要求

1. 招收全国内地高级中等教育学校毕业或具有同等学力，未婚，年龄不超过22周岁的学生（截至当年9月1日），并且只招收男生，要求公安体检、面试、体能测试、政审合格。

2. 该专业实行定向招录培养。不在高考录取阶段考录选拔，是从当年考入中国人民公安大学的大一年级新生中考录选拔，具体办法在新生入校后公布。

实力院校

目前开设了国内安全保卫本科专业的只有中国人民公安大学。

警务指挥与战术：处警、出警的艺术

核心含义

警务指挥与战术专业是以重大警务处置行动应急指挥为研究对象，研发应急指挥中的运筹谋划、发令调度、现场处置技战术与武器装备的合理运用、警务实战技能训练等手段，掌握预防与减少应急指挥中的失误与人员伤亡规律的一门综合性应用学科。

该专业培养既有较高的执法能力和指挥辅助决策能力，又有较强的警务实战训练组织能力，全面系统地掌握警务指挥学基本知识和基本技能，能在公安一线从事警务指挥辅助以及警务实战训练组织的应用型高级专门人才。

开设课程

本专业开设的主要课程有侦查学、治安管理学、警务指挥学、警务战术学、警察谋略学、警务实战训练、警务实战心理学、警务战例研究、警务实战技能、警务指挥与战术总论、公安作战指挥、运筹学基础、警务指挥信息系统、警务参谋、警用武器使用、警用装备使用、警务战术学、警务实战心理应用、警务实战法律法规应用、警务实战训练指导法、危机谈判、攀降越障技术等。

警务指挥与战术专业学制 4 年，授予法学学士学位，讲求课堂教学与警务实践有机结合，学生除学习基础课程和专业课程外，还要掌握各种警体实战技能，接受严格的警务化、作战化训练，并深入实战部门进行警务实践。

就业展望

在 20 个世纪 90 年代以前，我国的警察所运用的战术，都是借鉴部队的战术，基本上没有属于自己的战术理论和内容。近十几年，随着世界警务改革的加快和国际间警务合作的增多，现代警务技术才逐渐开始受到重视，国家对于警务指挥与战术的专业人才的需求量也越来越大。

毕业生适合到各级公安机关特警、防暴部门及其他政法保卫部门工作。尤其适合在处置群体突发性事件，负责队伍的调集、训练等方面发挥作用。目前社会上很多单位都需要这样的人才，毕业生就业领域相对宽泛。

能力要求

1. 该专业男女兼招，需要参加面试、体检、政审等，一般在提前批录取。

2. 该专业只招收英语语种的考生。更适合身体素质较好，能够吃苦耐劳，经得起部队体能化训练，并且面对危机能够沉着应变的考生报考。

实力院校

国内开设了警务指挥与战术专业的代表性院校

中国人民公安大学、江苏警官学院、广东警官学院、湖北警官学院、南京森林警察学院、浙江警察学院、福建警察学院、湖南警察学院、河南警察学院、重庆警察学院。

技术侦查学：培养从事侦查、刑事执法工作的高级人才

核心含义

技术侦查学专业培养熟悉我国公安工作的路线、方针、政策和相关法律、法规，系统掌握侦查学专业的基本理论、基本知识和基本技能，能在公安、检察、国家安全等部门从事侦查工作、刑事执法工作、预防和控制犯罪以及侦查学教学、科研等方面工作的高级专门人才。

该专业学生主要学习技术侦查学的基本理论和基本知识，接受刑事执法、侦查破案的基本训练，掌握侦查学理论和技术，具行分析问题、解决问题的实际工作能力和创新能力。

开设课程

本专业开设的课程有公安学基础理论、犯罪学、公安管理学、刑法、刑事诉讼法、行政法与行政诉讼法、自卫擒敌、射击、刑事侦查学、物证技术学、法医学、侦查讯问学、现场勘查学等。

就业展望

本专业毕业生主要从事检察、国家安全、军事安全、公安、工商等工作税务审判、海关、纪检监察等部门从事侦查、检查、刑事执法、预防和控制犯罪，以及侦查教学和科研工作。本专业适用于公务员岗位和招考。

能力要求

该专业要求考生具备以下几个方面的能力：1. 掌握法学、侦查学的基本理论、基础知识；2. 掌握侦查手段和侦查技术；3. 具有较强的侦查指挥、刑事执法的基本能力；4. 熟悉公安工作的方针、政策和法规；5. 掌握擒拿格斗技术、警用武器应用技术等技能，身体素质达到规定标准；6. 掌握公安研究的基本方法，具有一定的教学、科学研究和实际工作能力。

实力院校

开设技术侦查学专业的代表性院校

中国人民公安大学、中国刑事警察学院。

海警执法：用行政学、管理学、治安学的知识解决海上问题

核心含义

海警执法作为公安学的一项学科，是近年来兴起的一个新专业。海警执法也具有行政学和管理学的相关属性，治安学专业可以被认为是一个交叉的、综合性的学科。同时，海警执法研究的对象——海上治安问题也是社会问题。本专业为公安机关培养具有坚实的法学理论和治安学理论基础，掌握公安工作的专业技能、适应公安机关实际工作需要的复合型应用型专门人才。

海警执法专业人才是海上执法实践的行为主体，其人才培养质量直接关系到我国海警海上执法能力和应对水平。该专业学生主要学习治安学、行政法学、行政管理学、安全防范技术等方面的基本理论和基本知识，接受公安行政执法和犯罪预防等方面的基本训练，具有管理社会治安，预防处置治安案件、治安事件与治安灾害事故，指导和监督企、事业单位内部治安保卫工作的基本能力。

开设课程

本专业开设的课程有理学、宪法学、政治学、行政管理学、警察法学、公安基础理论、刑法学、行政法与行政诉讼法学、治安管理学总论、犯罪学、犯罪心理学、安全防范技术等。

就业展望

本专业毕业生的就业方向相对比较固定，适合在公安机关从事边防海警，在海关总署从事海上缉私警察等工作，毕业后更适合在体制内工作。

能力要求

该专业要求考生具备以下几个方面的能力：1. 掌握治安学、行政法学、行政管理学、安全防范技术学、侦查学等方面的基本理论、基本知识；2. 掌握治安管理方法和安全防范技术；3. 具有管理大、中城市社会治安、处理各种治安问题的初步能力；4. 熟悉党和国家有关公安工作及社会治安工作的方针、政策和法规；5. 掌握通讯、驾驶、射击、自卫擒敌等技能，身体素质达到规定标准；6. 掌握公安研究的基本方法，具有一定的教学、科学研究和实际工作能力。

实力院校

开设海警执法专业的代表性院校

武警海警学院。

公安政治工作：对公安机关进行组织和管理

核心含义

公安政治工作专业着重培养能在综合管理、政治工作、法制工作、后勤保障等部门从事管理、法制工作和在公安业务部门从事警务指挥、组织管理、信息调研工作以及在相关领域从事教学、科研工作的高级复合型专门人才。

该专业要求学生系统掌握必需的基础理论、基本知识和基本技能，具备整体作战、相互协作、保障有力的现代警务指挥意识，掌握现代化指挥手段；具有良好组织纪律作风、较强语言表达能力和文字表达能力、开拓创新能力、组织管理能力和良好的心理素质。

公安政治工作是国家公共管理的重要组成部分，通过对公安机关的有效组织和管理，可以促进公安行政行为的实施，保证公安机关职能的充分发挥。

开设课程

本专业开设的课程有政治学、管理学、公安管理学、公安决策学、公安指挥学、公安政工学、警察人力资源管理、警察组织行为学、公安信息系统管理、警察公共关系等。

就业展望

本专业毕业生就业的特点是：范围窄，但就业对口率高。毕业生大多到公安、检察、国家安全等部门从事政治工作、科研工作等，该专业毕业生比较适合考公务员。

能力要求

该专业要求考生具备以下几个方面的能力：1. 掌握治安学、行政法学、行政管理学、安全防范技术学、侦查学等方面的基本理论、基本知识；2. 掌握政治管理方法和安全防范技术；3. 具有管理大、中城市社会治安、处理各种治安问题的初步能力；4. 熟悉党和国家有关公安工作及社会治安工作的方针、政策和法规。

实力院校

开设公安政治工作专业的代表性院校

中国人民公安大学、中国人民警察大学。

移民管理：为公安机关培养复合应用型警务人才

核心含义

移民管理专业主要为公安机关培养从事国籍管理、签证管理、外国人停留居留和永久居留管理、难民管理、移民管理执法办案、移民领域国际合作等工作的高素质应用型警务人才。

该专业的学生需协调拟定移民政策并组织实施，负责出入境管理、口岸证件查验和边民往来管理，负责外国人停留居留和永久居留管理、难民管理、国籍管理，牵头协调“三非”外国人治理和非法移民遣返，负责中国公民因私出入国（境）服务管理，承担移民领域国际合作等。

开设课程

本专业开设的课程有刑法学、刑事侦查学、治安管理学、国际移民概论、国际移民法、中国移民法、移民管理学、移民事务管理、移民与出入境事务国际合作等。

就业展望

本专业毕业生可以在公安出入境管理部门从事移民安置、统筹管理部门相关工作、相关领域的教学科研工作。该专业适合考公务员。

能力要求

移民管理专业要求学生必须掌握马克思主义基本理论，具有高度的思想政治觉悟和组织纪律意识，热爱移民管理事业，具有为维护国家安全和社会稳定而献身的精神；熟悉我国与公安工作相关的法律法规。毕业生需具备以下几个方面的能力：1. 系统掌握该专业必需的基础理论、基本知识和基本技能；2. 具备相互协作、保障有力的现代移民安全意识；3. 掌握现代化管理手段；4. 具有良好组织纪律作风；5. 较强语言表达能力和文字表达能力、开拓创新能力、组织管理能力和良好的心理素质。

实力院校

开设移民管理专业的代表性院校

中国人民警察大学。

出入境管理：从事国境管理和出入境边防检查相关工作

核心含义

出入境管理专业主要培养具备出入境边防检查等方面的知识和能力，能在公安边防部队和出入

境管理部门从事国（边）境管理和出入境边防检查等方面工作的高级专门人才。

该专业学生主要学习法律、公安边防业务、部队管理等方面的基本理论和基本知识，受到国（边）境管理、边防勤务与战术、护照证件及交通运输工具检查（监护）等方面的基本训练，具有边防执勤、依法处置边境突发事件交通运输工具等的基本能力。

开设课程

本专业开设的课程有国际法、刑法、刑事诉讼法、当代世界政治经济、边防公安法规、公安学概论、治安管理学、刑事侦查学、边境管理学、边防勤务学、边防情报学、边防检查学、护照签证制度、边防专业外语等。

就业展望

本专业毕业生就业方向比较固定，主要在边防部队、人民警察和武警部队中的出入境管理部门和出入境边防检查部门从事国境管理和出入境边防检查等方面的工作。也有到政府外事部门、安全、海关、金融、税务、高等院校、科研机构工作。该专业毕业生适合考公务员。

能力要求

该专业要求考生具备以下几个方面的能力：1. 比较系统地掌握本专业的基本理论、基础知识和基本技能；2. 具有高度的思想政治觉悟和组织纪律意识；3. 掌握一门外语，能够比较熟练地阅读本专业及相关外文书刊和资料，具有一定的外语听、说、读、写能力；4. 能处理一般涉外业务；5. 了解本系统国内、国际的发展动态。

实力院校

开设出入境管理专业的代表性院校

中国人民警察大学。

文学门类及其特点

在所有13个专业门类中，文学门类下的专业类别设置既简单又相对烦琐。文学门类仅包含3个专业大类：中国语言文学类、外国语言文学类和新闻传播学类。从这个角度来说，其专业类别设置很简单。但该门类下面共设78个专业，其中中国语言文学类下设7个专业；外国语言文学类包含的专业名目繁多，语言种类高达64种，除了联合国通用的英语、俄语、德语等通用语言，也包含了一些小众的语言如阿尔巴尼亚语、克罗地亚语等小语种；新闻传播学类下设7个专业，其中网络与新媒体专业、数字出版专业为特设专业。

3个专业大类之间既有共同点又有其各自的特点。

共同点主要体现在以下几方面：

1. 无论是报考还是就业，文学门类下面的大部分专业尤其是小语种对文科生来说都是相对热门专业，录取分数相对较高，就业后平均薪酬相较其他文科类专业也相对较高，就业后工作与专业的相关度较高。

2. 学制四年，文理兼招，学生毕业后一律授予文学学士学位。

3. 按大类招生已成为很多高校的招生趋势，第一年为基础学科的培养，进校一年后再细分专业。

4. 学习语言需要一定的天赋，判断自己是否具备学习语言的天赋时，首先可以看自己是否有发音缺陷，比如平舌翘舌是否能分清楚，“V”和“F”是否能发清楚。然后可以从平时生活中的语言模仿能力对自己进行一个小测试，比如，当别人说一段你听不懂的地方话时，能否在较短的时间内惟妙惟肖地模仿出来。

5. 在该类专业就读时，我们应该认识到文学类专业不只是浪漫，更多的是严谨，我们必须下苦功夫，勤于练习，特别是在学习外国语言文学类专业时，不同语种的难易程度会有所差别，有些语种入门较难但一旦掌握语法规则，则很容易找到学习窍门，如德语的逻辑性强，结构严谨，学习过程中可举一反三；有些语种入门较易但往后难度越大，如日语的发音较简单，部分字形使用了汉字，初接触时感觉很容易，但后期随着词汇量、语言、句型等内容的增加和复杂化，使得学习过程较为艰难。

6. 打算深造的同学宜趁早做好考研的准备；打算就业的同学应注重提升自己的综合素质，建议有条件的同学攻读第二学士学位，培养自己的其他专业技能，让自己成为复合型人才。

不同点主要体现在专业培养方向上。除基本理论和基础知识以外，中国语言文学类专业在培养方式上十分注重实践性教学环节，汉语言文学专业需结合写作技能的训练及相关文化现象的研讨；外国语言文学类专业多强调学生的课外学习和实践活动，以培养学生语言综合运用、组织、交际和思维等方面能力，尤其小语种专业通常还需要学生赴语言对象国、地区进行学习或到相关单位实习；新闻传播学类专业则大都要求学生开展媒体实习活动，包括参与广播电视节目策划、采访、拍摄、编辑、报道、合成等具体工作。

汉语言文学：文字“魔术师”

核心含义

汉语言文学专业培养具有较为扎实的人文学科基本素质，有较好的母语写作与表达能力、较强的古典文献阅读和欣赏能力、具有一定文艺理论素质和较系统的汉语言文学发展和嬗变的历史知识的人才。它肩负着两方面责任：一是对本民族语言、文学和文化进行研究和传承，这方面侧重于理论研究；二是使人们能在实际工作更好地驾驭语言文字、更好地宣传民族文化等，这方面侧重于实际应用。汉语言文学专业是“万金油”，因为当下几乎没有哪个行业是不需要学中文的，每个行业、每个单位或多或少都需要文字能力出众的人才。

开设课程

本专业开设的课程有中国古代文学、中国现代文学、中国当代文学、外国文学、比较文学、民间文学、儿童文学、影视文学、文学概论、美学、古代文论、西方文论、中国文化概论、语言学概论、古代汉语、现代汉语、汉字学、音韵学、训诂学、写作、中国古典文学、民俗学、逻辑学、书法。

就业展望

汉语言文学专业的学生就业形势一直比较平稳，不算热门，也不是冷门。总体来说社会需求量比较大，前景看好。从毕业去向来看，汉语言文学专业本科应届生毕业后大多数选择就业，其次是读研，也有少部分选择出国。

就业：汉语言文学专业的学生一般文笔较好，思维活跃，可以胜任很多工作，凡是需要用到文字的工作都会面向汉语言文学专业招聘。应届毕业生主要是去新闻出版、影视文化、互联网、政府机关等企事业部门从事文字写作、行政类工作，当然，也有一些跨行业从事销售、人力资源等工作。就业范围主要分布在媒体、党政机关、事业单位、教育机构、企业等领域。

读研：汉语言文学专业在本科阶段是没有分具体方向的，但是在研究生阶段就有具体的方向，例如分为文艺理论、古代文学、文字学等方向，对于有志于从事研究、提高学历层次的同学来说，是一

个很好的选择。当然，对于以后进入一个更好的工作岗位，中文研究生也相当有竞争力，有些大型企业或单位就只招研究生以上学历的。

留学：出国留学深造主要有三种情况：一是到美国、日本等国或者我国的香港地区就读传媒类专业；二是到英国、美国等学外国文学；三是有些转专业或者修双学位的学生，改读其他专业。

能力要求

1. 汉语言文学专业有师范和非师范两大类型。师范院校的这个专业，除了学习文学专业课外，还要学习教育学、心理学等课程，为毕业后当一名合格的语文老师做准备。

2. 有的院校对考生的语文单科成绩有一定的要求，考生须注意所报院校是否有单科要求。

实力院校

拥有中国语言文学世界一流建设学科的院校

北京大学、北京师范大学、复旦大学、南京大学、华中师范大学、陕西师范大学。

拥有中国语言文学专业大类国家重点学科的院校

北京大学、北京师范大学、复旦大学、南京大学、四川大学。

拥有中国语言文学二级学科国家重点学科的院校

语言学及应用语言学方向：北京语言大学。

汉语言文字学方向：安徽大学、华中师范大学。

中国古典文献学方向：浙江大学。

中国古代文学方向：首都师范大学、南开大学、华东师范大学、中山大学、陕西师范大学。

中国现当代文学方向：南京师范大学、福建师范大学、山东师范大学、武汉大学。

中国少数民族语言文学方向：中央民族大学、内蒙古大学、新疆大学。

比较文学与世界文学方向：上海师范大学。

拥有中国语言文学二级学科国家重点（培育）学科的院校

文艺学方向：华中师范大学。

语言学及应用语言学：南开大学。

中国古典文献学：山东大学。

中国古代文学：武汉大学、西北师范大学。

国家级特色专业建设点

北京师范大学、北京大学、北京语言大学、复旦大学、吉林大学、浙江大学、武汉大学、南京大学、四川大学、西北大学、云南大学、华东师范大学、西南大学、暨南大学、中山大学、华中师范大学、南京师范大学、陕西师范大学、山西师范大学、曲阜师范大学、四川师范大学、福建师范大学、绍兴文理学院、徐州师范大学、西北师范大学、广西师范大学、上海师范大学、内蒙古师范大学、浙江师范大学。

汉语言：一音一字暗藏山河

核心含义

汉语言专业培养具备汉语及语言学、中国文学等方面的系统知识和专业技能，能在中等学校、科研机构和机关企事业等相关部门从事第二语言教学、科研、语言文字管理及语言应用方面的语言学高级专门人才。该专业侧重于汉语和对外汉语的教学和研究，比如方言、语音和文字的变化等。该专业要求学生有较强的文字运用能力，以及广博的文、史、哲知识基础。

开设课程

本专业开设的课程有语言学概论、现代汉语、古代汉语、文学概论、中国文学史、中国语言学史、计算语言学、汉语史、汉语方言调查、逻辑学、欧美语言学、实验语音学、中文信息处理等。

就业展望

汉语言专业本科毕业生大多会选择读研，其次是去国外孔子学院从事汉语教学工作，也有部分选择直接在国内就业，在国内就业情况和汉语言文学专业的毕业生相近（可参考汉语言文学专业）。

能力要求

1. 有些学校汉语言专业只招收来华留学生，如北京语言大学、北京第二外国语学院等涉外院校。

2. 与“汉语言文学”专业相比，这个专业少了“文学”两字，因此它的学风不是“浪漫”而是“严谨”。

3. 适合有意向读研、往学术型发展或者是去国外从事汉语教学的考生报考。

实力院校

国家级特色专业建设点

北京语言大学、延边大学、鲁东大学、西北民族大学。

汉语国际教育：培养让汉语与中华文化走向世界的使者

核心含义

本专业培养具备汉语语言、英语语言和中国文化的基础理论和基本知识，掌握汉语国际教育的专业知识和基本技能，具有较强的中文表达能力和英语综合应用能力，能在国内外各类学校与培训机构、国家行政机关、外事单位、涉外企业、外贸机构、文化产业、新闻出版、旅游等部门从事与汉语教学、语言运用、外事服务等相关工作的德、智、体、美全面发展的高素质国际化应用型、创新型高级专门人才。

开设课程

本专业开设的课程有：汉语综合（初级、中级、高级）、汉语口语（初级、中级、高级）、汉语视听、汉语阅读（初、中、高）、汉语写作、汉语语法修辞、中国现当代文学作品选读、中国古代文学、中国历史、中国概况、科技汉语、中文新闻报刊导读、中文文献资料检索等。

就业展望

与该专业相关的就业方向主要有三个：语言学、海外汉语教师、少数民族地区的汉语培训教师。随着国外学汉语的热度越来越高，对外汉语教师的需求量也很大，因此这个专业最好的发展是出国做汉语教师或者志愿者；其次是留在国内就业（可参考汉语言文学专业）、考研或者考公务员。

能力要求

1. 该专业的发展方向是涉外领域，因此对于毕业生的英语要求很高，相对来说，汉语国际教育

硕士毕业生就业更具优势。

2. 如果要出国当汉语教师，国家汉办对出国汉语教师和志愿者的选拔异常严格，分为笔试和面试两个环节。

3. 适合对中国语言文化传播感兴趣，有意向出国，语言表达能力较强，喜欢与人交流沟通的学生报考。

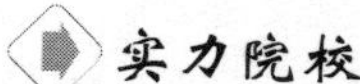

开设汉语国际教育专业的代表性院校

南京大学、北京语言大学、华东师范大学、南开大学、暨南大学、武汉大学、四川大学、华中师范大学、河北经贸大学、广西民族大学、江西师范大学、内蒙古师范大学。

中国少数民族语言文学：民族和谐共存之“利器”

核心含义

中国少数民族语言文学业培养面向现代化、面向世界、面向未来，德、智、美、体全面发展的从事中国少数民族语言文学研究与教学的高级专门人才。相比汉语言文学是将汉族的语言文学作为研究对象，中国少数民族语言文学就是将少数民族（例如藏族、满族、蒙古族、彝族等）的语言文学作为研究对象的专业。该专业多集中在少数民族聚居区内的大学，如蒙古语言文学就集中在内蒙古自治区的大学，具体如内蒙古大学。

开设课程

本专业开设的课程有语言学概论、有关民族语言史、古代汉语、有关民族现代语言、现代汉语、汉语一民族语语法对比、文学概论、有关民族文学史、中国文学史、有关民族历史等。

就业展望

中国少数民族语言文学专业的毕业生主要到少数民族教育文化部门及相关单位从事有关少数民族语言文字、文学、文献的教学、研究、编辑、翻译、新闻、文学创作等方面工作，也可在民族自治区、地市及县级党政机关从事文秘、宣传等工作。

就业展望可参考汉语言文学专业。

能力要求

1. 中央民族大学作为以招收少数民族学生为主的高校，设有中国少数民族语言文学学院，除有一个中国少数民族文学语言专业（基地班）外，还招收蒙古语言文学、朝鲜语言文学、维吾尔语言文学、哈萨克语言文学专业的学生，并对报考本专业的考生免收学费。

2. 本专业大多招收少数民族考生，部分要求考生用民族语言答卷，如蒙古语言文学专业就要求考生用蒙文答卷。学生毕业后授予文学学士学位。

3. 有志于从事少数民族工作，愿意到少数民族地区工作的考生可选报本专业。

实力院校

国家级特色专业建设点

中央民族大学、延边大学（朝鲜语言文学）、新疆大学、内蒙古大学、西南民族大学、云南民族大学、新疆师范大学（维吾尔语）、广西民族大学（壮语语言文学）、青海师范大学（藏语言文学）、西昌学院（彝语言文学）、伊犁师范学院（哈萨克语言）、甘肃民族师范学院。

古典文献学：知过去方可不惑未来

核心含义

古典文献学是一门古雅的学问，跟现实生活距离甚远，学起来比较枯燥，同时它又较难学，既需要扎实的专业基础，又需要广泛的知识和开阔的思路，甚至需要学贯中西、汇通文理。一般就是对古典文献进行整理、研究、校勘等。古典文献学专业性强，研究内容较为冷僻，是个极其冷门的专业，而且学习任务非常重，同时又特别难学，既需要扎实的专业基础，又需要广泛的知识和开阔的思路，甚至需要学贯中西、汇通文理。

开设课程

本专业开设的课程有中国古典文献学、目录学、版本学、校勘学、文字学、音韵学、训诂学、文科工具书使用、出土文献概论、古代文化概论、古文献学史、古代汉语、中国古代文学史等。

就业展望

从社会需求这个角度来讲，社会对这个专业的需求量确实有限，所以这个专业的就业情况整体很不理想，就业方向主要是图书馆古籍管理员、各种古文化研究所、相关专业教师等。

本科毕业比较好的出路就是考公务员或者进事业单位，有机会进博物馆或档案馆工作。拿到硕士学位或博士学位后就业也不是非常好，这个专业的博士想在高校任教也不容易，很多硕士生也是选择考公务员，或者考教师。所以，一旦你选择了这个专业，务必提前做好规划，大部分学生基本都是大三就开始准备公务员和事业单位考试了，等本科一毕业直接去考当地的事业单位，基本很少选择读硕士或者考博士。

能力要求

1. 这个专业虽然专业性强，难度大，但确实能学到很多中国古代文化的东西，想要从事古代文学或文化研究的话，适合读这个专业。

2. 这个专业毕业后意味着要从事一个“坐冷板凳”的行业。如果没有读古书、做学问的专门兴趣和“坐冷板凳”的准备，那最好放弃。

实力院校

开设古典文献学专业的代表性院校

浙江大学、四川大学、北京大学、山东大学、复旦大学、华东师范大学、北京师范大学、武汉大学、南京师范大学、河南大学、华中师范大学、西北师范大学等。

应用语言学：用语言解决问题，让语言活在当下

核心含义

应用语言学研究语言在各个领域中实际应用的语言学分支。它着重解决现实当中的实际问题，一般不接触语言的历史状态，也不大介入一般理论上的争辩。可以说，它是鉴定各种理论的实验场。

应用语言学是用语言学的理论和方法解决语言在社会生活中的应用产生的问题。一般不接触语言的历史状态，也不大介入一般理论上的争辩。

开设课程

本专业开设的课程有语言理论、语言研究方法、应用语言学、对外汉语教学概论、语法理论、语义理论、词汇理论、实验语音学、汉语语用学、汉语方言与方言调查、语言与文化、跨文化交际等。

就业展望

该专业的毕业生多在高等院校、研究院所、出版社等机构从事相关专业的教学及研究，或进入国家机关和企业从事语言应用方面的工作。就业展望也可参考汉语言文学专业和汉语国际教育专业。

能力要求

1. 报考本专业的考生需对语言研究有兴趣，不然学起来会觉得很枯燥。
2. 有继续读研深造的考生在院校选择时，最好选择有硕士或者博士学位授予点的院校。

实力院校

开设应用语言学专业的代表性院校

北京大学、西安外国语大学、上海师范大学、甘肃民族师范学院等。

秘书学：培养领导者最信赖的“全能型人才”

核心含义

秘书学专业培养人文素养高、知识结构合理，扎实掌握现代办公技术、公文撰写、文档处理、会议组织与管理等技能，具备良好的交际沟通能力、组织协调能力、参谋决策能力、管理服务能力的高素质应用型人才。它研究秘书工作的产生与发展、职能与环境、性质与作用、规律与特征、原则与要求、程序与环节、方法与艺术、机构与人员，以及秘书工作规范化、科学化、现代化的发展趋势等问题，以促进秘书工作适应社会发展的需要。

通俗来说，秘书学可以理解为汉语言文学专业的一个分支，很多汉语言文学专业的学生在就业时会选择文秘方向，因而秘书学可以说是一门比较实用的专业。

开设课程

本专业开设的课程主要有行政法学、中国文化概论、公文选读、中国秘书史、中外秘书比较、文书学、秘书参谋职能概论、办公室管理、管理信息的收集与处理、社会学概论、现代管理学、领导科学、秘书学等。

就业展望

秘书学专业最大的优点在于只要你不嫌弃待遇，基本上不可能找不到工作。只要有管理阶层的地方，就需要秘书。秘书学专业毕业生的工作方向主要有三个：一是企业的专职秘书；二是公务员，一些地区公务员考试的限定专业里就包括了秘书学专业；三是教师，不过相比较而言，选择这个方向的毕业生较少，要求考生有教师资格证。

能力要求

1. 用人单位招聘领导秘书时，对毕业生的个人形象、身高、文字综合能力会有一定的要求。

2. 不擅长研究工作，却擅长处理人际关系、做事有条理、善于表现自己的考生，适合选择这个专业。

实力院校

开设秘书学专业的代表性院校

首都师范大学、南京师范大学、陕西师范大学、扬州大学、山东师范大学、四川师范大学、福建师范大学、广西师范大学、山东科技大学、重庆师范大学等。

中国语言与文化：文学层面的中华上下五千年

核心含义

中国语言与文化专业属于新增专业，隶属于中国语言文学类。该专业主要研究中国语言及文化的相关历史与知识，从而为文化传播、历史传承提供底蕴及支持。中国语言与文化专业培养具有汉语言文学基本理论、基础知识和基本技能，能够在高等和中等学校进行汉语言文学教学和教学研究的教师、教学研究人员及其他教育工作者。该专业培养学生具备人文精神、科学精神和较高文化素养；具有现代化观念特别是现代化文化理念；热爱中国语言及文化遗产，掌握有中国语言历史及文化发展，熟练掌握专业外语，具备一定的自然科技、人文艺术修养和实际操作能力。

开设课程

本专业开设的课程有汉语综合（初级，中级，高级），汉语口语（初级，中级，高级），汉语视听，汉语阅读（初，中，高），汉语写作，汉语语法修辞，中国现当代文学作品选读，中国古代文学，中国历史，中国概况，科技汉语，中文新闻报刊导读，中文文献资料检索等。

就业展望

近年来，随着中国社会经济的发展及改革开放的深入，许多国家出现了学习汉语的热潮，这是中国影响日益扩大的必然结果。因此对外汉语教师的需求会越来越多。因此从职业前景来看，它有着广阔的发展空间。当然它要求从业者具有深厚的中国文化底蕴和流畅的外语交流能力。

能力要求

1. 具备扎实的汉语言语能力与言语交际能力。

2. 能正确、流利、得体地运用汉语进行交际。

3. 掌握基本的中国人文知识，熟悉中国国情和社会文化，对中国政治、经济、历史、文化、法律、科技等有较全面的了解。

4. 掌握系统的汉语基础理论与基本知识，能熟练运用汉语进行外交、商贸、新闻、文化交流、中文教学等方面的工作。

5. 掌握文献检索、资料查询的基本方法，具有初步运用汉语进行科学研究与实际工作能力。

实力院校

暂无。

手语翻译："折翼天使"的"天使"

核心含义

手语翻译专业培养德智体全面发展的、适应社会主义现代化建设和残疾人事业发展需要的，具有大学本科学历，手语基本功扎实，能够胜任手语进行翻译、沟通、咨询的应用性专门人才。

开设课程

本专业开设的课程有中国手语、自然手语、行业手语、语言学概论、手语翻译概论、残疾人社会工作、手语沟通与翻译技巧、聋人心理学、残疾人政策与法规、特殊教育概论等。

就业展望

手语翻译专业的毕业生可以到新闻、残联、公安、民政或其他社会服务部门的手语翻译和咨询服务等工作。

能力要求

1. 讲口语翻译成手语的能力。
2. 将手语翻译成口语的能力。
3. 直接用手语与听障人士进行交流的能力。

实力院校

开设手语翻译专业的代表性院校

南京特殊教育师范学院。

英语：使用范围最广的语言

核心含义

很多考生和家长认为英语专业主要学习好英语就好了。其实，英语专业在教学上力求拓宽学生的知识面，学生不但学习英语，还有很多其他知识需要学习。该专业学生主要学习英语语言、文学、历史、政治、经济、外交、社会文化等方面的基本理论和基本知识。学生通过各项英语技能的训练，深入接受英美文化的熏陶，具备从事英语翻译、研究、教学、管理工作的业务水平和素质。

开设课程

英语专业是以听、说、读、写、译为基础的学科。主要课程：精读、泛读、听力、语法、口语、英语写作、翻译理论与实践、语言理论、语言学概论、主要英语国家文学史及文学作品选读、主要英语国家国情；可选修日语、西语、德语、法语和俄语等。

就业展望

在国家日趋开放的今天，很多人都觉得英语是一个热门专业，但热门并不等同于高就业率。英语作为一种工具，越来越多的人能够应用自如，不少技能人才由于各种原因，英语水平越来越高，成为各个专业领域的走俏人才。这就使得单纯将英语作为专业的毕业生，在求职就业过程中竞争力减弱，面临着巨大的就业压力。很多英语专业学生通过辅修其他专业学位以后，就业竞争力明显上升，用个公示表达就是：英语＋专业＝实力。

英语专业毕业生的就业渠道主要集中在以下领域：政府外事部门、外资企业、进出口公司、涉外旅行社、中小学、培训机构、翻译公司。目前比较紧缺的是同声传译方面的人才，有这方面兴趣和潜质的同学可以考虑往这个方向发展。

能力要求

1. 就读该专业需要对语言的学习有一定的热情和天赋，性格偏外向的同学更合适。

2. 报考英语专业一般要求高中阶段英语口试（PTES－2）合格，且在录取时对考生的英语单科成绩有要求，一般要求高考英语单科分数不低于总分的70%。

3. 英语是一门严谨的学科，学习和研究起来比较枯燥，数万单词要记要背，复杂的语法规则要学会应用，学好这个专业要做好吃苦的准备。

实力院校

拥有外国语言文学世界一流建设学科的院校

北京大学、北京外国语大学、延边大学、上海外国语大学、南京大学、湖南师范大学。

拥有英语语言文学二级学科国家重点学科的院校

北京大学、北京外国语大学、上海外国语大学、南京大学、湖南师范大学、中山大学。

国家级特色专业建设点

华中师范大学、东北师范大学、湘潭大学、湖南师范大学、北京外国语大学、广东外语外贸大学、陕西师范大学、西安外国语大学、河南大学、清华大学、上海外国语大学、上海对外经贸大学、南京大学、北京语言大学、外交学院、华南师范大学、宁波大学、安徽大学、山东大学、北京第二外国语学院、西南大学、四川大学、厦门大学、宁夏大学、中南大学、北京林业大学、北京师范大学、南开大学、广西大学、黑龙江大学、华东师范大学、西北师范大学、四川外国语大学、齐齐哈尔大学、南通大学、盐城师范学院、天津外国语大学、福建师范大学、江西师范大学、吉林外国语大学、安徽师范大学、四川师范大学、哈尔滨师范大学、沈阳师范大学、安庆师范大学、大连外国语大学。

俄语："战斗民族"是怎样炼成的

核心含义

俄语专业培养具有较高人文素养，熟练的俄语语言技能，扎实的俄语语言文学专业知识和其他相关专业知识，能在相关部门和领域熟练运用俄语和母语从事翻译、外事、外贸、教育、管理、研究等各种工作的俄语人才。俄语和葡萄牙语、西班牙语、阿拉伯语等语种一样，属于大舌音。刚开始学时，练习大舌音拼音"t"必定会成为困扰很多新生的难点，不过只要不停揣摩、努力练习，到一定时候舌头就能发出颤音了。俄语的另外一个特点是语法比较难，变格变位非常复杂。其优点是表达丰富、文字优美。

值得重视的是，该专业要求学生在本科期间通过俄语专业四级测试和俄语专业八级测试，后者在就业时认可度很高。

开设课程

本专业开设的课程有基础俄语、高级俄语、报刊选读、视听、口语、写作、翻译理论与实践、语言理论、语言学概论、俄语国家文学史及文学作品选读、俄语国家国情、汉语、第二外国语等。

就业展望

俄语专业作为小语种家族的一员，在目前的背景下就业形势很不错。就业主要集中在以下几个方面：参加中央机关或中央直属事业单位的国家工作人员录用考试，就业单位包括外交部、商务部、中共中央对外联络部、中央编译局、外文局、新华社等；进入国有企业，特别是有“走出去”跨国业务的国有企业，比如中石油、中石化、中海油、中国路桥等，这些都是国资委下属的央企，也算是比较好的单位；进入私营企业，尤其是一些对俄贸易企业；进入翻译公司，从事俄文翻译工作；也可以在积累一定经验后，自己创业开外贸公司。

能力要求

1．学习外语需要一定的天赋，判断自己是否具备学习语言的天赋，首先可以看自己是否有发音缺陷，比如平舌音、翘舌音是否能分清楚，“V”和“F”是否能发清楚。然后可以从平时生活中的语言模仿能力对自己进行一个小测试，如当别人说一段你听不懂的地方方言时，能否在较短的时间内惟妙惟肖地模仿出来。

2．凡是学习小语种专业的学生，都必须选修第二外语。俄语毕业的学生一般选择英语作为第二外语，大学毕业时，绝大多数学生的英语都能达到四级水平，有的甚至通过了国家英语六级考试。有的同学为了加重就业的砝码，还会学习第三外语或者法律、经贸等专业知识。由此可见，选择报考俄语等小语种专业，意味着将开始一段非常辛苦的大学生活。从某种程度上说，学习过程是十分枯燥和艰辛的，需要付出较多的时间去记忆、背诵、阅读大量的词汇、语句和文章。

3．不必因为高中阶段没有俄语基础就担心大学阶段会很吃力，因为每个人和你的情况都差不多。

4．有的学校在招生时，要求考生的高考外语单科成绩达到一定的分数，而且要通过公共英语等级考试（PETS－2）或其他语种口试合格，考生报考时务必查看目标院校的招生简章。

5．俄语专业招生，有的安排在本科提前批次录取，有的安排在学校相应的录取批次录取，请大家报考时注意查看，找准目标。

实力院校

拥有俄语语言文学二级学科国家重点学科的院校

黑龙江大学、上海外国语大学。

国家级特色专业建设点

黑龙江大学、北京外国语大学、西安外国语大学、上海外国语大学、首都师范大学、黑河学院、大连外国语大学、四川外国语大学、天津外国语大学、呼伦贝尔学院。

德语：在语言中认识世界最严谨国家

核心含义

德语专业除了进行严格扎实的精读、泛读、视听、口语、翻译和写作等基础教学和训练，还针对学生在学术、就业、跨界等不同发展需求，全面开设德国历史文化、德语文学史和文学选读、语言学导论、经济德语、口译、论文写作等课程。

与英语相比，德语更加复杂，要记忆的东西很多。例如词性，德语中所有的单数名词都有“性别”，分为阳性、阴性和中性。复数名词都为阴性，但从单数变到复数，拼写要按照不同的方式变化。另外德语有一个最大的特点，就是每一个词都必须和人称、性、数、格、时态、语态等相匹配，逻辑严密。

开设课程

本专业开设的课程有基础德语、高级德语、报刊选读、德语视听、德语口语、德语写作、翻译理论与实践、语言理论、语言学概论、德语区国家文学史及文学作品选读、德语区国家国情等。

就业展望

德语专业毕业生近几年的就业一直处于平稳状态，相对于其他专业来讲，就业率一直保持在中等偏上的水平。德语专业的毕业生就业方向大概分为以下几种：担任教师，从事与德语相关的教育工作；担任德语翻译，笔译和口译都可以，而且这份工作为以后转行会打下坚实的基础，例如在德资车企里面做笔译，日积月累，你对汽车方面和经贸方面的知识就会有深厚的积累，以后跨行做管理或销售就会很容易；还可担任导游、外贸公司职员、国家公务员。除此之外，如果有条件的话，可以申请出国深造，毕竟学语言需要大环境的影响。

能力要求

1. 学习德语专业建议考生选择大城市，北京、上海、青岛等地机会较多。
2. 其余能力要求参考俄语专业。

实力院校

拥有德语语言文学二级学科国家重点学科的院校

北京外国语大学。

国家级特色专业建设点

北京外国语大学、同济大学、上海外国语大学、四川外国语大学。

法语：热情与浪漫孕育出的语言

核心含义

本专业培养具有丰富的法语语言、文学和文化知识，具有扎实的法语应用能力以及较高的综合人文素养，能在翻译、外事、外贸、教育、研究、管理等各个涉外领域从事相关工作的法语专业高级人才。法语并不像许多人想象的那样只有法国人使用。作为联合国六种工作语言之一，法语被广泛地在国际性和外交活动中使用，地位仅次于英语。因为历史原因，目前世界上至少有四五十个法语国家，特别是非洲很多国家还把法语当作官方语言，非洲市场对法语人才的需求量越来越大。

开设课程

本专业开设的课程有：基础法语、高级法语、报刊选读、视听、口语、写作、翻译理论与实践、语言理论、语言学概论、法语国家文学史及文学作品选读、法语国家国情、汉语、第二外语等。

就业展望

根据2019年的数据统计，国内开设法语专业的学校已经超过100所，所以法语专业也并不是我们理解中的小语种了，就业竞争压力日渐增大。目前法语毕业生的主要去向集中在以下几个方面：进

入大型国企和私企驻非的外派机构，如中建、中兴、华为这样的大型企业；考公务员，法语专业毕业生可以考的部门有外交部、商务部、中联办等；当教师，现在市面上有很多法语培训机构，也有很多外国语学校，可以进入其中担任教师；进入新闻传媒或出版机构，如新华社；进入法资企业或中法合资企业以及一些外贸公司等。

能力要求

1. 许多考生报考法语专业是因为听说法国很浪漫，这是比较幼稚的表现。其实，法语学起来远比英语困难，考生要做好刻苦学习的思想准备，毕竟法语水平的高低决定了你以后的择业方向。

2. 许多人看专业的薪资待遇排名时，觉得法语专业挺靠前。但要提醒各位考生，这个平均工资是建立在很多人去了非洲的基础上的。

3. 其余能力要求请参考俄语专业。

实力院校

拥有法语语言文学二级学科国家重点（培育）学科的院校

武汉大学。

国家级特色专业建设点

上海外国语大学、广东外语外贸大学、武汉大学、北京外国语大学、北京语言大学、南京大学。

西班牙语：语言界的“歌唱者”

核心含义

西班牙语专业培养具有扎实的西班牙语语言基础和比较广泛的科学文化知识，能在外事、经贸、文化、新闻出版、教育、科研、旅游等部门从事翻译、研究、教学、管理工作的西班牙语高级人才。本专业学生主要学习西班牙语语言、文学、历史、政治、经济、外交、社会文化等方面的基本理论和基本知识，接受西班牙语听、说、读、写、译等方面的良好的训练，掌握一定的科研方法，具有从事翻译、研究、教学、管理工作的业务水平及较好的素质和较强的能力。

在我国，西班牙语算作小语种，事实上，西班牙语在国际上绝对属于大语种。西班牙以及拉丁美洲 20 多个国家（如墨西哥、阿根廷、智利、古巴等）都以西班牙语作为官方语言。西班牙语与英语、法语、汉语、俄语及阿拉伯语一起组成联合国的六大工作语言。在美国，西班牙语更是第一大外语。

开设课程

本专业开设的课程有基础西班牙语、高级西班牙语、报刊选读、视听、口语、写作、翻译理论与实践、语言理论、语言学概论、西班牙语国家文学史及文学作品选读、西班牙语国家国情、汉语、第二外国语等。

就业展望

随着我国与西班牙和拉美国家文化、经贸交流的日益深入，西班牙语市场在中国的潜力很大。西班牙语在我国是被当作小语种招生和就业的，许多高校由于没有师资增设或扩招专业，因而该专业毕业生的就业率居高不下。该专业毕业生在就业方向主要集中在以下几个领域：与西语国家有贸易关系的大型国企和私企，比如，中铁、中石化、中石油、华为、中兴；小型外贸公司；大型西语外资企业驻中国办事处，这些办事处主要集中在珠三角和长三角等地；西语培训和留学机构；旅游公司；教育部门、政府部门、各省市外事机构。

除就业外，西班牙语的学生出国留学申请相对较容易，奖学金获得比率高。

能力要求

1. 西班牙语专业的毕业生以后外派主要是去拉美，外派生活比较辛苦，故用人单位比较青睐男生，建议女生报考时要慎重。

2. 其余能力要求参考俄语专业。

实力院校

国家级特色专业建设点

北京大学、首都师范大学、北京外国语大学、对外经济贸易大学、上海外国语大学、四川外国语大学。

阿拉伯语：勇者才敢学的语言

核心含义

阿拉伯语是历史悠久、文化古老的阿拉伯民族的共同语言、二十二个阿拉伯国家的官方语言，伊斯兰教的宗教语言，也是联合国六种工作语言之一。目前说阿语的有 20 多个国家，涉及阿拉伯世界两亿多人。阿语是世界上最早出现的拼音文字，语法复杂和句子冗长晦涩是阿语的两大特点。阿语的书写规则是从右往左的，与我们汉语的书写规则正好相反，且阿语的字母无大小写之分，只有印刷体、手写体和艺术体的区别，书写时，每个字母均有单写和连写之分。阿拉伯语有 28 个字母，每个字母都有 12 个音标，所以阿拉伯语总共发音有 336 个，如果发音不准的话，意思就会完全改变。阿拉伯语和汉语被世界公认是两种最难学的语言。

开设课程

本专业开设的课程有基础相应语、高级相应语、报刊选读、视听、口语、相应语写作、翻译理论与实践、语言理论、语言学概论、主要相应语国家文学史及文学作品选读、主要相应国家国情等。

就业展望

阿拉伯语的就业渠道相对较窄，但是毕业生数量相对也较少。所以就业率相对其他语种要高。就业方向主要集中在以下几个方面：国家政府部门，如外交部、文化和旅游部、商务部等；新闻媒体机构，如外文局、新华社、人民日报社、中央电视台等每年也会招应届阿语毕业生；大型国企如石油类、化工类企业，一些大型基建类国企也会招收部分毕业生；在高校或相关单位从事阿拉伯语教学或者研究工作；外贸公司当然是吸纳阿拉伯语专业人才的大户，但是大型知名外企相对较少。

由于开设该专业的院校较少，以后阿拉伯语的深造方向较窄，目前深造的主要方向为阿拉伯语语言文学、工商管理、汉语国际教育。

能力要求

1. 由于阿拉伯国家信仰伊斯兰教，从习俗上讲，阿拉伯国家重男轻女的现象比较严重。再加上中国与阿拉伯国家经济往来主要集中在石油、石化、水利、交通、建筑等项目，长期驻外，女生也会

有很多不方便的地方，所以女生在选择阿拉伯语时要慎重。

2. 其余能力要求参考俄语专业。

实力院校

拥有阿拉伯语语言文学二级学科国家重点（培育）学科的院校

上海外国语大学。

国家级特色专业建设点

北京大学、北京外国语大学、北京第二外国语学院、对外经济贸易大学、上海外国语大学、北京语言大学。

日语：领略樱花之国的美丽与文化

核心含义

日语专业旨在培养具有宽广的国际视野、厚实的日语语言基础、扎实的商务知识和技能、以及较强的国际商务沟通和日汉互译能力，能从事国际商务、商务日汉互译等工作的高素质应用型日语专业人才。学习日语，有人用“笑着进去，哭着出来”来形容和概括。之所以说笑着进去，是因为日语的书写系统受中国汉字的影响很大。汉语书写在公元五、六世纪被介绍到日本去，日本人民从汉字改变出平假名和片假名这两种语音书写体。因而中国人在刚学习日语时会有一种似曾相识的感觉。而哭着出来是因为日语是世界上最暧昧的语言，对话中不同辈分、不同性别会使用不同的语言结构，这一点让学习日语的人倍感痛苦。

开设课程

本专业开设的课程有基础日语、高级日语、报刊选读、视听、口语、写作、翻译理论与实践、语言理论、语言学概论、日本文学史及文学作品选读、日本概况、第二外语等。

就业展望

尽管我们和日本的关系很微妙，但不容否认的是，两国的经贸交流非常频繁，中国还是日本第一大贸易国，日语因而也成为小语种专业中最好就业的专业之一。据职友集网站统计，日语人才在各行业的就业比例为：日资企业占 50% ~60%；国家机关（包括外交部、各级政府、海关、外经贸办公室和贸易促进协会等）占 20% 左右；日语教师和日语导游各占 10% 左右。从统计数据我们不难看出，日企是日语专业学生毕业后的主要去向。据 2014 年数据统计，日语专业就业前景最好的地区是上海、广州、深圳。

此外，由于日语专业开设的院校较多，所以日语专业学生以后深造的机会也很多，可以朝语言、文学、文化、同声传译或高翻或商务日语等方向深造。出国深造也相对方便和便宜。

能力要求

参考俄语专业。

实力院校

拥有日语语言文学二级学科国家重点（培育）学科的院校

北京外国语大学。

国家级特色专业建设点

上海外国语大学、北京第二外国语学院、北京外国语大学、北京语言大学、东华大学、对外经济贸易大学、黑龙江大学、广东外语外贸大学、天津外国语大学、大连外国语大学、大连民族大学、吉林财经大学、长沙学院。

波斯语：培养“一带一路”战略人才

核心含义

波斯语由于文字采用阿拉伯字母，所以经常被人误认为是阿拉伯语的亲属语言，其实它属于印欧语系印度－伊朗语族。波斯语是伊朗、塔吉克斯坦和阿富汗的官方语言。它历史悠久，最早可追溯至公元前6世纪，从公元9世纪起在丝绸之路的驼铃声中，来往的中外客商就把波斯语作为共同交际语。

波斯语专业旨在培养具有扎实的波斯语语言基础和熟练的听、说、读、写、译能力，熟悉我国有关的方针、政策和法规，并对伊朗社会、经济和伊斯兰文化有广泛了解，且具有良好的波斯语交际和汉波互译能力，能从事初步科研工作的人才。

开设课程

本专业开设的课程有基础波斯语、高级波斯语、波斯语口语、波斯语视听说、波斯语写作、翻译理论与实践、波斯语报刊选读、波斯文学作品选读、波斯语口译、基础英语、英语视听说、中伊文化交流史、伊朗通史、伊朗法律文选、波斯文学史、伊朗经贸文选、伊朗电影鉴赏等。

就业展望

全国开设波斯语专业的院校非常少，是名副其实的小语种。由于伊朗和西方国家关系紧张，所以对华贸易频繁，故该专业就业率一直居高不下。当前，我国正在实施新丝绸之路——“一带一路”战略，其中关键是中亚与西亚陆路战略空间的拓展，波斯语专业无疑具有更大的前景。波斯语毕业生主要流向以下几个方面：各涉外部门（如外交部、使领馆、商务部、文化和旅游部、中联部、各地外办、公安、海关、边检）；大型国企、民企（如上海外经公司、中国航空进出口公司、中行）；涉外传媒（如新华社、中国国际广播电台、凤凰卫视）；科研教学单位（大专院校、社科院）。

能力要求

1. 波斯语专业并不是每年都有招生计划，而是会有时间间隔。例如，北京外国语大学的本科每隔3年招生。所以，建议想学波斯语的考生在报考前注意查看招生计划，免得希望落空。

2. 波斯语的听、说、读、写四个方面都和汉语有很大的差异，故学习波斯语的考生应有一定的语言天赋。同时要做好独立研究的准备，因为市面上可供参考的专业书籍相对较少。

3. 其余报考意见参考阿拉伯语。

实力院校

国家级特色专业建设点

北京大学、上海外国语大学。

朝鲜语：语言与“韩流”不得不说的故事

核心含义

朝鲜语专业主要学习韩国语言学、文学及社会文化领域的基础知识。掌握扎实的韩国语听、说、读、写、译五项专业技能，同时也要了解中国和韩国的社会、文化、历史、地理、政治和经济等方面的一般知识，进行口头、书面表达、学术研究等多方面技能的训练。朝鲜语专业是比较广义的说法，包括朝鲜、韩国以及中国的朝鲜族所使用的语言。虽然专业一般叫朝鲜语，但是受韩国文化潮流影响，很多大学开设的朝鲜语专业主要是韩国语方向，也就是众所周知的韩语。

开设课程

本专业开设的课程有朝鲜语口笔译实践、视听、写作、翻译理论与实践、报刊选读、文学作品选读、语言理论、朝鲜国文学史、朝鲜语国家国情等。

就业展望

中国和韩国、朝鲜一衣带水，在经济文化领域有着多层次、多形式的交流与合作。总体上就业形势是非常乐观的，但具体到每个人，情况又不一样。因为目前国内开设朝鲜语专业的学校太多，每年都有大量的毕业生，就业竞争相当激烈。而且，我国众多的朝鲜族人在中韩双语方面具有更大优势，给朝鲜语专业的毕业生就业带来了不利影响，一般韩企更愿意选择朝鲜族的学生。该专业毕业生就业方向主要集中在以下几个领域和渠道：在韩资企业从事翻译工作，比如三星、现代、LG 等企业；在国际广播电台、电视台、外语类出版社从事编辑、记者工作；朝鲜语培训和留学机构；旅游公司；教师、政府公务员、各省市外办。

能力要求

1. 朝鲜语有大量的汉字词汇，只要掌握了一定入门级别的朝鲜语知识，学习起来相对会比较容易。

2. 虽然受“韩流”影响，很多中国人都热衷于韩国文化，也愿意学习朝鲜语。但是上大学选专业选择一定要慎重，因为无论哪种语言都会有它学习的难度。

3. 对于想通过学韩语进韩资企业当翻译的同学，建议慎重选择。因为韩资企业很少招聘单纯的翻译，韩语翻译现在基本上是作为一种兼职。

4. 韩企在华分布有很强的地域性，东北、山东、江浙、广东等地比较多，而且多是一些二、三线城市，像大连、青岛、烟台、威海等，选择大学时若能靠近这些城市，相对来说会有更多的就业机会。

实力院校

拥有朝鲜语语言文学二级学科国家重点学科的院校

延边大学。

拥有朝鲜语语言文学二级学科国家重点培育学科的院校

北京大学。

国家级特色专业建设点

吉林大学、山东大学、广东外语外贸大学、上海外国语大学、首都经济贸易大学、延边大学、青岛大学、天津外国语大学、大连外国语大学。

梵语巴利语：自带佛光的语言

核心含义

梵语巴利语专业培养具有比较扎实的梵语巴利语语言基础和比较广泛的科学文化知识，能在外事、经贸、文化、新闻出版、教育、科研、旅游等部门从事翻译、研究、教学、管理工作的梵语巴利语专门人才。

梵语是古代印度的标准书面语。原是西北印度上流知识阶级的语言，相对于一般民间所使用的俗语（Prakrit）而言，又称为雅语。我国及日本依此语为梵天（印度教的主神之一）所造的传说，而称其为梵语。字面意思为“完全整理好的”，也即整理完好的语言。

现今出版梵本所用的文字，称为“天城体”（Devanagari），是以七世纪时中印度产生那格利（Nagari）字体为基础，发展到十一世纪而确立下来的适合书写的字体。其实，古代印度所通行的文字有很多种，凡由梵书（Brahmi 或 Brahmilipi，布拉夫米文）字母衍生而成的文字，如悉昙等，皆可称为梵字。

开设课程

本专业开设的课程有基础梵语、梵语语法、梵语文学作品选读、佛教梵语文献选读、梵语文学史、印度历史、佛教史、基础巴利语、中印文化关系史、语言学理论等。

就业展望

梵语巴利语的就业渠道非常窄，但是毕业生稀少。毕业生主要在文化、新闻出版、教育、科研等部门从事翻译、研究、教学和管理工作。

能力要求

1. 梵语巴利语已经成为一种学术语言，故想学该专业的学生要做好以后从事研究工作的心理准备。

2. 其余能力要求请参考俄语专业。

实力院校

开设梵语巴利语专业的代表性院校

北京大学、北京外国语大学。

东南亚语：与东南亚沟通往来之桥梁

核心含义

东南亚语相关专业培养具有扎实的相应语语言基础比较广泛的科学文化知识，能在外事、经贸、文化、新闻出版、教育、科研、旅游等部门从事翻译、研究、教学、管理工作的相应语言高级专门人才。目前在中国开设的东南亚语言包括：菲律宾语、印度尼西亚语、柬埔寨语、老挝语、缅甸语、马来语、泰语、越南语等八种语言。这八种语言分属南岛语系、南亚语系和汉藏语系。菲律宾语、印度尼西亚语、马来语属南岛语系；柬埔寨语、越南语属于南亚语系；老挝语、缅甸语、泰语属于汉藏语

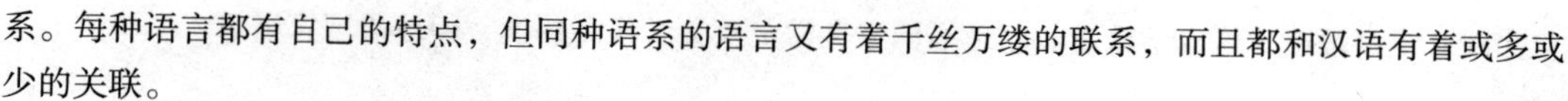

系。每种语言都有自己的特点，但同种语系的语言又有着千丝万缕的联系，而且都和汉语有着或多或少的关联。

开设课程

本专业开设的主要课程有基础相应语、高级相应语、报刊选读、视听、口语、相应语写作、翻译理论与实践、语言理论、语言学概论、主要相应语国家文学史及文学作品选读、相应国家国情等。

就业展望

中国和东南亚国家可以用唇齿相依、唇亡齿寒的关系来形容，即使现在看起来局势紧张，但是中国和东南亚国家的贸易往来愈加频繁。所以，东南亚语专业的就业前景会越来越好。毕业生主要流向中外合资企业或中国企业驻东南亚外事处。

除就业外，目前学东南亚语言的毕业生深造的方向主要为亚非语言文学、外国语言学及应用语言学、工商管理、政治学理论、中国少数民族语言文学等。

能力要求

1. 开设东南亚语专业比较好的院校集中在广西、云南、广东一带，毕业生就业也主要集中在这一带，故考生在报考时要考虑地域的选择。

2. 其余能力要求请参考俄语专业。

实力院校

国家级特色专业建设点

柬埔寨语：广西民族大学、云南民族大学。

菲律宾语：北京大学。

印尼语：上海外国语大学、广西民族大学、广东外语外贸大学。

泰语：北京大学、广东外语外贸大学、广西民族大学、云南民族大学、上海外国语大学。

越南语：上海外国语大学、云南民族大学、广西民族大学、广东外语外贸大学、对外经济贸易大学、国防科技大学。

缅甸语：国防科技大学、广西民族大学、云南民族大学。

老挝语：广西民族大学、云南民族大学。

印地语：教你如何读懂印度

核心含义

印地语是印度共和国的民族语言，印度联邦官方语言之一（另一个为英语）。目前印地语的使用越来越受到政府重视，使用范围越来越广，使用场合越来越多。随着印度社会经济建设的快速发展，中印经贸、文化交流不断扩大，在印各类中资企业、新闻媒体等机构不断增加。该语言覆盖总人数仅次于汉语，为世界第二大语言。

印地语标准语有元音11个，辅音43个。印地语使用天城体字母。这是一种音节拼音文字，由古代的婆罗米字母演变而来，自左而右书写。

开设课程

本专业开设的课程有基础印地语、高级印地语、报刊选读、视听、口语、印地语写作、翻译理论与实践、语言理论、语言学概论、印地语国家文学史及文学作品选读、印地语国家国情。

就业展望

中印是多极世界中的两大重要力量，是两大市场，也是两大文明。两国同为世界上最大的发展中国家，合作前景一片大好，对印工作，对大学生来说绝对是一个好的选择。毕业生主要可以从事以下几方面工作：国家外事部门；国企、民企等企业的驻外单位；涉外传媒；旅游公司；高等院校。

能力要求

1. 印地语专业有时甚至不纳入统招计划招生，而是直接由外国语学校的学生保送，所以建议想学印地语的考生应在高中阶段提前规划，免得落空。

2. 学习印地语的考生应做好独立研究的准备，因为市面上可供参考的专业书籍相对较少。

3. 因为印度的传统风俗，女性得不到尊重，有些公司甚至不招女性，故女生在报考印地语时要慎重。

4. 印地语虽然是印度的官方语言之一，但企业家基本上是用英语交流的，所以想报考印地语的考生，一定要把英语学好。

5. 其余建议请参考俄语专业。

实力院校

国家级特色专业建设点

北京大学、国防科技大学。

蒙古语：行走在马背上的语言

核心含义

蒙古语专业培养具有扎实的相应语语言基础比较广泛的科学文化知识，能在外事、经贸、文化、新闻出版、教育、科研、旅游等部门从事翻译、研究、教学、管理工作的相应语言高级专门人才。

蒙古语属于黏着语，主要特征有：在语音方面有严格的元音和谐律，即按照元音舌位前后或圆唇不圆唇进行和谐，如在一个词里，要么都是后元音（阳性元音），要么都是中元音（阴性元音）。但是前元音（中性元音）与后元音或中元音均可出现在同一个词里；在形态学方面以词根或词干为基础，后接附加成分派生新词和进行词形变化；名词、代词、形容词、数词、副词、后置词和形动词，都有人称、数或格的语法范畴。动词都有时、体、态、式等语法范畴；在结构学方面，句子中的语序都有一定的规律。通常主语在前，谓语在后，修饰语在被修饰语之前，谓语在宾语之后。现时蒙古国主要使用西里尔字母（基立尔字母）书写蒙古语，而中国的蒙古族则仍以传统蒙古语字母书写。

开设课程

本专业开设的课程有语言学概论、文学概论、蒙古文写作、美学概论、中国文学、外国文学、汉语、蒙古族文献、蒙古民俗学、比较文学概论、现代蒙古语、中古蒙古语、蒙古文字史、蒙古族古代文学史、蒙古族现当代文学史、蒙古族民间文学、蒙古国现代文学等。

就业展望

蒙古语毕业生数量虽然很少，但和朝鲜语一样，我国有天生就是汉、蒙双语的民族，故就业形式也没有想象中那么乐观。毕业生主要在经贸、文化、新闻出版、教育、科研、旅游等部门从事翻译、研究、教学、管理工作。

能力要求

请参考俄语专业。

实力院校

国家级特色专业建设点

北京大学、西北民族大学。

僧伽罗语：认识“乐土”上的古老民族

核心含义

僧伽罗语专业培养具有扎实的相应语言基础比较广泛的科学文化知识，能在外事、经贸、文化、新闻出版、教育、科研、旅游等部门从事翻译、研究、教学、管理工作的相应语言高级专门人才。僧伽罗语属印欧语系印度——伊朗语族印度语支，形成于公元前六世纪。在它的发展过程中，受梵语、巴利语的影响很深。近代以来又从葡萄牙语、荷兰语，尤其是英语中吸取了大量的词汇，使之更加丰富和完善。僧伽罗语最早的字母是婆罗米体，7～8世纪发展为现在的僧伽罗体。僧伽罗语有36个字母，加上用来记录梵语的18个字母，共计54个。书写顺序是从左到右。使用僧伽罗语的人口约1300多万，绝大部分在斯里兰卡。此外，在阿联酋、加拿大、马尔代夫、新加坡和泰国也有部分人使用僧伽罗语。

开设课程

本专业开设的课程有基础僧伽罗语、高级僧伽罗语、报刊选读、视听、口语、僧伽罗语写作、翻译理论与实践、语言理论、语言学概论、斯里兰卡国家文学史及文学作品选读、斯里兰卡国家国情等。

就业展望

该专业的目标是培养掌握对象国语言，熟悉对象国文化的复合型外语人才。虽然学僧伽罗语专业的人不多，但就业率一直居高不下。建立该专业以来，已经培养了数批专业语言人才，为中国和斯里兰卡的友好关系的发展在相关各个领域做出了突出贡献。毕业生的主要就业方向是：外交、外经贸、对外文化交流与宣传等部门；驻外中资机构、公司和国内国企、外企等单位。

能力要求

1. 僧伽罗语学习资料很少，故想学该专业的学生要做好独立研究的心理准备。
2. 其余能力要求请参考俄语专业。

实力院校

国家级特色专业建设点

北京外国语大学。

乌尔都语：论如何与兄弟国交流

核心含义

乌尔都语专业培养具有扎实的相应语语言基础比较广泛的科学文化知识，能在外事、经贸、文化、新闻出版、教育、科研、旅游等部门从事翻译、研究、教学、管理工作的相应语言高级专门人才。

乌尔都语是用阿拉伯字母自右向左书写，包含许多从阿拉伯语和波斯语来源的外来语。乌尔都语有元音 12 个，辅音 42 个。语法和印地语的语法基本相同。名词和一部分形容词有性、数、形式的区别，代词也有数和某些形式的区别。形式分直接形式与间接形式，间接形式与后置词连用。动词有时、式、态的变化，基本词序为主语－宾语－谓语。

开设课程

本专业开设的课程有基础乌尔都语、高级乌尔都语、乌尔都语语法、乌尔都语视听说、乌尔都语写作、乌尔都语翻译教程、南亚穆斯林文化、乌尔都语文学史、巴基斯坦概况等。

就业展望

乌尔都语专业培养高等和中等学校进行教学和教学研究的教师及其他教育工作者。毕业生一般在外事、经贸、文化、新闻出版、教育、科研、旅游等部门从事翻译、研究、教学、管理等工作。

能力要求

1. 乌尔都语和汉语从听说读写译等方面都有很大的差别，又因为相关专业书籍较少，所以考生在学习时要做好独立研究的准备。

2. 乌尔都语专业大都是隔年招生，安排在提前批次录取，有些甚至不纳入统招计划，故考生在报考时一定要提前规划。

3. 其余能力要求请参考俄语专业。

实力院校

国家级特色专业建设点

北京大学。

豪萨语：稳居非洲语言界“前三甲”

核心含义

豪萨语专业培养具有扎实的豪萨语语言基础和比较广泛的科学文化知识，能在外事、经贸、文化、新闻出版、教育、科研、旅游等部门从事翻译、研究、教学、管理工作的豪萨语高级专门人才。它是闪含语系（也叫亚非语系）的一个语种，在尼日利亚北部、尼日尔南部、乍得湖沿岸、喀麦隆北部、加纳北部以及非洲萨丽那地带的西非其他各国被广泛使用。目前世界上能够使用这种语言的人约有 5000 万，它不是任何一个国家的官方语言，但它历来是西非地区公认的一种商业交际语。

开设课程

本专业开设的课程有基础豪萨语语言、高级豪萨语语言、报刊选读、视听、口语、豪萨语言写

作、翻译实践、豪萨语语言理论、豪萨语语言学概论、豪萨语相应国家文学史及文学作品选读、豪萨语相应国家国情等内容。

就业展望

豪萨语专业在全国开设的院校很少，是名副其实的小语种，故就业率一直居高不下。豪萨语毕业生主要流向以下几个方面：各涉外部门（如外交部、使领馆、商务部、文化和旅游部、中联部、各地外办、公安、海关、边检）；具有涉外业务的大型国企、民企；涉外传媒（如新华社、中国国际广播电台、凤凰卫视）；科研教学单位（大专院校、社科院）。

除了就业之外，考研主要可以往亚非语言文学、国际关系、世界史、工商管理等方向深造。

能力要求

1. 豪萨语专业并不是每年都会招生，有时甚至不在统招计划里面招生，所以建议想学豪萨语的考生提前做好规划。

2. 学习豪萨语的考生应做好独立研究的准备，因为市面上可供参考的专业书籍相对较少。

3. 因为豪萨语专业就业区域的特殊性，女生在报考时要慎重，毕竟外派到非洲地区会比较辛苦。

4. 其余能力要求请参考俄语专业。

实力院校

国家级特色专业建设点

北京外国语大学。

斯瓦希里语：培养中非交流的栋梁之材

核心含义

斯瓦希里语吸收了大量阿拉伯语借词，连语言的名称“斯瓦希里”来自阿拉伯文，为非洲主要通用语言。坦桑尼亚和肯尼亚已定斯语为国语，其他如乌干达等国居民大都使用这一语言。据东非权威性的《语言研究学报》报道，不少语言学家根据语言发展趋势推测，认为斯语极有可能成为整个非洲地区的通用语言。斯语原沿用阿拉伯字母，1844 年改用拉丁字母后发音虽有所简化，但语法现象迄今并未摆脱阿拉伯语影响，变化仍极其复杂繁多，几乎每一个词在用法上都有变化。

开设课程

本专业开设的课程有基础斯瓦希里语、高级斯瓦希里语、报刊选读、视听、口语、写作、翻译理论与实践、语言理论、语言学概论、斯语国家文学史及文学作品选读、斯语国家国情、第二外国语等。

就业展望

随着我国和东非各国之间的友好往来日益频繁，对斯语专业的人才有着迫切需求，特别是在援外工作中更是突出，所以斯语的毕业生不愁就业。毕业生主要去往以下几个方向：国家政府部门，如外交部、文化和旅游部、商务部等；新闻传播媒体机构，如外文局、新华社、人民日报社、中央电视台等每年也会招应届斯语毕业生；大型公司的驻外机构，如中石油、中建、华为等；在高校从事教学管理工作。

能力要求

能力要求请参考豪萨语。

实力院校

国家级特色专业建设点

北京外国语大学、中国传媒大学。

阿尔巴尼亚语：领略“碉堡之国”的奇特风俗

核心含义

阿尔巴尼亚语专业培养具有扎实的相应语言基础比较广泛的科学文化知识，能在外事、经贸、文化、新闻出版、教育、科研、旅游等部门从事翻译、研究、教学、管理工作的相应语言高级专门人才。阿尔巴尼亚语的文字以拉丁字母为基础，共有 36 个字母，其中包括 2 个加符字母，9 个二合字母。拼写和发音基本一致。阿尔巴尼亚语的名词分阳性、阴性、中性，有单数和复数、定指和不定指之分，有 6 个格。

开设课程

本专业开设的课程有阿尔巴尼亚语精读、听力、视听说、口语、外刊选读、阿尔巴尼亚国家概况、写作、阿尔巴尼亚文学史及文学作品选读、口译、笔译、阿尔巴尼亚语泛读。

就业展望

目前国内只有北京外国语大学开设了本专业，培养人数极少，故该专业毕业生的就业率一直居高不下，毕业生主要在外交（两国使馆）、外贸、旅游、对外文化交流机构、研究和教育等部门从事口译、笔译或科研、教学工作。

能力要求

1. 阿尔巴尼亚语专业并不是每年都招生，有时甚至不在统招计划里面招生，所以建议想学阿尔巴尼亚语的考生提前做好规划。
2. 学习阿尔巴尼亚语的考生应做好独立研究的准备，因为市面上可供参考的专业书籍相对较少。
3. 其余能力要求请参考俄语专业。

实力院校

国家级特色专业建设点

北京外国语大学。

保加利亚语：被“提纯”过的语言

核心含义

本专业培养具有扎实的保加利亚语语言基础和比较广泛的科学文化知识，能在外事、经贸、文化、新闻出版、教育、科研、旅游等部门从事翻译、研究、教学、管理工作的保加利亚语高级专门人

才。同其他斯拉夫语言比较，保加利亚语主要有以下特点：有辅音丛 щ，如 свещ（蜡烛）；有元音 ъ，如 бъпгария（保加利亚）；不用综合型而用分析型结构，名词无变格形式，形容词和副词的比较级和最高级用语气词 по－和 най－表示，词与词之间的关系靠前置词或直接搭配表示；动词无专用的不定式形式，有 9 个时态，有表示非亲自观察的动作的“转述式”形式；有后置定冠词。

开设课程

本专业开设的课程有基础保加利亚语言、高级保加利亚语言、保加利亚语视听说、精读、泛读、文学选读、报刊阅读、笔译、口译、英语精读、英语泛读、视听说、写作、对外传播概论、国际贸易与金融、西方文化与社会等。

就业展望

保加利亚语专业毕业生可在外事、经贸、文化、新闻出版、教育、科研、旅游等部门从事翻译、研究、教学和管理工作。

除就业外，目前该专业深造的主要方向为欧洲语言文学、传播学。

能力要求

能力要求请参考阿尔巴尼亚语。

实力院校

国家级特色专业建设点

北京外国语大学。

波兰语：历经曲折而坚韧依旧的民族之声

核心含义

波兰语的元音系统只包括 6 个口语元音和两个鼻音，相对简单；波兰语子音系统是相当复杂的，且其特性包含一系列的塞擦音及颚音。波兰语字母以拉丁字母为基础，还用到一些附加符号。波兰语在文法上有 5 种复杂的性别结构、7 种格变化以及两种数字（单数、复数）的表示法。波兰语名词、形容词及动词的变化是一种屈折语式的，而且“名词的语尾变化”与“动词的人称变化”呈现高度的不规则形式。

波兰语（Polski）是波兰人的语言。也是西斯拉夫语支中最多人讲的语种。属印欧语系斯拉夫语族西支。使用人口约 4800 万，其中 3800 万在波兰，1000 万在国外各地。

开设课程

本专业开设的课程有基础波兰语、高级波兰语、视听、口语、基础语法、外刊选读、波兰国家概况、翻译理论与实践、写作、波兰文学史及文学作品选读、高年级文选。

就业展望

本专业学生毕业后可在外事、经贸、文化、新闻出版、教育、科研、旅游等部门从事翻译、研究、教学、管理工作。除就业外，目前毕业生深造的方向主要集中在以下几方面：外国语言文学、欧洲语言文学。

能力要求

能力要求参考阿尔巴尼亚语。

实力院校

开设波兰语专业的代表性院校

北京外国语大学、广东外语外贸大学、哈尔滨师范大学。

捷克语：感受浪漫的波西米亚风情

核心含义

捷克语专业培养具有扎实的捷克语言基础比较广泛的科学文化知识，能在外事、经贸、文化、新闻出版、教育、科研、旅游等部门从事翻译、研究、教学、管理工作的相应语言高级专门人才。现代捷克语使用26个拉丁字母，其中字母组合ch在捷克语中是一个字母。捷克语的形态多达200余种，这些不同的形态，使句子内的词语可以任意自由组合，而不用担心语序的问题，这种形态变化既是特色也是一个学习难点。另外一个学习难点是发音，捷克语有“自鸣音”的现象，如：“zmrzl”、“ztvrdl”等，这些组词在发音时有着自己的独特性。捷克语还有一个独特的子音“ř”。这些都构成了捷克语难学的原因。

开设课程

本专业开设的课程有基础捷克语语言、高级捷克语语言、报刊选读、视听、口语、捷克语言写作、捷克语语言理论、捷克语语言学概论、捷克语相应国家文学史及文学作品选读、捷克语相应国家国情等。

就业展望

参考波兰语。

能力要求

参考阿尔巴尼亚语。

实力院校

国家级特色专业建设点

北京外国语大学。

斯洛伐克语：从语言中得见历史与城堡

核心含义

斯洛伐克语专业培养具有扎实的相应语语言基础比较广泛的科学文化知识，能在外事、经贸、文化、新闻出版、教育、科研、旅游等部门从事翻译、研究、教学、管理工作的相应语言高级专门人才。斯洛伐克语语音的特点是辅音多，特别是擦音和塞擦音多。除了有唇音、齿音和软腭音三套辅音外，还有一系列特殊的腭塞音。斯洛伐克语属综合型语言，使用词缀、元音交替、辅音交替表示语法

意义，广泛使用添加前、后缀的方法构成新词。

斯洛伐克语使用拉丁字母书写，字母表里面有 46 个字母，比捷克语多出 3 个字母，跟捷克语一样，斯语的字母也添加多种不同的符号。

开设课程

本专业开设的课程有基础斯洛伐克语、高级斯洛伐克语、报刊选读、视听、口语、相应语写作、翻译理论与实践、语言理论、语言学概论、主要文学史及文学作品选读、主要国家国情等。

就业展望

参考捷克语。

能力要求

参考捷克语。

实力院校

国家级特色专业建设点

北京外国语大学。

罗马尼亚语：最直截了当的语言

核心含义

罗马尼亚语是罗马尼亚的官方语言，属印欧语系罗曼语族东支，使用人口 2000 多万。除罗马尼亚以外，该语言在摩尔多瓦共和国也广泛使用。罗马尼亚语专业培养具有扎实的相应语语言基础比较广泛的科学文化知识，能在外事、经贸、文化、新闻出版、教育、科研、旅游等部门从事翻译、研究、教学、管理工作的相应语言高级专门人才。

罗马尼亚语的语法结构、语音体系和大部分基本词汇均源于拉丁语。罗马尼亚语的特点是：定冠词附在名词末尾，动词的将来时用助动词加动词不定式构成，词形变化比其他罗曼语言更丰富，保留了某些其他罗曼语言失去的拉丁语词。1860 年以前罗马尼亚语采用基里尔字母，后改用拉丁字母，有 5 个加变音符号的特殊字母。

开设课程

本专业开设的课程有包括基础罗马尼亚语言、高级罗马尼亚语语言、报刊选读、视听、口语、罗马尼亚语言写作、翻译实践、罗马尼亚语语言理论、罗马尼亚语语言学概论、罗马尼亚语相应国家文学史及文学作品选读、罗马尼亚语相应国家情等内容。

就业展望

自从 1956 年北京外国语学院开办罗马尼亚语专业以来，罗语专业共培养了 200 多名本科生和代培生，他们主要分布在外交部、商务部、文化和旅游部、中联部、国际广播电台等国家机关和部队、高等院校、科研单位，以及从事中罗两国经贸往来的各类公司。

能力要求

参考阿尔巴尼亚语。

实力院校

国家级特色专业建设点

北京外国语大学。

葡萄牙语：记录下曾经的“海上霸主”征服世界的脚步

核心含义

葡萄牙语专业相对于其他小语种专业来说还是比较受人们的关注的。葡萄牙语专业培养具有扎实的葡萄牙语言基础比较广泛的科学文化知识，能在外事、经贸、文化、新闻出版、教育、科研、旅游等部门从事翻译、研究、教学、管理工作的相应语言高级专门人才。

葡萄牙语在书写上与西班牙语很接近，但是在发音上则有很大的区别。使用葡萄牙语的人可以比较容易听懂西班牙语，但是使用西班牙语的人则需要经过一定的适应后才可以听懂葡萄牙语。

开设课程

本专业开设的课程有基础葡萄牙语、高级葡萄牙语、听力、口语、葡萄牙语写作、葡萄牙语语法、视听说、口译、汉葡互译、葡萄牙文学、葡萄牙语教学与实践。专业选修课：专题讨论、高级阅读与写作等。

就业展望

葡萄牙语专业就业范围广，就业层次较高。国家部委（如外交部、中联部、商务部等）、事业单位（如新华社、国际广播电台等）、外资企业、国有企业、中外合资企业等目前对葡萄牙语专业的毕业生需求量较大。目前我国很多企业在基础设施建设、商务贸易等方面，与安哥拉、巴西等葡语国家交往密切，葡萄牙语人才缺口较大。

能力要求

参考西班牙语。

实力院校

国家级特色专业建设点

对外经济贸易大学、上海外国语大学。

北欧四国语：走进“冰雪王国”的钥匙

核心含义

北欧四国语包含瑞典、挪威、丹麦、芬兰四个北欧国家所使用的官方语言，这四个国家都位于斯堪的纳维亚半岛及周边。这里主要以瑞典语为例：瑞典语是欧盟的官方语言之一，属印欧语系日耳曼语族北支（又称斯堪的纳维亚语支），和其他北日耳曼语一样，瑞典语来源于古诺尔斯语。主要使用地区为瑞典、芬兰（尤其是奥兰岛），使用人数超过900万人，它和斯堪的纳维亚地区另外两种语言——丹麦语和挪威语是相通语言。

瑞典语原有29个字母，共计9个元音字母和20个辅音字母，2006年字母“W”正式通过瑞典文

学院认可，成为合法的瑞典语字母。瑞典语的语法和构词与英语都非常接近，唯一让学习瑞典语者烦恼的是发音看来没有标准可言。元音及部分子音在不同地区的发音差异很大。南部地区、首都地区和部分省份的口音大不相同。

瑞典语属印欧语系日耳曼语族北支（又称斯堪的纳维亚语支），主要使用地区为瑞典、芬兰（尤其是奥兰岛），使用人数超过900万人。它和斯堪的纳维亚地区另外两种语言——丹麦语和挪威语是相通语言。

开设课程

瑞典语专业开设的课程有：基础瑞典语、高级瑞典语、瑞典语视听说、会话、阅读、写作、翻译理论与实践、瑞典文学作品分析等。专业选修课有：瑞典国家文学史、语法学、词汇学、语言学、修辞学、瑞典概况、瑞典文化史等。

就业展望

近年来，欧洲语言专业毕业生的就业率一直居高不下，瑞典语也不例外。毕业生以后主要在外事、经贸、文化、新闻出版、教育、科研、旅游等部门从事翻译、研究、教学和管理工作。

除就业外，目前毕业生深造的方向主要集中在以下几方面：外交学、国际关系、公共管理、会计。

能力要求

参考阿尔巴尼亚语。

实力院校

国家级特色专业建设点

北京外国语大学。

塞尔维亚语："以一敌七"的语言

核心含义

塞尔维亚语专业培养具有扎实的塞尔维亚语言基础比较广泛的科学文化知识，能在外事、经贸、文化、新闻出版、教育、科研、旅游等部门从事翻译、研究、教学、管理工作的相应语言高级专门人才。

塞尔维亚语属于印欧语系斯拉夫语族，只有5个元音，全部都是单元音。辅音比较复杂，而这些辅音的特性包含着一些擦音及颚音。塞尔维亚－克罗地亚语同俄语等其他大多数斯拉夫语言一样，属于高度屈折语，有着非常丰富的词形变化。例如，塞语的名词有3个文法性别：阳性、阴性和中性。名词还分单数和复数两种形式。名词有主格、属格（所有格）、与格、直接受格、呼格、位置格和工具格等7个格。在塞尔维亚和波黑，该语并用西里尔字母和拉丁字母，并且两种字母都得到了官方的认可。但在克罗地亚，该语仅用拉丁字母书写，西里尔字母并不得到官方的认可。

开设课程

本专业开设的课程有基础塞尔维亚语、高级塞尔维亚、报刊选读、视听、口语、相应语写作、翻译理论与实践、语言理论、语言学概论、塞尔维亚语国家文学史及文学作品选读、国情等。

就业展望

塞尔维亚语通行区域的面积和使用人口数量都比较小。目前，在我国只有北京外国语大学开设了本专业，故毕业生基本不愁找不到工作，毕业生主要在外交、外贸、旅游、对外文化交流机构、研究和教育等部门从事口译、笔译或科研、教学工作。

能力要求

参考阿尔巴尼亚语。

实力院校

开设塞尔维亚语专业的代表性院校

北京外国语大学。

土耳其语：东西方文化共存的“结晶”

核心含义

土耳其语专业培养具有扎实的相应语语言基础比较广泛的科学文化知识，能在外事、经贸、文化、新闻出版、教育、科研、旅游等部门从事翻译、研究、教学、管理工作的相应语言高级专门人才。

土耳其语是土耳其的官方语言，属于阿尔泰语系突厥语族之一，是一种现有6500万到7300万人使用的语言，主要在土耳其本土使用，并通行于阿塞拜疆、塞浦路斯、希腊、马其顿、罗马尼亚，以及在西欧居住的数百万土耳其族移民（主要集中在德国）使用。土耳其在突厥语族国家和地区中有广泛影响，突厥语族内各语种的互通性很强，因此土耳其语是研究中亚历史和现今政治经济的入门语言。

土耳其语有一个显著的特色，其元音和谐及大量胶着语的词缀变化。土耳其语的字词采用SOV词序。其文字原用阿拉伯字母，1928年凯末尔革命建立共和国以来改用拉丁字母至今。

开设课程

本专业开设的课程有基础土耳其语言、高级土耳其语语言、报刊选读、视听、口语、土耳其语言写作、翻译实践、土耳其语语言理论、土耳其语语言学概论、土耳其语相应国家文学史及文学作品选读、土耳其语相应国家情等内容。

就业展望

土耳其地跨欧亚两洲，是世界上唯一同时拥有东西方文化的国度，旅游资源极其丰富，并与中国、法国并称三大美食王国。土耳其是欧洲第六大经济体，世界第15大经济体，所以土耳其语专业的毕业生工作机会比较多。毕业生主要在外事、经贸、文化、新闻出版、教育、科研、旅游等部门从事翻译、研究、教学、管理等工作。

能力要求

1. 据统计，土耳其语专业在国内就业岗位最多的地区是北京，外派地区主要集中在土耳其地区，所以考生在报考专业时注意以后工作的地域问题。

2. 其余能力要求参考阿尔巴尼亚语。

实力院校

开设土耳其语专业的代表性院校

北京外国语大学、上海外国语大学、中国传媒大学、西安外国语大学。

国家级特色专业建设点

北京外国语大学。

希腊语：西方文明的第一种伟大语言

核心含义

希腊语属于印欧语系希腊语族，为希腊和塞浦路斯的官方语言，也是欧盟官方语言之一，目前约有 1500 万人使用希腊语。由于古希腊哲学、科学、逻辑学、数学非常发达，大量希腊语词汇仍沿用至今。

古代希腊语原有 26 个字母，荷马时期后逐渐演变并确定为 24 个字母，一直沿用到现代希腊语中。因为希腊人的书写工具是蜡板，有时前一行从右向左写完后顺势就从左向右写，变成所谓“耕地”式书写，后来逐渐演变成全部从左向右写。与拉丁语一样，希腊语是一种伟大的古典语言。约在公元前 9 世纪出现的荷马史诗《伊利亚特》和《奥德赛》就是用希腊语最后分化出来的四种方言写成的。由于古希腊哲学、科学、逻辑学、数学非常发达，大量希腊语词汇沿用至今，如：民主、经济、政治、马拉松等。

开设课程

本专业开设的课程有基础希腊语、高级希腊语、希腊语视听说、希腊语会话、希腊语系统语法、希腊语阅读、希腊语报刊选读、翻译理论与实践、希腊现代文学史、希腊语写作、希腊语应用文、希腊概况、希腊神话、古希腊文化等。

就业展望

希腊语专业毕业生可在外事、经贸、文化、新闻出版、教育、科研、旅游等部门从事翻译、研究、教学、管理工作。

能力要求

1. 据统计，希腊语专业在国内就业岗位最多的地区是北京、上海、广州、深圳。外派地区主要集中在地中海沿海地区，所以就业地区条件都比较发达，相应的竞争压力就会较大，考生要有所准备。

2. 其余能力要求请参考阿尔巴尼亚语。

实力院校

国家级特色专业建设点

上海外国语大学。

匈牙利语：语言界的“杂交水稻”

核心含义

匈牙利语专业培养具有扎实的相应语语言基础比较广泛的科学文化知识，能在外事、经贸、文化、新闻出版、教育、科研、旅游等部门从事翻译、研究、教学、管理工作的相应语言高级专门人才。匈牙利语的基本语调、语法和绝大多数词根都是在乌戈尔语的基础上发展起来的。匈牙利语的日期按年、月、日次序，姓名是先姓后名，与汉语相同。匈牙利语中没有前置词，表示从属关系由格的形式来体现。这两个方面反映了匈语具有简明、概括力强的特点。匈牙利语文字采用经过修改的拉丁字母，并使用一些变音符号，如加符号表示长元音等。

开设课程

本专业开设的课程有匈牙利语实践课、视听、口语、语法、外刊选读、匈牙利国家概况、翻译理论与实践、写作、匈牙利语应用文、匈牙利文学史及文学作品选读、高年级文选。

就业展望

目前，全国只有北京外国语大学和中国传媒大学两所学校开设匈牙利语专业，这两所学校的匈语专业毕业生主要在外交部、商务部、新华社、文化和旅游部、国际广播电台及科研单位工作。

除就业外，考生报考硕士较集中的专业：欧洲语言文学、公共管理、汉语国际教育。此外，匈牙利语专业从2002年开始招收博士研究生。

能力要求

参考阿尔巴尼亚语。

实力院校

国家级特色专业建设点

北京外国语大学。

意大利语：文艺复兴的强大文化媒介

核心含义

意大利语属印欧语系罗曼语族，是意大利、圣马力诺的官方语言，是瑞士官方语言之一，亦是梵蒂冈的第二种官方语言，现有约7000万人日常用意大利语。除了在意大利外，它还广泛通行于美国、加拿大、阿根廷和巴西，也是非洲国家索马里的通用语言。意大利语有21个字母和5个外来语字母。同德语等语言一样，意大利语是一门形态变化丰富的语言，九大词类中有六大类词有形态变化。句子中的人称、词性、时态都要保持一致。

开设课程

本专业开设的课程有意大利语精读（语法）、意大利语口语、意大利语听力、视听说、意大利语泛读、基础写作、实用意大利语、现代汉语与写作、专题讨论、口笔译技能训练入门、意大利语高级阅读与写作、意大利简史、意大利文学简史、意大利文化概况、汉语高级阅读与写作、二外等。

就业展望

意大利语专业每年的毕业生较少，就业率和平均薪资待遇一直保持在中上水平。毕业生的就业方向主要集中在外事、经贸、文化、新闻出版、教育、科研、旅游等部门。除此之外，如果有意向继续深造的话，可以选择国内读研，或者出国留学。

能力要求

1. 有些院校在意大利语专业开设课程时为 3 + 1（三年国内加一年国外）的模式，例如天津外国语大学。故考生在报考前要注意查看各个学校的培养模式，衡量自己家庭的经济承受能力。

2. 其余能力要求请参考俄语专业。

实力院校

国家级特色专业建设点

上海外国语大学、对外经济贸易大学。

泰米尔语：两千年历史打磨出的“小清新”

核心含义

泰米尔人的语言，印度宪法承认的语言之一。属达罗毗荼语系南部语族，是本语系最重要的语言。分布于泰米尔纳德邦，使用人口约 3500 万。此外，也使用于斯里兰卡部分地区（约 250 万人）；在东南亚、东非、南非、印度洋和南太平洋中的岛屿，也有少数人使用。

泰米尔语言覆盖包括印度东南部的泰米尔纳德，还有斯里兰卡的部分人口以及印度洋和南太平洋的岛屿，总人口大概为 7500 万人，是印度 22 种国家宪法承认的语言之一。泰米尔语专业就是学习泰米尔语的语言、文学、历史、经济等基础理论和知识的专业。

开设课程

本专业开设的课程有基础泰米尔语、高级泰米尔语、报刊选读、视听、口语、相应语写作、翻译理论与实践、语言理论、语言学概论、泰米尔语文学史及文学作品选读、泰米尔语地区国情等。

就业展望

泰米尔语是印度第 11 大语言，在泰米尔纳德邦约有 6500 万使用人口，泰米尔纳德邦东临孟加拉湾，南至印度大陆最南端，风景优美，自然资源和历史文化遗址也非常丰富。泰米尔纳德邦为印度第二大邦，经济增长远高于印度平均水平。因此，近年来我国比较重视同该地区的经济和文化交流，尤其是以基建行业为代表的泰米尔纳德邦企业非常欢迎中方投资，双方经济交流不断增进，这也给泰米尔语专业的毕业生更多的就业机会。总体来说，泰米尔语专业毕业生主要是以翻译、研究和教学为主要就业方向。

能力要求

1. 泰米尔语专业就业路径比较窄，开办院校也极少，不是对泰米尔语怀有强烈兴趣的话，请慎重报考。

2. 泰米尔语相对在国内的工作机会比较少，大部分都需要在国外工作。印度语言环境复杂，通常来说如果想在印度就业的话，需要高水平的英语作为第二外语。

3. 其余能力要求请参考俄语专业。

实力院校

开设泰米尔语专业的代表性院校

北京外国语大学。

普什图语：波斯语的“小透明姐妹”

核心含义

本专业培养具有扎实的普什图的语言基础比较广泛的科学文化知识，能在外事、经贸、文化、新闻出版、教育、科研、旅游等部门从事翻译、研究、教学、管理工作的相应语言高级专门人才。普什图语也是一种古老的语言，普什图语专业就是学习普什图语地区的语言、文学、历史地理、政治经济等基础理论和知识等的专业。虽然该语种是中东主要国家之一的阿富汗的两大官方语之一，但是因为没有波斯语使用范围广和其他原因，长期没有被我国重视。我国第一本普什图语专门词典《普什图语汉语词典》于1978年立项，2012年编撰完成，2014年才被商务印书馆出版，历时36年之久。

开设课程

本专业开设的课程有基础普什图语、普什图语专业高级阅读、普什图语翻译、普什图语写作、普什图语报刊阅读、外交礼仪、阿富汗社会与文化、普什图语影视作品与赏析、跨文化传播概论、国际传媒经济、国际大众传媒等。

就业展望

随着车洪才历时36年编撰而成的《普什图语汉语词典》的发布，普什图语迎来了新的发展，普什图语学习有了最重要和便捷的工具。目前在整个中国懂得普什图语的人群也就不到100人，规模特别小。然而，随着中阿关系正常化和经济交流的升温，对普什图语人才的需求在迅速增加。因此，该专业就业前景非常明朗，毕业生大有可为。

能力要求

1. 普什图语开办院校特别少，并且不是每年都招生，想要报考该专业的考生须提前做好规划。

2. 大部分普什图语毕业生在外交部门和军事情报部门就业，不考虑从事政治、军事工作的考生请慎重填报。

3. 目前普什图语专业人才非常少，就业不是问题。但由于工作内容复杂，要处理不同类型的涉阿富汗工作，对人才的综合素质要求较高。

4. 其余能力要求请参考俄语专业。

实力院校

开设普什图语专业的院校

中国传媒大学。

世界语：为“天下大同”而生的语言

核心含义

世界语（Esperanto）是波兰籍犹太人柴门霍夫博士（Łazarz Ludwik Zamenhof）1887 年在印欧语系基础上创立的一种语言，旨在消除国际交往中的语言障碍，令全世界各个种族肤色的人民都能在同一个人类大家庭里像兄弟姐妹一样和睦共处。世界语已经成为目前国际上使用最为广泛的国际辅助语，全球 150 多个国家和地区都有世界语组织和世界语者。早在 1954 年，联合国教科文组织就正式把《国际世界语协会》列为教科文组织 B 级咨询关系单位，确定了国际世界语协会在联合国和教科文组织的正式地位。联合国协会世界联合会对世界语也采取了积极的态度。

开设课程

本专业开设的课程有基础国际语、高级国际语、国际传播、国际新闻编译、英语语音、外交礼仪、中外新闻史、当代世界概观、国际关系与中国外交等。

就业展望

作为唯一存活下来的人造国际语，世界语在 21 世纪有了很大发展，四川省甚至可以将世界语作为第二外语来做职称考试外语，随着世界一体化不断发展，世界语也将随之升温。毕业生一般在外事、经贸、文化、新闻出版、教育、科研、旅游等部门从事翻译、研究、教学、管理等工作。

能力要求

1. 只是出于学习和使用兴趣的话，不建议报考该专业，因为世界语是非常简单易学的语言，大部分使用者都是自学成才。想读这个专业的考生，需做好从事相关教学和研究工作的准备。

2. 该专业开设院校只有中国传媒大学，报考难度比较大。

实力院校

开设世界语专业的院校

中国传媒大学。

孟加拉语：母语力量的最直接体现

核心含义

孟加拉语属于印欧语系印度—伊朗语族的印度—雅利安语支，是孟加拉国和印度西孟加拉邦和特里普拉邦的官方语言，孟加拉语、阿萨姆语和曼尼普尔语都使用孟加拉文。孟加拉语使用者约有 2.7 亿，是印度语族的第二大语言，也是世界第七大语言。该专业培养具有扎实的孟加拉语语言基础和比较广泛的科学文化知识，能在外事、经贸、文化、新闻出版、教育、科研、旅游等部门从事翻译、研究、教学、管理工作的孟加拉语高级专门人才。

开设课程

本专业开设的课程有孟加拉语视听说、演讲、精读、泛读、文学选读、报刊阅读、写作、笔译、口译；英语精读、泛读、视听说、写作；对外传播概论、国际贸易与金融、西方文化与社会等。

就业展望

孟加拉国号称“南亚猛虎”，近年来经济发展迅速，同我国的外交关系越来越紧密，经济合作也越来越广泛。使用孟加拉语的除了孟加拉国以外，还有印度的西孟加拉邦和特里普拉邦，有2.7亿人以孟加拉语作为母语。因此，孟加拉语专业具有比较好的发展前景。具体到就业来说，因为开设院校特别少，招生数量也不多，就业路径非常广泛。外交、播音、翻译等都是毕业生比较青睐的岗位，孟语毕业生往往作为复合型人才出现在各行各业。

能力要求

1. 孟加拉语专业开设院校很少，报考难度比较大。毕业生除了学习孟加拉语以外，还需尽早结合自身职业兴趣，培养发展自己的相关技能和职业素质，以便更好地找到相关工作。

2. 我国驻孟使馆比较稳定，相对而言补充新职员较少，不是每届孟加拉语毕业生都有机会直接进大使馆工作。

3. 其余能力要求请参考俄语专业。

实力院校

开设孟加拉语专业的代表性院校

中国传媒大学。

尼泊尔语：“印度教王国”的呢喃之语

核心含义

尼泊尔语专业培养具有扎实的尼泊尔语言基础比较广泛的科学文化知识，能在外事、经贸、文化、新闻出版、教育、科研、旅游等部门从事翻译、研究、教学、管理工作的相应语言高级专门人才。尼泊尔语是尼泊尔的官方语言，使用人口大约有1600万，大部分分布在尼泊尔境内，也有少部分分布在不丹和印度北部。尼泊尔是雪山佛国，也是佛教的起源之地，尼泊尔语深受梵语和藏语的双重影响，在长期的历史过程中也发展出了自己的特色。

开设课程

本专业开设的课程有基础尼泊尔语、高级尼泊尔语、报刊选读、视听、口语、尼泊尔语写作、翻译理论与实践、语言理论、语言学概论、主要尼泊尔语国家文学史及文学作品选读、尼泊尔语相应国家国情等。

就业展望

尼泊尔作为与我国领土接壤的邻国，近年来成为我国游客的出国旅游热门目的地而备受欢迎，尼语导游也因此供不应求。尼泊尔是雪山佛国，景色优美，文化独特，保留了很多农业文明的特色，备受全世界游客的喜爱。而且尼泊尔物产丰富、物价低廉，我国可以从西藏陆地口岸直接入境，物资交流和旅游都非常方便。因此，尼语专业会随着我国的旅游事业的发展迅速升温。

能力要求

1. 目前尼泊尔语专业开设院校很少，就业机会也主要集中在旅游相关行业，适合准备从事导游

或者旅游开发等工作的考生报考。

2. 尼泊尔语专业因为尼泊尔的特殊国情，学生在校期间最好学习藏语或者宗卡语等其他的相关语种作为补充。

3. 有高原反应的考生慎重报考。

4. 其余能力要求请参考俄语专业。

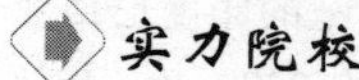

实力院校

开设尼泊尔语专业的院校

中国传媒大学。

克罗地亚语：一种语言，五个配方

核心含义

克罗地亚语专业培养具有扎实的相应语语言基础比较广泛的科学文化知识，能在外事、经贸、文化、新闻出版、教育、科研、旅游等部门从事翻译、研究、教学、管理工作的相应语言高级专门人才。克罗地亚语是通行于东欧的克罗地亚、塞尔维亚、斯洛文尼亚和黑山等前南斯拉夫国家的语言，使用人口约为620万。在南斯拉夫时期，这种语言被官方称为“克罗地亚-塞尔维亚语”。南斯拉夫解体以后，恢复独立的各个国家都认为彼此的语言相似但却是独立的语言。

开设课程

本专业开设的课程有基础克罗地亚语、高级克罗地亚语、报刊选读、视听、口语、相应语写作、翻译理论与实践、语言理论、语言学概论、主要克罗地亚语国家文学史及文学作品选读、主要克罗地亚语国家国情等。

就业展望

我国唯一开设克罗地亚语的非军事院校是北京外国语大学，号称“外交家”的摇篮。克罗地亚语主要应用在南斯拉夫地区，位于欧洲腹地的紧要地带，同我国外交关系紧密。因此，克罗地亚语专业的毕业生多从事与外交相关的工作。虽然该语言不是很热门，但是由于学习人数少，就业上也比较容易找到对口的岗位。

能力要求

1. 报考该专业大部分都需要面向外交方向就业，对个人综合素质要求比较高，适合性格开朗有一定语言和交际能力的考生，而且该专业不是每年都招生，需要提前规划。

2. 由于毕业后工作需要驻外，男生在就业上有一定优势，女生报考要慎重。

3. 其余能力要求请参考俄语专业。

实力院校

开设克罗地亚语专业的院校

北京外国语大学。

荷兰语：植根于海洋的语言

核心含义

荷兰语属于印欧语系日耳曼语族西日耳曼语支，是荷兰、比利时、苏里南和荷属安的列斯群岛的官方语言。欧洲约有2400万人以荷兰语为第一语言，曾经被荷兰统治了4个世纪的印度尼西亚也有日常的使用。荷兰语属于印欧语系的日耳曼语族，以荷兰语作为母语的人大约有2200万。荷兰是西方十大资本主义发达国家之一，被誉为郁金香的国度，进出口都很发达，农业、工业和服务业全面繁荣。荷兰语专业学习较为简单，号称是最接近英语的语言，相对于欧洲其他语言来说语法等较为简单。该专业培养具有扎实的荷兰语基础，较好的荷兰语应用能力，比较宽泛的科学文化知识，能够在外交、经贸、文化等部门从事翻译、教学、管理工作的荷兰语复合型高级人才。

开设课程

本专业开设的课程有基础荷兰语、高级荷兰语、荷兰语会话、视听说、泛读、报刊选读、文学作品选读、听力、荷兰语系统语法、翻译理论与实践、荷兰语国家历史概括、荷兰艺术史、写作、商务荷兰语、第二外语等。

就业展望

荷兰经济发达，工业、农业和服务业都很繁荣，与世界经济联系紧密。我国对于专门的荷语人才需求稳定上升，目前开设院校不多，毕业生规模也很小，该专业从就业前景上来说比较乐观。但是因为荷兰的英语教育发达，大多数荷兰人都可以说流利的英语，所以总体来说，对于荷兰语的需求不是特别大，以荷兰语作为第二外语的英语专业毕业生也能够轻松在荷兰找到相关工作。

能力要求

1. 荷语学习较为简单，但是荷语毕业生普遍需要高水平的英语才能更好就业，因此本科期间要重点提升英语水平。
2. 荷语入门较为简单，通常经过大一的学习即可达到初步应用水平，建议在校期间早做实习规划，提升实用水平，以便更好地找到工作。
3. 其余能力要求请参考俄语专业。

实力院校

开设荷兰语专业的代表性院校

北京外国语大学、上海外国语大学。

乌克兰语：语言界的“山水田园派”

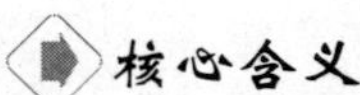

核心含义

乌克兰语专业学生主要学习乌克兰语语言、文学、历史、政治、经济、外交、社会文化等方面的基本理论和基本知识，受到乌克兰语听、说、读、写、译等方面的良好的训练，掌握一定的科研方法，具有从事翻译、研究、教学、管理工作的业务水平及较好的素质和较强的能力。乌克兰是东欧国家，东连俄罗斯，西接斯洛伐克、白俄罗斯、罗马尼亚等国，是东欧第二大国。乌克兰农业发达，粮

食出口居世界第三，农业产值占总GDP的20%。乌克兰语是乌克兰的官方语言，属于印欧语系斯拉夫语族东支，使用人口约为4500万。乌克兰语脱胎于古俄语，因为苏联的语言政策，1991年独立时只有30%的乌克兰人会说乌克兰语，乌克兰独立后大力提倡乌克兰语教学和使用，现在也正处于复兴中。

开设课程

本专业开设的课程有基础乌克兰语、高级乌克兰语、乌克兰语视听说、乌克兰语写作、乌汉乌俄翻译理论与实践、俄语乌克兰语比较研究、基础俄语等。

就业展望

我国同乌克兰的经贸和外交发展势头良好，专门的语言人才也大有可为。在我国普通高校里面目前开办乌克兰语专业的只有上海外国语大学，该专业留学率100%。上海外国语大学同乌克兰多所大学建立了良好的校际关系，以交换学习、短期实习等方式给学生提供国外学习的机会。

能力要求

1. 该专业不仅需要学习乌克兰语，也需要学好俄语，就读期间可能会比较辛苦。
2. 该专业学费不贵，但是大学期间必须出国学习交流，所以考生在费用上需做好准备。
3. 其余能力要求请参考俄语专业。

实力院校

开设乌克兰语专业的代表性院校

上海外国语大学。

突厥语族代表——哈萨克语和乌兹别克语：与西部邻国交流的桥梁之音

核心含义

哈萨克语和乌兹别克语都属于阿尔泰—突厥语系，属于相似语言。哈萨克斯坦与乌兹别克斯坦这两个国家都是我国的西部邻国，农牧业发达，每年棉花成熟之时，全国上下白茫茫一片，好像身处白金之中，因此被称为“白金之国”。两国自古以来就同我国文化、经济交往密切，哈萨克语和乌兹别克语分别是它们的官方语言。这两门语言的使用者也有分布在蒙古国、俄罗斯和我国的新疆等地。这两个专业学习相应语的语言和文字，掌握相关国家的历史、文化和国情，培养能够从事翻译、教学、研究工作的高级专门语言人才。

开设课程

这两个专业开设的课程有基础哈萨克语/乌兹别克语、高级哈萨克语/乌兹别克语、报刊选读、视听、口语、哈萨克语/乌兹别克语写作、翻译理论与实践、语言理论、语言学概论、哈萨克语/乌兹别克国情等。

就业展望

这两个语种因为我国有较多哈萨克族和乌兹别克族人而造成了一种尴尬局面：非母语者学习很

困难，母语者学习汉语比较容易，而且至今我国尚没有完整的哈萨克语和乌兹别克语培养教材。虽然我国同两国的经济交流和政治往来越来越密切，但是这两个专业的毕业生很少有其他机会从事国际贸易等工作。用一句话来概括就是：就业不愁但是就业方向很窄。

能力要求

1. 这两个专业对母语非哈萨克语和乌兹别克语的考生可能学习难度特别大，学习资料并不多，建议做好心理准备。

2. 哈萨克语和乌兹别克语属于非通用语群，一般每四年招生一次。

3. 其余能力要求请参考俄语专业。

实力院校

开设哈萨克语和乌兹别克语专业的代表性院校

上海外国语大学。

翻译：以语言之名，让中西方文化并蒂齐放

核心含义

翻译专业旨在培养学生的中西文化素养、英汉双语基础、娴熟的语言交际能力及口笔译技能，培养具有宽广国际视野的通用型、专业化口笔译人才。毕业生熟练掌握英语及口笔译专业技能，具备较宽广的知识面、较高的跨文化交际素质和良好的职业道德，具备较强的独立思考能力、工作能力和沟通协调能力。翻译工作对人才的专业程度要求很高，口译工作尤其考验翻译人才对翻译语言与汉语的理解和掌握程度，也对即时反应能力有较高要求。笔译工作也一样，首先要读得懂才能翻译得好，这就对翻译自身的相关知识素养和阅读能力提出了要求。所以，翻译专业不仅要学习外语知识，也要对中外文化风俗、历史传统等有全盘的了解，掌握职业翻译人才的必要技能。

开设课程

本专业开设的课程有翻译学概论、交际能力强化、笔译理论与实训、口译技巧与实训、同声传译基础、同声传译实践、时文翻译、汉英翻译名篇赏析、计算机辅助翻译、跨文化交流、东西方文化比较等。

就业展望

尽管我国大规模地开展英语教育，但是随着英语作为世界通用语言地位的加强和我国对外开放进程的不断深化，对高级翻译人才的需求有增无减，对翻译人才的要求也不断提高。语言翻译服务作为全球化时代的新兴第三产业，服务对象行业广泛，毕业生就业前景广阔。该专业考研比例约为15%到20%，主要方向有英美文学、英语或其他小语种。

能力要求

1. 开设该专业的院校比较多，市场需求大，但是竞争也激烈，因为英语专业甚至其他小语种专业也可以从事相关语的翻译工作。

2. 报考该专业需要不断刻苦实践练习，在大学里要做好吃苦的准备，在毕业时才能具备真才实学。

3. 多数院校要求报考该专业的考生应试语种为英语，并且达到相应成绩。

实力院校

开设翻译专业的代表性院校

北京外国语大学、中央财经大学、中国传媒大学、山东大学、华东师范大学、上海外国语大学、大连外国语大学、四川外国语大学、天津外国语大学、西安外国语大学、广东外语外贸大学、沈阳师范大学等。

国家级特色专业建设点

西安外国语大学。

商务英语：培养经济全球化下的商界精英

核心含义

商务英语专业旨在培养具有扎实的英语基本功、宽阔的国际视野、专门的国际商务知识与技能，掌握国际经济、管理和法律基础理论知识和技能，具备较强的跨文化交际能力与较高的人文素养，能适应经济全球化，在国际环境中熟练使用英语从事商务、经贸、管理、金融、外事等工作的应用型商务英语专业人才。商务英语虽然也是属于外国语言文学类，但是和英语专业有很大不同，它是商科和英语二者的结合。从开设课程上来看，约有 60% 的课程是经济、金融等商务课程，它的英语学习课程也紧密地和商务需要相结合，比方说对外交流与贸易等。

开设课程

本专业开设的课程有综合商务英语、商务英语视听说、商务英语读写、商务英语翻译理论与实践、英语口语实践、经济学导论、管理学导论、国际商法导论、跨文化商务交际、国际贸易商务、国际金融、英美文学等。

就业展望

在中国市场更加深入地融入国际经济社会之中时，由于中国本土企业的跨国远征和大批外资公司的登陆，对商务英语人才的需求也愈来愈大。随着中国入世，众多的外国企业将在中国寻求发展的机会，而中国的企业也迎来了走向世界的机遇，商业外贸领域获得了长足的发展。因此，从就业率来说商务英语专业也常年高居就业率榜单的前十名，属于就业前景比较明朗的专业。除了就业以外，出国深造和读研也是很好的选择，既可以选择商科的研究生，也可以选择继续学习外语。

能力要求

1. 商务英语在就业路径上虽然比较宽泛，但一般来说该专业毕业生英语水平比英语专业毕业生稍差，商务知识和能力又比商科专业毕业生略差，所以，就业压力还是有的，需要找准自己的定位才能更好地就业。

2. 商务英语比普通的英语专业更加强调实践，大学期间就应不断实习，学以致用才能得到最好的提升。

3. 一般来说，专门语言学校的英语专业实力比商务英语专业实力要强，就业要好；经贸类大学的商务英语专业实力比英语专业的实力要强，就业要好。

实力院校

开设商务英语专业的代表性院校

对外经贸大学、北京大学、北京外国语大学、上海外国语大学、北京林业大学、广东外语外贸大学、上海对外经贸大学、西安外国语大学、北京第二外国语学院、天津财经大学、四川外国语大学、大连外国语大学。

新闻学：天下大事与是非公道自在笔尖

核心含义

新闻学是研究新闻事业和新闻工作规律的科学。它主要研究新闻事业与社会的关系，各种新闻媒介的特性、功能及其运用，新闻事业的历史、现状及其发展规律，新闻事业的管理等。该专业培养的是具备系统的新闻理论知识与技能、宽广的文化与科学知识，熟悉我国新闻、宣传政策法规，能在新闻、出版与宣传部门从事编辑、记者与管理等工作的新闻学高级专门人才。

开设课程

本专业开设的课程有新闻学理论、新闻采访、新闻写作、中国新闻事业史、外国新闻事业史、大众传播学、新闻摄影、广播电视新闻概论、舆论学、西方新闻传播学、名著选读、新闻法规与新闻事业道德、文艺理论、新闻评论、电视节目制作、媒介经营与管理、报纸编辑等。

就业展望

新闻学属于就业面特别广的专业之一，比较对口的就业集中在传统的新闻媒体和单位，如报社、杂志和广播电视台或者各级省市的新闻媒体单位。但是现在大多新闻学毕业生流向了新媒体或者传统媒体的新媒体渠道，以及各行各业公司的宣传岗。本专业毕业生涉猎知识广泛，能力发展全面，被很多人称为“杂家”，在就业方面受到的专业局限很小，但总体来说，新闻学专业的就业率不是很高，就业主要靠学生自己的实战经验和能力。

能力要求

1. 新闻学属于看起来比较光鲜其实特别辛苦的专业：学起来辛苦，工作也不轻松，特别是记者岗。

2. 新闻学专业所学涉猎广泛，重在实践，特别需要尽早选定自己未来的就业方向进行深入实践。

3. 新闻学专业尤其是对应的记者岗位适合性格外向、活泼开朗而且有一定定性的考生。

4. 学习新闻学专业尽量选择发达地区的院校，利于学习、实习和就业。

实力院校

拥有新闻传播学世界一流建设学科的院校名单

中国人民大学、中国传媒大学。

拥有新闻传播学专业大类国家重点学科的院校名单

中国人民大学、复旦大学。

拥有新闻学二级学科国家重点学科的院校名单

中国传媒大学。

国家级特色专业建设点

中国人民大学、清华大学、北京外国语大学、中国传媒大学、吉林大学、复旦大学、南京大学、浙江大学、武汉大学、华中科技大学、湖南大学、暨南大学、四川大学、北京大学、上海外国语大学、南京师范大学、郑州大学、广西大学、云南大学、安徽大学、西南政法大学、天津师范大学、河北大学、黑龙江大学、西北政法大学、三江学院、浙江万里学院。

广播电视学：研究如何做好电视媒体

核心含义

广播电视学专业培养具有广播电视新闻学基本理论和宽广的文化科学知识，能在广播电视新闻宣传部门，从事编辑、采访、节目主持与管理等工作的新闻传播学高级专门人才。广播电视学原名广播电视新闻学，是传媒类专业学习范围最广泛的专业之一，既要学习新闻学基本的采、写、编、评，也要学习广播策划、制作和电视节目编导、场控等相关课程。广播电视学被称为“媒体界的全能学科”，毕业生不仅能够从事新闻传媒工作，也能进入广播和电视系统从事现场主持、摄影摄像、节目制作、导播场控、后期处理等工作。

开设课程

本专业开设的课程有大众传播学、广播电视学概论、广播新闻、电视画面剪辑原理、电视新闻采访、电视解说词写作、电视策划与编导、非线性编辑基础等。

就业展望

尽管传统媒体不复往日辉煌，但总体来说，传媒产业的规模和产值其实是每年都在迅速增加。广播电视学所培养的毕业生不仅可以在传统的电视台和播音系统从事各个环节的工作，也能在新媒体和影视制作企业获得相应岗位。从整体来看，本专业就业率属于普通水平，只有较少人数能够在电视和播音领域从事比较对口的工作，而且多集中在市级和市级以下的相关单位，大部分毕业生的就业方向是新媒体和企业的宣传岗。本专业考研率并不高，大部分毕业生本科毕业后会直接就业。

能力要求

1. 该专业的就业主要集中在媒体和宣传岗，工作的特点是工作时间零碎，常常是休息一会儿忙一会儿，有很多从业者觉得自己并不自由。

2. 该专业在就业上方向比较广，考生最好早点考虑好就业方向，结合就业方向专门发展相关的能力技能。

3. 每岁学校的培养侧重方向不同，建议考生报考前进行详细了解，结合自己的职业愿望来报考。

实力院校

国家级特色专业建设点

中国传媒大学、华中科技大学、汕头大学。

广告学：酒香也怕巷子深

核心含义

广告学专业重点培养学生的创新创业精神与实践应用能力，使其掌握品牌策划与创意、数字媒体传播、媒介管理与营销企划等相关专业技能。该专业学习传播学、心理学、设计学和策划管理的相关知识，培养具有复合的知识结构和较强的实践能力，懂得电脑操作与广告设计制作，使学生成为具有国际化视野的营销传播的高级策划者、应用者和管理者。

开设课程

本专业开设的课程有视觉传达概论、形态构成、图形创意、标志设计、招贴广告设计、广告文案、广告策划、包装设计、展示设计、CI 设计。

就业展望

广告学是传媒类专业里相对好就业的专业。近些年来，各行各业的大小企业甚至个体户和网店都认识到了广告的重要性，愿意为此付出精力和资金，各种类型的广告公司也如雨后春笋般出现，为毕业生提供了丰富的就业岗位。广告学专业大多依托设计学专业建立，既拥有设计学的底蕴也拥有专业的广告思维，在就业时相比其他传媒专业有较大优势。广告学专业毕业生考研率不高，大部分毕业生本科毕业后选择直接就业。

能力要求

1. 广告行业的就业不仅需要设计和制作广告，涉及广告的市场调查、广告预算，甚至寻找客户等都是工作的主要内容，只想设计和制作广告的考生报考设计学比较合适。

2. 广告行业是高压行业，上司、同事、客户都有很多要求，因此需要从业者有一定的耐压能力。

3. 广告学专业文理兼招，不仅需要学习相应的技术，也需要一定的艺术细胞和创作才能。

实力院校

国家级特色专业建设点

中国传媒大学、厦门大学、上海师范大学、广西艺术学院、闽江学院。

传播学：致力于人类社会一切信息传播活动的研究

核心含义

传播学专业主要针对我国媒体融合和新媒体不断发展的新形势，培养社会需要的高素质、应用型，具有创新和创业能力的新媒体传播人才。新闻学和传播学是新闻传播学的一体两面，新闻学学习新闻的采、写、编、评的各个环节的实务技巧和相关理论；传播学则广泛研究人类社会中的各种传播现象，研究信息的传播者、传播什么、用什么媒介传播、接受者是谁和怎样传播更有效果。简言之，新闻学偏实务技巧，传播学偏理论研究。

开设课程

本专业开设的课程有传播学原理、新闻学概论、新闻采访与写作、网络传播学、新媒体概论、动画制作与网页设计、新闻摄影、网络新闻原理与实务、网络编辑与策划、数据库应用、公共关系学等。

就业展望

传播学是随着电子媒体的出现而形成的专门学科，在电子信息时代属于高屋建瓴的理论研究者，对各类传播媒介都有深入的理论剖析，因此尽管是偏理论的学科，但是在传媒类工作向来是“英雄不问出身”的情况下，只要学有所长，总归能够在相关工作中找到自己的一席之地。从就业来看，该专业相对新闻学专业压力较大，最难进入的还是各级传统报社、杂志社，其次是各大出版社，大部分毕业生还是流向了新媒体和企业的宣传策划岗。值得一提的是，传播学专业是新闻传播学类里面考研率最高的专业，很多的毕业生都会继续攻读研究生。

能力要求

1. 传播学相对于新闻学、广告学等相比本科就业压力较大，不考虑读研的考生慎重报考。
2. 传播学是偏理论的学科，但是采写编评和各种媒体器材一样要熟练掌握才能更好就业。
3. 传播学专业学习面广，也需要一定的理论深度，其实是对学习能力要求比较高的一个专业。

实力院校

开设传播学专业的代表性院校

国际关系学院、中国传媒大学。

编辑出版学：图文作品“化妆师”

核心含义

编辑出版学专业致力于培养具有较高人文素质和文化修养、胜任平面媒体（书刊、报纸等）或广播电视、网络等现代媒体的采写、编播、摄录、主持、评论、策划等业务的高层次编辑出版、新闻传播类专门人才。毕业生就业方向主要为各传播媒体，部分毕业生进入政府机关、企业单位工作。该专业充分利用学院多学科的优势，重视传统学科与新兴学科的交叉、理论研究与实践能力的结合，毕业生广受传播业界欢迎。

开设课程

本专业开设的课程有编辑学概论、古代汉语、现代汉语、出版发行学基础、中国编辑出版史、图书学、出版美学（含装帧设计）、书业法律基础、报刊编辑学、出版现代技术、出版学、编辑学、媒介经营与管理、著作权法、国际版权贸易、图书营销学、数字出版概论、书籍装帧设计、可视化与交互艺术等。

就业展望

21世纪是中华文化腾飞的世纪，伴随着全社会的学术、文学、技术等方面的迅速进步，文化出版事业也越来越发达，但是这也带来了传统纸媒的辉煌不再，因此编辑出版学专业的毕业生更难找到纸媒单位的工作，相应的从事电子出版发行等方面的毕业生不断增多。该专业主要培养出版社、杂志社、报社的记者、编辑、编务、策划、发行等专业人才，也有的毕业生到一些出版公司或网络公司做网络编辑，就业领域十分广泛。不得不说的是，本专业的本科就业率是新闻传播类专业里面最高的，也是考研率最低的。

能力要求

1. 报考本专业最好选择发达地区的院校，无论实习还是工作都有很大优势。
2. 编辑出版行业一方面看重技术，另一方面资历和经验也非常重要，因此需要长时间在行业里摸爬滚打才能有所成就。

3. 本专业就业轻学历、重实践，因此就算是学校层次不高，也可以通过积极积累经验来取得竞争优势。

实力院校

开设编辑出版学专业的代表性院校

中国传媒大学、浙江大学、武汉大学、南开大学、北京师范大学、华东师范大学、广东海洋大学、北京印刷学院、湘潭大学、吉林师范大学、广东财经大学、浙江传媒学院、浙江工商大学。

网络与新媒体：运筹于帷幄之中，弄潮于千里之外

核心含义

网络与新媒体专业要求学生能够把握传统媒介和新媒体与信息网络领域的变革趋势、理解信息网络交叉融合的发展方向、新媒体与信息网络业态的多样性、掌握和运用新媒体内容策划与制作、新媒体与信息网络的传播战略、现代互动营销理论和媒体经营模式、新互动广告类型策划与创意、新媒介数据监测系统分析应用等知识结构体系，最终培养能够服务于广播电视网络、通信网络、互联网络等各种新媒体行业所急需的高级复合型专业人才。

开设课程

本专业开设的课程有网络与新媒体概论、传播学、网络传播、新闻采访与写作、网络编辑和网页设计、数据库技术、手机媒体概论、公共关系学、传媒经济学、平面媒体设计、音频和视频媒体编辑、动画设计与编辑、媒体职业道德法规等。

就业展望

时代大势、顺昌逆亡，信息时代的媒体产业必然是新媒体的天下，在纸媒普遍衰弱的今天，新媒体已经占据了行业的大半壁江山。但是新媒体行业的从业者大部分并没有系统学习过新媒体的相关理论和专门技巧，因此网络与新媒体专业的毕业生大有可为。毕业生可以去国家重点新闻网站、各级报社、广播电台、电视台、传媒集团等国有新闻单位、网络媒体、各级企事业的信息化管理宣传部门、文化传播公司、广告公司、各企业的新媒体部门从事媒介内容生产与媒介经营管理等工作。另外，本专业考研率低，本科就业率很高。

能力要求

1. 本专业适合性格开朗、才思敏捷且对互联网有敏感度的考生报考。

2. 报考本专业的学生，建议从大一就开始尝试运营公众号或者官方微博等来进行实践学习。

3. 本专业开设院校实力差别很大，如果分数够不上院校层次比较高的，最好选择位于发达地区的相关院校。

实力院校

开设网络与新媒体专业的代表性院校

中国传媒大学、四川大学、中南财经政法大学、湖南师范大学、南京师范大学、中山大学、暨南大学、华中师范大学、浙江传媒学院、北京印刷学院、四川师范大学、四川外国语大学等。

数字出版：让阅读“减重”时刻伴随你左右

核心含义

数字出版专业培养具有系统的现代编辑出版理论知识与技能、较为宽厚的人文与社会知识及科学知识，熟悉我国编辑出版的法规与政策，熟练掌握新媒体技术，能在网络传播、出版、宣传以及企事业单位、军队等行业与部门，从事书刊策划、编辑、发行、管理等工作的高级专门人才。数字出版使得人们可以将知识成果以光盘、磁盘、网络云盘等媒介和手段传播和保存下来。目前国内主要的数字出版方向是数字论文、数字图书、数字杂志。

开设课程

本专业开设的课程有图书出版史、网络传播、数字书刊编辑学、数字出版技术、编辑出版概论、网页编辑、多媒体编辑、出版法规与版权贸易、媒介经营与管理、传播学、出版学、数字出版概论、数字媒体编辑、数字媒体技术与应用、数字出版物创编、数字出版营销、数字版权管理等。

就业展望

数字出版是新兴产业，但也是前途光明的朝阳产业，人们对数字出版的需要与日俱增。本专业毕业生不仅能从事数字出版和运营的相关工作，也能够在文化创意产业中从事数字内容创意与表达、多媒体信息采集与编辑、跨媒体出版运营管理等工作。目前，数字出版专业开设院校不多，毕业生大有供不应求之势。由于本科毕业后就业率很高，本专业考研率和出国深造率都较低。

能力要求

1. 本专业要大量学习电脑软件的应用技巧，也需要学习编程和网页制作的知识，不喜欢学习编程和软件知识的考生慎重报考。

2. 本专业更适合在信息产业发达的地区就读，主要就业方向为营销和管理岗位，对人际交往能力和口才要求较高。

实力院校

开设数字出版专业的代表性院校

武汉大学、中南大学、北京印刷学院、浙江传媒学院、天津科技大学、四川传媒学院、湘潭大学。

时尚传播：企业构建品牌形象的最大助力

核心含义

时尚传播专业属于文学门类。时尚传播是时尚文化创意价值的引领，熟练掌握互联网时代用户资源共享理念主导下的新型传播技能，符合新时代时尚传播产业发展的人才需求。该专业以时尚产业发展和社会需求为导向，融合传播学和设计学，融合时尚传播与营销、时尚活动策划与 AR、VR 新科技，培养具有深厚的人文与审美素养、扎实的数字传播技能以及具备时尚传播职业认知，符合新时代时尚传播产业发展需求，胜任时尚传播岗位能力要求的复合创新型应用技术人才。

开设课程

本专业开设的课程有时尚传播概论、西方时尚史、时尚审美与文化、时尚摄影、时尚新闻、时尚流行趋势、时尚评论与写作、广播电视节目主持、时尚传媒专题、时尚创意产业、时尚品牌与奢侈品、时尚创意与设计、时尚广告学、时尚传播心理学、社会化媒体研究等。

就业展望

毕业生可进入时尚产业，时尚媒体（纸媒、影视、新媒体）、文化创意产业相关机构、时尚品牌企业、时尚文化研究和教育机构等，成为全球范围内时尚媒体的记者、数字编辑、摄影、图像制作、平面设计、美编、电影制作人员，或从事时尚行业中的品牌推广、策划、营销、顾问等相关工作。

能力要求

1. 平面造型设计、视频编辑、摄影、网站设计、编程等能力。
2. 人际交往能力。

实力院校

开设时尚传播专业的代表性院校

上海杉达学院。

国际新闻与传播：为世界报道，为祖国发声

核心含义

国际新闻与传播学主要研究新闻现象和新闻活动规律、人类传播行为和过程发展规律、国际新闻传播发展现实需要和未来前景等，培养具备系统的新闻理论知识与技能、宽广的文化与科学知识，熟悉国际新闻、宣传政策法规，能在新闻、出版与宣传部门从事编辑工作，掌握现代电子媒体——特别是电视媒体与网络多媒体传播的基本技能的新闻学高级专门人才。

开设课程

本专业开设的课程有新闻学概论、中国新闻事业史、外国新闻事业史、新闻采访与写作、新闻编辑与评论、马列新闻论著选读、基础写作、国际新闻传播史、传播学概论、新闻学概论、新闻采访与写作。

就业展望

与新闻学、传播学、广播电视学、网络与新媒体等专业相比，国际新闻与传播专业在知识、能力、素质等方面都对人才培养提出了新的要求。国际新闻与传播专业培养的人才具有对外传播和对内传播的双重身份，担负着向国际社会报道中国，站在中国立场报道世界的重要职责，是中国声音的传递者、中国文化的传播者、中国立场的阐释者、中国形象的塑造者。

能力要求

1. 能吃苦。新闻属于比较辛苦的专业，学起来辛苦，工作也不轻松，特别是记者岗。
2. 本专业尤其是对应的记者岗位适合性格外向、活泼开朗而且有定性的考生报考。

3. 要求具有娴熟的英语听、说、读、写、译能力，比较适合擅长英语的考生报考。

实力院校

开设国际新闻与传播专业的代表性院校

中国传媒大学。

会展：专门研究各行业会展的学科

核心含义

该专业以“会展策划与经营”为人才定位，以“现场化交往沟通”为特色定位，以“中高端后备人才”为培养目标，以“具备国际化视野、跨文化沟通能力的会展策划、市场调研、展演创意、营销推广、运营管理的复合型人才”为培养重点，着重培养大会展（会议、展览、演出、节庆、赛事、文化活动、培训、产业观光、公关、传播和主题公园等）相关行业的策划和组织人才、创意人才、项目协调管理人才，培养具有会展策略传播、智能会展技术和会展创意设计能力的具有综合性素养的中高端复合型人才。

开设课程

主要专业课程有会展礼仪与服务、会展策划、会展经济、会展文案、会展英语、外贸函电、国际贸易、会展物流管理、会展谈判、会展营销、会展客户管理、会展项目管理、展位设计、展览会现场管理。

主要实训课程有虚拟会展实训、展台设计实训。

就业展望

本专业毕业生主要面向政府机构、会展专业组织、会展中心和各类文博馆、展览馆、会议中心、会展公司及会展服务公司以及各种贸易、代理公司、大中型企业事业等单位从事管理、会展服务、销售、物流、策划等工作。

能力要求

会展专业不仅要求毕业生具备较好的沟通能力，还需要一定的创作才能。

实力院校

开设会展专业的代表性院校

上海大学。

艺术学门类及其特点

艺术学原是文学这一专业门类下的专业大类，2011年国务院学位委员会、教育部颁布了新的《学位授予和人才培养学科目录》，艺术学首次从文学门类中独立出来，成为第13个专业门类。

艺术学门类下设5个专业大类、33种专业。5个专业大类分别为：艺术学理论、音乐与舞蹈学、戏剧与影视学、美术学、设计学。33种专业中包含艺术史论、音乐表演、音乐学、作曲与作曲技术理论、舞蹈表演、舞蹈学、舞蹈编导、表演、戏剧学、电影学、戏剧影视文学、广播电视编导、戏剧影视导演、戏剧影视美术设计、录音艺术、播音与主持艺术、动画、美术学、绘画、雕塑、摄影、艺术设计学、视觉传达设计、环境设计、产品设计、服装与服饰设计、公共艺术、工艺美术、数字媒体艺术等29个基本专业，以及影视摄影与制作、书法学、中国画、艺术与科技4个特设专业。

艺术学门类的专业有以下几个共同特点：

1. 艺术学专业的同学都需提前选报专业类。也就是说，一个学生在决定自己学习艺术专业时，一定要提前确定自己适合学美术、音乐还是舞蹈等，这样才能有针对性地进行备考，因为艺术类专业考试一般比普通高考要提前半年进行。

2. 学艺术不是考上好大学的捷径，如果完全为了考个好大学而报考艺术类，可能并不有利于自己的长远发展。建议大家站在人生规划的高度来看待艺术类专业的学习，也就是说，在正式确定报考之前，考生一定要掂量自己是否具有艺术天分和学习潜力。

3. 学习艺术尤其是音乐、舞蹈、摄影、播音与主持艺术等专业需要支付高昂的专业学习和考试费用，在报考前考生应该仔细考虑自己的家庭经济条件。

4. 艺考生上大学，一般需要参加省级专业统考，有的还需要参加专业校考。在统考、校考都通过的基础上再结合文化成绩和考生志愿决定录取。各个学校的录取规则差别很大，但不外乎以下几种：一是文化成绩合格后按照专业成绩从高到低录取；二是专业成绩合格后按照文化成绩从高到低录取；三是文化和专业各按一定的比例折合成综合分数参与录取。考生在报考前，一定要仔细估计自己的文化和专业实力，选择对自己最为有利的录取规则进行报考。

5. 艺术类专业在选考科目上一般没有要求。

除了上述主流录取规则，还有一些比较独特的录取规则。比如，有些院校对专业课成绩特别突出的考生，在录取时还单独制定了一些优惠政策；有的院校对部分专业还有单科成绩要求。值得提醒的是，各校艺术类专业录取规则每年都会发生变化，报考和填报志愿前，考生务必查看目标院校的艺考招生章程，科学合理地填报志愿。

艺术史论：研究艺术家、艺术作品与时代之间的关系

核心含义

艺术的主体是人，人创作的艺术作品都有时代性，所以艺术史论专业通过时间线索研究艺术家和作品的专业，它是研究中外艺术史与艺术理论等方面的基本理论和基本规律的学科。在艺术史论专业的学习过程中，学生会经常接触和研究中外艺术理论研究名家的相关著述，可以和柏拉图、亚里士多德、宗白华、胡蛮等艺术理论名家来一场跨越时空的精神沟通。

艺术史论专业要求学生熟悉各个艺术门类的基本知识，要具备广泛的人文素养，有较强的写作、艺术鉴赏与艺术批评能力。然而，不同院校艺术史论专业有不同的培养目标，如音乐学院的艺术史论专业培养音乐或舞蹈专业的理论人才，美术学院的艺术史论专业则培养美术类专业的理论人才等等。

开设课程

本专业开设的主要课程有艺术概论、古代汉语、中国通史、世界通史、中国美术史、西方美术史、中国工艺美术史、西方设计史、考古学概论、绘画基础、美学原理、中国现当代美术研究、美术理论与美术批评等。其中艺术概论、美学原理、中国美术史、西方美术史是基础课程。（音乐学院艺术史论专业的课程开设有所不同。）

就业展望

艺术史论专业一直是比较冷僻的专业。近几年，随着美术院校的扩招和美术考生队伍的扩大，艺

术史论专业才逐渐被越来越多的考生关注。艺术史论专业的本科毕业生就业范围较窄，其中相当数量的毕业生需要通过研究生学习之后，才能进入高等院校、职业学院和中学担任艺术课程教师，或是进入各级文化部门、美术馆、博物馆，以及报纸杂志、广播电视、出版机构、文化公司等单位工作。

能力要求

1. 艺术史论属于艺术类中的纯理论专业，学生在全面理解和掌握专业的基本理论和基本规律的基础上，还需具备较高的艺术鉴赏能力、逻辑思辨能力、综合分析研究能力以及理论表达能力。

2. 艺术史论就业面较窄，若考生没有深造的打算，不建议报考该专业。考生如果具备以上能力，并且致力于艺术理论研究，可考虑报考艺术史论专业。

实力院校

开设艺术史论专业的代表性院校

北京大学、清华大学、中央美术学院、吉林艺术学院、南京艺术学院、浙江大学、中国美术学院、山东艺术学院、广西艺术学院、四川音乐学院、四川美术学院、西安美术学院、山东工艺美术学院等。

艺术管理：把艺术卖给“对的人”

核心含义

艺术管理是艺术管理者通过一定的管理手段和管理方法，为实现文化艺术传播的目的而对管理对象实行的有计划的管理活动。它是艺术和管理类专业的结合，是以艺术为管理对象的经营活动，它教授的就是怎么让艺术品落地、怎么与市场接轨的专业行业知识。艺术管理者的工作，就是将艺术创作纳入规范有序的体系之内，使艺术家与艺术品的价值最大化。

开设课程

本专业开设的主要课程有管理学原理、管理心理学、人力资源开发与管理、经济学、公共关系、传播学、会计学原理、财务管理、管理信息系统、电视节目制作、电视剧创作、电视导演艺术、管理系统工程、应用统计与受众调查、媒体管理、电视节目制片管理等。

就业展望

艺术管理专业是2016年增加的特设专业，就业前景暂未明朗。可以在电视台各栏目、电视剧制作中心、各影视节目制作公司等部门从事管理、策划、组织、协调、项目运作、观众研究等方面工作。

能力要求

1. 掌握艺术学学科的基本理论和基本知识；
2. 熟悉各个艺术门类的基本知识，掌握艺术学综合的分析方法和分析能力；
3. 具有艺术鉴赏和艺术批评的基本能力；
4. 熟悉党和国家关于文化艺术和文化产业的各项方针、政策和法规；
5. 了解艺术学科的理论前沿、应用前景、发展动态和行业需求；
6. 具有一定的科学研究和实际工作能力，具有一定的批判性思维能力。

实力院校

开设艺术管理专业的代表性院校

中央美术学院、中央戏剧学院、北京舞蹈学院、保定学院、上海音乐学院、上海戏剧学院、南京艺术学院、星海音乐学院、四川音乐学院、西安音乐学院等。

音乐表演 & 流行音乐：舞台上的音乐新星

核心含义

音乐表演要培养的，就是大家通常理解的表演音乐的人，比如演唱家、各类乐器演奏家等等，不同的人表演出来的同一首音乐作品往往千差万别，这是由于音乐表演者在表演时进行了自觉或不自觉的二次加工。音乐表演是音乐创作与音乐欣赏的中介，是音乐活动中不可缺少的环节。

音乐表演专业根据声乐演唱、键盘、民族乐器、管弦乐器演奏及指挥等不同专业方向，要求学生全面学习音乐表演相关的基本理论和基本知识，接受音乐表演专业方向的技能训练，培养具备音乐表演方面的能力，能在专业文艺团体、艺术院校等相关部门、机构从事表演、教学及研究工作的高级专门人才。

开设课程

音乐表演专业的基础课程：表演、音乐技术理论、音乐史、民族民间音乐、重奏、合奏等。此外，音乐表演专业的具体方向由学生自主选择，比如声乐方向、钢琴方向、器乐方向，作曲方向等，方向不同对应的专业课程也会有所不同。

就业展望

随着现代科学技术的发展，自然科学与人文社会科学日益相互交融，音乐艺术已逐渐成为具有广阔发展前景的朝阳产业。尽管音乐表演专业有不错的就业前景，但是实际的就业情况却并不理想。根据独立的第三方调查机构的就业分析报告显示，音乐表演专业已经连续 3 年出现就业难的局面。一般来说，毕业生可到电视台、歌舞剧院、电视剧制作中心、宣传部门、文教事业单位从事演唱、创作和音乐制作工作，以及在高等院校从事教学科研工作，也可以攻读本专业及相关专业的硕士学位。

能力要求

1. 俗话说："台上一分钟，台下十年功。"音乐表演专业要求学生苦练内功，接受严格的技能训练，考生在报考时要做好心理准备。

2. 近年来，由于艺术高考的热度持续上涨，很多考生盲目选择音乐表演专业。事实上，由于缺乏对音乐表演的热情和天赋，大多数毕业生半途而废，学无所成，最终不得不转行。在此提醒考生，不可盲目报考。

实力院校

国家级特色专业建设点

中国音乐学院、星海音乐学院、四川音乐学院、中央音乐学院、上海音乐学院、沈阳音乐学院、武汉音乐学院、天津音乐学院、内蒙古大学、广西艺术学院、新疆艺术学院、西南大学。

开设流行音乐方向的代表院校

上海视觉艺术学院

音乐学：研究音乐所有理论的学科

核心含义

音乐学在专门的音乐院校里面和综合类院校里面其实学习的内容有各自的偏重。在专门的音乐类院校里面，音乐学主要侧重音乐史学、民族音乐学等方向的研究；而综合类院校里面更侧重音乐教育方向的培养。单就音乐学专业而言，其总任务就是透过与音乐有关的各种现象来阐明它们的本质及其规律。具体来说，音乐学主要研究四个方面的内容：一是对音乐行为的研究，即对创作、演奏唱者、传播和欣赏音乐的人的调查分析和研究，即从人类自身的研究出发去解释各种音乐产生和传播的原因；二是研究音乐与意识形态的关系，如音乐美学、音乐史学、音乐民族学、音乐心理学、音乐教育学等；三是研究音乐物质材料的特点，如音乐声学、律学、乐器学等；四是研究音乐形态及其构成，如旋律学、和声学、对位法、曲式学等作曲技术理论。学生主要学习音乐史论、音乐教育等方面的基本理论和基础知识，接受音乐理论与实践方面的基本训练，具有音乐研究、教学等方面的基本能力。

开设课程

本专业开设的主要课程有中外音乐史、民族民间音乐、基本音乐理论、作曲与作曲技术理论、声乐主修辅修、视唱练耳、录音工程、声乐表演教学实践、声乐作品赏析、演艺经纪、音乐创作基础等。

就业展望

随着现代传播手段日新月异的进步，各种不同风格和体裁的音乐已经渗透到社会生活的各个角落，成为当代人生活中不可缺少的组成部分，这为既有良好音乐理论基础知识，又具备良好的音乐表演技能的音乐学专业人才提供了广阔的就业空间。从大部分院校的音乐学就业情况来看，该专业的毕业生就业率整体不错，研究生毕业后主要集中在教育系统和相关单位从事教学研究工作。近几年，学生毕业后多就职于文艺企事业单位、政府部门和中小学，部分学生进入中央音乐学院等高校攻读研究生。

能力要求

1. 许多院校的音乐学专业招生有明确的身体条件限制，考生报考时应注意查看目标院校的招生章程。比如，两耳听力均在 3 米以内，或一耳听力在 5 米、一耳全聋的考生不宜就读。

2. 音乐学与大众传媒的结合已经成为现今音乐领域的主要运行方式。音乐学专业的毕业生应该顺应时代潮流的发展，逐步结合音乐学拓展相关领域。

实力院校

拥有音乐学二级学科国家重点学科的院校

上海音乐学院、中央音乐学院。

国家级特色专业建设点

中央音乐学院、星海音乐学院、天津音乐学院、吉林艺术学院、杭州师范大学、吉首大学、新疆师范大学、哈尔滨师范大学、南京艺术学院、安徽师范大学、泉州师范学院、武汉音乐学院、西藏大学、中央民族大学、井冈山大学、中国音乐学院、晋中学院、山东师范大学、延安大学、福建师范大学、四川音乐学院。

作曲与作曲技术理论：培养音乐原创作曲人才

核心含义

当下乐坛，尤其是流行乐坛对乐手的原创能力提出了越来越高的要求。而这就与作曲专业相关知识密不可分了。作曲与作曲技术理论专业是研究音乐创作、教学、作曲技巧的学科。不同的专业方向，学习的侧重点也不同。侧重学习作曲者，应全面掌握并熟练地运用各种曲式和体裁的作曲技巧；侧重学习作曲技术理论者，应深入系统地掌握和声、复调、曲式、配器的专业知识和技能；侧重学习电子、电子计算机音乐者，应系统地掌握电子技术的有关知识，能较熟练地通过电子计算机进行音乐分析、研究和创作。该专业主要培养掌握音乐创作、教学、研究的作曲技巧，能较熟练地通过电子计算机进行音乐分析、研究和创作，培养从事音乐创作、教学、研究、编辑等工作的高级专门人才。

开设课程

本专业开设的主要课程有艺术概论、民族民间音乐、中国音乐史、西方音乐史、作曲与作曲技术理论专业、音乐美学、钢琴或其他乐器演奏、中国传统音乐分析、现代音乐分析等。

就业展望

作曲是音乐表演的基础和灵魂。在我国内地，演艺事业空前繁荣，大众娱乐也一天比一天热闹，可在内地传唱的绝大多数却是港台或外国歌曲。可以说，作曲是限制我国内地音乐事业大发展的瓶颈。目前，作曲专业人才仍是供不应求，作曲与作曲技术理论专业有着广阔的就业前景。毕业生一般在有关文艺单位、艺术院校、科研机构以及出版、广播影视部门从事作曲与作曲技术理论的创作、教学、研究、编辑等方面工作。

能力要求

1. 该专业要求学生掌握作曲与作曲技术理论基础知识，并且熟练运用音乐创作、教学、社会实践等方面的作曲技术。对理论分析能力和实践运用能力的要求都较高，考生报考时要做好心理准备。

2. 作曲与作曲技术理论专业有身体条件的限制，有下列疾病或生理缺陷者不能报考：两耳听力均在3米以内；一耳听力在5米以内，另一耳全聋者；严重口吃；口腔有生理缺陷，以及有耳鼻喉科疾病之一而妨碍发音者。

实力院校

国家级特色专业建设点

中国音乐学院、四川音乐学院、沈阳音乐学院、上海音乐学院、云南艺术学院、西北民族大学。

音乐治疗：治愈身心的新兴学科

核心含义

人为什么喜欢音乐？音乐给人带来的愉悦感背后有着怎样的科学原理？可否用来帮助人们治疗身心？这些就是音乐治疗致力于研究的方向。现在流行的音乐胎教，说明人们普遍认可音乐对幼儿、儿童的身心发展有影响。音乐治疗也希望通过相应的系统治疗帮助一些自闭症儿童患者恢复一些社

会功能。音乐治疗是以音乐的实用性功能为基础，按照系统的治疗程序，应用音乐或音乐相关体验作为手段治疗疾病或促进身心健康的方法。

开设课程

本专业开设的课程有音乐与特殊教育、音乐咨询、应用音乐评估、医疗音乐治疗、音乐治疗的高级理论与方法、音乐治疗实习、音乐治疗研讨会、成人音乐治疗、音乐治疗概念、音乐治疗理论发展史、即兴音乐治疗高级练习、即兴音乐治疗理论与应用、即兴临床声乐等。

就业展望

该专业为 2018 年特设专业，就业未明，可参考心理学、特殊教育等专业的就业方向。

能力要求

参考心理学相关要求。

实力院校

开设音乐治疗专业的代表院校

南京特殊教育师范学院。

舞蹈表演：优雅与汗水并存的舞台精灵 & 流行舞蹈

核心含义

舞蹈表演本身需要舞蹈演员拥有极高的身体柔韧度、灵活度、协调度，需要大量的时间和精力进行学习。此外专业从事舞蹈表演者需要对舞蹈进行编排和构思，拥有创造性舞台体现能力。具体来说，就是舞蹈演员结合音乐和美术等艺术手段，将作品的思想内容转化为可视可感的舞蹈形象。该专业主要学习舞蹈学、表演学的理论知识，要求学生具备舞蹈表演、创编方面较高的专业水准，并把握各种体裁作品的表演风格。该专业培养具备对各类舞蹈作品的鉴赏、分析和批评的能力，具备策划、组织、主持和管理各种舞蹈表演活动的能力，从事与本专业相关的教学、表演、创作、研究等方面工作的应用型高级专门人才。

开设课程

本专业开设的主要课程有舞蹈艺术概论、中外舞蹈史、音乐理论、外国舞蹈史及作品鉴赏、舞蹈评论、剧目排练与表演、芭蕾基础训练、中国古典舞基础训练、中国民族民间舞蹈、现代舞、编舞技法。

就业展望

随着人们对生活质量和艺术的不断追求，舞蹈表演专业学生的就业理应是不困难的。但是由于舞蹈专业毕业生多、人才饱和、行业竞争激烈以及就业单位受限等因素，造成该专业毕业生近年来就业比较困难。

一般来说，毕业生可在文艺团体、专业院校及一般学校、艺术馆、青少年宫等企事业单位等从事舞蹈演员、舞蹈教学、青少年业余舞蹈排练与辅导工作。或者担任企业文化、社区文化和大型文化活动的策划、编导、排练等工作。

能力要求

1. 学习舞蹈表演专业的学生不仅仅要具备基本的专业基础，比如身体的软度、开度，跳转翻等各种能力和技术，还需要学生具备应对舞蹈编导的能力。思想要开阔，能够接受各种形式的表演，具有可塑造性。

2. 舞蹈表演专业对考生的形象和形体都有较高的要求，建议结合自身条件科学报考，具体可参考目标院校的招生章程。

实力院校

国家级特色专业建设点

北京舞蹈学院。

开设流行舞蹈专业的代表院校

上海视觉艺术学院。

舞蹈学：研究舞蹈动作背后的智慧和文化

核心含义

舞蹈不单纯是一个简单的舞蹈动作，它包含了舞蹈者与所处时代的审美和智慧，舞蹈学正是研究舞蹈包含的所有知识的学科。它主要包括舞蹈理论、舞蹈历史和舞蹈鉴赏三个部分。舞蹈理论重点学习研究舞蹈艺术和社会现实生活的关系、舞蹈艺术的特征、舞蹈艺术的发展规律等问题；舞蹈历史部分主要研究舞蹈艺术的历史发展过程和舞蹈学发展规律，并对历史上促进舞蹈艺术前进和发展的一些著名舞蹈家和舞蹈作品做出客观的历史的评价；舞蹈鉴赏主要研究舞蹈欣赏、舞蹈评论和舞蹈作品如何取得和加强社会效果。

该专业主要培养具备中外舞蹈史、舞蹈理论的研究，舞蹈教学以及编排等工作的能力，能在学校、艺术馆，青少年宫等单位从事中国古典舞、中国民间舞、芭蕾舞、现代舞等其他舞种的教学、创作、辅导工作，从事高层次舞蹈教育和舞蹈教育理论研究的专门人才。

开设课程

舞蹈学专业的主干课程有舞蹈概论、舞蹈解剖学、中国舞蹈史、世界芭蕾舞史纲、欧美现代舞史、中国民族民间舞蹈文化、舞蹈名作、音乐理论与应用、现代舞等。

就业展望

舞蹈学是一门新型的综合舞蹈学科，该方面的研究还比较薄弱，发展前景和潜力应该不错。毕业生主要在各级院校、文艺团体、文化传媒演出策划等机构从事舞蹈教学、创作、研究、策划和管理工作。部分学生选择在本校或其他高校，以及国家级舞蹈研究机构等攻读研究生。

近几年，学生毕业后多就职于中央和地方级别的文艺企事业单位、政府部门和中小学。其中，各类学校需要的舞蹈教师不仅要会跳、会教、会创编，还需兼任音乐课教学任务。为此，以舞蹈技能和师范性相整合、舞蹈与音乐相结合的“双专业”办学模式，成为时代发展和学校艺术教育的要求。

能力要求

1. 舞蹈学专业的学生既要全面地掌握舞蹈理论知识和舞蹈鉴赏方法，又要将创造性思维运用到舞蹈的编排和创作中去，这种复合型人才更受用人单位青睐。

2. 许多院校在招收舞蹈学专业的考生时，有明确的身体条件要求。男生身高低于 168cm，女生身高低于 158cm 的考生，请慎重报考。具体可参考目标院校的招生章程。

实力院校

国家级特色专业建设点

北京舞蹈学院、中央民族大学、天津体育学院。

舞蹈编导：舞蹈界的“导演”

核心含义

舞蹈作为一种舞台艺术离不开“表演”，而“表演”则需要事先的编配以及不断的调试，这就相当于电影的“导演”。舞蹈编导是“编”与“导”的紧密结合和高度统一，是舞蹈的创作者兼导演。舞蹈编导专业在我国最初并没有作为一个单独的学科而存在，只是舞蹈的附属。许多舞蹈演员在演出的同时也承担了编舞、导演的责任。随着现代舞在我国的发展，人们日益认识到舞蹈编导的重要作用，舞蹈编导专业作为一门独立的学科，正式从舞蹈中分离开来。

舞蹈编导专业是研究关于舞蹈编导的教学理论与人体动作编创技巧的学问。舞蹈编导主要进行舞蹈教学、人才培养、剧目创作、舞台导演、科研创新的研究与实践。主要培养学生掌握舞蹈基本理论和专业技能，了解相关学科的知识，有较高的文化艺术修养，有较强的审美感觉和创造性思维，有观察、理解、概括生活的能力，能独立运用编舞手段完成舞蹈作品的创作与排练，以及具有从事本专业教学和初步科研的能力。

开设课程

主干学科：艺术学。

主要课程：舞蹈编导、舞蹈基本功训练、现代舞技术、舞蹈组合训练、舞蹈剧目分析、舞蹈创作实习、音乐（曲式分析）、舞蹈编导理论、现代舞专业基础课程、现代舞课程等。

就业展望

随着精神文明建设的发展，多姿多彩的文化生活成了每个人精神上的迫切需要。社会需要大批的专业人才进行日常的舞蹈编导，丰富人们的业余生活，陶冶情操，共建美好生活。舞蹈编导专业的同学在这方面的优势无疑非常明显。舞蹈编导专业在我国具有很好的发展前景和广阔的发展空间。该专业毕业生一般在专业表演团体、艺术团、学校、科研单位、演艺机构等从事相关工作。

能力要求

1. 舞蹈编导专业既需要考生扎实的舞蹈功底，又具有舞蹈编排的能力。这意味着考生在苦练基本功的同时，还要注重艺术素养的提高和舞蹈创造灵感的培养。

2. 舞蹈编导专业一般有身体条件限制，要求五官端正，无色盲和失聪，体态匀称。具体可查看目标院校的招生章程。

实力院校

国家级特色专业建设点

北京舞蹈学院。

舞蹈教育：培养舞蹈教师的基地

核心含义

舞蹈教育根据不同的对象和不同的目的，可分为群众性舞蹈教育和专业性舞蹈教育。前者以普及为主，以自娱为目的。它通过短期训练班的培训和舞蹈基础知识的传授，还可提高群众的艺术欣赏水平，健美身体，提升仪表，促进精神文明的建设，所以群众性普及舞蹈教育需求广、程度深。后者则以提高为主，以培养专门人才为目的。它通过舞蹈院校及专业艺术院团培训学员的方法，给以严格的基础训练和技术训练，并通过舞蹈史论的讲授，为各专业舞蹈团体培养和输送优秀专业人才。

开设课程

主干学科：艺术学。

主要课程：芭蕾基训、古典基训、民族民间舞、外国民间舞、现代舞、中国舞蹈史、艺术概论、舞蹈创编、儿童舞蹈表演与编创、乐理与视唱练耳、舞蹈教学法、钢琴键盘、声乐、教育学、美学等课程。

就业展望

该专业为2017年新增特设专业，就业未明，可参照舞蹈编导专业就业情况。

能力要求

本专业培养舞蹈教育和舞蹈表演人才，经培养，使学生了解舞蹈表演和教育的基础理论知识，提高对舞蹈艺术的欣赏与创造能力，掌握舞蹈基本技能，具有从事舞蹈教育、舞台表演及舞蹈编导工作能力。其他身体要求参见舞蹈编导专业。

实力院校

国家级特色专业建设点

北京舞蹈学院。

开设舞蹈教育专业的代表院校

北京舞蹈学院、南京艺术学院、北京科技大学天津学院。

流行舞蹈：热门流传的舞蹈

核心含义

本专业采用多元化教学模式，以此培养一批集表演、教育和编导于一身的多元化高素质流行歌舞表演人才。例如：文艺演出团体演员；行政、企事业单位宣传干事；流行音乐制作、培训机构的音乐人及教师等。

开设课程

本专业开设的课程有国际标准舞、街舞、爵士舞等专业核心课，舞蹈基础基本功、舞蹈提高、舞蹈编导等专业基础课以及附加实践教学课程。

就业展望

毕业生可进入企事业单位，成为公司签约艺员，也可以成为各类文艺表演单位的演出表演人才，还可以担任电视舞蹈编导，以及在青少年宫、中小学和社会培训机构担任舞蹈教师等。

能力要求

既需要考生扎实的舞蹈功底，还要注重艺术素养的提高和舞蹈创造灵感的培养。一般有身体条件限制，要求五官端正，无色盲和失聪，体态匀称。具体可查看目标院校的招生章程。

实力院校

上海视觉艺术学院。

航空服务艺术与管理：航空服务领域的综合性人才

核心含义

航空服务是一个对形体条件有一定要求的专业，它是适应我国快速发展的航空业对服务和管理艺术人才的需要而设立的。它以艺术学、管理学和航空服务学为学科基础，同时兼备管理和艺术两类培养属性，要求学生在学习艺术学、管理学和航空服务学的基础理论上，接受综合素质提升的训练和学生走入职场后职业生涯的可持续发展能力塑造。

该专业除了良好的身体形体条件外，还要掌握航空服务学、艺术学和管理学的基础理论和基本知识，了解航空业有关的政策和法规，熟悉国内外航空服务业务流程和要求，掌握航空服务和管理的基本技能，具备较高的外语水平、艺术修养、沟通协调能力和灵活应变能力，具有良好的服务意识和艺术气质，能在航空业的企业和管理部门从事航空服务和管理的高级应用型人才。

开设课程

本专业开设的课程有民航概论、民航法、民航基础知识、民航地勤服务、民航服务礼仪、民航商务英语、民航实用英语口语、普通话、第二外语（日语或韩语）、形体训练、化妆及整体形象设计、航空服务技能实训等。

就业展望

该专业为2018年国家控制布点专业，招生数量有限，相对竞争会少一点，就业方向主要是民航系统的各个空中和地面相关岗位。

能力要求

航空服务需要较好的英语或其他语种能力，还需要对航空安全知识有比较扎实的认知，此外该专业有身体方面的要求：

1. 五官端正，体形匀称，身体裸露部位无明显疤痕、无文身，无明显的“O”型或“X”型腿。
2. 男性净身高173cm～185cm；女性净身高163cm～175cm。
3. 无色盲、色弱、斜视，单侧耳语听力不低于5米。
4. 法定年龄不超过二十周岁。
5. 远视力：女生每眼矫正或裸视（C字视力表）应当到达0.5以上；男生每眼矫正或裸视（C字视力表）应当到达0.7以上。矫正视力学生参加体检时必须佩戴矫正眼镜。

实力院校

开设航空服务艺术与管理专业的代表院校

沈阳航空航天大学、西北民族大学、山西工商学院。

表演：明星的制造工厂

核心含义

表演中的“表”是把生活中的人物或事件再现出来，而“演”是加以演绎，使其高于生活成为艺术。简单地说，表演就是表演者通过声音、表情、动作等来塑造人物形象的过程。表演的方向很多，包括戏剧影视表演、舞蹈表演、音乐表演、体育表演、服装表演等。不同院校表演类专业侧重点会有所不同，比如，表演专业（音乐剧表演方向）的学生要掌握表演艺术创作方法、基本技能和基本理论，音乐、舞蹈基本功扎实，具备音乐剧表演创作技巧和音乐剧表演创作实践能力。

本文介绍的表演专业属于戏剧与影视学类，主要指的是影视表演专业，该专业要求毕业生系统地掌握表演艺术创作方法、基本技能和基本理论，培养能够运用表演艺术创作技巧从事戏剧影视表演创作实践能力的专门人才。

开设课程

各校表演专业的课程由于方向不同而有一定差异。主干课程一般包括表演类、台词类、形体类、声乐类等课程的理论常识、基础技巧训练及创作实践。高年级学生通过戏剧演出、影视剧演出、广播剧演播、形体表演创作、综艺节目及晚会演出与主持等多种方式实行教学。

就业展望

表演专业的学生在就业方面并不具有优势。教育部公布了近两年就业率较低的全国 15 个本科专业，表演专业位列其中，70% 的毕业生因就业不理想而改行。相比而言，一些考入知名艺术院校的学生，由于学校的社会认可度高，校友资源比较丰富，就业出路相对较好。但对于那些新开设表演专业的院校来说，其毕业生成名的机会比较小。毕业生就业的主要去向是前往各电视台、电视剧制作中心、各影视制作公司、剧组、文艺表演团体、教研单位、文化传播公司以及各企事业单位的党政工团部门从事表演、管理、策划、组织等工作。

能力要求

院校在招收表演专业的学生时，重点考察学生的外在形象、内在素质和自身表演技能三方面的内容，考生应该按照目标院校的要求充分备考，切忌盲目报考。

实力院校

国家级特色专业建设点

中国戏曲学院、中央戏剧学院、北京舞蹈学院、云南艺术学院、吉林艺术学院、南京艺术学院、安庆师范大学。

戏剧学：让古老绝唱“活过来”

核心含义

戏剧是一种带剧情的表演，作为一门古老的艺术广受流传，而戏剧学却属于一门新兴学科。简单来说，戏剧学是研究戏剧相关理论和规律的学科。广义的戏剧学包括戏剧史、戏剧人类学、戏剧社会学、戏剧哲学、戏剧心理学、戏剧形态学、戏剧文献学、戏剧教育学等。狭义的戏剧学是指戏剧，旧时专指戏曲，后用为戏剧、话剧、歌剧、舞剧、诗剧等的总称。

戏剧学专业要求学生学习影视文学的基本理论和创作技能，掌握分析和研究戏剧影视作品的方法，有较强的理论写作能力。主要培养具备戏剧和影视的理论、评论、编辑和艺术管理等方面的知识，能在剧院或电视台、电影厂、编辑部以及文化管理机关等从事理论研究、编审与文化管理等方面工作，以及能在国家机关、文教事业单位从事实际工作的高级专门人才。

开设课程

主干学科：艺术学。

主要课程：导演学、表演艺术、舞台美术设计基础、中外戏剧史、艺术概论、编剧理论技巧等。

就业展望

戏剧学是我国传统而历史悠久的一门学科，曾经一度没落而逐渐被边缘化。但是，随着当今电视、电影、舞台剧等艺术形式的繁荣，戏剧学又焕发出新的光彩，被赋予了新的形式和内容，戏剧学专业因此被更多的人所看好。

毕业生主要在剧院（团）、电视台、电影制片厂、编辑部以及文化管理机关等部门从事理论研究、编审与文化管理工作；在国家机关、文教事业单位从事宣传工作；一部分学生选择继续深造，毕业后到专业的戏剧研究中心或是高校从事科研或教学工作。

能力要求

1. 该专业要求考生有较强的审美感觉和创造性思维，考生在报考前最好衡量一下自身的天赋和潜质。

2. 相比影视戏剧文学专业，戏剧学专业倾向于戏剧理论研究，因此对考生的理论知识的理解力有较高的要求，同时也要求具备对戏剧作品良好的鉴赏力和批评写作能力。

实力院校

开设戏剧学专业的独立设置艺术院校

云南艺术学院、吉林艺术学院、中央戏剧学院、中国戏曲学院、上海戏剧学院、北京电影学院、中国传媒大学、江南大学。

开设戏剧学专业的“985 工程”院校

南京大学、武汉大学、同济大学、重庆大学。

开设戏剧学专业的“211 工程”院校

华中师范大学、广西大学、南昌大学、西南大学。

电影学：用镜头记录时代的故事

核心含义

中国电影市场在今天已经是公认的体量庞大、颇具潜力，甚至不少好莱坞电影为了吸引中国影迷的注意在电影里专门增添不少中国元素。随之而来的是中国人对自己电影文化的需求日益上涨。电影学是把电影作为社会文化现象、艺术现象以及大众传播媒介加以研究的科学。在中国，电影学还是一门新兴学科，对它的界定和研究范围众说不一。一般认为电影学是艺术学的一个分支，其研究范畴包括电影发展过程、电影审美特性、电影创作规律、电影作品的美学效应等。不同院校电影学专业都有不同的专业方向，如电影艺术创作方向、影视文化传播、影视创作与文化批评、纪录电影、电影历史与理论等方向。同时，随着跨学科研究的日渐开拓，电影研究与其他学科研究的相互结合更趋密切，出现了一些新的分科，如电影美学、电影哲学、电影心理学、电影社会学和电影符号学等。

除电影艺术创作外，很多院校在学科设置上顺应时代发展，研究领域不断向电影发行、放映、大电影产业以及电影社会文化学方面扩展，致力于培养电影艺术创作、理论、技术、管理的高级专门性人才。

开设课程

本专业开设的课程有影视语言、中外电影史、大众传播学、影视编剧、摄像与实践、影视剪辑、影视策划、电视新闻采编、电视节目制作、纪录片制作、三维电脑动画、影视数字制作等。

就业展望

近几年来，中国电影产业以每年推出300部电影的产量飞速发展，日益壮大的电影产业需要大量的电影人才，这无疑为电影学专业的毕业生提供了前所未有的就业机遇。

电影学专业的毕业生可以到影视公司、广告公司或者文化传播公司从事策划、编剧、灯光、录音、场记、导演、摄像等工作，也可进入新闻出版机构、相关国家机关和行政单位、企业的宣传部门工作。此外，如今开设该专业的高校越来越多，因而需要大量师资力量的补充，如果喜欢影视并且愿意从事教学工作，从教也是不错的选择。

能力要求

1. 电影学研究需要一定的软件（师资、就业、与电影圈的关系等）和硬件（资金、教学设备等）条件，开办该专业的高校主要集中在大城市。学生最好选择到北京、上海等大城市就读。

2. 电影学方向很多，如编剧、导演、纪录片及电影美学等，各高校因师资和软、硬件环境的不同，研究方向也不同。除了北京电影学院在专业划分上比较细之外，其他学校的电影学专业方向划分并不是很严格，考生报考时，在报考方向上不需过多考虑，主要看学校以及电影学专业具体设在哪个学院。例如，设在文学院，一般会偏理论研究。

3. 考生应该根据自身爱好和自身条件来选择报考院校。考生如果想进入影视行业从事电影生产，最好选报专业类院校；如果想当教师，可以选择师范类院校；如果有名校情结，不妨选报综合类院校，北京大学和复旦大学电影学专业的名气也很大。

实力院校

开设电影学专业的代表性院校

北京电影学院、中国传媒大学、中央戏剧学院、山东艺术学院、北京大学、复旦大学、武汉大学、上海大学、重庆大学、西北大学、中国人民大学、暨南大学、西南大学、北京师范大学、福建师范大学、南京师范大学、山东师范大学、曲阜师范大学等。

戏剧影视文学：故事脚本的编写者

核心含义

一个好电影或者电视剧离不开一个好故事，而好故事是靠着好的编剧写成的，戏剧影视文学专业就是培养编剧人才的专业。戏剧影视文学是研究电影、舞台剧（包括话剧和小品等）、电视剧的文学剧本创作的专业。通常我们把从事剧本创作的人称为“编剧”，业内称之为“写故事的人”。该专业要求学生系统地学习戏剧、戏曲影视文学的基本理论和创作方法，培养具有较强的观察生活、理解生活的能力，较强的剧本创作能力以及戏剧影视文学鉴赏、批评、创作等方面能力的专业复合型人才。

开设课程

基础课：古代汉语、现代汉语、中国古代文学、中国现当代文学、外国文学、文艺理论、文化概论等。

专业课：戏曲剧本写作、影视写作、戏剧概论、艺术概论、影视戏剧作品鉴赏与批评、中外戏剧史、中外电影史、表演导演艺术基础、视听语言、舞台美术基础、摄影基础等课程。

就业展望

客观地说，社会目前对该专业的需求不是非常旺盛。但是，结合国家宏观政策、社会整体需求等因素来分析，随着影视戏剧行业的快速发展，与影视戏剧作品连年高产相对应的，是社会对该专业毕业生吸纳能力和需求数量的提高。该专业毕业生适合在文艺创作单位、专业剧团、电影制片厂、电视台、广播电台等单位从事戏剧影视创作、评论、导演及制作工作；在大专院校和专业科研机构从事教学科研工作；在文化传播公司、文艺节目制作公司、文化事业公司、影视广告公司等文化产业领域进行创作、策划、编导、制作工作；也适宜报考戏剧戏曲学、电影学、广播电视学等相关专业的研究生，继续深造。

能力要求

1. 该专业对学生的语言能力和文字表达能力要求较高，很多院校有英语和语文科目的单科限制，考生报考时应注意。

2. 对影视艺术、电视艺术、舞台艺术有浓厚的兴趣，文学功底强，镜头感强，擅长讲故事，思维新颖开放，表达大胆，善于从生活中取得灵感的考生适宜报考。

实力院校

国家级特色专业建设点

中央戏剧学院、上海戏剧学院。

广播电视编导：统筹电视节目的总指挥

核心含义

大家耳熟能详的春节联欢晚会是谁组织的？是谁统筹、策划、协调的？这就是编导的工作内容了。编导指的是编辑和导演，既不同于普通纸媒的编辑，又不同于电影电视剧的导演。编导工作涵盖的范围很广，一台精彩的文艺晚会或者一个精致的新闻专题片，除了摄像、撰稿等前期工作人员，编导的统筹工作（策划、拍摄、文案、剪辑、配音等）贯穿于整个节目制作始终。广播电视编导是为适应广播电视媒体的发展而设立的一个专业，随着广播电视媒体采、编、播的一体化，编导的作用举足轻重。该专业的学生要学习艺术、文学、美学、广播电视艺术学等方面的基本理论和基本知识，接受广播电视节目编导、策划、制作、主持等方面的基本训练，掌握创作和管理广播、电视节目、栏目、频道等方面的基本能力。该专业主要培养具备广播电视节目策划、创作、制作等方面专业知识的高级专门人才。

开设课程

本专业开设的主要课程有传播学、电视艺术概论、戏剧艺术概论、播音与主持、影视作品分析、视听语言、电视节目制作、色彩学、摄影技术、照明技术、电视节目策划、纪录片创作、非线性编辑技术等。

就业展望

在广播电视节目制作人才编导一体化的发展趋势之下，广播电视编导专业的就业前景日趋广阔。另外值得一提的是，随着现代第四大媒体——网络媒体的发展，网络艺术方向毕业生将会有很好的就业前景。无论在电台、电视台，还是在网络公司，广播电视编导专业的毕业生都将会大有用武之地。该专业毕业生可进入各级电视台、各大影视制作公司从事广播节目编导、电视节目编导、艺术摄影、音响设计、音响导演、编剧及文艺类节目主持人等方面的工作。

能力要求

1. 广播电视编导专业的学习中会涉及摄影摄像等方面的知识，要求考生无生理缺陷，无色盲、色弱。具体报考要求请参考目标院校的招生章程。

2. 该专业的涉及面很广，包括采、编、播各个环节，要想成为一名优秀的编导，大学期间除学习公共基础课外，还要坚持“术业有专攻”的原则，按以后就业意向主攻专业领域的特定课程。

实力院校

国家级特色专业建设点

中国传媒大学、上海戏剧学院、浙江传媒学院、哈尔滨工业大学（动画方向）。

戏剧影视导演专业：未来导演的孵化基地

核心含义

一个影视艺术创作的灵魂是导演，是他塑造了影片的精气神，他是创作团队中的统帅，担负着举足轻重的责任。戏剧影视导演专业有不同的方向，比如电影导演方向，主要学习电影与戏剧的基础理论知识，接受视听语言、剪辑、编剧、摄影、表演等多方面实践技能的系统训练。而剪辑艺术与技术方向，则是一个结合艺术与技术的交叉性学科方向，学生需要在学习视听语言、表演等实践技能的基础上，还要熟练掌握各种数字化的剪辑技术。

该专业旨在挖掘具备一定素质、潜质与能力的学生，通过对其在故事建构、影像造型、声音处理、表演控制及后期制作等方面的训练，培养通晓视听语言，掌握导演工作技能，具备一定想象力、

创造力、执行力，能独立从事电影、电视剧、纪录片编导工作的复合型专门人才。

开设课程

本专业开设的主要课程有影视美学、中国现当代文学、外国文学、影视编剧、表演学、导演艺术、视听语言、中国电影史、外国电影史、影片分析、摄影构图、电视节目编辑制作、影视录音基础、影视美术设计、音乐剧概论等。

就业展望

一提到导演，很多人就自然会想到世界著名导演斯皮尔伯格、黑泽明、张艺谋等，觉得导演这个职业很风光，令人神往。如今，人们在欣赏电影时不仅仅将目光放在几个男女主角的身上，他们还关注着导演创作中的思维和艺术。戏剧影视导演固然是个前途无量的专业，但这个行业里竞争激烈，能成为著名导演的更是凤毛麟角。该专业的学生毕业后即使不能立即成为电影、电视剧导演，也要能尽快适应电视制作机构的要求，成为合格的文艺节目和专栏节目的编导。另外考研和出国深造也是一个趋势。从目前来看，该专业毕业生主要在剧院或电视台、电影厂、编辑部等单位从事文学创作、编辑和理论研究工作，以及在国家机关、文教事业等单位从事戏剧影视策划、创作和导演工作。

能力要求

1. 一般要求报考者身体健康，无色盲色弱、失聪等障碍，具体可参考目标院校的招生章程。

2. 该专业要求考生系统地掌握戏剧、戏曲影视文学的基本理论和创作技能，拥有较强的观察、理解、概括生活的能力，有较强的剧本创作能力，以及实践操作能力，考生须认清自身优势，理性报考。

实力院校

开设戏剧影视导演专业的代表性院校

中央戏剧学院、上海戏剧学院、北京电影学院、中国戏曲学院、四川师范大学、中国传媒大学、南京艺术学院、辽宁大学、云南艺术学院、暨南大学、四川传媒学院等。

戏剧影视美术设计：如何塑造一个完美舞台？

核心含义

一个优秀的舞台或者影视作品必然需要一个完美的表演布景，就如同摄影需要一个合适的拍摄背景一样，而布景的塑造有时就成为剧目成功的点睛之笔。戏剧影视美术设计在教学体系和行业习惯中曾被称作“舞台美术”，在国外类似的专业被称作“演出空间设计”。其下有多个专业方向，包括舞台设计、戏剧影视服装设计、电视舞美、舞台绘景、影视美术等。尽管在学术中，国内舞美的正式名字已经被官方定义为“戏剧影视美术设计”，但由于行业习惯，“舞美”的叫法被保留至今。

简单地说，该专业毕业生就是在戏剧和影视作品制作中从事相关的美术设计工作。学生在校不仅要接受美术基础、影视技巧、场景设计、计算机图形图像的设计与制作等方面的基本训练，还要学习文学、美术、艺术理论及其艺术欣赏等基础知识。一般包括电视美术、人物造型设计两个方向：电视美术方向主要培养具有创造性思维和现代动态设计观念，能够熟练运用绘画、摄影、装置、计算机虚拟及数字影像技术等各种造型介质和表现手段，从事电视演播室场景、电视频道包装、电视广告等领域设计与创作相关工作；人物造型方向培养具备电影、电视剧及舞台戏剧人物造型设计、时尚造型设计及人物形象包装策划的专业知识和表现技巧，熟练掌握服装设计、化装设计的理论和方法，能够从事影视及舞台人物造型设计、电视节目主持人形象设计、时尚造型设计、人物形象包装策划、时尚媒体编辑和专业院校教学工作的高级专门人才。

开设课程

本专业课程大致包括三大系列：电影美术课程系列、舞台美术课程系列、电视美术课程系列。具体课程有美术基础（素描）、美术基础（色彩）、电脑美术设计、化装技法基础、人物化装设计、服装设计与裁剪、舞台美术设计基础、舞台模型设计、影视剧场景设计、舞台灯光设计基础、电视电影场景照明设计等。

就业展望

近几年国内的影视文艺发展迅速，优秀的影视作品层出不穷，过去一度失宠的话剧、戏剧等艺术形式也重新受到大众的关注。这些表演和影视作品都离不开好的灯光和舞台设计，这为戏剧影视美术设计专业的学生提供了广阔的就业前景。该专业毕业生主要在剧院、电影厂、电视台、电视剧制作中心从事美术设计的工作。

能力要求

1. 部分院校戏剧影视美术设计专业没有按照具体的专业方向来招生，如人物造型和电影美术方向，考生和家长最好先弄清所报院校戏剧影视美术设计专业的具体方向，再选择报考。

2. 戏剧影视美术设计专业要求考生身体健康，无色盲、色弱。考生在报考时，务必详细阅读所在省（市区）艺术类专业的招生办法及所报院校的艺术类招生简章，了解报名条件、录取方法、身体要求等。

实力院校

国家级特色专业建设点

上海戏剧学院、中国戏曲学院。

录音艺术：用声音创造世界的魔术师

核心含义

录音可不是简单按下录音机这么简单的，录音大师不仅熟悉各种声音的发声特点，而且能根据要求录制调整出完美的录音效果。该专业对声音记录及处理的质量要求很高，大家听到的CD、电视声、广播声、电影音效等，都是由该专业人员经过一系列漫长的过程，将声音记录处理后，再由各种人们需要使用的电器的扬声器，播放出来。

录音艺术专业的学生主要学习音乐、广播、电影、电视录音等方面的基本理论和基本知识，经过声音录制、艺术处理等方面的基本训练，掌握声音（音响）设计、音频节目制作、艺术处理的基本能力。本专业培养学生具有较高的艺术素质和修养，具备深厚的音乐功底，熟知各种录音设备，同时又掌握一定的录音理论及技巧，成为能在广播、电视、电影系统和文化艺术部门从事声音（音响）设计、录制的高级专门人才。

开设课程

本专业开设的主要课程有音视频电学基础、乐理、和声、录音听觉训练、录音作品赏析、录音制

作、数字音频技术与应用、立体声节目制作、声学基础、同期录音、数字录音、电脑音乐制作、影视音乐音响、音乐录音、声音设计等。

就业展望

近几年来，录音艺术专业就业趋势良好。随着我国广播电视业和电影业的迅猛发展，各级有线电视台、卫星电视台和经济类广播电台如雨后春笋般建立起来，需要大量的音频技术人员、录音师、放音导播、现场录音等各类人员。我国的各大电影制片厂、音乐公司、中央及地方各级电台、电视台、各类艺术团体以及各类录音工作室容纳了我国各大院校大部分的该专业毕业生，一些较高档次和较大规模的影剧院和音乐厅等也可容纳一部分毕业生。该专业毕业生在各电影制片厂、音乐公司所担任的工作主要有两种：一种是在现场录音，另一种是做后期录音。

能力要求

1. 对于录音专业学生来说，在听力上应有较高的灵敏度；在基础知识上讲，要求具有良好的数理基础；在音乐修养方面，除要求考生具有较佳的乐感和一定的音乐知识外，还应具有良好的艺术想象力。

2. 不同院校的录音艺术专业有不同的侧重方向，如音响导演和录音工程方向等。考生在报考时要根据院校不同的专业方向，谨慎报考。

实力院校

国家级特色专业建设点

中国传媒大学、北京电影学院、武汉音乐学院、星海音乐学院。

播音与主持艺术：未来的金牌主持人

核心含义

我们会发现真正优秀的主持人不仅仅发音标准，而且充满智慧，会用语言解决各种主持中的突发疑难，会让节目增添色彩，这就是播音与主持的艺术所在。播音与主持艺术专业是面向广播影视媒体及相关机构，培养具备播音学、新闻传播学、中国语言文学、哲学美学、艺术学等多学科知识与能力，从事广播电视普通话新闻播音主持及新闻报道、专题播音主持、文艺节目主持、体育评论解说、影视配音与演播，以及播音主持教学与研究工作的复合型语言传播人才。该专业是中国大学特有的一个专业，国外几乎是没有的，由此也可以看出国家对播音主持专业人才培养的重视。根据培养方向和本校特色，高校还会设立其他的必修课程。比如，体育节目主播方向会学习体育赛事的相关知识，双语主播方向的课程则会着重练习外语听说能力。

开设课程

本专业开设的主要课程有电视编导概论、传播学、视听语言、视听文案写作、电视摄影艺术、非线性编辑、普通话语音与播音发声、语言表达、电视播音与主持等。

就业展望

从所处行业来说，全国广播电视媒体这些年发展很快。据统计，我国省或直辖市级广播电台有四十多家。各省台又分信息、文艺、娱乐、旅游、交通、经济、都市等几家甚至十几家系列台。电视台频道分化细致，数量明显增加，尽管竞争激烈，但无疑给播音主持专业的毕业生提供了广阔的就业机会。最近几年，各大在线视频网站纷纷推出自己的节目，反映了数字电视也正进入飞速发展时期。多元化电视媒体的发展，必然为更多有志于从事媒体行业的优秀人才提供了更广泛的发展空间。

在就业岗位方面，播音与主持艺术专业的毕业生除了去做以上提到的各种栏目的主播之外，还可以做栏目编导、策划等相关工作，相应职位机会也是很多的。作为一名专业学生，开拓就业门路，应从入学开始。学生要发挥优势，培养强项。比如，主攻播音的同时，学学写作；主攻新闻写作的同时，练练播读；声音条件一般，可以在语言表达上下一番功夫，练练脱口秀。总之，不同特长的人才，在不同媒体形态的不同栏目、不同节目样式中，都能找到适应点。

能力要求

1. 由于播音与主持艺术专业的特殊性，高校一般都对考生的身体条件有所要求，尤其是要求发音器官无疾病，无色盲，无夜盲，五官端正。另外，各高校对考生的身高也有不同要求，如中国传媒大学要求男生身高一般不低于175cm，女生身高一般不低于165cm。

2. 除了身高要求，报考本专业的考生更需要关注的是自身条件是否满足专业要求，比如相貌、音质、形体、性格、敏感度、语言等。要知道，镜头前和现实生活中是有差别的，所以才有“上镜”一说。

3. 由于播音与主持艺术专业近年来十分火爆，相应的催生了影视艺术类的培训班。事实上，虽然有少数培训班师资力量雄厚，培训效果好，但大多数还是滥竽充数的。考生和家长对参加考前培训班一定要慎之又慎，明智选择，以免耽误时间，耗费培训费用。

实力院校

国家级特色专业建设点

中国传媒大学、浙江传媒学院。

动画：最纯真的造梦者

核心含义

如今“二次元”的娱乐形式越来越被大众接受，不再仅仅是低龄儿童的娱乐项目。动画行业是一片蓝海，这使得近年来动画专业越来越受到青睐。动画是集合了绘画、漫画、电影、数字媒体、摄影、音乐、文学等众多艺术门类于一身的艺术表现形式。其利用人类“视觉暂留”的特性，把人、物的表情、动作、变化等分段画成许多画幅，再用摄影机连续拍摄成一系列画面，给人的视觉造成连续变化的图画。

动画专业学生将系统地学习动画基础知识和动画技法，学习剧作、分镜、视听语言等专业知识，掌握相关动画制作软件，能够进行完整的动画短片设计制作。该专业可以大致分为动画编导、动画设计、数字动画等方向。主要培养学生造型设计、原画、动画设计的能力，运动视听语言设计表达动画的能力以及应用2D、3D、后期软件进行动画角色、背景、特效设计制作、编辑合成的能力。

开设课程

本专业开设的主要课程有动画概论、动画原理与技法、动画速写、原画设计、分镜头脚本设计、故事写作、三维动画基础、三维造型与建模、动画造型设计、动画场景设计、数字声音创作、动画导演、数字特技合成等。

就业展望

从2000年开始，国家发布了一系列优惠政策鼓励本土动漫产业发展，2006年动画产业因得到国家的大力扶持而呈井喷式增长。面对这样的市场前景，众多院校纷纷开设动画专业。据统计，到目前为止开设动画专业的本科高校数量接近350所。虽然开设院校很多，但不同院校培养的学生质量参差不齐，人才培养与市场需要不匹配，基础人才过剩、高端人才不足，学生技能太过单一无法满足企业的需求，造成了部分地区动画专业毕业生就业难的局面。当然，局部不能代表全局，某个专业在一个省就业率不高，不代表它在所有地区就业率都不好。比如动画专业，在31个省份中只有安徽、吉林、江西、湖北、云南5省将其列为低就业率专业。从目前动画产业的市场来看，像北京、上海这样创意文化产业密集的城市，专业人才也远远没达到饱和程度，问题的关键是企业能否招到技术过硬的专业人才。目前动画专业的学生从事的工作主要集中在动画公司、游戏、电影、电视、广告制作、影视包装等行业。在未来文化交叉融合的趋势下，动画专业的毕业生势必可以在其他领域得到更广泛的发展。如在教育、建筑、设计、航天、医学等行业从事动画虚拟演示、特技效果制作等工作。

能力要求

动画专业虽然属于艺术学中的戏剧与影视学类，但目前国内高校开设的动画专业主要被设置在以下四大类学科之下：艺术设计类、美术类、影视传媒类、计算机类。动画专业大多是依据本校的学科优势来设置的，如美术类院校有绘画基础强的传统优势，工科院校动画专业则偏向计算机技术、软件等方向。国内高校动画专业依托各院校不同的背景突出不同的特色，考生在选报院校时，可以根据自身兴趣爱好、院校录取分数、专业特色方向等，综合分析比较，选择与自身实际情况相符合的高校。

实力院校

国家级特色专业建设点

北京电影学院、西安美术学院、中国美术学院、南京师范大学、中央美术学院、同济大学、江南大学、南京艺术学院、四川美术学院、山东工艺美术学院、吉林艺术学院、浙江理工大学、武汉理工大学、陕西科技大学、黄淮学院、成都大学、中国传媒大学、四川大学。

影视摄影与制作：研究如何创造视觉享受

核心含义

影视摄影与制作专业不仅包含了拍摄更包含了制作，后期制作是影视作品和娱乐节目的重头戏，现在的需求量也非常大，前景光明。影视摄影与制作专业是我国新建的特设专业。该专业参照美国电影教育体系，结合学校的教学特点，采用“影视摄影与制作专业” - Film Production 的概念，将摄影、导演、录音和剪辑形成一个总体的教学体系对学生进行专业教育。该专业培养具备广泛的科学文化和艺术理论知识，具备影视策划、摄像、视频剪辑、节目包装、影视特效、广告设计、场景设计、灯光及布景搭建等相关工作的基本技能，能在影视领域及相关行业内从事影视编导、影视包装设计、影视合成特效、三维特效动画、影视广告设计等工作的应用型高级专门人才。

开设课程

本专业开设的课程有艺术概论、摄影基础、电视摄像、视听语言、三维动画、影视特效、影视美学、导演基础、非线性编辑、专题摄影、影视光线艺术、录音艺术等。

就业展望

随着社会经济的发展和人民生活水平的提高，人们对生活质量的要求也越来越高。我国影视行业也得以迅速发展，已经形成可观的市场规模。行业迅速发展形成了对影视摄影与制作人才的巨大需求，该专业的毕业生都将会大有用武之地。具体来说，影视摄影与制作专业的学生毕业后可在电影、电视、报纸、杂志、网络媒体、广告媒体等媒体部门从事影视作品摄影和后期制作工作，或者在大专院校、中等职业学校从事教学工作，也可在企事业单位从事宣传服务。

能力要求

1. 凡是涉及颜色识别的专业都对色盲色弱考生有限制，考生在详细了解自身身体状况的基础上，在报考前一定要详细了解目标院校的招生章程。

2. 一些开设影视摄影与制作专业的院校有具体的专业方向，如中国传媒大学设有电影电视剧摄影方向和图片摄影方向，考生报考时要根据个人兴趣和未来发展选择。

实力院校

开设影视摄影与制作专业的代表性院校

中国传媒大学、北京电影学院、山西传媒学院、上海戏剧学院、浙江传媒学院、广州美术学院、中国美术学院、四川美术学院、四川传媒学院、河北传媒学院、湖北美术学院等。

影视技术：培养高级电影科技人才

核心含义

本专业开设的课程有影视技术专业培养具备电影艺术素养，系统掌握数字电影技术专业理论和技能的复合型电影科技人才。在四年本科学习期间，让学生在电影生产的各个技术环节中得到深入的学习和实践，使其具备扎实的技术基础、较丰富的制作经验和宽广的学术视野，为今后的职业发展打好基础。

“影视技术”专业的前身为“影视摄影与制作（数字电影技术）”专业，此专业于2012年开始招生，2019年由教育部批准，更名为“影视技术”专业。

开设课程

本专业开设的课程有影视技术导论、短片制作、数字视频技术、数字摄影技术、3D与特种电影制作、数字特效制作、电影制作技术流程、电影虚拟化制作等。

就业展望

本专业学生毕业后，将能够胜任在数字电影前期拍摄、后期制作、发行放映等领域的技术服务、技术指导与技术管理工作。可广泛就业于电影制作、发行放映、广播电视、文化创意、教育培训等行业领域。

能力要求

具有开拓创新意识和坚实的电影理论基础。

实力院校

北京电影学院、北京电影学院现代创意媒体学院。

戏剧教育：复合型专门人才

核心含义

戏剧教育是培养中小学戏剧教育人才为主的专业，其真正目的是以戏剧作为载体，并不专注于专业表演技巧，最重要的是老师在戏剧中教会学生在虚拟的戏剧情景中体验、观察、想象、创造和反思。

开设课程

本专业开设的课程有表演导演课、舞台语言技巧、舞台形体技巧、音乐基础与声乐演唱、舞台美术基础、教育心理学、戏曲基础、人物造型、戏剧鉴赏、编剧基础，公共必修课等。

就业展望

从事大中小学戏剧教育工作并具备组织演剧活动潜质的新型复合型艺术人才。

能力要求

具有较高文化艺术修养，基本掌握戏剧创作理论与技能；能够从事大中小学戏剧教育工作并具备组织演剧活动。

实力院校

中央戏剧学院、上海戏剧学院。

美术学：视觉的艺术

核心含义

美术学作为美术学科的一部分，主要研究美术家美术创作、美术鉴赏、美术活动等美术现象，同时也要研究美术思潮、美术理论、美术美学、美术史学。美术学也包括了美术批评与美术史、美术理论，三者紧密相连。该专业学生主要学习美术史论、美术教育等方面的基本理论、基础知识和专业技能，以及与之相关的文史哲知识，培养掌握美术基本理论、基本知识和专业表现技能，具备教育教学理论和知识及教学能力，能从事基础美术教育教学和研究岗位的高素质专门人才。

开设课程

本专业开设的主要课程有中外美术史、美术概论、中外画论概要、古文字学与古代汉语、美术考古学基础、书画鉴定概论、美术与摄影基础等。主要实践性教学环节：包括绘画写生、摄影与暗房操作、历代美术遗迹考察及博物馆专业实习。

就业展望

很多人心存这样的误区，认为学美术就是要当画家，当不了画家就没有什么太好的出路，美术学的就业面也比较窄。事实上，美术学专业毕业生的就业面并不窄，可以到各级学校、媒体、新闻出版机构、广告公司、博物馆、展览馆、书画院、拍卖行以及各企事业单位的宣传部门就业。具体岗位包括美术老师、美术编辑、美术指导、美术设计、插画师、文化艺术管理等。由于美术类专业和多学科交叉的特殊性，各校的就业率不同，不同专业发展空间也不一样。如美术学、艺术学理论类等偏重理论研究的专业，就业方向多为科研单位或者选择继续深造。而各类绘画、设计、造型等偏重实践型的专业，就业方向则依据学生能力和专业素养而不同，其发展空间也有很大不同。

能力要求

1. 色弱考生慎重报考，色盲考生是明确不能录取美术学相关专业的。

2. 由于美术学专业近年来十分火爆，相应地催生了大量美术类的培训班。事实上，虽然有一些培训班师资力量雄厚，培训效果好，但大多数还是滥竽充数的。考生和家长对参加考前培训班的事一定要谨慎。

实力院校

拥有美术学二级学科国家重点学科的院校

中央美术学院、中国美术学院。

国家级特色专业建设点

中央美术学院、中国美术学院、西安美术学院、福建师范大学、内蒙古师范大学、上海大学、哈尔滨师范大学、湖南理工学院、江汉大学、新疆师范大学、玉溪师范学院、西藏大学。

绘画：一切视觉艺术的基础

核心含义

绘画专业包含中国画、油画、水彩画三个专业方向，该专业培养有志于振兴中华艺术、有良好职业素质和独立创作能力的绘画专业人才。绘画专业主要学习美学理论知识，掌握绘画造型能力和技巧；研究艺术作品的特点与创作方法。随着社会的发展和技术的进步，绘画不仅仅停留在手绘上，更多地需要学习计算机图形图像编辑软件和数字化制作工具的使用，比如绘图软件的使用，摄影摄像的原理和技巧等，这些都是绘画专业的学习领域。

开设课程

本专业开设的主要课程有中国美术史、西方美术史、艺术概论、人体素描、色彩、绘画材料分析、油画人体、写意花鸟、人物白描等。不同的专业方向开设课程有所差异。比如，国画方向有山水临摹、山水写生、山水创作、篆刻、工笔花鸟、写意花鸟、花鸟创作等课程；油画方向有油画静物、油画临摹、油画（头像、半身像、全身像）、油画风景等。

就业展望

绘画是一切视觉艺术的基础，是培养美术类专门人才的学科，也是通往各类造型艺术的桥梁。即使绘画不是热门专业，但任何时候别的专业也无法取代绘画这个基础专业的地位。随着我国越来越重视文化产业的发展，生活节奏的加快也使我们步入读图的时代，图书、电视、网络等媒体的繁荣为绘画专业的发展提供了很大的发展空间。毕业生主要到文化艺术、教育、设计、研究、出版等单位从事教学、创作、研究、出版、管理等方面的工作。与绘画专业相关的就业岗位包括：平面设计师、广告设计师、插画师、美术老师、原画师、室内设计师、服装设计师等。

能力要求

1. 绘画专业要求学生具有艺术型的职业兴趣。具体表现在热爱艺术、富有想象力、拥有很强的艺术创造力。乐于创造新颖、与众不同的成果，渴望表现个性，展现自己。做事理想化，追求完美，进行艺术创作或创新时，不喜欢受约束和限制。因此，建议学生在报考该专业时尽量考虑自己是否具备这样的条件。

2. 开设绘画专业的美术（艺术）院校，并不是“211 工程”“985 工程”院校就一定好于一般院校。比如，我国大陆地区最具知名度、专业度和地域代表性的八所美术院校（中央美术学院、中国美术学院、湖北美术学院、天津美术学院、鲁迅美术学院、广州美术学院、四川美术学院、西安美术学院）就比其他“211 工程”“985 工程”高校的绘画专业好。

实力院校

国家级特色专业建设点

南京艺术学院、山东艺术学院、广州美术学院、中国美术学院、湖北美术学院、广西艺术学院、四川美术学院、西安美术学院、天津美术学院、鲁迅美术学院、黑河学院。

雕塑：创造可视、可触的艺术形象

核心含义

雕塑是造型艺术的一种，又称雕刻，是雕、刻、塑三种创制方法的总称。它指用各种可塑材料（如石膏、树脂、黏土等）或可雕、可刻的硬质材料（如木材、石头、金属、玉块、玛瑙等），创造出具有一定空间的可视、可触的艺术形象，借以反映社会生活、表达艺术家的审美感受、审美情感、审美理想的艺术。雕塑专业要求学生系统掌握雕塑艺术创作、城市雕塑设计原理等方面的基本造型知识，通过东西方古典雕塑技法及现代雕塑材料的基本训练，培养学生对雕刻艺术理性与感性的认识，并通过对优秀雕塑作品的模仿、写生和创意塑造等教学内容的实施，使学生对雕塑艺术的立体空间、立体结构、材料质地以及体感量感等有一个全方位的把握，获得能塑造具有较高艺术价值雕塑作品的能力。

开设课程

本专业开设的主要课程有中外美术史、素描头像写生、人物速写与构图、雕塑石膏临摹、泥塑人物头像写生、泥塑胸像写生、立体构成、装饰雕塑、城市景观与雕塑、雕塑材料与运用、硬质材料基础与创作实践、雕塑工程制作等。

就业展望

雕塑是浪漫和现实的结合，它与建筑艺术之间有着很紧密的联系。在现代社会中雕塑不再是曲高和寡的作品，它进入到我们生活的城市，渗透到我们生活的各个领域——在城市的显眼处总有几座标志性的雕塑标识这个城市的主流文化。雕塑专业毕业生的就业方向主要是：相关研究单位和团体；各地、市、县城市规划、建筑管理部门，以及规划建筑设计单位；各类装修公司、各影视制作基地及团体；舞台美术设计、文物局、展览馆、艺术考古及高等院校、中等专科学校等。在空间模型制作方面，雕塑专业的学生也有着得天独厚的优势。雕塑专业学生毕业后通常都有较高的薪酬。

能力要求

参考美术学专业。

实力院校

国家级特色专业建设点

中央美术学院、西安美术学院、四川美术学院、中国美术学院、湖北美术学院、广州美术学院。

摄影：用光线打造不朽的视觉艺术

核心含义

摄影是指使用某种专门设备进行影像记录的过程，一般我们使用机械照相机或者数码照相机进行摄影。真正的摄影师就是把日常生活中稍纵即逝的平凡事物转化为不朽的视觉图像。摄影专业的学生在充分了解本学科的发展趋势和前沿艺术与技术发展动态的基础上，要求全方位地掌握人像摄影、时装摄影、广告摄影以及数字后期处理的高级技术，培养现代的摄影意识和创作风格，掌握商业摄影的市场运作规律，多角度掌握其他摄影门类的主要风格和技能，并具有开拓创新的学习创作精神。该专业主要培养能够在新闻系统、影视行业、图像与影视制作部门及有关行业从事新闻、广告、电视的摄影创作、信息采编与传播的应用型人才。

开设课程

本专业开设的主要课程有摄影与摄像基础、人像摄影、商业产品摄影、创意广告摄影、Photoshop图形图像处理、纪实摄影、新闻/人文摄影、新闻专题片与商业视频拍摄、数码影像制作、新媒体制作等。

就业展望

随着社会经济的发展，人民生活水平的提高，人们对生活质量的要求也越来越高，摄影行业得以迅速发展，已经形成比较可观的市场规模。行业迅速发展形成了对摄影人才的巨大需求，目前摄影专业毕业生的薪资待遇和工作环境都不错。毕业生适合在广告公司、影视剧制作公司、新闻媒体、报刊杂志社、出版社，婚纱影楼、文化宣传部门和其他有关事业单位，从事摄影摄像、影视制作、计算机平面设计、广告策划与制作、文化宣传、社会教育、商业摄影等工作。

能力要求

1. 摄影专业对摄影设备具有很高的要求，专业学习的花费较大。有意向报考摄影专业的考生，要有一定的心理准备。

2. 摄影专业技术性、专业性很强，其发展需要较高的技术支撑。随着消费者对摄影要求越来越高，数码技术、多媒体技术等高新科技将更多更快地向摄影渗透，并呈现出摄影后期处理的高科技化趋势。因此，考生需要具备较强的技术操作能力。

3. 其余报考建议请参考美术学专业。

实力院校

国家级特色专业建设点

北京电影学院。

书法学：不只是传统的“写字”

核心含义

书法是中国及深受中国文化影响过的周边国家和地区特有的一种文字美的艺术表现形式。作为一门专业，书法学是现代书法艺术体系建设中的一个突破性成果，现代书法从各个方面对古代书法做了梳理和研究，并在史学、美学、批评学、社会学、形态学、教育学等方面获得了硕果。该专业学生主要学习书法的基本理论、基本知识和基本技能。书法学旨在培养具有深厚的书法学科专业知识、较强的书法专业技能、较为宽阔的文化视野，以及良好的综合素质和创新能力，能够胜任书法创作、书法理论研究、书法教学以及书法艺术的综合应用等工作的实用型高级专门人才。

开设课程

本专业开设的主要课程有书法概论、书法史、古代书论、真行草篆隶理论和技法、汉字学、古代汉语、文艺美学、篆刻学、电脑美术等。

就业展望

在网络时代，书法正从实用走向纯艺术，书法佳作、珍品已开始走进百姓家的收藏室。与此同时，教育部要求各级各类学校开设书法课程，书法市场在日益扩大，可见书法人才的发展空间广阔。毕业生可以到文化部门、新闻媒体等单位从事书法鉴定、创作、编辑和评论、广告策划、管理等工作，以及与书法艺术相关的综合性应用工作；也可以到青少年宫、群艺馆、民办培训机构从事书法培训工作；还可以到一些企事业单位，协助企业文化建设工作。此外，随着中小学陆续实现书法教育，书法学专业师资产生巨大缺口，许多毕业生可在大中专院校、中小学从事书法教学。可以预见，今后几年书法专业毕业生就业前景将非常不错。

能力要求

1. 书法专业属于艺术类的特设专业，在不同的院校书法学专业具有不同的设置，具体分为三类：一是独立专业。如中国美术学院、南京师范大学、聊城大学等均设有独立的书法系；二是美术类。如中央美术学院书法专业归属美术学院，西安交通大学书法专业归属于艺术设计（书法方向）；三是中文类。如北京师范大学、太原师范大学等。考生需要提前弄清楚该专业在目标院校的设置情况。

2. 很多考生认为自己没有书法基础，便放弃报考该专业。其实，书法专业有着系统的科学体系和专业的学习方法，它不同于传统的“写字”。只要具备普通学生的基本素质和对视觉艺术的热爱，经过系统科学的学习，是完全能够取得书法专业考试合格证的。大部分高校的书法专业考试只是对著名碑帖及篆刻进行初级临摹和创作，有的学校要求加试书法理论，但也只是考简单的书法史，实际上并不难。

实力院校

开设书法学专业的代表性院校

艺术类大学：中央美术学院、中国美术学院、鲁迅美术学院、南京艺术学院、天津美术学院、四川美术学院、湖北美术学院、山东工艺美术学院、山东艺术学院。

综合类大学：北京大学、中国人民大学、浙江大学、暨南大学、苏州大学、西安交通大学、西安工业大学、四川大学、河南大学、河北大学、山东大学、聊城大学、湖南人文科技学院。

师范类大学：北京师范大学、首都师范大学、河北师范大学、南京师范大学、华东师范大学、天津师范大学、山东师范大学、沈阳师范大学、曲阜师范大学。

中国画：传承中国意象美学

核心含义

国画一词起源于我国汉代，汉朝人认为中国是居天地之中者，所以称为中国，将中国的绘画称为“中国画”，简称“国画”。主要指的是画在绢、宣纸、帛上并加以装裱的卷轴画。国画是中国的传统绘画形式，是用毛笔蘸水、墨、彩作画于绢或纸上。中国画题材可分人物、山水、花鸟等，它强调融化物我，创造意境，达到以形写神，形神兼备，气韵生动的效果。

中国画专业主要学习中国画的基础理论知识，掌握传统绘画技法，体悟传统美学精神。

开设课程

本专业开设的主要课程有中外美术史、艺术概论、美学概论、素描、色彩、速写、中国古典诗词、中国画论、透视、解剖、人物画、山水画、花鸟画、书法篆刻、创作等。

就业展望

目前，中国画专业面临“被就业”的严峻形势，就整个就业市场来看，应用美术类毕业生因为专业与社会需求联系较紧密，就业所受到的冲击相对较小，而作为纯艺术的中国画专业毕业生就业相对困难一些。一般来说，中国画专业毕业生最好的就业方向是进入高校从事美术教育。但实际上，即使是中小学美术老师，也大量被研究生以上学历的毕业生占据，本科毕业生一般则去美术培训班当辅导老师，其余大部分毕业生则选择转行从事设计类工作。

此外，中国画毕业生适宜在美术创作部门和各级艺术馆、文化馆从事美术创作或美术普及工作，也可以进入有关部门、企事业单位从事相关宣传工作。

能力要求

1. 该专业与其他一些艺术类专业如表演、导演等相比，学习起来更加艰苦。在具备扎实的专业功底前提下，还需要学习者经过长期的修行磨炼和文化积淀才能有所成就。

2. 中国画专业的教学方式与普通专业有所不同。学生一般在大一、大二学习专业基础课程，掌握传统绘画技法；大三进入水墨人物画、工笔人物画、山水画、花鸟画四个专业方向的学习；大四将进入工作室，在工作室导师指导下进行学习。

实力院校

国家级特色专业建设点

中央美术学院。

开设中国画专业的代表性院校

北京服装学院、中央美术学院、中央民族大学、鲁迅美术学院、哈尔滨师范大学、南京艺术学院、景德镇陶瓷大学、山东艺术学院、湖北美术学院、广州美术学院、广西艺术学院、四川大学、云南艺术学院、北方民族大学。

实验艺术：培养创造新艺术的人才

核心含义

“实验艺术”不同于“美术学”学科中如油画、版画、雕塑等，以工具材料与技术及其有可能形成的风格样式作为确定性质的艺术类型，而是一种因为艺术工作方法而确定性质的专业学科，即以有价值的主题思想作为表达的前提，寻求恰如其分的艺术法式与语言载体承当，最终完成将艺术作品推向社会与公众的物质化呈现。

开设课程

艺术学、设计学、素描、绘画、雕塑、色彩场景、美术设计。

就业展望

实验艺术专业就业方向主要是在高等院校、新闻报社、设计单位、画室培训机构从事书法教育、国画教育、美术教育、室内设计、服装设计、平面设计，或担任设计总监等。

能力要求

毕业生应具有丰富的文化修养和艺术理论素质，能够参与当代艺术实践，掌握多种形式语言及材料媒介，具有独特表达能力；精于综合材料、装置以及影像等新艺术形式；具有广泛的动手能力及创造性思维品质，具有较强的生存能力和广泛的社会适应力。

实力院校

西安美术学院、四川美术学院。

跨媒体艺术：推动当代艺术的跨学科研究

核心含义

跨媒体艺术专业主要研究促进媒体技术开发，推动当代艺术实验，从媒体中发掘创意，从技术中彰显人文；以媒体实验、艺术创作、文化研究、策展实践四维互动的格局，在国际平台上推动当代艺术的跨学科研究和跨领域实践。

开设课程

本专业开设的课程有社会基础、媒介基础、影像创作中的分工和协作、媒体素描、三维动画、社会性互动、活动影像基础、日常生活艺术、自由创作、影像的跨媒体实践。

就业展望

主要是在当代艺术创作、艺术品经营、当代艺术策展、现代视觉产品研发等领域从事跨媒体艺术创作和跨媒体空间展演等工作。

能力要求

该专业需要毕业生具备跨界整合能力和媒体创意能力；掌握最前沿的新媒体艺术创作与媒体技术的训练；具有社会思想与艺术策划的智识培养，注重媒体手段与思想方法。

实力院校

北京电影学院、中国美术学院。

文物保护与修复：培养文物修复工作者

核心含义

该专业属于国内首创的新兴学科。以陶瓷修复、中国书画修复和油画修复三个方面为基础，推进我国文物保护与修复的本科专业教育，拟适时设立：金属（青铜器）、古家具、古建筑、壁画和纺织品修复等新专业方向（可移动文物/不可移动文物的保护与修复分类）。

开设课程

本专业开设的课程有西方绘画和绘画技术史、预防性保护、油画材料和技法、应用化学、修复理论、油画保护与修复基础、综合油画修复、专业英语。

就业展望

本专业毕业生可到文化、文物、博物、环保、建设、公安、海关、旅游及科研、高校等单位，从事教育、科研、设计、开发、管理等工作。

能力要求

文物保护科学不仅是交叉学科，也是综合学科，必须具备一定的历史知识和艺术修养。掌握数理化和历史、文物考古的一般知识，又掌握文物保护材料的合成、分析、文物修复等实际技能。

实力院校

上海视觉艺术学院。

漫画：培养漫画创作的专业人才

核心含义

漫画专业，是高校专门为热爱漫画作品的同学开设的专业。漫画是一种艺术形式，是用简单而夸张的手法来描绘生活或时事的图画。一般运用变形、比喻、象征、暗示、影射的方法，构成幽默诙谐的画面或画面组，以取得讽刺或歌颂的效果。

开设课程

本专业开设的课程有动画运动规律、动画角色与场景设计、动画分镜设计、原画与漫画设计、二维动画制作、三维建模与动画、三维材质与渲染、动画短片创意制作等。

就业展望

主要面向动漫行业，在动漫创意、设计、制作岗位群，从事动画漫画角色、场景、道具、分镜与原画创意设计，以及二维中间画与三维动画的建模、动画、材质灯光、特效合成等生产制作和管理服务等工作。

能力要求

本专业培养德、智、体、美全面发展，具有良好职业道德和人文素养，掌握常见类型动画、漫画的创意设计与制作原理、生产流程和方法，基本具备动画与漫画前期创意策划，以及熟练的二维、三维动画角色、场景、道具、分镜、原画和漫画设计与表达制作能力，具备较熟练的二维、三维动画与漫画后期生产制作能力，从事动漫前、中、后期设计制作和管理服务工作的高素质技术技能人才。

实力院校

北京电影学院、中国传媒大学、河北传媒学院、河北美术学院、吉林动画学院、南京传媒学院、北京电影学院现代创意媒体学院、四川传媒学院。

艺术设计学：技术和艺术相融通

核心含义

艺术设计学是一门新兴学科，也是一门综合性极强的学科，它与时代发展紧密相关，具有多元性，具体涉社会、文化、经济、市场、科技等诸多方面，其审美标准也随着这些因素的变化而改变。该专业学生主要学习艺术设计学方面的基本理论和基本知识，使学生通过艺术设计理论思维能力、造型艺术基础及设计原理与力法的基本训练，具备了解艺术设计的历史、现状和进行理论研究的基本素质。

开设课程

本专业开设的课程有设计概论、中外设计史、设计素描、设计色彩、平面构成、立体构成、设计草图、创意与表现、软件基础、字体设计、信息图形设计、居住空间设计、展示空间设计、公共空间设计、景观设计等。

就业展望

随着现代人们生活水平和公共场所消费档次的提高，设计也由过去偏重于硬件设施环境的设计，转变为今天重视人的生理、行为、心理环境创造等的设计，对设计有了更广泛和更深意义的理解。设计要考虑的因素除了美观外还要有艺术性、欣赏性、创造联想性等。艺术设计专业成为近年来一个新兴的行业。该专业就业前景非常广泛，毕业生可在广告策划与设计企业、印刷包装企业、出版社与媒体的设计部门从事艺术设计或策划工作。

能力要求

1. 艺术设计学专业是艺术向其他行业延伸的代表专业之一，也是艺术类各专业中专业方向较多、覆盖行业较广的专业。不同院校的艺术设计专业的具体方向有所不同，有的院校侧重产品设计，有的侧重服装与服饰设计，有的侧重环境设计。因此，考生应该根据自身优势和特点理性选择院校。

2. 其余报考建议参考美术学专业。

实力院校

国家级特色专业建设点

鲁迅美术学院、吉林艺术学院、南京艺术学院、中国美术学院、山东工艺美术学院、湖北美术学院、广州美术学院、广西艺术学院、四川美术学院、天津美术学院、景德镇陶瓷大学、齐鲁工业大学、山东艺术学院、清华大学、北京服装学院、中央民族大学、大连民族大学、海南师范大学、西安建筑科技大学、西安工程大学、江汉大学、上海工程技术大学、齐齐哈尔大学、浙江理工大学、武汉纺织大学、湖南工业大学、陕西科技大学、浙江科技学院、安徽工程科技学院、山东建筑大学、湖北工业大学、汕头大学、三明学院、青海民族大学。

视觉传达设计：用视觉传达信息的艺术

核心含义

视觉传达设计是指设计者利用平面视觉符号——文字、插图和标志，来传递给接受者各种信息的设计。其主要功能是起到传播和推广的作用。很多人认为视觉传达设计就是“平面设计”“图形设计”，这样的认识有局限性。虽然视觉传达设计最早起源于“平面设计”，或称“印刷美术设计”，但随着现代设计的范围逐步扩大，数字技术已经渗透到视觉传达设计的各个领域，视觉设计也渐渐超越了其原先的范畴，走向愈来愈广阔的领域。在我们的生活中，视觉传达设计所涉及的领域有很多，如电视、电影、建筑物、造型艺术、各类设计产品，以及各种图标、舞台、文字设计等。

开设课程

本专业开设的课程有素描技法、色彩画、构成艺术（平面、色彩、立体）字体设计、插图艺术设计、中国工艺美术简史、包装装潢设计、印刷工艺、平面广告设计、POP与MD广告设计、标志设计、机构形象设计（VI）、商品摄影、计算机辅助图形设计、包装工艺与设计、视觉传达设计概论等。

就业展望

视觉传达设计在就业方向上主要可以分为三大块：一是二维平面设计，例如，标志设计、插图设计、书籍装帧、海报设计等；二是三维立体设计，展示设计、包装设计等；三是四维设计，例如，舞台设计、影视广告设计、公司推广短片等。对于毕业生来说，只要把基础知识、基本能力掌握扎实，选好一个方向，把握一技之长，找工作是不成问题的。可以在广告公司、设计公司担任平面设计、展示设计等工作；也可在出版机构、报社、杂志社、网站等媒体、相关设计类企业的设计部门从事美术编辑、刊物设计、产品包装设计、网页制作、Flash设计等工作；也可以在电视台、影视制作公司、媒体与传播类公司从事影视制作、栏目包装等工作；还可在相关高等院校或教育机构从事设计、设计管理、艺术教学等工作。

能力要求

1. 由于开设该专业的院校较多，各个高校在培养特色和课程设置上侧重点也不尽相同，考生应根据自己的兴趣爱好、分数情况、整体实力等综合考量。

2. 很多院校的设计类专业要求考生身体健康，无色盲、色弱。考生在报考时，最好详细阅读所在省（市区）艺术类专业的招生办法及所报院校的艺术类招生简章，了解报考条件。

实力院校

开设视觉传达设计专业的代表性院校

中央美术学院、中国美术学院、四川美术学院、广州美术学院、西安美术学院、鲁迅美术学院、

天津美术学院、湖北美术学院、清华大学、北京服装学院、北京印刷学院、江南大学、苏州大学等。

环境设计：通过设计创造美感

核心含义

环境设计是一门复杂的交叉学科，融合了建筑学、城市规划学、人类工程学、环境心理学、设计美学、社会学、文学、史学、考古学、宗教学、环境生态学、环境行为学等多个学科。简单来说，环境设计是指对于建筑室内外的空间环境，通过艺术设计的方式进行设计和整合的一门实用艺术。环境设计专业主要学习对空间界面（室内外墙柱面、地面、顶棚、门窗等）进行艺术处理（形态、色彩、质地等）的方法，运用自然光、人工照明、家具、饰物的布置、造型等设计语言，以及植物花卉、水体、小品、雕塑等的配置，使建筑物的室内外空间环境体现出特定的氛围和一定的风格，来满足人们的功能使用及视觉审美上的需要。

开设课程

本专业开设的课程有室内制图、摄影、风格流派、家居空间设计、模型制作、环境景观设计、园林规划与设计、景观设计表现技法、计算机辅助设计、经济学概论、工程估价、色彩构成、立体构成、平面构成。

就业展望

随着现代化建设和城市化的快速发展，环境艺术设计日益引起各界的关注和重视，市场对环境艺术设计师显示出旺盛的需求。尤其是室内设计和景观设计的社会需求度逐年提升，每年突破近百万，由此带来专业设计人才缺口凸现，就业前景非常可观。该专业学生毕业后可在建筑设计研究院、室内装饰设计或工程公司、景观设计工程公司等各类相关行业从事环境艺术设计和建筑设计工作，可在大专院校等教育单位从事教学工作，也可在房地产开发公司或政府部门从事城市规划和建筑设计管理以及相关领域的研发应用工作。

能力要求

1. 环境设计专业对考生的动手能力和计算机能力有较高的要求，考生要仔细权衡。

2. 环境设计专业包括室内装饰设计、园林景观设计、建筑环境设计、城市规划等许多具体方向，考生在选择报考时，要提前了解不同院校具体的专业方向。

实力院校

开设环境设计专业的代表性院校

中国人民大学、北京服装学院、中央民族大学、天津大学、鲁迅美术学院、苏州大学、南京师范大学、厦门大学、河南大学、中南大学等。

产品设计：通过设计让产品更独特

核心含义

产品设计是一个创造性的综合信息处理过程，它通过多种元素如线条、符号、数字、色彩等方式的组合把产品的形状以平面或立体的形式展现出来。它是将人的某种目的或需要转换为一个具体的物理或工具的过程；是把一种计划、规划设想、问题解决的方法，通过具体的操作，以理想的形式表达出来的过程。产品设计所包含的范畴非常广，在我们的生活中产品设计无处不在。根据性质和用途的不同，产品设计被划分为很多种类。比如：手工艺设计和工业设计，外观设计和结构设计等。例如，一把勺子，是什么材质，羹匙与长柄的比例，怎样的弧度更容易盛取食物；一组移动抽屉，如何合理地搁置文件、档案、文具及隐藏纠缠的电线；一件珠宝，从首饰表现方式，到雕蜡、加工、镶嵌、金工制作等，这些都是产品设计需要考虑的问题。

开设课程

本专业开设的课程有设计素描、设计色彩、平面构成、立体构成、计算机辅助设计、思维与创意、设计概论、表现技法等。

就业展望

目前，我国的产品设计正处在由“中国制造”向“中国创造”的转折点上。各种新产品都希望以新颖独特的外观和性能，吸引大众的目光。各行各业对设计人才的需求日渐凸显，学习产品设计的毕业生可从事的工作很多：如在互联网、手机、电子、纺织、机械、仪器仪表、交通、家居、家用电器、奢侈品、装饰品、手工艺品、生活用品、食品、旅游产品等行业从事产品开发设计、展示设计、交互设计、设施设计等工作；也可从事与产品开发相关的媒体、印刷、包装、广告、营销等研究与管理工作；还可在高校从事教学、科研、产品研究以及顾问等工作。

能力要求

1. 产品设计专业最早开设在艺术院校，重在产品的外形设计。后来部分理工科院校也开设了产品设计或工业设计专业，并将其并入机械学院，重在产品的功能实现。产品设计虽然是艺术类专业，但目前依然有不少院校的产品设计隶属于机械、机电、珠宝等不同的学院，因此，考生应该根据自身优势和特点理性选择院校。

2. 考生应注意了解所报院校产品设计专业招生是否有特殊的规定，如身体条件、文化课成绩、录取方式等，最好的办法就是了解目标院校的招生简章。

实力院校

开设产品设计专业的代表性院校

北京工业大学、天津工业大学、天津理工大学、吉林大学、鲁迅美术学院、中国地质大学（武汉）、同济大学、南京理工大学、江南大学、长春工业大学、沈阳工业大学等。

服装与服饰设计：时尚风潮 我来引领

核心含义

通俗来讲，服装与服饰设计就是设计服装与服饰款式。但就具体而言，该专业是根据设计对象的要求进行构思，并绘制出效果图、平面图，再根据图纸进行制作，设计出服装和服饰的样品。该专业主要学习服装学科的基本理论和基本知识，进行服装设计方法、成衣结构工艺、服装营销管理方面的基本训练，培养具备服装设计、服装结构工艺及服装经营管理理论知识和实践能力，具有服装开发、设计、生产管理和营销等方面能力，从事服装产品开发、市场营销、经营管理、服装理论研究及宣传评论等方面工作的应用型高级专门人才。

开设课程

本专业开设的课程有服装效果图、女装设计、男装设计、服装品牌与产品策划、中国服装史、外国服装史、服装结构基础、服装纸样与工艺、立体裁剪、服装材料概论、服装市场营销、服装 CAD 应用等。

就业展望

作为中国最具有国际竞争力的产业之一，中国的服装业这几年正经历着由简单的加工仿制向开发创新的巨大转变。优秀的服装与服饰设计师成为各大服装企业争抢的对象，尤其是经验丰富，拥有独特设计理念，深谙市场，能够进行原创设计并了解国际服装市场潮流的设计师十分紧缺。因此，服装与服饰设计专业的就业前景非常可观。该专业的毕业生主要在服装行业从事服装设计与开发、服装生产工艺设计、服装打板、服装推板、服装生产工艺单编写、样衣制作、服装生产管理等工作。毕业生也可在服装生产与销售企业、服装研究单位、服装行业管理部门及新闻出版机构等从事服装产品开发、市场营销、服装理论研究及宣传评论等方面的工作。

能力要求

1. 服装设计即是一种产品设计，也是一种艺术创作。因此，广泛的艺术修养对于服装设计师就显得至关重要。服装与服饰专业学生要想在这行取得巨大的成绩，就应该不断提升自己的艺术修养，具有与时俱进的时尚鉴赏能力。

2. 其余报考建议参考美术学专业。

实力院校

开设服装与服饰设计专业的代表性院校

江南大学、北京服装学院、华南理工大学、西安工程大学、西安美术学院、大连工业大学、湖北美术学院、武汉纺织大学、湖南女子学院、中原工学院、厦门理工学院、上海视觉艺术学院、鲁迅美术学院、闽南理工学院等。

公共艺术：让艺术走进大众视野

核心含义

公共艺术专业是国内新兴的艺术类专业方向，该专业旨在培养在开放性公共空间中进行艺术创造与相应的城市环境设计的专门人才。公共艺术是城市的思想，是一种当代文化的形态。公共艺术是一个城市成熟发展的标志，它增加了城市的精神财富，表达了当地身份特征与文化价值观，成为城市身份的标识，塑造了城市独特的性格。该专业要求学生学习公共艺术设计的基本理论和基本技能，具备扎实的艺术造型能力、系统设计专业能力、科技综合运用能力，并熟练运用艺术语言为城市空间创作设计公共艺术作品。

开设课程

本专业开设的课程有造型基础、视觉传达设计基础、装饰基础、雕塑临摹、电脑辅助设计、公共空间造型原理、公共空间陈设设计、陶艺基础、金属工艺基础、漆画艺术、纤维艺术基础等。

就业展望

公共艺术在国外是一门拥有长久理论实践基础和广泛大众基础的热门行业。但由于中国的公共艺术起步较晚，市场运作不专业以及消费群体对此不了解等原因，导致国内公共艺术专业一直没有被重视，毕业生对口就业的岗位不多。公共艺术专业涉及的面非常广阔，包含了装饰、雕塑、环境设计、公共景观和公共设施设计，以及数码图形的处理等，综合了几乎所有艺术类专业的特长，所以该专业毕业生学到的东西是比较全面的。从这个角度说，公共艺术专业的就业前景相对来说比较广泛，毕业生不仅能够从事具体产品的设计工作，也能够到各级地方政府规划部门工作。也可以到有关的教育机构，比如各大设计类院校中的艺术学院或者设计学院从事教育研究或者管理的工作。

能力要求

参考美术学专业。

实力院校

开设公共艺术专业的代表性院校

中国美术学院、西安美术学院、南京艺术学院、广西艺术学院、上海视觉艺术学院、南京林业大学、沈阳师范大学、汕头大学、山东工艺美术学院、华北水利水电大学、武汉科技大学、北京服装学院、湖北美术学院、江苏大学等。

工艺美术：制造出来的艺术

核心含义

工艺美术，简而言之，是指制作手工艺品的艺术。这类艺术品通常装饰精美，具有实用性或目的性。其使用的各种手工技术包含了金工、木工、编织、裁缝、塑料造型，以及雕刻、版画制作和绘画的技法。工艺美术是造型艺术之一，它是制造出来的艺术。工艺美术品是以手工艺技巧制成的与实用相结合并有欣赏价值的工艺品。随着时代的发展，工艺美术已不局限于手工艺，而是与机器工业，甚至与大工业相结合，把实用品艺术化，或艺术品实用化。

开设课程

本专业开设的课程有中外工艺美术通史、工艺美术概论、绘画基础、中国文学史、考古学、中国文化史、民俗学、民族学、平面构成、立体构成、中国传统图案、材料与工艺基础、绘画技法、装饰基础等。

就业展望

当今，随着人们对实用性与审美性需求的不断转变，中国传统工艺美术在历史长河中不断得到丰富与升华，凝聚了中华民族几千年的工艺文化精髓。文化产业兴起、工艺品收藏热等社会现象充分说明工艺美术在当下社会的重要性以及传承的危机性。中国工艺美术历史悠久，工艺繁杂，需要大批的年轻人去传承与保护。这预示着工艺美术专业将成为一个朝阳专业。该专业毕业生可以在工艺制品企业、工艺美术设计工作室从事艺术设计与制作工作；在建筑装饰、城市景观设计公司等相关艺术设计公司从事室内外装潢设计与制作、商业展示空间设计与制作等工作；还可以从事与工艺美术设计相关的电子商务、宣传、销售、网页设计与制作或独立从事内画、烙画艺术作品的设计、创作与制

作等工作。

能力要求

1. 工艺美术专业与传统技艺的关联非常密切，考生若想报考这一专业，需要考生对传统文化和技艺有强烈的兴趣。

2. 不同院校的工艺美术专业侧重点往往不同，有的院校侧重于文物修复方向，有的院校侧重于珠宝首饰设计方向，还有的院校侧重于陶瓷技艺方向。因此，考生应该根据自身优势和特点理性选择院校。

实力院校

开设工艺美术专业的代表性院校

清华大学、山东工艺美术学院、景德镇学院、上海视觉艺术学院、河北美术学院、武汉纺织大学、湖南师范大学、云南民族大学、西安美术学院等。

数字媒体艺术：科技、传媒、艺术的结合

核心含义

数字媒体艺术专业是一个交叉学科，涉及科技、传媒、艺术三个领域。从名字上看，数字反映其科技基础，媒体强调其立足于传媒行业，艺术则明确其所针对的是艺术作品创作和数字产品的艺术设计等应用领域。该专业的学生要学习计算机科学与技术的基本理论、知识和技能，熟悉图形图像处理的基本算法，熟练掌握各种数字媒体制作软件，具有较好的美术素养和扎实的编程能力，能应用新的数字媒体创作工具从事平面设计、网络媒体制作、游戏、动画制作、数码视频编辑以及动画、游戏、虚拟现实等领域的应用研发。该专业旨在培养具有良好的科学素养以及美术修养、既懂技术又懂艺术、能利用计算机新的媒体设计工具进行艺术作品的设计和创作的复合型应用设计人才。

开设课程

本专业开设的课程有数字媒体概论、美术设计、色彩设计、动画基础、数字图像处理、数字影视摄制、音响创意设计、交互式媒体、角色动画设计、虚拟场景设计、三维动画工程、网页设计、界面设计等。

就业展望

现代计算机技术、网络技术和数字通信技术的高速发展，为数字媒体技术和艺术的发展带来广阔的空间。我国已经将发展数字媒体产业列入国家推进高新技术产业化的重点领域，数字媒体产业是一个新兴的朝阳产业。目前我国对数字媒体艺术人才需求的缺口大约在每年15万左右。数字媒体艺术人才主要在各级电视台、影视动画制作单位、传媒与广告公司、数码艺术公司、展示设计公司、形象企划公司、多媒体与网页设计、室内装修设计、产品造型设计等热门行业就业。无论是实现梦想、施展才华，还是寻找机遇、兴趣爱好，投身到数字媒体艺术领域，极具发展潜力。

能力要求

1. 数字媒体艺术专业有许多具体的方向，如游戏设计、游戏设计艺术、动画艺术、影视编导、网络多媒体、新媒体艺术、数字城市规划、数字影视特效、数字影视制作。考生报考时应查看相关院

校的招生简章，按照兴趣爱好理性选择报考方向。

2. 数字媒体艺术是一门交叉的艺术类学科，尽管该专业与数字媒体技术专业相比，数字媒体艺术对技术的要求较低，但是它与计算机技术有着紧密的关联，有一定的学习难度，考生在报考前需理性权衡。

实力院校

开设数字媒体艺术专业的代表性院校

中国传媒大学、吉林动画学院、北京电影学院、中国美术学院、天津美术学院、吉林艺术学院、南京信息工程大学、鲁迅美术学院、重庆邮电大学、中央美术学院、四川师范大学等。

艺术与科技：艺术与科技的相互融合

核心含义

艺术与科技专业属于应用型很强的交叉性学科。该专业基于艺术设计与科学技术深度融合的基本理念，研究空间环境设计、艺术、媒体和技术融合的动态领域。主要学习现代会展策划与空间创意、设计、管理，会展展示艺术、工程运作及材料与预算等内容。该专业培养学生在数字技术背景下对新的交流、交互和表现方式的创新思考能力、表现沟通能力和创意实现能力，使学生具备不同知识领域中相互沟通和交流的能力，应对信息时代新的需求进行跨领域团队协同创新的能力，培养具有国际视野、交叉学科基础和创意创新能力的高端艺术设计人才。

开设课程

本专业开设的课程有会展概论、视觉设计基础、展示空间设计、中外美术史、空间设计基础、设计素描、色彩构成、基础制图、动态数字图像技术、设计创意思维方法、展示电气设计基础、展示多媒体设计、展示多媒体技术、展示空间设计、展具设计、人机交互概论、动态数字图像技术、用户交互界面设计、网页设计等。

就业展望

电影、电视、歌唱等艺术形式都离不开科技。随着影视、音乐等艺术市场的日渐繁荣，人们对艺术的技术和效果的要求也越来越高。由于更多地使用高科技设备，以及市场对于高品质作品的要求，使得这个领域对艺术与科技专业人才的需求量不断增大。该专业学生毕业后主要进入文化产业、文化与游戏产业的相关教育、科研机构。或者进入相关企业，包括空间及环境设计公司、IT 公司的用户体验与产品开发部门、影视动画公司、数字娱乐公司、传媒及媒体艺术机构从事艺术创新和设计等工作。

能力要求

1. 艺术与科技专业有多个具体的专业方向。比如，展示艺术与科技、交互艺术与科技、音乐艺术与科技等方向。不同方向的学习内容和发展方向有所不同，考生应将目标院校的具体专业方向了解清楚后再选择报考。

2. 对于艺术生来说，艺术与科技专业对数理基础有一定的要求，学习起来有一定的难度，建议谨慎报考。

实力院校

开设艺术与科技专业的代表性院校

清华大学、南京信息工程大学、吉林动画学院、上海工程技术大学、南京工业大学、西安建筑科技大学、南京艺术学院、山东工艺美术学院、河北传媒学院、大连工业大学等。

陶瓷艺术设计：培育陶艺设计人才

核心含义

陶瓷艺术设计属于工业设计的一个分支，该专业除了注重设计师要有工业设计师的基本技能外，同时还要求对陶瓷材料运用有充分了解。陶瓷艺术设计研究的主要类别包括：日用陶瓷（茶具，餐具）设计、卫生洁具设计、建筑陶瓷设计、艺术陶瓷设计。该专业培养能够掌握陶瓷造型设计与装饰设计、现代陶艺创作，了解陶瓷工艺与材料、艺术设计等领域的基本理论和技能，能够从事陶瓷艺术创作以及陶瓷艺术教育工作；从事陶瓷以及相关产品的设计和开发、面向研究所、企事业单位和生产第一线的高层次应用型人才。

开设课程

本专业开设的课程有中外陶瓷史、陶瓷造型基础、装饰基础、陶瓷材料工艺学、陶瓷工艺及设备、陶瓷日用品设计、陶瓷艺术品（陶艺、陶器雕塑）设计、陶瓷壁饰设计等。

就业展望

陶瓷艺术设计是一个凝聚着深厚的传统文化，同时又与老百姓的现实生活密切相关的一门专业。该专业的毕业生可在陶瓷、工艺美术研究部门、陶瓷工厂从事设计和研究工作，在各级艺术院校从事本专业教学工作。中国陶瓷产量在全亚洲占 80%，中国市场需要大量的陶艺设计人才，而这些人才在具体就业中呈现出各种层次，市场需要不同的专业方向、学历学位以及创作取向。

能力要求

1. 不同的院校开设此专业研究的侧重点可能不同，例如有的院校是往陶瓷艺术设计方向研究、有的院校是往陶艺方向研究、有的院校是往陶瓷综合材料方向研究、有的院校是往陶瓷艺术与工程方向研究，考生在报考时要对院校有所了解。

2. 其他要求参考美术学专业。

实力院校

开设陶瓷艺术设计的代表性院校

丽水学院、景德镇陶瓷大学、湖北美术学院、广州美术学院、平顶山学院、湖南工业大学、景德镇陶瓷大学科技艺术学院。

新媒体艺术：以光学和电子媒介为语言的新艺术门类

核心含义

新媒体艺术不同于现成品艺术、装置艺术、身体艺术、大地艺术等现代艺术，它是一种以光学媒介和电子媒介为基本语言的新艺术学科门类，建立在数字技术的核心基础上，亦称数码艺术。其表现手段主要为电脑图像 CG（Computer Graph）。新媒体艺术的范畴具有“与时俱进”的确定性，眼下它主要是指那些利用录像、计算机、网络、数字技术等最新科技成果作为创作媒介的艺术品。

开设课程

本专业开设的课程有数字摄影、非线性编辑、影视特效与后期合成、三维模型制作、网页设计基础、新媒体动画基础及技术（Motion Graphic）、虚拟现实技术及应用、新媒体交互设计。

就业展望

新媒体艺术专业学生毕业后可在网络公司、广告公司、电视台、报社、音像电子出版社、杂志社、新闻单位、教育推广公司、教学软件开发公司、学校（网校）、远程教育机构、科研单位、各级企事业的信息化管理宣传部门从事相关工作，也可以去咨询策划公司、展示展览公司、文化传播公司等单位工作。

能力要求

本专业致力于培养掌握新媒体技术和艺术理论基础，掌握新媒体艺术和技术的相关原理、知识和技能，具备一定的艺术修养，能在互联网新媒体、移动 App、虚拟现实艺术等领域解决创意策划、开发设计等实际问题，培养具备前期艺术创意与设计、中期拍摄与制作、后期数字合成和新媒体运营管理等能力的复合型人才。

实力院校

北京电影学院、中国传媒大学、河北美术学院、河北传媒学院、南京传媒学院、四川传媒学院、滇西科技师范学院、保山学院。

包装设计：让产品更畅销

核心含义

包装设计是一门艺术与科学相结合的交叉专业。它是一门综合运用自然科学和美学知识，为在商品流通过程中更好的保护商品，并促进商品的销售而开设的专业学科。其主要包括包装造型设计、包装结构设计以及包装装潢设计。本专业主要培养学生掌握扎实的包装设计基础和相应的包装工程、包装材料知识，具备较强的包装造型设计、包装结构设计、包装视觉传达要素设计、系列化包装设计、智能化包装设计、包装安全设计、网购包装设计、整合包装设计等实践技能，能在企业、教育、文化、科研等部门从事产品包装的设计、管理、教学、研究等工作的应用型高级专门人才。

开设课程

本专业开设的课程有 CATIA 三维建模、Photoshop、理论力学、广告设计、包装结构、标志设计、企业视觉识别（VI）设计。专业课程：包装造型与装潢设计、包装印刷工艺与经济成本核算、现代设计史、市场调研与设计定位、包装促销与消费、包装设计与品牌塑造、包装策略及其应用等。

就业展望

包装设计专业的毕业生主要集中在流通企业、包装企业、包装材料、广告传播、包装科研机构、设计公司、企业单位里的包装部门等。中国包装工业发展迅速，是当之无愧的世界包装大国。我国包装行业的持续发展为包装专业人才提供了巨大的就业市场。随着新生力消费群不断替代、更新、取代老一代消费群体，占据“主流消费”的消费群，每一代人都有着新的审美、新的思想、新的消费意识。所以说，不断改进更新产品包装设计的设计思想、设计理念、设计外观是必然的。那么它的市场前景肯定良好，从业量的需求量也就高，就业前景一片大好。

能力要求

1. 由于培养要求和知识结构的原因，报考该专业的考生最好有一定的数、理基础。
2. 报考该专业需要掌握基本的手绘能力和电脑辅助设计知识。

实力院校

开设包装设计的代表性院校

湖南工业大学、湖南工业大学科技学院。